THEORIE

DES

FRANZÖSISCHEN VERWALTUNGSRECHTS.

Theorie

des

Französischen Verwaltungsrechts

von

Dr. Otto Mayer,
a. o. Professor in Strassburg.

Strassburg.
Verlag von Karl J. Trübner.
1886.

G. Otto's Buchdruckerei in Darmstadt.

MEINEM

LIEBEN UND VEREHRTEN SCHWIEGERVATER

ADOLF STOEBER

PFARRER UND KONSISTORIALPRÄSIDENT IN MÜLHAUSEN I. E.

ZUGEEIGNET.

VORWORT.

Dies Buch wünschte vor Allem den reichsländischen Richtern und Verwaltungsbeamten nützlich zu werden. Unser Verwaltungsrecht ist im Wesentlichen noch das französische, wenn auch gerade das beste Stück daraus, die Verwaltungsrechtspflege, zur Zeit noch in Trümmern liegt. Die wissenschaftliche Beherrschung dieses Rechtes aber, ohne welche alles nur ein kümmerliches Sichdurchschlagen von Fall zu Fall wird, ist dem deutschgebildeten Juristen sehr erschwert. Die französische Verwaltungsrechtswissenschaft, so hochentwickelt sie ist, vermag ihm nicht zu dienen. Sie ist viel zu sehr befangen in den Voraussetzungen des besonderen Rechtslebens, aus dem sie hervorgeht. Grosse Grundsätze werden kaum angedeutet, die nur dem französischen Juristen selbstverständlich sind; unscheinbare Ausdrucksweisen entlehnen einen tiefen Sinn aus gemeinsamen Anschauungen des Schriftstellers und des

Lesers. Es ist eine fremde Sprache auch für den, der des Französischen vollkommen mächtig ist.

Es gilt also die französische Theorie des Verwaltungsrechtes in's Deutsche zu übersetzen, in der Denkweise des deutschen Juristen wiederzugeben, was, vielfach unausgesprochen, ihr Inhalt ist.

Dem Hauptzwecke entsprechend wird als Grundlage das französische Verwaltungsrecht in dem Stande genommen, auf welchem es im Jahre 1870 war. Die Reichs- und Landesgesetzgebung seit 1870 wird nur berücksichtigt, soweit ihre Einwirkung bedeutsam ist für die Theorie. Die oft recht schwierige Aufgabe der Zusammenfügung der alten und neuen Gesetzestexte in allen Einzelheiten hat die Sammlung der in Elsass-Lothringen geltenden Gesetze (Möllerische Sammlung) bereits in höchst verdienstlicher Weise gelöst.

Das französische Verwaltungsrecht wird zugleich noch ein allgemeineres Interesse bei uns beanspruchen können. Zahlreiche Rechtsbegriffe, die jetzt Gemeingut der deutschen Wissenschaft geworden sind, sind ursprünglich auf seinem Boden gewachsen und gar manches Rechtsinstitut haben unsere Gesetzgebungen, namentlich die süddeutschen, ohne Weiteres aus seinen Zusammenhängen entnommen. Wenn aber etwas zur Nachamung empfohlen werden könnte, so wäre es viel mehr noch der Geist des Ganzen, jener grossartige Zug von Achtung vor der hoheitlichen Natur der Thätigkeit des Staates, der in der kräftigen Ausbildung jenes Rechtes sich bezeugt. Bei uns überwiegt von jeher die Neigung, den Staat im Verhältniss zu seinen Bürgern einfach wie ein Rechtssubjekt des Civilrechts zu behandeln; die gegenwärtige Entwicklung, in welcher Civilrecht und Civilrechtspflege ausschliesslich von der Gunst der Reichsgesetzgebung getragen sind, leistet dem neuen Vorschub. Es ist aber nicht gleichgültig, wie ein Volk durch die täglich wirkende Rechtsordnung gelehrt wird, seinen Staat zu betrachten. Das lebhafte Staatsbewusstsein, um welches wir immer noch unsere Nachbarn beneiden können, ist ebensogut ein Erzeugniss als eine Ursache ihres Verwaltungsrechtes. —

Ich habe in den Anmerkungen ausschliesslich französische Literatur angezogen. Für einzelne Theile des französischen Verwaltungsrechts liegen uns allerdings treffliche Bearbeitungen vor von L. v. Stein, v. Stengel, Friedberg, Loening u. a. So viel ich denselben verdanke, schien es doch angemessen, die Belege immer unmittelbar aus den gemeinsamen Quellen zu nehmen.

Wir kommen überdies im Verlaufe der Darstellung fortwährend mit Fragen in Berührung, welche auch die deutsche staatsrechtliche Theorie bewegen, vor allem unsere junge, nach Formen ringende Verwaltungsrechtswissenschaft. Gar manche werthvolle Bestätigung wäre von dort zu holen, mancher Gegensatz zu bekämpfen. Doch wurde auch in dieser Richtung jede Auseinandersetzung vermieden. Ich habe ja hier keine eigenen Meinungen zu vertheidigen, sondern bin nur Berichterstatter über die Thaten der französischen Juristen.

Strassburg, im Dezember 1885.

Otto Mayer.

INHALT.

Seite

Einleitung.

ERSTER ABSCHNITT.

DIE BEHÖRDENORDNUNG.

ABKÜRZUNGEN.

St. R. E. = Staatsrathsentscheidung.
St. R. G. = Staatsrathsgutachten.
C. C. H. = Entscheidung des Kompetenzkonfliktshofes.
Cass. = Kassationshofsentscheidung.

Die nachstehenden Werke finden sich nur mit dem Namen des Verfassers angeführt:

Aucoc, conférences sur l'administration et le droit administratif, 1878—1882.
Batbie, traité théorique et pratique de droit public et administratif, 1861—1868.
Blanche, dictionnaire général d'administration, 1869.
Block, dictionnaire de l'administration française, 1877.
Bouchené-Lefer, principes et notions élémentaires du droit public-administratif, 1862.
Cabantous, répétitions écrites sur le droit administratif 1873.
Champagny, traité de la police municipale, 1844.
Chauveau, principes de compétence et de juridiction administratives, 1841—1834.
Dareste, la justice administrative en France 1862.
Ducrocq, cours de droit administratif 1874.
Dufour, traité général de droit administratif appliqué 1854—1857.
Dufour, (L.), traité de la police des cultes, 1847.
Dumesnil, traité de la législation spéciale du trésor public en matière contentieuse, 1881.
Durieu u. Roche, répertoire de l'administration et de la comptabilité des établissements de bienfaisance, 1842.
Foucart, éléments de droits public et administratif 1843.
Gaudry, traité du domaine, 1862.
Gaudry, traité de la législation des cultes, 1856.
Gauthier (m. c.), précis des matières administratives dans leurs rapports avec les matières civiles et judiciaires, 1879.

Gauthier (d. p.), précis des matières administratives dans leurs rapports avec le droit public, 1880.
Gérando, de, institutes du droit administratif français, 1829.
Grün, traité de la police administrative, générale et municipale 1862.
Jousselin, traité des servitudes d'utilité publique, 1850.
Laferrière, histoire des principes des institutions et des lois pendant la révolution française, 1851—1852.
Laferrière, cours de droit public et administratif, 1860.
Lalleau, de, traité de l'expropriation pour cause d'utilité publique, 1866.
Macarel, cours de droit administratif, 1844.
Perriquet, traité théorique et pratique de la propriété et de la transmission des offices ministériels, 1874.
Perriquet, traité théorique et pratique des travaux publics, 1883.
Perriquet, les contrats de l'état, 1884.
Ploque, des cours d'eau navigables et flottables, 1873.
Portalis, discours, rapports et travaux inédits sur le concordat de 1801 publiés par F. Portalis, 1845.
Pradier-Fodéré, précis de droit administratif, 1872.
Proud'hon, traité du domaine public, 1834.
Reverchon. des autorisations de plaider nécessaires aux communes, 1853.
Serrigny, traité de l'organisation de la compétence et de la procédure en matière contentieuse administrative, 1865.
Trolley, traité de la hiérarchie administrative, 1854.
Vivien, études administratives, 1845.

EINLEITUNG.

§ 1. Trennung der Gewalten.

Das Verwaltungsrecht soll Regeln geben für das Verhältniss zwischen dem verwaltenden Staate und seinen Unterthanen.[1] Gewisse Regeln, massgebend für all seine Thätigkeit und für die Verwaltung in ganz besonderem Sinne, bringt aber der Staat schon mit aus seiner verfassungsrechtlichen Ordnung. Sie sind enthalten in der Lehre von der Trennung der Gewalten. Jede Darstellung des französischen Verwaltungsrechtes knüpft an diese an.

Die Trennung der Gewalten, wie Montesquieu[2] sie sich gedacht, war ein Mittel, die Wucht des Staates gegenüber den Einzelnen zu brechen, durch Vertheilung der in der Staatsgewalt liegenden Machtbefugnisse an selbständige Rechtssubjekte, die sich gegenseitig hemmen. Die Erklärung der Menschenrechte von 1789

[1] Gérando I, S. 62: *Le droit administratif a pour objet les règles qui régissent les rapports réciproques de l'administration avec les administrés.* Aehnlich Laferrière I, S. 334; Trolley I, n. 12; Pradier S. 13; Dalloz, V° *droit administratif*; Ducrocq n. 1; Aucoc I, n. 6; Cabantous n. 3. Statt *administration* werden dazwischen als gleichbedeutend gebraucht die Ausdrücke: *état, autorité administrative, action administrative, les gouvernants.*

[2] Esprit des lois XI, 6. Er nennt drei Gewalten; die sogenannte richterliche wäre die dritte. Später sagt er aber selbst wieder: *celle de juger est en quelque façon nulle.* Dass es sich ernstlich nur um zwei solche Gewalten handeln kann, darf wohl als die herrschende Meinung angesehen werden. Saint Girons, *essai sur la séparation des pouvoirs* S. 135 ff.

eignet sich das Schlagwort feierlich an und die erste Verfassung vom 3. Sept. 1791 stellt in diesem Sinne den König mit der vollziehenden und die Volksvertretung mit der gesetzgebenden Gewalt einander gegenüber. Seitdem erscheinen die getrennten Gewalten in jeder Verfassungsurkunde.[3]

Allein die Verwirklichung entspricht keineswegs der ursprünglichen Idee. Abgesehen davon, dass schon um der Einheit des Staates willen Volksvertretung und Staatsoberhaupt nicht derart unabhängig und gleichwerthig auseinandergehn können, sind auch die Gewalten, welche die Verfassung ausscheidet, niemals so zwischen ihnen vertheilt, dass jedem je eine ausschliesslich zustünde.[4] Die Vertheilung geschieht vielmehr zunächst zwischen zwei Arten staatlicher Willensäusserung, Gesetz und Vollziehung, unterschieden nach ihrer Entstehungsart, und der Antheil der dahinterstehenden Gewaltträger bestimmt sich erst mittelbar durch ihren Antheil an der Erzeugung dieser Funktionen. Für die Entstehung des Gesetzes ist eine Mitwirkung der Volksvertretung wesentlich, in der Vollziehung überwiegt das Staatsoberhaupt; im Einzelnen findet sich das sehr verschieden geordnet. Wie aber auch die Gewaltträger beschaffen sind und wie sie sich zusammensetzen zur Ausübung jeder Funktion, nach aussen wird es nicht bemerkbar; da wirken immer nur die zwei Gewalten, welche durch die zwei Funktionen in Bewegung gesetzt werden.[5]

Darauf beruht die grosse Bedeutung der Trennung der Gewalten für das französische Staatswesen. Alle Umwälzungen seit 1789 betrafen nur die Gewaltträger selbst und ihr gegenseitiges Abhängigkeitsverhältniss. Dagegen hält jede Verfassung thatsäch-

---

[3] Im Anschlusse an Rousseau's *contrat social* hat die Theorie damit ein ganzes System verfassungsrechtlicher Herstellung des Staates ausgebildet: ein *pouvoir constituant* macht zwei *pouvoirs constitués* und vertheilt an sie die Rechte des Staates. Wir finden das am scharfsinnigsten vorgetragen bei Berriat Saint-Prix, *théorie du droit constitutionnel français*, n. 1—64.

[4] Batbie I, S. 59: *la prépondérance de l'un des pouvoirs est nécessaire;* Saint Girons S. 142 ff.: *pour que les pouvoirs soient à jamais divisés, il ne faut pas qu'ils soient séparés.*

[5] In diesem Sinne ist, wie Aucoc I, n. 21 mit Recht bemerkt, die Trennung der Gewalten Gemeingut aller neuzeitlichen Verfassungsstaaten geworden.

lich fest an der Form der zwei nach dem obigen Merkmal unterscheidbaren Funktionen, durch welche die Thätigkeit der Gewaltträger hindurch geht, und der Inhalt der Machtvertheilung zwischen diesen Funktionen bleibt im Wesentlichen der alte. Das genügt, um die Kontinuität zu wahren in der Wirksamkeit der Staatsgewalt.[6]

Für die Verwaltungsrechtswissenschaft aber bestimmt sich dadurch die Art, wie ihre Anknüpfung an das Verfassungsrecht zum Ausdruck gelangt. Sie hat es mit der Thätigkeit der fertigen Staatsgewalt zu thun. Die Vielheit und der Wechsel der Einzelmenschen, von welchen dieselbe ausgeht, verschwinden für sie hinter den zwei abstrakten Unterscheidungen. Sie nimmt einfach die Thätigkeitsformen, Gesetz und Vollziehung, als Subjekte oder, noch lieber, sie verpersönlicht die an sie vertheilten Machtattribute und spricht von einer gesetzgebenden und von einer vollziehenden Gewalt, die da handelnd auftreten. Die fingirten Rechtssubjekte, deren sich diese Redeweise bedient, sind allerdings vollständig getrennt, und so entsteht schliesslich von hier aus betrachtet der Schein, als wäre die ursprüngliche Idee an der Ordnung der Staatsgewalt zur Durchführung gekommen.

Welches ist nun der Inhalt der verfassungsmässigen Machtvertheilung? Die Formel, welche Montesquieu gibt, setzt auf die eine Seite: die Aufstellung der Normen des Civil- und Strafrechts, das Gesetz im älteren Sinne, auf die andere: Rechtspflege und Verfügung über die Machtmittel des Staates für völkerrechtliche Zwecke und zur Durchführung der Gesetze. Die beiden Gewalten haben davon ihre Namen bekommen. Aber sie decken sich nicht mehr mit den Willensäusserungen, welche durch diese Gegenstände bezeichnet werden. Die Entstehungsart der Willensäusserung allein ist jetzt entscheidend für die Frage, ob ein Gesetz oder ob ein

---

[6] Cabantous n. 8: *On a toujours désigné sous le nom de lois les actes du pouvoir législatif, quelle que fût d'ailleurs la composition de ce pouvoir.* — Vom französischen Standpunkte aus ist es ein ganz natürlicher Gegensatz, dass Verfassungsrecht wechselt, Verwaltungsrecht dauert; man sieht dieses *survivre à l'effondrement successif des lois constitutionnelles*; Ducrocq n. 4.

Akt der vollziehenden Gewalt vorliegt.[7] Was jedem zugehört, das wird nach allgemeineren grösseren Regeln bestimmt, von welchen jene besonders erwähnten Thätigkeiten nur Anwendungsbeispiele vorstellen.

Die Machtvertheilung ist nur theilweise Zuständigkeitsbestimmung; zum anderen und wichtigeren Theile ist sie Zuweisung verschiedener rechtlicher Eigenschaften an jede der beiden Arten von Willensäusserungen.

Die Zuständigkeiten, welche die Verfassung dem Gesetze und der Vollziehung anweist, umfassen zunächst das ganze Gebiet staatlicher Thätigkeiten, so dass jedes von beiden sich derselben annehmen kann. Daneben wird aber auch für jedes der beiden ein gewisses Gebiet staatlicher Thätigkeit besonders ausgeschieden; dieses gehört ihm denn ausschliesslich, es ist sein Vorbehalt, in welchen das Andere ohne Verfassungsverletzung nicht eigreifen kann.[8]

Das Gesetz erhält den wichtigsten Theil seines Vorbehaltes durch die in der Erklärung der Menschenrechte aufgestellten Grundsätze, welche seit 1789 stillschweigender, meist aber auch noch ausdrücklich bestätigter Bestandtheil aller Verfassungen geworden sind. Diese Sätze treten allerdings auf, als wollten sie den Einzelnen gewisse unverlierbare Freiheiten zuerkennen gegenüber der Staatsgewalt überhaupt. Die stehende Klausel: soweit das Gesetz nicht anders verfügt, beschränkt ihre Wirkung jedoch auf den Ausschluss der vollziehenden Gewalt. Dem Gesestze sind demnach vor allem vorbehalten Eingriffe, die dem Einzelnen gegenüber stattfinden sollen durch Eigentumsentziehung, Steuerauflegung, Zwang zu Thun und Lassen.

Der Vorbehalt der vollziehenden Gewalt erscheint in gewissen

---

[7] Berriat Saint-Prix n. 1428: *tous les actes du pouvoir législatif depuis 1789 ont reçu la qualification de lois. ... les constitutions n'ont jamais déterminé le caractère des lois par la nature des objects réglés, mais par la forme extérieure et la combinaison des pouvoirs publics.*

[8] Dadurch entstehen: *domaines propres du pouvoir législatif et du pouvoir exécutif* (Aucoc I, n. 23) oder *le domaine respectif de la loi et de l'administration* (Vivien, *études administratives* S. 5); andererseits wird geschaffen: *un terrain commun sur lequel il puissent se réunir et s'entendre* (Saint Girons S. 3).

Befugnissen, welche die Verfassung dem Staatsoberhaupte persönlich zuerkennt. Dieselben sind zum Theil Mitwirkungen an der Ordnung und Thätigkeit der Volksvertretung und bleiben als solche ganz innerhalb des Verfassungsrechts, mit welchem sie denn auch vielfachem Wechsel unterliegen; hierher gehören z. B. nach der Verfassung von 1852: die Initiative und Sanktion der Gesetze, Ernennung der Präsidenten des gesetzgebenden Körpers, Zusammenberufung, Vertagung und Auflösung des Letzteren. Zum Theil aber betreffen sie die eigentliche Staatsthätigkeit und fallen damit in unser Bereich, sind dann aber auch verhältnissmässig feststehend; es werden vor Allem dazu gerechnet: der Oberbefehl über das Heer, die diplomatische Vertretung des Staates, die Ernennung der Beamten, die Verleihung von Adelstiteln, das Begnadigungsrecht.[9]

Dahinter steht als zweites Stück der Machtvertheilung die Verschiedenheit der rechtlichen Eigenschaften, der Kraft, mit welcher jede Gewalt handelt von ihrer Zuständigkeit aus. Diese Eigenschaften stehen so sehr ausserhalb des Wechsels der Verfassungen, dass sie in denselben nicht einmal ausdrücklich erwähnt und bestätigt werden; sie sind von Anfang an als dem Wesen des neueren Staates entsprechend stillschweigend vorausgesetzt, durch den Namen der beiden Gewalten gelten sie als genügend angedeutet.

Das Gesetz ist allein befähigt, unmittelbar bindende allgemeine Regeln zu machen, Normen, Rechtssätze, Gesetze im älteren Sinne, auch über Privat- und Strafrecht hinaus.[10] Damit ist nicht gesagt, dass die Gesetzgebung nur in allgemeinen Regeln spreche; sie kann ihre Zuständigkeit auf dem gemeinsamen wie auf dem vorbehaltenen Gebiete ausüben in Einzelakten so gut, wie in allgemeinen Regeln. Nur wenn sie das letztere thut, erfasst ihr Wille in dieser Form die Einzelnen. welche darunter fallen, unmittelbar. Darin besteht ihr Vorzug vor der vollziehenden Gewalt, die eigentümliche Kraft des Gesetzes,

[9] Dufour I, n. 1 ff.; Batbie III, n. 352 ff.; Saint Girons S. 244 ff.

[10] Aucoc I, n. 22: *le pouvoir de faire la loi est attribué aux mandataires élus de la nation*; unter Gesetz ist hier Normsetzung im obigen Sinne gemeint, sonst wäre es Tautologie.

Auch jene kann in allgemeinen Regeln sich äussern, aber die Bürger sind nicht durch diese unmittelbar berührt, sondern werden es erst durch den Einzelakt, der darauf folgt.

Die besondere Eigenschaft der vollziehenden Gewalt hingegen besteht, wie ihr Name andeutet, in einer Art Abhängigkeitsverhältniss gegenüber dem Gesetze, das heisst gegenüber den Akten der gesetzgebenden Gewalt, Gesetzen im neuen Sinn. Damit ist wieder nicht gesagt, dass sie beschränkt sei auf das blosse Vollziehen und sonst nichts thun könnte; das widerspräche der Zuständigkeitsbestimmung. Aber überall, wo das Gesetz einmal gesprochen hat, kann sie es nur vollziehen und soll sie es vollziehen: sie kann keinen staatlichen Willen äussern, der dem des Gesetzes widerspräche, und ist andererseits berufen, mit ihrer Thätigkeit den Willen des Gesetzes weiterzuführen und durchzusetzen.

Diese Eigenschaft der vollziehenden Gewalt, da sie sich bezieht auf ihr Verhältniss zur Gesetzgebung, wirkt nun aber auch zurück auf die erste Art von Machtvertheilung, auf ihre Zuständigkeit dem Gesetze gegenüber und zwar in doppelter Weise:

Das Gesetz kann sich eines Gegenstandes bemächtigen, welcher auf dem freien Gebiete zwischen den beiden Vorbehalten liegt; sofort ist die vollziehende Gewalt von der ihr sonst zustehenden selbständigen Behandlung dieses Gegenstandes ausgeschlossen: sie kann nur noch den Willen des Gesetzes daran vollziehen.

Andererseits entstehen vermöge dieses dienenden Verhältnisses für die vollziehende Gewalt Machterweiterungen in das vorbehaltene Gebiet des Gesetzes hinein. Jede Verfügung, welche das Gesetz auf seinem vorbehaltenen Gebiete trifft, also insbesondere jeder Eingriff, den es macht in Freiheit und Eigenthum der Bürger, beruft die vollziehende Gewalt, auch auf diesem Gebiete zu handeln, soweit es zur Durchführung des gesetzgeberischen Willens dient. Man spricht dann von einer Ermächtigung (*autorisation*), welche die vollziehende Gewalt von der gesetzgebenden erhält. Diese Ermächtigung kann von dem Gesetze ausdrücklich gegeben und näher bestimmt sein. Eine besondere Art der ausdrücklichen Ermächtigung ist die Machtübertragung (*délégation*), wodurch die vollziehende Gewalt befähigt wird, für den bestimmten Gegenstand ganz an Stelle des Gesetzes und mit der diesem eigentümlichen Kraft zu handeln, insbesondere also auch unmittelbar bindende allgemeine Regeln zu erlassen. So entstehen die Verordnungen, welche man als Gesetze zweiten Ranges (*lois secondaires*) bezeichnet findet: sie sind Normsetzungen durch die entlehnte Kraft des Gesetzes, aber keine Gesetze im neueren Sinn. —

Also ausgestattet treten denn die beiden Gewalten — wir dürfen sie ja jetzt so nennen — aus der Verfassung heraus und werden thätig für die verschiedenen Zwecke des Staates. Eine Art dieser Thätigkeit ist die Verwaltung.[11]

§ 2. Regierung, Rechtspflege, Verwaltung.

Die ganze Thätigkeit der Staatsgwalt wird eingetheilt nach drei Gebieten derselben. Die Eintheilung bezieht sich zunächst nur auf die Thätigkeit der vollziehenden Gewalt; aber jedem Gebiet entspricht auch wieder ein besonderes Verhalten des Gesetzes.

1. Das Wort Regierung (*gouvernement*) wird in verschiedenem Sinne gebraucht. Manchmal bedeutet es die ganze thätige Staatsgewalt; dann wieder nur die ganze vollziehende Gewalt mit Ausschluss der Rechtspflege. Im engsten Sinne versteht man darunter einen besonderen Zweig der vollziehenden Gewalt, der auch noch von der einfachen Verwaltung sich abhebt.[1]

Man pflegt als das hervorragendste Stück dieser Thätigkeit zu nennen: die Oberleitung der ganzen Staatsmaschine. Die Verwaltung besorgt die Geschäfte des Staates in der gegebenen Ordnung. Die Regierung gibt ihr Richtung und eigne grosse Gedanken dazu. Diese Ausscheidung ist verschwommen genug und wird desshalb auch nicht allgemein gebilligt. Sie enthält aber

---

[11] Diesen Uebergangspunkt vom Verfassungsrecht in das Verwaltungsrecht bezeichnet Laferrière I, S. 332 folgender Massen: *Jusqu'à présent nous l'avons étudiée (l'organisation sociale) dans ses pouvoirs constitutifs, leurs attributions et leurs rapports (ce qui est l'objet du droit public); il faut la suivre maintenant dans son action sur le territoire et à l'égard de la population pour lesquels elle existe: ce qui va nous donner la matière du droit administratif.*

[1] Block V°, *administration* n. 7 Note 1; Macarel I, S. 12.

doch etwas rechtlich Bedeutsames: in jenem Richtunggeben ist nämlich die vollziehende Gewalt noch für sich allein; die Mitwirkung des anderen Faktors, des Gesetzes, wird erst fühlbar, wenn sie heruntersteigt zur praktischen That. Und in dieser Unabhängigkeit gegenüber dem Gesetze liegt der eigentliche Kern des Begriffs der Regierung, wie wir bei näherem Zusehen sofort erkennen.

Die Regierung umfasst nämlich ausserdem noch diejenigen Thätigkeitsgebiete des Staates, welche vermöge des verfassungsmässigen Vorbehalts der vollziehenden Gewalt ausschliesslich überlassen sind. Nicht alles, was dort als Vorbehalt genannt wurde, gehört allerdings hierher; die Schriftsteller schwanken etwas in der Aufzählung.

Die Verfügungen, mit welchen das Staatsoberhaupt Einfluss übt auf die Thätigkeit der Volksvertretung, wie Berufung, Vertagung, Sanktion der Gesetze u. s. w. führen meist den Namen *décrets gouvernementaux* vorzugsweise;[2] aber sie sind nicht das, was wir hier betrachten: Thätigkeit der fertigen Staatsgewalten für die Staatszwecke.

Ferner wird wohl manchmal hier auch genannt die Begnadigung und die Beamtenernennung; aber diese Akte bilden keine Gebiete für sich, sondern Stücke der Strafrechtspflege und der staatlichen Aufträge.

Die Verleihung von Adelstiteln könnte schon eher als ein solches selbständiges Gebiet betrachtet werden. Jedenfalls ist alles einig hierher zu zählen die ganze Vertretung des Staates nach aussen, den diplomatischen Verkehr mit anderen Staaten und den Oberbefehl über das Heer.[3]

Die Abwesenheit einer Mitwirkung des Gesetzes auf dem so gebildeten Gebiete der Regierung bedeutet, dass die Thätigkeit der vollziehenden Gewalt hier einzig bestimmt ist durch ihre verfassungsmässigen Befugnisse. Ohne Mitwirkung des Gesetzes kann eine neue besondere Rechtsordnung darunter nicht entstehen; es

---

[2] Ducrocq n. 45.

[3] Macarel I, S. 12; Ducrocq n. 30; Aucoc I, n. 38; Block V°, *administration* n. 7; Pradier S. 17.

gibt kein Regierungsrecht in dem Sinn, wie es ein Verwaltungsrecht gibt. Es gibt desshalb auch keine Rechtspflege über die Regierungsakte. Die Verwaltungsrechtspflege, welcher die ihnen so nahestehenden Verwaltungsakte unterliegen, ist ihnen gegenüber ausgeschlossen. Im Mangel derselben gibt sich der Unterschied zwischen Regierung und Verwaltung kund und liegt die praktische Bedeutung der Aussonderung.[4]

Die ganze Lehre wird aber noch scharf beleuchtet durch eine merkwürdige Erscheinung, welche an den Gränzen des französischen Verwaltungsrechtes steht. Verfassungsmässig bedarf die vollziehende Gewalt einer Ermächtigung des Gesetzes, um Eingriffe in die Freiheit oder Eigenthumsberaubungen zu machen. Die Verwaltungsgesetze geben ihr solche Ermächtigungen vielfach, um die bestehende Staats- und Gesellschaftsordnung aufrecht zu erhalten. Ueber die Einhaltung der Gränzen dieser Ermächtigungen wacht die Verwaltungsrechtspflege. Unter Umständen erscheinen aber solche Gefahren dem Träger der vollziehenden Gewalt so dringend und gross, dass er sich über diese Schranken hinwegsetzt. Er gebraucht einfach die der vollziehenden Gewalt thatsächlich zu Gebote stehenden Machtmittel und nimmt Verhaftungen vor, lässt die Leute über die Gränze bringen, Zeitungen und Bücher mit Beschlag belegen, Versammlungen sprengen. Wenn das geschieht mit der Erklärung, dass nicht auf Grund gesetzlicher Ermächtigung, sondern einfach im allgemeinen Staatsinteresse gehandelt werde, welches an sich die vollziehende Gewalt vertritt wie das Gesetz, so verweigern auch die Verwaltungsgerichte der Klage das Gehör; die Sache ist nicht mehr verwaltungsrechtlich; sie ist verlegt auf einen anderen Boden. Das Staatsoberhaupt stellt sich direct der Volksvertretung gegenüber, deren verfassungsmässiges Mitwirkungsrecht es verletzt. Zwischen diesen beiden Parteien aber entscheidet nicht das Verwaltungsrecht und das Verwaltungs-

---

[4] Aucoc I, n. 38: *Dans la sphère de l'action gouvernementale les décisions du pouvoir exécutif ne peuvent être controlées que par la chambre des députés et le Sénat . . . Elles ne peuvent donner lieu à un recours devant la juridiction administrative. C'est là l'interêt pratique de cette distinction.* Damit sind wohl die Versuche einzelner Schriftsteller genügend widerlegt, welche den ganzen Begriff der Regierung beseitigen möchten (Cabantous n. 11).

gericht; hier handelt es sich um Verfassungsfragen und Machtfragen. Stimmt die Volksvertretung bei, so ist alles erledigt, wo nicht, so mag sie ihre Macht versuchen: Ministeranklage, Senatskontrole, Budgetverweigerung, Berufung an die Wähler durch Auflösung der Kammern, zuletzt Staatsstreich oder Revolution, das sind die Formen der Lösung.[5]

Ein derartiges Vorgehen der vollziehenden Gewalt heisst *mesure de haute police, mesure de défense, acte politique;* der gebräuchlichste Name aber ist *acte de gouvernement;* die vollziehende Gewalt handelt hier kraft eigener Macht, frei vom Gesetz. Eigentlich ist sie nicht frei, aber auf ihre blosse Erklärung hin muss sie von den Einzelnen und von den Verwaltungsgerichten so angesehen werden, als wäre sie es, und das genügt, um den Namen zu rechtfertigen.[6]

---

[5] Ducrocq n. 194; Dufour I, n. 66, 67, 111; *redoutables questions* nennt es der Letztere. Der bekannteste Fall ist der des Herzogs von Aumale. Derselbe hatte ein Buch verfasst über die Prinzen Condé. Die Regierung liess es gleich beim Drucker wegnehmen. Vier Jahre lang klopfte der Herzog vergebens an die Thüren aller Gerichte, bis ihm am 9. Mai 1867 der Staatsrath als oberstes Verwaltungsgericht den abschliessenden Bescheid gab: *la mesure par laquelle le préfet de police a prescrit la saisie* etc. . . . *sont des actes politiques qui ne sont pas de nature à nous être déférés pour excès de pouvoir en notre conseil d'état par la voie contentieuse.* — Dass die dritte Republik sich von dieser Auffassung durchaus nicht lossagt, beweist ein Satz aus dem Vortrag des Regierungskommissärs beim Staatsrath zur Sache des Prinzen Napoleon (St. R. E. 19. Febr. 1873): *Que la situation exceptionnelle, qui s'attache inévitablement aux princes des anciennes familles regnantes, puisse autoriser le gouvernement à prendre à leur égard, sous sa responsabilité vis-à-vis de la Chambre, des mesures de prudence se rattachant à ses pouvoirs généraux d'ordre constitutionnel pour le maintien de la paix publique et pour sa propre conservation, nous n'entendons pas contester ce point du droit public.*

[6] In Elsass-Lothringen wären *actes de gouvernement* in der ursprünglichen Weise nicht mehr durchführbar, wegen der persönlichen Haftung der sie vollziehenden Beamten. (R. B. G. § 13) und wegen des Widerstandsrechtes des Betroffenen (St. G. B. art. 113). Im französischen Rechte sind beide Hemmnisse nicht vorhanden (vgl. unten § 7, § 16 und *code pénal art. 209*) Der § 10 des Ges. v. 30. Dez. 1871 — der sogenannte Diktaturparagraph — hat dieselben aber auch für Elsass-Lothringen wieder beseitigt. Nach der durch die Praxis festgestellten Auslegung ist der Oberpräsident dadurch förmlich befugt, frei von aller Rücksicht auf verfassungsmässige Vorbehalte des Gesetzes wie auch auf bestehende Reichs- und Landesgesetze mit den Massregeln vorzugehen, die er für erforderlich erachtet. Ausweisung von eigenen

2. Unter Rechtspflege *(justice)* ist hier nur zu verstehen die Civil- und Strafrechtspflege; die sogenannte Verwaltungsrechtspflege gehört zum Gebiete der Verwaltung. Im Gegensatze zu der Regierung findet bei der Rechtspflege ein Zusammenwirken statt der gesetzgebenden und der vollziehenden Gewalt, wie bei der Verwaltung. Was sie aber abhebt von der letzteren, das ist die eigentümliche Beschränktheit des Zweckes und der Form dieses Zusammenwirkens.

In der Rechtspflege bildet der Einzelne den Mittelpunkt der Thätigkeit des Staates: dem Einzelnen soll sein Recht werden,

Landesangehörigen, Unterdrückung gesetzlich erlaubter Zeitungen, Vereine und Versammlungen kann er mit äusserlicher Gewalt durchführen und Widerstand ist strafbar. Der Name Diktaturparagraph ist aber unrichtig· man versteht unter Diktatur die unausgeschiedene Vereinigung von gesetzgebender und vollziehender Gewalt in einer Hand, wie sie vorübergehend vorkommt. Es können aber mit dem § 10 keine Gesetze gemacht werden; die „Massregeln", die er erlaubt, stehen ganz ausserhalb der Gesetze; sie haben desshalb auch nicht die verbindende Kraft, die der Verwaltungsakt, der Polizeibefehl vor Allem, von einem Gesetze entlehnt. Sie haben überhaupt keine Rechtswirkungen, sind reine thatsächliche Gewalt, ebenso wie die in § 10 als besondere Beispiele angeführten Massregeln des militärischen Befehlshabers beim Belagerungszustande (vgl. unten § 30 Anm. 10). Befehle an die Einzelnen sind wie dort blosse Androhungen der Gewaltanwendung, Ungehorsam dagegen ist nicht strafbar. — Es könnte vielleicht befremden, dass hier die deutsche Reichsgewalt ein Rechtsinstitut geschaffen hätte, welches deutschen Rechtsanschauungen arg widersprechend, seinem ganzen Inhalt nach die französischen *actes de gouvernement* wiedergibt. Wir dürfen aber annehmen, dass das Gesetz die Auslegung, welche Massregeln ausserhalb des Gesetzes gestattet, erst erhalten hat von hier aus und unter dem Eindrucke, welchen sein Wortlaut im Lande hervorbrachte. Eigentlich war es wohl nicht so gemeint. Das neu errichtete Amt des Oberpräsidenten wurde ja ganz der preussischen Behördenordnung entlehnt. Die Aufzählung seiner Befugnisse im Gesetz von 1871 entspricht im Wesentlichen der in der preussischen Dienstinstruktion vom 31. December 1825. Dort ist denn unter anderem nach § 11: als Stellvertreter der obersten Staatsbehörden der Oberpräsident „ermächtigt und verpflichtet, bei ausserordentlichen Ereignissen und Gefahr im Verzuge die augenblicklich erforderlichen Anordnungen zu treffen". Also eine blosse Zuständigkeitsvertheilung. — Inzwischen hat nun freilich eine langjährige stillschweigende Billigung von Kaiser und Reich jener anderen Auffassung Recht gegeben und dabei müssen wir uns bescheiden. — Vergl. über diese Fragen: v. Stengel in Annalen des deutschen Reiches. 1878 S. 114 ff.; Mitscher in Preuss. Jahrbüchern Bd. 33, S. 299 ff.; das Recht der Wiedergewonnenen, Berlin 1883. S. 19 ff., S. 31, S. 40 ff.; Leoni in Marquardsens Handbuch des öffentlichen Rechtes Bd. II, 1 S. 240, 241.

das ist der Hauptzweck. Der Staat handelt hier nicht frei für sich, für seine Interessen. Der Zweig der vollziehenden Gewalt, welcher der Rechtspflege gewidmet ist, wird sorgsam abgesondert vom Ganzen und unabhängig gestellt, damit die Interessen der Staatsgewalt jene Beschränkung nicht stören. In gleicher Weise sucht auch das zugehörige Gesetz, namentlich das Civilgesetz, in erster Linie keine eigene Lebensäusserung des Staates zu sein, sondern nimmt seinen Inhalt aus den überkommenen Rechtsgewohnheiten, die es feststellt, ordnet, mit neueren Rechtsüberzeugungen in Einklang bringt; eigene staatliche Absichten im Civilrecht. das sogenannte jus publicum dort erzeugend (vergl. unten § 35), werden immer als fremdartige Elemente darin empfunden.[7]

Ebenso fest gebunden wie der Inhalt ist die Form, in welcher die beiden Gewalten hier zusammenwirken; jede hat eine feste vorgefundene Stelle auszufüllen; nach der Natur der Rechtspflege gibt es nur zweierlei zu thun: Aufstellung der Normen und Anwendung derselben auf den Einzelfall. Ersteres übernimmt das Gesetz und nur das, es deckt sich demnach auf diesem Gebiete vollständig mit seinem älteren Begriffe.[8] Das Letztere ist Sache der vollziehenden Gewalt und sie wird damit auf diesem Gebiet ganz und nur Vollziehung und zwar Vollziehung von einer bestimmten gebundenen Art.

---

[7] Die Schriftsteller bemerken immer sofort, dass dieser innerliche Gegensatz der Rechtspflege zur Verwaltung sich auch durch die entsprechende Thätigkeit des Gesetzes zieht; Laferrière I, S. 333: *d'un côté l'exécution a pour objet les intérêts généraux de la société; de l'autre elle s'applique aux intérêts particuliers des personnes et des familles. Cette différence d'intérêts . . . . . fonde la distinction des lois administratives et des lois civiles.* Berriat Saint-Prix n. 708: *On comprend pourquoi le pouvoir judiciaire a des fonctions moins étendues que le pouvoir exécutif* (hier = Verwaltung). *C'est qu'il est totalement étranger à la gestion des affaires de l'État; il ne s'occupe des intérêts publics que lorsqu'ils sont en conflit avec des intérêts individuels. On aperçoit également, que la mission du pouvoir législatif est double. D'un côté, il formule des volontés, donne des ordres au nom de l'État, de l'autre il établis des règles de conduite, obligatoires pour les individus etc.*

[8] Die civilrechtliche Theorie kann denn auch von ihrem Standpunkte aus ohne Weiteres die alte Begriffsbestimmung beibehalten; Demolombe I, n. 2: *La loi véritable et proprement dite est une règle sanctionnée par la puissance publique, une règle juridiquement obligatoire.*

3. Das Wesen der Verwaltung besteht in dem Wegfallen dieser eigenthümlichen Beschränktheit der Staatsthätigkeit. Die Folge ist von selbst, dass statt der Bewegung des Einzelwillens das eigene Leben des Staates nunmehr in den Mittelpunkt tritt. So soll denn auch das Ergebniss jener negativen Thatsache einfach wiedergegeben sein in den gebräuchlichen positiven Wendungen: die Verwaltung verfolgt das eigene Interesse des Staates, handelt Namens des Staates. Das Nämliche thut in der Regierung die vollziehende Gewalt, aber allein. Zum Unterschied auch von dieser ist die Verwaltung dasjenige Gebiet der Staatsthätigkeit, auf welchem beide, gesetzgebende und vollziehende Gewalt, handeln Namens des Staates und für seine eigenen Interessen.[9]

Es ist nicht schwer, dem, was die vollziehende Gewalt in der Verwaltung thut, ein solches Handeln Namens des Staates anzusehen; die Vergleichung mit der Geschäftsführung eines Privaten liegt schon in dem Namen Verwaltung, der ihrer Thätigkeit vorzugsweise gegeben wird.

Worauf es aber ankommt, das ist die Erkenntniss, dass auch die zugehörige Thätigkeit des Gesetzes ganz die nämliche Natur habe. Wie hinter der selbstlosen Rechtspflege das selbstlose Civilgesetz, so steht hinter der handelnden Verwaltungsbehörde das Verwaltungsgesetz, mithandelnd und mitverwaltend: soweit man von Rechtsgeschäften sprechen darf, die in der Verwaltung gemacht werden, macht auch das Verwaltungsgesetz Rechtsgeschäfte.

Die eigenthümliche Gestalt dieser Handlungen des Gesetzes darf nicht darüber täuschen: sie erklären sich durch die besonderen Eigenschaften des handelnden Rechtssubjektes.

---

[9] Vivien, *études administratives*, Vorrede: *L'administration est l'état personnifié pour le règlement de ses intérêts propres.* Berriat Saint-Prix n. 928 bildet den Begriff eines *pouvoir administratif*, an welchem das Gesetz Theil hätte, wie die Vollziehung und bezeichnet als Inhalt: *émettre des volontés au nom de l'État, contracter et agir pour le compte de la nation;* dazu dann der Gegensatz (n. 1200): *quand il est question d'agir au nom de l'État le pouvoir judiciaire disparait.* Vgl. oben Anm. 7 und § 1 Anm. 11.

Das Gesetz kann in Form **allgemeiner Regeln** unmittelbar wirksame Willensäusserungen machen. Wenn es in Einzelverfügungen bei der Verwaltung mitwirkt, wo die Gedankenverbindung mit dem Civilrechtsgesetz weniger stört, — es beschliesst z. B. die Veräusserung eines fiskalischen Grundstückes, ermächtigt eine Gemeinde zur Darlehensaufnahme, ertheilt einem religiösen Orden Genehmigung, — so ist das einfache Handeln Namens des Staates deutlich genug. Sucht man ja doch nach besonderen Bezeichnungen, die das Geschäftliche in diesen Gesetzen an ihrem Namen zum Ausdruck bringen sollen.[10] Statt den einzelnen Fall für sich zu nehmen, kann das Gesetz aber ganz die nämliche Willensäusserung auch in allgemeiner Form machen, geknüpft an gewisse Merkmale, durch welche sie zutreffend wird. Es gibt gewissen Arten von Vereinen die Erlaubniss im Voraus, ermächtigt zu Veräusserungen des Staatsgutes für gewisse Fälle allgemein, legt öffentliche Lasten auf nach allgemeinen Merkmalen. Dann ist überall wo und jeder Zeit wann diese Merkmale vorhanden sind, auch eine Willensäusserung des Gesetzes gegeben, unmittelbar wirksam, weil das Gesetz eben in dieser Form unmittelbar wirken kann, im Uebrigen aber ganz von der gleichen Natur wie die entsprechende gesetzliche Einzelverfügung.

Das Gesetz, ob Einzelverfügung oder allgemeine Regel, kann zweitens die Handlung **in unfertiger Gestalt** enthalten, ein mehr oder weniger grosses Stück der beabsichtigten Willenserklärung geben. Es kann das, denn es hat neben sich die andere Form des Staatswillens, immer berufen und bereit, das Angefangene in dem entsprechenden Sinne fertig zu stellen und zu ergänzen zu einer wirksamen, den Einzelfall voll erfassenden Willensäusserung. Und in vielen Fällen wird ihm die Zweckmässigkeit verbieten, in die Einzelheiten des Falles herunterzusteigen; nur das Grosse, Wichtige, Allgemeine der Willenserklärung gibt es dann und

---

[10] **Merlin**, *répertoire V° loi* § 2, n. II: *autoriser un établissement public à aliéner un immeuble, permettre à une commune de s'imposer elle-même certaines taxes, n'est pas faire une loi mais un acte de haute administration.* In Wahrheit ist der Akt beides: **Berriat Saint-Prix** n. 708. — **Aucoc** III, n. 1349 nennt solche Gesetze: *lois d'affaires.*

überlässt das Nähere der vollziehenden Gewalt.[11] So wenn ein Einzelgesetz die Zwangsenteignung verordnet für ein bestimmtes Unternehmen an einem bestimmten Ort und die Verwaltungsbehörde nunmehr die getroffenen Grundstücke individuell bezeichnet. Oder das Gesetz bestimmt den anzustellenden Beamten im Allgemeinen nach Alter und Vorbildungserfordernissen und gibt damit ein Stück der Auswahl, welche die vollziehende Gewalt in der Ernennung zum fertigen Rechtsgeschäfte macht.

Sehr häufig, wie z. B. gerade im letzterwähnten Falle, mag das bei oberflächlicher Betrachtung so aussehen, als würde gehandelt unter den Rechtsregeln des Gesetzes, wie es der Einzelne thut, wenn er Privatrechtsgeschäfte vornimmt. In Wirklichkeit ist das Verhältniss ein ganz anderes. Der Staat hat hier durch sein Gesetz nicht Regeln gegeben für künftiges fremdes Handeln, wie das Civilrecht es thut. Denn was jetzt weiter handelt, die vollziehende Gewalt, ist wieder er selbst; er hat durch das Verwaltungsgesetz bereits begonnen zu handeln; was weiter geschieht, ist nur die Fortsetzung davon.

Dies macht den inhaltlichen Gegensatz der Verwaltung zur Rechtspflege aus; daneben steht noch ein äusserlicher. Die beiden Gewalten sind hier nicht gebunden an das feststehende Schema einer Thätigkeitsform, wie es dort zur gleichmässigen, man möchte sagen mechanischen Herstellung des Rechtes der Einzelnen einer jeden auferlegt werden musste. Jede bewegt sich vielmehr mit ihrer Handlung frei in allen denkbaren Formen, welche ihre verfassungsmässige Natur zulässt.

Das Gesetz handelt und wirkt nach freier Wahl in allgemeiner Regel oder in Einzelverfügung. Der Natur des Gesetzes, d. h. seiner schwerfälligeren Entstehungsart entspricht es ganz entschieden, vornehmlich den ersteren Weg zu wählen. Man kann sogar sagen, es war die Meinung bei Schaffung dieser Gewalt, dass sie wo möglich nur in dieser Gestalt ihre Macht übe. Allein das ist

---

[11] Berriat Saint-Prix n. 709: *il (le pouvoir législatif) ne peut en pareil cas que poser des limites, assigner un but ... il est bien forcé de remettre la direction aux agents du pouvoir exécutif avec une latitude, qui leur permet d'émettre certaines volontés au nom de l'État.*

nur ein moralisches Sollen, eine Anempfehlung; rechtlich ist das eine so zulässig wie das andere.

Die vollziehende Gewalt geht ausserhalb des Vorbehaltes des Gesetzes ganz ihre eigenen Wege. Soweit aber das Gesetz sich eines Gegenstandes bemächtigt hat, kommt es darauf an, was das Gesetz ihr von der vorzunehmenden Handlung übrig gelassen hat. Der Begriff der Vollziehung, d. h. der Fertigstellung der Handlung des Gesetzes, entfaltet sich in seiner ganzen Mannigfaltigkeit von Formen: vom einfachen Ausführen der in sich fertigen Willenserklärung (*exécuter*) zum Anwenden des allgemein ausgesprochenen Willens auf den Einzelfall (*appliquer*) und zum Ergänzen des unfertigen (*compléter*). Dazu erhält der Vollzug dann noch besondere Färbungen durch Ermächtigungen, mit welchen das Gesetz ihn ausstattet aus seinem vorbehaltenen Gebiete, einfache Ermächtigungen (*autorisations*) und Machtübertragungen (*délégations*).

So erklärt es sich denn aber auch, warum nur gerade die Verwaltungsrechtslehre es für notwendig hält, auf die verfassungsrechtliche Trennung der Gewalten zurückzuweisen mit all den Möglichkeiten von Verhältnissen und Thätigkeitsformen, die sie enthält. Civilrecht und Strafrecht, Civil- und Strafprozess können sich begnügen mit der einzigen festbestimmten Form, welche sie von dort herausgenommen haben.

§ 3. Verwaltungsrecht.

In diesem Zusammenwirken von Gesetz und Vollziehung ist das Verwaltungsrecht schon unmittelbar enthalten. Das Verhältniss zwischen dem Staate und den Unterthanen wird nicht von aussen geordnet, sondern einseitig von dem handelnden Staate durch seine Handlung bestimmt. Ueberall wo sein Wille dabei den Einzelnen berührt, ist er bindend für diesen. Erfolgt die Einwirkung in Form von allgemeinen Regeln, so macht das ohne Weiteres bindende Regeln, Rechtssätze.[1] Das Verwaltungsrecht

[1] Es ist nicht zufällig, dass auch schon in den Definitionen des Verwaltungsrechtes häufig von seinen Regeln nur gesagt wird: sie bestimmen

ist die Gesammtheit dieser Regeln. Die bindende Kraft freilich hat dabei nicht ihre bestimmte gleichbleibende Art, in der sie wirkt, wie wir je eine feste Grundform für Civilrecht und für Strafrecht anzugeben vermögen. Sie entwickelt sich im Verwaltungsrecht nach so mannichfacher Richtung, wie die Handlung des Staates selbst: in Befehlen und Lastauflegungen, in Rechtsentziehung und Rechtseinräumung, wie in Gewährung thatsächlicher Vortheile. Als Gemeinsames ist nur der allgemeinste Begriff der bindenden Kraft noch erkennbar: was gewollt ist und wie es gewollt ist, ist unbedingt und aus eigner Kraft gültig und massgebend für den Einzelnen, den es trifft. Verwaltungsrecht kann desshalb nur bezeichnet werden als der Inbegriff der allgemeinen Regeln, mit welchen der verwaltende Staat auf die Einzelnen einwirkt.

1. Nicht alle Regeln, welche aus der Masse der Staatsthätigkeit in der Verwaltung auftauchen, sind im Stande, so zu wirken. Das Gesetz hat das Vorrecht, den Einzelnen auch dann unmittelbar zu treffen, wenn es in allgemeinen Regeln handelt; neben ihm können derart wirken nur Willensäusserungen solcher Glieder der vollziehenden Gewalt, welche durch Machtübertragung mit seiner Kraft ausgestattet sind.

Daraus ergibt sich die Lehre von den Quellen des Verwaltungsrechtes. Es werden als solche anerkannt: vor Allem das Gesetz selbst; dann die Verordnungen des Staatsoberhauptes (*ordonnances, règlements d'administration publique*) und die der Präfekten und Bürgermeister (*règlements départementaux, locaux*). Die Verfassung ist eine Quelle des Verwaltungsrechtes nur insofern, als in die Verfassungsurkunde Bestimmungen aufgenommen

---

das Verhältniss, anstatt sie ordnen oder beherrschen es. Cabantous n. 3: *règles qui fixent les rapports*; Saint-Girons: *règles qui déterminent les rapports*. Aubry u. Rau I, S. 2 stellen gegenüber: das Recht, welches soll *régler les relations privées des particuliers entre eux* (Civilrecht), und das, welches zum Inhalt hat, *de fixer les rapports des citoyens avec l'État* (Verwaltungsrecht).

[2] Gérando I, S. 62; Trolley I, n. 13 ff.; Laferrière I, S. 334; Aucoc I, n. 11; Cabantous n. 7; Pradier S. 14.

sein können, welche ihrer inneren Natur nach die Bedeutung von blossen Verwaltungsgesetzen haben.

Bei der Aufzählung dieser Quellen des Verwaltungsrechts pflegen auch die Ministerialinstruktionen erwähnt zu werden; aber nur um sie in Gegensatz dazu zu stellen. Sie enthalten kein Verwaltungsrecht. Warum nicht? Sie wirken nur bindend für die Beamten und nur in der Kraft des bestehenden Dienstverhältnisses; sie sind also wohl bindende Regeln, aber nicht in dem Sinne der selbständig und unmittelbar auf die Unterthanen wirkenden Kraft der gesetzlichen.[3]

2. Die Bedeutung des Verwaltungsrechtes liegt nicht darin, dass es Rechte der Behörden oder der vollziehenden Gewalt abgränzt den Einzelnen gegenüber. Es beruht auf einer Uebertragung civilrechtlicher Anschauungen, wenn wir uns auf diese Weise zwei Parteien zu bilden suchen, über welchen die Rechtsordnung steht. Das Verhältniss der Behörden gleicht viel eher dem der Gerichte zum Civilrecht. Ihre Gebundenheit macht nicht die Rechtsordnung aus, sondern dient zur Sicherung und Vervollständigung der Rechtsordnung, die unmittelbar entsteht zwischen dem Einzelnen und dem Staate selbst als Ganzem.

Ebenso unrichtig wäre es, in dem Verwaltungsrechte etwa eine höhere Macht zu sehen, welche über dem Staate selbst stünde. Es beherrscht nicht einmal das ganze Gebiet der Verhältnisse des verwaltenden Staates zu den Einzelnen, wie das Civilrecht das ganze Gebiet der Verhältnisse der Einzelnen zu einander. Soweit über einen Gegenstand kein Gesetzeswille geäussert ist, steht die Verwaltungsthätigkeit ausserhalb aller Verwaltungsrechtsordnung. Die vollziehende Gewalt kann dafür dem Civilrechte unterworfen sein; das ist eine Ausnahme, von welcher wir vorläufig absehen (vgl. unten § 24 n. 1). Wo das aber nicht der Fall ist, handelt sie dann frei neben dem Gesetze als ebenbürtige Gewalt, die ihre

[3] Trolley I, n. 28: *les circulaires et les instructions . . . n'ont aucune force législative, elles n'obligent ni les citoyens ni les tribunaux.* Ebenso Cabantous n. 7; Pradier S. 14; Batbie I, S. 28. Aucoc I, n. 11 führt die Ministerialinstruktionen ohne Vorbehalt unter den Quellen auf; er will sie aber dadurch nur als Auslegungsbehelfe bezeichnen gleich den Staatsrathsentscheidungen.

bindende Kraft nicht entlehnt der gesetzlichen Rechtsordnung, wie die Privatverfügung dem Civilrechte ihre Rechtswirksamkeit, sondern mitbringt aus der Verfassung. Die verfassungsmässige Machtvertheilung allein ist ihr dafür die massgebende Rechtsordnung, indem sie ihr Schranken setzt am Vorbehalte des Gesetzes und am Vorrang desselben, soweit es verfügt hat. Aber auch wo das Gesetz spricht, entstehen nicht immer Rechtssätze; es kann in Einzelverfügungen wirken, es kann auch aus seinem vorbehaltenen Gebiete der vollziehenden Gewalt so unbestimmte Ermächtigungen geben, dass die Einwirkung, welche es durch die Ermächtigung auf die Einzelnen übt, nur im allergeringsten Masse die Form der allgemeinen Regel erhält. Hier in der Verwaltung ist nicht wie bei der Rechtspflege der ganze Zweck der Theilnahme des Gesetzes darauf gerichtet, eine Rechtsordnung zu schaffen. Es will in erster Linie handeln, einen sachlichen Zweck erreichen; dass es seiner Handlung die Form der allgemeinen Regel gebe, ist eine Nebenrücksicht, der es allerdings von selbst zu entsprechen geneigt ist, seiner Natur nach. Das Verwaltungsrecht ist ein Nebenprodukt der Thätigkeit des verwaltenden Staates. Aber soweit es besteht, bedeutet es für die Einzelnen darum nicht weniger die ganze Wohlthat, welche eine Rechtsordnung den menschlichen Verhältnissen überhaupt gewähren kann, indem es an die Stelle der Willkür des Augenblickes die allgemeine Regel setzt, die da wirkt ohne Ansehen der Person.

3. Der Gegensatz zum Civilrecht zeigt sich aber auch an der äusserlichen Erscheinung der Verwaltungsrechtssätze. Im Civilrecht sind Rechtssatz und Rechtsgeschäft getrennt. Der Rechtssatz gibt nur die leere Form, innerhalb welcher der Einzelwille sich bewegen, die er ausfüllen mag mit den Besonderheiten der lebendigen Handlung; alle Bestimmung von Zwecken und Gegenständen bringt erst die Verwendung der Form zum praktischen Rechtsgeschäfte mit sich. Die Verwaltungsrechtssätze als Handlungen des Staates sind selbst schon darauf gerichtet, bestimmte Zwecke desselben zu verwirklichen, und haben ein mehr oder weniger grosses Stück des Stofflichen der Handlung in sich aufgenommen. Sie entstehen gruppenweise, vereinigt zu einem Ge-

setzgebungsakt durch den gleichen sachlichen Zweck, ohne Rücksicht auf die Verschiedenheit der Form. Massen von technischen Einzelheiten, deren die Handlung nicht entbehren kann, sind namentlich in der beweglichen Gesetzgebung zweiten Ranges, der Verordnung, enthalten. Der blosse Unterschied des stofflichen Wollens erzeugt bei gleichbleibender Form verschiedene Rechtssätze neben- oder nach einander. Wo der eine Civilrechtssatz Pflichten verschiedenartigsten Inhalts nach der Verschiedenheit des Rechtsgeschäftes entstehen lässt, da erzeugen die Polizeiverordnung, der Abgabentarif ebensoviele Rechtssätze, als sie gleichgeartete aber inhaltsverschiedene Pflichten auferlegen.

Daher die überreiche Fülle der Verwaltungsrechtssätze. Das Nebeneinanderbestehen örtlich begränzter Rechtsquellen macht es nicht allein, sondern mehr noch die Art, wie alle Verwaltungsrechtsquellen arbeiten. Das Civilrecht mag alle seine Rechtssätze in einem einheitlichen Civilgesetzbuche zusammenfassen. Beim Verwaltungsrecht ist etwas derartiges unausführbar.[4]

Unter Verwaltungsrechtskunde verstehen wir die Kenntniss der bestehenden Verwaltungsrechtssätze. Sie hat gegenüber dem geschilderten Zustande des Verwaltungsrechts für sich allein keine sehr dankbare Aufgabe. Doch gibt ihr gerade die Eigenthümlichkeit der Verwaltungsrechtssätze, auf welcher die Schwierigkeit beruht, einen fruchtbaren Zusammenhang mit einer anderen Wissenschaft. Jene Rechtssätze sind ja zugleich Beurkundungen des wirklichen Lebens des Staates, seiner Zwecke und Bestrebungen auf allen öffentlichen Gebieten. Sie liefern Stoff für diejenige Wissenschaft, welche das Leben des Staates zu ihrem Gegenstande gemacht hat, für die Staatswissenschaft, für denjenigen Theil derselben besonders, der als Verwaltungslehre, *science administrative*, bezeichnet wird.

Dafür kann sich wieder die Darstellung des Verwaltungs-

[4] Aucoc I, n. 11. Ein *Code administratif*, der dem *Code civil* an die Seite gestellt werden könnte, war lange Zeit ein Ideal der französischen Juristen. Unter diesem Namen gab zuerst Fleurigeon im Jahre 1806 eine Sammlung von Gesetzen und Verordnungen heraus, die aber rasch veraltete.

rechts an die Verwaltungslehre anschliessen, indem sie die Ordnung benützt, die diese ihrem Stoffe gibt; die Verwaltungsrechtssätze fügen sich grossen Theils mit Leichtigkeit ein in ihre verschiedene „Wesen". Diese Behandlungsweise gibt ihnen eine übersichtliche Gruppirung und werthvolle Zusammenhänge für die Auslegung ihres Willensinhaltes. Verwaltungsrechtswissenschaft ist das nicht.

§ 4. Aufgabe der Verwaltungsrechtswissenschaft.

Die Rechtswissenschaft hat es nur mit den Formen zu thun, in welchen zwischen den von ihr beobachteten Rechtssubjekten Willensherrschaft gemäss dem objektiven Rechte erscheint. Die daraus sich ergebenden festen Arten von Formen in ihrer Verschiedenheit und ihrem Zusammenhange bilden ihr System. Das gilt für die Verwaltungsrechtswissenschaft ebensogut wie für die des Civilrechts. Aber die Ausführung weicht ab und die Grundbegriffe, welche das Civilrecht geschaffen hat, müssen sich hier eine Anpassung und Umschmelzung gefallen lassen, wenn sie brauchbar bleiben sollen. Wir können ihre technischen Bezeichnungen immer nur mit Vorbehalt anwenden. Aber desshalb gänzlich auf sie zu verzichten, würde die Darstellung nur erschweren; denn eine eigne, ihr vollkommen angemessene Rechtssprache besitzt die Verwaltungsrechtswissenschaft nicht, die französische so wenig als die deutsche.

Die Rechtsinstitute des Civilrechts haben zum Mittelpunkte das subjektive Recht, die Befugniss, welche für das einzelne Rechtssubjekt erworben, ausgeübt, verloren wird. Ein derartiges System von Befugnissen vermag die Verwaltungsrechtswissenschaft aus ihrem Gegenstande nicht zu bilden; das Verhältniss zwischen dem verwaltenden Staate und den Einzelnen liefert sie nicht.

Der Staat, in diesem Verhältnisse, erwirbt und verliert nicht Befugnisse, sondern übt nur die eine grosse Befugniss aus, die er als gesetzgebende und vollziehende Gewalt aus dem Verfassungsrechte mitbringt: die hoheitliche Macht über die Einzelnen. Alle Verschiedenheit liegt nur in dem verschiedenen Gebrauche dieser Befugniss, in der verschiedenen Art der Einwirkung auf die Einzelnen. Das andere Rechtssubjekt, der Einzelne, ist dem gegenüber der leidende Theil, dessen Verhältniss zum Staate von diesem einseitig bestimmt wird. Insofern das geschieht von einem durch verfassungsrechtliche und verwaltungsrechtliche Regeln geordneten Staate, mag man jedes so entstehende Verhältniss ein Rechtsverhältniss nennen. Es kann stillschweigend geschehen durch die blosse Thatsache: staatlicher Besitz, staatliche Thätigkeit schliesst die Einzelnen aus, verdrängt sie, gewährt ihnen Vortheile, ohne dass ein weiteres Verhältniss zu ihnen persönlich begründet würde über das allgemeine hinaus, das der Ueberlegenheit des Staatwillens. Es kann auch geschehen durch ausdrücklichen darauf gerichteten Willensakt, der den Einzelnen trifft und ein besonderes Rechtsverhältniss zwischen dem Staate und den Betroffenen begründet, als Befehl, Lastauflegung, Entschädigungsgewährung. Dieser Willensakt, mag er Einzelakt sein oder allgemeine Regel, Gesetz oder Akt der vollziehenden Gewalt oder zusammengesetzt aus beiden, ist das verwaltungsrechtliche Rechtsgeschäft; wir haben nichts anderes dafür.

Der Einzelne hat dem verwaltenden Staate gegenüber von Haus aus keine Befugniss. Wenn man von Rechten der Einzelnen spricht, so sind das blosse Widerspiele der verfassungsmässigen Ordnung der Staatsthätigkeit oder der durch die staatliche Einwirkung begründeten Rechtsverhältnisse (Reflexrechte, vgl. unten § 24 n. 2). Nur in einem Falle steigert sich die ausdrückliche Einwirkung des Staates zu einer wahren Rechtsbegründung. Es kann den Einzelnen eine Mitwirkung eingeräumt werden an dem, was allein Gegenstand verwaltungsrechtlicher Befugniss ist, an der Staatsthätigkeit selbst, so dass sie mit ihrem Willen bestimmend theilnehmen an der Erzeugung staatlichen Willens. Das geschieht in zwei Formen: in der Verwaltungsrechtspflege und in der Selbstverwaltung. In diesen Mitwirkungsrechten haben wir wahre Willensherrschaften vor uns, abgeleiteter Art, denn auch sie sind immerhin nur Wirkungen der rechteinräumenden Thätigkeit des Staates, aber sonst ihrer Natur nach den Befugnissen des Civilrechts gleichartig und als solche hervorragend über allem, was sonst die Stellung der Einzelnen im Verwaltungrechte kennzeichnet.

Unsere Rechtsinstitute bestehen demnach nicht in Arten von Befugnissen, sondern in verschiedenartigen Einwirkungen des Staates auf die Einzelnen, soweit ihre Gestalt durch Rechtssätze bestimmt ist. Diese Rechtsinstitute erhalten wir aber nicht in der einfachen Weise aus dem Verwaltungsrecht, wie die Civilrechtswissenschaft die ihrigen aus dem Civilrecht.

Der Letzteren gibt das Civilgesetzbuch die Rechtssätze schon als leere Formen in einem wissenschaftlichen Systeme nach Rechtsinstituten geordnet. Sie kann sich begnügen, Rechtskunde zu sein mit Kommentar. Wir aber müssen unsere Formen der Einwirkung erst abziehen aus der Fülle von Rechtssätzen, welche sie mit verschiedenem stofflichen Inhalt verwenden, sie auslösen aus den Verschlingungen, in welchen der gemeinsame Zweck sie erscheinen lässt, und aus den technischen Einzelheiten der Handlung: statt des ganzen Verwaltungsrechtes gibt die Verwaltungsrechtswissenschaft nur einen in bestimmter Weise bearbeiteten Auszug.[1]

Andererseits gehen wir über den Umfang der Verwaltungsrechtskunde hinaus. Die Verwaltungsthätigkeit bietet Rechtsinstitute auch ausserhalb des Bereiches der Verwaltungsrechtsordnung, Einwirkungsarten der vollziehenden Gewalt, deren Gestalt wenigstens in den äusseren Umrissen bestimmt ist, nicht durch Verwaltungsrechtssätze, sondern durch die Schranken der verfassungsmässigen Machtvertheilung. So das ganze Rechtsinstitut des öffentlichrechtlichen Vertrages (vgl. unten § 44 ff.), so die stillschweigende (formlose) Einwirkung der öffentlichen Arbeiten (vgl. unten § 42). Die Verwaltungsrechtskunde gibt von diesen Rechtsinstituten nur undeutliche Spuren; die Verwaltungsrechtswissenschaft erst stellt das Bild zusammen.[2]

---

[1] So erläutert Gérando, der Begründer der französischen Verwaltungsrechtswissenschaft, seine Aufgabe (Vorrede S. 10—13): *Les besoins de l'enseignement demandent un travail plus simple, plus concis ... si les textes se sont multipliés, les règles se sont simplifiées ... plus on les résume, et mieux on voit ressortir l'harmonie secrète qui les unit.* Er gibt also nur: *les dispositions principales extraites des (lois et règlements) qui peuvent être considérées comme des règles actuellement en vigueur de notre droit administratif.*

[2] Daraus erklärt sich, warum manche Schriftsteller (z. B. Cabantous n. 7, Gérando I, S. 62) Verfassungsbestimmungen schlechthin als Quellen des Verwaltungsrechtes aufführen. Was Wahres daran ist, das ist, dass diese

Die oberste **Eintheilung** unseres Gegenstandes erhalten wir dadurch, dass gewisse Theile des Verwaltungsrechts wegen eines gemeinsamen abweichenden Grundzugs ihrer Rechtsinstitute von der Hauptmasse aus Zweckmässigkeitsrücksichten getrennt werden.

Auf dem Wege zur Einwirkung auf die Einzelnen erzeugt der Staat eine ständige Einrichtung, die Ordnung der Personen, welche ihm dabei zu dienen berufen sind. Wegen der mehr vorbereitenden Natur, welche dieser Staatsthätigkeit eignet, bildet man daraus eine besondere Abtheilung, welche dem Uebrigen vorausgeschickt wird, als Lehre von der **Verwaltungsbehördenordnung** (*organisation des autorités administratives*).

Dahinter kommt dann die Hauptmasse, als **eigentliches Verwaltungsrecht** im Gegensatze dazu bezeichnet (*droit administratif proprement dit*).[3]

Hievon sondert sich aber noch einmal ein eigenthümliches Rechtsgebiet, bestimmt durch das Mitwirkungsrecht der **Selbstverwaltung**. Während die Verwaltungsrechtspflege sich mit dem in ihr gewährten Mitwirkungsrechte der Einzelnen als ein eigengeartetes Stück der Behördenordnung in diese einfügt, tritt mit der Selbstverwaltung ein Theil der Staatsthätigkeit aus dem unmittelbaren Zusammenhange mit der centralen Staatsgewalt selbständig heraus und wird seinerseits wieder Gegenstand neuer Einwirkungsarten. Es entstehen neue Aemterordnungen, neue Rechtsinstitute gleich denen des eigentlichen Verwaltungsrechtes; dazu

Bestimmungen eine Erkenntnissquelle sind für die mögliche Gestalt von Verwaltungsrechtsinstituten. Man hat nur den Begriff des Verwaltungsrechtes und den der Verwaltungsrechtswissenschaft vertauscht. Das geschieht auch sonst häufig. So bei **Gérando**, wenn er sagt: *le droit administratif a pour objet les règles etc.* (vgl. oben § 1 Anm. 1). So auch bei **Laferrière** I, S. 334 mit seiner Warnung: *On ne doit pas confondre la science administrative avec le droit administrative.* Das objektive Recht hat diese Verwechslung nicht zu fürchten; wohl aber läuft die Rechtslehre Gefahr, ihre wissenschaftliche Selbständigkeit an die Verwaltungslehre zu verlieren (vgl. oben S. 20).

[3] In dieser Weise bildet schon **Gérando** zwei Abschnitte: *sous le premier point de vue elle (la science) considère surtout l'instrument*, *sous le second elle considère surtout la matière* (I, S. 16). Ebenso **Trolley** I, n. 31; **Ducrocq** n. 34; **Aucoc** I, n. 6.

aber kommen die meisten Rechtsinstitute des Letzteren darin nochmals unter veränderten Bedingungen zum Vorschein. Die Selbstverwaltung bildet desshalb ein natürliches Schlusskapitel.[4]

---

[4] Die französische Rechtssprache hat für Selbstverwaltung kein voll entsprechendes Wort; die Sache selbst besteht; aber die ihr zugehörigen Rechtsinstitute werden unter verschiedenen Namen bald dieser bald jener Stelle des Systems zugewiesen. Aucoc I, n. 6 bringt sie unter die Behördenordnung als *administration des intérêts spéciaux*, Trolley I, n. 31 mit der Rubrik *tutelle* in das eigentliche Verwaltungsrecht, Ducrocq n. 34 bildet ein ganz willkürlich abgegränztes Kapitel, wo sie mit dem Staate zusammen die *personnes morales qui rélèvent du droit public* vorstellen. Der Vielseitigkeit des Begriffes, welche hierin zum Ausdruck kommt, wird man wohl durch ganz selbständige Behandlung desselben am Besten gerecht.

ERSTER ABSCHNITT.

DIE BEHÖRDENORDNUNG.

---

§ 5. Rechtliche Natur der Behördenordnung.

Wenn der Staat Personen aufstellt, welche für ihn und in seinem Namen handeln sollen, so erkennen wir in den darauf gerichteten Willensäusserungen die Formen des Rechtsgeschäftes des Auftrages. Dasselbe kann möglicher Weise ein gewöhnlicher civilrechtlicher Auftrag sein (vgl. unten § 24 n. 1); das ist jedoch eine seltene Ausnahme, welche hier nicht in Betracht kommt. Wir haben es nur mit dem entsprechenden Rechtsgeschäfte öffentlichrechtlicher Natur zu thun.

Der öffentlichrechtliche Auftrag hat, wie der civilrechtliche, zwei Seiten: er verpflichtet den Beauftragten und befähigt ihn, Namens des Auftraggebers zu handeln. In ersterer Beziehung bedeutet der staatliche Auftrag ein unmittelbares Verhältniss zwischen dem Staate und dem Einzelnen, welchem der Auftrag gegeben wurde, und gehört insofern dem eigentlichen Verwaltungsrechte an (vgl. unten § 47). Für den gegenwärtigen Abschnitt liegt der Schwerpunkt auf dem durch den Auftrag geschaffenen Vertretungsverhältnisse, auf der Vollmacht.

Die staatliche Auftragsthätigkeit zeichnet sich schon äusserlich aus durch den grossartigen Massstab, in welchem sie stattfindet. Derselbe sachliche Umfang von Geschäften wird für gleichartig bestimmte räumliche Gebiete immer wieder und neben einander Personen von gewissen gleichbleibenden allgemeinen Eigenschaften übertragen; beweglich bleibt an dem ganzen Auftrage schliesslich nur das letzte Stück, die mehr oder weniger freie Bezeichnung der in dieses Verhältniss hineinzustellenden Person, die Ernennung. Der feststehende Theil des Auftrages aber, wie er bestimmt ist, je einer Person übertragen zu werden, bildet den Begriff des Amtes.

Für die praktische Anschauung tritt das Amt selbständig in den Vordergrund im Gegensatze zu der wechselnden Person seines Inhabers. Es wird behandelt wie ein Wesen für sich, von welchem die staatliche Thätigkeit ausgeht, fast persönlich, und die Befugnisse, welche die jeweils beauftragte Person zu üben hat, werden angesehen wie seine Befugnisse. Damit vollzieht sich eine neue Ausscheidung innerhalb der feststehenden Theile des Auftrages selbst. Es werden in Gegensatz zu den Amtsbefugnissen diejenigen Stücke des Auftrages gestellt, welche die Art und Gestalt des anschaulichen Subjekts derselben, des Amtes selbst bestimmen: die Besetzungsweise, das Verhältniss zu andern Trägern staatlichen Wollens, der Einfluss auf andere Aemter und von ihnen; der Inhalt der Amtsbefugnisse kommt dabei nur nach der Seite in Betracht, dass andere Aemter davon ausgeschlossen sind, als Zuständigkeit.

Die Summe der neben einander thatsächlich in Uebung stehenden Aufträge, in dieser das Amt selbst bestimmenden Richtung allein angesehen, gibt das Bild eines von dem Willen des Staates geordneten dauernden Zustandes, die Aemterordnung.

Diese Aemterordnung ist aber nicht ohne Weiteres Verwaltungsrecht. Was wir hier darstellen, ist auch nur ein Engeres, die Behördenordnung. Der Weg zu beiden führt durch den Gedankengang hindurch, welcher überall dem Verwaltungsrechte seine Grundlagen bereitet.

Der Staat übt seine Auftragsthätigkeit wie jede andere in der verfassungsmässigen Unterscheidung zweier Willensformen, als gesetzgebende und vollziehende Gewalt. Das Verhältniss der beiden ist nicht so, dass die Regierung beauftragte wie ein Privatmann unter dem Gesetz und das Gesetz Form und Wirkung des Auftrags regelte. Sondern das Gesetz wirkt selbst mit als auftraggebender Staat, es bemächtigt sich eines mehr oder weniger grossen Stückes des Rechtsgeschäftes; soweit das geschehen, ist die andere Form staatlicher Willensäusserung daran gebunden nach den Regeln der Vollziehung; im Uebrigen bestimmt sie die Aufträge ihrerseits frei daneben.[1]

Auch an dieser Staatsthätigkeit kommen aber die beiderseitigen verfassungsmässigen Vorbehalte zur Geltung.

Der Vorbehalt der vollziehenden Gewalt besteht in dem ausschliesslichen Ernennungsrecht zu allen Berufsämtern. Eine Ernennung durch das Gesetz wäre verfassungswidrig. Aber ganz ausgeschlossen ist seine Mitwirkung auch von diesem Stücke der Auftragsertheilung nicht. Wenn es die Eigenschaften bestimmt, welche die zu ernennende Person haben soll, also etwa das Alter, die Vorbildung und sonstige Anstellungsbedingungen festsetzt, so nimmt es Theil an der Auswahl. In manchen Fällen bestimmt es sogar eine Rangfolge unter den Bewerbern nach Dienstalter oder nach dem Erfolge von Prüfungen; dann verliert die Regierung jede freie Bewegung und die Ernennung ist nichts als Gesetzesanwendung (vgl. unten § 47). Es ist auch nicht ausgeschlossen, dass das Gesetz Formen bestimmt für die vorzunehmende Ernennung, insbesondere verfügt, dass das Staatsoberhaupt nicht selbst, sondern durch eine ihm untergeordnete Behörde die Ernennung ausübe.[2]

Wichtiger noch wird der Vorbehalt des Gesetzes. Wenn Einwirkungen, welche Zwang zu Thun oder Lassen oder Entziehung von Eigenthum vorstellen, nur von ihm ausgehen können, so folgt daraus allerdings noch nicht, dass alle Aufträge, bei solchen Eingriffen mitzuwirken, zum Vorbehalte des Gesetzes gehören und nur von ihm gegeben werden können. Die Ertheilung auch derartiger Aufträge ist einbegriffen in der Vollziehung des Gesetzes; jedes Gesetz, das sachlich befiehlt, enthält auch eine Ermächtigung der vollziehenden Gewalt, die erforderlichen Aemter

---

[1] Es mag das manchmal das Bild geben, als sei der Beamte der Mandatar zweier Mandanten; Dufour I, n. 135: *les agents ... tiennent leur mandat de l'empereur ou du législateur.*

[2] Letzteres widerspricht eigentlich doch dem Vorbehalt; Trolley I, n. 43: *l'exception est véritablement sans importance.*

zu schaffen zur Durchführung des Befehles. Nur eine besondere Art von Aufträgen ist ausgeschlossen und darauf beruht der Gegensatz von Behörden und Hülfsämtern der Verwaltung.

Behörden (*autorités*) sind solche Aemter, welche befähigt sind zu Willensäusserungen mit bindender Kraft. Man unterscheidet gerichtliche und Verwaltungsbehörden (*aut. judiciaires et administratives*). Die Thätigkeit der Ersteren besteht in der bindenden Anwendung des Civil- und Strafrechts auf den Einzelfall. Die den Letzteren eigenthümliche entspricht der Richtung der bindenden Kraft des Verwaltungsrechts (vgl. oben S. 17): Verwaltungsbehörden sind Aemter, die mit ihren Willensäusserungen entscheidenden Antheil nehmen an der einseitigen Bestimmung des Verhältnisses der Einzelnen zum verwaltenden Staate.[3] Die behördliche Verordnung thut dies durch bindende allgemeine Regeln auf Grund einer Machtübertragung des Gesetzes; die behördliche Verfügung entscheidet über das Verhältniss *in concreto*, sei es dass sie die Anwendbarkeit des Gesetzes feststellt, sei es dass sie es ergänzt durch ihre Willensbestimmung, sei es dass sie innerhalb des Spielraums der vollziehenden Gewalt den bindenden Willen selbständig erzeugt. Es sind die nämlichen Arten von Willensäusserungen, wie die, welchen wir später in einem anderen Gegensatze unter dem Namen Verwaltungsakte begegnen werden.

Bei dieser Thätigkeit ist die Person des Beauftragten mit ihrer Art zu wollen und zu schliessen stets ein wesentliches Stück der Art der staatlichen Einwirkung; die Einwirkung wird eine andere, wenn sie durch eine andere Person auf diese Weise vermittelt wird. Behördliche Thätigkeit, soweit sie eine Ermächtigung des Gesetzes voraussetzt, ist desshalb nicht übertragbar ohne eine neue Willenserklärung des Gesetzes. Diese Voraussetzung trifft eigentlich unbedingt nur zu bei der behörd-

---

[3] Die behördliche Amtsbefugniss wird bezeichnet als: *droit de commander* (Batbie I, n. 37; Aucoc I, n. 31) oder: *pouvoir d'imposer aux citoyens les obligations établies par la loi* (Aucoc I, n. 41). Die letztere Ausdrucksweise, welche die Verwaltungsbehörden allein im Auge hat und auch für deren eigenthümliche Thätigkeit zu eng ist, erklärt sich aus dem Bestreben, den Zusammenhang mit dem in der Verfassung geschriebenen Vorbehalte des Gesetzes aufrecht zu erhalten.

lichen Thätigkeit der bürgerlichen Gerichte: sie bewegt sich ganz auf dem vorbehaltenen Gebiete des Gesetzes. Verwaltungsakte dagegen sind auch möglich ohne die Grundlage einer gesetzlichen Ermächtigung: namentlich der sogenannte öffentlichrechtliche Vertrag wird Beispiele bieten. Gleichwohl wird thatsächlich hier kein Unterschied gemacht, sondern schlechthin die Unübertragbarkeit und der Vorbehalt des Gesetzes auf alle behördliche Thätigkeit auch in der Verwaltung ausgedehnt. Das Ernennungsrecht des Staatsoberhauptes, vermöge dessen der Amtsinhaber allerdings wechseln kann, beschränkt diese Unübertragbarkeit auf den abstrakten Träger der behördlichen Befugnisse, auf das Amt. Und so pflegt denn die Besonderheit der Behörden ausgedrückt zu werden in dem Satze: nur das Gesetz kann Behörden schaffen.[4]

Alle anderen Aemter sind Hülfsämter (*auxiliaires*), eingetheilt in vorbereitende und ausführende Hülfsämter (*aux. de préparation et d'exécution*). Der Begriff umfasst nicht bloss die untergeordneten Personale und Mannschaften, sondern auch technische Nebenbeamte und berathende Kollegien, ja ganze ausgedehnte Dienstzweige, die eine Ordnung für sich bilden: die Aemter des Steuer-, Schul-, Forst-, Post-, Bauwesens gehören sämmtlich dazu.

Die Hülfsämter besorgen Geschäfte des Staates, können civilrechtliche Rechtsgeschäfte für ihn machen, handeln für ihn auch zur Durchführung fertiger verwaltungsrechtlicher Rechtsverhältnisse. Nur wenn ein solches Verhältniss durch staatlichen Willensakt

---

[4] Aucoc I, n. 31: *le pouvoir législatif a seul le droit d'établir la compétence des autorités qui dirigent la société ou statuent sur les contestations relatives à l'application de la loi.* Macarel, *trib. adm.* S. 245: *la loi seule a le droit de créer des juges dont les décisions soient obligatoires.* Er meint zunächst Verwaltungsgerichte; *décisions obligatoires* machen aber auch die anderen Verwaltungsbehörden. — Die Willenserklärung des Gesetzes, welche notwendig ist zur Behördenschaffung, kann mit der Bestimmung des Auftrags sich verbinden, oder allgemein wirken für behördliche Aufträge eines gewissen Gebietes, sie kann auch der vollziehenden Gewalt durch Machtübertragung Behördenschaffung überlassen. Beispiele dieser drei Arten in Ges. 1. Febr. 1868 art. 15 (Aushebungsräthe), Ges. 28 pluv. VIII art. 2 (Präfekt), Ges. 16. Sept. 1807 art. 42 (Mehrwerthsausschüsse); Dufour I, n. 47.

begründet oder festgetellt werden soll, ist die Dazwischenkunft einer der Behörden nöthig, welche das Rückgrat der Staatsverwaltung bilden: die Hülfsämter machen keine verwaltungsrechtlichen Rechtsgeschäfte. Wo ein Hülfsamt hie und da selbständig zu entscheiden scheint, gilt sein Ausspruch nur als vorläufige Verfügung Namens der dahinterstehenden Behörde, von deren Billigung er abhängt: er ist desshalb auch niemals ein selbständiger Angriffsgegenstand für Rechtsmittel der Verwaltungsrechtspflege.

Ein Vorbehalt des Gesetzes besteht für die Hülfsämter nicht; die vollziehende Gewalt gründet und beauftragt sie frei, soweit nicht das Gesetz thatsächlich des Auftrages sich bemächtigt hat.[5]

Fragen wir nun, was an alle dem Verwaltungsrecht ist, so verschwindet zunächst wieder die Unterscheidung. Ob es sich um Behörden oder um Hülfsämter handelt, ob demnach die Theilnahme des Gesetzes eine notwendige oder eine beliebige war, das Verwaltungsrecht besteht aus sämmtlichen allgemeinen Regeln, womit das Gesetz oder, was gleichgilt, die von ihm ermächtigte Verordnung an der Ertheilung der staatlichen Aufträge mitwirkt, sofern dadurch das Verhältniss Einzelner zum Staate bestimmt wird in der Form des Rechtes.

So entsteht einerseits Verwaltungsrecht für das Auftragsverhältniss der Beamten, Regeln gebend für den Zwang zur Uebernahme des Auftrages, für Berücksichtigungen, die geübt werden sollen bei der Auswahl, und vor Allem für den Inhalt der Amtspflicht und die daran geknüpfte Disciplinargewalt, alles, wie oben S. 26 bemerkt, in das eigentliche Verwaltungsrecht zu verweisen, zu dem grossen Rechtsinstitut der Beamtung.

Andererseits wird dadurch im Vertretungsverhältnisse nach aussen den Einzelnen gegenüber die Art der Einwirkungen rechtlich bestimmt, welche sie durch das Amt treffen sollen; aber auch

---

[5] Aucoc I, n. 41: *Le législateur français parait avoir attaché une grande importance à concentrer dans un petit nombre de mains le droit de commander aux citoyens.* Batbie IV, n. 1: *les agents des services spéciaux relèvent de l'administration générale et n'exercent le droit de commander que par la délégation de celle-ci.* Damit hängt zusammen, dass der Begriff der Zuständigkeit auf die behördlichen Aufträge beschränkt wird; Dalloz V° *compétence* n. 1.

in dieser Beziehung geht das von dem Auftrag erzeugte Verwaltungsrecht auf im eigentlichen Verwaltungsrecht, es gibt Stücke der verschiedensten Rechtsinstitute des Letzteren. Das gilt nicht bloss von den normirten Amtsbefugnissen, sondern auch von der Gestaltung des Amtes selbst: das Amt, wie es durch den Rechtssatz bestimmt ist, ist nur eine Form der geregelten Einwirkung, ein rechtlich geordnetes Werkzeug des Staates dafür (vgl. oben § 4 Anm. 3).

Nur die Behörden sind mehr als solche Werkzeuge; in ihnen bietet die Form der künftigen Einwirkung als nochmalige Verkörperung des Staatswillens ein selbständiges Interesse, wichtig genug, um sie für sich allein zur Darstellung zu bringen.[6] Und so kommt es, dass die Lehre von der ämterbildenden Kraft der Aufträge, welche wir dem eigentlichen Verwaltungsrechte vorausschicken, sich thatsächlich beschränkt auf die Behördenordnung, *organisation des autorités administratives.*

Der Grundriss für die Behördenordnung wird gegeben durch die Landeseintheilung, *division administrative du territoire.* Dieselbe beruht im Wesentlichen noch jetzt auf dem Gesetze vom 22. Dez. 1789. Danach folgen, eine unter der andern, die Eintheilungen in Departemente, Distrikte (jetzt Arrondissemente), Kantone und Gemeinden.

Die Landeseintheilung ist zunächst kein Rechtssatz, sondern nur ein Programm des Gesetzes für die räumliche Abgränzung künftiger Aufträge.[7] Rechtlich wirksam wird sie erst, wenn davon Gebrauch gemacht wird durch Aufstellung fester Aufträge für die also abgegränzten Gebiete. Dadurch werden dieselben Amtsbezirke (*circonscriptions administratives*).

Einige dieser Gebiete zeichnen sich aus als Amtsbezirke einer oder mehrerer Behörden nebst einer dazu gehörigen Gruppe

---

[6] Cabantous n. 141 sagt von der Klasse der Behörden, sie sei *la seule qui offre une importance réelle au point de vue du droit administratif.* Aehnlich Aucoc I, n. 61. Macarel, der ausnahmsweise eine Darstellung der Hülfsämter gibt, beginnt dieselbe mit der Erklärung: *c'est de la statistique que nous allons faire* (I, S. 482).

[7] Das Gesetz sagt: *Il sera fait une nouvelle division du royaume.*

anderer Aemter, deren Aufträge die Staatszwecke in allgemeiner und umfassender Weise enthalten und das Bild der vollständigen Verwaltung geben. Dazu gehören die Departemente und die Gemeinden. Sie bilden Verwaltungseinheiten (*unités administratives*).[8] Die anderen, Arrondissement und Kanton, werden nur für vereinzelte oder für weniger selbständige Aufträge benutzt. Sie sind blosse Amtsbezirke und ihre Aemter innerlich zugehörig der nächsten wirklichen Verwaltungseinheit.

Mit diesem Begriffe gehen wir aber schon über die Landeseintheilung hinaus; denn die oberste Verwaltungseinheit ist die, deren Amtsbezirk gebildet wird vom ganzen Staatsgebiet und deren Behörden und Aemter zusammen die Centralverwaltung darstellen.[9] Centralverwaltung, Departementalverwaltung, Gemeindeverwaltung ergeben sich als eine Stufenfolge von Aemtergruppen, geschieden nach dem räumlichen Umfange der Aufträge.

Auf jeder Stufe erscheint wieder eine Mehrheit von Behörden neben einander. Seit dem Gesetze vom 28. pluv. VIII werden drei Arten von Behörden unterschieden, welche nach dem ursprünglichen Schema eigentlich auf jeder Stufe vertreten sein sollten. Es sind die *agents*, *conseils* und *tribunaux*. Der Unterschied liegt nicht sowohl in den Gegenständen ihrer Aufträge, sie können unter Umständen alle drei an derselben Sache mitzuwirken berufen sein, als vielmehr in der Form, wie sie ihre Aufträge vollziehen sollen.

Die *agents*, auch *agents directes*, *autorités actives* genannt, sind die eigentlichen Verwaltungsbehörden, Einzelämter, das unmittelbare Wollen des Staates vertretend und allgemein mit seiner Vertretung beauftragt, soweit nicht Ausnahmen für die andern Arten gemacht sind. Dazu gehören Minister, Präfekt, Unterpräfekt und Bürgermeister.

Die *conseils*, Berathungskörper, sind Kollegien, welche neben die eigentlichen Behörden gestellt sind, um durch ihre Mitwirkung das Element gemeinsamer Ueberlegung in die Verwal-

[8] Ducrocq 38: *ayant chacune leur administration propre.* Von Selbstverwaltung ist dabei noch nicht die Rede.

[9] Ducrocq 38; Trolley I, 85, 86.

tungsthätigkeit zu bringen. Die Berathungskörper sind zweierlei Art. Die einen gehören den beiden obersten Stufen der Behördenordnung an: Staatsrath und Präfekturrath. Die anderen bilden daneben eine zweite Stufenfolge für sich; das sind Generalrath, Arrondissementsrath und Gemeinderath.

Endlich die *tribunaux*, Verwaltungsgerichte, unterscheiden sich von beiden durch die der Rechtspflege entsprechende Gebundenheit ihres Verfahrens und ihrer Entscheidungen gegenüber den Parteien, über die und für die sie sprechen. Es erscheinen als solche zum Theil wieder die Berathungskörper, Staatsrath und Präfekturrath, zum Theil auch eigentliche Verwaltungsbehörden; vor allem der Minister steht mit in der Reihe.

Innerhalb der eigentlichen Verwaltungsbehörden und der Berathungskörper besteht noch ein Unterschied, je nachdem sie besetzt sind mit Berufsbeamten oder als unbesoldete Ehrenämter, letztere meist zugleich Selbstverwaltungsämter vorstellend. Der Unterschied ist aber hier in der Behördenordnung nicht wesentlich, denn die staatlichen Aufträge sind von derselben Art hier wie dort, nur dass gegenüber den Ehrenämtern noch besondere Massregeln getroffen werden mussten, um ihre Befolgung zu sichern.

Wir werden die drei Arten von Aemtern in der angegebenen Reihenfolge betrachten; die Lehre von den Verwaltungsgerichten, in welcher bereits die unmittelbaren Verhältnisse des Staates zu den Einzelnen in Frage kommen, bildet dann auch den richtigen Uebergang zum eigentlichen Verwaltungsrechte.

Zunächst ist aber noch Eins vorauszuschicken. Die Behörden sind ja gegenüber der gesetzgebenden und der vollziehenden Gewalt einfach Beauftragte. Gegenüber der gesetzgebenden Gewalt sind sie auch nie mehr als das. Die vollziehende Gewalt aber steht ihnen näher. Sie handelt neben ihnen zum Vollzug des Gesetzes, sie handelt mit ihnen bedingt und bedingend auch ausserhalb der Formen des Auftrages. Der Träger der vollziehenden Gewalt tritt dadurch hinein in die Behördenordnung, äusserlich wie eine Behörde neben den anderen, mit abgegränzter Zuständigkeit. Seine Stellung ist natürlich doch nicht die eines Beauftragten; seine Befugnisse sind verfassungsmässig verliehene Gewalten, nur erweitert hie und da durch Ermächtigungen und Machtübertragungen. Unter dem Einflusse republikanischer Auffassungen, nach welchen die Staatsgewalt thatsächlich ganz in der Volksvertretung liegt, wird das Staatsoberhaupt allerdings häufig schlechthin als *agent*, als eigentliche Verwaltungsbehörde an der Spitze der anderen eingestellt.[10] Das ist eine offenbare Verleugnung der Lehre von der Trennung der Gewalten, welche der Staatsgewalt ihre feststehende Formulirung geben soll ohne Rücksicht auf die Zufälligkeiten der Staatsform. Daher, wenn wir der Vollständigkeit halber vom Staatsoberhaupt hier sprechen müssen, so werden wir es wohl getrennt halten von den blossen Behörden.

§ 6. Eigne Zuständigkeiten des Staatsoberhauptes.

Das Staatsoberhaupt handelt und wirkt regelmässig durch Beauftragte. Für eine Reihe von Thätigkeiten der vollziehenden Gewalt bestimmt das Gesetz Beauftragungen im Einzelnen; dahinter aber steht für die nicht gedeckten Fälle die grosse allgemeine Delegation zu Gunsten der Minister, eine gesetzliche Auftragsbegründung, welche um ihrer Allgemeinheit willen in die Verfassung selbst aufgenommen wird: das Staatsoberhaupt regiert durch die Minister.[1]

Dadurch tritt denn an die Stelle eigner Ausübung der vollziehenden Gewalt für das Staatsoberhaupt die Oberleitung der dazu gehörigen Thätigkeiten; es ist nicht mehr schlechthin selbst die vollziehende Gewalt, sondern die Spitze derselben: *le chef du pouvoir exécutif*. Diese Oberleitung stellt sich immer dar als

---

[10] Aucoc I, n. 50: *Nous ne savons par suite de quelle idée inexacte ou de quel scrupule malfondé quelques professeurs de droit administratif n'ont pas cru devoir mettre le chef de l'Etat (roi, empereur ou président de la République) au nombre et à la tête des agents de l'administration.*

[1] Verfassung vom 22. frim. VIII. art. 54; Verfassung vom 14. Jan. 1852 art. 3. Dufour I, n. 124; Ducrocq n. 50; Pradier S. 518.

Trolley I, n. 144 bekämpft den konstitutionellen Wahlspruch: *le Roi règne et ne gouverne pas*, um dafür zu setzen: *le Roi règne et gouverne, mais n'administre pas*; damit ist der Satz vom politischen Gebiet weggeschoben, um lediglich die verwaltungsrechtlichen Wirkungen der grossen Delegation zu bezeichnen.

ein Verhältniss des Staatsoberhauptes zu der obersten Stufe jeder Behördenart und findet seine Darstellung im Zusammenhange mit dieser.

Ferner aber ergibt sich als Gegensatz dieser allgemeinen Delegation der Begriff einer eignen Zuständigkeit des Staatsoberhauptes, umfassend diejenigen Fälle, in welchen ausnahmsweise die Delegation nicht Platz greift, das Staatsoberhaupt also unmittelbar selbst handelt.[2] In dieser Eigenschaft steht es fast einer Behörde gleich und wird bezeichnet als oberster Verwalter, *administrateur suprême.*

Die Ausnahmen von der Delegation und damit der Umfang der eignen Zuständigkeiten des Staatsoberhaupts bestimmen sich sämmtlich aus dem Gesichtspunkte, dass die allgemeine Delegation selbst nur die Kraft und Bedeutung eines gesetzlichen Aktes hat, nicht aber die Natur einer verfassungsrechtlichen Machtvertheilung, obwohl sie in den Text der Verfassung aufgenommen ist. Daher will sie nicht weiter gehen, als das Gesetz gehen könnte: sie erstreckt sich nicht auf das Gebiet der vorbehaltenen Thätigkeiten der vollziehenden Gewalt. Daher kann sie auch theilweise aufgehoben werden durch ein einfaches Gesetz, welches anders verfügt. Wir werden also nach diesen Entstehungsarten der Ausnahmen zwei Gruppen von Zuständigkeiten des Staatsoberhauptes zu beobachten finden.

Die Akte, mit welchen das Staatsoberhaupt in der Verwaltung selbst handelnd auftritt, werden als Dekrete (*décrets*) bezeichnet und zerfallen in Einzelverfügungen (*décrets spéciaux* oder *individuels*) und allgemeine Regeln (*décrets réglementaires*).[3]

1. Was die Einzeldekrete anlangt, so theilt man sie wieder in Regierungsdekrete (*décrets gouvernementaux*) und Verwaltungsdekrete (*décrets administratifs*). Unter den ersteren versteht man, wie schon erwähnt (oben § 2 n. 1), vorzugsweise die verfassungsmässig dem Staatsoberhaupte vorbehaltenen Mitwirkungen

---

[2] Batbie IV, n. 41: *Quelques attributions administratives ont cependant été reservées au chef de l'Etat et nous relèverons ces exceptions .... En principe le pouvoir administratif est délégué aux ministres .... Ce n'est que par exception que l'Empereur connait des affaires administratives.*

[3] Ducrocq n. 44 u. 45.

beim Zustandekommen des Gesetzes. Sie gehen uns hier nichts weiter an, ebensowenig die sonstigen auf dem Gebiete der freien Regierungsgewalt (Heerbefehl, diplomatischer Verkehr) liegenden Verfügungen.

Dagegen finden wir auch unter den Verwaltungsdekreten zunächst wieder verschiedene Einzelverfügungen, mit welchen das Staatsoberhaupt verfassungsmässige Vorbehalte ausübt, die kein selbständiges Gebiet für sich darstellen, sondern mit der Verwaltung sich verbinden, als da sind Begnadigungen, Titelverleihungen, Ernennungen. Diese Vorbehalte, als ausserhalb des Mitwirkungsrechts des Gesetzes liegend, sind auch von der allgemeinen Delegation nicht betroffen.

Die zweite wichtigere Quelle von Einzeldekreten sind Ermächtigungen, welche das Gesetz aus seinem Vorbehalte dem Staatsoberhaupt ertheilt. Das ist so zu verstehen. Das Gesetz kann ja nicht dem Staatsoberhaupt schlechthin gebieten, einen Akt der vollziehenden Gewalt selbst zu machen, statt ihn zu delegiren; wohl aber kann es eine Ermächtigung, die es ihm ertheilt, um ihrer besonderen Wichtigkeit willen an die Bedingung knüpfen der eignen Ausübung.[4] Dann durchbricht es einerseits die nothwendige Delegation, macht andererseits die freiwillige unmöglich und schafft auf solche Weise eine eigne Zuständigkeit des Staatsoberhauptes. Hierher gehört eine Reihe von Verfügungen, welche den Akten der eigentlichen Behörden gleichstehen. Beispiele bieten die Abgränzung des öffentlichen Eigenthums am Meerestrand, die Genehmigung von Zwangsenteignungen, polizeiliche Erlaubnissertheilung für gewisse gewerbliche Anlagen. Hierher gehört aber zweitens auch die Thätigkeit des Staatsoberhauptes in der obersten Verwaltungsrechtsprechung und verwandten Entscheidungen. Beide Arten von Machtäusserungen unterliegen einer Mitwirkung des Staatsrathes, verschieden bei jeder Art (vgl. unten § 12, § 19).

2. Auf gleichen Grundlagen beruht die eigene Zuständigkeit

---

[4] Dufour I, n. 30: *notre attention ne doit se porter que sur les mesures que leur importance et leur gravité ont fait réserver et qui nécéssitent l'intervention personelle et directe de l'empereur lui-même,* Trolley I, n. 126.

des Staatsoberhauptes zur Aufstellung allgemeiner Regeln, zum Erlass von Verordnungen. Weitaus den Hauptentstehungsgrund geben die Ermächtigungen des Gesetzes, welche hier die Natur der Machtübertragung annehmen, denn das Staatsoberhaupt handelt in den allgemeinen Regeln, die es danach gibt, mit unmittelbar bindender Kraft gegenüber den Unterthanen wie das Gesetz und an seiner Stelle. Solche Machtübertragungen erhält das Staatsoberhaupt in zweierlei Weise.

Seit der Verfassung vom 22. frim. VIII pflegen die Verfassungen eine Bestimmung zu enthalten, wonach das Staatsoberhaupt ermächtigt ist, alle ergänzenden allgemeinen Regeln aufzustellen, welche zur Durchführung der einzelnen Gesetze dienen können.[5] Es ist eine Delegation, die mit Gesetzeskraft wirkt, ein Seitenstück derjenigen zu Gunsten der Minister, die wir oben besprachen. Mit jedem Gesetze verbindet sich dadurch stillschweigend die allgemeine Machtübertragungsklausel. Wie dort kann aber das Gesetz im Einzelfall Ausnahmen machen, indem es einen bestimmten Punkt, der eigentlich in die Ausführung fiele, seiner eigenen weiteren Entscheidung ausdrücklich vorbehält. Es handelt sich um keine reine Verfassungsbestimmung, welche das Gesetz bindet, sondern wieder nur um eine allgemeine Vorwegnahme der Delegationen, welche die Einzelgesetze machen könnten.

Das Gesetz kann im Einzelfall die Machtübertragung besonders ertheilen.[6] Das wäre bedeutungslos, wenn einfach jene allgemeine Delegation nur bestätigt werden sollte. Gewöhnlich geschieht es, um allen Zweifel zu beseitigen, ob ein bestimmtes Gebiet noch in den ergänzenden Vollzug falle, oder aber geradezu um dem Staatsoberhaupte eine Macht zu übertragen, welche zweifellos nicht in den Bereich des blossen Vollzuges gehört (vgl. oben § 1). Es soll ermächtigt werden, eine Regel aufzustellen, welche

---

[5] Die Verordnungen erfolgen in diesem ersten Falle *en vertu de la délégation génerale écrite dans le texte de la loi constitutionelle:* Ducrocq n. 44. — Dufour I, n. 45; Verfassung v. 1852, art. 6.

[6] Die Verordnung gründet sich dann auf *un mandat spécial donné par des lois très-nombreuses relativement à certains objets determinés:* Ducrocq n. 44. Dufour I, n. 46; Aucoc I, n. 54.

eigentlich nur durch ein besonderes weiteres Gesetz aufgestellt werden könnte; als Beispiele führt man an die Festsetzung von Strafen für die in Vollzug des Gesetzes zu verbietenden Handlungen, die Schaffung neuer Abgabepflichten im gleichen Zusammenhange.[7] Es kann kraft solcher besonderer Ermächtigung selbst befugt sein, frühere Gesetze aufzuheben, welche der Ausführung seines Auftrags im Wege stünden.

In beiden Fällen erscheint wieder eine Mitwirkung des Staatsrathes, wie bei der einfachen Ermächtigung. In beiden Fällen ist es die Machtübertragung, wie dort die Ermächtigung zum Einzeldekret, welche durch die Bedingung der Selbstausübung die allgemeine Delegation des Ministers ausschliesst und dadurch eine eigene Zuständigkeit des Staatsoberhauptes begründet.[8] Sie bilden zusammen den Begriff des *règlement d'administration publique* oder, wie wir sagen würden, der Vollzugsverordnung.[9]

Die Vollzugsverordnung ist aber nicht die einzige Art von allgemeinen Regeln, welche das Staatsoberhaupt erlässt. Es werden noch ausserdem *décrets réglementaires* erwähnt, welche nicht *règlements d'administration publique* sind und nicht die Kraft des Gesetzes haben, weil keine Machtübertragung hinter ihnen steht. Wo eine solche fehlt, bleibt uns aber nur ein Grund übrig, welcher zu einer eignen Zuständigkeit des Staatsoberhauptes führen kann, weil nur dieser ausserdem noch die Anwendbarkeit der allgemeinen Delegation zu Gunsten des Ministers ausschliessen kann die Verordnung muss sich bewegen auf dem vorbehaltenen Gebiete der vollziehenden Gewalt.

Die bezüglichen Vorbehalte, soweit sie überhaupt in die Verwaltung hineinragen und nicht dem abgeschlossenen Gebiete der Regierung angehören, sind allerdings meist ihrer Natur nach

---

[7] Das sind, nach dem Ausdruck von Dufour I, n. 47, Gesetze, *qui détachent certaines matières du domaine du pouvoir législatif.*

[8] Dufour I, 159: *Le pouvoir réglementaire .... n'a été remis aux mains de l'empereur que pour être exercé par lui.*

[9] Die älteren Juristen sind einig, das Wort *règlement d'administration publique* in dieser sachlichen Weise zu verstehen: Gérando I, S. 119, 120; Macarel I, S. 52 ff., Trolley I, n. 124; Dufour I, n. 60 u. 61. Neuerdings sucht sich ein mehr formeller Begriff einzudrängen, welcher an die Mitwirkung des Staatsrathes anknüpft; vgl. unten § 12.

zu einer Ausübung in Form von allgemeinen Regeln nicht geeignet. Der einzige, an welchen sich solche knüpfen können und es thatsächlich auch thun, ist die Ernennung der Beamten. In dem Rechte, zu ernennen, ist auch das Recht begriffen den Auftrag einzeln oder in Gestalt einer Regel festzustellen, soweit er dazu gehört und noch nicht bestimmt ist. Daher sind auch die Amtsgründungen von der allgemeinen Delegation an den Minister nicht ergriffen. Handelt es sich um eine Behörde oder ein sonstiges vom Gesetz geregeltes Amt, so nehmen die zugehörigen Bestimmungen des Staatsoberhauptes wieder die Natur der Vollzugsverordnung an. Wo das aber nicht der Fall ist, das Amt vielmehr auf einer freien Schöpfung des Staatsoberhauptes beruht, entsteht dann in der That eine eigne Art von Verordnungen, ohne Gesetzeskraft, ohne notwendige Mitwirkung des Staatsraths, aber eine Zuständigkeit des Staatsoberhauptes vorstellend gleich der zur Erlassung von Einzeldekreten für Begnadigung, Ernennung, Titelverleihungen und dergleichen.

Wir können sie die einfachen Verordnungen nennen, um den Gegensatz zu den mit Gesetzeskraft wirkenden Vollzugsverordnungen zu bezeichnen.[10]

Die beiden Entstehungsarten eigner Zuständigkeiten des Staatsoberhauptes wirken also gleichmässig auf dem Gebiete der Einzeldekrete wie auf dem der Verordnungen. Ein Unterschied besteht

---

[10] Der Gegensatz von einfachen *décrets réglementaires*, die nicht *réglements d'administration publique* sind, wird immer anerkannt: Dufour I, n. 61; Ducrocq n. 44. Thatsächlich stehen ämtergründende Verordnungen der angegebenen Art auch in voller Uebung. Dass sie von der Literatur wenig berücksichtigt werden, hat seinen Grund wohl darin, dass sie keine andere Bedeutung haben als die, Auftrag für den Beamten zu sein, lediglich mit der Wirkung versehen, welche auch ein Einzelauftrag haben würde. Sie machen kein Verwaltungsrecht.

Rechtsverordnungen im Sinn der deutschen Theorie sind also nur die Vollzugsverordnungen (und die ihnen an Werth gleichstehenden Polizeiverordnungen unterer Behörden). Die einfachen Verordnungen würden unter den Begriff der Verwaltungsverordnung fallen. Die letztere aber umfasst auch allgemeine Anweisungen für die gegründeten Aemter zur näheren Bestimmung der Ausführung ihrer Aufträge. Das fällt nach französischer Auffassung schon unter die grosse Delegation und erscheint als Ministerialinstruktion.

aber doch in der Zuständigkeit je nach der Herkunft: die auf besonderer Ermächtigung des Gesetzes beruhende ist eine notwendige; das Staatsoberhaupt kann sich derselben nicht entschlagen und sie etwa einer Behörde zur Ausübung überlassen, nur wenn es einmal selbst in dieser Zuständigkeit verfügt hat, kann der weitere Vollzug an die Behörde gehen.[11] Die verfassungsmässigen Vorbehalte dagegen stehen an sich in freier Verfügung des Staatsoberhauptes; es kann diese Rechte eigentlich auch durch seine Behörden ausüben lassen; thatsächlich pflegt das nicht zu geschehen; sie hängen doch innerlich meist zu sehr an der Person und Würde des Staatsoberhauptes.

1. Eigentliche Verwaltungsbehörden.

§ 7. Centralisation.

Die Aufträge des Staates verzweigen sich auf den unteren Stufen in zahlreiche Aemter, auf der obersten laufen sie in einer Spitze zusammen. Um die Einheit des Staatswillens in der Ausführung all dieser Aufträge zu erhalten, werden die untersten Aemter in eine gewisse Abhängigkeit gesetzt von der Mittelstufe und diese wieder in eine solche gegenüber der Spitze. Dieses zum Mittelpunkte führende Abhängigkeitsverhältniss der unteren Aemter zu den oberen ist die Centralisation. Die also verbundenen Aemter bilden eine Hierarchie.

Etwas anderes als die Centralisation bedeutet die oft damit verwechselte Concentration; sie bezieht sich nicht auf das Verhältniss der Aemter, sondern auf die Art der Vertheilung der Aufträge; sie ist da vorhanden, wo entweder gar keine Unterbehörden mit Aufträgen zu eigner Entscheidung bestehen, oder

[11] In Elsass-Lothringen sind nach Reichsgesetz vom 4. Juli 1879 § 1 alle notwendigen Zuständigkeiten des Staatsoberhauptes zu Gunsten des Statthalters übertragbar; aber nur durch Verordnung d. h. in Form der allgemeinen Regel, nicht durch Einzelverfügung.

die Zahl der diesen überwiesenen Zuständigkeiten solcher Art verhältnissmässig gering ist.[1]

Das Abhängigkeitsverhältniss, welches die Centralisation ausmacht, hat bei den verschiedenen Zweigen der Staatsthätigkeit eine verschiedene Gestalt. Die Gerichte finden eine besondere Art von Centralisation im obersten Gerichtshofe, die Berathungskörper, soweit sie handeln, sind wieder auf ihre Art centralisirt und die Verwaltungsgerichte ebenso. Die Centralisation der eigentlichen Verwaltungsbehörden zeichnet sich aus durch ein besonders stark entwickeltes Abhängigkeitsverhältniss; wenn man von Centralisation schlechthin spricht, hat man sie im Auge. Der Grundgedanke ist der, dass jede Behörde im Verhältniss zu der nächst oberen so angesehen wird, als empfinge sie den staatlichen Willen, den sie zu äussern hat, erst von dieser; der staatliche Wille steigt auf den Stufen der Hierarchie von oben herab. Je näher aber dem Mittelpunkt desto reiner und stärker kommt er zum Ausdruck.[2]

Dieser Doppelgedanke wird wirksam für die Gestaltung des Auftrags der Behörden, der, wie Eingangs dieses Abschnittes bemerkt, seinerseits sowohl für das Verhältniss nach aussen, die Zuständigkeit, als für die Dienstverpflichtung massgebend ist. Das Eigenthümliche ist aber hier, dass dieser Gedanke den Inhalt des Auftrages in der einen Beziehung viel eindringlicher bestimmt, als in der anderen.

Im dienstlichen Verhältnisse erweist sich der stärkere Wille der oberen Behörde in der Leitung und Ueberwachung der Auftragsausführung der unteren, die sie handhabt für den Einzelfall durch Dienstbefehle (*ordres*) und in allgemeiner Weise durch Dienstvorschriften (*instructions*). Der Untergebene schuldet dem gegen-

---

[1] Die Gesetze vom 25. März 1852 und 13. April 1861, welche die Zuständigkeit der Präfekten auf Kosten der Minister erweitern, werden missbräuchlich *décrets de décentralisation* genannt; was sie verfügen, ist in Wahrheit vielmehr eine *déconcentration*. Ducrocq n. 66—77; Aucoc I, n. 44 bis 46.

[2] Instruktionsgesetz vom 8. Januar 1790 § 5: *Le principe constitutionnel sur la distribution des pouvoirs administratifs est que l'autorité descende du roi aux administration départementales, de celles-ci aux administration de district et de ces derniers aux municipalités.* — Serrigny III, n. 1356.

über einen **unbedingten Gehorsam.** Er ist nicht befugt, die Rechtmässigkeit des Befehls oder des ihm befohlenen Verhaltens zu prüfen; er mag Vorstellungen machen; aber um sich der Gehorsamspflicht zu entziehen, bleibt ihm nur das Mittel der Amtsniederlegung.[3]

Andererseits erhält auch die Unterbehörde ihre staatlichen Aufträge überhaupt erst von der oberen, und zwar nicht bloss diejenigen, welche auf dem freien Willen derselben beruhen. Der Unterbehörde können durch Gesetz oder Verordnung eigene Zuständigkeiten ertheilt sein: im dienstlichen Verhältniss erhält sie auch diese erst auf dem hierarchischen Wege **durch die Vorgesetzten hindurch.** Sie erhält sie nur so, wie sie von dort ihr zugehen, in der Auslegung, mit den Zusätzen und Aenderungen, welche Befehl und Dienstvorschrift belieben. Noch mehr: der gesetzlich an sie gerichtete Auftrag ist dienstlich nicht für sie vorhanden und wird nicht befolgt, bevor die vorgesetzte Behörde es für gut befunden hat, ihr denselben zu überliefern.[4]

Daraus ergibt sich die **ausschliessliche Herrschaft** der vollziehenden Gewalt über den Inhalt der staatlichen Aufträge, sofern sie dienstlich verpflichten; denn der Träger der vollziehenden Gewalt, das Staatsoberhaupt, ist es ja im letzten Grunde, der durch das Ministerium den ganzen Apparat in Bewegung setzt. Dem Gesetze dienen diese Behörden nur mittelbar, sie sind auch seinen Aufträgen gegenüber nur *agents du gouvernement pour l'exécution des lois.* Damit hängt denn auch die innere Einrichtung der Aemter zusammen, welche darauf berechnet ist, ihnen alle Widerstandskraft nach oben zu benehmen; es sind lauter Einzelbeamte,

---

[3] **Trolley** I, n. 448: *Le fonctionnaire doit ou exécuter les ordres qu'il reçoit ou resigner son mandat. Il faut que l'obéissance soit absolue.*

[4] **Dufour** I, n. 136: *Chaque fonctionnaire a bien sa mission définie par le pouvoir régulateur* (Gesetz); *mais il est quant à son accomplissement sous les ordres du ministre . . . ces intermédiaires ne sont pour lui (le ministre) que des instruments.* — **Block** V° *instruction ministérielle*, n. 2: *Lorsqu'il s'agit de lois ou de décrets réglant des matières administratives, les préfets ou autres fonctionnaires attendent en général, l'instruction ministérielle ou du moins la notification de la loi ou du décret, avant de procéder à leur exécution.*

frei und ohne Anstellungsbedingungen ernannt und ebenso frei entlassen.

Diese einseitige Centralisation der Aufträge gilt aber nicht für das Verhältniss nach aussen; den Einzelnen gegenüber bleibt der Auftrag in der Weise bestimmt, wie das Gesetz ihn geordnet hat; Dienstbefehl und Dienstvorschrift können daran nichts ändern. Damit öffnet sich ein tiefer Zwiespalt. Es ist möglich, dass die der Dienstpflicht nach auftragsgemässe Handlung über das gesetzlich bestimmte Mass des Auftrags hinausgeht. Dann ist sie den Einzelnen gegenüber gleichwohl ungültig; die ausserhalb der eigentlichen Behördenordnung stehenden Verwaltungsgerichte sichern die Herrschaft des Gesetzes in dieser Richtung. Ueberdiess kann aber dann die persönliche Verantwortlichkeit des dienstpflichtgemäss handelnden Beamten in Frage kommen, und daraus erklärt sich unter anderem das Rechtsinstitut der Verfolgungsermächtigung, welches die vollziehende Gewalt in Stand setzt, den Beamten gegen die Folgen dieser Zwangslage zu decken.[5]

Von all dem wird noch gehörigen Ortes die Rede sein (vergl. unten § 16, 17, 47, 61).

Die äusserliche Seite des Auftrags, die Zuständigkeit, wenn sie auch nicht in der gleichen Weise von der Centralisation beeinflusst wird, wie die innere, bleibt doch davon nicht unberührt. Vielmehr sehen wir auch an ihr jene zwei Grundgedanken wirksam werden in zweierlei Regeln, die sich von selbst aus ihnen ergeben, ohne dass ein Gesetz sie je ausdrücklich verfügte.

---

[5] Die deutsche Auffassung von der Stellung des Beamtenthums ist die entgegengesetzte. Das Gesetz wirkt ebenso unmittelbar als Auftrag des Beamten, wie als Bestimmung des Verhältnisses des Staates zu den Einzelnen. Diese Auffassung ist grundsätzlich ausgesprochen in § 13 des Reichsbeamtengesetzes vom 31. März 1873, ausgedehnt auf die elsass-lothringischen Landesbeamten durch Gesetz vom 23. Dec. 1873: Jeder Beamte ist für die Gesetzmässigkeit seiner amtlichen Handlungen verantwortlich. Demgemäss sind auch die persönlichen Dienstverhältnisse der Beamten ganz anders geordnet. Unser Beamtenthum ist eine Macht im Staate mit eigener Widerstandskraft. Wir haben auf diese Weise in Elsass-Lothringen den Rahmen der französischen Behördenordnung mit einem ihr fremden Materiale ausgefüllt. Ein grosser Theil der Neuerungen im elsass-lothringischen Verwaltungsrechte ist darauf zurückzuführen.

1. Die Willensäusserungen der oberen Behörde sind auch nach aussen die stärkeren; wo eine solche der unteren und der oberen in demselben Gegenstande zusammentrifft, geht die der letzteren schlechthin vor.

Daher das Recht der vorgesetzten Behörden, in Ausübung der Ueberwachung Verfügungen, welche die untere getroffen hatte, aufzuheben.

Daher ist andererseits eine Verfügung der unteren Behörde, welche in dem gleichen Gegenstande einer widersprechenden der oberen begegnet, von selbst, ohne ausdrückliche Aufhebung, unwirksam, auch wenn sie sonst in den Grenzen einer konkurrirenden Zuständigkeit gelegen wäre. Das wird namentlich von Bedeutung für Verordnungen, welche der Bürgermeister und der Präfekt zu erlassen ermächtigt sind. Beide haben dazu eine gesetzliche Machtübertragung, aber die Verwendung, welche der Präfekt davon macht, ist stärker als die des Bürgermeisters, die Verwendung des Staatsoberhauptes wieder stärker als die des Präfekten. Soweit also die Machtübertragung für den gleichen Gegenstand verwendet wird, z. B. für die öffentliche Sicherheit, welche dem Präfekten und dem Bürgermeister gleichmässig zum Schutze anbefohlen ist, weicht die Verordnung der unteren Behörde von selbst zurück.[6]

2. Das Durchgehen auch der gesetzlichen Aufträge durch die Stufen der Hierarchie tritt in einer Erweiterung der äusseren Zuständigkeit zu Tage, wenn das Gesetz mit seinem Auftrage Ermächtigungen und Machtübertragungen für die beauftragte Behörde verbunden hat. Dieselben gehen dann nicht spurlos durch die vorgesetzten Behörden hindurch; die Ermächtigung ist auch für diese gegeben und sie können von derselben innerhalb des Bereiches ihrer eigenen Verwaltungsaufträge Gebrauch machen; mit der einzigen Bedingung, dass die Zuständigkeit der unmittelbar ermächtigten Behörde gewahrt bleibe, in dem Sinne, wie das Gesetz sie ihr ausschliesslich geben wollte.

Aus diesem Gedankengange hat die Wissenschaft und Praxis

---

[6] Dufour I, n. 406: *Le préfet a pourvu à la police au lieu et place du maire et celui-ci est vis-à-vis de l'arrêté dans la position d'un agent inférieur vis-à-vis de l'acte de son supérieur.* Batbie IV, n. 184, 291, 292; Grün, *police administrative*, n. 118.

ohne direkten Anhalt im gegebenen Recht zwei wichtige Regeln der Behördenordnung entwickelt.

Wenn das Gesetz eine Ermächtigung ertheilt zu Massregeln, die sein vorbehaltenes Gebiet berühren, und eine bestimmte Behörde dafür bezeichnet, so kann die Massregel auch nur von dieser ausgehen. Die vorgesetzte Behörde kann nicht selbst damit anfangen. Wenn aber jene gesprochen hat und ihre Entscheidung nunmehr der Nachprüfung ihrer Vorgesetzten unterliegt, so kann diese, ganz als wäre sie selbst im Besitze der Ermächtigung, frei an ihrer Stelle verfügen, nicht bloss aufheben, sondern auch abändern, oder ganz neu verfügen was die erste abgelehnt hat. Wir legen uns diese erste Regel leicht zurecht, indem wir unwillkürlich an die Befugnisse des Obergerichtes nach eingelegter Berufung denken, an den Devolutiveffekt; in Wirklichkeit liegt die Sache hier aber umgekehrt: die Befugniss ist von oben nach unten gegangen und war nur vorher oben latent.[7]

Der zweite Grundsatz ist noch merkwürdiger. Das Gesetz ertheilt Machtübertragungen, um an seiner Stelle allgemein bindende Regeln zu erlassen, nicht bloss an das Staatsoberhaupt, sondern auch an gewisse Glieder der unter ihm stehenden Behördenordnung. Die so bezeichneten Behörden sind Vertreter des Gesetzes, Gesetzgeber zweiten Ranges für ihren Bezirk, und sind es für diesen ausschliesslich. Die vorgesetzte Behörde kann die ihnen zustehenden Polizeiverordnungen nicht ohne Weiteres selbst machen, sie kann sie aber — und darin besteht der Gegensatz zum vorigen Falle — auch in Ausübung ihres Ueberwachungsrechtes nicht erlassen. Sie ist nur befugt, die erlassene Verordnung einfach aufzuheben, sie kann nichts abändern noch neu hin-

[7] Ein Beispiel, wie die Franzosen hier konstruiren, gibt folgender Fall. Der Präfekt hat nach Dekret vom 19. Vent. VI, art. 10 die Ermächtigung, unbefugte Erhöhung von Stauwerken zu beseitigen. Ein Präfekt hat die Beschwerde gegen solch ein Stauwerk abgewiesen, der Minister nachher doch die Beseitigung verordnet. Der Rekurs zum Staatsrath wegen Unzuständigkeit des Ministers wurde verworfen. Der Minister hatte zu der Verhandlung bemerkt: *que la décision attaquée avait été rendue par son prédécesseur non point comme juge d'appel mais comme chef hiérarchique controlant l'exercice d'un pouvoir qu'il avait communiqué.* *St. R. E.* 4. April 1856. *(Fournet c. Chatellier.)*

zufügen. Man möchte also sagen, diese besondere Art von Ermächtigung sei nicht durch die vorgesetzte Behörde hindurchgegangen, sonst müsste wie vorhin ein Abänderungsrecht bei ihr verblieben sein. Die Theorie drückt das aus durch die Formel: der Verordnungsberechtigte erhält seine Befugniss unmittelbar vom Gesetz.[8] Allein in Wahrheit kommt der Antheil der vorgesetzten Behörde nur in anderer Weise auch hier zum Vorschein: die ertheilte Ermächtigung erweitert den sachlichen Umfang ihres eigenen Verordnungsrechtes für ihren Amtsbezirk. Wenn das Gesetz dem Bürgermeister gestattet, über einen gewissen Gegenstand Polizeiverordnungen zu erlassen für das Gebiet der Gemeinde, so hat dadurch ganz von selbst und ohne besondere Machtübertragung der Präfekt die Befugniss, über den gleichen Gegenstand Polizeiverordnungen zu erlassen für den Bezirk, in welchem er als Stellvertreter des Gesetzes Verordnungsrechte ausübt, für das Departement. Ebenso geniesst das Staatsoberhaupt ohne Weiteres für seinen Bezirk, das ganze Land, die besonderen Verordnungsbefugnisse, welche dem Präfekten verliehen werden.[9]

Der Grundgedanke der Centralisation, das Herabsteigen des Rechtes staatlicher Willensäusserung auf den Stufen der Hierarchie, kommt also bei der zweiten Art von Ermächtigungen ebenso zur Wirksamkeit wie bei der ersten. Der Gegensatz liegt nur in der Verschiedenheit der Beschränkung, mit welcher die vorgesetzte Behörde die Ermächtigung der unteren geniesst: dort ist der Letzteren vorbehalten der erste Gebrauch, hier der auf einen bestimmteu Bezirk sich beschränkende Gebrauch.

---

[8] Ducrocq n. 159: *Les attributions du maire impliquent entre ses mains le dépôt d'une portion de la puissance publique, qu'il tient directement de la loi.*

[9] Diese Regel findet ihren Ausdruck in dem Schlagwort: *le préfet est le maire de son département*; Dalloz V° *commune*, n. 1282. Vgl. auch Champagny, *police municipale I*, S. 84 u. 85, S. 99—102; Batbie IV, n. 283; Dufour I, n. 405 ff.; Grün, *police administrative*, n. 115, 117 ff. — Dagegen allerdings: Ducrocq n. 84; Aucoc I, n. 91; St. R. E. 30. März 1867 (Leneveu).

§ 8. Minister.

Bereits im 16. Jahrhundert hatte sich auch in der unmittelbaren Umgebung des Königs die Besorgung öffentlicher Angelegenheiten von dem persönlichen Dienste des Staatsoberhauptes getrennt. Die alten Hofämter waren meist blosse Würden, das des Kanzlers aber war zum wichtigsten Staatsamte geworden, berufen zur Vertretung des Königs, zur Oberleitung der Rechtspflege und zur formellen Mitwirkung bei Edikten und Ordonnanzen. Daneben erscheinen nun auch die Staatssekretäre, einfache Beamte, sehr häufig dem dritten Stand entnommen. Sie bilden ursprünglich nur eine Art Bureau des Königs zur Verabfassung und Ausfertigung seiner Erlasse. Allmählich werden einzelne Zweige der Staatsthätigkeit einzelnen Staatssekretären zur Oberleitung überlassen. So bilden sich die Ministerien. Dieselben sind bis zur Revolution nicht ausschliesslich nach Gegenständen eingetheilt, mit einzelnen Fachministerien ist zugleich die oberste Leitung ganzer Provinzen verbunden, so mit dem Kriegsministerium die Verwaltung des Elsass.[1]

Mit der Revolution bemächtigt sich die neugeschaffene gesetzgebende Gewalt auch dieses Amtes und gibt ihm eine feste, verwaltungsrechtliche Stellung durch ihre Theilnahme an seiner Gründung und an seiner Ausstattung mit staatlichen Aufträgen. Zugleich erhält es eine gewisse verfassungsrechtliche Bedeutung, insofern die Volksvertretung Einfluss auf dieses Amt und dadurch auf die ganze vollziehende Gewalt gewinnen soll. Alle Ordnungen und Zuständigkeiten, welche dieser letzteren Rücksicht entspringen, werden aber hier auszuscheiden sein.

Die Minister werden vom Staatsoberhaupte ernannt, frei und ohne Anstellungsbedingungen, wie alle eigentlichen Verwaltungsbehörden, und ebenso abgesetzt. Inwiefern die Volksvertretung in dieser Beziehung von Einfluss wird, ist theils verfassungsrechtlich geordnet, theils politische Machtfrage.

Das Gesetz vom 27. April 1791 bestimmte die Zahl der Ministerien auf sechs, rein nach Fächern geordnet; es sind

[1] Briquet, *de l'origine et du progrès des charges des secrétaires d'état*; de Luçay, *les origines du pouvoir ministériel* in *Revue historique de droit fr. & etr.* 1866—1868.

die Ministerien für Rechtspflege, Inneres, Steuern und sonstige Staatseinkünfte, Krieg, Seemacht und äussere Angelegenheiten. Unter den monarchischen Verfassungen, namentlich auch der von 1852, blieb es dagegen dem Staatsoberhaupte frei überlassen, die Zahl der Minister und die Vertheilung der Geschäfte zu ordnen. Der Titel Staatssekretär bezieht sich auf das verfassungsmässige Recht der Gegenzeichnung; unter dem ersten Kaiserreiche hatte dasselbe nur einer der Minister; seitdem sind alle Minister zugleich Staatssekretäre. Minister ohne Portefeuille hiessen unter der Restauration und dem zweiten Kaiserreiche solche Minister, welche keinem Fache der Staatsverwaltung vorstanden, sondern nur bestimmt waren, als redegewandte Männer oder einflussreiche Politiker die Sache der Regierung bei der Volksvertretung zu führen.[2]

Die Minister bilden kein Kollegium, jeder handelt im Bereiche seines Faches für sich und selbständig. Der Grundsatz der Besetzung aller Verwaltungsbehörden mit Einzelbeamten, die *unité de l'agent*, ist somit auch hier gewahrt. Unter den Verfassungen von 1814 und 1830, welche die Minister der Kammer gegenüber solidarisch verantwortlich machten, bildeten die Minister eine politische Körperschaft, den Ministerrath, *conseil des ministres*, mit einem Ministerpräsidenten an der Spitze, dem *président du conseil*. Die Beschlüsse desselben wurden aber immer erst dadurch in der Verwaltung wirksam, dass der betreffende Fachminister in ihrer Gemässheit handelte. Verwaltungsrechtlich ist also auch dieses Institut bedeutungslos.[3]

Mit dem Minister beginnt die eigentliche Behördenordnung und die Stufenfolge der staatlichen Aufträge; sein Verhältniss zum Staatsoberhaupt ist desshalb entscheidend für das Ganze. Dieses Verhältniss ist das der unbedingten Gehorsamspflicht, welche gewährleistet ist durch das freie Entlassungsrecht des Staatsoberhauptes und andererseits ihre Schranken hat in dem ebenso freien Rücktrittsrechte des Ministers. Das Verhältniss ist nicht das von

---

[2] Aucoc I, n. 60; Macarel I, S. 158; Dalloz V° *organisation administrative*, n. 181.

[3] Dalloz V° *organisation administrative*, n. 87.

Oberbehörde und Unterbehörde, sondern das von Herr und Diener. Das Staatsoberhaupt gibt nicht förmliche Befehle, formlose Winke und Wünsche genügen. Das Staatsoberhaupt ändert auch Beschlüsse des Ministers nicht ab durch eigenen Beschluss, sondern veranlasst den Minister, seinen Beschluss abzuändern oder zurückzunehmen. Es ist keine Instanz über dem Minister. Dies hat die praktisch wichtige Folge, dass auch das Staatsoberhaupt nichts ändern kann, sofern der Minister nach den Regeln der Verwaltungsrechtspflege oder des eigentlichen Verwaltungsrechtes an seine eigene Entscheidung gebunden ist. Die Einzelnen können sich natürlich immer an das Staatsoberhaupt wenden, damit es zu ihren Gunsten von seiner Gewalt Gebrauch mache. Unter Napoleon III. hatte man ein förmliches Verfahren angeordnet, in welchem derartige Gesuche behandelt werden sollten. Das persönliche Regiment begünstigte ja solchen unmittelbaren Verkehr. Aber immer galt das als etwas Ausserordentliches, nicht im Gange des regelmässigen Geschäftsbetriebes Liegendes; das Verhältniss zwischen Staatsoberhaupt und Minister ist ein enges, innerliches, welches die Aussenwelt nichts angeht.[4]

Unter dem Vorbehalt dieses Machteinflusses sind alle Geschäfte der vollziehenden Gewalt auf den Minister unmittelbar übertragen.[5] Ausgenommen sind lediglich diejenigen, welche zur eignen Zuständigkeit des Staatsoberhauptes gehören. Auch diese nicht vollständig: sowie das Staatsoberhaupt in seiner Zuständigkeit gesprochen hat, gebührt dem Minister der weitere Vollzug auch in diesen Sachen. *Notre ministre ... est chargé de l'exécution de la présente ordonnance, du présent décret,* ist die stehende Formel, deren Bedeutung nur in der dadurch verfügten Geschäftsvertheilung unter den Ministern liegt; das Vollzugsrecht bestünde auch ohne sie.

Von dieser Masse Stoffes, die so an den Minister kommt, bildet ein Theil seine eigne Zuständigkeit. Dieselbe ist

[4] Dufour I, n. 152: *Mais on sent que telle ne saurait être la marche normale et régulière des affaires.* Vgl. Serrigny III, n. 1350.

[5] Ducrocq n. 50: *Chaque ministre dans son département est le délégué immédiat et exclusif du chef de l'Etat.* Trolley I, n. 152; Dufour I, n. 124.

nur negativ abgegränzt. Von der ersten allgemeinen Delegation bleibt dem Minister alles, soweit nicht eben Gesetz und Verordnung wieder Ausnahmen machen, indem sie andere Aemter beauftragen. Der Minister ist also die ordentliche Verwaltungsbehörde.

Auch aus dieser eignen Zuständigkeit des Ministers können Aufträge weiter gehn an untere Aemter, sei es dass der Minister ihnen den Vollzug seiner Verfügungen stillschweigend überlässt, oder sie, wo sich das nicht aus der Bestimmung des Amtes von selbst versteht, besonders damit beauftragt; sei es dass er sie förmlich delegirt, um, wie das im Begriff der Delegation liegt, an seiner Stelle zu handeln. In letzterer Beziehung ist jedoch zu unterscheiden. Wahre behördliche Verfügungen aus seiner Zuständigkeit kann der Minister nicht übertragen; wo ihm also eine Entscheidung vom Gesetz in die Hand gegeben ist, welche Freiheit und Vermögen der Einzelnen berührt in dem obigen Sinn (§ 5), muss er diese Entscheidung selbst treffen, und wenn er ein anderes Amt damit beauftragt, so ist dessen Entscheidung nur als Vorbereitung seiner eignen anzusehen und für sich nicht bindend.[6] Dagegen kann der Minister den ihm zustehenden Vollzug der Dekrete weiter geben oder einen unteren Beamten beauftragen, an seiner Stelle den Staat bei Vornahme privatrechtlicher Rechtsgeschäfte zu vertreten, wie es denn auch häufig geschieht.

So gehen staatliche Aufträge auf verschiedenerlei Weise durch den Minister hindurch auf andre Aemter über; und zwar gehen sie einer Seits an die besonderen Dienstzweige der Hülfsämter, von welchen wir absehen, anderer Seits folgen sie dem Gang der Hierarchie der Behörden, um zunächst an den Präfekten zu gelangen. Alle sind denn auch notwendig begleitet von dem Rechte des Ministers, die Ausführung zu regeln durch Dienstanweisung und Anordnung und sie zu überwachen durch ändernde und aufhebende Verfügungen. Der Minister wird dadurch zum Leiter und obersten Aufseher der sämmtlichen Verwaltungsämter.

---

[6] Chauveau III, n. 145: *Quelquefois aussi la décision est rendue par les sous-secrétaires d'Etat, les directeurs généraux, les intendants ou par d'autres agents, et approuvée par le ministre. C'est cette approbation qui constitue la véritable décision.*

Eine Aufzählung der Zuständigkeiten, welche sich aus dieser ganzen amtlichen Stellung des Ministers ergeben, soll hier nicht versucht werden; im eigentlichen Verwaltungsrechte werden wir noch hinreichend auf Einzelheiten kommen. Man pflegt als das Hauptsächlichste hervorzuheben: die Vertretung des Staats als Vermögenssubject, die Disciplin über die Beamten, die letztinstanzliche Entscheidung von Beschwerden aus allen Verwaltungszweigen, wobei denn allerdings die Lehre von der Verwaltungsrechtspflege hereinspielt.

Eine Streitfrage ist, ob dem Minister auch ein Verordnungsrecht, ein *pouvoir réglementaire,* zusteht. Das pflegt verneint zu werden. Man sagt: der Bürgermeister für die Gemeinde, der Präfekt für das Departement, das Staatsoberhaupt für das Land, damit sei die Möglichkeit von Verordnungsberechtigten erschöpft. Eine Unfähigkeit des Amtes, Machtübertragungen von Seiten des Gesetzes zu erhalten, besteht nicht. Man hat auch einzelne Gesetze gefunden, in welchen eine derartige Delegation zu Gunsten des Ministers wirklich gemacht wird (Ges. v. 15. Nov. 1846 über Eisenbahnpolizei, Ges. v. 10. Aug. 1852 über Fahrpolizei).[7] Jedenfalls sind die betreffenden Fälle verschwindend gering. Das Staatsoberhaupt bleibt der ordentliche Gesetzgeber zweiten Ranges für das ganze Land. Es ist desshalb auch nicht zulässig, dass der Minister die den untergeordneten Behörden verliehenen Machtübertragungen in der oben bezeichneten Weise für sich benütze; sein Verordnungsrecht ist beschränkt auf die ausdrücklich ihm dazu überwiesenen Gegenstände.

In Anknüpfung an die zweite Art von Verordnungen, die wir beim Staatsoberhaupt fanden, erhebt sich noch eine andere Frage. Die Stellung des Ministers an der Spitze sämmtlicher Aemter legt den Gedanken nahe, ob er nicht selbst solche schaffen kann. Für Behörden bedürfte er einer besonderen Machtübertragung von Seiten des Gesetzes, also eines wahren Verordnungsrechts, welches ihm hiefür nirgends gegeben ist. Andere Aemter können auch ohne gesetzliche Grundlage ge-

[7] Aucoc I, n. 66; Macarel I, S. 138; Ducrocq n. 51; Dufour I, n. 149,

schaffen werden. Allein wir haben gesehen, dass dieses als Ausfluss des verfassungsmässigen allgemeinen Ernennungsrechts des Staatsoberhauptes zu eigner Zuständigkeit demselben vorbehalten und dem Minister nicht übertragen ist. Wenn für bestimmte einzelne Unterbeamten dem Minister vom Gesetze ein Ernennungsrecht zugestanden ist, so beschränkt sich eben diese Ausnahmsbefugniss auf bereits geordnete Aemter. Dem Minister bleibt also nur etwa übrig, die Zahl der Stellen des Amtes von solcher Art zu vermehren.

Das Staatsoberhaupt könnte allerdings nach dem oben Ausgeführten bezüglich nicht behördlicher Aemter sein Ernennungs- und folglich auch sein Organisationsrecht dem Minister übertragen. Das wird thatsächlich nicht leicht vorkommen; am ersten noch in der Weise, dass der Minister etwa unbefugt ein solches Amt eingerichtet hätte und das Staatsoberhaupt nachträglich in Gestalt der Ernennung eines Beamten dazu seine Genehmigung ertheilte.

§ 9. Präfekt und Unterpräfekt.

Die Revolution von 1789 fand das Land für die Zwecke der Verwaltung eingetheilt in 32 *généralités*, an deren Spitze königliche Beamte standen mit dem Titel *intendants*. Ursprünglich diente die Eintheilung wesentlich Finanzzwecken, nach und nach aber wurde der Intendant ein örtlicher Mittelpunkt der ganzen inneren Verwaltung. In einzelnen Landschaften (*pays d'Etat*) bestanden neben dem Intendanten Provinzialstände, welche einen hervorragenden Antheil an der Verwaltung hatten, so dass der Intendant in andern als Polizeisachen eigentlich auf die blosse Ueberwachung beschränkt war. Die meisten *généralités* waren ohne solche Stände, und ganz der Verwaltung des Intendanten überlassen; sie führten den Namen *pays d'élections*. Früher waren nämlich die Abgabepflichtigen berechtigt gewesen, Ausschüsse zu wählen zur Vertheilung der Abgaben. Diese Ausschüsse, die *élus*, erhielten später noch andere Zuständigkeiten, wurden aber dann nicht mehr gewählt, sondern vom König ernannt; trotzdem blieb ihnen der Name. Ihre Zuständigkeiten verschwanden allmählich neben denen des Intendanten. *Pays d'élection* bedeutet also thatsächlich das Gebiet der unbeschränkten Beamtenverwaltung; dazu gehörten etwa drei Viertheile Frankreichs. [1]

Am Vorabend der Revolution, 1787, erging ein Edikt, welches auch in diesem Theile des Staatsgebiets verwaltende Provinzialversammlungen einsetzte; eine grossartige Verwirrung war die nächste Folge, um so mehr als die bisherigen Intendanten mit verringerten Machtbefugnissen daneben fortbestanden. [2]

Die neue Gesetzgebung ging zunächst auf dem eingeschlagenen Wege weiter. Nach dem Gesetz vom 22. Dec. 1789 und der Verfassung vom 5. Sept. 1791 soll in den Departements, die an die Stelle der Generalitäten getreten waren, die Verwaltung geführt werden durch Kollegien, welche aus der Wahl der Departementsbürger hervorgehen (*administrations de département, assemblées administratives*). Dieselben können vom König zeitweilig enthoben, mit Genehmigung des gesetzgebenden Körpers auch aufgelöst werden; ihre einzelnen Beschlüsse bedürfen, soweit sie allgemeine Staatsangelegenheiten betreffen, der Genehmigung des Königs. Im Uebrigen sind sie der vollziehenden Gewalt gegenüber unabhängig; der Grundsatz der Centralisation besteht nicht. Dieser Grundsatz war aber so sehr bereits in die ganze Auffassung vom Staate übergegangen, dass man alsbald der neuen Einrichtung vorwarf, sie löse das Reich in einen Staatenbund auf. [3] Der Konvent vernichtete, thatsächlich wenigstens, alle diese Selbständigkeiten.

Endlich griffen die Verfassung vom 22. Frimaire und das Gesetz vom 28. Pluviose des Jahres VIII offen zurück auf die ursprünglichen Einrichtungen des alten Königthums und liessen den allein verwaltenden Staatsbeamten, den Intendanten, wieder

---

[1] Dareste S. 42 ff.; S. 104 ff. Herman, *administration départementale* I, S. 3 ff.

[2] Toqueville, *l'ancien régime et la révolution*, cap. VII, schildert diesen Versuch unter der Ueberschrift: *Comment une grande révolution administrative avait précédé la révolution politique.*

[3] Trolley I, n. 236: *ce système conduisait directement au fédéralisme.* Serrigny I, n. 374 nennt die damaligen Departements geradezu *petites républiques.*

aufleben in der Gestalt des **Präfekten**, wie er heute noch besteht.

Der Präfekt wird vom Staatsoberhaupt ernannt, ohne Anstellungsbedingungen, nicht einmal bezüglich des Lebensalters; er ist ebenso frei absetzbar. Er hat neben sich als vornehmsten Hülfsbeamten, den **Generalsekretär**, den Vorstand seines Bureaus, der ihn nötigenfalls vertritt.[4]

Dem Präfekten steht eine gewisse Mitwirkung zu bei der Vertretung des Departements als öffentlicher Körperschaft; er ist *représentant des intérêts départementaux*; als solchem werden wir ihm in der Lehre von der Selbstverwaltung wieder begegnen. Hier kommt er nur in seiner Rolle als Glied der Behördenordnung in Betracht.

In dieser Eigenschaft ist er der Untergeordnete der Minister, eines jeden für sein Fach und soweit er dahin einschlagende Geschäfte besorgt. Der wichtigste Minister ist danach für ihn der des Innern; daher denn auch Personalsachen der Präfekturen zu dessen Zuständigkeit gehören.[5]

Alle seine Aufträge kommen ihm vom Ministerium aus zu. Dieselben sind aber wieder zweierlei Art: eigne Zuständigkeiten, beruhend auf Aufträgen die Gesetz oder Verordnung ihm überweisen; und sonstige Aufträge, die sich aus seiner Eigenschaft als Glied der Behördenordnung ergeben und sich anlehnen an die Zuständigkeiten anderer Behörden, oberer oder unterer.[6]

Die **eigne Zuständigkeit** des Präfekten ist im Pluviosegesetz art. 3 durch den allgemeinen Satz bestimmt: *le préfet sera chargé seul de l'administration (du département)*. Im Zusammenhang mit art. 2 des Gesetzes sind dadurch dem Präfekten jedenfalls die Zuständigkeiten überwiesen, welche die bisherigen Departementalverwaltungen als eigentliche Verwaltungsbehörden auszu-

[4] Das Pluviosegesetz sagt von ihm einfach: *il aura la garde des papiers et signera les expéditions.*

[5] *Il relève de tous les ministres*, **Trolley** I, n. 247; **Ducrocq** n. 80.

[6] Die übliche Eintheilung der Thätigkeit des Präfekten betrachtet ihn desshalb als *représentant des intérêts locaux*, als *délégué de l'administration centrale* und als *agent du gouvernement*. **Ducrocq** n. 80.

üben gehabt hatten.[7] Es sind meist polizeiliche Befugnisse, im Ganzen gering an sachlichem Umfang. Der Auftrag des Pluviosegesetzes geht aber weiter. Der Präfekt soll danach die ganze Verwaltung haben, das will sagen: er soll innerhalb des Departements alle Thätigkeit der vollziehenden Gewalt ausüben können, welche nicht durch Gesetz oder Verordnung dem Staatsoberhaupte oder dem Minister oder einem anderen Amte ausdrücklich und besonders zugewiesen und vorbehalten ist.[8] Das hat den Vortheil, dass die vollziehende Gewalt gewisser Massen allgegenwärtig ist; andererseits ist aber diese Zuständigkeitsbestimmung wieder zu allgemein, um sicher zu sein. Sie gibt dem Präfekten, sachlich wenigstens ein gemeinsames Thätigkeitsgebiet mit dem Minister. Die meisten Verwaltungsgeschäfte können ja an sich ebensowohl für das Ganze als departementsweise besorgt werden. Das Wort der Centralverwaltung, wo es einmal gesprochen ist, geht natürlich immer vor. Aber thatsächlich entsteht doch eine Art Konkurrenz zwischen den beiden Stufen der Hierarchie, welche, so lange sie frei bleibt, zu Ungunsten der unteren Stufe ausschlagen muss. Denn die obere hat durch Dienstanweisung und Aufsichtsrecht die Mittel in der Hand, sie von der Konkurrenz auszuschliessen. Sofort nach dem Pluviosegesetz begannen die Minister mit dem Bestreben, die Präfekten durch Dienstanweisungen zur Einhaltung gewisser Gränzen zu veranlassen. Der erste Konsul drückte schliesslich seine Präfekten durch Begünstigung dieses Auskunftsmittels zu blossen vorbereitenden und ausführenden Organen herab.[9] Seither aber erging eine Reihe von Gesetzen und Verordnungen, welche den vagen Ausdruck des Pluviosegesetzes ergänzten durch Bestimmung von Sachen, welche departementsweise behandelt werden sollen, dadurch die Konkurrenz

---

[7] Aufgezählt im Gesetz vom 22. Dec. 1789, Sect. III art. 1 n. 2 Ziffer 1—10.

[8] Dufour I, n. 220: *La loi de pluviose lui a donné mission de régler directement et jure proprio toute affaire administrative qu'une loi ou un règlement n'a pas formellement exceptée de ses attributions*; — n. 222: *investi d'un mandat si général le préfet est en réalité armé du pouvoir administratif tout entier.*

[9] Aucoc I, n. 85; Beispiele bei Trolley I, n. 249.

der Centralverwaltung ausschliessen und die eigne Zuständigkeit des Präfekten sichern. Man bezeichnet diese Tendenz der Gesetzgebung mit dem nicht ganz zutreffenden Namen der Decentralisation. Ihren schärfsten Ausdruck fand dieselbe in den beiden sogenannten *décrets de décentralisation* vom 25. März 1852 und 13. April 1861, von welchen dem ersteren gemäss art. 58 der Verfassung von 1852 die volle Kraft eines Gesetzes zukommt (*décret-loi*). Die unbestimmte allgemeine Zuständigkeitsertheilung des Pluviosegesetzes bleibt daneben bestehen.

Unter den eignen Zuständigkeiten des Präfekten pflegt man hervorzuheben: die Ernennung einiger Beamten, verbunden meist mit dem Absetzungsrechte gegenüber den nämlichen, die Vertretung des Staates vor Gericht im Streit über öffentliches Eigenthum und die Verdingung öffentlicher Arbeiten.

Dem Präfekten steht auch ein Verordnungsrecht zu. Einzelne Gesetze übertragen ihm ein solches ausdrücklich. Die Praxis sieht aber eine genügende Uebertragung dieses Rechtes schon darin, dass das Gesetz den Präfekten ermächtigt, für einen gewissen Gegenstand Sorge zu tragen, der seiner Natur nach Verordnungen nöthig macht. So gründen sich zahlreiche Polizeiverordnungen der Präfekten einfach auf den Text des Gesetzes vom 22. December 1789, welcher die Departementalverwaltungen beauftragt mit dem Schutze des öffentlichen Eigenthums und der Aufrechterhaltung von öffentlicher Ordnung und Sicherheit.[10]

Die zweite Gruppe von Aufträgen des Präfekten, diejenigen umfassend, welche nicht seine eigne feste Zuständigkeit bilden, setzt ihn immer auch in äusserliche Beziehung zu der Thätigkeit anderer Behörden.

Hierher gehört der Vollzug der Verfügungen des Ministeriums. Ferner kann das Ministerium ihm volle Delegationen ertheilen für Dinge, die es auch selbst vornehmen könnte. Eine Erweiterung seiner Zuständigkeit liegt darin, mit Rücksicht auf jene allgemeine Klausel des Pluviosegesetzes nur dann, wenn

[10] Aucoc I, n. 90; Trolley I, n. 248 ff. Zu weit geht Batbie IV, n. 134, wenn er die obige allgemeine Zuständigkeitsbestimmung des Pluviosegesetzes als genügende Grundlage ansieht.

der Auftrag solche Gegenstände betrifft, welche dem Ministerium durch Gesetz oder Verordnung besonders und ausdrücklich überwiesen, also in jener Klausel nicht begriffen sind. Andere könnte der Präfekt ja schon in eigner Zuständigkeit besorgen. Dabei ergibt sich aber jener Unterschied zwischen einfachen Verwaltungshandlungen — wie Vertretung des Staates in Verträgen — und eigentlichen behördlichen Entscheidungen; die letzteren können dem Präfekten nur zur Vorbereitung und zur vorläufigen Erledigung übertragen werden (vgl. oben S. 51). Es wird sogar ein allgemeiner stillschweigender Auftrag des Ministeriums angenommen, wonach der Präfekt in dringlichen Fällen die diesem zustehenden Massregeln sofort ergreifen kann, alles nur in provisorischer Weise; aber mit diesem Vorbehalte sind auch wahre behördliche Entscheidungen in dem vermutheten Auftrage begriffen.[11]

Andererseits gehen wieder vom Präfekten aus und durch ihn hindurch die staatlichen Aufträge weiter an die ihm unterstellten Beamten, wie vom Minister an ihn, und begleitet wie dort von seinem Anordnungs- und Ueberwachungsrecht. Vermöge des letzteren kommen dann auch die Zuständigkeiten der unteren Behörden wieder zurück an ihn zu seiner Entscheidung und bilden einen neuen wichtigen Zweig seiner Thätigkeit.

Der nächste Unterbeamte des Präfekten ist der Unterpräfekt, die nächste Stufe der Behördenordnung aber unter ihm nimmt der Bürgermeister ein. Der Unterpräfekt ist in der That nur ein exponirter Gehülfe des Präfekten und darum behandeln wir ihn hier anhangsweise.

Die Intendanten hatten ihre besonderen Vertreter (*subdélégués*) für die wichtigeren Ortschaften ihres Gebietes. Zeitweise wurden dieselben als wahre öffentliche Beamten behandelt; von 1715 bis zur Revolutionszeit blieb es den Intendanten überlassen,

[11] Dufour I, n. 219: *le préfet a en effet le pouvoir de prendre jusqu'au mesures réservée à l'autorité supérieure. L'exercice de ce pouvoir n'est subordonné qu'à deux conditions: la première est, d'être motivé par l'urgence, et la seconde, de ne se résoudre qu'en dispositions provisoires.*

nach Gutdünken solche Vertreter anzustellen.[12] Nach mehreren Versuchen, die nächste Unterabtheilung des Departements mit einer eignen selbständigen Verwaltung zu versehen, nach Art der Kollegien eingerichtet, welche dem Departement selbst vorstanden, setzt endlich das Pluviosegesetz an die Spitze des Arrondissements den Unterpräfekten. Derselbe ist Staatsbeamter in denselben persönlichen Bedingungen wie der Präfekt. Aber in Bezug auf seine amtlichen Zuständigkeiten erinnert er ganz an den alten *subdélégué* wie der Präfekt an den Intendanten.

Der Unterpräfekt hat vor Allem keine Selbstverwaltung zu vertreten wie der Präfekt, denn das Arrondissement bildet keine öffentliche Körperschaft.

Das Arrondissement ist auch keine Verwaltungseinheit; sein Beamter hat keine umfassende eigne Zuständigkeit, die eine Wiederholung im Kleinen der grossen Staatsverwaltung darstellte. Der Unterpräfekt hat kein Verordnungsrecht, noch sonst durch Gesetz oder Verordnung an ihn gewiesene Aufträge, letzteres wenigstens der Regel nach. Ausnahmen finden wohl statt und namentlich hat das Dekret vom 13. April 1861 und das Gesetz vom 4. Mai 1864 Anfänge einer wirklichen eignen Zuständigkeit für ihn geschaffen.[13]

Der Unterpräfekt ist aber nicht einmal ein ordentliches Glied der Hierarchie. Aeusserlich steht er wohl zwischen dem Präfekten und dem Bürgermeister. Aber die staatlichen Aufträge des letzteren gehen nicht durch ihn hindurch. Er ist nicht der Vorgesetzte des Bürgermeisters, hat diesem gegenüber weder Befehls- noch Abänderungsrecht. Der Bürgermeister steht unmittelbar unter dem Präfekten.[13]

Die Aufträge des Unterpräfekten sind daher im Wesentlichen nur abgeleitet aus der Zuständigkeit des Präfekten. Der Präfekt kann ihn beauftragen mit dem Vollzug seiner Verfügungen; er kann ihm auch einzelne Thätigkeiten aus seiner Zuständigkeit übertragen zur Ausübung an seiner Stelle; in dringen-

---

[12] Dareste S. 114: *Le subdélégué reste simple mandataire non du gouvernement mais de l'intendant.* Macarel I, S. 201 ff.

[13] Macarel I, S. 207; Ducrocq n. 141.

[13] Trolley I, n. 331 nennt das einen *échec au principe de la hiérarchie.*

den Fällen kann der Unterpräfekt auch ohne besonderen Auftrag die nöthigen Massregeln als Vertreter des Präfekten in provisorischer Weise anordnen.[14] Die Hauptthätigkeit besteht in der Vermittlung der Anordnungen des Präfekten an die Bürgermeister und in der Sammlung von Beobachtungen zur Grundlage der eignen Thätigkeit des Präfekten. Seinen Ausdruck findet dieses Gehülfenverhältniss auch in der Thatsache, dass es für das Arrondissement, dessen Hauptort zugleich Departementshauptort ist, einen Unterpräfekten gar nicht gibt: der Präfekt erfüllt zugleich seine Aufgabe, oder vielmehr die Aufgabe ist überflüssig.[15]

§ 10. Bürgermeister.

Der Bürgermeister ist Vertreter einer öffentlichen Körperschaft und Träger staatlicher Aufträge wie der Präfekt. Aber im Gegensatz zu diesem überwiegt bei ihm die erstere Eigenschaft; er ist in erster Linie Gemeindebeamter (vgl. unten § 64).

Die Verbindung staatlicher Aufträge mit der Vorstandschaft der Gemeinde datirt schon aus den Zeiten des alten Königthums. Die mächtigeren Gemeinden hatten noch Manches aus früherer staatsähnlicher Stellung bewahrt, was andern Ortes das Königthum als seine Aufgabe ansah. Die königlichen Intendanten nahmen vielfach die Dienste der *syndics*, *maires*, *jurats* in Anspruch um Steuerbeitreibung, Wegebauten und sonstige Angelegenheiten des Staates durch sie besorgen zu lassen.[1] Bei der Neuordnung der

---

[14] Aucoc I, n. 99; Ducrocq 141. In dem Verhältnisse zwischen Präfekt und Unterpräfekt besteht also eine Ausnahme von der Unübertragbarkeit behördlicher Befugnisse.

[15] Pluviosegesetz art. 11. Der Unterpräfekt ist, wie die Juristen es ausdrücken, bloss *agent d'information*, *de surveillance et de transmission;* der Volkswitz nennt ihn *boîte à lettre*. — Der Kreisdirektor, welcher in Elsass-Lothringen die Stelle des Unterpräfekten einnimmt, hat umfassende eigne Zuständigkeiten erhalten (Ges. 30. Dez. 1871 § 14, Verordnung 1. Sept. 1872, 20. Sept. 1873, 28. Aug. 1875). Der Kreis, im Gegensatze zum Arrondissement, ist eine Verwaltungseinheit geworden. Elsass-Lothringen hat deren im Ganzen jetzt fünf, statt der früheren drei.

[1] Dalloz V° *commune*, n. 68. Aucoc I, n. 103. Raynouard, *Histoire du droit municipal* II, S. 177 ff.

Gemeindeverfassung durch das Gesetz vom 14. Dec. 1789 wird an die Spitze der Gemeinde ein Kollegium gestellt, das *corps municipal*, dessen Zuständigkeiten ausdrücklich geschieden sind in solche, die es hat kraft eignen Rechtes der Gemeinde und solche, die ihm durch Auftrag der Staatsverwaltung übergeben sind.[2] Seit dem Pluviosegesetz erscheint in dieser Doppelrolle der Bürgermeister. Als Einzelbeamter, den die vollziehende Gewalt ernennt und absetzt, soll er gleichgeartet zu Minister, Präfekt und Unterpräfekt treten; aber freilich ist die Ernennung vielfach durch Beauftragungsformen der Selbstverwaltung beeinflusst oder ersetzt und immer bietet der Bürgermeister das wichtige Unterscheidungsmerkmal, dass er ein freiwilliges unbesoldetes Ehrenamt verwaltet.

Der Bürgermeister hat gewisse Befugnisse auf dem Gebiete der Civil- und Strafrechtspflege auszuüben (Civilstand, Polizeianwaltschaft, gerichtliche Polizei). In dieser Eigenschaft steht er unter Leitung der Staatsanwaltschaft.

Als Träger staatlicher Aufträge in der Verwaltung ist er dem Präfekten untergeordnet nach den Grundsätzen der Centralisation, in denselben Formen wie der Präfekt dem Minister; seine Aufträge kommen vom Präfekten und gehen dahin zurück.

Man unterscheidet wieder eigne Zuständigkeiten und bewegliche Aufträge, beide Arten sind aber beschränkt im Umfang.[3]

Der Bürgermeister hat keine allgemeine Delegation der ganzen Verwaltung, wie der Präfekt sie hat für das Departement. Er hat nur einzelne besondere Aufträge durch das Gesetz erhalten. Man nennt: Aufstellung der Wahllisten, Einquartierungssachen, Volkszählung und Aushebungsgeschäfte.[4]

Der Bürgermeister steht auch nicht ganz so allgemein zur

---

[2] Ges. 14. Dez. 1789 art. 49: *Les corps municipaux auront deux espèces de fonctions à remplir: les unes propres au pouvoir municipal; les autres propres à l'administration générale de l'état et déléguées par elle aux municipalités.*

[3] Auch der Bürgermeister ist wieder *délégué* und *agent*. Aucoc I, n. 188; Dufour I, n. 554; Trolley I, n. 872; Ducrocq n. 157.

[4] Er hat nicht: *la plénitude de l'autorité administrative* sondern nur: *des fonctions spéciales qui lui sont attribuées par la loi,* Trolley II, n. 493 ff.; Leber, *code municipal*, S. 352—356.

Verfügung des Präfekten für dessen Aufträge, wie der Unterpräfekt; die Benutzung des unbesoldeten Ehrenamtes ist beschränkt auf gewisse Zwecke. Das Gesetz vom 18. Juli 1837 art. 9 bezeichnet als solche: Veröffentlichung und Vollzug der Gesetze und Verordnungen und Vollzug von Massregeln der öffentlichen Sicherheit. Spezialgesetze und -Verordnungen können diesen Kreis erweitern. Darüber hinaus ist der Bürgermeister nicht verpflichtet, Aufträge zu übernehmen und nicht zuständig sie auszuführen.[5]

In beiden Richtungen steht der Bürgermeister unter der Anordnungs- und Dienstanweisungsgewalt des Präfekten. Allein was dieser Gewalt sonst die Sanktion gibt, erweist sich hier leicht als ungenügend: das Absetzungsrecht ist gegenüber dem unbesoldeten Ehrenamte kein so einschneidendes Machtmittel und pflegt von den Regierungen für den Fall politischer Gegnerschaft aufgespart zu werden. Mit Rücksicht hierauf gibt das Gesetz von 1837 art. 15 der vorgesetzten Behörde ein besonderes Mittel, die Durchführung ihrer Befehle zu erzwingen: sie kann an Stelle des Bürgermeisters selbst handeln oder einen Spezialbevollmächtigten — etwa einen benachbarten Bürgermeister — damit beauftragen. Voraussetzung ist, dass es sich um einen Akt handle, den der Bürgermeister als Glied der Behördenordnung verpflichtet ist vorzunehmen; der Artikel sagt *des actes qui lui sont préscrits pas la loi*; dazu sind aber auch solche Akte zu rechnen, welche dem Bürgermeister auf Grund eines Gesetzes von der vorgesetzten Behörde befohlen sind. Ferner muss der Bürgermeister in aller Form in Verzug gesetzt sein, seine Pflicht zu thun; erst dann ist die Ersatzausführung zulässig.[6]

---

[5] Trolley I, n. 442 hält den Bürgermeister für verpflichtet, alle Vollzugshandlungen zu übernehmen, auch für sonstige Verwaltungsakte des Präfekten: *et des actes administratifs*, fügt er dem Gesetzestexte bei; es bedürfte aber eines weiteren Gesetzestextes, um solch einen Zusatz zu rechtfertigen.

[6] Das Zwangsmittel des art. 15 ist also nicht anwendbar auf die ganze Thätigkeit des Bürgermeisters als Vertreter der öffentlichen Körperschaft. Ducrocq n. 157; Batbie IV, n. 277; Cabantous n. 195; Dalloz V° *commune*, S. 267 Note 230.

Es bleibt uns aber noch übrig, von dem allerwichtigsten Feld der Thätigkeit des Bürgermeisters zu sprechen. Ihm steht nämlich ferner zu: die Gemeindepolizei, die Feldpolizei und die Ordnung des gemeindlichen Wegewesens *(police municipale, police rurale, voirie municipale)*. Der Umfang der darin enthaltenen Befugnisse ist bestimmt durch die Gesetze vom 14. December 1789 Art. 50, 16. August 1790 Tit. XI Art. 3 und 28. September 1791 Tit. II Art. 9. Der Bürgermeister hat für diese Zwecke vermöge einer Machtübertragung des Gesetzes das Verordnungsrecht für die Gemeinde.

Die gesonderte Behandlung dieser Befugnisse rechtfertigt sich daraus, dass es zweifelhaft sein kann, ob sie überhaupt in die Behördenordnung gehören. Das Gesetz vom 18. Juli 1837, auf welchem die jetzt noch geltende Ordnung dieses Gegenstandes beruht, rechnet die Polizei ausdrücklich zu den Thätigkeiten, welche dem Bürgermeister zustehen als Selbstverwaltungsvertreter, nicht unter dem Befehl *(sous l'autorité)*, sondern unter der Aufsicht (*sous la surveillance*) der Staatsbehörden (Art. 10 des Ges.). Wenn diese Zuweisung ernsthaft gemeint ist, so ist das natürlich entscheidend für die rechtliche Natur der Befugniss; aber gerade das ist die Frage. Wir sehen die Schriftsteller in Zwiespalt trotz der klaren Worte des Gesetzes.[7] Es wird notwendig

---

[7] Als Vertreter der widerstreitenden Auffassungen nennen wir einerseits Trolley, andererseits Block. Ersterer (I, n. 372) sagt von den polizeilichen Gewalten des Bürgermeisters, sie seien: *fonctions propres au pouvoir municipal c. a. d. elles ne sont pas déléguées par l'administration générale, mais elles dérivent de sa nature et sont de son essence.* Also die Gemeinde erzeugt diese Gewalt als selbständige Quelle staatlichen Wollens. Nach Block (*V° police*, n. 7) ist es dagegen wieder ein behördlicher Auftrag wie die anderen, der durch das Staatsoberhaupt hindurch an den Bürgermeister gelangt und unterwegs all die Beeinflussungsrechte zurücklässt, welche das Band der Behördenordnung bilden: *dans tout ce qui n'a pas été réglé par la loi elle-même ce pouvoir appartient au chef de l'Etat. Ce dernier délègue ensuite au maire cette partie de son autorité.* Vergl. auch Serrigny III, n. 1400. — Sehr bezeichnend ist der Mittelweg, den Aucoc (I. n. 108) einschlägt. Er meint: theoretisch genommen, habe der Bürgermeister die Polizei doch eher als Staatsbeauftragter; wenn er anders eintheile, so geschehe es nur aus Respekt für die vom Gesetze einmal beliebte Klassifikation. Mit solchem Vorbehalte verliert aber die Klassifikation allen inneren Werth und alle praktische Bedeutung.

sein, sich die geschichtlichen Zusammenhänge des letzteren zu vergegenwärtigen.

Das Gesetz vom 14. Dec. 1789 hatte die Gemeindepolizei wahrhaft decentralisirt; darin bestand gerade der vielberufene Föderalismus. Die Gemeindepolizei wurde nicht mehr als Staatsangelegenheit betrachtet, sondern als Gemeindeangelegenheit, sie war den Gemeindebehörden nicht *déléguée*, in Auftrag gegeben, sondern nach der Ausdrucksweise des Gesetzes vom 24. Aug. 1790 *confiée*, überlassen.

Mit dem Pluviosegesetze aber nahm die centrale Staatsgewalt diese Entäusserung wieder zurück. Für die eigentlichen Gemeindeangelegenheiten wird dem Bürgermeister der Gemeinderath zur Seite gestellt. Bei allen anderen Dingen, in welchen dann der Gemeinderath nichts darein zu reden hat, ist er Behörde, staatlicher Beauftragter, vom Präfekten abhängig; und dazu gehört jetzt auch die Gemeindepolizei: der Bürgermeister hat sie in demselben sachlichen Umfange, wie die früheren Municipalitäten sie hatten; aber er hat sie in anderer Eigenschaft;[8] hat man ja doch unter der Herrschaft des Pluviosegesetzes dem Präfekten nicht bloss ein Abänderungsrecht an Gemeindepolizeiverordnungen zugeschrieben, sondern ihn geradezu für ermächtigt angesehen, solche Verordnungen an Stelle des Bürgermeisters für die Gemeinde zu erlassen.[9] Gegen letzteres erhob sich aber schon damals die Theorie, welche für Verordnungen als Machtübertragungen des Gesetzes die besondere Stellung in der Centralisation in Anspruch nahm, die ihnen jetzt zuerkannt ist (vergl. oben § 7).[10]

---

[8] Hélie, *constitutions de la France*, S. 620 sagt desshalb in seinen Bemerkungen zum Pluviosegesetz von der neuen Stellung des Bürgermeisters: *Là qualité de délégué du pouvoir exécutif l'emporte sur celle d'administrateur de la commune.* Den schärfsten Ausdruck findet die neue Auffassung in einer Ministerialinstruktion an die Präfekten vom 22. Oct. 1812, abgedruckt bei Leber, *code municipal*, S. 858 ff.: Die Akte des Bürgermeisters, bei welchen der Gemeinderath mitwirkt, bedürfen der Bestätigung der Vormundschaftsbehörde; *les autres et notamment les mesures de police locale . . . ne sont pas moins soumis à l'autorité du préfet . . . qui a le droit de les réformer. Ce droit est la conséquence des attributions de pouvoirs accordées au chef de l'administration sur les autorités qui lui sont subordonnées.*

[9] Champagny, *police municipale I*, S. 73, S. 83.

[10] Gérando, welcher in jener Zeit schrieb, hebt die Unterscheidung

So stand die Sache, als am 11. Dec. 1834 die Regierung den Entwurf einer neuen Gemeindeordnung vorlegte. Darin war unter dem Titel: *fonctions du maire qui émanent du gouvernement ou qui sont exercés sous l'autorité immédiate de ses agents* auch die gemeindliche Polizeigewalt aufgeführt; der Bürgermeister soll hiefür sein: *délégué de l'autorité royale.*[11] Das entsprach dem bestehenden Rechte. In den Verhandlungen aber wurden gegen diese Einreihung Bedenken erhoben. Man betonte vor allem wieder, dass es sich um Verordnungen handle und die Natur derselben einen positiven Einfluss der vorgesetzten Behörde auf ihren Inhalt nicht gestatte. Dazu noch verwies man auf das — allerdings gar nicht mehr zutreffende — Vorbild des Gesetzes vom 14. Dec. 1789.[12] Das Ergebniss war, dass man sich in der Einreihungsweise diesem Vorbilde anschloss, aber durchaus nicht, um das Unterordnungsverhältniss der Gemeindepolizei zu den Staatsbehörden anders zu gestalten, als es sich auch schon nach dem Pluviosegesetze bei gehöriger Beachtung der Besonderheit der gesetzlichen Ermächtigungen und Machtübertragungen gestalten müsste. Das ergibt sich auch aus der Art, wie alle Einzelheiten des Verhältnisses entwickelt worden sind.

Die „blosse Aufsicht", welche den Staatsbehörden in Polizeisachen zustehen soll, ist von dem neuen Gesetze theilweise ausdrücklich geordnet (Art. 11). Die Beschlüsse, welche der Bürgermeister zur Ausübung seiner Polizeigewalt erlässt *(arrêtés)*, können danach vom Präfekten aufgehoben oder vorläufig ausser Kraft gesetzt werden. Alle Beschlüsse dieser Art sind desshalb sofort dem Präfekten vorzulegen. Diejenigen, welche eine ständige Anordnung enthalten, werden sogar erst nach Ablauf eines Monats von der förmlichen Vorlage ab vollziehbar; eine Streitfrage ist, ob

---

folgendermassen hervor: *Le maire n'est pas seulement le délegué de l'autorité administrative supérieure, il est aussi le délegué immédiat de la loi.* (Wir haben die Bedeutung dieses Ausdruckes oben, § 7, erörtert.) *En cette qualité il est investi d'un pouvoir propre à l'effet de préscrire les mesures qui appartiennent à la police municipale.*

[11] Dalloz, *V° commune*, n. 138, S. 236, Note 1 (Bericht von Meunier), n. 29, 30 u. 36.

[12] Dalloz ebendaselbst n. 158, S. 249 Note 1 (Bericht von Vivien), n. 156, 159.

die Frist durch vorherige ausdrückliche Genehmigung des Präfekten nicht abgekürzt werden kann.[13] Beschlüsse, welche nur für augenblickliche, vorübergehende Zustände oder für bestimmte Zeit gelten sollen (z. B. Verordnungen über den Beginn der Weinlese), treten sofort in Wirksamkeit. Sachliche Aenderungen und Hinzufügungen kann also der Präfekt an diesen *arrêtés* nicht machen. Allein das Gesetz setzte dabei eben voraus, dass es sich immer um Verordnungen handle, um *règlements permanents* oder *règlements temporaires*, nicht um Einzelverfügungen. In der That wird das ja auch stets zutreffen, wenn der Bürgermeister von freien Stücken und um neue Pflichten und Lasten zu begründen, von seiner Gewalt Gebrauch macht. Denn man betrachtet es als feststehend, dass er das nur thun kann in Form einer allgemeinen Regel, zu Einzelverfügungen ist ihm die Gewalt nicht gegeben.[14]

Nun kann es aber doch vorkommen, dass der Bürgermeister in Ausübung der ihm zustehenden Gemeindepolizei Verfügungen trifft, welche den einzelnen konkreten Fall erfassen. Man unterscheidet zwei Arten solcher Verfügungen.

Die erste ist nur scheinbar eine Einzelverfügung. Der Bürgermeister kann sich einer Gefahr oder Schädlichkeit gegenüber finden, die plötzlich auftaucht und in den bestehenden Verordnungen nicht vorgesehen ist; eine neue Kraftentwicklung der Verwaltung wird notwendig, die sich äussert in einer dem Falle angemessenen Verfügung. Es droht z. B. eine Fabrik durch ihre Abgänge die öffentliche Gesundheit zu schädigen, oder ein Grundstück in der Nähe der Strasse bildet wegen mangelnder Umzäunung eine Gefahr für den Verkehr. Der Bürgermeister befiehlt die Abstellung durch einen Einzelbeschluss, *arrêté spécial* oder *individuel.* Ein solcher wird aber in jeder Beziehung einer Verordnung gleich behandelt, namentlich auch was das Verfahren zum Eintritt in Wirksamkeit und das Aufhebungsrecht des Präfekten anlangt. In Wahrheit ist er auch eine Verordnung: das Eigenthümliche daran ist nur, dass der allgemeinen Regel hier ein einziger konkreter

---

[13] Batbie IV, n. 280.

[14] Dufour I, n. 719; Chauveau et Hélie, *théorie du code pénal VI*, n. 2806; Champagny, *police municipale* I, S. 186—188; Cass. 15. Dec. 1836.

Fall entspricht; dass desshalb die Regel sofort in den konkreten Befehl übersetzt wird, ändert das Wesen des Aktes nicht.[15]

Der Bürgermeister kann aber auch wahre Einzelverfügungen auf dem Gebiete der Gemeindepolizei treffen: das ist dann der Fall, wenn es sich nicht darum handelt, neue Befehle und Verpflichtungen zu schaffen, sondern nur bereits begründete Verpflichtungen durchzuführen. Es besteht also schon ein Gesetz oder eine Verordnung, welche Vorschriften gemeindepolizeilichen Inhalts geben; der Bürgermeister erlässt nur eine Verfügung zum Zwecke der Vollziehung dieser Regeln. Er befiehlt, wie das Gesetz ihn ermächtigt, die Niederreissung eines baufälligen Hauses, er ertheilt einem Baulustigen die Baulinie, gewährt oder versagt die möglicher Weise durch seine eigene Polizeiverordnung vorbehaltene Erlaubniss. Das sind dann wahrhafte Akte der Gemeindepolizei, aber ebenso wahrhafte Einzelverfügungen und keine Verordnungen. Was das Gesetz von 1837 über die Invollzugsetzung und über die Aufhebung der *arrêtés* bestimmt, findet darauf keine Anwendung; es ist dort überhaupt nichts Besonderes vorgesehen für diese Art von Akten. Worin besteht also hier das Aufsichtsrecht des Präfekten? Die Antwort wird unbedenklich entnommen aus den allgemeinen Grundsätzen der centralisirten Behördenordnung: der Präfekt ist berechtigt, solche Akte nicht bloss aufzuheben, sondern auch abzuändern und sie in zweiter Instanz selbst neu zu machen.[16]

Thatsächlich hat also der Präfekt sowohl gegenüber den Verordnungen als gegenüber den polizeilichen Einzelverfügungen des Bürgermeisters einfach je die nämlichen Befugnisse, die sich — mit derselben inneren Unterscheidung — seinen eigenen Akten gegenüber zu Gunsten des Ministers aus der Centralisation ergeben haben. So wird denn auch in allen übrigen Beziehungen die

[15] Batbie IV, n. 296: *les arrêtés de police individuels s'adresseront la plupart du temps aux seules personnes qui pourraient les violer, et c'est pour qu'il soit mieux connu et plus efficace que l'autorité a pris la forme de l'arrêté individuel au lieu d'adopter la forme des dispositions générales.* Dalloz V° *commune* n. 169; Dufour I, n. 722.

[16] Dufour I, n. 721, 725, 726; Serrigny III, n. 1414; Ducrocq n. 270, 717; Champagny I, S. 194; Block V° *police*, n. 101. Der Letztere nimmt solche Verfügungen *véritables actes d'exécution.*

Gemeindepolizeigewalt schlechthin behandelt, als wenn auch sie den Weg der Hierarchie herabgekommen wäre. Nur so erklärt sich ja, wie man annehmen durfte, dass dem Präfekten von selbst ein Polizeiverordnungsrecht in dem stofflichen Umfange des Gemeindepolizeiverordnungsrechtes zufalle. Und auf nichts Anderes gründet sich auch der oben erwähnte Vorrang der Verordnungen des Präfekten vor den konkurrirenden des Bürgermeisters. Folgerichtig zu sein, müssen wir dem Präfekten auch das Recht des Dienstbefehls und der Dienstanweisung zuerkennen; nur hat das keine rechte praktische Bedeutung wegen des Mangels an geeigneten Zwangsmitteln, wovon gleich noch die Rede sein wird.

Die Gemeindepolizei, um es zusammenzufassen, ist nach dem Gesetze von 1837 eine besondere Angelegenheit der Gemeinde, die aber im Verhältnisse zu den Staatsbehörden so behandelt wird, als wäre sie keine Gemeindeangelegenheit, sondern ein staatlicher Auftrag innerhalb der Behördenordnung. Die Zutheilungsweise des Gesetzes bekommt dadurch allerdings den Anstrich einer zwecklosen historischen Liebhaberei. Doch äussert sie immer noch einige Wirkungen:

1. Die Polizei, sofern sie äusserer Mittel bedarf an Sachen und Personen, ist öffentliche Anstalt; was davon zur Gemeindepolizei gehört, ist Gemeindeanstalt, die Gemeinde ist Eigenthümerin davon und belastet mit der Sorge dafür (vergl. unten § 54, § 65).

2. Das Recht der Ersatzausführung, welches Art. 15 des Gesetzes von 1837 dem Präfekten gibt, findet in Sachen der Gemeindepolizei keine Anwendung. Das Gesetz hat dieses Auskunftsmittel für Gemeindeangelegenheiten nicht geben wollen, also auch jedenfalls nicht für diese Angelegenheiten, die es selbst ausdrücklich dazu rechnet.[17] Das ist's eben, was den Dienstbefehl hier so unpraktisch macht; denn das Absetzungsrecht allein ist für solche Dinge, wie gesagt, nicht sehr brauchbar.

Der Bürgermeister hat einen Nebenbeamten in dem Bei-

---

[17] Batbie IV, n. 283 sucht den Grund darin, dass der Bürgermeister hier bloss freie Befugnisse habe, keine gesetzlichen Verpflichtungen. Allein wenn der Präfekt kraft seines Aufsichtsrechtes befiehlt, so gibt das allerdings eine gesetzliche Verpflichtung im Sinne des Art. 15.

geordneten (*adjoint*). Was Ernennung, Absetzung und Verhältniss zur Selbstverwaltung anlangt, steht das Amt dem des Bürgermeisters gleich. Die Aufgabe des Beigeordneten ist eine dreifache:

1. Stellvertretung des Bürgermeisters im Fall seiner Verhinderung;

2. der Bürgermeister kann ihm einzelne Sachen seiner Zuständigkeit übertragen, nicht das Ganze und nicht eigentliche behördliche Entscheidungen;

3. der Beigeordnete hat in Steuersachen gewisse eigene Zuständigkeiten zur Ausübung neben dem Bürgermeister kraft gesetzlichen Auftrags.[18]

Endlich sind auf dieser untersten Stufe der Behördenordnung noch zu erwähnen: der Bannwart (*garde champêtre*) und der Polizeikommissär (*commissaire de police*). Ersterer ist Gemeindebeamter, dem Bürgermeister untergeordnet, mit dem Flurschutz in erster Linie beauftragt, dabei aber Beamter der gerichtlichen Polizei mit den Rechten der Protokollirung und Verhaftung.[19] Das Amt des Polizeikommissärs wurde durch das Pluviosegesetz (Art. 12) nach dem Vorbild der vorausgehenden Gesetzgebungen beibehalten[20], zunächst für Städte von mehr als 5000 Einwohner. Nach Dekret vom 28. März 1852 können Polizeikommissäre ernannt werden in allen Kantonshauptorten. Sie sind vor allem Beamte der gerichtlichen Polizei und der Staatsanwaltschaft untergeordnet. Daneben aber sind sie auch Hülfsbeamte der allgemeinen und der Gemeindepolizei und stehen als solche unter Befehl des Präfekten und des Bürgermeisters zur Durchführung des auf diesem Gebiete nöthigen Zwanges.

Beide Aemter erhalten die Eigenschaft als Behörde wesentlich durch ihre Zuständigkeiten auf dem Gebiete der gerichtlichen Polizei, doch stehen dem Polizeikommissär auch gewisse obrigkeitliche Machtäusserungen in der reinen Verwaltung zu (Vernichtung

---

[18] Dufour I, n. 729—732; Batbie IV, n. 732.

[19] Ges. v. 18. Juli 1837 art. 13.

[20] Ges. v. 19. Juli 1791 tit. I art. 1 u. 8 und vor allem Dekret v. 21. Sept. 1791, welches die Amtsbefugnisse zuerst genau bezeichnet.

gefälschter Nahrungsmittel, Auflösung von Versammlungen, Requisitionen im Falle öffentlicher Not; vergl. unten § 29, § 31, § 43).

2. Berathungskörper.

§ 11. Stellung der Berathungskörper in der Behördenordnung.

Die Berathungskörper (*conseils*) sind staatlich geordnete Vereinigungen von Personen, welche den Auftrag haben, in gemeinsamer Berathung bei der Besorgung öffentlicher Angelegenheiten mitzuwirken. Hier in der Behördenordnung kann es sich nur um solche Berathungskörper handeln, welche an unmittelbar staatlichen Angelegenheiten in Auftrag des Staates betheiligt sind, im Gegensatze zu den Berathungskörpern der Selbstverwaltung (vergl. unten § 14).

Die Art der Mitwirkung bei der Besorgung der Geschäfte des Staates kann eine mehr oder weniger unmittelbare sein. Sie kann sich auf die blosse Berathung beschränken, so dass der eigentlich handelnde Verwaltungsbeamte, welcher dieser Berathung beiwohnt, daraus Anregungen und Ueberzeugungen für die ihm allein obliegende Handlung schöpft. Die Berathung kann auch förmlich abschliessen mit einer Meinungsäusserung, einem Gutachten des Berathungskörpers, welches durch Abstimmung der Mitglieder festgestellt wird.

Sie kann aber auch abschliessen mit einer durch Abstimmung und Mehrheitsentscheidung festgestellten Willensäusserung der Berathenden. Das ist dann der Fall, wenn der Berathungskörper vom Staate den Auftrag hat, nicht etwa bloss handelnden Behörden Rath zu ertheilen, sondern selbst zu handeln.

Man theilt danach die Berathungskörper ein in rathertheilende und entscheidende (*conseils consultatifs* und *délibératifs*). Beide Arten von Aufträgen werden dann von verwaltungsrechtlicher Bedeutung, wenn sie bezüglich bestimmter Gegenstände vom Gesetz oder von der Verordnung dem Berathungskörper ertheilt sind. Die Rathertheilung wird dann zu einer Bedingung des gültigen Handelns des eigentlich Beauftragten, die Entscheidung zu einer eigenen Zuständigkeit des Berathungskörpers (*pouvoir propre*).

Auf diese Weise sind die Berathungskörper vermengt und verbunden mit den eigentlichen Verwaltungsbehörden und vertreten gegenüber dem raschen, thatkräftigen Vorgehen der Einzelämter das bedächtigere, gründlichere und rücksichtsvollere Element der kollegialen Gemeinschaft.[1] Das Besondere daran, im Gegensatz zu der Behördenordnung der bürgerlichen Gerichte, ist einmal, dass die Kollegialität hier regelmässig nur in der abgeschwächten Gestalt der blossen Anhörung des Berathungskörpers zur Geltung kommt; und dann, dass sie niemals erscheint als die allgemeine Form der Geschäftsbesorgung einer gewissen Verwaltungsstufe, sondern als Ausnahmeform für bestimmte Sachen, dafür aber überall dazwischen hereingreifend. Die Hereinziehung eines Berathungskörpers durch Gesetz und Verordnung, sei es zur Rathertheilung, sei es zu eigener Entscheidung, ist immer ein privilegium causae, und unter den Rücksichten, welche dahin führen, einer Sache solche Wichtigkeit beizulegen, steht in erster Linie der Schutz der Einzelinteressen. Es geht desshalb schon ein Zug der Verwaltungsrechtspflege durch die Einrichtung. An manchen Stellen ist der Punkt des Ueberganges in diese ganz nahe.

Die einzelnen Berathungskörper stehen nicht in dem innigen Zusammenhange mit einander, wie die Centralisation der eigentlichen Verwaltungsbehörden ihn herstellt. Wo sie nur Rath ertheilen, ist ihr Verhältniss gar kein unmittelbares, es besteht nur durch die Behörde hindurch, welcher sie dienen. Sobald sie aber eine selbständige Zuständigkeit entwickeln, ergibt sich mehrfach eine unmittelbare Beziehung zwischen ihnen. Dieselbe gleicht dann so ziemlich der zwischen Untergericht und Obergericht und bietet auch den ordentlichen Weg zur Aenderung ihrer Entscheidungen in der Form des Rekurses an den höheren Berathungskörper.

---

[1] Darin besteht die sogenannte *séparation de l'action et de la délibération*. Das immer wieder angeführte Wort: *agir est le fait d'un seul, délibérer le fait de plusieurs* wird dem Staatsrath Röderer zugeschrieben, der den Pluviosegesetzentwurf vor dem gesetzgebenden Körper vertrat; in Wirklichkeit hat er gesagt: *juger est le fait de plusieurs*.

In ihrer eigenen Zuständigkeit unterliegen sie überdiess einer verschieden geordneten Einwirkung der neben ihnen stehenden eigentlichen Behörde, sei es dass diese mitentscheidet, sei es dass sie ihnen die Entscheidung abnimmt. Dagegen werden ihre gesetzlichen Aufträge nicht ergänzt und näher bestimmt durch Anordnungen und Dienstanweisungen. Die vollziehende Gewalt hat nur die allgemeine Aufsicht über sie, um sie anzuhalten zur Erfüllung dieser gesetzlichen Pflichten. Dazu bedient sie sich der Disciplinargewalt, insbesondere des Absetzungsrechtes. Freilich ist dieses Absetzungsrecht hier wie fast überall unbeschränkt, ein blosses Missfallen genügt, und formell bestünde daher wohl die Möglichkeit, dass dieses Missfallen auch nur erregt sei durch Nichtbeachtung eines von oben herabgekommenen Rathes oder Wunsches.

§ 12. Staatsrath.

Das alte Königthum hatte sein *conseil d'État, conseil du roi,* ein Kollegium, dessen sich die Könige nach Belieben zur Einholung guter Rathschläge oder zur Ausarbeitung ihrer Gesetzgebungs-, Verwaltungs- und Rechtsprechungsakte bedienten. [1]

Von der Revolution wurde die Einrichtung zunächst beseitigt. Was nach dem Dekret vom 27. April 1791 als Staatsrath bezeichnet wird, ist lediglich eine Vereinigung der Minister unter Vorsitz des Königs; dafür wird dem König ein Kredit von frcs. 80'000 eröffnet, um sich Räthe zu halten, wo sie ihm notwendig scheinen. Mit dem Königthum verschwindend, erstand das Institut desto glänzender wieder auf mit der Konsulatsverfassung vom 22. frim. VIII [2], um den ersten Konsul und nachmaligen Kaiser bis zum Ende seiner Laufbahn zu begleiten.

Die Blüthe der französischen Intelligenz machte sich Napoleon in dieser Körperschaft zu Mitarbeitern. Ihre Zuständigkeit ist dazu angelegt, alle Erfahrung des praktischen Staatslebens hier

---

[1] Zur Geschichte: Aucoc, *le conseil d'Etat avant et depuis 1789, ses transformations, ses travaux et son personnel.*

[2] Verf. 22 frim. VIII, art. 51 et 58; Verordnung vom 5 nivose VIII.

zusammenströmen zu lassen, alle Theile der Verwaltung von hier aus wieder mit einem einheitlichen Geiste zu erfüllen. Der Staatsrath entwirft die Gesetze, vertritt sie vor dem gesetzgebenden Körper und übt hinterdrein das Recht der authentischen Interpretation.[3] Er ist der notwendige Berather der vollziehenden Gewalt für Verordnungen und wichtigere Verfügungen und bereitet ihre Entscheidungen vor über Kompetenzkonflikte und Verwaltungsstreitsachen. Seine Mitglieder treten zum Theil heraus aus dem unmittelbaren Zuammenhange des Kollegiums und werden zu wichtigeren Thätigkeiten im äusseren Dienste verwendet: als Präfekten, um Muster-Departementsverwaltungen zu schaffen, als Leiter grösserer technischer Dienstzweige, als Vertreter Frankreichs in neu erworbenen oder abhängig gemachten Ländern. Dadurch entsteht die Unterscheidung von Staatsräthen im ordentlichen und im ausserordentlichen Dienste (*service ordinaire* und *extraordinaire*). Die ausgeschiedenen behalten nämlich den Charakter als Staatsräthe und treten nach Vollendung ihrer Mission von selbst wieder in das Kollegium ein, das sie mit ihren praktischen Erfahrungen bereichern. — Der Staatsrath ist endlich die hohe Schule der oberen Verwaltung; junge Beamte werden unter dem Titel *auditeurs* als Hülfsarbeiter bei ihm aufgenommen und erhalten da die Einweihung in den Geist, in welchem sie künftige wichtige Aemter zu führen haben.

So erwies sich der Staatsrath als ein wunderbares Herrschaftsinstrument in der Hand Napoleons; er war *le confident de la pensée impériale*; ihm verdankt Frankreich wesentlich die Organisation seiner Verwaltung, und der Ehrenname: *la gloire civile de l'empire* war nicht unverdient. Noch jetzt erheben sich die französischen Schriftsteller zu wärmerer Darstellung, wenn sie auf jene erste Zeit des Staatsrathes zu sprechen kommen.

Unter der Restauration und dem Julikönigthum verliert der

[3] Das Reglement vom 5 nivose VIII spricht von *développer le sens de la loi*. Das kann natürlich zu einer wahren Ergänzung des Gesetzes führen, und insofern wird für jene erste Zeit den Staatsrathsgutachten geradezu die Bedeutung von Gesetzen beigelegt.

Staatsrath viel von seiner Bedeutung. Die konstitutionellen Prinzipien, welche den Schwerpunkt der Regierung in das verantwortliche Ministerium legen, drängen das Staatsoberhaupt und seinen Rath in den Hintergrund der Verwaltungsthätigkeit. Der Staatsrath wird ein Hülfsamt der Minister.

Das zweite Kaiserreich hat ihn wieder aufgenommen als ein förmliches Glied seiner Verfassung und ihn durch eine Reihe von Dekreten geordnet. Dadurch erhielt der Staatsrath folgende Einrichtung und Zuständigkeit.[4]

Der Staatsrath setzt sich zusammen aus einem Präsidenten, einem Vizepräsidenten und 40—50 Staatsräthen im ordentlichen Dienst. Dazu können ernannt werden höchstens 15 Staatsräthe im ordentlichen Dienst ohne Zugehörigkeit an eine Abtheilung (*conseillers d'Etat en service ordinaire hors section*), welche aus der Zahl der höheren Verwaltungsbeamten entnommen werden, und höchstens 20 Staatsräthe im ausserordentlichen Dienst, worunter jetzt ausgeschiedene ordentliche Staatsräthe verstanden werden, welche das Staatsoberhaupt beruft. Die ersteren wirken nur in der Generalversammlung mit, nicht in den Abtheilungen; die letzteren müssen, um thätig zu werden, jedes Mal durch besonderes Dekret zugezogen sein.

Ausserdem gibt es 40 Berichterstatter (*maitres de requêtes*) zur Vorbereitung der Sachen und 40 *auditeurs* als Hülfsarbeiter.

Alle diese Mitglieder sind verhältnissmässig hoch besoldet, aber sämmtlich vom Staatsoberhaupte frei ernennbar und absetzbar.

Der Staatsrath arbeitet theils in Generalversammlung, theils in Abtheilungen. Der letzteren sind es sechs. Das Dekret vom 30. Januar 1852 vertheilt die Arbeiten. Die Abtheilungen können ihre Sachen immer der Generalversammlung überweisen. Die Thätigkeit des Staatsrathes bezieht sich theils auf die Verwaltungsrechtspflege, theils auf eigentliche

---

[4] Verf. 1852 art. 47, 53. Dekrete vom 25. Jan. 1852, 25. Nov. 1853, 24. Nov. 1861. — Neuere Gesetze vom 24. Mai 1872, 25. Febr. 1875, 13. Juli 1879. Das erstere hatte die Mitglieder des Staatsrathes von der Volksvertretung wählen lassen, was das zweite wieder beseitigte. Wesentliche Neuerungen bestehen in der Ordnung des Staatsrathes nur bezüglich der Verwaltungsrechtspflege.

Verwaltungssachen, er handelt *au contentieux* oder *dans la forme administrative*. Der ersteren Thätigkeit ist eine eigene Abtheilung gewidmet, *section du contentieux*, und eine besonders zusammengesetzte Generalversammlung, *assemblée du contentieux*. Wir haben uns hier zunächst nur mit seiner Verwaltungsthätigkeit zu beschäftigen. Es bleibt auch die Mitwirkung des Staatsrathes bei Entwurf und Durchbringung von Gesetzen hier ausser Betracht.

Der Staatsrath ist der ständige Berather der Centralverwaltung; nicht nur das Staatsoberhaupt kann ihn jeder Zeit zu Rathe ziehen, sondern auch die einzelnen Minister können sich Gutachten über Angelegenheiten ihrer Zuständigkeit dort erholen; zu dem Ende ist jede Abtheilung einem oder mehreren Ministerien im Voraus als berathendes Kollegium zugewiesen. Eine verwaltungsrechtliche Bedeutung hat der Staatsrath nur neben dem Staatsoberhaupt und nur insofern, als er dessen notwendiger Berather (*conseil obligé*) ist. Diese Mitwirkung erscheint jedoch in mehr oder weniger selbständiger Gestalt, und danach müssen zwei Gruppen unterschieden werden.

1. Eine eigene Zuständigkeit des Staatsoberhauptes kann an die Bedingung geknüpft sein, dass die Ausübung nur erfolgen soll nach Anhörung des Staatsrathes. Die betreffende Massregel pflegt sich dann auszuweisen über die erfüllte Form durch die Klausel: *„notre conseil d'Etat entendu"* oder *„en conseil d'Etat"*, welche an die Spitze des Dekretes gesetzt wird.

Diese Bedingung erscheint in Zusammenhang mit Ermächtigungen und Machtübertragungen, welche das Gesetz dem Staatsoberhaupte ertheilt. Nach der Verfassung vom 22. Frimaire VIII Art. 52 sollen die von der Verfassung selbst schon ermächtigten Vollzugsverordnungen, *règlements d'administration publique* genannt [5], alle von solcher Mitwirkung des Staatsrathes

[5] Ueber den Sinn, welchen die für alle Zukunft massgebend gewordene Konsulatsverfassung mit diesem Ausdrucke verband, kann kein Zweifel sein. Art. 44 verfügt: *le gouvernement propose les lois et fait les règlements nécessaires pour assurer leur exécution;* das ist die Ermächtigung zur Vollzugsverordnung. Dann spricht Art. 52 von denselben Verordnungen, indem er den Staatsrath beauftragt *de rédiger les projets de lois et les règlements d'administration publique.*

begleitet sein. In Anschluss daran bringen spätere Gesetze, welche dem Staatsoberhaupte besondere Machtübertragungen geben, die Auflage der gleichen Bedingung zum Ausdruck durch die Forderung: das Staatsoberhaupt solle handeln *par un règlement d'administration publique.*

Wird bei einer blossen Ermächtigung zu Einzelakten die gleiche Bedingung gestellt, so kann natürlich kein *règlement d'administration publique* verlangt werden; das Gesetz sagt dafür: das Dekret soll erlassen werden: *dans la forme d'un règlement d'administration publique*, oder geradezu: *en conseil d'Etat.*[6]

Die Mitwirkung des Staatsrathes bei Verordnungen ist auch durch die Verfassung von 1852 wieder vorgeschrieben. Dazwischen, namentlich unter der Restauration, bestand eine solche allgemeine Vorschrift nicht. Die Einzelgesetze aber fuhren fort, sich bei Ertheilung von Ermächtigungen der obigen Ausdrucksweise zu bedienen. Dadurch entstand bei neueren Schriftstellern eine Verschiebung des Begriffes des *règlement administration publique.* Man will jetzt das Wesen desselben setzen in die Form der Mitwirkung des Staatsrathes. Das gibt natürlich gar keine sachliche Ausscheidung mehr, da nach den wechselnden Verfassungen thatsächlich die nämlichen Gegenstände mit der nämlichen bindenden Kraft bald mit, bald ohne Staatsrath behandelt werden, auch das machtübertragende Einzelgesetz nach Belieben diese Bedingung stellen kann oder nicht. Diese Auffassung ist desshalb ebenso äusserlich als unhistorisch.[7]

---

[6] Serrigny I, n. 6: *Si l'objet sur lequel statue le décret après délibération du conseil d'état, n'a pas un caractère d'intérêt général, on dit qu'il est rendu dans la forme des règlements d'administration publique.*

[7] Die Vertreter dieser Richtung sind desshalb auch unter sich nicht einig. Aucoc I, n. 54, meint: der Theorie nach seien eigentlich alle Verordnungen des Staatsoberhauptes *règl. d'adm. publ.*, weil sie allgemein bindende Regeln geben; nur sei eben mit dieser Theorie in praxi nicht durchzukommen, denn — thatsächlich seien, namentlich unter der Restauration, viele Verordnungen ohne den Staatsrath gemacht worden. Gehen hier nicht der formelle und der materielle Begriff durcheinander? Serrigny I, n. 6, hält sich ganz an den formellen Begriff. Block (*V° règl. d'adm. publ.* n. 1), der ihn bekämpft, will den Begriff beschränken auf solche Verordnungen, welche auf Grund eines Einzelgesetzes erlassen und von diesem mit der Bedingung der Mitwirkung des Staatsrathes belastet sind. Da haben wir dann

2. Die Mitwirkung des Staatsrathes kann aber auch auf dem umgekehrten Wege kommen, so dass von seiner Thätigkeit ausgegangen wird. Das Gesetz gibt in manchen Fällen dem Staatsrath selbst den Auftrag, eine Sache zu untersuchen und zu entscheiden. Dann wird alles so behandelt, als hätte der Staatsrath eine eigene Zuständigkeit; er gibt seine Entscheidung ab, als wäre sie wirklich das letzte Wort. Aber an diesem Punkte schlägt das ganze Rechtsverhältniss wieder um: der Staatsrath hat neben dem Staatsoberhaupt keinen Willen, sondern nur eine Meinung. Seiner Entscheidung wird durch dieses Verhältniss die Spitze abgebrochen, sie wird zu einem blossen Vorschlage für eine Willensäusserung des Staatsoberhauptes, und dieses ist frei, den Vorschlag anzunehmen oder einfach zu verwerfen oder etwas anderes an seiner Stelle zu verfügen. So werden alle diese Ueberweisungen an den Staatsrath von selbst, ohne dass das Gesetz es besonders sagt, durch die Macht seiner Gesammtstellung, Zuständigkeiten des Staatsoberhauptes gebunden an die Form der Berathung.[8]

Nach aussen wirkt also die Thätigkeit des Staatsraths schliesslich gar nicht mehr selbst; sie ist für die wirkende Entscheidung nur Gutachten und Vorschlag (*avis et proposition*). Thatsächlich erscheint sie aber doch in einer gewissen Getrenntheit von dieser Entscheidung mit einem eigenen formellen Abschluss versehen, anders als bei der blossen Berathung des ersten Falles. Man spricht von *décisions*, von *arrêts du conseil d'état*, man sagt *le conseil d'état statue*, *connait* u. s. w. Auch hat die Meinungsäusserung, wie sie so fertig dem Staatsoberhaupt gegenüber tritt, wenigstens ein grosses moralisches Gewicht, so dass sie regelmässig zur wirklichen Entscheidung wird.[9]

Am meisten tritt diese sachliche Selbständigkeit des Auftrags an den Staatsrath hervor in der Verwaltungsrechtspflege. Wir

---

allerdings wieder die notwendige feste Ausscheidung. Aber mit welchem Rechte wird sie so gemacht?

[8] Trolley V, n. 2042: *Un principe commun les domine toutes — quelque soit le pouvoir réel du conseil d'Etat et dans les cas mêmes au son intervention est exigée par la loi — légalement il n'émet jamais que de simples avis, il ne fait que de propositions.*

[9] Batbie IV, n. 80: *cependant l'usage avait dans certains cas fait de l'avis du conseil d'état de véritables décisions que le roi ne modifiait jamais.*

begegnen ihr aber ausserdem in mehreren Zuständigkeiten, welchen das die Rechtspflege auszeichnende Merkmal der Parteimitwirkung fehlt, wo also der Staatsrath *dans la forme administrative* spricht. Es sind dies meist Sachen, welche an sich wohl geeignet wären, in der Form der Rechtspflege behandelt zu werden und welchen diese Form nur darum entzogen worden ist, weil eine kontradiktorische öffentliche Verhandlung derselben dem Staatsinteresse schaden könnte.[10]

Hier sind zu nennen:

der *recursus ab abusu* nach dem Gesetze vom 18. germ. X art. 8: *il y aura recours au conseil d'Etat* — also der Staatsrath hat den Auftrag; für dieses Rechtsmittel waren früher die Parlamente zuständig; ein Dekret vom 25. März 1813 hatte es sogar vorübergehend den Appellhöfen zugewiesen; —

die Gültigkeitserklärung der Prisen — bis 1831 vom Staatsrath im Verwaltungsstreitverfahren behandelt, dann zu den Verwaltungssachen geschlagen mit Rücksicht auf politische Verhältnisse, die dabei berührt werden können; —[11]

die Entscheidung über die Zulässigkeit gerichtlicher Verfolgung eines Beamten nach art. 75 der Verfassung vom Jahr VIII;[12]

Disciplinarsachen gegen Beamte nach Dekret vom 25. Jan. 1852 (*haute police administrative*). Danach erkennt der Staatsrath über den Beamten. Allein die Entscheidung wird wieder erst wirksam durch die Bestätigung des Staatsoberhauptes. Sie führt übrigens zu keinen anderen Disciplinarstrafen als zu solchen, welche das Staatsoberhaupt auch ohne den Staatsrath verhängen könnte. Dasselbe hat die Wahl zwischen den beiden Arten des Verfahrens. Der Zweck des Institutes ist lediglich der, dem Staatsoberhaupte ein Mittel zu geben zur Beruhigung der öffentlichen Meinung.[13]

---

[10] Cabantous n. 920 gebraucht für diese Art von Sachen den Ausdruck: *attributions mixtes du conseil d'état.* Cormenin, *questions de droit administratif* I, S. 25 und Chauveau III, n. 1459 nennen sie *matières quasicontentieuses.*

[11] Trolley V, n. 2432.

[12] Serrigny I, n. 103: *quoique l'art. 74 exige une décision du conseil d'état, il est certain qu'en ce point comme dans le reste de ses attributions il n'a pas de pouvoir propre et ne fait que préparer etc.*

[13] So erklärt es ausdrücklich Dufour II, n. 205.

Endlich werden als zu solcher Art von Zuständigkeiten gehörig auch noch aufgefasst die Entscheidungen über Beschwerden gegen Präfekturrathsbeschlüsse in Prozessermächtigungssachen der juristischen Personen des öffentlichen Rechts. Das Gesetz (18. Juli 1837 art. 50) spricht hier allerdings vom Staatsoberhaupt im Staatsrath und nicht vom Staatsrath selbst als der zuständigen Behörde. Diese Sachen haben auch innerlich keine Verwandtschaft mit Verwaltungsrechtsstreiten. Wenn man wie in diesen den Staatsrath als den eigentlichen Beauftragten ansieht, so geschieht das in unwillkürlicher Anlehnung an die Thatsache, dass auch schon der Präfekturrath in erster Instanz hier selbständig handelnd und nicht als blosser Berather auftritt.[14] [15]

§ 13. Präfekturrath.

Wie der Staatsrath neben der Centralverwaltung, so steht der Präfekturrath neben dem Präfekten. Diese Behörde hat kein

---

[14] Dufour II, n. 120: *Le pouvoir du conseil d'Etat en ses matières, n'est pas d'autre nature que celui attribué au conseil de préfecture.* Trolley V, n. 2465; Serrigny I, n. 99; Cabantous n. 932. Das Gesetz hat das wohl selbst auch so gemeint und der Ausdruck *le roi dans son conseil d'état* ist nur eine Ungenauigkeit, wie die ähnliche Verwechslung, welcher wir sogleich beim Präfekturrathe begegnen werden (vgl. unten § 13 Anm. 3).

[15] Der gegenwärtige Staatsrath von Elsass-Lothringen hat keine verwaltungsrechtliche Bedeutung. Er ist nach dem Gesetze vom 4. Juli 1879 § 9 „berufen" sein Gutachten abzugeben über Gesetzentwürfe und Ausführungsverordnungen und was sonst der Statthalter ihm überweisen will. Allein seine Mitwirkung ist niemals eine Bedingung der Gültigkeit der zu erlassenden Akte.

Was wir im Texte als eine Art eigner Zuständigkeit des Staatsrathes bezeichnen, nennt das Gesetz vom 30. Dez. 1871 § 9 Verwaltungsfunktionen des Staatsraths und überträgt sie auf den Oberpräsidenten (Ministerium), soweit nicht anderweitig gesetzlich verfügt ist. Nun sind aber die Rekurse wegen *abusus* durch den gleichen § dem Bundesrath übertragen, von Prisensachen kann in Elsass-Lothringen nicht die Rede sein, Ermächtigung zur Verfolgung von Beamten gehört nach E. G. z. G. V. G. art. 11 dem Reichsgericht, die *haute police administrative* ist durch die Reichs- und Landesbeamtengesetzgebung beseitigt. Es bleibt also von der ganzen Zuständigkeit dem Ministerium nur die Entscheidung über Beschwerden gegen Beschlüsse des Präfekturrathes in Prozessermächtigungssachen, und gerade das muss man als eine sehr unharmonische Einrichtung bezeichnen.

Vorbild in einem ähnlichen Berathungskörper des alten Königsthums. Sie ist auch von der neuen Gesetzgebung ursprünglich als Verwaltungsgericht und nicht als berathendes Kollegium gedacht gewesen.[1] Allmählich erhält aber der Präfekturrath eine rechtlich bedeutsame Mitwirkung bei der Thätigkeit des Präfekten auch in reinen Verwaltungsangelegenheiten.

Der Präfekturrath besteht nach der Grösse des Departements aus drei bis vier besoldeten Räthen, ohne Anstellungsbedingungen vom Staatsoberhaupt ernannt, — das Gesetz stellt nur eine Reihe von Inkompatibilitäten auf, — und ebenso frei absetzbar.[2]

Wie beim Staatsrath sind zwei Arten von notwendiger Mitwirkung des Präfekturrathes zu unterscheiden, je nachdem dieselbe Formbedingung ist für die Thätigkeit des Präfekten, oder als eigne Zuständigkeit des Präfekturrathes sich darstellt.

1. Gesetz und Verordnung können einen Auftrag des Präfekten an die Bedingung knüpfen, dass er bei Ausführung desselben den Präfekturrath zuziehe.[3] Einzelne Gesetze begnügen sich damit, dass die Entscheidung vor dem Präfekturrathe erfolge; derselbe ist dann bloss Solennitätszeuge. Meist aber wird verlangt, dass der Präfekturrath vorher mit seiner Meinung gehört werde; das bedeuten die Ausdrücke: der Präfekt solle entscheiden *en conseil de préfecture* oder *le conseil de préfecture entendu.* Der Präfekt ist an die Meinung des Präfekturrathes in keiner Weise gebunden, die Entscheidung ist die seinige ganz allein und unterliegt dem Befehle, dem Aufhebungs- und Abänderungs-

---

[1] Ges. 28 pluv. VIII art. 4; Bericht des Staatsraths Roederer dazu § 2 Abs. 1. Dalloz V° *organisation administrative*, S. 605. Dufour II, n. 5.

[2] Trolley V, n. 2472 glaubt nach art. 175 der Verfassung vom 5 fruct. III ein Alter von 25 Jahren gefordert. Dagegen Batbie IV, n. 153. Das ist erwähnenswerth als seltener Fall, in welchem von Anstellungsbedingungen überhaupt die Rede ist.

[3] Eine Aufzählung solcher Fälle bei Trolley V, n. 2487—2493, Dufour II, n. 92; darunter bilden eine merkwürdige Gruppe solche Sachen, welche eigentlich dem Präfekturrath als Verwaltungsgericht gehören sollten und hieher nur verschlagen sind, weil die bezüglichen Gesetze aus Versehen gesagt haben: *le préfet en conseil de préfecture*, statt *le conseil de préfecture*. Batbie V, 158; Serrigny I, n. 393.

rechte des Ministers, wie wenn der Präfekturrath nicht notwendig gewesen wäre. Eine dritte Form der Berathung ist die, wo die Meinungsäusserung des Präfekturrathes in Gestalt eines fertigen Gutachtens der Entscheidung des Präfekten vorausgehen muss.[4]

2. Wie dem Staatsrath so sind auch dem Präfekturrath Sachen vom Gesetze unmittelbar überwiesen; dadurch entsteht für diesen eine eigne Zuständigkeit. Zum Unterschied von dort wird aber diese Zuständigkeit nicht sofort wieder aufgesogen von der daneben stehenden Behörde. Der Einfluss des Präfekten äussert sich vielmehr in der milderen Form, dass er behufs Entscheidung solcher Sachen als stimmberechtigtes Mitglied dem Kollegium hinzutritt, bloss mit dem Vorzuge des Vorsitzes und des Stichentscheides.

In dieser Gestalt übt der Präfekturrath vor allem seinen Beruf als Verwaltungsgericht. Aber auch Stücke eigentlicher Verwaltungsthätigkeit sind ihm so übertragen, namentlich die bereits beim Staatsrath erwähnte Ertheilung der Prozessermächtigung (*autorisation de plaider*) für Gemeinden und andere juristische Personen des öffentlichen Rechtes.[5] Man hat diesem Akt verwaltungsrechtlicher Vormundschaft absichtlich nicht die Form eines Urtheils gegeben, um dem künftigen Prozess nicht vorzugreifen; es findet desshalb kein Prozessverfahren statt und die Entscheidung hat auch nicht die Rechtskraft eines Urtheils. Doch ist sie wie ein solches nur anfechtbar in 3 Monaten von der Zustellung. Der Rekurs geht zum Staatsrath, um dort, wie gesagt, wieder im einfachen Verwaltungsverfahren erledigt zu werden.[6]

---

[4] Das einzige Beispiel scheint das Gesetz vom 15. Okt. 1810 art. 4 zu geben, wonach der Präfekt über Widersprüche gegen gewerbliche Anlagen in dieser Form entscheidet. Serrigny I, n. 397.

[5] Ges. 28 pluv. VIII art. 4 § 7, Ges. vom 18. Juli 1837 art. 49. Reverchon, *autorisation de plaider.* Serrigny I, n. 397 ff. Dufour II, n. 100 ff.; Ducrocq n. 102: *conseil administratif exceptionnellement investi du droit dit de tutelle administrative.*

[6] Dufour II, 120: *là s'arrête l'assimilation aux actes juridiques.*

Auch die Vernichtung der gemeindlichen Wählerlisten wegen Mängeln im Verfahren ist hieher zu rechnen (vgl. unten § 64).

§ 14. Ehrenamtliche Berathungskörper.

Das Pluviosegesetz schuf neben Staatsrath und Präfekturrath noch drei andere Berathungskörper von wesentlich anderer Natur: den Generalrath, Arrondissementsrath und Gemeinderath. Ihr Zweck ist, die Bekanntschaft der Angehörigen der einzelnen Landestheile mit den Wünschen, Bedürfnissen und Verhältnissen ihrer Gegend bei Besorgung solcher Staatsgeschäfte zu verwerthen, bei welchen es darauf besonders ankommt.[1] Ihr gemeinsames Merkmal ist daher der Gegensatz zum Berufsbeamtenthum: die Mitgliedschaft ist ein unbesoldetes Ehrenamt, zu welchem nach der ursprünglichen Ordnung das Staatsoberhaupt beziehungsweise der Präfekt beruft. Sie sollen vor allem den handelnden Verwaltungsbehörden mit ihrem Rathe aushelfen, in Form von Gutachten (*avis*) oder ungefragt in Form von Wünschen (*voeux*); dazu haben sie als wichtigstes Geschäft in eigner Zuständigkeit die Vertheilung der direkten Staatssteuern zu besorgen.

Auch diese Einrichtung hat das Pluviosegesetz nicht neu erdacht: wie es in dem Präfekten den alten Intendanten wieder aufleben liess, hat es ihm in diesen Räthen auch die *élus* des alten Rechts wieder an die Seite stellen wollen (vgl. oben § 9 Eingangs). Was aber demnach bei ihrer Gründung als ihre Hauptaufgabe angesehen wurde, hat nicht die Natur der Selbstverwaltung; es fehlt

---

[1] Ges. 28. pluv. VIII art. 6, 10, 15, 18—20. Zur Kennzeichnung der Auffassung des Gesetzes dienen folgende Stellen aus der Rede des Staatsraths Roederer, womit er die Vorlage desselben begleitete. Die Schaffung des General- und des Arrondissementsraths begründet er mit dem Satz: *il importe à un gouvernement de connaître le voeu public;* und fügt dann wegen des Gemeinderathes hinzu: *un conseil municipal a paru nécessaire pour faire connaître les intérêts des habitants.* Die wesentliche Zuständigkeit dieser Körper aber bezeichnet er dahin: *l'objet des conseils généraux de départements et d'arrondissements communaux est essentiellement d'assurer l'impartialité de la répartition entre les arrondissements, villes, bourgs et villages* (Dalloz V° *organisation administrative* S. 605).

ihm das entscheidende Merkmal der Selbstverwaltung, dass es sich um eigne Angelegenheiten eines Selbstverwaltungskörpers handle, die besorgt werden (vgl. unten § 62). Jene Dinge wurden vielmehr als unmittelbare Staatsgeschäfte aufgefasst, für deren Besorgung der Staat sich dieser Ehrenämter bedient. An dieser Auffassung würde auch an sich die Thatsache nichts ändern, dass die Mitglieder der Berathungskörper nach späterer Ordnung aus der Wahl ihrer Mitbürger hervorgingen (vgl. unten § 64, § 66).

Nun aber ist schon zur Zeit des Pluviosegesetzes, wo in Frankreich die Selbstverwaltung im Allgemeinen von der Staatsgewalt ziemlich erdrückt war, doch wenigstens die Gemeinde noch als öffentliche Körperschaft anerkannt und der Gemeinderath bildet daneben ein Stück ihrer Vertretung. Später wird auch das Departement öffentliche Körperschaft und der Generalrath sein Vertreter. Diese Vertreterschaft erscheint heutzutage an beiden Räthen als die Hauptsache.

Die Thätigkeiten, zu welcher sie das Pluviosegesetz in erster Linie berufen hatte, sind in ihrer Zuständigkeit geblieben.

Was die Rathertheilung anlangt, so folgt sie leicht dem Zuge, der jetzt den Schwerpunkt in die Selbstverwaltung verlegt. Generalrath und Gemeinderath werden jetzt auch in dieser Thätigkeit so angesehen werden müssen, dass sie Angelegenheiten ihrer Körperschaft besorgen. Beim Arrondissementsrath, welcher niemals einen Selbstverwaltungskörper hinter sich bekam, muss es bei der alten Auffassung verbleiben.[2]

Die Vertheilungsgeschäfte für die direkten Steuern dagegen behalten die Natur reiner staatlicher Angelegenheiten unverwischbar.[3] Generalrath und Gemeinderath (der letztere ist allerdings,

[2] Beispiele einer notwendigen zu Rathsziehung bieten: Ges. 18. Juli 1837 art. 21; Ges. 10. Mai 1838 art. 6, 41. Batbie IV, n. 188, 258, 324; Laferrière II, S. 389; Dalloz V° *organisation administrative* n. 778—781, 799.

[3] Der Gegensatz der Steuervertheilung zu der Verwaltung der eignen Gemeindeangelegenheiten war schon im Gesetze vom 14. Dezember 1789 art. 51 scharf betont. Die Steuervertheilung wird dort nicht aufgeführt unter den *fonctions propres au pouvoir municipal*, sondern unter den *fonctions propres à l'administration générale qui peuvent être déléguées aux corps municipaux.*

wie wir gleich sehen werden, nur in geringem Masse unmittelbar damit befasst) nehmen in Folge dessen eine Doppelstellung ein, ganz wie wir sie beim Bürgermeister beobachtet haben: einerseits besorgen sie Angelegenheiten des Selbstverwaltungskörpers und andererseits haben sie staatliche Aufträge auszuführen.

Letzteres geschieht in folgender Weise.

Von den vier direkten Steuern: Grundsteuer, Personal- und Mobiliarsteuer, Thür- und Fenstersteuer und Patentsteuer sind die drei ersten Repartitionssteuern.[4] Das Staatshaushaltsgesetz bestimmt jährlich die Summe, welche für jede im Ganzen aufzubringen ist, und vertheilt dieselbe auf die einzelnen Departements. Die Generalräthe vertheilen die ihr Departement treffende Summe auf die Arrondissements desselben, die Arrondissementsräthe vertheilen weiter auf die Gemeinden. In der Gemeinde erfolgt dann die unmittelbare Belastung des Einzelnen. Diese letztere Massregel nimmt aber nicht der Gemeinderath selbst vor; er hat nur einzelne Befugnisse dabei auszuüben, wie die Entscheidung über Steuerbefreiungen; sondern an seine Stelle tritt hiefür ein besonderer Steuervertheilungsausschuss (*commission des répartiteurs*).[5] Derselbe besteht aus dem Bürgermeister und dem Beigeordneten, statt deren vom Unterpräfekten zwei Gemeinderathsmitglieder bezeichnet werden können; dazu fünf vom Unterpräfekten ernannte Steuerpflichtige der Gemeinde. Alles ist auch hierbei unbesoldetes Ehrenamt (mit einer Besonderheit vgl. unten § 43).

Diese Zuständigkeiten der Berathungskörper beruhen auf

---

[4] Vgl. über das ganze Steuervertheilungsverfahren: Dufour Tit. II cap. XI, *des contributions*, namentlich Bd. III n. 697 ff. Cabantous n. 295 ff., n. 407, n. 432 ff. Bost, *organisation et attributions des corps municipaux* II, 557 ff.

[5] Dieser Ausschuss wurde eingesetzt durch Ges. 3 frim. VII art. 8—24. Damals gab es gemäss Verfassung des Jahres III in den meisten Gemeinden (in allen unter 5000 E.) keinen Gemeinderath, daher die Abweichung. Das Pluviosegesetz liess sie, wie die Begründung bemerkt, stillschweigend bestehn. Die Zweckmässigkeitsrücksichten, die dafür sprachen, können nicht, wie Cabantous n. 432 meint, in grösserer Unabhängigkeit von den Steuerpflichtigen gelegen sein, denn Gemeinderath und Ausschuss wurden damals beide ernannt und nicht gewählt.

einem vom Gesetze unmittelbar ertheilten Auftrage. Der Auftrag enthält zugleich eine Ermächtigung (vgl. oben § 1); denn die Belastung des Einzelnen gehört zum vorbehaltenen Gebiete des Gesetzes. Beim Steuervertheilungsausschusse ist es auch nicht mehr als eine einfache Ermächtigung. Beim Generalrath und Arrondissementsrath aber hat sie die Natur einer Machtübertragung des Gesetzes; denn sie handeln zugleich in einer Weise, in welcher nur das Gesetz selbst handeln könnte (vgl. oben § 1).[6] Es ist nicht eine Verordnungsgewalt, die sie bekommen; denn sie stellen keine allgemeine Regel auf, schaffen keine Rechtssätze, so wenig wie das Staatshaushaltsgesetz selbst, wenn es die Gesammtbeträge der Steuern bestimmt; die eigentlichen Steuerrechtssätze bleiben dabei unberührt und unergänzt. Die dem Gesetze eigenthümliche Kraft, welche den Berathungskörpern für ihr Gebiet mitgetheilt ist, ist die, Staatssteuern auf das ganze Land zu legen und dadurch die Grundlage zu schaffen für den Umfang der Pflichten des Einzelnen.

Die Aufträge sind aber nicht die einer eigentlichen Verwaltungsbehörde, gleich denen des Bürgermeisters, sondern stehen wie die des Staatsrathes und des Präfekturrathes ausserhalb des Verbandes der centralisirten Behördenordnung. Eine Aenderung der gefassten Beschlüsse kann daher nur soweit erfolgen, als besondere gesetzliche Einrichtungen dafür vorgesehen sind. Die des Steuervertheilungsausschusses als eigentliche Verwaltungsakte unterliegen der Verwaltungsrechtspflege des Präfekturrathes (vgl. unten § 20). Die anderen Berathungskörper entscheiden grundsätzlich souverän wie das Gesetz.[7] Sie können aber wie das Gesetz auf geeignete Vorstellung hin ihren Vertheilungsbeschluss selbst abändern, und sind verpflichtet auf ein derartiges Gesuch einen förmlichen Bescheid zu geben. Ausserdem gibt es gegen den Beschluss des Arrondissementsrathes einen Rekurs an den Generalrath, welcher wie ein Obergericht ent-

[6] Dufour III, n. 700: *les assemblées accomplissent cette mission comme déléguées du pouvoir législatif auquel est reservé la fixation de l'impôt.* Macarel II, S. 33: *elles participent en quelque sorte du pouvoir législatif.*

[7] Dufour eod.: *La conséquence en est que leurs décisions en cette matière sont souveraines de leur nature.*

scheidet.[8] In diesem Verfahren zeigt sich wieder jeder Berathungskörper als beauftragt mit der Wahrnehmung der Interessen seines Kreises: der Generalrath erhebt durch Vermittlung seines Präsidenten Vorstellung gegen gesetzliche Ueberlastung des Departements, der Arrondissementsrath stellt den Antrag auf Aenderung der Vertheilung des Generalraths, und der Gemeinderath beschliesst über Einlegung des Rekurses gegen die vom Arrondissementsrath gemachte Vertheilung.[9] Immer aber sind es nicht die Interessen einer Körperschaft, die da vertreten werden, sondern die der Steuerpflichtigen eines bestimmten Theiles des Staatsgebietes.[10] Der Berathungskörper handelt auch nicht als Vertreter und im Auftrage dieser Steuerpflichtigen, sondern immer nur, auch als Beschwerdeführer, in dem staatlichen Auftrage, die gerechte Vertheilung der Steuern herbeizuführen; die Steuerpflichtigen haben nur den Vortheil davon.

Die Pflichten der Berathungskörper sind beschränkt auf das, was das Gesetz ihnen vorschreibt: Vornahme der Vertheilung, beim Arrondissementsrath auch Aenderung derselben gemäss Entscheidung des Generalraths auf Rekurs, Bescheid auf etwaige Einsprüche. Es können ihnen keine weiteren Befehle oder Aufträge gegeben werden. Die vollziehende Gewalt kann nur darüber wachen, dass sie jenen Pflichten nachkommen. Sie hat das Zwangsmittel der Auflösung oder Absetzung Einzelner in Händen. Dasselbe erweist sich aber gegenüber dem staatlich beauftragten Ehrenamte, wie schon beim Bürgermeister (vgl. oben § 10), leicht als unzureichend. Das Gesetz hat desshalb auch hier weitere Auskunftsmittel vorgesehen. Gegenüber dem Generalrath und Arrondissementsrath besteht dasselbe darin, dass bei Pflichtversäumniss der Präfekt an ihrer Stelle selbst die Vertheilung macht, auf

---

[8] Man könnte auch sagen: wie eine vorgesetzte Behörde. Mit Rücksicht hierauf bezeichnet Laferrière II, S. 391, ganz im Gedankengange der centralisirten Behördenordnung die Befugnisse des Arrondissementsraths als *délégations du conseil général.*

[9] Ges. 18. Juli 1837 art. 22; Ges. 10. Mai 1838 art. 1, 2, 46.

[10] Mit der gleichen Auffassung begründet es Trolley V, n. 2599, dass der Steuervertheilungsausschuss bei Steuerbeschwerden gehört werden soll: *ils représentent la commune* (d. h. die Gesammtheit der Einwohner) *sur laquelle le dégrèvement serait réimposé.*

Grundlage der letztjährigen.[11] Beim Steuervertheilungsausschuss hingegen tritt die persönliche und solidarische Haftung der Mitglieder desselben ein für den ganzen Steuerbetrag, der durch ihre Thätigkeitaufgebracht werden sollte.[12]

3. Verwaltungsgerichte.

§ 15. Die bürgerlichen Gerichte und die Verwaltung.

Die Möglichkeit und der Umfang einer gesonderten Verwaltungsrechtspflege hängen in erster Linie ab von dem Mass, in welchem das Bedürfniss einer Rechtspflege zwischen dem handelnden Staate und den Einzelnen befriedigt wird von den bürgerlichen Gerichten. Das Interesse der Einzelnen drängt den Staat immer wieder mit mächtigem Zuge dort hin, wo er ihnen formell gleich, überdies aber auch noch als die ausserhalb des Gerichtes stärkere, und desshalb unbeliebtere Partei gegenüber steht. Dass das Verwaltungsrecht dabei notwendig mehr im Geiste der civilrechtlichen Formen als seinem eignen Geiste entsprechend' behandelt wird, ist ein mehr dem feinfühlenden Juristen, als den unmittelbar Betheiligten empfindlicher Mangel, der denn auch nicht genügen würde, jenem Zuge Einhalt zu thun. Wichtiger ist, dass diese Rechtsprechung den Gerichten eine Art beherrschender Stellung verleiht gegenüber den Verwaltungsbehörden und einen Machteinfluss auf ihre Thätigkeit. Je verschiedener beide Arten von Aemtern geordnet sind und je ungleichartiger die socialen Elemente, die sie enthalten, desto mehr wird daraus ein feindseliger Gegensatz.

Eine scharf ausgeprägte Sonderstellung der Gerichte und eine ihrer hoheitlichen Natur bewusste Staatsgewalt haben in Frankreich frühzeitig ein Verhältniss erzeugt, welches in seinem ersten Theile den Namen führt: Kampf des Königthums

---

[11] Ges. 10. Mai 1838 art. 27, 47.

[12] Ges. 2. mess. VII art. 15.

mit den Parlamenten, in seinem zweiten: Trennung der Gewalten der Gerichte und der Verwaltungsbehörden.

Die Civilrechtspflege hatte seit Anfang des 14. Jahrhunderts im Pariser Parlamente einen festen Mittelpunkt gefunden.[1] Die anfängliche Fiktion, dass der König es sei, der mit Beirath des Parlamentes urtheile, wich bald der Idee der vollständigen Ueberlassung der Rechtspflege an das Parlament (*justice déléguée*) und ihrer grundsätzlichen Selbständigkeit gegenüber dem Könige (*souveraineté*). An den Platz des königlichen Ernennungs- und Absetzungsrechtes trat zuerst das Recht des Gerichtshofes, sich durch Wahl zu ergänzen, dann wurden die Stellen käuflich und wie Privateigenthum gesichert und unentziehbar. Mehr und mehr bemächtigen sich die vornehmen und reichen Familien der Sitze im Parlamente und den ihm nachgebildeten *cours souveraines* der Provinzen. Es bildet sich eine *noblesse de robe*, stolz auf ihr Amt und die Unabhängigkeit ihrer Stellung.[2] Daneben arbeitet das Königthum, berathen von einer Reihe ausgezeichneter Minister, an der Ausbildung der modernen Verwaltung. Seine Diener sind ihm unbedingt unterworfen, beauftragt und entlassen nach Gutdünken. Die Aemter der *commissaires departis*, der *intendants* sind gewinnbringend und einflussreich, aber ohne den Glanz eigner Macht. Sie rekrutiren sich aus dem Kreise der Namenlosen, der *roturiers*. Diese äusseren Beamten und ihre untergeordneten Gehülfen sind in ständiger Berührung mit den Einzelnen und ihrem Recht; damit aber gerathen sie in den Machtbereich der Parlamente. Denn öffentliches Recht und Civilrecht sind noch nicht geschieden. Das Parlament hat sich einen Codex gebildet, bestehend vor Allem aus der *coutume*, dazu noch diejenigen königlichen Ordnungen, die es durch die Formalität der Einregistrirung feierlich anerkannt hat. Diesen Codex bringt es mit der ganzen Strenge civilrechtlicher Auffassung zur Anwendung auf alle

---

[1] Henrion de Pansey, *pouvoir judicaire*, Einleitung; Dareste, S. 59 ff.; Toqueville, *l'ancien régime et la révolution* II cap. IV.

[2] Mérilhou, *parlements de France*, S. 210 ff. Die Kapitelsüberschrift sagt: *La magistrature devient par la vénalité et l'héridité des offices une classe sociale égale à l'ancienne noblesse.*

Verhältnisse, welche die Gestalt eines Rechtsstreites oder einer Strafverfolgung anzunehmen vermögen, ohne Unterschied der Parteien. Die königlichen Beamten aber vollziehen auch nicht einregistrirte Ordnungen oder sie handhaben ihr vom Parlamente anerkanntes Recht in Uebereinstimmung mit ihren Oberen anders, als das Parlament auslegt. So müssen Konflikte entstehen. Das Parlament erklärt auf die Klagen der Einzelnen Verwaltungshandlungen für ungültig, macht die Beamten persönlich verantwortlich, legt ihnen Strafen auf und Schadensersatzpflicht. Eine selbständige Entwicklung der Verwaltung war nicht möglich.

Das Königthum sucht dagegen seine Beamten und ihre Thätigkeit zu schützen. Das Mittel hiezu bot ihm vor Allem die Idee der zurückbehaltenen Rechtspflege (*justice retenue*). Der König als ursprünglicher Träger alles Richteramtes hatte danach alle Rechtsprechungsbefugnisse behalten, welcher er sich nicht ausdrücklich durch Delegation an die Parlamente begeben hat. Ueber diese seine Delegation selbst steht ihm noch ein gewisses Aufsichtsrecht zu, vor allem auch das Recht, Sachen, von denen er findet, dass sie nicht zu der den Parlamenten abgegebenen Rechtsprechung gehörten, an sich zu ziehen (*évocation*). Im Zusammenhang mit der ersteren Rücksicht entstand der Gebrauch der Könige, bei neuen Anordnungen alle daraus entstehenden Streitigkeiten im Voraus an ihre Verwaltungsbehörden zu verweisen, welche denn mit Vorbehalt der Berufung an den König entscheiden. Die Entscheidung über die evocirten Sachen wie über solche Berufungen erfolgte im Staatsrath.

Das Evocationsrecht wurde häufig nur angewandt, um die Gerichte zu hemmen und die Sache in den Akten des Staatsrathes zu begraben; so namentlich, wenn ein königlicher Beamter persönlich verfolgt werden soll. Das Wichtigste war aber, dass es seiner Seits so wenig ein festes Mass kannte, wie die Gewalt der Parlamente. Die Unmöglichkeit, sich um Alles zu kümmern, und die Furcht, den mächtigen Richterstand allzusehr zu reizen, sind thatsächlich die einzigen Schranken.[3] Zahlreich sind die Be-

[3] Dareste S. 83: *la compétence du roi, en son conseil était donc illimitée en droit. On comprend toutefois qu'en fait cette juridiction suprême se restreignit volontairement à certaines classes d'affaires.*

schwerden der Parlamente über den Missbrauch dieses Rechtes, so und so oft wird Abhülfe versprochen, in stürmischer Zeit auch vorübergehend erreicht, z. B. während der Erhebung der Fronde. Aber im Wesentlichen blieb dieser Kriegszustand zwischen Gericht und Verwaltung bestehen bis zur Revolution.

Die grosse Umwälzung hat die alten Gegensätze nicht getilgt. Noch immer bildet das unabsetzbare Richterthum das konservative aristokratische Element gegenüber dem beweglicheren Personal der Verwaltung; in allen grossen Bewegungen des öffentlichen Lebens hat es sich seither so bewährt. Unter dem tiefen Eindrucke der alten Missstände war es aber eine der ersten Sorgen der revolutionären Gesetzgebung, zwischen den beiden grossen Zweigen der Staatsthätigkeit Ordnung zu stiften. Ihre gegenseitige Unabhängigkeit, der Gegenstand jahrhundertelanger Kämpfe, sollte nicht mehr gewährleistet sein durch Gewaltstreiche, sondern durch Rechtsgrundsätze. Die Formel, in welcher diese zusammengefasst werden, ist die Trennung der Gewalten, *séparation des pouvoirs judicaires et administratifs.* Dadurch sollen bürgerliche Gerichte und Verwaltungsbehörden nicht als gleichwerthige Gewalten anerkannt werden mit Gesetz und Vollziehung; es wiederholt sich nur hier die Anschauung von Trägern staatlichen Willens, deren Gebiete so scharf und so tief abgegränzt sind wie das Eigenthum verschiedener Rechtssubjekte.[4]

Die Trennung der Gewalten ist nämlich nicht eine blosse Zuständigkeitsvertheilung zwischen Justiz und Verwaltung. Es ist vielmehr die Zuständigkeitsvertheilung schon vorausgesetzt, wonach der Justiz die Anwendung des Civil- und Strafrechts auf die Einzelnen, der Verwaltung die Vertretung des handelnden Staates eigenthümlich zusteht (vgl. oben § 2 n. 2 und 3).

---

[4] Ges. 16. Aug. 1790 tit. II art. 13: *Les fonctions judiciaires sont distinctes et demeureront toujours separées des fonctions administratives. Les juges ne pourront, à peine de forfaiture troubler, de quelque manière que ce soit les fonctions des corps administratifs, ni citer devant eux les administrateurs pour raison de leurs fonctions.* Aehnlich schon vorher: Ges. 22. Dez. 1789 Sekt. III art. 7; und nachher: Dekret 16. fruct. III, 2. germinal V. — Um alle Missverständnisse zu vermeiden will Saint Girons hier statt von *deux pouvoirs* von *deux autorités* sprechen (S. 135, 136).

Dadurch bilden sich die beiden Massen der Justiz- und Verwaltungssachen, *matières judiciaires et administratives*, als Grundlage für die nun erst folgende feinere Arbeit des Rechtes. Die Trennung der Gewalten fordert, dass Keines, auch in seinen Zuständigkeiten, störend eingreife in das dem Anderen zugewiesene Gebiet. Darin liegt zweierlei:

Einmal ein Programm für den Gesetzgeber, wonach er keine Zuständigkeiten schaffen soll, welche solche Uebergriffe ermächtigten. Von diesem Programm kann das souveräne Gesetz Ausnahmen machen; die nächste Anwendung desselben aber ist die Abschaffung des Evocationsrechtes und damit die Begründung der Unabhängigkeit der Justiz.

Zweitens liegt darin eine Rechtsregel für die zwei sich gegenüber stehenden Gewalten: sofern ihnen nicht ausdrücklich mehr verliehen ist, soll ihnen auch ihre Zuständigkeit nicht dazu dienen, einen Machteinfluss zu üben auf dem auftragsgemässen Gebiete der gleichberechtigten anderen Gewalt. Eine an sich zuständige Handlung wird als eine unzuständige geachtet, sobald sie diese Wirkung hat, es sei denn dass sie eben von dem Gesetz durch eine Abweichung von seinem Programm gestattet wäre.

Auch in diesem zweiten Sinne kommt der neue Grundsatz wieder in vollem Masse der Justiz zu Gute. Bei der Verwaltung aber tritt eine Unterscheidung ein. Ihre Unabhängigkeit von der Justiz ist keine unbedingte. Regelmässig treten die Verwaltungsbehörden auf, denselben hoheitlichen Staatswillen äussernd, der in den Gerichten wirkt, sie machen Verwaltungsakte (*actes administratifs*), die den gerichtlichen Urtheilen gleichberechtigt gegenüber stehen. Sie können aber auch in Vertretung des Staates als juristische Person des Civilrechts Handlungen vornehmen, welche ganz von den Regeln des Civilrechts beherrscht werden, wie die einzelner Staatsbürger. Diese Geschäftsbesorgungen (*actes de gestion*) unterliegen dann auch, wie die Handlungen gewöhnlicher Vermögensverwalter der Gewalt der Civilgerichte. Die Gränzlinie zwischen beiden Arten von Thätigkeiten zu ziehen, wird Aufgabe unseres zweiten Abschnittes sein. Aber die Doppelstellung, welche hienach die Verwaltung einnimmt, macht es den Gerichten besonders schwierig, den Punkt wahrzunehmen, wo ihr

Machteinfluss auf die Verwaltungsthätigkeit sein Ende hat. Daher kommt es, dass der Grundsatz von der Trennung der Gewalten, wo ihn das Gesetz als praktische Rechtsregel den Behörden vorhält, seine Spitze vor Allem gegen die Gerichte wendet. Ihnen wird wiederholt das Gebot gegeben, sich in die Verwaltungsthätigkeit nicht einzumischen, sie nicht zu stören und zu beeinträchtigen. Sogar strenge Strafen werden den Richtern persönlich angedroht, für den Fall sie sich beigehen liessen überzugreifen.[5] Darüber darf man aber nicht vergessen, dass der Rechtsgrundsatz selbst zweiseitig ist und für die Verwaltungsbehörden gilt wie für die Gerichte.

Wissenschaft und Praxis haben den von den verschiedenen Gesetzen nur sehr allgemein aufgestellten Rechtsgrundsatz erläutert und ergänzt, wie folgt.[6]

Man unterscheidet drei Formen von Eingriff und Störung.

1. Die erste besteht in der Vornahme einer Thätigkeit, welche zum auftragsgemässen Thätigkeitsgebiete des anderen Theiles gehört, das eigentliche *s'immiscer*. Damit ist nicht sowohl die plumpe Anmassung fremder Zuständigkeit gemeint, das ist selbstverständlich verpönt; sondern man versteht darunter mehr den feineren Uebergriff, wo noch in eigner Zuständigkeit gehandelt, aber der Entscheidung eine Kraft und Wirkung gegeben wird, welche die Eigenthümlichkeit der Entscheidung der anderen Behördenart bildet.

Die Vermuthung ist dafür, dass beide Theile sich in ihren Schranken halten wollten, dass also jede Entscheidung nur gegeben sei mit Vorbehalt der Rechte des anderen. Wenn z. B. das Gericht über Nachbarrechte urtheilt, so ist eine andere Ordnung des Verhältnisses auf polizeilichem Wege nicht ausgeschlossen, und umgekehrt ergehen alle polizeilichen Verfügungen mit Vorbehalt der von den Gerichten zu regelnden privatrechtlichen Beziehungen der Betheiligten.

Abgesehen von plumpen Unzuständigkeiten ergeben sich

---

[5] So das Dekret vom 16 fruct. III, welches beginnt: *défenses itératives sont faites aux tribunaux de connaître des actes d'administration etc.*

[6] Uebersichtlich zusammengefasst bei Gauthier m. c. S. 12 ff. dazu Aucoc I, n. 288, 292. Ducrocq n. 548 ff.

Uebergriffe von Seiten der Gerichte am häufigsten in der Weise, dass sie in einem Privatrechtsstreite zur Erledigung desselben Massregeln von allgemeiner Tragweite anordnen, wie nur die Verwaltung sie verhängen könnte.[7] Bei der Verwaltung kommen die Uebergriffe am leichtesten so vor, dass die eigne Entscheidung nur möglich ist auf Grundlage der in einem bestimmten Sinn erledigten Civilrechtsstreitsache. Wenn die Verwaltung unter solchen Umständen ihre Entscheidung trifft, hilft die Vermuthung des Vorbehaltes und der Unberührtheit civilrechtlicher Fragen nicht mehr aus, denn sie hat thatsächlich den Präjudizialpunkt entschieden. Wenn sie richtig verfahren will, muss sie ihre eigne Entscheidung aussetzen (*surseoir*) bis über diesen Punkt von den Gerichten geurtheilt worden ist. Es sind insbesondere Eigenthumsstreite, Statussachen, Wohnsitzfragen, welche als solche Präjudizialpunkte für die Verwaltung auftreten, daher sie auch vor allem als Beispiele der unbedingten Zuständigkeit der Gerichte erwähnt werden.[8]

2. Das zweite, was verboten ist, ist die Beurtheilung eines fremden Aktes (*apprécier*) d. h. ein Ausspruch über seine Rechtsgültigkeit. Damit ist nicht bloss ausgeschlossen ein förmliches für nichtig Erklären, ganz oder theilweise durch Abänderung; sondern es ist überhaupt verboten jede Verfügung, welche auf der Voraussetzung beruht, dass der Akt der anderen Behörde ungültig sei. Die Verwaltungsbehörde darf nicht so handeln, als hätte das Gericht eine Eigenthumsfrage falsch entschieden; das Gericht aber insbesondere darf keine Verurtheilung auf Schadensersatz oder Rückerstattung aussprechen gegen den Staat oder seine Beamten, gegründet auf die von ihm festgestellte

[7] Beispiele bei Dalloz V° *compétence administrative*, n. 83 ff. Dahin gehört der Fall, wo das Gericht dem von den Nachbarn verklagten Bleicher verbietet, sein Gewerbe überhaupt innerhalb der Stadt auszuüben. Das ist Gesundheitspolizei, Verletzung des Grundsatzes der Trennung der Gewalten und Unzuständigkeit des Gerichtes!

[8] Dalloz V° *compétence administrative* n. 138 ff. Aucoc I, n. 288. Zu bemerken ist, dass auch die Frage der Staatsangehörigkeit nach französischer Auffassung eine civilrechtliche ist (*status civitatis!*): Dareste S. 236; ebenso die daran hängende Eigenschaft als wahlfähiger Bürger: Ducrocq n. 324.

Rechtswidrigkeit eines Verwaltungsaktes. Jede Behörde hat den fremden Akt gelten zu lassen und wenn er zur Voraussetzung ihrer eignen Entscheidungen wird, ihn so wie er ist zu Grunde zu legen (*appliquer*). Wird bei ihr ein Antrag gestellt, der die Ungültigkeitserklärung des fremden Aktes direkt zum Zweck hat, so hat sie die Sache abzulehnen (*se dessaisir*); wird die Frage der Ungültigkeit *incidenter* von Bedeutung, so hat sie wieder innezuhalten (*surseoir*), bis die andere Behördenart entschieden hat.

Eine einzige Art von Beurtheilung und Ungültigkeitserklärung ist zulässig und muss zulässig sein: die Behörden haben gegenseitig das Recht der Selbstvertheidigung ihres Machtgebietes; ein Akt der seiner Seits die Gränzen der Trennung der Gewalten überschreitet, wird von dem verletzten Theile nicht als wirksam behandelt werden müssen, wenigstens nicht auf seinem eignen Gebiete. Eine Eigenthumsentscheidung der Verwaltung wird vom Gerichte einfach ignorirt und ebenso von der Verwaltung ein Polizeibefehl des Gerichtes.

3. Endlich die dritte Art von Uebergriffen besteht darin, dass eine Behörde in Ausübung ihrer Zuständigkeit einen Akt der fremden Behörde, dessen Sinn streitig geworden ist, auslegt und mit dieser Auslegung zur Grundlage ihrer Entscheidung macht. Die französischen Juristen haben in den Gerichtssälen gelernt, dass Auslegen gar zu gern nur eine Form ist für Abänderung und Neuerzeugung.[9] Daher dieses Verbot. Dasselbe hat seine vernünftige Gränze an dem Gebote den fremden Akt anzuwenden: nicht jede beliebige Bestreitung des Sinnes desselben genügt, damit innegehalten und die Entscheidung der anderen Behörde abgewartet werden müsse, es soll eine ernsthafte Bestreitung sein, die wirklich erhebliche Bedenken hervorruft. Wo nicht, muss jede Behörde, die einmal befasst ist, auch den fremden Akt einfach anwenden, wie sie ihn versteht.

---

[9] Dalloz V° *compétence administrative* n. 226: *Lorsqu'un acte est obscur ou ambigu le soin d'en fixer le sens appartient naturellement à l'autorité dont il émane; il ne saurait être confié à une autorité différente, qui pourrait être tentée de substituer son propre esprit à celui dans lequel l'acte a été conçu.*

Die Rechtsregel der Trennung der Gewalten bewirkt also, dass die an sich bestehende Zuständigkeit durch eine Rücksicht auf die andere Gewalt wieder aufgehoben wird, ganz oder bezüglich eines Theiles der Sache. Ersteren Falles entsteht eine volle Unzuständigkeit; letzteren Falls eine theilweise: die befasste Behörde hat an der Sache eine gemeinsame Zuständigkeit mit der Behörde der andern Ordnung, nicht *pro indiviso*, sondern zu reellen Theilen.[10] [11]

---

[10] Chauveau I, n. 500 ff., n. 505 unterscheidet die beiden Fälle als: *renvoi pour incompétence* und *divisibilité de compétence*.

[11] In Folge der neuen deutschen Justizgesetzgebung sind die Regeln über die Trennung der Gewalten zu Gunsten einer Machterweiterung der Gerichte geändert worden und zwar in dreierlei Weise:

a. Nach C. P. O. art. 139 ist das Gericht nur ermächtigt, aber nicht mehr gebunden, seine Entscheidung auszusetzen, wenn dieselbe abhängt von der Entscheidung einer anderen Frage, welche nach der Trennung der Gewalten der Verwaltung zugehören würde; es kommt also nur darauf an, dass das Gericht zuständig sei für das eigentliche *petitum* der Klage (vgl. über die bestrittene Tragweite dieser neuen Regel: Petersen, Commentar, zu § 139; Loening, deutsches Verwaltungsrecht S. 786; Seydel in Annalen des deutschen Reichs 1882, S. 231 ff.).

b. Nach E. G. z. C. P. O. art. 4 dürfen Rechtsstreitigkeiten civilrechtlicher Natur den Civilgerichten nicht entzogen werden, auch wenn der Staat oder ein Selbstverwaltungskörper betheiligt ist. Das entspricht dem, was der Grundsatz von der Trennung der Gewalten ohnehin vorschreibt; nur ist derselbe jetzt in dieser Beziehung kein blosses Programm der Landesgesetzgebung mehr, von welchem sie Ausnahmen machen könnte, und etwa schon gemachte Ausnahmen würden durch jene Bestimmung des Reichsgesetzes beseitigt. Solche Ausnahmen sind aber bei uns thatsächlich nicht vorhanden (vgl. unten § 16 Anm. 2); einen einzigen Fall etwa ausgenommen (vgl. unten § 56 Anm. 7).

c. Umgekehrt ist die Landesgesetzgebung nicht gehindert, den Gerichten Sachen zu übertragen, welche nach dem Grundsatze der Trennung der Gewalten zur Zuständigkeit der Verwaltung gehören würden (E. G. z. G. V. G. § 4). Die Landesgesetzgebung hat denn auch die Gelegenheit der Neuordnung der Justiz zu solchen Uebertragungen benutzt (Els.-Lothr. A. G. z. G. V. G. art. 8).

Im Uebrigen bestehen auch in Elsass-Lothringen die alten Grundsätze der Trennung der Gewalten unverändert fort. Nur, so lange ein Kompetenzkonfliktsgerichtshof nicht besteht, dehnt sich die Zuständigkeit der Civilgerichte mit der Sicherheit eines Naturgesetzes von selbst aus, und, so lange ein Verwaltungsgerichtshof nicht beteht, ist das sicher von zwei Uebeln das kleinere.

§ 16. Antheil der Gerichte an der Verwaltungsthätigkeit und umgekehrt.

Für das Gesetz ist, wie gesagt, die Trennung der Gewalten nur ein Programm; es kann Ausnahmen machen, indem es den Gerichten Einfluss auf die Verwaltungsthätigkeit gewährt und den Verwaltungsbehörden Einfluss auf die Thätigkeit der Gerichte.[1]

Dies geschieht zu Gunsten der Gerichte in der Form, dass ihnen gewisse Zuständigkeiten übertragen werden, welche in Widerspruch stehen mit dem einen oder anderen der soeben aus dem leitenden Rechtsgrundsatze entwickelten Verbote. Diese Ausnahmen ergeben sich zum Theil aus der Kollision anderer Grundsätze, theils sind sie ganz positiver Natur.

Die Gerichte haben das Recht der Auslegung gegenüber den auf Machtübertragung des Gesetzes beruhenden Verordnungen, obwohl auch diese Verwaltungsakte sind; sie sind dem Gerichte zur Anwendung und Auslegung übergeben wie die Gesetze, aber im Allgemeinen nicht zur Beurtheilung ihrer Rechtsgültigkeit so wenig wie jene.

Eine Beurtheilung der Rechtsgültigkeit steht den Gerichten zu gegenüber allen Arten von Verwaltungsakten, Verordnungen wie Einzelakten, wenn eine Strafe ausgesprochen werden soll und das Vorhandensein eines rechtsgültigen Aktes die Voraussetzung derselben ist.

Endlich haben die Gerichte in gewissen Fällen eine Mitwirkung in der Verwaltungthätigkeit. Sie nehmen dann meist die Stelle ein, welche ohne die ausdrückliche Verweisung an sie das Verwaltungsgericht ausfüllen würde. Hieher gehört die Entscheidung über die Pflicht zur Zahlung indirekter Steuern, die

---

[1] Chauveau I, n. 517: *La loi seule (à la loi tout est permis dans les limites de la constitution) la loi seule peut décider que telle matière judiciaire sera jugée par les tribunaux administratifs ou que telle matière administrative sera jugée par les tribunaux.* Er nennt das *déclassement de matières* (I, n. 746 ff.). Diese Fassung ist zu eng; es kommen Uebertragungen vor, die nicht zu eigentlicher Rechtsprechung führen, sondern irgend eine andere Art Einflussnehmen einer Gewalt auf das Gebiet der anderen vorstellen. — Vgl. noch über die hier vorgetragene Lehre: Aucoc I, n. 288; Gauthier m. c. S. 12 ff.; Ducrocq n. 549 ff.; Serrigny I. n. 20.

Anwendung des Polizeizwangs durch Verhängung der Polizeistrafe, die Anordnung der Entlassung aus Irrenanstalten, die Unterdrückung eines Zeitungsunternehmens. In dem Ausspruch der Zwangsenteignung macht das Gericht sogar einen Akt der, sich selbst überlassen, als freie hoheitliche Machtäusserung nicht an die Verwaltungsrechtspflege gehen würde (vgl. unten § 28, § 30. § 31, § 36, § 57). Mit diesen Einmischungen der Gerichte ist zugleich ein Recht verbunden, die Gültigkeit vorausgehender Verwaltungsakte zu prüfen, welche die Grundlage bilden sollen für das ihnen überlassene Vorgehen.

Auch zu Gunsten der Verwaltung hat das Gesetz Ausnahmen gemacht von seinem Programm, aber in ganz anderer Weise. Was man meist auf den ersten Blick dafür hält, ist in der That keine Erweiterung des Machtgebietes der Verwaltung, sondern die Folge einer von dem uns Gewohnten abweichenden Auffassung des materiellen Rechtsverhältnisses. Man denkt an die vielerlei Streitsachen, welche die Verwaltungsgerichte zu erledigen haben und welche Entschädigungen oder Vertragserfüllungen und dergleichen zum Gegenstand haben. In Wirklichkeit handelt es sich in allen diesen Fällen um Auslegung, Nachprüfung oder Neuerzeugung eines Verwaltungsaktes. Die Aehnlichkeit mit civilrechtlichen Verhältnissen ist nur eine äusserliche, scheinbare. Das wird natürlich erst unser zweiter Abschnitt im Einzelnen nachweisen können. Hienach hat aber in diesen Dingen die Verwaltung keine Entscheidungsbefugniss, die ihr auf Kosten der Gerichte übertragen wäre und ihr nicht schon ohnediess nach den allgemeinen Regeln der Zuständigkeit und der Trennung der Gewalten angehörte.[2]

Was das Gesetz der Verwaltung gegeben hat, im Bruche mit dem Grundsatze der Trennung der Gewalten, das sind Stücke des alten Evocationsrechtes: Befugnisse der Verwaltungsbehörden, hindernd einzugreifen in den Gang der Rechtspflege der

[2] Block V° *juridiction administrative* n. 8: *en un mot non seulement le contentieux administratif n'a pas été enlevé à l'ordre judiciaire mais la nature-même de sa constitution lui defendait d'en connaître.* Cabantous n. 483: *Dans le contentieux administratif le litige est toujours suscité par un acte administratif.*

Gerichte. Diese Rechtsinstitute haben selbst wieder keinen andern Zweck als die Aufrechterhaltung der Trennung der Gewalten, den Schutz der Unabhängigkeit der Verwaltung gegenüber den Gerichten. Man kann ihnen vielleicht vorwerfen, dass sie über das Ziel hinausschiessen und umgekehrt die Unabhängigkeit der Gerichte beeinträchtigen.

Es handelt sich um das Recht der Erhebung des Kompetenzkonflikts und um das Recht der Genehmigung gerichtlicher Verfolgung von Verwaltungsbeamten. Mit dem ersteren Schutzmittel vermag die Verwaltungsbehörde ein gerichtliches Verfahren vorläufig zu hemmen, welches zu einem Eingriff in ihr durch die Trennung der Gewalten geschütztes Gebiet zu führen droht. Die endgültige Entscheidung erfolgt durch die oberste Zuständigkeitsrechtspflege. Wir werden auf das Rechtsinstitut im Zusammenhang mit dieser noch zurückkommen. Das andere, die sogenannte *garantie constitutionnelle*, muss hier schon erledigt werden.

Es wurde bereits erwähnt, dass das alte Königthum sein Evocationsrecht vor allem auch dazu gebrauchte, um Verwaltungsbeamte der gerichtlichen Verfolgung zu entziehen.[2] Nach Wegfall dieses Rechtes empfand man sofort das Bedürfniss eines Ersatzes durch anderweiten Schutz. Das Gesetz vom 16. August 1790 tit. II art. 13 scheint jede Rechtsprechung über Verwaltungsbeamte „*à raison de leurs fonctions*“ den Gerichten schlechthin verbieten zu wollen. Das Gesetz vom 7. October 1790 fügt aber schon hinzu: „es sei denn, dass dieselben durch ihre Vorgesetzten den Gerichten überantwortet würden“. Die Verfassung vom 22 frim. VIII art. 75 hat dem Gegenstand eine Formulirung gegeben, welche bis in die neueste Zeit gültig blieb; daher der oben erwähnte Name des Rechtsinstitutes. Der Artikel lautet: *Les agents du gouvernement autres que les ministres ne peuvent être poursuivis pour des faits rélatifs à leurs fonctions, qu'en vertu d'une décision du conseil d'état; en ce cas la poursuite a lieu devant les tribunaux ordinaires.*

---

[2] Und zwar manchmal in recht anstössiger Weise; Beispiele bei Toqueville, *l'ancien régime et la révolution*, S. 77 ff.

Agents du gouvernement im Sinne dieses Satzes sind Beamte, welche unter dem unbedingten Befehle der vollziehenden Gewalt stehen und zur Ausübung hoheitlicher — nicht bloss privatrechtlicher – Verwaltungsthätigkeit dienen. Es gehören dazu Präfekt, Unterpräfekt, Bürgermeister, Beigeordneter, Polizeikommissär, ferner Strassenbaubeamte im äusseren Dienste, Gefängnissdirektoren und oberaufseher und Finanzbeamte im äusseren Dienst.[4] Die Beamten der indirekten Steuern sind ausgenommen, auch gestattet das jährliche Finanzgesetz freie Zurückforderungsklage wegen zu viel erhobener direkter Steuern gegen den Erhebungsbeamten. Beim Bürgermeister und Beigeordneten, die zugleich Selbstverwaltungsvertreter sind, ist zu unterscheiden, in welcher Eigenschaft sie gehandelt haben. Minister gehören nicht hieher, weil sie ohnediess einer besonderen verfassungsmässig geordneten Rechtspflege ausschliesslich unterliegen.

Der Schutz beschränkt sich nicht auf die Fälle, wo diese Beamten wahre Verwaltungsakte vorgenommen hätten, es genügt, dass die Handlung, wegen deren sie verfolgt werden sollen, in Zusammenhang steht mit ihrem Amte.[5]

Die Wirkung des Rechtssatzes ist die, dass eine civil- und strafprozessrechtliche Bedingung der Zulässigkeit des Verfahrens geschaffen wird. Die Folge der Nichterfüllung dieser Bedingung ist nicht die Unzuständigkeit und der Kompetenzkonflikt, sondern die Begründung einer formellen Unzulässigkeitseinrede (*fin de non recevoir*) für die verfolgten Beamten, welche dieselben sogar noch in der Kassationsinstanz geltend machen können.

Um die Erfüllung der Bedingung herbeizuführen und die Unzulässigkeitseinrede zu beseitigen, richtet die verfolgende Partei, also der verletzte Einzelne beziehungsweise der Staatsanwalt, ein Gesuch an den Staatsrath um Ermächtigung zur Verfolgung. Der

---

[4] Cass. 3. Mai 1838 (Clémenceau); Ges. 8. Dec. 1814 art. 144. Dareste, S. 517, 520; Aucoc I, n. 421.

[5] So wurde hierher gerechnet der Fall, wo ein Steuereinnehmer einen Steuerpflichtigen, mit welchem er amtlich in Streit gerieth, unter Anwendung körperlicher Gewalt aus seinem Amtslokale entfernt hatte; Aucoc I, n. 423.

Staatsrath, nach eingezogener Erkundigung bei den betreffenden Verwaltungsbehörden, antwortet darauf, nicht als Richter, sondern im Verwaltungsverfahren, ohne Verhandlung, ohne Gründe; er sagt einfach: ich will oder ich will nicht. Seine Entscheidung erhält in der bereits erwähnten Weise die Gestalt eines Dekretes des Staatsoberhauptes.

Ist die Antwort verneinend ausgefallen, so ist civilrechtlich, strafrechtlich und verwaltungsrechtlich alles erledigt. Die Verfolgung ist ausgeschlossen. Der Minister, welcher das Dekret unterzeichnet hat, übernimmt die verfassungsmässige Verantwortlichkeit dafür vor der Volksvertretung. Die Sache ist herausgerückt aus dem Bereiche der Rechtsprechung in das Gebiet politischer Erwägungen und Machtfragen.

Wird dagegen die Ermächtigung ertheilt, so erhält das Gericht dadurch zugleich eine Erweiterung seiner Befugnisse über das hinaus, was ihm nach dem Grundsatze der Trennung der Gewalten zustände. Indem es über Strafbarkeit oder Schadensersatzpflicht erkennt, prüft es frei alle Voraussetzungen dafür, insbesondere auch ob die fragliche Handlung einen Verwaltungsakt vorstellt und ob der Beamte berechtigt war, so zu handeln, oder nicht, also Fragen der Auslegung und Beurtheilung eines Verwaltungsaktes, welche ihm sonst entzogen wären.[6]

Unter dem Datum des 19. September 1870 hatte die Regierung der nationalen Vertheidigung nichts Eiligeres zu thun, als durch ein kurzes, schlecht verabfasstes Dekret den Art. 75 der Verfassung vom Jahre VIII und alle ähnlichen Beschränkungen der Verfolgung öffentlicher Beamten abzuschaffen. Dasselbe ist in Gültigkeit geblieben. Das Ergebniss aber entsprach nicht den Erwartungen der Gesetzgeber. Denn nun traten die sachlichen Unzuständigkeiten des Gerichtes zu Tage, welche sich hinter dem Systeme des Art. 75 verbargen. Nach mancherlei Schwankungen

---

[6] In diesem Sinne wird die Lage des Klägers geschildert für den Fall, dass das Rechtsinstitut des Ermächtigungsvorbehaltes nicht bestünde, bei Dareste S. 518, 520. *Au surplus ce recours aux tribunaux civils n'offrirait qu'une faible garantie, car l'acte . . . qui donnerait lieu au procès se trouverait être presque toujours un acte d'administration, dont les tribunaux ne peuvent pas connaître et dont un conflit viendrait les dessaisir.*

hat der Kompetenzkonfliktshass die Tragweite desselben ganz in dem angedeuteten Sinne festgestellt. Das Dekret ist nicht ganz wirkungslos, wie Manche behauptet haben. Das Gericht kann jetzt ohne Weiteres Klagen und Anklagen gegen Beamte annehmen; nur sofern es für die Entscheidung auf Auslegung und Beurtheilung eines Verwaltungsaktes ankommt, muss dieselbe ausgesetzt werden, bis die zuständige Verwaltungsbehörde darüber erkannt hat.[7] Inwiefern es aber auf diese Dinge ankommt für die Verantwortlichmachung des Beamten, das hängt von den später zu betrachtenden materiellen Rechtsgrundsätzen ab. (vergl. unten § 61.)[8]

---

[7] Ueber die Wirkungen des Dekretes von 1870: Aucoc I, n. 426, Ducrocq n. 589, Bernard in *Revue critique de législation et de jurisprudence* 1876 S. 515, 590; 1877 S. 12, 441.

[8] Aus der Natur der beiden hier betrachteten Rechtsinstitute, des Kompetenzkonflikts und der Verfolgungsermächtigung, ergibt sich von selbst ihr Schicksal nach der neuen deutschen Justizgesetzgebung. Diese will die richterliche Gewalt umfassend regeln; Eingriffe der Verwaltung in deren Machtgebiet, wie unsere Rechtsinstitute sie vorstellen, kann die Landesgesetzgebung nur noch gestatten, soweit die Reichsgesetze sie ausdrücklich zugelassen haben. Dies ist geschehen in unbedingter Weise bezüglich der Kompetenzkonfliktserhebung durch E. G. zur C. P. O. art. 15. Für die Verfolgung öffentlicher Beamten setzt E. G. zum G. V. G. art. 11 an die Stelle der Ermächtigung durch die berathende Verwaltungsbehörde eine Vorentscheidung durch einen Verwaltungsgerichtshof oder das Reichsgericht. Dieselbe ist keine freie Willenserklärung, sondern ein Urtheil über die Frage der schuldhaften Ueberschreitung der Amtsbefugnisse; sie ist aber auch keine blosse Erlaubniss mehr, sondern eine den künftigen Richter bindende Feststellung. Eine freie Willensentschliessung der Verwaltnng kommt nur insofern dabei in Betracht, als es vom Willen der vorgesetzten Behörde des verfolgten Beamten abhängt, ob die Vorentscheidung angerufen werden muss (Els.-Lothr. A. G. zum G. V. G. art. 11). — Das französische Rechtsinstitut passt nicht zu der Rechtsstellung des deutschen Beamtenthums (vergl. oben § 7 Anm. 5). Auch die vorbehaltene Vorentscheidung ist eine Beeinträchtigung des Grundsatzes der selbständigen Beamtenverantwortlichkeit. Werthvoll kann sie insofern werden, als sie das einzige Mittel bietet, den Gerichten die ihnen sonst frei gewordene mittelbare Rechtsprechung über Verwaltungsakte abzunehmen (vergl. oben § 15 Anm. 11). Nur gehören eben solche Sachen im Interesse der rechtsuchenden Parteien wie der Wahrung der Eigenart des Verwaltungsrechtes vor einen im Lande gegenwärtigen Verwaltungsgerichtshof.

§ 17. Verwaltungsrechtspflege.

Um das Gemeinsame in den manchfachen Erscheinungen des Begriffes Rechtspflege zu finden, müssen wir auf seine einfachste und äusserlichste Form zurückgehen: eine obrigkeitliche Entscheidung, welche unter einer gewissen Mitwirkung des davon Betroffenen erlassen wird. Man unterscheidet in der Verwaltung eine streitige und eine nichtstreitige Rechtspflege, *juridiction contentieuse* und *juridiction gracieuse*. Die letztere begreift das einfache Verwaltungsbeschwerdeverfahren. Der Einzelne, welcher sich durch einen Akt der Verwaltungsbehörde beschwert glaubt, wendet sich an diese selbst, um die Zurücknahme zu bewirken, oder an ihre vorgesetzte Behörde, um sie zur Geltendmachung ihres Abänderungsrechtes zu veranlassen. Es hängt von der angegangenen Behörde ab, wie weit sie von seiner Mittheilung Gebrauch machen will, denn mehr als eine Mittheilung ist die Beschwerde nicht. Die Mitwirkung des Beschwerdeführers hat weder Formen noch Rechtsfolgen; die Behörde thut darauf nur, was sie auch ohne ihn thun könnte; der Bescheid, den er erhält, bekommt dadurch, dass er auf seine Anregung entstanden ist, keine neue Bedeutung; es entsteht keine Rechtskraft, weder für, noch gegen ihn; die Behörde kann immer wieder freiwillig zurücknehmen, die vorgesetzte Behörde abändern, der Beschwerdeführer kann immer von Neuem kommen.[1]

In der streitigen Rechtspflege, die allein den Namen Rechtspflege verdient, erscheint der Einzelne als formell mitwirkend nach dem Muster des Civil- und Strafprozesses. Er ist Partei. Das ganze Verfahren findet ohne ihn nicht statt, sei es dass er allein das Recht hat, es in Bewegung zu setzen, sei es dass er als Verklagter mit seinen Vertheidigungsmitteln gegenwärtig ist, um bestimmend eingreifen zu können; daher hier auch vielfach seine Mitwirkung gesichert wird durch Formen, in welchen sie stattfinden und zugelassen werden muss. Daher aber auch vor

---

[1] Cabantous n. 478; Ducrocq n. 197; Dufour I, n. 100; Carré, *procédure civile et administrative* VIII, n. 2. Chauveau I, n. 904: *cette juridiction est plutôt hiérarchique que juridique.*

allem und als oberstes Unterscheidungsmerkmal die Rechtskraft der ergehenden Entscheidung. Sie ist ihm gegeben und begründet für ihn und gegen ihn ein neues formales Verhältniss. Aufhebung und Aenderung können nur erfolgen durch rechtzeitigen Gebrauch förmlicher Rechtsmittel.[2]

Wenn also das Gesetz verfügt, dass gewisse Sachen in Form der Verwaltungsrechtspflege zu behandeln seien, so verleiht es damit den Einzelnen Antheil an der Thätigkeit der Verwaltungsbehörden, ein Mitwirkungsrecht, und bedingt und bindet durch dieses zugleich den Auftrag der zur Entscheidung berufenen Behörde. Diese Bedingtheit macht das Besondere der Verwaltungsgerichte aus, nicht der Gegenstand des Auftrags. Denn das Gesetz kann ohne Rücksicht auf die Art der zu treffenden Entscheidung überall die Form der Verwaltungsrechtspflege vorschreiben, wo es das für gut hält; die Gegenstände derselben bieten desshalb thatsächlich keine durchwegs übereinstimmenden Merkmale.

Allein es besteht doch ein fester Kern von Sachen, welche um der Art der zu treffenden Entscheidung willen ein für allemal und in allgemeiner Weise der Verwaltungsrechtspflege zugewiesen sind. Sie vor allem bilden den Gegenstand des *contentieux administratif*, der ordentlichen Verwaltungsrechtspflege.[3] Mit Rücksicht hierauf führen sie von vornherein den Namen *actes du contentieux* oder auch kurzweg *actes contentieux*, streitige Verwaltungsakte. Derselbe bedeutet nicht eine in der Verwal-

---

[2] Ducrocq n. 197; Dufour I, n. 179, 180; Dalloz V° *chose jugée* n. 64 ff. Pradier S. 674 ff. Aucoc I, n. 282, 283. Chauveau I, n. 849 ff. Uebergriffe der Verwaltungsbehörden auf civilrechtliches Gebiet werden von den Civilgerichten als wirkungslos betrachtet (vergl. oben S. 94); ist die Entscheidung aber in Form der Verwaltungsrechtspflege ergangen, so knüpft sich daran auch vor den Civilgerichten die *exceptio rei judicatae*. Chauveau l. c. n. 860 führt als Beispiel den Fall an, wo ein Verwaltungsrichter unzuständiger Weise einer Waldservitut die Existenz abgesprochen hatte. Das Civilgericht muss das anerkennen. Denn es ist eine Aenderung des Rechtsverhältnisses eingetreten.

[3] Ducrocq n. 192: *Ces affaires . . . forment l'apanage essentiel de la juridiction administrative*; Gérando I, S. 96: *Il y a un contentieux administratif, qui naît de la nature même des choses; il en est un, qui résulte des dispositions expresses de la loi.*

tungsrechtspflege ergangene, sondern eine der Verwaltungsrechtspflege fähige und notwendig zu derselben führende Entscheidung. Die Form der Verwaltungsrechtspflege kann sich von Anfang an damit verbinden oder erst später bei der immer zugänglichen Nachprüfung hinzukommen.[4]

Der Begriff des streitigen Verwaltungsaktes — wir nennen ihn einstweilen so in dem eben angedeuteten Sinne — wird uns also zum Mittelpunkte der Lehre. Es ist aber nicht so einfach, denselben festzustellen. Die revolutionäre Gesetzgebung hat ihn als fertig und gegeben aus der alten Rechtssprache übernommen; nirgends finden wir ihn im Gesetze ausdrücklich abgegränzt.[5] Die Praxis handhabt ihn mit der Sicherheit, die sie bei Dingen hat, welche dem Juristen in Fleisch und Blut übergegangen sind. Die Wissenschaft sucht ihn von verschiedenen Seiten zu erläutern, aber mit Ausdrücken und Anschauungen, welche offenbar dem Civilrecht entlehnt sind.

Der streitige Verwaltungsakt ist immer ein Einzelakt; Verordnungen sind ausgeschlossen, obwohl ja auch sie im weiteren Sinne Verwaltungsakte sind. Aber auch nicht alle obrigkeitlichen Einzelakte gehören ihm zu. Vielmehr scheiden unter diesen wieder aus und bilden seinen unmittelbaren Gegensatz, die freien Verwaltungsakte, *actes de pure administration, actes du pouvoir discrétionaire.* Das sind solche Entscheidungen, bei welchen der Verwaltungsbehörde eine freie Willensentschliessung zusteht. Beispiele sind die Entziehung einer Wirtschaftserlaubniss, die Anordnung der Entnahme von Strassenmaterial aus einem Privatgrundstück. Der streitige Verwaltungsakt wird durch diesen Gegensatz gekennzeichnet als eine Entscheidung, bei welcher die Behörde nicht mit diesem freien Entschlusse handelt, sondern deren Inhalt im Voraus bestimmt ist.

---

[4] Serrigny I, 427 unterscheidet nach diesem Gesichtspunkte ein *contentieux a priori* und ein *contentieux a posteriori.*

[5] So werden in dem Reglement für den Staatsrath vom 5. Nivose VII art. 11 dem Staatsrath die *matières contentieuses* zugewiesen, welche vorher die Minister hatten. Was aber diese hatten, war: die Entscheidung von *difficultés dont la connaissance appartient au pouvoir exécutif* (Ges. 27. April 1791 art. 17).

Das, was den streitigen Verwaltungsakt in solcher Weise bestimmt und bindet, wird uns bezeichnet als ein Recht des Einzelnen, dem er sich gegenüber befindet. Wenn er im Wege der Verwaltungsrechtspflege zur Nachprüfung in eine höhere Instanz geht, handelt es sich immer darum, dass behauptet wird, er habe dieses Recht verletzt. Man sagt desshalb, das verletzte Recht (*droit lesé*), im Gegensatz zum geschädigten Interesse (*intérêt froissé*), bilde die Grundlage der ordentlichen Verwaltungsrechtspflege.[6] Richtiger wäre es, zu sagen: das verletzbare Recht. Jene Redeweise hat allzusehr nur Serrignys *contentieux a posteriori* im Auge. Aber der streitige Verwaltungsakt hat seine eigentümliche Natur schon in erster Instanz, ja auch schon bevor die Form der Verwaltungsrechtspflege dazu gekommen ist. Er hat sie desshalb, weil er einem Rechte gegenüber steht, das er durch seine Entscheidung berühren wird und weil er der Möglichkeit ausgesetzt ist, es dabei zu verletzen.[7]

Unter dem Rechte des Einzelnen, das hier in Betracht kommt, ist nicht die allgemeine geschützte Persönlichkeit zu verstehen, sondern ein bestimmtes einzelnes Recht ist damit gemeint, was uns häufig verdeutlicht wird durch den Ausdruck *droit acquis*, wohlerworbenes Recht. Solche Rechte sind nicht ohne Weiteres diejenigen, welche dem Einzelnen nach den Regeln des Privatrechts anderen Einzelnen gegenüber zustehen. Die Verwaltungsbehörde greift ja berufsmässig in alle diese Rechte ein, Formen und Bedingungen dafür sind ihr auch beim freien Verwaltungsakte auferlegt.

Es wird eine besondere Art von Recht verlangt, nämlich ein solches, welches dem Einzelnen gerade der handelnden Ver-

---

6 Eine stehende Ausdrucksweise, davon der geistige Eigenthümer kaum nachzuweisen ist: Dareste S. 223; Trolley V, n. 2101 ff.; Serrigny I, n. 29; Aucoc I, n. 287; Cabantous n. 484; Gauthier m. c. S. 2; Laferrière II, S. 539; Dufour I, n. 59 ff. Ducrocq n. 195; Chauveau I, n. 269, 270.

7 Serrigny III, n. 1412: *Toutes les fois que les ministres prennent des décisions en matière de pensions, ils font un acte du contentieux: car ils d'exposent à blesser des droits acquis fondés sur des lois ou des règlements;* Trolley I, n. 262: *l'acte administratif fait le contentieux en lésant un droit et le jugement intervient sur le contentieux préexistant.*

waltung gegenüber und in Bezug auf ihren Akt erworben ist.[8] Um es ganz deutlich zu machen, sagt man: es muss etwas vorausgegangen sein, was eine besondere Verbindlichkeit (*une obligation spéciale*) für die Verwaltung erzeugt, in bestimmter Weise dem Einzelnen gegenüber zu handeln und nicht anders. Eine solche Verbindlichkeit kann erzeugt werden auf zweierlei Art: durch ein Verwaltungsgesetz, das den Gegenstand regelt, — und eine Verordnung steht dem gleich, — oder durch ein Rechtsgeschäft der Verwaltungsbehörde (*contrat, titre*).

Also die Theorie.[9]

Um sie recht zu verstehen, ist es notwendig, die Anwendung zu betrachten, welche von ihr gemacht wird. Als Beispiele von Gesetzen, welche eine derartige Verbindlichkeit für die Verwaltungsbehörde begründen und ihren Akt zu einem streitigen der Rechtspflege zugehörigen stempeln, werden genannt: die Steuergesetze, die Gesetze über die Aushebung zum Heerdienst, die Gesetze, welche Entschädigungen für Eigenthumsentziehung vorschreiben (vergl. unten § 20, § 36, § 52, § 57). Bei den letzteren könnte man zur Noth an eine Art Obligation denken gegenüber dem Einzelnen; die anderen beiden Fälle weisen als Gemeinsames mit diesem nur auf: eine gewisse Gebundenheit gegenüber dem Gesetze selbst. Unter den Beispielen von *titres* oder *contrats* finden wir allerdings die Verdingung öffentlicher Arbeiten, die

[8] Chauveau I, n. 291 nennt das ein *droit privé considéré sous le point de vue administratif.*

[9] Sie erscheint bei allen oben (Anm. 6) angeführten Schriftstellern, nur mehr oder weniger deutlich. Laferrière II, S. 538 ff., verlangt als Voraussetzung des *contentieux* ein *droit acquis*, welches verletzt werden kann; worin besteht das Recht? *Le droit du citoyen est corrélatif à une obligation spéciale de l'administration.* Ducrocq n. 195: *il y a droit acquis chaque fois, que l'acte a été accompli au mépris d'une obligation de l'administration resultant d'un texte de loi ou de règlement ou d'un contrat.* Fast gleichlautend Vivien, *études administratives* S. 284. — Trolley V, n. 2102, nennt das in Frage kommende Recht: *un intérêt garanti par la loi ou par titre*; das erstere erzeugt ein *droit préexistant*, das letztere ein *droit acquis.* So unterscheidet auch Chauveau I, n. 292 ff. *Droit acquis* bedeutet dann ein erst durch einen vorausgehenden Akt der Verwaltung begründetes Recht, im Gegensatz zu dem auf Gesetz beruhenden; *droits acquis* im Sinne von wohlerworbenen Rechten sind sie beide.

Anstellung von Beamten; gewöhnliche Verträge sind auch das nicht, sondern sogenannte öffentlichrechtliche, deren eigentümliche Natur ja noch zu erörtern sein wird (vergl. unten § 45, § 47). Ihnen steht aber zur Seite mit gleicher Wirkung: die Aufstellung eines allgemeinen Baufluchtplanes, von welchem die spätere Ertheilung der Bauflucht im Einzelfall nicht abweichen soll; auch sie ist ein Titel in diesem Sinne, obwohl doch nicht einmal der Schein eines Vertrages und einer gegenüber dem Baulustigen eingegangenen Verbindlichkeit vorliegt (vergl. unten § 38). Noch mehr: jeder beliebige Verwaltungsakt, auch ein freier, wird ein bindender Titel und macht den darauf folgenden zum streitigen Verwaltungsakte, wenn dieser bestimmt ist, ihn für die Betheiligten auszulegen, seinen zweifelhaft gewordenen Sinn für sie festzustellen.[10]

Der letztere Fall ist genau zu fassen. Es handelt sich um eine Auslegung, die selbständig für sich vorgenommen wird, nicht um eine Incidentauslegung, die da immer notwendig werden kann, um weitere Massregeln auf die bereits getroffenen zu bauen. Einen selbständigen Auslegungsakt nimmt die Verwaltungsbehörde nicht ohne bestimmten Anlass vor; nach der Verschiedenheit des Anlasses ist aber auch die Art der Auslegung verschieden.

Die Behörde kann in Verfolgung ihrer Amtsthätigkeit und zu denselben Zwecken, zu welchen der ursprüngliche Akt erlassen wurde, nunmehr eine Auslegung desselben geben, weil die erst gewählte Fassung dem gewollten Zwecke nicht genau genug entsprach. Der auslegende Akt ist dann eine verbesserte Wiederholung des ersteren. Die Wiederholung kann auch sachliche Abweichungen von dem ersten enthalten, die beruhen dann auf der nämlichen Machtbefugniss, welche den ersten getragen hatte; die reine Auslegung verbindet sich möglicherweise mit der Abänderung. Das ist die authentische Auslegung, *interprétation authentique*; auch diese ist hier nicht gemeint.

Die andere Art, wie ein selbständiger Auslegungsakt herbei-

---

[10] Trolley V, n. 2114–2116; Serrigny I, n. 29, III, n. 1378; Chauveau I, n. 305 ff.

geführt werden kann, ist die, dass der ursprüngliche Verwaltungsakt zwischen den Einzelnen, auf deren Verhältnisse er gewirkt hat, streitig geworden ist. Nicht jede Meinungsverschiedenheit genügt, sondern es muss ein förmlicher Prozess anhängig sein, dessen Entscheidung von der Auslegung jenes Aktes abhängt: anders gibt die Behörde keine reine Auslegung. Das Gericht, welches unzuständig ist, einen Verwaltungsakt auszulegen, verweist die Parteien an die Verwaltung, um sich dort die Auslegung zu holen, und setzt so lange die Sache aus. Die Thätigkeit der auslegenden Behörde ist aber hier durch die Natur ihrer Aufgabe schärfer begränzt. Sie soll nicht sagen, was sie jetzt will damals gewollt haben, sondern lediglich, was sie damals gewollt hat, weil es sich ja eben nur darum handelt, zu wissen, wie das Verhältniss der streitenden Partei zur Zeit des Beginnes des Rechtsstreites durch jenen Akt bereits gestaltet war. Sie ist desshalb gebunden an den Sinn desselben, und was sie macht, heisst jetzt eine wissenschaftliche Auslegung, *interprétation doctrinale*.

Um dieser Art von Gebundenheit willen ist der auslegende Akt der zweiten Art ein streitiger Verwaltungsakt, der Verwaltungsrechtspflege zugehörig, wie alle anderen.[11] Hier zeigt sich aber wieder die „*obligation*", in welcher ein streitiger Verwaltungsakt seinem Wesen nach stehen soll, in ganz eigentümlichem Lichte.

Was diese sogenannte Verbindlichkeit wirklich ist, das ergibt sich zuletzt ganz unzweifelhaft aus der all den verschiedenen Fällen gemeinsamen Art der Erfüllung derselben. Denn worin besteht die? In nichts anderem als in der sinngemässen Anwendung des vorausgehenden Gesetzes oder Einzelaktes. Es wird überall nicht etwas aus ihm Geschuldetes geleistet, sondern es wird nach ihm und in seiner Gemässheit eine Entscheidung getroffen, und wenn er das richtig macht, erfüllt der streitige Ver-

---

[11] Auf die Natur des auszulegenden Verwaltungsaktes kommt es dabei nicht an. Trolley V, n. 2116: *Sans doute la mesure émane de l'administration active, mais elle est acquise telle quelle aux parties interessées, et il s'agit non de la modifier ou de la compléter, mais d'en reconnaître et d'en proclamer le véritables sens, non de constituer mais de déclarer le droit.* Vgl. Serrigny I, n. 29 Ziff. 12, und über die ganze Lehre vom Auslegungsverfahren: Aucoc I, n. 291 ff.

waltungsakt seine Verpflichtung. Die **Auslegung**, welche in dem letzterwähnten Falle das Einzige vorstellt, was überhaupt noch darin zu finden ist, ist also das wesentliche Stück in allen streitigen Verwaltungsakten, in der Anwendung der Steuergesetze und des Baufluchtplanes, wie in den zur Durchführung eines öffentlich rechtlichen Vertrages erlassenen Verwaltungsakten.[12] Das wird uns noch auf einem Umwege ausdrücklich bestätigt. Alle diese streitigen Verwaltungsakte werden ja durch das Hinzukommen der Form zu Urtheilen und bilden den Stoff und den Inhalt der ordentlichen Verwaltungsrechtspflege. Wenn desshalb von dieser gesagt wird: alle ordentliche Verwaltungsrechtspflege ist **erklärender Natur**, so gilt das von ihnen und kennzeichnet die wahre Art ihrer Gebundenheit gegenüber dem vorausgehenden Gesetze oder Einzelakte, von welchem diese Gebundenheit kommt.[13]

Wir berühren damit das Gebiet unseres zweiten Abschnittes; das ganze eigentliche Verwaltungsrecht ist von der Frage erfüllt: streitiger Verwaltungsakt oder nicht. Es dürfte aber doch hier schon möglich sein, dem Begriffe die konventionellen Hüllen abzustreifen.

Der Wille des Staates bestimmt sein Verhältniss zu den Einzelnen. Das thut er in Form der allgemeinen Regel durch Gesetz und Verordnung, in Einzelverfügungen selten durch Gesetz, meist durch den eigentlichen Verwaltungsakt (vergl. oben § 3 Eingangs).

Diese Bestimmungsthätigkeit ist theilbar; es kann zunächst nur ein Stück des Verhältnisses bestimmt sein, während das Uebrige späterer Verfügung vorbehalten bleibt; das ist namentlich häufig der Fall, wenn das Gesetz an der staatlichen Handlung Theil nimmt (vergl. oben § 2 n. 3). Ein Verwaltungsakt, welcher ein neues Verhältniss schafft oder, was dem gleichsteht, ein bestehen-

---

[12] Wegen der letzteren vergl. unten § 44 ff.; um die Richtung anzudeuten, sei hier als Beispiel erwähnt, wie **Serrigny** die späteren Akte durch die Auslegung an den ersten knüpft: *le droit d'interpréter les actes de ventes nationaux emporte par voie de conséquence le pouvoir de connaître des questions rélatives soit au paiement du prix soit à la libération des acquéreurs et des cautions* (II, n. 997).

[13] **Laferrière** I, S. 539: *le jugement alors en matière administrative comme en matière civil est déclaratif.*

des abändert, oder aber ein nur theilweise bestimmtes völlig bestimmt, ist ein freier Verwaltungsakt (*acte de pure administration, acte du pouvoir discrétionaire*). Die Bestimmtheit, welche durch Gesetz oder Einzelakt gegeben ist, kann aber auch schon eine vollständige sein, d. h. eine solche, welche alle wesentlichen Punkte des Verhältnisses erfasst. Dann ist gleichwohl noch ein Verwaltungsakt möglich, ja oft notwendig, welcher zu dieser Bestimmung mitwirkt. Die allgemeine Regel muss angepasst werden, für anwendbar erklärt werden auf den Einzelfall; die thatsächlichen Wendungen, die das Verhältniss nimmt, müssen untergebracht werden unter die im Voraus gegebene Bestimmung; der Sinn derselben kann auch ohne dies zweifelhaft und streitig werden, dann ist er festzustellen, bevor sie wirken kann. Der Verwaltungsakt, der das thut, bringt kein neues eigenes Willenselement dazu, er legt aus, wendet an, misst ab. Er erklärt nur den Willen der bereits gegebenen Bestimmung und ist insofern abhängig von ihr. Darin besteht das Wesen des streitigen Verwaltungsaktes (*acte du contentieux*), den wir vielleicht besser bezeichnen als den erklärenden oder gebundenen Verwaltungsakt.

In der Ueberweisung einer Sache an die Verwaltungsrechtspflege liegt die Gewährung eines besonderen Schutzes für das betheiligte Einzelinteresse, nicht bloss wegen des eingeräumten Mitwirkungsrechtes, sondern auch wegen der Beschaffenheit der Behörde, welche dann immer in letzter Linie zur Entscheidung berufen ist.

Wenn nun unser Recht als den Kern und Hauptstoff der Verwaltungsrechtspflege alle gebundenen Verwaltungsakte anerkennt, so ist damit ein ganz eigenthümlicher, echt juristischer Masstab gebraucht für die Auswahl der Interessen, denen jener Schutz zu Theil werden soll, es kommt nicht an auf ihre Art und Wichtigkeit, sondern sie werden des Rechtsvorzuges schlechthin würdig durch die besondere Natur des Rechtsverhältnisses zwischen dem Staate und dem Einzelnen, in welchem sie begriffen sind.

Die Fälle, in welchen ausserhalb des Gebietes der gebundenen Verwaltungsakte die Form der Verwaltungsrechtspflege vom Gesetze gewährt ist, theilen sich in zwei Gruppen:[14]

[14] Chauveau I, n. 484 ff. fasst beide Arten zusammen unter der

Zur ersten gehören einige bestimmte Arten von Entscheidungen, welche aus besonderer Vergünstigung, namentlich in Rücksicht auf die Art und Wichtigkeit der berührten Interessen, gerade so behandelt werden sollen, als sei es ein gebundener Verwaltungsakt, der zu erlassen oder nachzuprüfen wäre, da es doch in Wirklichkeit ein freier Verwaltungsakt ist. Beispiele bieten die Entscheidungen in Sachen von gefährlichen Gewerbsanlagen und in Sachen von gesundheitsschädlichen Wohnungen (vgl. unten § 32). Die Thätigkeit des Verwaltungsgerichts unterscheidet sich dann äusserlich in nichts von der bei wirklichen gebundenen Verwaltungsakten.[15]

Die zweite wird gebildet von der obersten Ueberwachung der Behördenzuständigkeiten, wie sie an der Centralstelle durch den Staatsrath, theilweise auch an seiner Statt durch den Kompetenzkonfliktshof geübt wird. Das Gesetz hat auch dieser die Form der Verwaltungsrechtspflege gegeben. Es gehören dazu die Entscheidung über Rekurse wegen Unzuständigkeit und Machtüberschreitung und die Entscheidung über Kompetenzkonflikte. Dem Zwecke des Institutes gemäss beschränkt sich aber hier die Entscheidung auf die einzige Frage der Zuständigkeit, hebt demnach den früheren Akt einfach auf oder lässt ihn bestehen, aber verfügt niemals etwas Neues an seiner Statt. Dadurch nimmt diese Rechtspflege allerdings eine Sonderstellung ein.

Wenn einmal der Stoff der Verwaltungsrechtspflege da ist, so kommt es zunächst nicht weiter darauf an, aus welchen Gründen er ihr übertragen ist, sondern massgebend ist nur die verschiedene Art, wie er behandelt wird. Danach gliedert sich also unser Gegenstand wie folgt.

Die Hauptmasse stellt die ordentliche Verwaltungsrechtspflege vor, umfassend die Rechtspflege über die gebundenen Verwaltungsakte und über die ihnen durch besonderes Gesetz gleichgestellten freien Verwaltungsakte (ausgedehnte ordentliche Verwaltungsrechtspflege). Sie hat es immer zu thun mit dem

---

Ueberschrift: *Déclassement de matières: matières gracieuses qui ont été déclarées contentieuses.*

[15] Aucoc I, n. 257; Serrigny III, n. 1373. Bouchené-Lefer S. 604 Anm. 1; Chauveau I, n. 490 ff.

vollen Verwaltungsakte, sei es dass sie seine erstmalige Erzeugung vornimmt (*contentieux a priori*), sei es dass sie ihn im Wege der Nachprüfung neuschafft (*contentieux a posteriori*); sei es dass sie ihn einfach nochmals in genauerer Ausdrucksweise wiedergibt (*interprétation contentieuse*).

Ihr gegenüber steht dann die Zuständigkeitsrechtspflege mit ihrem beschränkten Nachprüfungsrecht.[16] Indem sie in der Kompetenzkonfliktsentscheidung, auch die erst getrennten Justizbehörden wieder mit den Verwaltungsbehörden einer gemeinsamen Obergewalt unterwirft, greift sie schliesslich über die Gränzen des blossen Verwaltungsrechtes hinaus.

§ 18. Grundzüge der Verwaltungsgerichtsordnung.

Verwaltungsgerichte sind solche Verwaltungsbehörden, welche beauftragt sind, in der Form der Rechtspflege zu handeln. Wie die Verwaltungsrechtspflege ganz und gar nichts anderes ist als Verwaltungsthätigkeit in anderer Form, so sind auch die Verwaltungsgerichte vollständig der Verwaltungsbehördenordnung angehörig. Sie haben immer zugleich noch eine andere Stellung darin, als Berathungskörper oder als eigentliche Verwaltungsbehörden; das Rechtsprechen ist nur eine ihrer Funktionen. Sie theilen auch nicht die besonderen Vorrechte der Behörden der Civilrechtspflege. Gesetzliche Anstellungsbedingungen und Unabsetzbarkeit sind nur ausnahmsweise für sie verliehen.

Allerdings gilt für sie der Grundsatz, wie für die Civilgerichte, dass nur das Gesetz ein Verwaltungsgericht schaffen kann. Allein dieser Grundsatz ist ihnen auch gemeinsam mit den eigentlichen Verwaltungsbehörden, er ist einfach die Folge ihrer Aufgabe, selbständige Entscheidungen zu treffen, welche Freiheit und Eigenthum des Einzelnen berühren. Dass die vollziehende Gewalt mit besonderer Ermächtigung des Gesetzes in gewissen Fällen Verwaltungsgerichte einsetzt (z. B. die Spezialkommissionen nach Ges. von 1807), ist keine Ausnahme (vgl. oben § 5 Anm. 4).

---

[16] In dieser Weise findet sich die Ausscheidung begründet bei Aucoc I, n. 295; Ducrocq n. 190; Gauthier m. c. S. 7 ff.

Dagegen gibt es zweierlei Fälle, in welchen scheinbar eine Ausnahme stattfindet, jedoch auch nur scheinbar.

Das Staatsoberhaupt, ja selbst der einzelne Minister bestellt manchmal Kommissionen mit dem Auftrage, die an einer Verwaltungssache betheiligten Personen zu hören und über sie zu entscheiden. Die Entscheidung muss dann von dem Auftraggeber bestätigt werden, um gültig zu sein. Die Kommission ist also nur ein Hülfsamt; sie hat keine eigne Gewalt, sondern dient zur Vorbereitung für die Entscheidung des Auftraggebers, welche von dessen Gewalt allein getragen wird.[1]

In anderen Fällen ernennt das Staatsoberhaupt aber auch Kommissionen mit dem Auftrage endgültige Entscheidungen zu treffen. Der Hauptfall ist der der sogenannten Liquidationskommissionen. Dieselben werden niedergesetzt, um Entschädigungen, welche in Folge diplomatischer Verhandlungen von einem fremden Staate geleistet sind, an die Einzelnen, welchen sie zukommen, zu vertheilen. Dabei wird dann äusserlich ganz so verfahren, als werde Rechtspflege geübt. In Wirklichkeit ist es keine. Die diplomatische Vertretung des Staates nach aussen und alles was daran hängt, gehört zur Regierungsgewalt des Staatsoberhauptes, an welcher das Gesetz keinen Theil hat. Wenn das Staatsoberhaupt solche Gelder vertheilt, so ist das eine freie Wohlthat, auf welche die Einzelnen kein Recht haben. Der Auftrag an die Kommission ändert das Verhältniss der Einzelnen nicht. Denn es ist keine Verordnung und kein sie unmittelbar treffender Einzelakt, wirkt also nicht auf sie. Sie erwerben dadurch kein Recht auf Zahlung, noch ein formelles Recht auf Gehör. Man kann allerdings beim Staatsoberhaupt vorstellig werden gegen das Verfahren der Kommission, aber der sonst zulässige Rekurs zum Staatsrathe fehlt hier, zum besten Zeichen, dass die Kommission eine wahre behördliche Gewalt nicht übt.[2]

Der Staatsrath als Träger der Zuständigkeitsrechtspflege und gleich ihm der Kompetenzkonfliktshof, falls ein solcher ausgesondert

---

[1] Serrigny III, n. 1645.

[2] Dufour I, n. 4: *l'empereur a dans ces matières un pouvoir de juridiction, qui lui est propre et que la loi s'est abstenue de régler, même dans son exercice.* Serrigny III, n. 1648.

ist, steht für sich allein und abgeschlossen an der Spitze. Die Träger der ordentlichen Verwaltungsrechtspflege hingegen, zu welchen vor allem der Staatsrath selbst wieder gehört, bilden eine grosse mannichfaltig gegliederte Behördenordnung mit vermischten Zuständigkeiten über und neben einander und mit einer eignen Art von Centralisation.

Um sich von dieser Verwaltungsgerichtsordnung ein klares Bild zu machen, muss man sich vergegenwärtigen, dass alle Verwaltungsrechtspflege aus der einfachen Verwaltungsthätigkeit gewissermassen natürlich herauswächst.

Die Grundidee ist danach sehr einfach: die Verwaltungsrechtspflege hat ihre Stätte beim Staatsoberhaupt, beziehungsweise in seinem neben ihm stehenden Staatsrath. Diess ist der ordentliche Verwaltungsrichter. Die Verwaltungsthätigkeit wird unterhalb dieser Spitze geübt von den eigentlichen Verwaltungsbehörden: Bürgermeister, Präfekt, Minister. Ihre Verwaltungsakte, wenn sie einen Einzelnen beschweren, durchlaufen nach dem Grundsatze der Centralisation die Stufen der Hierarchie. Wenn aber der Minister gesprochen hat, tritt die Scheidung ein: freie Verwaltungsakte gehen regelmässig nicht mehr weiter, gebundene dagegen gelangen nunmehr an den Staatsrath. In bestimmter Frist und in festen Formen ist die Klage einzuleiten und durchzuführen und der Staatsrath macht aus dem gebundenen Verwaltungsakte ein Urtheil. Nach dieser Grundidee ist alle Verwaltungsrechtspflege Nachprüfung (*contentieux a posteriori*), daher sie ja auch oft in rascher Redeweise mit dieser ganz identifizirt wird.

Zu dieser Grundidee gibt es nun aber Abweichungen und Zuthaten, und zwar in drei Hauptrichtungen.

1. Nachdem das Staatsoberhaupt selbst Verwaltungsakte in eigner Zuständigkeit vornimmt, erhält der Staatsrath eine Rechtspflege auch diesem gegenüber, und zwar eine nachprüfende wie eine auslegende, beides jedoch anders wie gegenüber dem Minister wegen des besonderen Verhältnisses, das zwischen ihm und dem Staatsoberhaupte besteht.

2. Das Gesetz zweigt einzelne Sachen ab für besondere Verwaltungsgerichte. Damit macht es diese Sachen nicht erst zu Verwaltungsstreitsachen, sie sind es meist schon von Natur

und würden ohne die Verweisung einfach den oben beschriebenen allgemeinen Weg gehen; nur selten verbindet sich mit dieser Verweisung an ein besonderes Verwaltungsgericht zugleich eine Ausdehnung der ordentlichen Verwaltungsrechtspflege auf freie Verwaltungsakte (vgl. oben § 17).

Die Verweisung kann so gemacht sein, dass das besondere Verwaltungsgericht die Nachprüfung erhält über einen bereits anderswo erlassenen Verwaltungsakt, oder so dass es einen Verwaltungsakt in Form der Verwaltungsrechtspflege ursprünglich erzeugt. Das Verwaltungsgericht, welches zuständig ist, einen streitigen Verwaltungsakt zu erlassen, der durch einen vorausgegangenen Verwaltungsakt gebunden ist, gilt von selbst auch als beauftragt, die notwendige Auslegung dieses letzteren im Streitverfahren zu geben.[3] Alle drei Formen der Verwaltungsrechtspflege sind also hier möglich.[4]

---

[3] Serrigny III, n. 1377: das besondere Gericht ist zur Auslegung zuständig, *lorqu'il s'agit d'actes rentrant dans le contentieux, qui lui est attribué.*

[4] Immer handelt es sich auch bei der Zuständigkeit der Sondergerichte um Verwaltungsakte; sie erhalten daher diese Zuständigkeit durch die Gesetze, welche dieselbe begründen, nicht auf Kosten der Civilgerichte, sondern auf Kosten des ordentlichen Weges der Verwaltungssache. Insofern ist die Ausdrucksweise des Els.-Lothr. A. G. z. G. V. G. art. 8 unrichtig. Es hebt die gesetzlichen Bestimmungen auf, welche für öffentlich rechtliche Verträge und dergl. die Zuständigkeit von Verwaltungsbehörden begründen, — Pluviosegea. art. 4 Abs. 2 u. 3, Ges. 13 frim. VIII art. 4, Dekret 11. Juni 1806 art. 14 Abs. 2, Ges. 21. Juni 1865 art. 16 hat man dabei vor Allem im Auge gehabt, — und glaubt offenbar damit sofort die Zuständigkeit der Civilgerichte zu begründen. Allein alle diese Sachen müssten nach dem Wegfall der besonderen Zuständigkeiten ihrer Natur nach und gemäss dem fortbestehenden Grundsatze der Trennung der Gewalten vielmehr von selbst jenen ordentlichen Weg gehen zu Minister und Staatsrath beziehungsweise zum ersteren allein, wenn wie bei uns der Staatsrath weggefallen ist. Bedenken könnten nur entstehen bezüglich des Dekretes vom 11. Juni 1806, weil dort die Zuständigkeit des Staatsrathes selbst begründet wird für staatliche Lieferungsverträge; also, könnte man sagen, werden diese Sachen doch so angesehen, als wenn sie ohne die ausdrückliche Ueberweisung diesem ordentlichen Verwaltungswege nicht zugehörten. Der scheinbare Widerspruch erklärt sich aber sehr leicht. Die staatlichen Lieferungsverträge hatten in Frankreich niemals vor die Gerichte gehört (Dareste S. 320). Allein ein Gesetz vom 4. März 1793 hatte neuerdings den Versuch gemacht, sie dorthin zu verweisen; das Dekret von 1806 hebt nur diese Ueberweisung

Solche besondere Verwaltungsgerichte finden sich auf verschiedenen Stufen der Behördenordnung zerstreut. Die wichtigsten sind Präfekturrath und Rechnungshof.

Gemeinsam ist allen die Abhängigkeit vom Staatsrath; sie sind diesem gegenüber Untergerichte; meistens unterliegt ihre Entscheidung der förmlichen Berufung mit Devolutiveffekt; ausnahmsweise zeigt sich jedoch das Rechtsmittel auch beschränkt.

3. Da keine allgemein gültigen Grundsätze dafür bestehen, in welchen Formen die Mitwirkung der Einzelnen in der Verwaltungsrechtspflege stattfinden soll, so ist es zulässig, dieselbe auch bei völliger Formlosigkeit genügend vorhanden sein zu lassen. Darauf gründet sich die Auffassung, dass die gebundenen Verwaltungsakte, welche bestimmungsgemäss immer der Verwaltungsrechtspflege angehören, auch schon bei den eigentlichen Verwaltungsbehörden, insbesondere bei den Ministern, Akte der Verwaltungsrechtspflege d. h. Urtheile seien. Und so rücken denn auch die eigentlichen Verwaltungsbehörden ein in die Reihe der Verwaltungsgerichte.

Wir werden demnach als Gerichte der ordentlichen Verwaltungsrechtspflege zu betrachten haben: den Staatsrath, die besonderen Verwaltungsgerichte, und die eigentlichen Verwaltungsbehörden.

§ 19. Ordentliche Verwaltungsrechtspflege: der Staatsrath als oberstes Verwaltungsgericht.

Eine der verschiedenen Abtheilungen, in welche der Staatsrath zerfällt, ist der Verwaltungsrechtspflege ausschliesslich gewidmet, die *section du contentieux.* Sie bereitet die Sache vor und entwirft die Entscheidung. Die Entscheidung selbst erfolgt durch eine besonders zusammengesetzte Versammlung (*assemblée*

wieder auf und stellt den natürlichen Zustand wieder her. — Unser Gesetz hat also etwas anderes gesagt, als es gewollt hatte. Die Praxis der Gerichte geht unbedenklich dahin, im Wege der Auslegung seinen wirklichen Willen an die Stelle des geäusserten zu setzen, was allerdings mehr der französischen Auffassung von der Stellung des Richters entsprechen dürfte als der deutschen.

du conseil délibérant au contentieux); es treten nämlich zu den Mitgliedern der Abtheilung für Streitsachen noch hinzu zehn Räthe, welche zu gleichen Theilen aus jeder der anderen Sektionen entnommen sind.[1] Die Mitwirkung der rechtsuchenden Parteien bewegt sich in festen Formen. Eine Bittschrift, die auf dem Sekretariat des Staatsraths hinterlegt wird, leitet das Verfahren ein; hiefür besteht eine Notfrist von 3 Monaten von Kundgabe der anzufechtenden Entscheidung ab.[2] Dann folgt Mittheilung an die Gegenpartei und Schriftenwechsel. Schliesslich findet eine mündliche Verhandlung statt;[3] die Parteien, welche durch Advokaten vertreten sein müssen, werden gehört und ein Regierungskommissär nimmt Theil mit der Stellung des Staatsanwaltes im Civilprozesse. Die Institute des Streitabstandes, des Versäumnissurtheils und des Einspruchs dagegen, des Dritteinspruchs (*tierce-opposition*, Einspruch eines von der Entscheidung Mitbetroffenen, welcher in dem Processe nicht Partei war) und der *requête civile* (Anfechtung einer kontradiktorischen Entscheidung wegen Fälschung oder böswilliger Zurückhaltung von Urkunden) sind aus dem Civilprozesse übernommen.

Die Entscheidung, welche der Staatsrath getroffen hat, bedarf der Bestätigung des Staatsoberhauptes und wird als Dekret desselben verkündet; sie nimmt also diesem gegenüber wieder den Schein eines blossen Gutachtens an. Seit dem Gesetz vom 19. Juli 1845 wurde es sogar für zulässig erkannt, dass das Staatsoberhaupt eine eigne Entscheidung an die Stelle der von ihm verworfenen setze.[4] In solchem Falle müsste aber der abändernde Spruch mit Motiven im Moniteur und im Gesetzblatt bekannt gemacht werden; die öffentliche Meinung soll davon gewisser Massen Zeuge sein.

Thatsächlich ist eine Abänderung niemals vorgekommen; nur in zwei Fällen, unter Louis Philippe und unter Napoleon III. hat

[1] Serrigny I, n. 278 ff. Dareste S. 662 ff.

[2] Dekret 22. Juli 1806 art. 1 u. 11.

[3] Zuerst durch Ordonnanz vom 12. Febr. 1831 eingeführt, durch das Dekret vom 25. Jan. 1852 art. 20 bestätigt.

[4] Das Gesetz sagt es in seinem art. 24 allerdings nur hypothetisch: *Si l'ordonnance n'est pas conforme à l'avis du conseil d'état etc.*

das Staatsoberhaupt seine Macht gebraucht, um die Bestätigung nicht zu verweigern, sondern zu verzögern.[5]

Diese Mitwirkung des Staatsoberhauptes gab der Theorie Anlass, eine geschichtliche Erinnerung wieder aufzufrischen. Im alten Königthum war der Staatsrath auch in der Rechtspflege nur Berather des Königs. Der eigentliche Richter war dieser, daher die oberste Verwaltungsrechtspflege — *justice retenue* genannt wurde. Dieses Verhältniss soll für den neuen Staatsrath noch massgebend sein; das Staatsoberhaupt, sagt man, richte, der Staatsrath sei nur eine vom Gesetz ihm auferlegte Form.[6]

Die thatsächliche Gestalt, in welcher diese Rechtspflege erscheint, widerspricht aber einer solchen Auffassung doch allzu sehr. Der gewöhnliche Sprachgebrauch nennt auch den Staatsrath ohne Weiteres Verwaltungsgericht und die in Form eines Dekretes erlassenen Entscheidungen *arrêts du conseil.*[7] Die Richterschaft des Staatsoberhauptes gleicht eher der des Königs im alten Parlament von Paris und ist wie diese eine blosse Fiktion.[8]

Auch rein rechtlich genommen ist das Verhältniss hier ein ganz anderes als beim alten Staatsrath, dessen sich der König bediente, so weit er wollte. Wir sprachen bei Betrachtung des Staatsrathes als Berathungskörper von Aufträgen, welche ihm durch das Gesetz unmittelbar gegeben sind und eigne Zuständigkeiten für ihn begründen. Das ist hier noch in viel entschiedener Weise der Fall. Wir haben ja jetzt die Trennung der Gewalten und alle Rechtsprechung fällt in das vorbehaltene Gebiet des Gesetzes. Die Verfassung vom Jahre VIII, welche den neuen Staatsrath schuf, hat ihn direkt beauftragt mit der obersten Rechtsprechung in Verwaltungssachen[9] und dem Staatsoberhaupt nur

---

[5] Serrigny I, n. 77, Dareste S. 185; Dufour II, n. 279.

[6] Macarel II, S. 855; Henrion de Pansey, *autorité judiciaire* S. 214; Cabantous n. 479.

[7] Macarel I, S. 62, Trolley I, n. 27 *in fine.* Selbst in Gesetzen kommt diese Bezeichnung vor.

[8] Aucoc I, n. 276; Bouchené-Lefer S. 620.

[9] Verf. 22 frim. VIII art. 52 *Sous la direction des consuls le conseil d'état est chargé de resoudre les difficultés qui s'élèvent en matière administrative.* Ebenso Verf. 14. Jan. 1852 art. 50.

gewisse Machtbefugnisse über die Ausführung dieses Auftrages vorbehalten.

Eine völlige Unabhängigkeit des Staatsraths würde sich allerdings mit der monarchischen Verfassung wenigstens nicht vertragen. Der Staatsrath erkennt ja selbst über persönliche Akte des Staatsoberhauptes. Die Absetzbarkeit der Mitglieder genügt nicht, auch die einzelnen Machtäusserungen des Körpers dürfen nicht souverän sein. Desshalb eine Art Kontrole des Staatsoberhauptes, die gelegentlich der feierlichen Verkündung der Staatsrathsurtheile geübt wird und im Prinzip bis zur Abänderung derselben gehen kann. Der blosse Bestand dieses Rechtes genügt, dass der Staatsrath nie auf den Gedanken verfallen kann, sich auf eine Machtprobe mit dem Staatsoberhaupte einzulassen. Auf eine wirkliche Geltendmachung desselben ist es nicht abgesehen.

Der Staatsrath allein ist also der Richter, das Staatsoberhaupt selbst hat gar keinen Auftrag und keine Ermächtigung zu richten, es hat nur eine Gewalt über den Richter und sein Urtheil.[10] —

Was nun den Inhalt der rechtsprechenden Thätigkeit des Staatsrathes anlangt, so sind ihm einige unbedeutende Sachen zu ursprünglicher Entscheidung besonders überwiesen. Man nennt: Streitigkeiten über die innere Verwaltung der Banque de France nach Ges. vom 22. April 1806 art. 21 und über Majorate nach Dekret vom 1. März 1806.[11] Seine Hauptzuständigkeit ist nachprüfender und auslegender Natur. Sie zerfällt in zwei Gruppen, indem sie sich anschliesst an die Thätigkeit der unteren Verwaltungsgerichte oder an die des Staatsoberhauptes.

1. Gegenüber den anderen Verwaltungsgerichten ist der Staatsrath Obergericht. Dieses jedoch in verschiedenem Masse.

---

[10] Nur die zweite Republik hatte ihren Staatsrath von dieser Oberhoheit gänzlich befreit (Ges. 3. März 1849) und die dritte ist ihrem Beispiele gefolgt (Ges. 24. Mai 1872). Da ist denn der Staatsrath ein selbständiges Gericht wie der Kassationshof. Dafür hat jetzt das Ministerium das Recht gegen ihn den Kompetenzkonflikt zu erheben, über welchen wieder der Kompetenzkonfliktshof entscheidet. Die oberste Rechtspflege droht kein Ende zu haben.

[11] Die neuere Gesetzgebung hat noch einige Zuständigkeiten in Wahlprüfungssachen hinzugefügt; Aucoc I, n. 365.

Er kann eine förmliche Berufungsinstanz sein; die Berufung hat dann keinen Suspensiveffekt, es sei denn, dass ausnahmsweise der Staatsrath anders verfügt; dagegen hat sie vollen Devolutiveffekt: es wird an Stelle des ersten Richters von Grund aus noch einmal entschieden, der streitige Verwaltungsakt neu erzeugt. Zulässig ist diese Berufung zum Staatsrathe grundsätzlich gegen alle verwaltungsgerichtlichen Urtheile, ohne besondere gesetzliche Verfügung, sofern nur das Gesetz sie nicht ausdrücklich ausschliesst; diess geschieht namentlich durch die Bezeichnung der Urtheile eines Gerichts als endgültig und in letzter Instanz gesprochen.[12] Hienach unterliegen dem Rechtmittel die Urtheile der Präfekturräthe, der Spezialkommissionen nach Gesetz von 1807 und der Minister.

In anderen Fällen ist der Staatsrath Kassationshof; er kann auf Anrufen einer Partei die Entscheidung eines Verwaltungsgerichtes vernichten, insofern dieselbe auf unrichtiger Auslegung des Gesetzes oder Formverletzung beruht (*violation des formes ou de la loi*). Die Sache geht dann zu weiterer Entscheidung an das erste Gericht zurück. In dieser Beschränkung erkennt der Staatsrath über Urtheile des Rechnungshofes und theilweise über Beschlüsse der Aushebungsräthe.[13]

Die Praxis hat auch eine Art theoretischen Kassationsrekurses ausgebildet, eine Beschwerde zur Wahrung des Gesetzes wie das gleichnamige Institut im Civilprozesse. Dieselbe geht gegen diejenigen Gerichte, deren Urtheil eigentlich mit der Berufung angreifbar war. Voraussetzung ist aber, dass die Parteien von diesem Rechtsmittel keinen Gebrauch gemacht. Dann kann der Minister zu Ehren des objektiven Rechtes das Urtheil doch noch vor den Staatsrath bringen und aussprechen lassen, dass das

[12] Dufour I, n. 298; Macarel II, S. 851. — Chauveau I, n. 1454 will die Berufung selbst dann zulassen, wenn das Gesetz von einem Verwaltungsgericht sagt: *jugera définitivement.* Das wird allerdings dann anzunehmen sein, wenn die Urtheile des betreffenden Gerichtes sonst und im Allgemeinen der Berufung unterliegen. Das *définitivement* hat dann seine Spitze gegen das Verfahren einer anderen Behörde.

[13] Ges. 16. Sept. 1807 art. 17, Ges. 13. Juni 1851, 21. März 1832.

Gesetz unrichtig verstanden sei. Das wirkt dann als Belehrung für die Zukunft, das Urtheil selbst bleibt in Kraft.[14]

Wo auch ein Kassationsrekurs nicht zulässig ist, ist das betreffende Verwaltungsgericht dem Staatsrathe gegenüber nicht mehr Untergericht, sondern souverän. Dies ist der Fall bei rechtsprechenden Unterrichtsräthen, theilweise auch bei den Aushebungsräthen, insofern nur dem Minister der Kassationsrekurs offen steht. Aufrecht bleibt selbst in diesem äussersten Falle von Unabhängigkeit eines Gerichtes das Recht des Staatsrathes, die Entscheidung wegen Unzuständigkeit und Machtüberschreitung zu vernichten; diess aber ist nicht mehr Ausfluss der Stellung des Staatsrathes als Obergericht, sondern seiner über den Kreis der Gerichte hinausreichenden Zuständigkeitsüberwachung.

2. Das Staatsoberhaupt hat eine eigne Zuständigkeit für Vornahme einzelner Verwaltungsakte, in welcher es wie eine Verwaltungsbehörde auftritt. Darunter befinden sich auch gebundene Verwaltungsakte, welche nach allgemeinen Grundsätzen zur Verwaltungsrechtspflege führen müssen. Die zu den Verwaltungakten des Staatsoberhauptes gehörige Rechtspflege besorgt der Staatsrath, aber nicht als Obergericht, sondern als Vertreter des Staatsoberhauptes.

Das Staatsoberhaupt selbst ist niemals Richter; so oft seine Sachen die Form der Rechtspflege annehmen sollen, tritt sofort der Staatsrath für es ein.

Regelmässig nehmen die streitigen Verwaltungsakte des Staatsoberhauptes die Form der Rechtspflege erst an in einem Nachprüfungsverfahren. Gegen jedes Dekret, welches einen streitigen Verwaltungsakt enthält, kann der davon Betroffene dieses Verfahren ohne Weiteres herbeiführen, im Gegensatz zu der Berufung gegen den Minister, die immer eine förmliche Entscheidung desselben unter Mitwirkung der Parteien voraussetzt. Das Rechtsmittel heisst Einspruch, *opposition*, weil die Sache so angesehen wird, als ginge sie an die gleiche Instanz. Die Frist zur Einlegung des Einspruchs beträgt drei Monate. Der

---

[14] Dufour II, n. 334; Serrigny I, n. 236, 237; Aucoc I, n. 342, 369.

Staatsrath entscheidet darüber in demselben sachlichen Umfange wie über Berufungen.[15]

Dieser Einspruch geräth aber unter Umständen in eine ganz besondere Lage. Manche Verwaltungsakte des Staatsoberhauptes, und darunter auch streitige Verwaltungsakte, müssen bekanntlich von vornherein schon erlassen werden unter der berathenden Mitwirkung des Staatsrathes (*délibérant en matière administrative*). Demjenigen, gegen welchen ein solches Dekret, selbst streitiger Natur, erlassen wurde, konnte das ordentliche Rechtsmittel des Einspruchs nicht gewährt sein; es musste unzulässig erscheinen, dass auf solche Weise die Abtheilung für Streitsachen gegen eine andere Abtheilung des Staatsrathes oder gar gegen die Plenarversammlung angerufen wurde. Da es ein Höheres nicht gibt, so musste der Rechtsweg überhaupt ausgeschlossen sein. Das Dekret vom 22. Juli 1806 art. 40 hat aber für solche Fälle einen e i g n e n W e g eingerichtet. Der Betroffene mag ein Gesuch an das Staatsoberhaupt einreichen, welches die Sache an eine Abtheilung des Staatsraths verweist oder an eine eigens gebildete Kommission desselben, welche dann kraft besonderer Ermächtigung die Sache nochmals prüft und bescheidet. So wird ihm dann doch noch, in ausserordentlicher Weise, Gelegenheit geboten, mitzuwirken und sein Recht geltend zu machen.[16]

Nach zwei Richtungen hin bestehen aber auch hievon wieder Ausnahmen.

Dem unter Theilnahme des Staatsraths erlassenen Akte geht

---

[15] Ein Beispiel bietet die Festsetzung des Ruhegehaltes eines Beamten durch Dekret, bei welcher die gesetzlichen und verordnungsmässigen Bestimmungen nicht eingehalten sein sollen: St. R. E. 16. Aug. 1862 (Damiens).

[16] Ueber den art. 40 herrscht grosse Meinungsverschiedenheit: D u f o u r II, n. 234—236; C a b a n t o u s n. 955—957. Der Wortlaut: *une partie lesée dans ses droits par l'effet d'une décision de notre conseil d'état rendue en matière non contentieuse* lässt aber keine andere Auslegung zu als die obige. „Entscheidung des Staatsraths" ist hier offenbar gesagt für „Entscheidung des Staatsoberhauptes im Staatsrath"; „*rendue en matière non contentieuse*" bezieht sich nur auf die Form des Verfahrens, nicht auf die Natur des Aktes, welcher allerdings ein streitiger sein muss: es ist ja *droit lesé* vorausgesetzt. — Dass dieses Rechtsmittel in Elsass-Lothringen, nach Wegfall seines ganzen Zusammenhanges, noch fortbestehe, ist nicht anzunehmen. A. M. Möllerische Sammlung II S. 241.

manchmal ein Vorverfahren voraus, in welchem die Betheiligten aufgefordert werden, vorzubringen, was sie vorzubringen haben. Das Hauptbeispiel bieten Verleihungen von Wassernutzungen. Der hierauf ergehenden Entscheidung des Staatsoberhaupts gegenüber, obwohl sie nicht im förmlichen Prozessverfahren stattfindet, bestehen jene Billigkeitsrücksichten nicht mehr. Es ist dann selbst das Rechtsmittel des art. 40 ausgeschlossen.[17]

Andererseits trifft aber auch der Ausschliessungsgrund des ordentlichen Verfahrens nicht zu, wenn die Entscheidung gar nicht gegen den davon Betroffenen ergehen wollte, sei es dass sie nicht gegen ihn gerichtet war, sei es dass ihm gegenüber die Formen der Aufforderung zur Geltendmachung seiner Rechte nicht erfüllt worden sind. So gut wie gegen die Urtheile des Staatsraths solchen Nichtbetheiligten der Dritteinspruch gewährt wird, besteht er auch gegen die Entscheidungen des Staatsoberhauptes im Staatsrath *en matière administrative*. Der Staatsrath entscheidet darüber wie über einen gewöhnlichen Einspruch.

Unberührt steht neben allen diesen Regeln die Frage, ob nicht eine Aufhebung des Dekretes noch erfolgen kann im Wege der Zuständigkeitsrechtspflege, wovon noch die Rede sein wird.

In einem Falle nur erlässt der Staatsrath streitige Verwaltungsakte, die dem Staatsoberhaupte gebühren, nicht erst im Nachprüfungsverfahren, sondern unmittelbar, desswegen weil der Akt sofort die Form der Rechtspflege annimmt. Wenn es sich handelt um die streitige Auslegung eines früheren Aktes des Staatsoberhauptes, wird dieselbe sofort gegeben von dessen richtendem Stellvertreter; die Sache geht ohne vorgängige Entscheidung des Staatsoberhauptes im ordentlichen Streitverfahren an die Abtheilung für Streitsachen.[18] — Es pflegt dabei hervorgehoben zu werden, dass eine bestimmte Art von Dekreten des Staatsoberhauptes, selbst wenn der Sinn wahrhaft streitig geworden ist, ohne Weiteres von einer anderen Behörde ausgelegt werden kann. Das sind die Dekrete, welche das Staatsoberhaupt im Verwaltungsstreitverfahren erlässt; ein Präfekturrath ist immer befugt *incidenter*

---

[17] Dufour I, n. 107—108; Chauveau III, n. 1705—1707.
[18] Serrigny I, n. 248—250; Dufour I, n. 117.

die Auslegung zu geben. Sehr natürlich; denn diese Dekrete sind inhaltlich Urtheile des Staatsraths; der Präfekturrath ist aber ebensogut berufen, Urtheile seines Obergerichtes auszulegen, wie jedes andere Gericht.[19] [20]

§ 20. Fortsetzung: Präfekturrath, Rechnungshof und kleinere Sondergerichte.

Die Intendanten des alten Königthums hatten, wie erwähnt, eine gewisse Rechtsprechungsgewalt. Dieselbe erstreckte sich namentlich über Dinge, welche mit ihrer staatswirthschaftlichen Thätigkeit zusammenhingen (Zollsachen, Streitigkeiten über öffentliches Eigenthum, Entschädigungen wegen öffentlicher Arbeiten, Wegesachen).[1] Als an die Stelle der Intendanten die Departementsverwaltungen getreten waren, bestätigte das Gesetz den Direktorien derselben eine Reihe von Zuständigkeiten der nämlichen Art (Ges. 7. Sept. 1790). Das Pluviosegesetz, nach seinem bekannten Theilungsprinzip, setzt für diese Rechtspflege neben den Einzelbeamten des Departements das Kollegium des Präfekturrathes.

Der Präfekturrath übt dieselbe in der gleichen Zusammensetzung, in welcher er über Prozessermächtigungen der Gemeinden entscheidet, mit dem Präfekten als Mitglied und Vorsitzenden.

---

[19] Serrigny I, n. 253; Aucoc I, n. 365.

[20] Die ganze in diesem § geschilderte Thätigkeit des Staatsrathes hat in Elsass-Lothringen eine Art Ersatz nur gefunden, insoweit der aus den Räthen des Ministeriums bestehende Kaiserliche Rath zuständig ist, im Verwaltungsstreitverfahren über Berufungen gegen die Urtheile des Bezirksrathes (Präfekturrathes) zu entscheiden (Ges. 30. Dez. 1871 § 8). Alles andere ist weggefallen. Die rechtsuchenden Parteien haben schon öfter daran gedacht, für die fehlende Rechtspflege eine Aushülfe zu erhalten auf dem Wege des § 23 des Gesetzes vom 30. Dez. 1871. Allein die Ermächtigung, die dort dem Oberpräsidenten ertheilt ist, nicht mehr vorhandene französischrechtliche Behörden im Nothfalle durch provisorische Einrichtungen zu ersetzen, kann bloss gemeint sein für den Fall, wo es gilt, eigentliche Lücken der Verwaltungsthätigkeit auszufüllen, nicht aber soll er dadurch befugt werden, Behörden zu schaffen, welche die von dem Verwaltungsgesetze selbst geschaffene Behördenordnung durch Ueberwachung und Abänderung ihrer Akte massgebend beeinflussen könnten.

[1] Dareste S. 128, 130, 136, 140, 143.

Das Verfahren ist wesentlich schriftlich, seit dem Gesetz vom 21. Juli 1865 mit einer öffentlichen Schlussverhandlung, welche die Parteien zu mündlichen Ausführungen benutzen können, wenn sie wollen. Der Generalsekretär nimmt die Geschäfte des Staatsanwaltes wahr. Gegen das Urtheil findet Berufung zum Staatsrath statt, in 3 Monaten einzulegen, ausserdem, wenn der Verklagte sich nicht vertheidigt hat, Einspruch, und zu Gunsten eines Dritten, Mitbetroffenen, Dritteinspruch. Die Einzelheiten werden durch Heranziehung der Regeln des Civilprozesses ergänzt.[2]

Die Sachen, über welche der Präfekturrath spricht, gehören zur ordentlichen Verwaltungsrechtspflege; es handelt sich um streitige Verwaltungsakte oder solche, die ihnen gleichgestellt werden, und der Präfekturrath erlässt sie, prüft sie nach oder legt sie aus in Form der Rechtspflege. Aber der Präfekturrath ist nicht das ordentliche Verwaltungsgericht, an welches alle streitigen Verwaltungsakte der Departementalverwaltung gingen. Seine Zuständigkeit setzt sich vielmehr zusammen aus einer Reihe ausdrücklicher Einzelzuwendungen des Gesetzes. Alle anderen streitigen Verwaltungsakte, welche sich bei der Departementalverwaltung ergeben, bleiben in der Hand des Präfekten und nehmen dort die Natur von Urtheilen nicht an.[3]

Zwekmässigkeitsrücksichten und geschichtliches Herkommen sind für den Umfang dieser Zuwendungen entscheidend. Den Kern derselben bilden diejenigen, welche das Pluviosegesetz selbst in seinem art. 4, sich anlehnend an die bisherige Rechtsprechungszuständigkeit der Departementalverwaltungen, aufführt. Dazu kommen noch solche Zuständigkeiten, welche das Pluviosegesetz nicht erwähnt, welche aber frühere Gesetze jenen Verwaltungen zur Ausübung in Form der Rechtsprechung überwiesen hatten;

---

[2] Dufour II, n. 79 ff.; Ducrocq n. 249; Serrigny III, n. 1218 ff.

[3] Es ist also richtig, wenn Roederer zum Pluviosegesetz behauptet, die Trennung der eigentlichen That und der Rechtsprechung sei dadurch vollzogen. Es ist nur nicht alles schon auf der Departementalstufe zur Rechtspflege gemacht worden, was dazu geeignet ist und später dazu führt. Vgl. hierüber die schönen Ausführungen des Staatsraths Boulatignier zum Gesetzentwurf über die innere Verwaltung von 1851, abgedruckt bei Serrigny II, n. 504; dazu Trolley V, n. 2520, 2521; Dufour II, n. 9.

insofern wird allerdings der Präfekturrath als Erbe der Departementsverwaltung für diese Seite ihrer Thätigkeit anerkannt. Und endlich haben spätere Gesetze noch weitere besondere Ueberweisungen hinzugefügt.

Das Einzelne dieser Zuständigkeiten gehört dem eigentlichen Verwaltungsrecht an;[4] wir haben sie hier nur im Allgemeinen zu kennzeichnen, insofern sich daraus die Art der rechtsprechenden Thätigkeit des Präfekturrathes ergibt. Nach dieser Rücksicht zerfällt der Stoff hier in drei Gruppen.

1. Der Präfekturrath hat eine Nachprüfung zu üben an verschiedenen Verwaltungsakten streitiger Natur, welche von anderen Behörden erlassen sind. Dem Umfange nach ist das wichtigste Gebiet in dieser Beziehung das der Steuerreklamationen. Es handelt sich um Beschwerden der Einzelnen gegen ihre Veranlagung mit direkten Steuern; der nachzuprüfende Akt ist der in der Steuerrolle erscheinende Beschluss des Steuervertheilungsausschusses. Der Präfekturrath prüft, ob die damit gemachte Auflage den Einzelnen in richtiger Anwendung und Vollziehung des Gesetzes trifft und ändert nötigenfalls den bezüglichen Theil jenes Aktes ab, d. h. er schafft den ursprünglichen Akt in andrer Weise neu (vgl. unten § 57). — Ebenso werden behandelt: Beschwerden gegen die von der Militärbehörde vollzogene Bestimmung der Festungsrayongränzen (vgl. unten § 40), sowie der Schutzbezirke von Pulvermagazinen (vgl. unten § 40), Beschwerden abgesetzter Gemeinderathsglieder gegen die Verfügung des Präfekten, welche in Geltendmachung der bestimmten gesetzlichen Gründe die Absetzung ausspricht (vgl. unten § 64); auch Beschwerden Dritter gehören hieher gegen den Beschluss des Präfekten, der eine gesundheitsgefährliche Anlage genehmigt, und Beschwerden aller Betheiligten gegen Beschlüsse des Unterpräfekten über den gleichen Gegenstand (vgl. unten § 32).

2. Der Präfekturrath schafft selbst und ursprüng-

[4] Die französischen Schriftsteller verbinden meist mit der Darstellung der Zuständigkeit die des materiellen Rechtes der abzuurtheilenden Sachen. So Trolley V, n. 347—507; Serrigny II, n. 506 ff.; Ducrocq n 250—348.

lich einen streitigen Verwaltungsakt, wenn er nach dem Willen des Gesetzes Entschädigungen gewährt an diejenigen, welche aus der Herstellung und Besorgnng öffentlicher Arbeiten Nachtheil erleiden.[5] Die vorausgehende That der Verwaltung bleibt dadurch unberührt; es wird nur ein zweiter selbständiger Akt daneben gesetzt (vgl. unten § 42, § 52). Andererseits macht der Präfekturrath in dieser Form Lastauferlegungen, wenn er die von den Theatern geschuldeten Abgaben festsetzt (vgl. unten § 69), übt polizeiliche Gewalt, wenn er zum Schutz der Landstrassen Beseitigung der Störungen verordnet und Strafen auferlegt (*contentieux de la grande voirie*, vgl. unten § 35), nimmt an der Beaufsichtigung der Selbstverwaltung Theil durch die Entscheidung über die Gültigkeit der dazu gehörigen Wahlen (vgl. unten § 64). Endlich aber nimmt er die nötigen Verwaltungsakte vor zum Vollzug mehrerer Arten öffentlichrechtlicher Verträge, als da sind: Verdingungen öffentlicher Arbeiten, Verkauf von Staatsgrundstücken: er bestimmt durch Auslegung und Anwendung des grundlegenden Aktes, was danach im Einzelfalle gewollt sei (vgl. unten § 45, § 56). Eine besondere Art dieser letzteren Thätigkeit ist die Bescheidung der Rechnungen von Verwaltern öffentlicher Gelder: für gewisse niedere Kassebeamten ist der Präfekturrath dem Rechnungshofe vorgeschoben (Gemeindeeinnehmer, Kassirer von Wohlthätigkeitsanstalten, Oktroieinnehmer u. a.). Für diese Sachen unterliegt denn auch seine Entscheidung ausnahmsweise nicht der Berufung zum Staatsrath, sondern zum Rechnungshofe.[6]

---

[5] Pluviosegesetz art. 4 Ziff. 3. Dort ist allerdings nur die Rede von „*torts et dommages procedant du fait personnel des entrepreneurs et non du fait de l'administration.* Die Praxis erkennt aber an, dass diese Zuständigkeitsbestimmung gerade so für die Verwaltung selbst gilt, wenn sie die Arbeit mit eignen Angestellten ausführt. Die Fassung des Gesetzes erklärt sich aus einem gedankenlosen Abschreiben des Gesetzes vom 7. Sept. 1790 art. 5, das andere Verhältnisse vor sich hatte. Serrigny II, n. 704; Ducrocq n. 262.

[6] Ges. 18. Juli 1837 art. 66; Ges. 15. Juni 1824. Aufzählung bei Block V° *conseil de préfecture* n. 18. — In Elsass-Lothringen ist das Verfahren zu einer Nachprüfung und das Rechtsmittel zu einem Kassationsrekurs an den Kaiserlichen Rath umgestaltet: Ges. 30. Dez. 1871 § 20; V. 22. Febr. 1873 § 32 ff.

3. Dem Präfekturrath steht eine lediglich **auslegende Rechtsprechung** zu, wenn vor den Civilgerichten die Bedeutung eines öffentlichrechtlichen Vertrages streitig wird, dessen verwaltungsrechtliche Durchführung ihm überwiesen ist: Verdingung öffentlicher Arbeiten oder Verkauf von Staatseigenthum (vgl. oben S. 115).

Das wichtigste Sondergericht neben dem Präfekturrath ist der **Rechnungshof** (*cour de comptes*). Derselbe stammt ab von den Rechnungskammern (*chambres de comptes*) des alten Königthums.[7] Durch Gesetz vom 17. Sept. 1791 trat an deren Stelle die gesetzgebende Versammlung selbst, welche durch einen Ausschuss die Rechnungen der Verwaltung entgegennahm und prüfte. Das Gesetz vom 16. Sept. 1807 schuf sodann den Rechnungshof in seiner gegenwärtigen Gestalt.

Der Rechnungshof besteht aus einem ersten Präsidenten, drei Präsidenten, 18 Räthen, die den Titel *maîtres de comptes* führen und entscheidende Stimme haben, 84 Räthen mit dem Titel *référendaires*, welche die Sachen nur vorbereiten, einem Generalprokurator und einem Obersekretär. Sämmtliche Räthe sind auf Lebenszeit ernannt und unabsetzbar — eine grosse Ausnahme in der Verwaltung.

Die Uebernahme der Verwaltung **öffentlicher Gelder** d. h. solcher Gelder, welche staatlichen Zwecken, die der Selbstverwaltung eingerechnet, dienen sollen, begründet einen öffentlich rechtlichen Vertrag. Der Verwalter unterwirft sich dadurch Pflichten ähnlich denen, die durch privatrechtlichen Auftrag begründet werden, aber Pflichten öffentlich rechtlicher Art, geltend gemacht und erzwungen durch Verwaltungsakte (vgl. unten § 47). Eine dieser Pflichten ist die Rechnungslegung. Diese zu erzwingen und zur Erledigung zu führen, ist die Aufgabe des Rechnungshofes.

Seiner Gerichtsbarkeit sind vor Allem unterworfen **Kassenführer** (*comptables*), welchen solche Gelder anvertraut sind. Eine Verordnung vom 31. Mai 1862 bezeichnet diejenigen juristischen Personen, über deren Gelder der Rechnungshof in dieser Weise zu wachen hat; es sind: der Staat, die öffentlichen Körperschaften

[7] Dareste S. 7—20.

und gewisse Wohlthätigkeitsanstalten. Ueber die anderen öffentlichen Kassen wird die Rechnung im Verwaltungswege abgenommen und erst im Streitfalle geht die Sache an ein Gericht.

Die Zuständigkeit des Rechnungshofes greift aber auch Platz, wenn die Kassenführung nicht durch ausdrücklichen Vertrag sondern nur thatsächlich übernommen wurde: der *negotiorum gestor*, welcher Gelder der angegebenen Art in Hände nimmt, unterwirft sich dadurch der gleichen Gewalt (*comptabilité de fait*, *comptabilité occulte*). Das trifft am häufigsten Landbürgermeister, welche ihre Stellung gegenüber dem Gemeindeeinnehmer verwechseln; auch Nichtbeamte fallen darunter z. B. der Pfarrer, welcher Gelder sammelt für den Bau einer Gemeindekirche.[8]

Ueberdiess ist angenommen, dass das Staatsoberhaupt den Rechnungshof auch in einzelnen Fällen durch Dekret besonders beauftragen kann. Das geschieht namentlich in Folge von Sammlungen für nicht vorgesehene öffentliche Zwecke, wo dann die Unternehmer selbst darum bitten, nach den für öffentliche Kassebeamte geltenden Regeln abgeurtheilt zu werden.[9]

Der Rechnungshof macht also in Form der Rechtspflege den streitigen Verwaltungsakt der Erklärung und Verwirklichung der aus dem öffentlich rechtlichen Vertrage fliessenden Pflichten. Regelmässig macht er ihn ursprünglich (als *contentieux a priori*). Gewisse Rechnungssachen sind aber, wie schon erwähnt, dem Präfekturrath in erster Instanz zugewiesen; da entscheidet dann der Rechnungshof als Berufungsgericht.

Die Kassebeamten haben ihre Rechnungen dem Hofe vorzulegen; Säumigen gegenüber wird die Vorlage erzwungen durch Geldstrafen, welche der Hof verhängt. Das Verfahren ist schriftlich.[10] Es ergeht zunächst eine vorläufige Entscheidung, welche

---

[8] Serrigny III, n. 1426; Dufour II, n. 136.

[9] Dufour II, n. 133: *à la différence des tribunaux la cour des comptes n'a pas à récevoir de délégations que de la loi. Le gouvernement est maître de désigner les comptables qui seront justiciables.* So wurde durch Ordonnanz vom 23. Sept. 1818 der Rechnungshof beauftragt, die Rechnungen des Komités für das Denkmal Heinrichs IV. zu bescheiden.

[10] Ueber das Verfahren: Serrigny III, n. 1438 ff.

dem Rechnungspflichtigen mitgetheilt wird; derselbe kann dann innerhalb zwei Monaten seine Bemerkungen machen und weiteres Material beibringen. Nach Ablauf der zwei Monate wird die endgültige Entscheidung getroffen. Dieselbe lautet auf Entlastung des Pflichtigen, wenn die Rechnung glatt aufgeht; wird ein Saldo zu seinen Lasten festgestellt, so schliesst sich daran die sofortige Verurtheilung zur Zahlung; das Urtheil ist vollstreckbar wie das eines Civilgerichts. Findet sich dagegen, dass der Pflichtige im Vorschusse ist, so hat es gleichwohl bei der einfachen Entlastung sein Bewenden; es wird nicht etwa der Staat oder die sonstige juristische Person zur Erstattung verurtheilt. Denn der Rechnungshof ist nur beauftragt, die Gewalt des Staates über den Pflichtigen auszuüben, die Gegenansprüche des Pflichtigen gehen einen andern Weg.[11]

Die Rechtsmittel sind: das Revisionsgesuch an den Rechnungshof selbst wegen Fehlern und Irrthümern in der Berechnung, an keine Frist gebunden; und der Kassationsrekurs zum Staatsrath.

Nach dem Gesetze vom 6. Juni 1843 soll die Verwaltung der dem Staate gehörigen Vorräthe (*matières*), namentlich im Kriegs- und Marinewesen, in gleicher Weise überwacht und beschieden werden wie die der Gelder; eine Verordnung vom 26. Aug. 1844 hat das Nähere geregelt. Danach untersucht der Rechnungshof und gibt eine gutachtliche Aeusserung, die Entscheidung aber erfolgt durch den vorgesetzten Minister. Diese Sachen sind also thatsächlich nicht aus dem ordentlichen Gange der streitigen Verwaltungsakte herausgenommen, wie die anderen. Es wird denn auch wohl die volle Berufung zum Staatsrathe für zulässig erkannt werden müssen, trotz der Ausdrucksweise der Verordnung: *le ministre règlera définitivement* (vgl. oben § 19 Anm. 12).[12]

---

[11] Dekret 1. April 1808: *les fonctions de notre cour des comptes doivent se réduire à les juger dans notre intérêt et à donner le quitus aux comptables, quand elle ne les trouve point en débet.*

[12] *La cour statue par la voie de déclaration* — also keine Entscheidung; Serrigny III, n. 1437. — Ueber die an der Staatsgelderverwaltung betheiligten Behörden selbst hat der Rechnungshof keine Gewalt (vgl. unten § 60). Anders jetzt in Elsass-Lothringen, wo der Rechnungshof des deutschen Reiches nach den Grundsätzen des preussischen Gesetzes vom 27. März 1872 (E. L. Ges. 11. Febr. 1875) verfährt.

Als besondere Verwaltungsgerichte von weniger umfassender Thätigkeit sind noch zu erwähnen:

1. der Aushebungsrath (*conseil de révision*) in jedem Departement, berufen zur Entscheidung über die Wehrpflicht;[13]

2. im Schulwesen bestehen mehrere Kollegien mit Rechtsprechung über Streitfragen der akademischen Grade, der Disziplin und der Polizei der Privatschulen;[14]

3. über die Beitragspflicht der betheiligten Grundeigenthümer zu Entwässerungsanlagen und ähnlichen obrigkeitlich verordneten Unternehmungen entscheidet nach dem Gesetze vom 16. Sept. 1807 ein ad hoc berufenes Kollegium (*commission spéciale*, vgl. unten § 53, § 54).[15]

§ 21. Fortsetzung: eigentliche Verwaltungsbehörden als Verwaltungsrichter.

Die grösste Zahl der gebundenen Verwaltungsakte, welche bestimmungsgemäss in der einen oder anderen Weise zur Verwaltungsrechtspflege führen, wird von den eigentlichen Verwaltungsbehörden im Verlaufe ihrer Amtsthätigkeit erzeugt. Dieselben durchlaufen auf Beschwerde der Betheiligten die Stufen der Hierarchie, um schliesslich hinter dem Minister in die ordentliche Verwaltungsrechtspflege des Staatsrathes einzumünden.

Die herrschende Lehre sieht schon in der Erlassung solcher Akte von Seiten der eigentlichen Verwaltungsbehörden eine wirkliche Rechtspflege und bezeichnet demnach Bürgermeister, Präfekt und Minister als Verwaltungsrichter.[1] Da der Minister vermöge der grossen Delegation alle Verwaltungsakte, auch die gebundenen, zu machen hat, welche nicht einer anderen Behörde übertragen sind, so wird er geradezu der ordentliche Richter in

[13] Serrigny III, n. 1460.
[14] Serrigny III, n. 1522 ff.; 1532 ff.; 1547 ff.
[15] Serrigny III, n. 1621, 1623, 1641.
[1] Macarel II, S. 840; Dufour I, n. 157 ff.; Serrigny III, n. 1288 ff.; Pradier S. 700—703; Batbie VII, n. 371; Cabantous n. 774—781; Ducrocq n. 856; Chauveau I, n. 1118.

Verwaltungssachen genannt.[2] Ein Unterschied innerhalb dieser Akte ist allerdings nicht verkennbar, insofern dieselben bald auf Antrag oder nach Anhörung der Betheiligten ergehen, bald von freien Stücken und ohne Gehör. Die herrschende Theorie wird diesem Unterschied dadurch gerecht, dass sie die civilprozessrechtlichen Begriffe des kontradiktorischen und des Versäumnissurtheils heranzieht. Ein streitiger Verwaltungsakt, welcher erlassen wird, ohne dass die Betheiligten zu Worte gekommen wären, gilt als Versäumnissurtheil; wenn der Betheiligte dagegen Einspruch erhebt bei der verfügenden Behörde oder Beschwerde bei ihren Vorgesetzten, so ist die neue Entscheidung kontradiktorisch.[3]

Von praktischer Bedeutung wird das Alles aber immer erst beim Minister. Auf den unteren Stufen der Hierarchie herrscht formlose Wahl zwischen Einspruch und Berufung, so dass die Unterscheidung von kontradiktorischem und Versäumnissurteil verschwindet; keine Art von Entscheidung wird durch Fristablauf rechtskräftig. Auch wo das Gesetz oder die Verordnung den Bürgermeister oder Präfekten geradezu Richter nennen, soll an diesem Verhältnisse nichts geändert werden. In manchen Fällen ist der Präfekt zur Entscheidung beauftragt mit dem Zusatz: *sauf le recours au conseil d'Etat;* selbst dann ist anzunehmen, dass der ordentliche formlose Weg durch den Minister immer offen bleibt, hinter welchem erst der Rekurs zum Staatsrath, wegen der streitigen Natur der Sache, die durch jene Klausel anerkannt werden soll, noch möglich ist.[4]

Die Entscheidungen des Ministers hingegen unterliegen einem förmlichen Rekurs zum Staatsrathe, welcher binnen drei Monaten von ihrer Bekanntgabe eingelegt werden muss. Der Staatsrath nun stützt sich auf die Bezeichnung *appel,* welche diesem Rechts-

---

[2] Dufour I, n. 171; Serrigny III, n. 1299; Chauveau I, n. 1134: *les ministres, tribunal administratif ordinaire.*

[3] Serrigny III, n. 1343—1345; Dufour I, n. 185—186; Cabantous n. 765, 767, 773, 781.

[4] Serrigny III, n. 1389, 1390; Cabantous n. 773; Bouchené-Lefer S. 629. Zweifelhaft könnte nur sein, ob nicht elektiv der unmittelbare Rekurs zum Staatsrath dadurch eröffnet werden sollte; das wäre aber sehr gegen das ganze System.

mittel in verschiedenen Gesetzen gegeben wird, und auf den civilprozessualen Grundsatz, dass der Rechtsweg zu einer oberen Instanz gegen Versäumnissurtheile nicht zulässig ist, um den Rekurs zurückzuweisen, wenn die Partei nicht schon vor dem Minister gehört worden ist. Die Partei muss in solchem Falle erst durch einen Einspruch beim Minister eine kontradiktorische Entscheidung erzielen.[5] Die Kehrseite davon ist, dass auch die Rekursfrist nicht läuft gegen Versäumnissurtheile; nur kontradiktorische werden rechtskräftig. Eine Gränze steckt wieder der civilprozessuale Grundsatz, wonach Versäumnissurtheile durch die Vollstreckung kontradiktorisch werden, von da an also doch noch die Frist zu laufen beginnt (c. pr. art. 443).

Die Entscheidungen der Minister werden denn auch so sehr als Urtheile anerkannt, dass damit die civilrechtliche Urtheilshypothek verknüpft wird.[6]

Eine Verordnung vom 2. Novbr. 1864 regelt überdiess das Verfahren der Minister in streitigen Sachen, bestimmt insbesondere Fristen für die Bescheidung der Anträge der Parteien; nach Ablauf der Frist gilt der Antrag als abgelehnt und die Partei erhält damit das kontradiktorische Urtheil, dessen sie bedarf, um den Staatsrath zu befassen.

Bei dieser Sachlage haben nun aber neuere Schriftsteller einen lebhaften Widerspruch gegen die Bezeichnung der Verwaltungsbehörden als Richter erhoben; wenigstens soll ihnen diese Eigenschaft nur in beschränkterem Umfange zuerkannt werden.[7] Die Einen stossen sich daran, dass diese Behörden in

[5] St. R. E. 18. Febr. 1864 (Moutte). Serrigny III, 1343. Aucoc I, n. 334 glaubt ein Schwanken des Staatsraths in dieser Beziehung zu bemerken; allein er fasst eben den Begriff des kontradiktorischen Urtheils enger als die herrschende Meinung, wie sogleich noch erwähnt werden soll. Die Fälle von Versäumnissurtheilen, die er anführt und gegen welche der Staatsrath den Rekurs angenommen hatte, enthalten immer noch eine Betheiligung der Partei.

[6] St. R. G. 16 therm. XII; dasselbe bezieht sich nur auf die Minister, drückt sich aber in seinen Erwägungsgründen etwas weitgehend aus: *considérant que les administrateurs auxquels les lois ont attribué le droit de prononcer des condamnations sont de véritables juges.*

[7] Bouchené-Lefer S. 611 u. 612. Diesem Schriftsteller gebührt das Verdienst, die ganze Frage in Fluss gebracht zu haben. Schon bei

erster Linie Vertreter des handelnden Staates sind, und verwerfen sie als judices in propria causa. Richter könnten sie nur in solchen Fällen genannt werden, wo kein eigenes Interesse des Staates im Spiele ist. Allein es gibt keine Entscheidungen der Verwaltungsbehörden, in welchen nicht ein Interesse des Staates vorhanden und vor allem massgebend wäre. Wenn man den Streit über die Wahl eines Rabbiners anführt, so übt ja hier der Staat sein Aufsichtsrecht über den Kultus, und wenn dem Auswanderungsagenten eine Entschädigung zu Gunsten des betrogenen Auswanderers auferlegt wird, das zweite Hauptbeispiel, das man zu nennen pflegt, so ist das ein polizeilicher Eingriff im öffentlichen Interesse, wenn er auch dem Einzelnen zu Gute kommt. Hier wird uns weder ein genügender Grund noch ein praktisch verwendbarer Massstab der Ausscheidung gegeben.

Viel bedeutsamer ist eine zweite Meinung, welche neuerdings von Aucoc vertreten wird;[8] denn sie geht zurück auf das Wesen der Verwaltungsrechtspflege selbst, aus welchem heraus ja auch allein die Frage gelöst werden kann. Danach gehören zu einem Rechtsstreite Parteien, und nur wo die Behörde solche vor sich hat, richtet sie. Diesem Erforderniss soll nun aber nicht bloss genügt sein in den Fällen, welche die erste Meinung anerkennt, sondern überall, wo die vorgesetzte Behörde auf erhobene Beschwerde des Betheiligten entscheidet über einen streitigen Verwaltungsakt der unteren Behörde.

Diese Ansicht, von richtigen Grundlagen ausgehend, zieht daraus nicht die genügenden Folgerungen. Es wurde mit Recht dagegen eingewendet[9], dass die Entscheidung der Behörde über

---

Trolley I, n. 164 ff. finden wir die Neigung, die Richtereigenschaft des Ministers einzuschränken, aber es geschieht dort weniger aus theoretischen Bedenken, als vielmehr auf Grund einer etwas engherzigen Auslegung der Gesetzgebung des Jahres VIII. Ducrocq n. 355 kommt im Wesentlichen auf das Ergebniss von Bouchené-Lefer hinaus.

[8] Aucoc I, n. 332. Es werden dort die zwei Bestandtheile der ordentlichen Verwaltungsrechtspflege sehr scharf hervorgehoben. Es genügt nicht: *toute décision qui touche un droit* (Begriff des streitigen Verwaltungsaktes), sondern: *un jugement est une décision sur un litige* (Form der Rechtspflege); aber, fährt er fort: *pour qu'il y ait litige, il faut deux parties en cause dont chacune a des prétentions opposées;* das ist eben die Frage.

[9] Ducrocq n. 355.

einen bei ihr selbst erhobenen Widerspruch dieselbe Natur haben müsse, wie die Entscheidung der vorgesetzten Behörde über die Beschwerde. Man möchte fast glauben, dass Aucoc, der zwei Parteien für eine Streitsache für nöthig hält, die untere Behörde als Gegenpartei gelten lassen wollte. Wenn das Wesen der Rechtspflege wirklich an diesem Punkte hinge, würde ihm auf solche Weise nicht Genüge gethan. In Wirklichkeit handelt es sich aber nur darum, dass eine Partei da sei, für die und unter deren Mitwirkung die Entscheidung ergehe. Andererseits genügt auch nicht jede solche Mitwirkung, um die Entscheidung zum Urtheil zu machen. Nach Aucoc wäre der Präfekt Richter, so oft er über eine Beschwerde gegen den Bürgermeister spricht. Aber worin zeigt sich an diesem Spruche der Einfluss der Mitwirkung der Partei? Der Präfekt kann ihn jeder Zeit wieder zurücknehmen, die Partei kann immer wieder von Neuem an ihn kommen, der Rekurs an den Minister ist an keine Frist gebunden, mit einem Worte dadurch, dass die Partei mitgewirkt hat, erhält der Spruch keine andere Kraft, als wenn er ohne sie ex officio ergangen wäre. Der Begriff der Rechtspflege erfordert allerdings eine Mitwirkung von Parteien, aber auch eine rechtlich bedeutsame, und die ist hier nicht vorhanden.[10]

Rechtliche Bedeutung hat die Mitwirkung der Partei lediglich bei den Entscheidungen des Ministers, insofern sie denselben die Fähigkeit der Rechtskraft ertheilt. Dazu dient aber jegliche Art von Mitwirkung, welche diese Entscheidungen zu kontradiktorischen im Sinne der herrschenden Lehre macht, also Beschwerde gegen untere Behörden, Antrag auf eigene Entscheidung, Widerspruch gegen die ergangene, oder jede andere Form, in welcher der Betheiligte seinen Willen vor der Entscheidung und für dieselbe dem Minister zu Gehör bringt.

Darum sind diese sogenannten kontradiktorischen Entscheidungen des Ministers Urtheile und nur diese. Alle anderen

---

[10] So Chauveau I, n. 1267: der Ausdruck *le préfet jugera, décidera,* welchen das Gesetz oft gebraucht, sagt er, bedeutet gar nichts; *mais ce qu'il est important de constater, c'est que cet arrêté ne peut jamais obtenir force de chose jugée par suite de notification et d'expiration de délais;* desshalb sind diese Akte nicht als Urtheile anzusehen.

Entscheidungen des Ministers sind in Wahrheit nicht Versäumnissurtheile, sondern gar keine Urtheile. Wenn einmal der Staatsrath seine Stellung auffasst als die einer Rekurs- oder Appellinstanz gegen Urtheile der Minister, ist es nur folgerichtig, wenn er den Rekurs gegen die sogenannten Versäumnissurtheile ablehnt.

Das Ergebniss ist also dieses: die Minister allein sind Verwaltungsrichter und auch sie nur, sofern sie gebundene Verwaltungsakte erlassen nach Gehör der Betheiligten.[11] Die anderen eigentlichen Verwaltungsbehörden sind keine Richter. Der Name mag ihnen ja gegeben werden vergleichungsweise und als leere Titulatur. Bei den Ministern allein hat er eine sachliche Bedeutung und deckt sich mit der besonderen rechtlichen Behandlung, welche den Entscheidungen dieser Behörden zu Theil wird.

So wichtig es ist, die Urtheile des Ministers zu unterscheiden von den einfachen gebundenen Verwaltungsakten, so unsicher ist doch der einzig mögliche Unterscheidungsmassstab in der praktischen Anwendung. Die Freiheit der Formen, die das Verfahren im Allgemeinen hier hat, lässt den Punkt oft nicht sicher erkennen, wo schon ein genügendes Gehör der Betroffenen, eine Mitwirkung der Einzelnen stattgefunden hat, oder, in der gewöhnlichen Ausdrucksweise gesagt, wo ein kontradiktorisches und kein blosses Versäumnissurtheil vorliegt. Dazu kommt aber noch ein Weiteres. Für gewisse Rechtsverhältnisse des Staates, z. B. aus Verdingungen öffentlicher Arbeiten, ist die Rechtspflege ausdrücklich besonderen Verwaltungsgerichten, z. B. dem Präfekturrathe, übertragen. Die Folge ist, dass der Minister unzuständig ist, selbst ein Urtheil darüber zu erlassen. Als Vertreter des Staates wird er gleichwohl auch in solchen Sachen über die zunächst bei ihm erhobenen Ansprüche sich äussern müssen. Es darf vermuthet werden, dass diese Aeusserungen, obwohl in der Form sich nicht von einem Urtheil des Ministers unterscheidend, ein Urtheil nicht sein wollten. Wollten sie es aber doch, so ist

---

[11] Die beiden Erfordernisse will Macarel wiedergeben, wenn er sagt (II, S. 840): *toutes les fois, que par décision et en connaissance de cause ils font application de la loi aux cas particuliers, ils exercent une juridiction.*

ein unzuständiges Urtheil immerhin ein Urtheil und der Rechtskraft fähig, wenn nicht in gehöriger Frist beim Staatsrathe angefochten. Im Interesse der Rechtssicherheit verlangen daher die Schriftsteller *de lege ferenda* dringend nach einem festen Merkmal, in welchem der Urtheilswille des Ministers sich bekunden solle.[12] [13]

§ 22. Zuständigkeitsrechtspflege: Rekurs wegen Machtüberschreitung.

Die Behördenordnung bietet in den verschiedenen Formen der Centralisation der Centralgewalt die Mittel, dafür zu sorgen, dass jedes Glied seinen Aufträgen gemäss verfahre; darin ist schon begriffen die Sorge für die Einhaltung der Gränzen der Zuständigkeit eines jeden. Für diese letztere Seite der Ueberwachung dienen aber noch zwei besondere Rechtsinstitute, welchen dieser und der folgende Paragraph gewidmet sein wird.[1]

Der Rekurs wegen Unzuständigkeit oder Machtüberschreitung gewährt eine Ueberwachung der Einhaltung der Zuständigkeitsgränzen selbst in solchen Fällen, wo die ordentlichen Mittel der

---

[12] Serrigny III, n. 1354: Vivien, *études administratives* S. 343; Dufour I, n. 126. Der Letztere gibt den Rath jedesmal von dem Ausspruch des Ministers direkt an den Staatsrath zu gehen, da man nicht wissen könne, ob wirklich ein blosses Versäumnissurtheil beziehungsweise eine blosse Meinungsäusserung vorliege.

[13] In Elsass-Lothringen haben die Entscheidungen des Ministers in Folge des Wegfalls der ordentlichen Verwaltungsrechtspflege des Staatsraths eine grössere praktische Wichtigkeit bekommen. Sie haben aber zugleich die Natur der Urtheile gänzlich verloren. Die Mitwirkung der Parteien ist rechtlich bedeutungslos geworden. Ob sie stattgehabt hat oder nicht, eine Berufung gegen die Entscheidung ist in keinem Falle möglich, und ob sie stattgehabt hat oder nicht, der Minister ist nie an seine Entscheidung dadurch gebunden, sie wird nicht rechtskräftig. Der Elsass-Lothringische Minister ist nicht mehr Verwaltungsrichter. Die Thatsache, dass er nach wie vor gebundene Verwaltungsakte macht und auch den Betheiligten dabei Gehör schenkt, genügt nicht für den formellen Begriff des Verwaltungsurtheils.

[1] Die ganze Zuständigkeitsrechtspflege ist in Elsass-Lothringen weggefallen. Wegen der Unmöglichkeit durch § 23 des Gesetzes vom 30. Dez. 1871 Abhülfe zu erlangen vgl. oben § 19 Anm. 20.

Centralisation keinen abhelfenden Eingriff der Centralgewalt offen liessen, und — was das Eigenthümlichste ist — ausgeübt in der Form der Verwaltungsrechtspflege.

Dass die oberste Ueberwachung der Zuständigkeiten diese Form erhalten hat, knüpft sich an einen zufälligen Anlass; aus unbedeutenden Anfängen hat sich das Rechtsinstitut von selbst entwickelt, ein Beweis, wie sehr es im Geiste des französischen Verwaltungsrechtes gelegen ist.

Die Gesetzgebung der Jahre 1789 und 1790 hatte Verwaltungsbehördenordnung und Gerichtsverfassung neu geschaffen, den alten Staatsrath mit seiner willkürlich eingreifenden Rechtsprechung beseitigt und die Einhaltung der Gränzen zwischen Gericht und Verwaltung eingeschärft. Die Reibungen dieser beiden Gewalten waren zu Anfang sehr zahlreich. Ein Fall, der vor dem Gerichte zu Gray spielte, zog vor allem die Aufmerksamkeit der Nationalversammlung auf sich. Die Departementsverwaltung hatte Verfügungen getroffen über eine Landstrasse, welche durch die Stadt Gray führte. Die Stadt verklagte die Verwaltung vor dem Gerichte des Ortes, um ihr die Uebergriffe in das behauptete freie Gemeindeeigenthum verwehren zu lassen. Die Nationalversammlung, wie sie überhaupt vielfach mit Einzelfällen sich beschäftigte, erlässt nun am 7. October 1790 ein Dekret, worin sie unter Hinweis auf jenen Prozess den Grundsatz einschärft, dass auch die in einer Stadt liegenden Theile der Landstrasse der Departementsverwaltung unterstehen und dass für die Frage der Zuständigkeit der Verwaltungsbehörden nur innerhalb der Verwaltungsbehördenordnung die Entscheidung zu suchen sei. Es hätte, will sie sagen, untergebens die Beschwerde wegen Zuständigkeitsüberschreitung gemäss dem Gesetze vom 22. December 1789, Sekt. III art. 2 an den König als Vorgesetzten der Departementsverwaltung gerichtet werden müssen. Sie gibt aber dieser dem vorliegenden Falle und der bestehenden Gesetzgebung entsprechenden Erklärung eine allgemeine Form, wie es leicht geht, wenn die Gesetzgebung sich in Einzelfälle mischt, und so erscheint in Ziff. 3 ihres Dekretes der folgenschwere Satz: *Les réclamations d'incompétence à l'égard des corps administratifs ne sont en aucun cas du ressort des tribunaux, elles seront portées au roi chef de l'administration générale.* Man dachte nur eine Instruktion zu geben, nicht aber ein neues, weitgehendes Institut zu schaffen; aber begierig hängt sich das Einzelinteresse einerseits, der Rechtsprechungseifer andererseits an den Wortlaut und bildet daraus ein förmliches Recht der unmittelbaren Beschwerde an die höchste Stelle gegen jede unzuständige Verwaltungsmassregel, ein Klagerecht der Einzelnen, welches sich der ordentlichen Verwaltungsrechtspflege anschliesst und ihre weiteren Schicksale theilt. Mit ihr geht es gemäss Gesetz vom 27. April 1791 an den Ministerrath und nach der Verfassung vom 22 frimaire VIII an den Staatsrath, wo es denn auch verblieben ist. Der Praxis des Staatsrathes verdankt das Rechtsinstitut seine weitere Ausbildung; Jahrzehnte lang bildete der magere Text des Dekretes von 1790 die einzige Grundlage; als dann später die Gesetzgebung den Gegenstand ausdrücklich wieder behandelte, beschränkte sie sich darauf, zu bestätigen, was der Staatsrath daraus gemacht hatte.

Ueberwachung der Zuständigkeiten in der Verwaltung in Form der Rechtspflege, also für die Einzelnen und soweit das Interesse der Einzelnen reicht[2], ist der Kern des Instituts und alle seine Voraussetzungen erklären sich hieraus.

1. Der Prüfung unterliegen alle Verwaltungsakte, d. h. alle hoheitlichen Willensäusserungen, welche auf Grund einer ver-

---

[2] Im Gegensatz zur ordentlichen Verwaltungsrechtspflege, wo eine Art von Recht der Einzelnen die Voraussetzung bildet, soll hier das blosse Interesse auf Seiten derselben zu finden sein. Ducrocq n. 197, 198 bezeichnet den Fall des Rekurses wegen Machtüberschreitung gerade durch diesen Gegensatz: *s'il n'y a pas lésion d'un droit acquis, mais simple froissement d'un intérêt par l'acte administratif.* Allein was ist Recht der Einzelnen dort? doch nur ein gesichertes Interesse; das ist schliesslich in geringerem Grade auch hier vorliegend. Daher sprechen andere denn auch hier wieder von einem Rechte. So Serrigny I, n. 231: *les citoyens ont un droit véritable et non un simple intérêt à ce que les affaires administratives qui les concernent ne soient decidées que par les agents ou fonctionnaires auxquels la loi attribue ce pouvoir et non par d'autres.* Aehnlich Cabantous n. 968; Foucart III, n. 1794. Wir werden ja nachher einzelne Arten solcher Interessen erwähnen, die da geschützt werden und bei welchen wahrlich an ein Recht im eigentlichen Sinn des Wortes nicht gedacht werden kann. Ein Recht ist nur die Befugniss, zum Schutze dieser Interessen den Staatsrath in Bewegung zu setzen. Vgl. übrigens unten § 24 n. 2.

waltungsrechtlich geordneten Zuständigkeit und bestimmt durch die Gränzen derselben den Einzelnen gegenüber gemacht werden.

Also nicht solche Akte, welche keine verwaltungsrechtlichen Gränzen haben: Gesetze und Regierungsakte; andererseits nicht staatliche Akte, welche nicht verwaltungsrechtlicher Natur sind, sondern ausnahmsweise auf dem Boden des Privatrechts sich bewegen: einfache Vermögensbesorgungen (*actes de gestion*); endlich sind ausgeschlossen die Akte solcher Beamten, die überhaupt keine Zuständigkeit zu eigener Entscheidung haben, der Hülfsämter, von diesen geht immer zunächst eine einfache Beschwerde an die dahinter stehende eigentliche Verwaltungsbehörde und erst deren Entscheidung wird Gegenstand des Rekurses.

Zulässig ist demnach der Rekurs gegen alle Verwaltungsbehörden: eigentliche Verwaltungsbehörden, Berathungskörper[3], soweit sie eigene Zuständigkeiten üben, und Verwaltungsgerichte; ferner gegen die Vertreter der Selbstverwaltung, auch sie haben ja gewisse Zuständigkeiten zu staatlicher Thätigkeit, nicht aus Auftrag des Staates, sondern kraft der der Selbstverwaltung zuerkannten Rechte, das macht hier keinen Unterschied.[4] Endlich unterliegen ihm noch die Akte des Staatsoberhauptes selbst, wo es in eigener Zuständigkeit handelt, obwohl ja auch hier kein Auftrag zu Grunde liegt; dabei kommt es nicht darauf an, ob der anzufechtende Akt schon unter der Mitwirkung des Staatsrathes stattfand; nur für die ordentliche Verwaltungsrechtspflege gibt das eine Schranke.[5] In allen Fällen ist es gleichgültig, ob die anzufechtende Willensäusserung in Form einer allgemeinen Regel (Verordnung) oder als Einzelakt ergangen sei; Verwaltungsakt ist hier im weitesten Sinne zu nehmen, als jede hoheitliche Willensäusserung, mit wel-

[3] Bezüglich der Steuervertheilungsakte der Berathungskörper war man früher nicht ohne Bedenken: Serrigny I. n. 234.

[4] St. R. E. 24. Jan. 1872 (*conseil de municipal de Toulon*).

[5] Serrigny I, n. 227; Bouchené-Lefer S. 60. Die Entscheidung über den Rekurs gebrauchte früher hier den rücksichtsvolleren Ausdruck: *notre décret est rapporté*, wie bei dem einfachen Einspruch. Jetzt sagt der Staatsrath auch hier: *le décret est annulé pour excès de pouvoir!* St. R. E. 26. juin 1874 (Trépagne).

cher in der Verwaltung, also unter dem Gesetze, dem Einzelnen gegenüber getreten wird.[6]

2. Der Akt muss eine Ueberschreitung der Zuständigkeit seines Urhebers darstellen. Die einfachste Art der Unzuständigkeit wäre die, dass eine Verwaltungsbehörde etwas vornimmt, was eine andere vorzunehmen hätte. In dieser Form erscheint die Unzuständigkeit regelmässig bei den Civilgerichten.

Man unterscheidet aber schon bei den Civilgerichten den Fall, wo etwas verfügt wird, was nicht etwa bloss in die Zuständigkeit eines anderen Gerichtes eingreift, sondern überhaupt von Gerichten nicht vorgenommen werden kann. Als Beispiel wird angeführt, dass etwa ein Gericht sich selbst die allgemeinen Regeln erst macht, nach welchen es entscheidet, also thut, was nur das Gesetz thun könnte, oder geradezu eine Polizeiverordnung erlässt. Diese besonders schwere Art von Unzuständigkeit, absolute Unzuständigkeit, wie man sie nennen könnte, führt von jeher den Namen *excès de pouvoir*, Machtüberschreitung.[7] Dieselbe kommt bei den Civilgerichten selten vor, denn was noch Rechtsprechung ist und was nicht, insbesondere wo die Arbeit des Gesetzes anfängt, ist ja hier nach natürlichen Gränzen bestimmt und leicht erkennbar. Nicht so bei der Verwaltungsbehörde. Dieselbe hat über sich das Verwaltungsgesetz, welches selbst wollend und handelnd in der Verwaltung mitwirkt. Durch ihren Auftrag ist sie ausgerüstet mit gewissen Befugnissen zum Handeln; das andere ist im Schoosse des Gesetzes ruhen geblieben; das Gesetz hätte ihr auch mehr geben können, die Gränze zwischen dem Gegebenen und dem Nichtgegebenen ist willkürlich gezogen und wird nur durch sorgfältige Auslegung des Auftrages und der darin enthaltenen Ermächtigung erkennbar gehalten. Irrthümer über die Gränze sind also leicht möglich und jedes Darüberhinausgehen ist von Seiten der Behörde eine Machtüberschreitung, weil sie etwas

---

[6] Ducrocq n. 198: *quelle que soit la nature de cet acte, administratif proprement dit ou règlementaire.*

[7] Berriat Saint-Prix, *cours de procédure civile II*, S. 477; Merlin, *répertoire v° divorce*, Sect. IV § 9: *il faut que (le juge) ait ..... entrepris sur les fonctions du législateur, soit en faisant une loi, soit en défendant qu'une loi fût exécutée etc.*

thut, was, wie die Sache zur Zeit liegt, nur das Gesetz thun könnte. Diese häufigere Art von Unzuständigkeit eines Verwaltungsaktes ist aber zugleich für den Einzelnen viel beschwerender wie die andere. Die einfache Unzuständigkeit tritt praktisch ganz dahinter zurück. So hat sich denn auch statt des ursprünglichen Ausdrucks *réclamation d'incompétence* der Name *recours pour excès de pouvoir* eingebürgert, um anzudeuten, worauf bei der Zuständigkeitsrechtspflege über die Verwaltung der Schwerpunkt liegt.[8]

Die Praxis des Staatsrathes unterscheidet dreierlei Formen, in welchen die Machtüberschreitung vorkommt.[9]

Die Massregel kann ihrem Inhalte nach der Art sein, dass hiezu überhaupt keine gesetzliche Ermächtigung besteht: es wird etwas verboten, was das Gesetz nicht verboten haben will, eine Eigenthumsbeschränkung verfügt, welche gesetzlich nicht vorgesehen ist.

Zweitens kann es sein, dass das Gesetz wohl eine Ermächtigung gegeben hat, aber nicht für den Verwaltungsakt, so wie er gestaltet ist. Das ist dann der Fall, wenn gewisse Formen vorgeschrieben sind, welche im Interesse der von dem Akte Betroffenen dabei erfüllt werden sollen, als: vorheriges Gehör, Mitwirkung eines Berathungskörpers. Diese besondere Art von Formen — nicht alle gesetzlich vorgeschriebenen Formen — gelten als Bedingungen, unter welchen das Gesetz dem Akte die Einwirkung auf den Einzelnen gestattet hat; ohne dieselben ist er der Ermächtigung nicht theilhaftig.[10]

Endlich gilt die Zuständigkeit auch dann für überschritten, wenn der an sich zulässige und formrichtige Eingriff zu einem vom Gesetze nicht gewollten Zwecke gemacht wird. Diess liegt wieder in der Natur der Ermächtigung begründet. Das Gesetz verleiht sie der Behörde nicht wie ein Recht, welches das

---

[8] Das Ges. vom 24. Mai 1872 art. 9 hat den neuen Namen ausdrücklich gutgeheissen.

[9] Aucoc I, n. 295 *in fine*, 296 ff. Aucoc hat dieselbe Darstellung, wie dort, nur in knapperer Form in einem Plädoyer als Regierungskommissär beim Staatsrath gegeben zu St. R. E. 13. März 1867 (Bizet).

[10] Aucoc I, n. 297: *l'obligation de statuer dans certaines formes était une des conditions, une des limites du pouvoir accordé.*

ihrige würde und beliebig zu eigener Handlung von ihr verwendet werden dürfte; sondern das Gesetz will durch die Behörde handeln, es verfolgt mit der Ermächtigung eigene Zwecke. Die Richtung auf den Zweck ist also ein wesentliches Stück des auftragsgemässen Handelns, für welches allein die Behörde mit der besonderen Ermächtigung ausgestattet war. Setzt sie einen anderen eigenen Zweck an die Stelle, so ist sie nicht befugt, hiefür des Machtmittels sich zu bedienen, sie entfremdet es seiner Bestimmung; daher der Ausdruck *détourner le pouvoir*, der für diese dritte Art von Machtüberschreitung gebraucht wird.[11]

Es kommt demnach bei dieser dritten Form darauf an, die Absicht des Verfügenden zu prüfen, ob sie auf das vom Gesetze vorgesteckte Ziel ging oder nicht, von einer innerlichen Thatsache hängt die Entscheidung ab. Wie verhält sich der Staatsrath dem gegenüber? Er kann natürlich nicht schlechthin gelten lassen, was der Beamte selbst über seine Absicht gesagt hat, noch weniger in das Bewusstsein desselben herabsteigen wollen. Vielmehr kommt hier der abstrakte Massstab, wie ihn die Römer für die Frage der culpa und der bona fides ausgebildet haben zu einer neuen eigenthümlichen Verwendung. Der Beamte muss sich gefallen lassen, dafür angesehen zu werden, dass er einen fremdartigen Zweck verfolgt habe, wenn ein normaler Beamter unter solchen Umständen sich hätte bewusst sein müssen, dass er auf dieses Ziel losgehe: *scire debuit.*[12]

Wenn nach diesen verschiedenen Richtungen hin die Gränze der Zuständigkeit eingehalten ist, so mag innerhalb derselben alle

---

[11] Beispiele: Das Gesetz gibt dem Präfekten das Recht, die Ufergränzen öffentlicher Flüsse festzustellen; der Präfekt benutzt dieses Recht, um ein Stück Landes zum öffentlichen Eigenthum zu schlagen; St. R. E. 6. Aug. 1861 (Revol). Der Bürgermeister, welcher die Ordnung der Märkte aufrecht zu erhalten hat, beschränkt den Ausrufeverkauf durch Polizeiverordnung auf grössere Waarenmengen, in der Absicht dadurch den Kleinhandel zu schützen; St. R. E. 3. Dez. 1875 (Clairouin).

[12] St. R. E. 24. März 1866 (Montmorency). Der Regierungskommissär L'Hôpital äussert sich dabei folgendermassen: *Et maintefois, en matière d'excès de pouvoir notamment, il vous est arrivé de dire à l'autorité dont un acte émane, qu'elle se méprénait sur sa propre pensée ou qu'en la traduisant elle l'avait depàssée.*

mögliche falsche Gesetzesanwendung und Formverletzung vorkommen, das Rechtsmittel des Rekurses wegen Machtüberschreitung gibt keine Hülfe dagegen; es ist kein Kassationsrekurs.

Dann aber ist noch eine weitere Einschränkung wohl zu beachten. Die Aufträge der Behörden werden begränzt und mit Formbedingungen versehen und auf bestimmte Zwecke gerichtet nicht bloss durch das Gesetz und was ihm gleichsteht, die Verordnung; massgebend sind für sie auch die Anordnungen und allgemeinen Dienstvorschriften ihrer Vorgesetzten. Diese letzteren aber können niemals angerufen werden, um einen Rekurs wegen Machtüberschreitung zu begründen. Das findet besonders häufig Anwendung, wo etwa Formvorschriften nicht beobachtet sind, welche eine Ministerialinstruktion gegeben hatte. Zweifellos, die Behörde begeht einen Fehler, der Beamte kann dienstlich verantwortlich gemacht, seine Entscheidung im Instanzenzuge aufgehoben werden. Aber die Zuständigkeitsrechtspflege sieht nicht darauf, denn da sie einmal Rechtspflege ist und auf der Mitwirkung des Einzelnen beruht, kann sie auch nur in Berücksichtigung ziehen, was den Einzelnen gegenüber und für sie wirkt, und das sind nur die allgemeinen Regeln des Gesetzes und der Verordnung.[13]

3. Durch den unzuständigen Akt muss das Interesse eines Einzelnen verletzt sein, und nur dieser ist berechtigt, den Rekurs zu erheben; ohne ihn findet die Vernichtung nicht statt. Die verschiedenartigsten Interessen genügen. Es erscheinen als geschützt durch unser Rechtsmittel: die wirthschaftlichen Besitzstände und Erwerbsgelegenheiten, wie etwa die Möglichkeit, Reisende vom Bahnhofe in die Stadt zu fahren;[14] — der Ehrenpunkt im weitesten Sinne: der gewählte Bürgermeister hat noch gar nicht angenommen und der eifrige Präfekt lässt ihn sofort absetzen; der Staatsrath vernichtet den ehrenkränkenden

---

[13] St. R. E. 19. März 1868 (Champy). — Eine scheinbare Ausnahme berichtet Perriquet, *contrats de l'état* n. 408; eine Ministerialinstruktion dient zur Grundlage des Rekurses, weil sie: *peut être considerée comme ayant complété l'oeuvre législatif.* Den Ministern stand damals in der That eine Art Verordnungsrecht zu.

[14] St. R. E. 13. Febr. 1864 (Lesbats).

Akt;[15] — das Verantwortlichkeitsgefühl der Mitglieder eines Vertretungskörpers: Mitglieder eines Gemeinderathes beschweren sich erfolgreich darüber, dass ein Beschluss nicht in namentlicher Abstimmung gefasst wurde.[16] Auch die juristischen Personen haben ihr Vermögens- und Machtinteresse: die Gemeindevertretung beschwert sich gegen eine Zwangseinschreibung in den Gemeindehaushaltsentwurf oder gegen die Ernennung eines gemeindlichen Forstbeamten ohne ihre Mitwirkung; ein religiöser Orden will den Unterricht in einer Volksschule in Händen behalten.[17] Anstatt der bestellten Vertreter können auch einzelne Gemeindeglieder sich der Interessen der Gemeinde annehmen, um die Selbständigkeit ihrer Verwaltung gegen Eingriffe des Präfekten zu schützen.[18] — Eine Gränze gibt es natürlich auch für die Anerkennung eines Interesses: so wird einem Gemeindegliede das nöthige Interesse abgesprochen, welches Rekurs erhebt wegen gesetzwidriger Ermächtigung einer Beerdigung in der Kirche;[19] auch die Professoren der Pariser Juristenfakultät scheiterten an diesem Punkt mit ihrem Rekurse gegen die gesetzwidrige Ernennung eines neuen Kollegen.[20]

Wenn demnach das Interesse selbst ein sehr verschiedenartiges sein kann, so muss doch immer die Verletzung desselben unmittelbar aus dem angefochtenen Akte folgen. Blosse vorbereitende Handlungen, Weisungen an Unterbehörden, Vorschläge an Oberbehörden sind nicht anfechtbar. Damit hängt eine andere Einschränkung zusammen. Der Staatsrath gewährt nämlich das Rechtsmittel nur aushülfsweise, wenn der Verletzte nicht durch eine ordentliche Rechtspflege schon ausreichenden Schutz

---

[15] St. R. E. 26. Juni 1874 (Trépage); *Journal du Palais jurispr. adm.* Bd. 1870—1875 S. 346 Note bemerkt hiezu: der Kläger habe *un véritable intérêt moral à former le recours.*

[16] St. R. E. 16. Juli 1875 (Billot); *Journal du Palais l. c.* S. 471 Note erkennt darin wieder ein *intérêt moral et politique.*

[17] St. R. E. 24. Febr. 1859 (*commune de la Chaumusse*); St. R. E. 24. Jan. 1873 (*Dames réligieuses de St. Maure*).

[18] St. R. E. 12. Febr. (Grellean). Vgl. unten § 65 II n. 3.

[19] St. R. E. 8. Aug. 1873 (Deluoq).

[20] St. R. E. 28. Okt. 1835 (Buquet); es handelte sich um die Ernennung des Ausländers Rossi.

erhalten kann. Diess gilt vor Allem von Polizeiverordnungen, welche erst erzwingbar werden durch die Polizeistrafen; die Strafe muss das Polizeigericht aussprechen, bei dieser Gelegenheit kann dann auch die Frage untersucht werden, ob der Verordnende seine Zuständigkeit überschritten hat oder nicht. Aehnlich verhält es sich mit der Auferlegung von Taxen, gegen deren Beitreibung der Rechtsweg vor dem Civilgerichte in demselben Umfange zusteht. In solchen Fällen hat der Staatsrath schon öfters den Rekurs als überflüssig und desshalb unzulässig verworfen; in anderen, ähnlich gearteten, hat er ihn dann allerdings doch wieder zugelassen. Es besteht noch keine feste Regel.[21]

Der Rekurs wird eingeleitet und durchgeführt in den Formen der ordentlichen Verwaltungsrechtspflege des Staatsrathes; insbesondere ist auch die drei Monats Frist für die Einlegung für anwendbar erkannt worden. Dieselbe läuft von Bekanntgabe des anzufechtenden Aktes ab.

Die Anfechtung geht zum Unterschied von der ordentlichen Verwaltungsrechtspflege sofort und unmittelbar an den Staatsrath (*de plano et omisso medio*). Daneben steht der Instanzenzug der Hierarchie, welcher weder durch den Ablauf der drei Monats Frist, noch durch die Zurückweisung des erhobenen Rekurses ausgeschlossen wird. Denn der Staatsrath entscheidet in der Zuständigkeitsrechtspflege nur über den Akt, nicht über die Sache; der Akt wird denn auch nur entweder wegen Unzuständigkeit vernichtet oder einfach bestehen gelassen, ohne eine neue bindende Kraft zu erhalten.

Es kann auf diese Weise vorkommen, dass in derselben Sache der Staatsrath mehrmals mit dem Rekurse befasst wird. Es gibt z. B. der Präfekt eine Entscheidung; der Rekurs wegen Machtüberschreitung wird verworfen; die Partei ergreift hierauf Beschwerde zum Minister; geht der Minister von Neuem auf die Sache ein und erlässt darauf die gleiche Entscheidung wie der Präfekt, so kann gegen diese ein neuer Rekurs wegen Machtüberschreitung erhoben werden. Handelt es sich aber gar um einen

---

[21] Aucoc I, n. 299; *Journal du Palais jurispr. adm.* Bd. 1866—1870 S. 288 Note; S. 399 Note; St. R. E. 26 Juni 1874 (Lacampagne).

streitigen Verwaltungsakt, so geht die Sache jetzt in ordentlicher Rechtspflege an den Staatsrath, womit eine neue Prüfung der Zuständigkeitsfrage von selbst sich verbindet.[22]

§ 23. Fortsetzung: Kompetenzkonfliktsentscheidung.

Der Rekurs wegen Unzuständigkeit oder Machtüberschreitung betrachtet immer nur eine einzelne Behörde in ihrer Beziehung zu den von ihrer Entscheidung Betroffenen. Im Kompetenzconflicte stehen sich dagegen zwei Behörden gegenüber, welche uneinig sind über ihre Zuständigkeit im Einzelfalle, sei es dass sie beide die staatliche Thätigkeit, welche daran zu üben ist, für sich in Anspruch nehmen, positiver Kompetenzkonflikt; sei es dass jede sie ablehnt, negativer Kompetenzkonflikt.

Im ersteren Falle ist ein besonderes Rechtsmittel zur Lösung dieses Widerstreites nur da gegeben, wo die Behörden, die sich gegenüberstehen, anerkannt werden im Verhältnisse zu einander als Träger selbständiger Gewalten, *pouvoirs*, welche ihre Gebiete gegen Uebergriffe, wie ein ihnen zugehöriges Recht zu schützen berufen sind; die Einzelnen, welche dabei betheiligt, spielen in diesem Verfahren nur eine untergeordnete oder gar keine Rolle: sie sind Zuschauer beim Streite der Behörden.

Im anderen Falle dagegen besteht eigentlich zwischen den Behörden selbst kein Streit, jede erkennt ja sogar der anderen mehr zu, als diese will. Eine Lösung ist niemals ihretwegen notwendig, sondern aus Rücksicht für den Einzelnen, der ein Interesse daran hat, dass die von beiden Seiten abgelehnte Thätigkeit von der einen oder anderen geübt werde. Hier ensteht dann eine förmliche Rechtspflege unter Mitwirkung des Einzelnen, welche den Zweck hat, diesem eine Entscheidung zu geben.

In beiden Formen kann der Kompetenzkonflikt entstehen innerhalb der Verwaltung, *conflit de juridiction*; oder zwischen der Verwaltung und den Civilgerichten, *conflit d'attribution*.

---

[22] Ein Beispiel bietet St. R. E. 9. Februar 1865 (d'Audigné de Resteau).

1. Der positive Kompetenzkonflikt innerhalb der Verwaltung hat keine besonderen Formen, in welchen er zum Austrage kommt. Die staatlichen Behörden haben gegenseitig an ihrer Zuständigkeit kein Recht oder dem gleich geachtetes Interesse; sie haben desshalb auch kein Rechtsmittel, um sie gegeneinander zu vertheidigen. Anders diejenigen Träger staatlicher Thätigkeit, die nicht wie jene nur kraft staatlichen Auftrags handeln, sondern vermöge eines ihnen oder den von ihnen Vertretenen zuerkannten Antheilsrechtes: die Selbstverwaltungsvertretungen. Der Kompetenzkonflikt, den sie zur Vertheidigung ihrer Zuständigkeiten erheben, bedient sich aber einfach der Form des Rekurses wegen Machtüberschreitung. So haben wir ja schon den Fall erwähnt, wo der Gemeinderath Namens des *pouvoir municipal* gegen die Ernennung eines Gemeindebeamten vorgeht, die ohne seine Zuziehung vom Präfekten vorgenommen wird.[1] — Wir werden später noch darauf zu sprechen kommen, dass auch die Kirche, das *pouvoir spirituel*, durch das gleichgeartete Rechtsmittel des *recursus ab abusu* ihre Zuständigkeit vertheidigt (vgl. unten § 71 n. 3).

Der negative Kompetenzkonflikt innerhalb der Verwaltung führt zu einem eigenen Verfahren nur, soweit den Einzelnen ein Recht zusteht, eine Entscheidung von einer der Verwaltungsbehörden zu erhalten, und nur auf Betreiben der Einzelnen. Ein Recht auf Entscheidung haben die Einzelnen aber nur in der Verwaltungsrechtspflege, der negative Konflikt muss also bestehen zwischen zwei Verwaltungsgerichten.[2] Die Betheiligten sind dann nicht darauf angewiesen, gegen die ablehnenden Entscheidungen den Instanzenzug zu erschöpfen, sondern sie können die beider-

---

[1] St. R. E. 24. Febr. 1859 (C. de la Chaumusse). Aehnlich St. R. E. 16. Mai 1873 (Toulouse). Zu beachten ist, dass der Bürgermeister keinen Rekurs wegen Machtüberschreitung hat gegen einen Eingriff des Präfekten in die sogenannte Gemeindepolizei. Das stimmt zu dem oben (§ 10) Ausgeführten, wonach eben diese auch nur als behördlicher Auftrag, nicht wie eine Befugniss der Selbstverwaltung behandelt wird.

[2] Serrigny I, n. 223: *Les attributions du Conseil d'état dans les questions de compétence qui s'élèvent entre les autorités administratives doivent se restreindre au cas où la matière est contentieuse.* Dufour II, n. 242, 243; Chauveau III, n. 1747–1749.

seitigen Ablehnungen unmittelbar dem Staatsrath vorlegen. Der Staatsrath gründet seine Befugniss zur Lösung des Konfliktes auf das Dekret vom 7. Oktober 1790, welches auch dem Rekurs wegen Machtüberschreitung die Unterlage gab. Die Sache wird im ordentlichen Prozessverfahren verhandelt und wenn unter den angegangenen der wahrhaft zuständige Verwaltungsrichter sich befindet, wird er in bindender Weise bezeichnet, so dass er hinfort die Sache nicht mehr ablehnen kann. Die Entscheidung des Staatsrathes bedarf wieder der Bestätigung durch das Staatsoberhaupt.

2. Die Entscheidung über den Kompetenzkonflikt zwischen Gerichts- und Verwaltungsbehörden[3] wurde durch das Reglement vom 5 Niv. VIII art. 11 dem Staatsrath zugewiesen; Verordnungen vom 13 Brum. X und 1. Juni 1828 bestimmten das Nähere. Die zweite und die dritte Republik (Ges. 3. Mai 1849 und 24. Mai 1872) bestellten dafür einen eigenen Kompetenzkonfliktshof, *tribunal des conflits*, der, wie eine Art Schiedsgericht zwischen den beiden Behördenordnungen, aus Mitgliedern des Kassationshofes und des Staatsrathes, je drei, und zwei von diesen gewählten Räthen zusammengesetzt ist. Der Justizminister führt den Vorsitz.

Seine hervorstechendste Gestalt bekommt das Rechtsinstitut im positiven Kompetenzkonflikte. Hier vertheidigt die eine Ordnung gegen die andere ihre Rechte, das *pouvoir administratif* tritt dem *pouvoir judiciaire* entgegen. Nach der Auffassung, wonach überhaupt die Verwaltung der schwächere schutzbedürftige Theil ist, ist das Rechtsmittel wesentlich zu ihren Gunsten geschaffen und ausgebildet. Die Verwaltungsbehördenordnung, vertreten durch den Präfekten, erhebt den Konflikt; die Erklärung lautet bezeichnender Weise: *que le conflit est élevé et que la cause est révendiquée par l'autorité administrative.* Eine Zeit lang hatte man geschwankt, ob nicht der Partei der Gerichte, der Gegenseitigkeit halber, das gleiche Recht zustehen sollte. Die Gesetze von 1849 und 1872 geben auch in der That dem Justizminister

[3] Vgl. die ausführliche Darstellung von Boulatignier bei Blanche, *dictionnaire d'administration, v° conflit.*

Namens der Gerichte das Recht: *de révendiquer devant le tribunal de conflit les affaires portées à la section du contentieux et qui n'appartiendraient pas au contentieux administratif* — also eine Revindikation Namens der Civilgerichte gegen das oberste Verwaltungsgericht.

Voraussetzung der Erhebung des Kompetenzkonfliktes ist, dass ein Gericht mit einer Sache befasst ist, durch deren Entscheidung es den Grundsatz der Trennung der Gewalten verletzen würde in einer der verschiedenen Formen des Eingriffes in Verwaltungsakte: Selbsterzeugung, Würdigung, Auslegung. Das Rechtsmittel ist beschränkt in zweierlei Weise.

Gewissen Gerichten gegenüber ist es gar nicht zulässig: Handelsgerichte und Friedensgerichte sind davon befreit;[4] ebenso Gerichte, welche über Verbrechen entscheiden; doch gilt die Befreiung nicht für die mit der Strafverfolgung verbundene Privatklage auf Schadensersatz.[5]

Ueberall wird es ausgeschlossen durch die rechtskräftige Sachentscheidung. Ein Zwischenurtheil, selbst ein rechtskräftiges Urtheil über die Zuständigkeit ist also kein Hinderniss; ebensowenig ein sachentscheidendes erstrichterliches Urtheil, welches noch durch Berufung angegriffen wird. Letzteren Falls kann der Konflikt noch vor dem Berufungsgerichte erhoben werden. Dagegen hindert der nachträglich erhobene Konflikt ein erstrichterliches Urtheil nicht, durch Annahmeerklärung der Partei oder Versäumniss der Berufungsfrist rechtskräftig zu werden, und in der ausserordentlichen Kassationsinstanz findet er keine Berücksichtigung mehr.

Das Verfahren beginnt mit einer Denkschrift, welche der Präfekt dem Staatsanwalte an dem betreffenden Gerichte einreicht. Das Gericht erlässt ein Urtheil darüber; beharrt es bei seiner Zuständigkeit, so fasst der Präfekt den Konfliktsbeschluss

---

[4] Bezeichnend ist der Grund, den Dufour III, n. 528 dafür angibt: *l'amovibilité des juges de paix et des membres des tribunaux de commerce enlevait aux excès de pouvoirs de ces magistrats tout le danger, qu'ils peuvent présenter de la part de corps organisés dans des conditions de durée et d'indépendance.*

[5] C. C. H. 17. April 1851.

(*arrêté de conflit*), welcher innerhalb 14 Tagen vom Empfang des ablehnenden Urtheils auf der Gerichtsschreiberei zu hinterlegen ist. Nunmehr muss das Gericht den Stillstand des Verfahrens beschliessen bei Meidung persönlicher Strafverantwortlichkeit seiner Mitglieder. Es ist vorläufig aus dem Besitz der Sache gesetzt, die ihm, je nachdem die Entscheidung über den Kompetenzkonflikt ausfällt, für immer entzogen bleibt oder zurückgegeben wird.

Die Akten werden nun an den Staatsrath beziehungsweise Kompetenzkonfliktshof eingesandt, der in öffentlicher Sitzung verhandelt. Dabei können die Parteien des ursprünglichen Prozesses ihre schriftlichen oder mündlichen Bemerkungen machen. Notwendig sind sie nicht dabei und haben auch kein eigentliches Recht auf Gehör; denn der Streit, welcher hier entschieden wird, spielt zwischen der richterlichen und administrativen Gewalt allein.[6]

Das Urtheil lautet entweder auf Bestätigung des erhobenen Kompetenzkonfliktes, weil die Gerichte nicht zuständig sind; dann wird das ganze Verfahren, soweit es vor dem Gerichte stattgefunden hatte, vernichtet; die zuständige Verwaltungsbehörde wird nicht bezeichnet, die Sache ist der Verwaltung in corpore zugesprochen. Oder es vernichtet den Kompetenzkonflikt, weil die Zuständigkeit der Verwaltung nicht begründet ist; dann ist dadurch nicht entschieden, dass das ursprüngliche Gericht auch wirklich das zuständige unter den Gerichten ist.

Der negative Kompetenzkonflikt wird ganz anders behandelt. Hier ist kein Streit der Gewalten in Frage. Es soll nur dem Einzelnen geholfen werden, der für seine Sache keinen Richter findet, weil Gericht und Verwaltung sich gleichmässig für unzuständig erklären.[7] Zu diesem Zwecke hat er das Recht, in Form der Rechtspflege einen bindenden Ausspruch über die Zuständigkeit zu erhalten. Das geschieht wieder nach dem Muster des civilprozessualen *règlement de juges* durch den Staatsrath beziehungsweise Kompetenzkonfliktshof. Die ablehnenden Entscheidungen, gegen welche wiederum die ordentlichen Rechtsmittel

---

[6] Aucoc I, n. 408. Längere Zeit war es sogar zweifelhaft, ob diese Parteien überhaupt gehört werden könnten: Block V° *conflit*, n. 136, 137.

[7] Block V° *conflit*, n. 175: *l'intérêt privé des parties souffre seul.*

nicht erschöpft worden sein müssen, werden mit einem Gesuche um Zuständigkeitsbestimmung vorgelegt; die Einhaltung der drei Monats Frist wird hier nicht verlangt, weil dieselbe unter Umständen gegenüber der einen der beiden Behörden abgelaufen sein könnte, wenn die andere spricht. Die Gegenpartei wird geladen und wie im ordentlichen Verwaltungsstreitverfahren mit ihr verhandelt.

War die wirklich zuständige Behörde nicht unter den bisher angegangenen, so wird das Gesuch verworfen. Andernfalls wird die Sache an die zuständige Behörde verwiesen, welche gebunden ist, sie von neuem anzunehmen und sich als zuständig zu betrachten.

ZWEITER ABSCHNITT.

DAS EIGENTLICHE VERWALTUNGSRECHT.

§ 24. Verhältniss zum Civilrecht; Eintheilungsgründe.

Verwaltungsrecht setzt immer voraus, dass der Staat durch seine Handlung in eine Beziehung tritt zu den Einzelnen; zeigte uns die Behördenordnung nur die Vorbereitung dazu, so führt uns dieser zweite Abschnitt zu den unmittelbaren Einwirkungen selbst, die der Staat auf die Einzelnen äussert.

Zum Wesen des Verwaltungsrechtes gehört ferner, dass der Staat dem Einzelnen gegenüber trete als hoheitliche Macht, deren Thätigkeit ihre Ordnung und Regelung nur erhält von innen heraus durch die verfassungsmässige Machtvertheilung zwischen den handelnden Faktoren und die Selbstbeschränkung des Gesetzes auf die Form der allgemeinen Regel (vgl. oben § 3).

1. Das Verhältniss des Staates zu den Einzelnen kann auch vom Civilrecht geregelt sein nach seiner Art; die Rechtssätze des Civilrechtes stehen dann beherrschend über beiden Parteien, wie etwas gemeinsames Höheres, und die Civilgerichte entscheiden zwischen ihnen, wenn sie uneins werden.

Diese Anwendbarkeit des Civilrechts, darüber gibt es nur eine Meinung, ist nicht das Selbstverständliche, sondern die eng begränzte Ausnahme. Von Natur handelt der Staat dem Unterthanen gegenüber immer hoheitlich und nur in der Weise des

Verwaltungsrechtes bestimmt. Damit das Civilrecht und das Civilgericht herrsche, sagt man, müsse der Staat sich dem besonders unterwerfen, sich seiner Eigenart entkleiden, durch eine Fiktion sich dem Einzelnen gleichstellen.[1] Da würde denn die Schwierigkeit entstehen, solche Unterwerfungsakte nachzuweisen und die Zuständigkeit dazu zu prüfen.

Deutlicher wird die Sachlage, wenn man sie von der Seite her betrachtet, von der aus die Herrschaft geübt werden soll: das Gesetz, welches die Civilrechtsordnung und die Aufträge der Civilrichter in seiner Hand hält, muss mit denselben das bestimmte Verhältniss des Staates treffen wollen. Sonst würde ja auch ein Unterwerfungsakt nicht zum Civilrecht führen. Wann will es das?

Das Gesetz hat in seltenen Fällen das Civilrecht und die Civilrechtspflege ausdrücklich auf die Staatsthätigkeit anwendbar erklärt: so bei staatlichem Eisenbahnbetrieb, bei Erhebung indirekter Steuern u. dgl. Ein allgemeinerer Wille dieser Art ergibt sich aber stillschweigend für alle Fälle, in welchen die staatliche Thätigkeit die Merkmale einer Thätigkeit aufweist, für welche eben das Civilrecht seiner Natur nach gegeben ist. Die Theorie bringt das in die einfache Formel: es muss für den Staat eine Thätigkeit geübt werden, welche, so wie sie ist, auch für einen Privatmann geübt werden könnte.[2]

---

[1] Serrigny I, n. 257: *il se dépouille de sa souveraineté et se soumet au jugement des tribunaux ordinaires*; *Bull. des lois* S. II n. 1625 (Bericht des Justizministers): *la nation se dépouille par une admirable fiction de sa souveraineté et se présente vis-à-vis des tribunaux*; St. R. E. 19. Mai 1877 (Banque de France), Rede des Regierungskommissärs: *un contrat du droit civil, par lequel l'état, dépouillant son caractère de puissance publique, est venu de lui-même se placer sur le terrain du droit commun.*

[2] Gauthier m. c. S. 5: *d'autres actes ... sont de la nature de ceux qu'un particulier fait tous les jours pour la gestion de ses biens ... qu'importe qu'ils soient passés pour le compte de l'État? ils n'en sont pas moins soumis aux règles du droit commun et l'on peut assimiler l'administrateur qui y figure au gérant d'une société.* Ein Beispiel aus vielen für die Art, wie dieser Grundsatz zur Anwendung kommt, bei Dareste S. 319: *Les acquisitions d'immeubles faites par l'Etat sont des contrats ordinaires dans lesquels l'Etat acheteur joue le rôle d'un simple particulier. Au contraire, les acquisitions d'objets mobiliers intéressent au plus haut point le*

Es kann sich dabei nur handeln um Akte wirthschaftlicher Natur: Besitz und Besorgung von Gütern, welche dem Erwerbe dienen, Abschluss von Verträgen und alle sonstigen Thätigkeiten, welche Vermögensinteressen zum Gegenstande haben. Aber die Richtung auf Vermögenserwerb und Vermögensverwaltung genügt für sich allein noch nicht; es muss dazu kommen, dass sie verfolgt werde in privatwirthschaftlicher Form, so wie ein Privatmann thun könnte, d. h. es darf nicht an der Form, in welcher die Thätigkeit verfolgt wird, die hoheitliche Natur des

---

service public. — Es ist übrigens ganz der nämliche Gedanke, welcher hinter dem Art. 4 des E. G. z. C. P. O. steht und demselben erst die nötige Bestimmtheit gibt. An sich entscheidet die Landesgesetzgebung, was bürgerliche Rechtsstreitigkeit sei, was nicht. Wenn aber der Fiskus Partei ist, soll sie gebunden sein, den Gerichten die Rechtsprechung zu lassen über Ansprüche, für welche „nach dem Gegenstand oder der Art" der Rechtsweg zulässig ist. In welchen Sachen ist das aber der Fall? Das Reichsgesetz sagt es nicht ausdrücklich. Einen gemeinen deutschen Rechtsbegriff solcher Sachen gibt es nicht, mit welchem sich seine Verfügung ergänzen könnte. Es bezieht sich also selbst wieder auf die Landesgesetzgebung und die Regeln, nach welchen diese die Zuständigkeit ordnet. Es verbietet lediglich ein Durchbrechen dieser Regeln durch *privilegia fisci.* Ein Rechtsverhältniss, welches nach Gegenstand und Entstehungsart auch zwischen Privaten vorkommen könnte und dann nach den eignen Regeln des Landesrechtes den Gerichten angehörte, muss von diesen Regeln beherrscht bleiben, auch wenn der Fiskus Partei ist. Die Landesgesetzgebung kann also den Rechtsweg gegen den Fiskus nur dann ausschliessen, wenn sie es vermeidet, Sachen von gleicher Natur zwischen Privaten den Gerichten zuzuweisen, also:

entweder müsste sie Rechtsverhältnisse, welche bei Privaten wie beim Fiskus vorkommen können, in allen Fällen, ob der Fiskus Partei ist oder nicht, den Gerichten entziehen;

oder eine gleiche Sache muss zwischen Privatparteien vor den Gerichten gar nicht streitig werden können, weil ein Rechtsverhältniss solcher Art zwischen Privaten überhaupt nicht vorkommt, weil, wie wir sagen, der Staat darin gehandelt hat, wie ein Privater nicht thun könnte.

In letzterem Falle allein kann den Rechtsstreitigkeiten des Staates eine Sonderstellung gegeben werden. Die Bezeichnung des entscheidenden Merkmals für die Gränze der Zulässigkeit einer solchen macht allerdings den Eindruck einer gewissen Verschwommenheit. Bei den Berathungen zu Art. 4 wurde desshalb mehrfach auf die Schwierigkeiten der Anwendung desselben hingewiesen (Hahn, Materialien z. C. P. O. II S. 1281, 1282, 1303, 1304). Allein es liegt offenbar im Gegenstande, dass eine andere juristischer aussehende Formulirung hier nicht möglich ist; jedenfalls haben auch die französischen Juristen keine bessere gefunden. — Wegen der Folgen dieser sachlichen Uebereinstimmung vgl. oben § 15 Anm. 20.

Handelnden doch noch zu Tage treten. Nur wenn beides zusammentrifft, wenn privatwirthschaftliche Gegenstände in privatwirthschaftlicher Form behandelt werden, wollen die Regeln des Civilrechts die daraus entstehenden Verhältnisse zwischen dem Staate und dem Einzelnen ordnen. Wegen dieses Erfolges sagt man dann, durch die Vornahme einer derartigen Handlung habe sich der Staat dem Civilrechte unterworfen.

Solche Handlungen können sogar vom Gesetze selbst vorgenommen werden: wir werden das Gesetz noch als kontrahirenden Theil in civilrechtlichen Verträgen kennen lernen. Viel häufiger finden sie statt bei der vollziehenden Gewalt und ihren Untergebenen. Bei ihr sehen wir denn auch den Gegensatz der zwei Rechtsordnungen dargestellt an den unterschiedenen Akten, die der einen und der anderen gehören. Auf der einen Seite steht der Akt der einfachen Vermögensbesorgung, *acte de gestion*, *acte de régie* — auf der anderen der Verwaltungsakt, *acte administratif,* auch der hoheitliche Akt, *acte d'autorité* genannt, jede Willensäusserung des verwaltenden Staates, ausser den Gesetzen selbst, umfassend, für welche kein besonderer Grund zu civilrechtlicher Behandlung besteht.[3]

Aus der beschränkten Anwendbarkeit des Civilrechts ergibt sich für das Verwaltungsrecht, welchem alles Uebrige zu ordnen überlassen ist, ein grosser Reichthum an Formen, grösser als man ihn sich gemeiniglich vorstellt. Es handelt sich nicht um die Ausübung einzelner bestimmmter Hoheitsrechte: alle Arten von Einwirkungen des Staates auf die Einzelnen sind in verwaltungsrechtlicher Gestalt denkbar. Befehl und Lastauflegung sind nur die auffallendsten Erscheinungen: der Staat übt in hoheitlicher Weise Besitz, gewährt Nutzungen und Entschädigungen, gibt Aufträge und Arbeitsgelegenheit. Die Willensäusserungen des Staates können dabei geradezu die Form eines Vertrages annehmen, sie können ergänzt werden durch die Anrufung entsprechender Bestimmungen des Civilrechtes: sie sind desshalb doch nicht civilrechtlicher Natur, sofern sie nur geschehen in Verfolgung

---

[3] Chauveau I, n. 406 ff., II S. 252, Ducrocq n. 193; Cabantous n. 193.

öffentlicher Gegenstände, nicht in privatwirthschaftlicher Richtung. Mit dieser Erkenntniss schlägt jedes Mal sofort die Auffassung des Rechtsverhältnisses um; wir haben keinen wahren Vertrag mehr vor uns, sondern einen Verwaltungsakt, dessen weitere Schicksale verwaltungsrechtlich normirt sind (vgl. unten § 44).

2. Wenn die Anwendbarkeit des Civilrechtes ausgeschlossen ist und die Herrschaft des Verwaltungsrechtes beginnt, so zeigt sich der Gegensatz vor Allem an der veränderten Stellung der Einzelinteressen, zu deren Schutz beide Rechtsordnungen dienen. Nicht als ob sie hier schlechter geschützt wären; aber sie sind es auf andere Weise.

Das Civilrecht gibt ihnen auch dem Staate gegenüber die bekannte Gestalt von subjektiven Rechten, abgegränzten Willensherrschaften, und stellt auf die andere Seite ebenso abgegränzte Befugnisse des Staates, über welche hinaus sie nicht beeinträchtigt werden dürfen; jenes bildet die positive, dieses die negative Sicherheit der Interessen.

So gestaltete wahre subjektive Rechte kennt das Verwaltungsrecht nur in der Verwaltungsrechtspflege und in der Selbstverwaltung, von welchen in diesem Abschnitte nicht die Rede ist (vgl. oben § 4 n. 2, § 17 S. 103, unten § 62). Dafür begegnen wir hier einer grossen Mannigfaltigkeit von Zuständen verhältnissmässiger Sicherheit der Interessen gegenüber späteren staatlichen Willensäusserungen, Folgen der gegenseitigen Zuständigkeitsvertheilungen und Gebundenheiten, welche zwischen diesen Willensäusserungen selbst bestehen. Die Verwaltungsrechtspflege, welche als ordentliche Verwaltungsrechtspflege oder als Rekurs wegen Machtüberschreitung ihren formellen Schutz damit verbindet, erhöht noch die Aehnlichkeit. Es ist allgemein gebräuchlich, diese Interessen mit Rücksicht auf die Stelle, die sie hier vertreten, als Rechte zu bezeichnen. So sahen wir Rechte der Einzelnen entstehen durch jeden Rechtssatz oder Einzelakt, der ihr Verhältniss zum Staate bestimmt, weil der darauf folgende erklärende Verwaltungsakt gebunden ist, nicht weniger zu gewähren oder nicht mehr zu nehmen, — Rechte also, die bald die positive, bald die negative Seite der civilrechtlichen Sicherungsart vorstellen (vergl. oben § 17 S. 106, 107). Ebenso spricht man von Rechten der

Einzelnen gegenüber jeder Machtgränze und Formbedingung, welche die Mitwirkung des Gesetzes in der Verwaltung der vollziehenden Gewalt steckt (vergl. oben § 22 Anm. 2), und mit ganz besonderer Betonung knüpft sich das Wort an den verfassungsmässigen Vorbehalt des Gesetzes, wonach Zwang zu Thun und Lassen und Eigenthumsentziehung nur von ihm ausgehen können:[4] die Einzelnen können sich auf diese Ordnungen berufen, ihre Interessen erhalten durch sie eine verhältnissmässige Widerstandskraft, eine negative Sicherheit, und das lässt man genügen.

Unschädlich ist diese Uebertragung des Namens Recht insofern, als niemals versucht wird, aus dem Namen praktische Folgerungen zu ziehen; er dient nur zur moralischen Verschönerung der ohnedies bestehenden Einrichtungen.

Doch besteht immerhin ein gewisser Zusammenhang zwischen diesen sogenannten Rechten und dem, was wir hier darzustellen haben, den Rechtsinstituten des Verwaltungsrechtes. Zum Begriffe des Verwaltungsrechtsinstitutes gehört eine Einwirkungsart des verwaltenden Staates, deren Gestalt bestimmt ist durch Regeln mit bindender Kraft, durch Rechtssätze (vergl. oben § 4 S. 21, 22). Dabei begegnen wir wieder den nämlichen Rechtssätzen, welche auch unter den Entstehungsgründen subjektiver Rechte auftreten. Diese beiden Funktionen verbinden sich aber in ihnen auf verschiedene Art, je nach der Herkunft des Rechtssatzes.

Die Verwaltungsrechtssätze, als Einwirkungen des Staates in Form von allgemeinen Regeln, schaffen zugleich das Verwaltungsrechtsinstitut unmittelbar. Hier trifft also beides zusammen, das subjektive Recht ist nur eine Seite des Verwaltungsrechtsinstitutes.

Der Verfassungsrechtssatz hingegen mit dem Vorbehalt gewisser Eingriffsformen für das Gesetz erzeugt zunächst nur das subjektive Recht, die verhältnissmässige Widerstandskraft der Interessen. Verwaltungsrechtsinstitute schafft er nicht unmittelbar: er enthält noch nichts von einer Einwirkung des ver-

---

[4] Wenn auch der überschwängliche Name *droits de l'homme* nicht mehr angewendet wird, so nennt man es doch *droits garantis par la constitution*, *droits individuels:* Ducrocq n. 632 ff.; Batbie I, S. 29 ff.; Cabantous n. 19 ff.

waltenden Staates. Aber die Einwirkungen, die der Staat nun macht, nehmen um dieser Widerstandskraft willen die Gestalt von Rechtsinstituten an: die Interessen werden also hier schliesslich sogar noch von Einfluss auf die Bildung von solchen.

Das geschieht zunächst in zweierlei Weise:

Für alle Fälle, wo es darauf ankommen kann, Einzelinteressen in den vorbehaltenen Formen anzufassen, wird eine gesetzliche Willensäusserung notwendig, die das Gesetz naturgemäss vornehmlich in Gestalt von Rechtssätzen macht; so wird jener Vorbehalt die Ursache der Schaffung der meisten verwaltungsgesetzlichen Rechtsinstitute.

Andererseits bestimmt sich durch ihn die äussere Gränze, innerhalb welcher Einwirkungsarten sich ausbilden können ohne verwaltungsgesetzliche Grundlage, insofern das Einzelinteresse in anderer als der vorbehaltenen Weise berührt wird: Einwirkungsarten, welche die vollziehende Gewalt schafft, werden dadurch zu negativ bestimmten Rechtsinstituten (vergl. oben § 4 n. 1 und unten § 35, § 38, § 42, § 44 ff. § 60 n. 2).

Aber nicht bloss ursprünglichen Eingriffen gegenüber wirkt diese Widerstandskraft der Interessen: als formlose Thatsachen, die sie sind, stellen sie sich auf allen Abschnitten des Verfahrens, in welchen die Verwaltungsthätigkeit etwa vor sich geht, dem Staate neu gegenüber.

Nach jedem Eingriffe durch Befehl oder Lastauflegung schliesst sich wieder ihr Kreis und eigene gesetzliche Rechtsinstitute des Verwaltungszwanges werden notwendig, um jenen Eingriff durchzuführen (vgl. unten § 28, § 29, § 59).

Ebenso können auf jede staatliche Gewährung, Erlaubniss, Verleihung neue Interessen sich gründen. Der Widerruf wird dann zu einer besonderen Art von staatlichem Eingriff, und sofern er nicht frei ist, die neu entstandenen Interessen vielmehr wieder eine gewisse Widerstandskraft erhalten, als verwaltungsrechtliche Besitzstände, wie wir sie nennen werden,[5] bilden die Regeln,

---

[5] Diesen Begriff hat z. B. Vivien im Auge, wenn er sagt (S. 163): *la possession d'un emploi est un titre et ne peut être écartée sans motifs.* Andere nennen es *droits acquis*, vgl. oben § 17 Anm. 9 und unten § 26 Anm. 6.

mit welchen das Gesetz oder die verfassungsmässige Freiheitsschranke ihn bestimmen, neue Rechtsinstitute daraus.

3. Den wesentlichen Kern der Verwaltungsrechtsinstitute bildet einseitig die Handlung des Staates; ihre Arten sind nur Verschiedenheiten dieser Handlung.

Massgebend für die Eintheilung dieser Arten sind der Verwaltungsrechtswissenschaft nicht die Staatszwecke, die besonderen öffentlichen Interessen, welche verfolgt werden. Der Zweck liegt ausserhalb der Handlung selbst. Staatliche Thätigkeit von derselben Form kann den Zwecken des Schulwesens, der Rechtspflege, der Heeresverwaltung dienen.

Rechtlich bedeutsam ist nur das Wie der Handlung. Unsere oberste Eintheilung wird gegeben durch gewisse allgemeine Beschaffenheiten der Mittel, mit welchen der Staat seine Zwecke verfolgt. Man drückt das anschaulich so aus, dass man sagt: der Staat selbst trete den Einzelnen in verschiedenen Eigenschaften entgegen. Alle einzelnen Einwirkungen, welche aus je einer solchen Eigenschaft hervorgehen, tragen dann in gewissen gemeinsamen rechtlichen Merkmalen den Stempel ihrer Zusammengehörigkeit.

Da erscheint denn vor allem der Gegensatz zwischen dem Staat als reiner obrigkeitlicher Macht, als *puissance publique*, und dem Staate als Inhaber und Besorger der äusserlichen Mittel, welche bestimmt sind, den Interessen der Gesellschaft zu dienen, als *intendant général*, wie man ihn genannt hat.[6]

In ersterer Eigenschaft beherrscht er durch seine Befehle

---

[6] Aucoc I, n. 8: *L'autorité administrative a deux rôles. Elle fait les actes de gestion dans l'intérêt public; elle joue le rôle d'intendant général, l'homme d'affaires de la société, mais d'intendant ayant autorité. Elle fait les actes de police .... pour empêcher le mal et procurer le bienêtre des membres de la société.* Innerhalb der ersten Art der Staatsthätigkeit macht Aucoc wieder zwei Unterabtheilungen, je nachdem nur allgemein Mittel beschafft, oder Einrichtungen hergestellt werden *pour la satisfaction des besoins collectifs des citoyens.* — Dufour V, n. 322 unterscheidet die Beherrschung der Einzelnen durch die Ausübung der *puissance publique* und die Besorgung der öffentlichen Bedürfnisse: *les intérêts de cet ordre sont ceux auxquels répondent les divers services publics.* — Vgl. Laferrière I, S. 367, Trolley I, n. 51, welche unsere drei Gruppen theilweise noch weiter zerlegen.

das Leben der Einzelnen von aussen, damit es seinen Zwecken gemäss sich gestalte und äussere; er übt Polizei (*police*).

In der anderen Eigenschaft tritt er selbst besitzend, erwerbend, arbeitend in das Leben der Einzelnen hinein, neben ihnen, aber nicht ihnen gleich, sondern in allem, was er thut, mit hoheitlicher Macht die Einzelinteressen verdrängend und seinem Werke dienstbar machend; er schafft und verwaltet die öffentlichen Anstalten (*services publics*).

Von diesem letzteren Gebiete scheidet sich noch einmal eine Art von Thätigkeit aus, die nicht unmittelbar die öffentlichen Nützlichkeiten zum Gegenstand hat, sondern nur allgemein die Vermögensmittel bereitet und verwaltet, die dann dazu verwendet werden sollen; der Staat erscheint darin als Vertreter des Staatsvermögens (*fisc, trésor*).

Diese verschiedenen Grundrichtungen der staatlichen Verwaltungsthätigkeit geben die Ueberschriften zu den drei grossen Gebieten des eigentlichen Verwaltungsrechts.

I. DAS POLIZEIRECHT.

§ 25. Gerichtliche und administrative Polizei.

Das Wesen der Polizei besteht darin, dass der Staat seine obrigkeitliche Gewalt über die Einzelnen verwendet, um durch Einwirkung auf das Verhalten derselben gewisse Zustände des öffentlichen Lebens herbeizuführen. Eine Aufzählung der wichtigten von den so erstrebten Zuständen pflegt schon in die Begriffsbestimmung der Polizei aufgenommen zu werden; man nennt die öffentliche Ordnung, Sicherheit, Ruhe, Gesundheit.[1] Solche unmittelbare ideelle

[1] So das Gesetz vom 3 brum. IV art. 16: *La police est instituée pour maintenir l'ordre public, la propriété, la sûreté individuelle.* — Block V° *police* n. 1: *La police est cette partie de la puissance publique qui est chargée ... maintenir l'ordre public, protéger la propriété et la liberté individuelle,*

Wirkungen sind wesentlich; denn wenn die Machtäusserung dazu verwendet wird, um dem Staate zunächst einen sachlichen Vortheil zu verschaffen und zu sichern, mit welchem er dann erst wieder dem öffentlichen Interesse dienen will, so ist es nicht die reine obrigkeitliche Gewalt mehr, durch die da gewirkt werden soll, und sofort ist das Gebiet der Polizei verlassen (vergl. unten § 33 Eingangs).

Andererseits gibt die Richtung auf derartige Zwecke staatlichen Thätigkeiten nicht polizeiliche Natur, die schon an sich keine reinen Machtübungen sind. So mag die Strassenbeleuchtung der öffentlichen Sicherheit, die Vertheilung von Heilmitteln der öffentlichen Gesundheit dienen. Das ist um seiner Form willen alles keine Polizei. —

Aus dem Begriffe der Polizei ergibt sich eine gewisse Verwandtschaft derselben mit der Civil- und Strafrechtspflege. Auch diese dient ja mit ihren reinen Machtäusserungen schliesslich der öffentlichen Ordnung und Sicherheit, wenn auch ihr Hauptzweck darauf gerichtet ist, dem Einzelwillen dabei sein Recht werden zu lassen, während die Polizei direkt auf jene Ziele losgeht. In der bestehenden Rechtsordnung hat sich zwischen beiden ein gewisses Zusammenwirken entwickelt, welches seinen Ausdruck findet einerseits in der gerichtlichen Polizei, andererseits in der Polizeistrafrechtspflege.

Das war nicht immer so. Rechtspflege und Verwaltung standen sich unter dem alten Königthum als geschlossene Körper gegenüber.[2] Die Verwaltung übte ihre Polizei selbständig bis zu Ende, die Verhängung der meist willkürlichen Polizeistrafen bildete kaum einen gesonderten Akt in ihrem Verfahren. Auf der anderen Seite verfügten auch die mächtigen gerichtlichen Körperschaften über eigne Mittel, um alles zu besorgen, was zur Rechtspflege gehört, insbesondere hatten sie zugehörige Unterbeamte, die sie theilweise anstellten, jedenfalls unter ihrer Disziplin hielten, zur Vorbereitung des Verfahrens und zur Durchführung der Voll-

surveiller les moeurs, assurer la salubrité publique tels sont les principaux objets. — Grün, *police administrative* n. 1—6.

[2] Hélie, *traité de l'instruction criminelle* IV, S. 24 ff. Henrion de Pansey *justice de paix* cap. 61.

streckung; die *archers*, *notaires*, *greffiers*, *sergents*, *huissiers* nahmen Anzeigen über strafbare Handlungen auf und machten die nöthigen Feststellungen. Die Beigabe des *procureur du roi* zu den Gerichten führte zu einer Durchbrechung dieser Abgeschlossenheit. Der königliche Verwaltungsbeamte bringt den Oberbefehl über alle unteren Polizeibediensteten mit und verwendet sie für die Zwecke der Rechtspflege. Die Thätigkeit der Gerichtsbeamten tritt hinter den energischen Leistungen dieses Personals zurück; nur für die Civilrechtspflege bleibt das alte System bestehen. In der Strafrechtspflege aber vollzieht sich schon im alten Recht eine Begränzung des Begriffes der Rechtspflege. Rechtspflege ist nur, was die selbständigen Richter machen, Verhandlung und Urtheil; alles was vorher und nachher geschieht zur Vorbereitung und Durchführung des Urtheils, ist Polizei, zum Unterschied von dem ausserhalb des Kreises der Rechtspflege gebliebenen Theile — gerichtliche Polizei, *police judiciaire* genannt.

Die Revolution beseitigt die selbständigen Gerichtshöfe und nun ist ganz folgerichtig, wenigstens in den ersten Gesetzen, alle Strafrechtspflege mit Einschluss auch der zugehörigen Strafgesetze schlechthin Polizei.[3] Das Gesetz vom 3 brum. IV kehrt wieder zu der alten Auffassung zurück. Es unterscheidet zunächst eine administrative und eine gerichtliche Polizei.[4] Was zu der letzteren gehört, bezeichnet es übereinstimmend mit dem jetzt noch geltenden *code d'instruction criminelle*, dessen Vorläufer es ist. Das erste Buch des *code* ist betitelt: *de la police judiciaire et des officiers de police, qui l'exercent;* da finden wir denn die vorbereitende und ausführende Thätigkeit nicht bloss der Bannwarte, Förster, Gensdarmen, Polizeikommissäre, Bürgermeister und Beigeordneten, sondern auch der Staatsanwälte und Untersuchungsrichter, alles Beamte der gerichtlichen Polizei. Das zweite Buch, *de la justice*,

---

[3] Ges. 19. Juli 1791, Eingang: *l'institution des jurés a ... établi une police de sûreté*; jetzt soll noch *police municipale* geschaffen werden und *police correctionnelle*; zu letzterer gehört Betrug, Diebstahl, Misshandlung. Diese weitgehende Auffassung, obwohl längst verlassen, ist stehen geblieben in den Namen *tribunal de police correctionnelle* und *tribunal de simple police*, wo der Name Polizei nach jetziger Auffassung gar nicht mehr passt.

[4] art. 18: *Elle se divise en police administrative et judiciaire.*

enthält dann die Lehre von der Thätigkeit der Gerichte in Verhandlung und Urtheil.

Gerichtliche Polizei ist demnach alle staatliche Thätigkeit, welche der Strafrechtspflege dient, mit Ausnahme der eigentlichen Rechtsprechung. Ihr Verhältniss zur Verwaltung beruht lediglich darauf, dass auch einzelne Beamte, welche zugleich der Verwaltung und der dort geübten Polizei angehören, dabei mitwirken. Ihrem Zwecke nach und nach dem Geiste, in dem sie handelt, und nach den strengen Formen, an die sie gebunden ist, ist sie in Wahrheit ein Stück der Rechtspflege,[5] ausgeschieden von dieser nur um desswillen, weil der Name Rechtspflege sich im Laufe der geschichtlichen Entwicklung auf einen engeren Kreis beschränkt hat.[6] Darum ist auch die Strafprozesslehre allein zuständig, die gerichtliche Polizei zu behandeln.

Ragt sonach die Polizei wenigstens mit ihrem Namen und mit Stellung einzelner Beamten in die Rechtspflege hinein, so hat andererseits diese einen wichtigen Antheil an der Thätigkeit der Polizei. Die revolutionäre Gesetzgebung beliess es zunächst bei der Vereinigung der Polizeistrafgewalt mit der sonstigen Polizeithätigkeit. Das Gesetz vom 16. August 1790, indem es die Polizeigewalt der Municipalverwaltungen ordnete, erkannte sie zugleich an als Richter in Polizeisachen. Erst das Gesetz vom 3 brum. IV schuf eine durchgreifende Aenderung. Der Satz *nulla poena sine judicio* wird so verstanden, dass nur ein von der Verwaltung gesondertes Gericht überhaupt Strafen verhängen darf. Die Polizeistrafe wird gesetzlich geregelt und den geringeren Strafen des gemeinen Strafrechts gleichgestellt. Alle diese kleinen Sachen gehen gleichmässig an das *tribunal de police,* bestehend aus dem Friedens-

---

[5] Hélie IV, S. 9.: *si elle ne participe pas à l'action judiciaire proprement dite, elle émane néanmoins de la justice, elle en reçoit une délégation temporaire, elle agit en son nom et dans son intérêt, elle s'empreint de son caractère, elle assimile ses actes aux siens.*

[6] Die neuere Theorie rechnet die Thätigkeit des Untersuchungsrichters nur insoweit zur gerichtlichen Polizei, als er nach aussen thätig wird, um die Mittel zur Untersuchung beizuschaffen; die eigentliche *instruction* wird danach noch der Rechtsprechung selbst beigefügt: Hélie IV, S. 51 ff.

richter und zwei Schöffen.[7] Der *code d'instr.* hat dieses System im Wesentlichen beibehalten (art. 137 ff.). Das ist der Ursprung der merkwürdig abhängigen Stellung, welche die Polizei zur Rechtspflege einnimmt, merkwürdig wenigstens im Zusammenhange des französischen Verwaltungsrechtes: ihr wichtigstes Zwangsmittel, die Polizeistrafe liegt in den Händen der Gerichte. Soll es dazu kommen, so wird auf einmal alles Strafrechtspflege und ihr dienende gerichtliche Polizei; wenigstens der äusserlichen Form nach. In Wahrheit ist die Polizeistrafe immer noch Verwaltungszwang geblieben und als solcher innerlich ein Verwaltungsakt, der den Gerichten zur Ausübung übertragen ist; an ihren Eigenthümlichkeiten wird das wohl erkennbar. Desshalb gehört denn auch das Polizeistrafrecht noch in den Bereich unserer Darstellung. —

Die Vermengung von eigentlicher Polizei und Hülfsthätigkeit der Rechtspflege kommt noch in einer anderen Eintheilung zum Ausdruck: in der von vorbeugender (präventiver) und zwingender (repressiver) Polizei.

Die Polizeithätigkeit entwickelt sich naturgemäss in zwei Stufen; erst wird der obrigkeitliche Wille erzeugt, der die Einzelnen bestimmen soll, das Gebot oder Verbot; und dann, wenn der davon Betroffene sich nicht fügt, folgt die Durchsetzung dieses Willens mit Gewalt, der Polizeizwang.

Unter vorbeugender Polizei ist nicht etwa eine besondere Richtung der Polizeithätigkeit verstanden, sondern ganz allgemein jener erste und Haupttheil, der Polizeibefehl; derselbe ist ja immer vorbeugend, er schaut auf einen bestimmten Zweck in die Zukunft. Ausserdem ist noch dazu gerechnet jene allgemeine Ueberwachungsthätigkeit, mit welcher die polizeilichen Behörden das Leben der Einzelnen begleiten und die nur ausnahmsweise durch Ermächtigungen zu unmittelbaren Eingriffen rechtliche Bedeutung erhält.

Zu der repressiven Polizei gehört vor allem der unmittelbare und der auf polizeigerichtliche Anordnung erfolgende Polizeizwang, welchen die Verwaltung selbst übt. Von dem Zwange,

[7] Ges. 3 brum. IV art. 150, 151.

der durch die Polizeistrafe geübt wird, zählt nur die entsprechende gerichtliche Polizei dazu, die Polizeirechtspflege ist ausgeschlossen; dafür fällt aber die ganze gerichtliche Polizei unter den Begriff, auch sofern sie dem Zwang für das eigentliche Strafrecht dient.[8]

Für uns wird eine Eintheilung massgebend sein, welche sich ganz auf dem Boden des Verwaltungsrechtes bewegt. Die Polizei hat eine gewisse feststehende Form, in welcher sie regelmässig erscheint. Durch Machtübertragungen des Gesetzes an Staatshaupt, Präfekt und Bürgermeister wird es der Verordnung überlassen, diese Formen mit dem Inhalt der verschiedenen Massregeln, welche zur Erreichung der grossen Polizeizwecke nötig sind, auszufüllen.[9] Das Gesetz mischt sich mit besonderen Anordnungen hinein, entweder nur um für gewisse Fälle die sachliche Richtung genauer zu bestimmen; das fällt dann noch in jene ordentliche Polizeiübung. Oder aber es will die Einwirkungsart der Polizeigewalt eigenthümlich ordnen oder die Macht derselben ausserordentlich verstärken, kurz der Thätigkeit eine vom Gewöhnlichen abweichende Form geben.[10]

Danach unterscheiden wir das ordentliche Polizeirecht und die besonderen Polizeirechtsinstitute.

---

[8] Bouchené-Lefer S. 562, S. 572: *La police préventive consiste dans le droit de faire des règlements ou de prendre des arrêtés ou des mesures, d'accorder des permissions ou autorisations, de faire des vérifications préalables exigées ou permises par les lois et les règlements faits en vertu de la délégation de la loi. — La police que nous nommons répressive recherche les crimes, les délits et les contraventions, en rassemble les preuves et en livre les auteurs aux tribunaux chargés de les punir; on la distingue en administrative et judiciaire*; der Autor findet keinen Unterschied zwischen letzteren zwei Bezeichnungen; er hat eben vergessen die repressive administrative Polizei aufzuzählen.

[9] Die revolutionäre Gesetzgebung hatte ursprünglich die Idee, dass alle Polizei von der Gemeinde ausgehen solle; es gab nur eine *police municipale;* erst das Dekret vom 1 germinal III schafft wieder eine Staatspolizei (Laferrière I, S. 373, 374).

[10] Block V° *police*, n. 2: *le législateur s'est sagement abstenu d'entrer dans des détails trop précis; il s'est borné à poser les principes généraux et s'il est parfois entré dans les détails, c'est moins dans l'intention de limiter l'action de la police, que pour la guider, lui donner de la force et prévenir les abus.*

1. Das ordentliche Polizeirecht.

§ 26. Allgemeine Formen des Polizeibefehls.

Die obrigkeitliche Willensäusserung, durch welche das Verhalten der Einzelnen bestimmt werden soll, stellt sich dar als Gebot oder Verbot, beides zusammengefasst in dem Begriff des Befehles. Der Befehl ist das der Polizei eigenthümliche Rechtsgeschäft, wie der Auftrag das der Behördenordnung. Dasselbe entwickelt sich in folgenden Hauptzügen.

1. Jeder Polizeibefehl ist ein Eingriff in die Freiheit des Einzelnen, bedarf also verfassungsmässig der gesetzlichen Grundlage. Das Gesetz ertheilt selbst den Befehl oder ermächtigt eine Behörde, an seiner Stelle den Befehl zu erzeugen. Das Gesetz handelt naturgemäss meist in allgemeinen Regeln und die Machtübertragungen, welche es gibt, sind an die Bedingung der Ausübung in dieser Form geknüpft. So entstehen durch Gesetze und Verordnungen die Polizeirechtssätze. Das Gesetz kann auch Einzelverfügungen treffen; Einzelverfügungen der Behörden sind auf dem Gebiete der Polizei nur möglich nach den Regeln der Vollziehung, sie können hier niemals frei und selbständig erzeugt werden.

Die Formen der Vollziehung sind aber hier von der anderen Seite her noch dadurch beschränkt, dass der ordentliche Polizeizwang — also das *exécuter* und das *appliquer*, soweit es dazu nötig ist — in den Händen der Gerichte liegt. Damit steht die Erscheinung in Zusammenhang, dass auf dem Gebiete der Polizei die ordentliche Verwaltungsrechtspflege zurücktritt. Erklärende Verwaltungsakte haben keinen Raum. Denn wenn der Befehl den Einzelnen getroffen hat und derselbe fügt sich nicht, so geht die Sache über in das Polizeistrafverfahren und dann erklärt das Gericht, dass der Befehl getroffen hat, macht also den erklärenden, gebundenen Verwaltungsakt und zieht die weiteren Folgerungen daraus. Eine erklärende Verfügung der Verwaltungsbehörde wäre wegen der vom Polizeigerichte selbständig vorzunehmenden Prüfung bedeutungslos, wenigstens für die Strafe.

Es bleibt desshalb für den Verwaltungsakt, für die Polizeiverfügung regelmässig nur zweierlei Form von Thätigkeit übrig.

Sie kann den Polizeirechtssatz ausführen, Zwang anordnen zu seinem Vollzug (*exécuter*), soweit ihr solcher neben der Polizeistrafe noch gelassen ist, soweit sie, wie wir im Gegensatze dazu sagen können, Selbsthülfe zu üben ermächtigt ist (vgl. unten § 28).

Und zweitens muss sie ihn ergänzen (*compléter*, vgl. oben § 3 am Ende) in den Fällen, wo der Polizeirechtssatz einen unmittelbar wirksamen Befehl nicht enthält, namentlich also etwa der Behörde überlassen hat, seinen Befehl im Einzelfall durch eignen Entschluss in Kraft zu setzen.

Die entsprechende Form der Verwaltungsrechtspflege ist nur der Rekurs wegen Machtüberschreitung.

2. Die Ergänzung, welche der Verwaltungsakt dem Polizeirechtssatze verleiht, kann eine besondere Gestalt dadurch bekommen, dass ihm überlassen wird, den im Polizeirechtssatze enthaltenen Befehl im Einzelfalle ausser Kraft zu setzen. Dies geschieht vor allem bei Polizeiverboten in der Form des Erlaubnissvorbehalts. Die Polizeierlaubniss ist eine Ausnahme von der mit Gesetzeskraft gegebenen Regel, welche nur von dieser Kraft selbst bewilligt werden kann; das Gesetz kann von vornherein die Ausnahmefälle nach allgemeinen Merkmalen bezeichnen oder es kann der Behörde überlassen, diese Bezeichnung zu geben; das letztere ist unser Fall. Der Verwaltungsakt, welcher die ihm überlassene Erlaubniss versagt, lässt das Verbot gegen den Gesuchsteller bestehen — gleichviel, ob die Versagung mit Recht oder mit Unrecht erfolgt ist.

Die Polizeirechtspflege kann also in dieser Beziehung keine Nachprüfung üben. Das thatsächliche Nichtvorhandensein der Erlaubniss ist das Merkmal der Strafbarkeit. Da demnach der Verwaltungsakt hier einen selbständigen Abschnitt macht, so hat dafür die Verwaltungsrechtspflege eine grössere Bedeutung.

Es kommt darauf an, wieweit der Akt der Erlaubnissertheilung durch die Mitwirkung des Gesetzes bestimmt ist.

Sind Formalitäten für die Entscheidung vorgeschrieben oder Zwecke angegeben, für welche allein die Versagung stattfinden soll (z. B. Rücksichten der öffentlichen Sicherheit oder

Gesundheit u. s. w.), so hat die Nichteinhaltung dieser Gränzen der Ermächtigung den Rekurs wegen Machtüberschreitung zur Folge.

Das Gesetz kann den Akt aber auch sachlich bestimmen, so dass es Fälle angibt, in welchen die Erlaubniss versagt werden soll, während für die übrigen die Behörde freibleibt oder erlauben muss, oder so dass es umgekehrt die Fälle bezeichnet, für welche die Erlaubniss zu geben ist. Es hätte diese Fälle auch unmittelbar treffen können, indem es selbst dafür die Ausnahme gestattete. Wenn es die Ausnahme erst wirksam werden lässt durch den Akt der Behörde, der sie förmlich anerkennt, so bezweckt es damit, dass die Frage des Zutreffens seiner Ausnahme erledigt werde, bevor entsprechende Thatsachen geschaffen werden. Der Akt, mit welchem die Behörde darüber entscheidet, ist seiner Natur nach ein erklärender Verwaltungsakt, er sagt nur, was das Gesetz schon gewollt hat für diesen Fall, und die ordentliche Verwaltungsrechtspflege muss eröffnet sein. In der Praxis des Staatsraths tritt allerdings der Unterschied der beiden Arten von Rechtswegen kaum hervor, da der Staatsrath immer sich gerne darauf beschränkt, die Rechtsfrage allein zu entscheiden und den weiteren Vollzug der Behörde zu überlassen.[1]

---

[1] In einer Entscheidung vom 13. März 1867 (Bizet) hat sich der Staatsrath mit dieser Frage beschäftigt. Das Gesetz vom 3. Mai 1844 verbietet die Jagd allen Personen, die nicht im Besitze eines vom Präfekten ausgestellten Jagdscheines sind. Den Schein darf der Präfekt aber nur gewissen im Gesetz genau bezeichneten Arten von Personen verweigern, insbesondere solchen, welchen durch eine frühere Verurtheilung gewisse Rechte entzogen sind. Dem Bizet wurde der Schein versagt, er behauptete aber nicht unter die ausgeschlossenen Kategorien zu fallen, erhob Beschwerde an den Minister und ging von da aus im Verwaltungsstreitverfahren an den Staatsrath. Der Regierungskommissär Aucoc führt nun aus, dass der Verwaltungsrechtsweg jedenfalls zulässig sei, denn es handle sich um ein „Recht“: *la loi*, sagt er, *fixe des catégories de personnes à qui le préfet doit refuser le permis, à qui le préfet peut refuser ou accorder. Mais à toutes celles qui ne sont pas dans ces catégories, il est obligé de le donner.* Wir hätten also hier wieder die oben besprochene *obligation résultant d'une loi,* die Voraussetzung der ordentlichen Verwaltungsrechtspflege. Allein Aucoc zieht nicht die Folgerungen daraus; er fährt vielmehr fort: *sans doute vous ne pouvez pas délivrer vous-mêmes un permis de chasse. Ce n'est pas ici une matière qui rentre dans le contentieux administratif proprement dit. Mais n'avez-vous pas à vérifier, si*

3. Jede Polizeimassregel, Verordnung wie Einzelverfügung, kann wieder zurückgenommen werden von der Behörde, welche sie erlassen hat. Das ist die Regel. Es bedarf besonderer Gründe, damit die Behörde ausnahmsweise au ihren eignen Akt gebunden sei. Solche Gründe bestehen in zwei Richtungen.

Polizeiverordnungen können nur durch eine neue Polizeiverordnung wieder aufgehoben oder in ihrer Wirksamkeit beschränkt werden.[2] Die Behörde, welche sie erlassen hat, ist aber nicht im Stande, sie durch eine Einzelverfügung ausser Kraft zu setzen, indem sie im Einzelfalle Jemanden von der Befolgung ihrer Vorschrift entbindet. Der Grund liegt darin, dass die nämliche Behörde beide Male in verschiedener Eigenschaft handelt: die Verordnung erlässt sie als Stellvertreter des Gesetzes, die Einzelverfügung hat nicht den gleichen Rang und kann desshalb auch die ältere Verordnung so wenig überwinden wie ein Gesetz. Dergleichen Erlaubnisse, Entbindungen, Dispense sind schlechthin ungültig und werden von den Polizeistrafgerichten nicht beachtet.[3]

Anders liegt die Sache, wenn die Behörde in ihrer Verordnung selbst schon sich das Recht vorbehalten hat, von der Befolgung derselben im Einzelfalle zu entbinden; dann ist die Er-

---

le préfet est resté dans les limites de son pouvoir? Er will also nur den Rekurs wegen Machtüberschreitung zulassen; das dürfte theoretisch nicht richtig sein. Der Staatsrath hat damals den Rekurs verworfen, weil er fand, dass der Präfekt das Gesetz richtig ausgelegt hatte. Im entgegengesetzten Falle würde er allerdings nur die Entscheidung des Präfekten vernichtet haben, weil sie zu Unrecht die Erlaubniss verweigerte. Die Formalität der Ausstellung des Jagdscheins konnte der Staatsrath weder selbst erfüllen, noch auch dem Präfekten anbefehlen. Aber auch wenn der Staatsrath erkennt, dass Jemanden eine Staatsentschädigung geschuldet sei, zahlt er diese nicht aus, noch befiehlt er dem staatlichen Kassebeamten die Zahlung zu leisten. Er sagt nur, was Rechtens sei, und das hätte er in unserem Falle ebenso gut gethan.

[2] Dufour I, n. 422; Block V° *police* n. 99; Chauveau u. Hélie, *théorie du code pénal* VI, n. 2806; Dalloz V° *commune*, n. 680, 681.

[3] Cass. 15. Dez. 1836 (Pont) *Qu'il n'est pas en son pouvoir (de l'autorité municipale) tandis que ses arrêtés subsistent d'y déroger par des décisions particulières en permettant à un ou plusieurs individus ce qu'elle a jugé utile . . . d'interdire indistinctement à tous.* Anders in der sog. Polizei der öffentlichen Anstalten, vgl. unten § 50 Eingangs.

laubnissertheilung selbst natürlich gültig. Fraglich ist nur, inwieweit die mit Polizeiverordnungsrecht ausgestattete Behörde sich durch die Anwendung dieses Verfahrens selbst einen Erlaubnissvorbehalt schaffen kann. Man erkennt z. B. an, dass der Bürgermeister kraft der Befugniss, Polizeiverordnungen für öffentliche Tanzbelustigungen zu geben, solche ganz verbieten kann mit dem Vorbehalte, sie von Fall zu Fall zu gestatten. Ein gleiches umfassendes Reglementirungsrecht hat der Bürgermeister auch über die Handelsleute, welche nach Mass und Gewicht verkaufen, über Fabriken, welche Kinder beschäftigen; aber hier würde es unzulässig sein, dieses Recht in Form eines Verbotes mit Erlaubnissvorbehalt zu üben, um etwa bei Ertheilung der Erlaubniss die näheren Bedingungen festzusetzen.[4] Ebenso kann der Bürgermeister wohl einen Tag festsetzen, vor welchem ohne besondere Erlaubniss nicht geherbstet werden darf, aber er kann nicht schlechthin das Herbsten verbieten mit dem Vorbehalt, im Einzelfalle die Erlaubniss zu ertheilen. Den Massstab für die Bestimmung der Gränze, innerhalb welcher das Verfahren des Verbotes mit Erlaubnissvorbehalt zulässig ist, erhält man dadurch, dass man von der Erlaubniss absieht; der erste Theil der Verordnung, das Verbot, muss für sich allein möglich sein, d. h. im Bereiche der Befugnisse der verordnenden Behörde liegen. Das Gesetz konnte noch gestatten wollen, dass alle Tanzbelustigung oder dass das Herbsten vor einem bestimmten Tage verboten würde, aber nicht hat es in seiner Ermächtigung einbegreifen wollen das Verbot, überhaupt zu herbsten oder Handel nach Mass und Gewicht zu treiben. Desshalb wäre ein derartiger Hauptsatz der Verordnung ungültig und die in Aussicht gestellte Erlaubnissertheilung würde ihn nicht retten.

Polizeiverfügungen, welche eine Erlaubniss enthalten d. h. im Einzelfalle entbinden von einer verbietenden Regel, können frei zurückgenommen werden nur bis zu einem gewissen Punkte; sie sind weder unbedingt sofort gebunden, noch endlos

---

[4] Champagny, *police municipale* II, S. 161 ff.; Dalloz V° *commune*, n. 1180. Man betont vor allem, dass auf diese Weise eine Art Konzessionspflicht geschaffen und die Gewerbefreiheit aufgehoben werden könnte.

widerruflich.[5] Der Punkt liegt da, wo auf Grund der Erlaubniss ein neuer Zustand für den Einzelnen geschaffen worden ist, neue Interessen für ihn entstanden sind, deren Beeinflussung ein neuer Eingriff für ihn wäre. Das wird regelmässig erst dann der Fall sein, wenn von der Erlaubniss Gebrauch gemacht wird, d. h. das beginnt, was ohne die Erlaubniss verboten wäre. Die Erlaubniss zur Abhaltung einer politischen Versammlung, eines öffentlichen Aufzuges kann jederzeit wieder zurückgenommen werden bis zu dem Augenblick, wo die Versammlung beginnt; hernach handelt es sich um etwas anderes als um die Zurücknahme der Erlaubniss, es kommen die Regeln über die Auflösung von Versammlungen in Betracht. Die Erlaubniss zur Beerdigung eines Todten auf einem Privatgrundstücke kann formlos nur zurückgenommen werden, bevor die Beerdigung stattgefunden hat; ebenso die Erlaubniss zur Gründung einer Gesellschaft, zur Eröffnung einer Bierwirthschaft, zur Errichtung einer Mineralwasseranstalt, bevor die Gründung stattgefunden hat, zum Bauen in der Nähe eines Kirchhofes, bevor gebaut ist; nachher fragt es sich, inwieweit die Verwaltung die Macht hat, das Bestehende zu ändern.[6]

Ausnahmsweise kann sich ein solcher neuer Besitzstand schon mit dem Akte der Erlaubnissertheilung selbst verbinden; das wird nur dann der Fall sein, wenn sie zugleich irgend ein anderes positives Element enthält, z. B. eine Anerkennung und Feststellung gewisser Eigenschaften, wie diess bei der Ertheilung des Jagdscheines hervorgehoben wird, dessen Besitz ja zugleich eine formelle Bedeutung hat; oder eine unmittelbare Ordnung des Ver-

---

[5] Die Widerruflichkeit ist auch für sie das Natürliche und der Ausgangspunkt. Dufour II, n. 576: *il est de l'essence du pouvoir de police de ne jamais engager l'avenir. Les actes, qui procèdent de ce pouvoir, n'ont rien de définitif et d'irrévocable vis-à-vis de lui-même.*

[6] Chauveau I, n. 319, 320, II S. 182—185 spricht in solchen Fällen wieder von *droits acquis;* er nennt sie: *cas dans lesquels un acte administratif ne peut plus être rétracté sans qu'un droit acquis réel ne soit blessé.* Es ist das nur ein Fall der Anwendung des Begriffes der verwaltungsrechtlichen Besitzstände (vgl. oben § 24). — Ein hübsches Beispiel in St. R. E. 5. April 1892 (Guy), wo eine irrthümlich gegebene Erlaubniss nicht zurückgenommen werden kann.

hältnisses des Erlaubnissempfängers zu Dritten, die über das rein Polizeiliche hinausgeht, wovon wir Beispielen in der Erlaubniss von Wassernutzungen und der Verleihung des Bergwerkseigenthums noch begegnen werden.

Bevor dieser Zustand der Befestigung eingetreten ist, kann der Betreffende gegen die Zurücknahme der Erlaubniss nur insofern Rechtsmittel gebrauchen, als ihm solche gegen die Versagung zustünden, also regelmässig hat er keine. Nachher aber kommt es umgekehrt darauf an, ob und wieweit das Gesetz die Zurücknahme ermächtigt, denn die Zurücknahme ist jetzt ein neuer Eingriff. Diese Ermächtigung kann der Behörde ganz frei ertheilt sein (Auflösung eines Vereines nach Ges. 10. April 1834 Art. 1), oder zur Ausübung für einen gewissen Zweck (Entziehung der Wirthschaftskonzession *par mesure de sûreté publique* nach Dekret vom 29. Dezember 1851 Art. 2); in letzterem Falle wäre wenigstens theoretisch ein Rekurs wegen Machtüberschreitung denkbar. Die Zurücknahme kann aber auch abhängig gemacht sein von dem Eintreten gewisser Thatsachen. Der wichtigste Fall ist der, den die Verwaltung sich überall selbst sichern kann, wo sie frei ist zu erlauben oder nicht, indem sie nämlich die Erlaubniss an Bedingungen knüpft; bei Nichterfüllung der Bedingungen spricht sie dann den Widerruf aus: der Akt, mit welchem sie es thut, ist ein gebundener Verwaltungsakt; er erklärt nur, was im Voraus bei der Erlaubnissertheilung für den nun eingetretenen Fall gewollt ist. Er unterliegt daher der ordentlichen Verwaltungsrechtspflege.[7]

4. Der Polizeibefehl als reine obrigkeitliche Willensäusserung wirkt nicht durch die unmittelbare körperliche That, sondern durch die Kundgabe an den Einzelnen, den er treffen soll. Die Form der Kundgabe ist verschieden, je nachdem es sich um eine allgemeine Regel oder um eine Einzelverfügung handelt. Für die erstere Art gilt die Form der Veröffentlichung.[8] Polizeigesetze und Polizeiverordnungen des Staatsoberhauptes werden im Gesetz-

---

[7] Chauveau I, n. 321: *cette discussion est contentieuse.* Beispiele gibt er in I, n. 320 Ziff. 1, und II S. 182.

[8] Block V° *promulgation*; v° *règlement d'administration publique* n. 10.

blatt beziehungsweise im *journal officiel* veröffentlicht. Die Veröffentlichung der Verordnungen der Präfekten und Bürgermeister hat keine gesetzlich bestimmte Form.[9] Die Bürgermeister richten sich nach dem Ortsüblichen: Anheften an Kirchenthüren und Gemeindehaus, Verlesen auf den Strassen nach Trommelwirbel u. dgl. Der Präfekt bedient sich der Bürgermeister, um seine Verordnungen in der gleichen Weise zu veröffentlichen. Sind diese Formen erfüllt, so gilt die Willensäusserung als geschehen allen Einzelnen gegenüber, bei welchen ihre Voraussetzungen zutreffen, gleichviel ob sie wirklich Kenntniss davon erhalten oder nicht.

Eine Einzelverfügung muss dem Betreffenden, um ihn zu binden, schriftlich ausgehändigt werden; die Form ist gleichgültig, es kann durch die Post oder durch einen Hülfsbeamten geschehen;[10] nur ist es wichtig, die Thatsache der Zustellung beweisen zu können, wenn die Rechtsfolgen der Willensäusserung durch Strafe oder sonstigen Zwang sollen geltend gemacht werden. Mündlicher Befehl ist nur genügend, wo das Gesetz es der Umstände halber besonders zulässt.[11]

§ 27. Machtgränzen des Polizeibefehls.

Wäre der Inhalt, der die Form des Polizeibefehls ausfüllt und den Reichthum obrigkeitlicher Machteinwirkungen auf die Einzelnen erzeugt, innerhalb dieser Formen ganz frei und unbegränzt, so würden wir uns nicht mit ihm zu beschäftigen haben, sondern alles der Verwaltungslehre und der Gesetzauslegekunst überlassen. Nun aber bestehen äusserliche Gränzen, über welche die polizeiliche Machtäusserung, welches auch sonst ihr Inhalt sei, dem Einzelnen gegenüber nicht hinausgehen soll. Dieselben beruhen auf der Idee von einem dem Staate **unantastbaren Gebiete der Freiheit des Einzelnen**, auf welches er, um mit Rousseau zu sprechen, bei dem staatsgründenden Vertrage nicht

---

[9] Grün n. 135, n. 740.
[10] Grün n. 136, n. 744: *une simple notification administrative suffit.*
[11] z. B. in Fällen öffentlicher Gefahr: *code pénal* art. 475 n. 12.

hat verzichten wollen. Die besondere Art, wie nach der Volksüberzeugung diese Gränzlinie gesteckt ist, wird als Rechtsbegriff bedeutsam bei der Bestimmung des Verhältnisses der Polizeigewalt zu den Unterthanen, wenigstens mittelbar.

Das französische Polizeirecht zeichnet sich aus durch eine entschiedene Anerkennung und kräftige Durchführung solcher Freiheitsgedanken. Die Erklärung der Menschenrechte von 1789 hatte eine Rechtsbegränzung sogar vorgesehen gegenüber dem Gesetze, indem sie den Satz aufstellte (art. 5): *La loi n'a le droit de défendre que les actions nuisibles à la société.*[1] Allein das souveräne Gesetz wird dadurch nicht ungültig, dass es etwas verbietet, was nach gewöhnlicher Auffassung die Gesellschaft nicht berührte; jener Begriff kann desshalb hier nur verwerthbar sein als Auslegungsbehelf, wenn es zweifelhaft ist, was das Gesetz gewollt hat. Dagegen wird er von rechtlicher Bedeutung in dem umfassenden Gebiete der Machtübertragungen, durch welche das Gesetz die Verfolgung der einzelnen Polizeizwecke in ganz allgemeiner Weise an die Behörden abgegeben hat: denn es muss angenommen werden, dass es damit nur hat ermächtigen wollen zu Dingen, welche nach der Volksanschauung noch zur Polizeigewalt gehören, weil sie Schädlichkeiten für die Gesellschaft darstellen, öffentliche Interessen berühren, im Gegensatze zu dem frei bleibenden Privatleben. Die Folge ist, dass die Verordnung als Machtüberschreitung ungültig wird, wenn sie darüber hinausgeht.

Solche umfassende Machtübertragungen, vermöge deren sie schöpferisch ganze Gebiete der polizeilichen Interessen zu ordnen hat, sind der Polizeiverordnung nur gemacht zum Zwecke der Aufrechterhaltung gewisser Gemeinzustände der Gesellschaft in dem äusserlichen Zusammenleben der Menschen: die öffentliche Sicherheit, Gesundheit, Ordnung, Schicklichkeit und Reinlichkeit sind ihr anheimgegeben. Für die Beherrschung des geistigen

[1] Die Erklärung der Menschenrechte, durch die Verfassung vom 14. Jan. 1852 art. 1 neu bestätigt, bildet einen Bestandtheil des in Elsass-Lothringen geltenden Rechtes in allen Punkten, welche nicht mit den neugeschaffenen Ordnungen unvereinbar sind. Es wird insbesondere der Fortbestand des obigen Satzes und der sich daran schliessenden Theorie angenommen werden müssen.

und sittlichen Lebens, für den Schutz der politischen Zustände, für die Ordnung des Gebietes der gewerblichen Thätigkeiten behält das Gesetz die Massregeln in seiner Hand. Wir begegnen denselben desshalb mehrfach unter den besonderen Polizeirechtsinstituten; die Verordnung dient, wenn sie daneben erscheint, nur zum Vollzug bestimmter Willensäusserungen des Gesetzes.

Andererseits trifft das Gesetz auch für die öffentliche Sicherheit, Gesundheit u. s. w. positive Bestimmungen, welche den Behörden Ermächtigungen geben über die natürliche Polizeigränze hinaus;[2] so namentlich dem Präfekten für Ueberwachung von Landstreichern, Fabrikarbeitern, Verkäufern von Nahrungsmitteln, dem Bürgermeister gegen gesundheitsschädliche Wohnungen.

Aber überall, wo das Gesetz nichts Besonderes bestimmt hat, wo nur gehandelt wird auf Grund des allgemeinen Auftrags, für einen jener öffentlichen Zustände zu sorgen, begegnet die Polizeiverordnung der Freiheitsgränze, welche Wissenschaft und Rechtsprechung bemüht sind aufrecht zu erhalten. Die Gränze ist nach einem äusserlichen Merkmal gesteckt; das Gebiet der Polizeigewalt und das der Freiheit sind nach örtlichen Rücksichten gesondert: einerseits steht das Leben, welches an öffentlichen Orten sich bewegt, anderseits das häusliche Leben, begränzt auf den Raum des umschlossenen Privatgrundstückes.[3] Ueber diesen letzteren Raum hat die präventive administrative Polizei grundsätzlich keine Gewalt: weder dürfen die Verordnungen der Behörden dort hineingreifen, noch die Beamten behufs Ausübung der Ueberwachung persönlich dort eindringen. Beides hängt innig zusammen; sowie kraft besonderer Ermächtigung die Polizeiverordnung über die Linie hinausgeht, folgt ihr sofort auch das zweite Stück der präventiven Polizei: an das Recht, die Gesundheitszustände im Inneren der Wohnungen zu ordnen, schliesst sich auch das Recht, persönlich dort nachsehen zu lassen für diesen Zweck.

---

[2] Das sind *attributions spéciales* im Gegensatze zu jenen allgemeinen: Grün n. 33 *in fine*.

[3] Das Schlagwort, welches dem Pressdelikt der Diffamation gegenüber gilt, wird auch der Polizei entgegengehalten: *la vie privée doit être murée*; Dalloz V° *commune* n. 1056.

In solcher Weise macht sich die Gränzlinie bei sämmtlichen der Verordnung allgemein überlassenen Polizeizwecken bemerkbar.

1. Die öffentliche Sicherheit kommt für die administrative Polizei in zweierlei Gestalt in Betracht: als Sicherheit der bestehenden Staatsordnung (*sûreté générale de l'Etat*) und als Sicherheit der Einzelnen (*protection et sûreté des personnes*).[4] Nur bezüglich der letzteren besteht jenes selbständige Polizeiverordnungsrecht der Behörden: des Bürgermeisters nach Ges. 16. Aug. 1790 Lit. XI art. 3 und des Präfekten nach Ges. 22. Dez. 1789 Sekt. III, art. 2, Ziff. 9. Die öffentliche Sicherheit in diesem Sinne ist aber nichts anderes als die Sicherheit der Einzelnen an öffentlichen Orten.[5]

Die Polizei kann alle Massregeln treffen, um zu verhindern, dass die Menschen auf öffentlichen Strassen und Plätzen und in Gebäuden, die dem öffentlichen Verkehre zugänglich sind, verletzt oder belästigt werden; die Freiheit wird dort so wenig berücksichtigt, dass die Polizei die Handelnden selbst, gegen ihren Willen und gegen ihre eigene Unvorsichtigkeit, in ihrer persönlichen Sicherheit schützt: sie verbietet das Baden an gefährlichen Stellen, das Schlittschuhlaufen bei dünnem Eise, das Aufsteigen in Luftballons.[6]

Ganz die nämlichen Dinge aber sind der Polizei unzugänglich, sobald sie vorgenommen werden in dem beschränkten Umfange eines reinen Privatgrundstückes. Natürlich sind sicherheitsgefährliche Vorgänge auch auf dem Privatgrundstücke nicht mehr

---

[4] Grün n. 36, 56.

[5] Dem Präfekten stehen auch noch andere sicherheitspolizeiliche Massregeln zu, aber diese nur innerhalb der Gränzen besonders ermächtigender Gesetze (vgl. oben Anm. 2). Will er ausserhalb derselben handeln, auf Grund jener allgemeinen Ermächtigung, so hat seine Macht die nämlichen Gränzen wie die des Bürgermeisters. Dalloz V° *organisation administrative*, n. 248, 249; Grün n. 114. Die Massregeln des Präfekten werden auch *mesures de sûreté générale* genannt; das bedeutet dann nur den Gegensatz zu der thatsächlich begränzteren Gemeindepolizei, aber keine Ausdehnung des Begriffes der öffentlichen Sicherheit, für welche die allgemeine Ermächtigung gegeben ist.

[6] Grün n. 61: *elles intéressent évidemment la sûreté des personnes, qui les entreprennent.*

frei, sobald sie in den Raum hinauswirken, welcher der Oeffentlichkeit gehört: die Polizei kann Vorsichtsmassregeln gebieten für Dachdeckerarbeiten, welche auf der der Strasse zu geneigten Seite des Daches stattfinden; fallen dagegen die Ziegel in den Hof, so geht es sie nichts an.

So hat man auch die wichtigsten Feuersgefährlichkeiten an und in Privatgebäuden allmählich als eine Bedrohung der Oeffentlichkeit anerkannt und dem Einfluss der Polizei unterworfen; wenigstens sollen Polizeimassregeln zulässig sein wegen Dachbedeckungen und Schornsteineinrichtungen.[7] Im Uebrigen hält die Praxis auch auf diesem Gebiete eifersüchtig die Gränze fest. Es kann mit Rücksicht auf die öffentliche Sicherheit gegen Feuersgefahr verboten werden, auf der Strasse zu rauchen, ganz oder wenigstens mit unbedeckter Pfeife. Dieses Verbot erstreckt sich auch auf die, welche unter der Thüre oder zum Fenster hinaus rauchen wollen. Es kann ganz besonders dabei eingeschärft werden, nicht in der Nähe von Scheunen zu rauchen; das gehört alles der Oeffentlichkeit an. Aber es kann mir nicht verboten werden, in meiner Scheune zu rauchen.[8] Der Freiheitsbegriff muss sehr mächtig sein, wenn solche Folgerungen daraus gezogen werden dürfen!

2. Die Rücksicht auf die öffentliche Gesundheit und die damit zusammenhängende öffentliche Reinlichkeit ermächtigt wieder gegenüber allem, was an öffentlichen Orten geschieht, zu den weitgehendsten Polizeivorschriften, welche ihre Gränze nur an dem finden, was das Gesetz selbst unmittelbar geordnet hat; es darf insbesondere der bestimmungsgemässe Gebrauch der Strassen dadurch nicht unmöglich gemacht werden.[9]

---

[7] Dufour I, n. 407; Grün n. 700, 703; für die Schornsteine besteht allerdings eine besondere gesetzliche Bestimmung: Ges. 24. Sept. 1791 Tit. II art. 9.

[8] Grün n. 708; Dalloz V° *commune*, n. 1298.

[9] Aber es können Pflichten damit verbunden werden. Ein Beispiel, wie weit die Sorgfalt der Polizei hier gehen darf, berichtet Champagny II, S. 530: eine vom Kassationshof nachher gutgeheissene Verordnung des Bürgermeisters von Ribérac gebot, wer Schweine zur Tränke führt, müsse mit einem Besen und einer Schaufel versehen sein, um allen Schmutz sofort wieder zu entfernen.

Aber auch die ordentliche Gesundheitspolizei macht grundsätzlich wieder Halt vor der Thüre der Privatwohnung. Gesundheitsschädlichkeiten, welche auf Privatgrundstücken ihren Sitz haben, können nur dann von polizeilichen Massregeln getroffen werden, wenn sie einen sinnlich bemerkbaren Einfluss auf öffentliche Orte üben, sei es durch Sickerung nach der Strasse oder unter die Strasse, sei es durch dort hinausstreichende üble Dünste. Die Belästigung und Verpestung eines Nachbargrundstückes genügt nicht; hier muss das Privatrecht helfen.[10]

Die Gränzlinie schneidet übrigens hier nicht mit einem Male durch; es bestehen Uebergänge aus dem Privatleben in die Oeffentlichkeit. So wird angenommen, dass die Gesundheitspolizei noch wirksam werden kann in Räumen, welche einem allgemein zugänglichen Gewerbebetriebe gewidmet sind, oder für Theile eines Privatgrundstückes, welche, nach aussen nicht entschieden abgeschlossen, in unmittelbarem Zusammenhange mit der Oeffentlichkeit stehen.[11] Auch steigern sich die Machtbefugnisse der Polizei mit dem Nähertreten einer bestimmten greifbaren Gefahr, z. B. einer Seuche. Man spricht dann von einer Art Diktatur, die sie übt, um so den Ausnahmezustand zu bezeichnen. Daher kommt es, dass eine Polizeiverordnung gültig sein kann während der Dauer der Cholera und von selbst ungültig wird, sobald die Seuche erloschen ist.[12]

---

[10] Champagny II, S. 512, 513: *Je crois pouvoir poser cette règle que l'autorité municipale ne peut prendre aucune mesure concernant l'intérieur des habitations à moins qu'il ne s'agisse de choses susceptibles de se manifester au dehors par des signes incontestables.* Dalloz V° *commune*, n. 974, 976; Grün n. 727—729; vgl. ein bei Grün n. 418 angeführtes Kassationshofserkenntniss vom 21. Juli 1878, welches das Verbot, Unreinlichkeiten in die Höfe der Häuser zu werfen, für gültig erklärt: *parce que les exhalaisons qui s'en échappent gagnent les rues voisines et en vicient l'air.* Aus dem gleichen Grund wird auch allgemein anerkannt, dass die Polizei Vorschriften über die Einrichtung und Leerung der Abtritte erlassen kann. — Die ungesunden Wohnungen sind übrigens Gegenstand eines besonderen Polizeirechtsinstitutes (vgl. unten § 32 n. 2).

[11] Champagny II, S. 513, 523.

[12] Grün n. 715: *Les droits des maires, dans ces circonstances prennent une extension nécessitée par le péril; il importe toutefois de les concilier avec ceux de la propriété privée.*

3. Die dritte grosse Rubrik allgemein delegirter Polizeithätigkeit bildet die für die öffentliche Ruhe, Ordnung und Schicklichkeit (*la tranquillité, le bon ordre, la décence publique*). Auch in dieser Beziehung sind die Vorgänge im Hause des Bürgers und in dem, was dazu gehört, der Polizei nicht fassbar, es sei denn dass sie daraus herausgreifen, störend für Auge und Ohr. Auch solche Störungen können wieder der gewöhnlichen Ordnungspolizei entzogen sein durch die besondere Regelung, welche das Gesetz dem Gewerbebetrieb gegeben hat; was damit zusammenhängt, ist den Polizeiverordnungen nur ausnahmsweise unterworfen, namentlich dann, wenn es eben die üblicher und selbstverständlicher Weise mit dem Gewerbebetrieb verbundenen Störungen willkürlich vermehrt. [13]

Was aber im Gegensatze dazu als öffentlicher Ort anzusehen sei, das ist gerade hier, gegenüber der innerlich schwer zu begränzenden Ordnungspolizei, wichtig zu unterscheiden. Es fallen darunter nicht etwa bloss Grundstücke, welche im öffentlichen Eigentum stehen und öffentlichen Zwecken dienen. Vielmehr gehört auch das Privateigentum dazu, wenn und soweit es sich nicht mehr darauf beschränkt, Schauplatz des Privatlebens zu sein, sondern der Öffentlichkeit freien Zutritt gibt.

Werkstätten, Kaufläden sind keine öffentlichen Orte; wenn auch der Inhaber fremde Personen darin aufnimmt, so bleibt er doch immer der freie Herr des Raumes, welcher für ihn da ist, nicht für die anderen. [14] Dagegen rechnen dahin: Wirthshäuser aller Art, Logirhäuser [15], Lesezimmer, Theater, Balllokale, Badeanstalten, Spielhäuser und die sogenannten öffentlichen Häuser im engeren Sinne. Nur hat diese Art von öffentlichen Orten die Besonderheit, dass sie jeder Zeit ihre Eigenschaft verlieren können,

---

[13] Dalloz V° *commune*, n. 1044, 1045; zu den zulässigen Störungen wurde z. B. nicht gerechnet das Brüllen, womit die Bäckergesellen das Kneten des Teiges zu begleiten pflegten: Dalloz eod. n. 1049.

[14] Champagny II, S. 141 begründet den Ausschluss der Kaufläden damit, dass man darin nicht *„chez soi"* sei.

[15] Nicht jedes Haus, welches möblirte Zimmer verlehnt, ist Logirhaus; es wird eine gewisse Gewerbsmässigkeit, insbesondere Gleichgültigkeit gegen die Person des Miethers zum Begriffe des *logeur* erfordert; Grün n. 609; Champagny II, S. 136.

indem sie dem Publikum geschlossen werden. Das geschieht bei den meisten sogar in regelmässigem Wechsel z. B. bei den Wirthshäusern, Lesezimmern. Vom Schluss bis zur Wiedereröffnung gehören dann auch diese Räume dem Privatleben und sind dem Einflusse der gewöhnlichen Ordnungspolizei entzogen.[16]

Der Begriff der Ruhe, Ordnung und Schicklichkeit ist ein so dehnbarer, dass da wo die Polizei berechtigt ist, dafür zu sorgen, ihre Macht tief eingreift.

Das trifft vor allem diejenigen Beschäftigungen, welche über die blosse Benutzung zum Verkehre hinaus die öffentliche Strasse in Anspruch nehmen. Die Strassengewerbe der Schuhputzer, Seiltänzer, Drehorgelspieler, Dienstmänner verdanken ihre Abhängigkeit von der Polizei ihrer örtlichen Grundlage. Hier kommt die scharfe Form des Verbotes mit Erlaubnissvorbehalt vorzugsweise zur Anwendung.[17]

Gegenüber den willkürlich öffentlich gemachten Orten, Wirthshäusern u. s. w. gibt der Polizei schon ihr allgemeiner Auftrag die nöthigen Gewalten, um was dort geschieht auch ihr immer offen und zugänglich zu halten. Daher das Recht der Polizei jeder Zeit dort einzudringen, so lange wenigstens das Lokal dem Publikum offensteht. Daher auch die Zulässigkeit des Befehls an den Besitzer, Listen zu führen über die aufgenommenen Personen und Anzeige davon zu machen.[18] Eine gleiche Pflicht könnte Inhabern nicht öffentlicher Orte nach der bestehenden Gesetzgebung durch Polizeiverordnung nicht auferlegt werden.[19]

---

[16] Dalloz V° *commune* n. 1140 ff., n. 1188.

[17] Dalloz V° *commune* n. 1068 ff.

[18] Champagny II, S. 142; für Wirthschaften ist die Anzeigepflicht durch ausdrückliches Gesetz besonders normirt (*code pénal* art. 475, 2); sie könnte auch ohnediess auf Grund der allgemeinen Ordnungspolizei für die *lieux publics* verlangt werden.

[19] Es hat nicht an Versuchen dazu gefehlt; Trolley I, n. 380: *Un maire enjoint aux simples citoyens d'inscrire sur un régistre comme les aubergistes, les hôtelliers et logeurs les noms des personnes qu'ils reçoivent chez eux et à en faire la déclaration à la police*; *c'est violer le secret du foyer domestique.* Für den Präfekten gilt wie überall die gleiche Machtgränze (vgl oben Anm. 5).

§ 28. Polizeistrafe.

Nichtbefolgung des Polizeibefehles führt zum Polizeizwang. Unmittelbarer Zwang durch die Hülfsbeamten der Polizeibehörden kann ohne besondere Ermächtigung des Gesetzes geübt werden zur Vertheidigung, d. h. soweit jene Nichtbefolgung zugleich eine Störung des Besitzes oder der eignen Handlungen der Verwaltung darstellt. Der Hauptfall wird sein der der Verhinderung des positiven Zuwiderthuns und der Beseitigung der zurückgelassenen Spuren desselben auf öffentlichen Strassen.[1] Die Möglichkeit dazu ist eigentlich nur selten vorhanden; dieser Zwang reicht also nicht aus.

Zu allem aber, was darüber hinausgeht, bedarf es einer neuen gesetzlichen Grundlage (vgl. oben § 24 n. 2). Wir finden in den besonderen Polizeirechtsinstituten mehrere Arten solchen weiteren Zwanges ausgebildet. Die allgemeine Form, die Form des ordentlichen Polizeirechts, ist die der Polizeistrafe mit gerichtlicher Anordnung der Beseitigung des polizeiwidrigen Zustandes und mit der entsprechenden gerichtlichen und administrativen repressiven Polizei. Hiezu bedarf es also eines Strafgesetzes, welches die Strafe androht. Ein solches ist aber thatsächlich mit allen Polizeibefehlen verbunden. Der gesetzliche Polizeibefehl versäumt nie die Strafandrohung für die Nichtbefolgung hinzuzufügen; mehrfach bestimmt auch das Gesetz die Strafen für die Nichtbefolgung einzelner Polizeiverordnungen und Polizeiverfügungen, die es ermächtigt; wo nichts dergleichen gegeben ist, hilft die allgemeine Bestimmung des Art. 471 Ziff. 15 *code pénal* aus: *Seront punis d'amende, depuis un franc jusqu'à cinq francs inclusivement: ceux qui auront contrevenu aux règlements légalement faits par l'autorité administrative et ceux qui ne se seront pas conformés aux règlements ou arrêtés publiés par l'autorité municipale en vertu des art. 3 et 4 tit. XI de la loi du 16—24 août 1790 et de l'art. 46 tit. I de la loi du 19—22 juillet 1791.*

Nach der Auslegung, welche der Kassationshof diesem Ge-

---

[1] Die Pariser Polizei hat ja z. B. ein ganzes System ausgebildet zur Störung und Zersprengung von Aufzügen und drgl.

setze gibt,[2] umfasst es auch die Verordnungen des Staatsoberhauptes (als einer *autorité administrative*!); ferner werden darunter begriffen alle Polizeiverordnungen des Bürgermeisters ohne Beschränkung auf die ausdrücklich angeführten Gesetze.[3] Auch die auf einen konkreten Fall gemachte Verordnung geniesst den Strafschutz, daher die ausdrückliche Erwähnung des *arrêté* neben dem *règlement*. Wahre Einzelverfügungen dagegen (Erlaubnissverweigerungen, Aufforderungen u. drgl.) entlehnen den strafrechtlichen Schutz von der allgemeinen Regel (Gesetz oder Verordnung), zu deren Vollzug sie dienen; eine selbständige Strafklausel haben sie nicht und brauchen sie nicht.

Die allgemeine Strafandrohung verbindet sich aber auch mit keiner anderen Art von Anordnungen der Behörden als mit den polizeilichen, auch wenn sie die Form eines Befehles haben, die Zweckrichtung ist dann das unterscheidende Merkmal (vgl. oben § 25 Eingangs). Insbesondere sind also davon ausgeschlossen Massregeln zur Erhebung von Abgaben und Taxen, allgemeine Dienstvorschriften für die Unterbeamten, Ordnung der Verpflichtungen eines Unternehmers öffentlicher Arbeiten und Anstalten.[4]

Wenn also der Polizeirichter auf Grund einer Verordnung Strafe verhängen soll, hat er zu prüfen, ob dieselbe einen Polizeibefehl enthält, ob sie gültig d. h. innerhalb der Befugnissgränzen des Verordnenden erlassen und ob sie gehörig kundgegeben sei. Fehlt es nach seiner Meinung an einem dieser Punkte, so kann er desshalb die Verordnung nicht für ungültig erklären; er verweigert nur die Straffolge und spricht den Angeklagten frei. Die Polizei kann dann zusehen, ob sie mit anderen Zwangsmitteln ihren Zweck erreichen mag.

Das Polizeigericht urtheilt nur auf erhobene Anklage und

---

[2] Champagny I S. 273 ff.; Grün n. 773; Chauveau et Hélie VI n. 2796.

[3] Champagny I S. 216 ff. Diese Auslegung lässt sich mit dem Wortlaute des Gesetzes nicht vereinigen; das praktische Interesse ist aber nur sehr gering, da die einzige Folge einer strengeren Auslegung die wäre, dass man für die nicht erwähnten Gegenstände auf die ziemlich gleichartigen Strafbestimmungen des Gesetzes vom 3 brum. IV art. 606 zurückgehen müsste.

[4] Champagny I, S. 282 ff.; Grün n. 774; Dalloz V° *commune*, n. 662, 663.

diese Anklage ruht in der Hand des Polizeikommissärs ausschliesslich; in manchen Fällen vertritt denselben der Bürgermeister. Er hat das Recht polizeilich strafbare Handlungen, welche er nicht für geeignet hält zur Verfolgung, nach eignem Ermessen unverfolgt und somit straflos zu lassen. Damit gestraft werde, muss also der Wille der Verwaltung sich mit dem des Gerichtes auf diesen Erfolg vereinigen.[5]

Die Zugehörigkeit der Polizeirechtspflege zur Verwaltung erweist sich aber auch in ihrer inneren Natur, in der Eigenthümlichkeit der Grundsätze, nach welchen sie Recht spricht und mit welchen sie sich scheidet von der Rechtsprechung des gemeinen Strafrechts.

1. Wir nennen die strafbare Handlung, welche entsteht durch die Nichtbefolgung eines Polizeibefehls eine Polizeiübertretung. Der französische Ausdruck *contravention* ist bedeutender. Die *contravention (contra venire)* im weiteren Sinne begreift jedes Zuwiderhandeln gegen eine Verbindlichkeit,[6] im engeren Sinne das Zuwiderhandeln gegen eine mit Strafandrohung auferlegte Verbindlichkeit. Damit ist das wesentliche Merkmal der Kontravention bezeichnet, welches eben darin besteht, dass hier der Einzelne verantwortlich wird durch das blosse äusserliche Nichterfüllen der Verbindlichkeit, ohne Rücksicht auf die Gesinnung. Auf diesen Punkt wird alles Gewicht gelegt für die Unterscheidung der Zuwiderhandlung von der strafbaren Handlung des gemeinen Strafrechts; denn bei dieser ist es gerade der sich auflehnende Wille des Einzelnen, der getroffen und gebändigt wird, die moralische Würdigung der That ist die Grundlage der Strafbarkeit und der Massstab ihrer Höhe.[7]

---

[5] Grün n. 789. Anders jetzt nach dem Legalitätsprinzip der deutschen St. P. O. (art. 152 Abs. 2).

[6] *Tout manquement à une obligation quelle que soit sa source:* Dalloz V° *contravention* n. 1.

[7] Dalloz V° *contravention* n. 1: *le mot contravention s'applique à celles des infractions aux lois pénales, qui, à la différence des crimes et delits, dans lesquels il y a toujours à rechercher la moralité de l'acte et l'intention de l'agent, consistent matériellement dans un fait ou dans une ommission.* — Ortolan, *élements de droit pénal* I, n. 610: *ce mot (contraventions) paraissant indiquer le simple fait matériel d'être venu contre la loi, abstrac-*

Als praktische Folge dieses innerlichen Unterschiedes tritt uns sofort eine grössere Strenge entgegen, mit welcher die Schuldfrage bei den Kontraventionen behandelt wird. Guter Glaube und Irrthum schliessen hier die Strafbarkeit nicht aus;[8] es gibt überhaupt nur zwei Strafausschliessungsgründe: Unzurechnungsfähigkeit und höhere Gewalt, und auch diese schützen nicht unbedingt.[9]

Bei der Auffassung des Polizeistrafrechts als eines gleichartigen Stückes des gemeinen Strafrechts, lediglich unterschieden von ihm durch eine formellere strengere Anwendung an sich geringer Strafen, bliebe das Warum dieser Strenge und ihre Gestalt im Einzelnen völlig unerklärt. In der That ist es vielmehr ernsthaft gemeint mit der Nichterfüllung einer Verbindlichkeit, auf welche der Name der Kontravention hinweist: das ganze Polizeistrafrecht, obwohl der äusserlichen Erscheinung nach dem Strafrechte angehörig, lehnt sich seinem inneren Wesen nach mehr an die civilrechtliche Erzwingung einer nicht erfüllten Obligation.

Der Polizeibefehl erzeugt für die Betroffenen eine Verbindlichkeit gegenüber dem Staate, zu thun oder zu unter-

---

tion faite de l'intention ... n. 613: *la sanction pénale attachée à la violation de ces sortes de prescriptions ou préhibitions l'est moins à raison d'un droit préexistant, dont la lésion serait punissable par elle-même, ... moralement indifférentes en elles-même, si on les considère à un point de vue individuel, les actions ou inactions dont il s'agit etc.* — Chauveau et Hélie VI, n. 2719: *elles sont constituées par le seul fait matériel de la desobéissance aux prescriptions ou de la négligence à les suivre, indépendamment de toute intention criminelle, de toute volonté malveillante.* Die Letztgenannten machen mit Recht darauf aufmerksam (n. 2790), dass bei der Eintheilungsart des *code pénal* nach der Höhe der Strafen unter den Titel *contraventions* manche strafbare Handlungen gerathen sind, welche eigentlich dem gemeinen Strafrecht angehören (z. B. Felddiebstahl), wie umgekehrt unter den Delikten des gemeinen Rechts Fälle aufgeführt werden, welche die Natur einer Kontravention an sich tragen und nach den eigenthümlichen Regeln einer solchen zu behandeln sind (z. B. Verfehlungen gegen die Vorschriften für die Exportindustrie nach *c. pén.* art. 413).

[8] Dalloz V° *contravention* n. 104: *c'est un principe commun à toutes les contraventions que l'ignorance et la bonne foi n'excusent pas.* Chauveau et Hélie VI n. 2721; Champagny I, S. 460—466.

[9] Chauveau et Hélie VI, n. 2722; Champagny I, S. 466 ff.; Ortolan I, n. 644.

lassen; nicht umsonst werden diese polizeirechtlichen Pflichten immer wieder als *obligations* bezeichnet.[10]

Die Nichterfüllung einer derartigen Obligation würde dieselbe nach Civilrecht in Schadensersatzpflicht verwandeln;[11] nach Polizeirecht führt sie ganz in dem gleichen Schema zur Strafe.

Die polizeiliche Obligation mit Strafandrohung trifft nur willensfähige Personen; aber auch die einfache Willensfähigkeit genügt. Desshalb sind Kinder und Wahnsinnige, aber auch nur diese, von vorneherein straffrei. Ist einmal die polizeiliche Verbindlichkeit begründet gewesen, so kann die Verantwortlichkeit für die Nichterfüllung derselben d. h. die Strafe nur nach denselben Grundsätzen abgelehnt werden, nach welchen auch die Nichterfüllung civilrechtlicher Verbindlichkeiten entschuldigt wird und keine Verantwortlichkeit d. h. keine Schadensersatzpflicht nach sich zieht. Der Zuwiderhandelnde muss beweisen, dass eine äusserliche Ursache, deren Wirkung zu verhindern ausserhalb seiner Macht, jedenfalls ausserhalb seiner Pflicht lag, die Thatsache der Nichterfüllung herbeigeführt hat.[12]

In diesem Sinne ist die höhere Gewalt zu verstehen, welche, ausser jugendlichem Alter und Wahnsinn, allein gegenüber der Polizeistrafe noch angerufen werden kann.

Vorübergehende Zustände von Geisteskrankheit, wozu ja auch sinnlose Trunkenheit gerechnet wird, Notstand und Notwehr schliessen im gemeinen Strafrecht die Strafbarkeit aus.[13] Im Polizeistrafrechte wirken sie nur unter dem Gesichtspunkte der die Erfüllung unmöglich machenden höheren Gewalt. Die Verantwortlichkeit bleibt daher vollständig bestehen, wenn die Störung selbst erst durch den Zuwiderhandelnden herbeigeführt worden, also keine äusser-

[10] Dalloz V° *contravention* n. 1, 95, 96, 112, 118, 120, 151, 271 u. s. w.

[11] *Code civil* art. 1142: *toute obligation de faire se résout en dommages et intérêts en cas d'inexécution de la part du débiteur.*

[12] *Code civil* art. 1147: *une cause étrangère qui ne peut lui être imputée.* Gleichbedeutend sind die Ausdrücke *cas fortuit*, *cas de force majeure* oder *sans sa faute*, welche das Civilrecht sonst gebraucht.

[13] Ortolan I, n. 322, 323.

liche Ursache, *cause étrangère,* für ihn ist; ganz wie das auch im Civilrechte der Fall sein würde.[14]

Leichter kommt natürlich die befreiende höhere Gewalt ganz von aussen. Der Schwerpunkt liegt immer in dem Nachweis, dass man zur Herbeiführung der Erfüllung gethan habe, was man konnte und sollte, und wegen einer rein äusserlichen Ursache die Erfüllung nicht geglückt ist. Die höhere Gewalt im eigentlichen Sinne deckt nicht unbedingt und ist nicht unbedingt nötig. Der Mann, welcher verpflichtet war, auf der Strasse niedergelegte Baumaterialien zu beleuchten, kann sich nicht damit entschuldigen, dass der Sturm die Laterne ausblies; er musste sie wieder anzünden. Entschuldigt ist dagegen der andere, dem sie ohne eigentliche höhere Gewalt (z. B. wegen Mangel an Oel) ausgegangen war und der sich beeilte, sie wieder anzuzünden, wenn auch in der Zwischenzeit die fehlende Beleuchtung polizeilich festgestellt wurde.[15] — In vielen Gemeinden hat man den Eigenthümer mit Strafe bedroht für den Fall, dass ein Kaminbrand bei ihm ausbricht; das bedeutet nichts anderes als die Auferlegung der Pflicht, dafür zu sorgen, dass kein Brand entstehe; der Kassationshef lässt desshalb den Entlastungsbeweis zu, dass man bei Erbauung und Reinigung des Kamins das Seinige vollständig gethan habe.[16]

2. Aus dieser Verwendung civilrechtlicher Grundsätze entsteht auch auf polizeistrafrechtlichem Gebiete eine ausgedehnte und selbstverständliche Haftung für das Thun und Lassen Anderer.

Ich kann mich zur Erfüllung polizeilicher wie civilrechtlicher Verbindlichkeiten anderer Personen bedienen oder durch andere Personen Handlungen vornehmen lassen, bei welchen ich solche Verbindlichkeiten zu erfüllen hätte. Wenn diese Personen dabei irgend etwas versäumen, so fällt die Strafe auf mich. Die Dienstboten unterlassen es, die Strasse zu kehren, die Arbeiter des Abfuhrunternehmers fahren einen diesem verbotenen Weg, die Ladnerin des Bäckers verkauft unter Nichtbeachtung polizeilicher

[14] Ortolan I, n. 376, n. 644; das gilt insbesondere von dem Falle sinnloser Betrunkenheit, welche polizeilich regelmässig nicht zieht.

[15] Dalloz V° *contravention* n. 99, 152.

[16] Grün n. 703.

Taxen, alles ohne dass der Geschäftsherr davon weiss, und doch ist dieser strafbar.[17] — Die Entscheidungsgründe des Kassationshofes wenden sich bei diesen Gelegenheiten öfters gegen die Behauptung der Angeklagten, dass sie nur als civilverantwortlich für das Delikt ihrer Untergebenen — als *maître ou commettant* im Sinne des Art. 1384 c. c. — einzustehen hätten; danach wären nur jene in Strafe zu nehmen, die Geschäftsherren aber nur zum Ersatz der Kosten und Geldbussen an die Staatskasse, nicht eigentlich zur Strafe zu verurtheilen. In Wahrheit ist nicht die Haftung für andere im Privatdelikt das Vorbild des hier obwaltenden Rechtsverhältnisses, sondern die Haftung für andere, deren man sich zur Erfüllung einer vertragsmässigen Verbindlichkeit bedient. Es ist eine eigene Verbindlichkeit des Geschäftsherrn in Frage, er ist direkt haftbar, polizeistrafrechtlich in derselben Weise wie dort civilrechtlich.

Umgekehrt besteht sogar die Möglichkeit, polizeiliche Verbindlichkeiten Anderer zu übernehmen und dadurch statt ihrer für die Nichterfüllung polizeistrafrechtlich zu haften. Das kann natürlich nicht geschehen durch einseitige Abmachung der Pflichtigen unter sich.[18] Es bedarf einer Einwilligung des Gläubigers d. h. der Polizeibehörde. Dieselbe kann nur ertheilt werden, wenn es sich um polizeiliche Pflichten der Einwohner zu einem Leisten handelt und die Behörde unter ausdrücklichem Vorbehalte der polizeilichen Rechte einen Unternehmer an deren Stelle zur Erfüllung dieser Verbindlichkeiten annimmt. Strassenbeleuchtung, Wegschaffen des Schmutzes vor den Häusern u. dgl. bieten Anwendungsfälle eines solchen Verhältnisses. Nach der feststehenden Rechtsprechung des Kassationshofes sind dann die

---

[17] Dalloz V° *contravention* n. 112; Champagny II, S. 493, 496. Auffallend ist folgendes Urtheil: es wurde festgestellt, dass der Wagen eines Mannes allzuscharf durch die Strassen fuhr; er war nicht selbst darauf, der Führer wurde überhaupt nicht erkannt; gleichwohl wird vermuthet werden können, dass es ein Beauftragter von ihm war. Das hat genügt ihn zu bestrafen. Dalloz l. c. n. 306.

[18] Versuche dazu kamen allerdings auch vor; Champagny I, S. 498 ff. führt Beispiele an: ein Kutscher beruft sich z B. darauf, dass der Fahrgast die Folgen der Uebertretung der Fahrordnung übernommen habe. Bezeichnend genug, dass man an eine solche Vertheidigung denken kann.

Einwohner frei und der Unternehmer haftet für die Erfüllung der Polizeiverordnung, auch gegenüber dem Polizeistrafgericht. Es ist eine Art Novation der polizeilichen Obligation eingetreten.[19] Immerhin ist eine solche Uebernahmemöglichkeit eine Ausnahme für diese besondere Art von Polizeipflichten; sie hängt wohl damit zusammen, dass der Gedanke einer ausgleichenden Last für die Nutzungen der Strasse bei ihnen obwaltet (vgl. unten § 58).

3. Die Voraussetzungen für die Verurtheilungen, welche das Polizeigericht dem Kontravenienten auferlegt, sind also ganz gleich gestaltet der Nichterfüllung einer civilrechtlichen Verbindlichkeit, welche die Verurtheilung zu Schadenersatz begründet. Es kommt aber noch hinzu, dass diese Verurtheilungen selbst hier mehrfach unter den Gesichtspunkt gebracht werden eines Schadensersatzes, der nur den Umständen angemessen in besonderer Gestalt gewährt wird.

Das gilt sogar von der eigentlichen Polizeistrafe. Die Zuwiderhandlung gegen polizeiliche Vorschriften lässt ja regelmässig keine äusserlichen Spuren zurück, welche wieder gut gemacht werden müssten. Allein sie hat immer eine moralische Folge: sie zerstört das Ansehen des verpflichtenden Befehles und erzeugt die Gefahr weiterer Zuwiderhandlungen. Diesen moralischen Schaden wieder gut zu machen, ist die Polizeistrafe bestimmt; sie will nichts anderes als dem Betroffenen und der ganzen Oeffentlichkeit einprägen, dass ein Befehl besteht und dass die Befehle der Polizeigewalt verbindliche Kraft haben. In sofern ist also die Polizeistrafe wirklich Schadensersatz, welchen die Verwaltung wegen Nichterfüllung ihrer Forderungsrechte vom Gerichte zugesprochen bekommt.[20]

---

[19] Cass. 26. Juli 1827 (Petit): *l'entrepreneur s'est alors subrogé à l'obligation des habitants et s'est soumis aux peines qu'ils auraient eux mêmes encourues en négligeant d'exécuter les lois ou règlements de police.* Dalloz V° *commune* n. 662; Champagny I, S. 141 ff., II S. 474 ff.

[20] Dufour II, n. 606; vgl. unten Anm. 23. Champagny II, S. 471 *L'application des peines vu leur importance minime doit être considerée comme ayant pour but de mieux faire connaître l'existence du règlement.* — Nicht unerwähnt dürfen wir lassen, dass sogar der Gedanke ausgesprochen wird, die Polizeistrafe sei am Ende als eine ganz gewöhnliche Geldentschädigung an den Staat zu betrachten, der sie dem nächstbetheiligten Gemeinwesen, der

Noch deutlicher zeigt sich das an den Nebenverurtheilungen, welche das Polizeigericht mit der Strafverhängung unter Umständen ausspricht. Es kann ja doch vorkommen, dass die Zuwiderhandlung äussere Spuren zurückgelassen hat, deren blosses Bestehen eine fortwährende Verletzung des Befehles und seines Rechtes auf Gehorsam darstellt. Diese Spuren müssen beseitigt werden und nicht immer genügt dazu die einfache Selbsthülfe der Verwaltungsbehörde. Wenn zu diesem Zwecke in das Privateigenthum eingegriffen werden muss, z. B. um ein polizeiwidrig dort errichtetes Gebäude einzureissen, oder Jemand gezwungen werden soll, etwas selbst wegzuräumen, womit er die öffentliche Strasse versperrt hat, so bedarf es einer neuen gesetzlichen Ermächtigung (vgl. oben § 24). Das Gesetz gibt diese Ermächtigung neben der zur Strafverhängung, aber es betraut mit der Anwendung derselben auf den Einzelfall, wie mit der Strafe, statt der Verwaltungsbehörde das Polizeigericht. Das Gericht muss also in seinem Urtheile die Abreissung des Gebäudes verordnen, dem Verurtheilten die Pflicht auferlegen, selbst und auf seine Kosten wegzuräumen. Den Vollzug dieses Zubehörs der Strafe besorgt dann die Verwaltung selbst: die repressive administrative Polizei tritt wieder ein, um den Zwang zu üben, zu welchem das Gericht sie ermächtigen musste. Sie fordert zunächst auf zur freiwilligen Befolgung und stellt schliesslich Leute an, welche das Erforderliche unter polizeilichem Schutze vornehmen; die entstehenden Kosten zieht sie im Verwaltungsexekutionsverfahren ein.[21]

Die Befugniss des Polizeigerichtes, solche Massregeln anzuordnen, wird nun aber auf keine andere Gesetzesstelle gegründet als auf die letzten Worte des art. 161 *code d'instr crim.*, welcher lautet: *Si le prévenu est convaincu de contravention de police, le tribunal prononcera la peine et statuera sur les demandes en re-*

Gemeinde zuwendet; nach dem Gesetze (*c. pén.* art. 466) fliesst sie ja in die Gemeindekasse. Also — sagt Champagny I, S. 447 — *en ce qui touche l'amende on pourrait dire, que celle de simple police se prononçant au profit de la commune, on doit la considérer comme de dommages-intérêts établis par la loi.* Champagny selbst bekämpft diese Ansicht.

[21] Grün n. 812.

stitution et en dommages-interêts.[22] Die Rechtsprechung und die Wissenschaft bezeichnen denn auch geradewegs diesen Theil der Verurtheilung wegen Polizeiübertretung als einen Schadenersatz, welcher der Verwaltung, dem Staat, der Gesellschaft geleistet wird.[23]

So hebt sich denn das Urtheil des Polizeigerichts scharf ab von der gewöhnlichen Strafrechtspflege und das Band wird sichtbar, das seine Thätigkeit mit der Verwaltung verbindet. Der Befehl des Polizeigesetzes oder der Polizeiverordnung hat eine verwaltungsrechtliche Verbindlichkeit erzeugt; das Gericht, welches feststellt, ob und wie diese Verbindlichkeit dem Einzelnen in seinem Verhalten entgegenstand, und die Folgen daraus zieht, macht dem inneren Wesen der Sache noch nichts anderes als einen erklärenden Verwaltungsakt mit daran schliessendem Verwaltungszwang.[24]

2. Besondere Polizeirechtsinstitute.

§ 29. Unmittelbare Gewaltanwendung.

Im ordentlichen Polizeirecht lehnt sich alle Gewaltanwendung, welche über die einfache Vertheidigung hinausgeht, regelmässig an

---

[22] Sirey, *codes annotés* zu art. 161 *code d'instr. crim.* n. 30 ff.

[23] Cass. 27. Juli 1827 (Delème): *la démolition des maisons ou établissements élevés en contravention aux règlements de police est considerée comme dommages-interêts.* Champagny II, S. 404. Dufour II, n. 606 fasst beide Arten von Schadensersatz, den moralischen und den sachlichen zusammen; er nennt die zuletzt besprochenen Massregeln *une réparation civile; tandis que l'action de la peine ne tend qu'à faire obtenir à la société une réparation morale.*

[24] Das deutsche Strafgesetzbuch kennt keinen so scharfen Unterschied zwischen dem gemeinen Delikt und der Polizeiübertretung, insbesondere sind die Strafausschliessungsgründe für beide dieselben. Nach Entscheidung des R. O. H. G. vom 20. Sept. 1872 (Ziegler) würden diese Regeln sogar zur Anwendung kommen müssen auf Polizeiübertretungen, welche zu den auf Grund des E. G. z. St. G. B. art. 2 der Landesgesetzgebung vorbehaltenen Materien gehören. Dadurch bekäme unsere Polizeiübertretung einen Zug, der zu ihrem Wesen nicht passt, würde aber im übrigen ihre rechtliche Natur behalten.

das polizeigerichtliche Urtheil zur Vorbereitung und zum Vollzug der Bestrafung, als gerichtliche Polizei, und zur Durchführung der unter dem Namen Entschädigung verordneteu Massregeln, als administrative repressive Polizei.

Daneben stehen schon im ordentlichen Polizeirechte Fälle, wo die Polizeibehörde ausnahmsweise unmittelbar und ohne Anlehnung an die Polizeistrafrechtspflege vorgeht mit äusserlicher Gewalt. Das ist dann selbständige repressive administrative Polizei gleich jenen Selbstvertheidigungsakten. Bei der Raschheit der Handlung ist dabei ein eigner Akt des Befehles von dem Zwange oft nicht unterscheidbar. Es fällt nicht bloss die Polizeirechtspflege weg, welche sich sonst schützend vor den Zwang stellt, auch die Verwaltungsrechtspflege welche im Rekurs wegen Machtüberschreitung an sich offen stünde, kommt regelmässig zu spät. Der einzige Rechtsschutz besteht demnach hier in der persönlichen Verantwortlichkeit des handelnden Beamten. Inwieweit dieselbe von den Betroffenen in Anspruch genommen werden kann, das richtet sich nach den allgemeinen Grundsätzen, welche unten (§ 61) noch eingehend erörtert werden sollen. Wegen des grundsätzlichen Ausschlusses der Entschädigungspflicht des Staates vgl. unten § 57.

Solche Ausnahmsfälle ergeben sich auf Grundlage der einfachen allgemeinen Ermächtigungen des ordentlichen Polizeirechts von selbst in demselben Gedankengange, nach welchem wir die sachliche Machtgränze des Polizeibefehls erweitert sahen (vgl. oben § 27 bei Anm. 12): gegenüber einer unmittelbar drohenden Gefahr erstreckt sich auch die Ermächtigung für die Form des anzuwendenden Zwanges.

Bei eingetretener Ueberschwemmung, bei ausgebrochener Feuersbrunst und in ähnlichen Fällen dringender öffentlicher Gefahr ist die mit dem Schutz dagegen betraute Gemeindepolizeibehörde ohne Weiteres auch befugt, alle Zustände und Vorrichtungen, welche augenblicklich der Gefahr Vorschub leisten und sie vergrössern, zu verbieten und sofort mit Gewalt beseitigen zu lassen. — So wird das brennende Gebäude niedergerissen, desgleichen das Nachbarhaus, welches, wenn es ergriffen würde, die Weiterverbreitung des Feuers in besonders bedenklicher Weise zu begünstigen droht. Die Anordnung ist der äusseren Gestalt nach ein Einzelakt, dem Inhalte nach eine Polizeiverordnung mit konkretem Thatbestand; sie ist formlos mündlich zu erlassen und ohne Kundgabe an den Eigenthümer vollstreckbar.[1] Von einer Entschädigung könnte nur dann die Rede sein, wenn nachgewiesen würde, dass das niedergerissene Nachbarhaus jedenfalls nicht verbrannt wäre: plötzliche Regengüsse, Aenderung des Windes oder sonstige rettende Zufälle müssten dazwischen gekommen sein. In diesen Fällen wäre nach manchen Schriftstellern ein Anspruch auf Entschädigung begründet, aber nur gegen die Eigenthümer der übrigen zunächstliegenden Häuser nach den Grundsätzen der *lex Rhodia de jactu* und des art. 410 c. com.[2] Dieser Anspruch ist dann rein civilrechtlicher Natur und vor den Civilgerichten auszutragen. Staat oder Gemeinde gewähren auch hier keine Entschädigung für ihre Polizeimassregeln.[3]

In derselben Weise begründet sich die Befugniss der Polizeibehörde, gefährliche Thiere, welche in der Oeffentlichkeit betroffen werden, wegnehmen und nötigenfalls tödten zu lassen. Dessgleichen stützt sie darauf alle die Gewaltmassregeln, zu welchen sie bei ausgebrochenen Volksseuchen zu schreiten pflegt, um der Stimme der allgemeinen Angst oft ein allzugeneigtes Gehör zu geben: Absonderung der Kranken, Desinfektion oder Zerstörung von Eigenthum, Untersuchung und Ausräucherung der Reisenden u. s. w.[4]

Soweit wirkt also immer noch das ordentliche Polizeirecht. Dazu fügen aber nun ausdrückliche Gesetzesbestimmung besondere Polizeirechtsinstitute, um entweder die unmittelbare Gewaltanwendung zu gestatten, wo sie aus den allgemeinen Befugnissen allein nicht gerechtfertigt werden würde, oder um dem unmittelbaren Zwang, wo er ohnedies zulässig wäre, eine feste Form und besondere Kraft zu geben (vgl. oben § 25 Anm. 10).

---

[1] Dalloz V° *commune* n. 1309, n. 669; Jousselin, *servitudes d'utilité publique* I S. 194.

[2] Jousselin I, S. 194, 195; Toullier, *droit civil français* I, n. 280; Proud'hon, *usufruit* n. 1594.

[3] Wegen der öffentlichrechtlichen Entschädigung, welche sich an eine andere Seite desselben Vorganges knüpfen kann, vgl. unten § 42.

[4] Grün n. 431 ff.

1. Von der ersteren Art ist die Befugniss des Bürgermeisters, frei umherlaufende Hunde einfangen und tödten zu lassen, auch ohne dass sie eigentlich gefährlich wären; die Massregel kann in's Werk gesetzt werden durch eine Gemeindepolizeiverordnung, welche das Umherlaufenlassen verbietet und dabei die Massregel androht, oder auch ohne solche Verordnung sofort, wenn ein wuthverdächtiger Hund sich auf dem Gemeindegebiet oder in der Nähe gezeigt hat.[5]

Dessgleichen ist der Bürgermeister besonders ermächtigt worden, bei ausgebrochenen Viehseuchen[6] die verdächtigen Stücke zusammentreiben und bewachen zu lassen. Er kann auch verfügen, dass die von der Seuche ergriffenen Thiere, bei schweren Seuchen, insbesondere bei der Rinderpest, auch die mit der Krankheit nur in Berührung gekommenen getödtet und verscharrt werden. Im letzterem Falle gewährt das Gesetz vom 30. Juni 1866 dem Eigenthümer des Viehstückes eine Entschädigung auf Staatskosten von 3/4 des Werthes des gesunden Thieres, gleichviel ob es in Wirklichkeit krank oder gesund war. Darin liegt kein Schadenersatz: es fehlt die Voraussetzung der Rechtswidrigkeit; es ist auch keine öffentlichrechtliche Entschädigung entsprechend dem dem Rechte der öffentlichen Anstalten angehörigen Rechtsinstitute (vgl. unten § 52): die Massregel geschieht nicht zum Nutzen einer öffentlichen Anstalt. Ein Schade durch die Tödtung ist überhaupt nicht vorausgesetzt, da ja auch für das ohnehin verlorene Thier bezahlt wird. Die Entschädigung hat einen polizeilichen Zweck indem sie die Anzeige der Eigenthümer befördert und Verheimlichungen verhütet;[7] wegen des verwendeten Mittels gehört aber das Institut doch nicht zum Polizeirecht (vgl. oben § 25 Eingangs); es reiht sich vielmehr seiner rechtlichen Natur nach ein in die

---

[5] Ges. 22. Juli 1791, art. 9; Block V° *chiens* n. 1; Dalloz V° *commune* n. 1325, 1326; Grün n. 736.

[6] Verordnung 23 messid. V; Verordnung 27. Jan. 1815; Dalloz V° *commune* n. 1314, 1315; Block V° *épizotie* n. 3, 4. — Dafür jetzt Reichsges. 7. April 1869 und 23. Juni 1880.

[7] Ducrocq n. 710: *l'indemnité, qui dans un intérêt de sécurité publique et afin de provoquer les déclarations des propriétaires eux-mêmes doit être allouée etc.*

öffentlichrechtlichen Belohnungen, von welchen unten (§ 56) die Rede sein wird.

Das Feilhalten verfälschter Getränke und verdorbener Nahrungsmittel ist strafbar; das Polizeigericht kann zugleich die Vernichtung der feilgehaltenen Gegenstände anordnen.[8] Die letztere Verfügung kann aber auch in selbständiger Weise von der Gemeindepolizeibehörde getroffen werden; die Konfiskationsermächtigung des art. 477 *c. pén.* soll wenigstens in soweit auch für sie gelten, als sie ihre gesundheitspolizeiliche Massregel danach mit unmittelbarer Gewalt durchführen darf. Das Gericht hat dann hintendrein nur über die Strafe zu erkennen; die Gültigkeit der von der administrativen Polizei vorgenommenen Vernichtung wird von ihm zunächst nicht mehr geprüft.[9] Spricht es frei, so kann der Betroffene möglicher Weise die persönliche Verantwortlichkeit des verfügenden Polizeibeamten in Anspruch nehmen (vgl. unten § 61); weitere Rechte hat er jedenfalls nicht.

2. Unmittelbare Gewaltanwendung, die mit Rücksicht auf die Grösse und Dringlichkeit der Gefahr ohnedies zulässig wäre, ist mit besonderen Formen und Hülfsmitteln ausgestattet vor allem in den beiden folgenden Rechtsinstituten.

Das eine ist die gesundheitspolizeiliche Gränzbewachung, das *régime sanitaire,* umfassend eine Reihe von Massregeln zum Schutze gegen die Einschleppung der grossen Volksseuchen (Pest, Cholera, gelbes Fieber).[10] Dasselbe gilt zunächst für Seehafenplätze. Kein Schiff, welches von auswärts kommt, darf in den Verkehr treten, bevor es gesundheitspolizeilich behandelt worden ist. Wenn der Herkunftsort nicht ganz unverdächtig ist, insbesondere also Häfen des Morgenlandes berührt worden sind, muss ein amtliches Zeugniss über den dortigen Zustand (*patente*) vorgelegt werden. Man unterscheidet je nach dem Ergebniss der Untersuchung *patente nette, suspecte* und *brute*; letztere liegt vor, wenn an dem Herkunftsorte Seuchen herrschen

---

[8] Ges. 27. März 1851, Ges. 5. Mai 1855; *c. pén.* art. 477. — Jetzt Reichsgesetz 14. Mai 1879.

[9] Dalloz V° *commune* n. 1247—1249; Grün n. 636 ff., 640. — Diese Polizeibefugniss besteht wohl auch noch neben dem Reichsgesetze.

[10] Ges. 3. März 1822; neuerdings Dekret 22. Febr. 1876.

oder auf dem Schiffe selbst Fälle davon vorgekommen sind. Die Entscheidung liegt in der Hand einer eigens dazu bestellten Sanitätsbehörde. Dieselbe kann für das Schiff und seine Insassen eine mehr oder weniger lange Absperrung, die Quarantäne, anordnen. Der Bruch der Quarantäne ist mit strengen Strafen bedroht, im Falle der *patente brute* steht sogar die Todesstrafe darauf; die Verhängung dieser Strafen gehört den ordentlichen Gerichten. Ausserdem kann die Sanitätsbehörde sich dem Versuche des Bruches sowie des Landens vor der Untersuchung mit allen Mitteln der Gewalt widersetzen, insbesondere auch die Mitwirkung der bewaffneten Macht dafür in Anspruch nehmen. Die Schiffe und ihr Inhalt werden desinfizirt; Thiere und sonstige Gegenstände, welche nicht vollkommen unschädlich zu machen sind, getödtet und vergraben, beziehungsweise verbrannt. Eigene Quarantänespitäler sind zur Aufnahme der Kranken bestimmt und in derselben Abgeschlossenheit gehalten; die Polizei in denselben mit Einschluss der Polizeigerichtsbarkeit wird von der Sanitätsbehörde geübt. — Durch Verordnung des Staatsoberhauptes können entsprechende Vorkehrungen auch an der Landgränze getroffen werden; auch kann das Staatsoberhaupt den Verwaltungsbehörden an der Gränze das Recht delegiren, in dringlichen Fällen den ganzen Apparat selbständig in Wirksamkeit zu setzen.[11]

Das zweite Rechtsinstitut, das hier in Betracht kommt, ist die Zersprengung von Zusammenrottungen (*attroupements*). Ein Menschenhaufe, welcher auf der öffentlichen Strasse sich bildet, ist zunächst nur eine Störung der zweckmässigen Benützung der Strasse. Die Polizei kann Gewalt anwenden, um die Menge auseinander zu bringen, die einzelnen Personen bei Seite zu schieben und den Verkehr wieder frei zu machen; das liegt alles noch in der blossen Vertheidigung der Strasse. Eine Zusammenrottung wird der Menschenhaufe erst, wenn er eine gewisse gemeinsame Gesinnung verräth mit Neigung zu Gewalt und Widerstand. Dann ist er eine dringende Gefahr für die öffentliche Sicherheit. Die

---

[11] Block V° *régime sanitaire*; Ducrocq n. 442, 636. — Insofern würde das Rechtsinstitut, mit Ausnahme der Strafbestimmungen, auch für Elsass-Lothringen noch von Bedeutung sein.

unmittelbare Gewaltanwendung, welche der Polizei von selbst dagegen zusteht, nimmt eine ernstere Form an. Ausdrückliche Gesetze gewähren ihr überdies ein besonderes Gewaltmittel in der anzurufenden Mitwirkung des Heeres.

Den Anfang machte die *loi martiale* vom 3. August 1789; an ihre Stelle trat dann das ausführliche Gesetz vom 3. August 1791, welches jetzt noch die Grundlage dieses Rechtsinstitutes bildet. Die Gesetze vom 10. April 1831 und 7. Juni 1848 — jede Revolution brachte Neues — haben Einzelnes vervollständigt und abgeändert.

Das Gesetz von 1791 hoffte zunächst die Macht der Polizei durch freiwillige Bürgerhülfe zu verstärken; auf den Ruf: *force à la loi* sollen alle guten Bürger herbeieilen und die Zusammengerotteten zersprengen und ergreifen. Dazu aber wird die bewaffnete Macht von der Polizeibehörde zu Hülfe gerufen; es soll das schriftlich geschehen nach Formular. Damit erhält der militärische Befehlshaber die Oberleitung. Die Menschenmenge soll zuerst in aller Form aufgefordert werden, sich zu zerstreuen: ein Polizeibeamter, angethan mit der dreifarbigen Schärpe, ruft nach vorgängigem Trommelwirbel die Worte: „Gehorsam dem Gesetz, man wird Gewalt brauchen, die guten Bürger mögen sich entfernen". Das geschieht drei Mal. Verbleiben bei der Ansammlung ist strafbar; die Strafbarkeit steigert sich mit jedem Trommelwirbel. Nach der dritten Aufforderung beginnt der gewaltsame Angriff mit allen Rücksichtslosigkeiten des Krieges.[12]

§ 30. Zustände verminderter Freiheit.

Sahen wir im Bisherigen die Machtbefugnisse der Polizei in verschärfter Gestalt die Freiheit der Einzelnen überwinden, aus Rücksicht auf die Grösse und Dringlichkeit der zu bekämpfenden Gefahren, so geht in einer zweiten Gruppe von Rechtsinstituten die Abweichung von den Formen des ordentlichen Polizeirechts aus von der entgegengesetzten Seite: die Freiheit des Einzelnen besitzt um besonderer Eigenschaften und Zustände willen, in

[12] Laferrière I, S. 394, 395; Block V° *attroupement*; V° *émeute*.

welchen er sich befindet, eine geringere Widerstandskraft und an dem Punkte, wo die Schwäche ist, setzen ausserordentliche Gewalten ein, welche die Polizei über ihn hat.

Hier lassen sich dann zwei Akte unterscheiden, welche auch manchmal äusserlich an verschiedene Behördenarten ertheilt sind: die Anerkennung und Feststellung des Zustandes verminderter Freiheit, worin an sich schon eine Entscheidung liegt, welche besonderer gesetzlicher Ermächtigung bedarf, und die Verwirklichung der Folgen davon, welche theils unmittelbar durch den Willen des Gesetzes eintritt, theils in Massregeln liegt, zu welchen die Behörden ermächtigt sind.

1. Die Polizeigewalt erstreckt sich gleichmässig und in denselben Formen über alles, was auf dem Staatsgebiete sich bewegt; insbesondere ist sie grundsätzlich auch gegenüber den Ausländern an dieselben Formen und Bedingungen geknüpft wie gegenüber den Inländern. Insofern aber besteht für die ersteren ein Unterschied, als der Aufenthalt im Inlande nicht als Bestandtheil ihrer Freiheit d. h. nicht als ein Interesse angesehen wird, zu dessen Ueberwindung es einer besonderen gesetzlichen Willensäusserung beziehungsweise Ermächtigung bedürfte. Die Folge ist, dass sie jeder Zeit und ohne besonderen Grund durch einen Akt der vollziehenden Gewalt aus dem Staatsgebiete ausgewiesen werden können. Die Ausweisung ist ein Polizeibefehl, welcher die Pflicht begründet, das Land zu meiden. Im Falle des Ungehorsams zeigt sich der Mangel eines entgegenstehenden Freiheitsrechtes auch noch im Verwaltungszwang: die Behörde kann den Ausländer mit unmittelbarer Gewalt über die Gränze bringen lassen. Zur Polizeistrafe aber bedarf es auch hier wieder eines besonderen Strafgesetzes. Die nötige Strafandrohung gibt das Gesetz vom 3. Dezember 1849. Es bestimmt zugleich die Zuständigkeit zu Ausweisungsverfügungen dahin, dass sie regelmässig ausgehen sollen vom Minister des Innern, in den Gränzdepartements gegenüber Ausländern ohne festen Wohnsitz vom dortigen Präfekten. Eine Verordnung vom 1. Juni 1848 beschäftigt sich insbesondere mit politischen Flüchtlingen. Dieselben werden einer Pass- und Anzeigepflicht unterworfen, welche nicht unmittelbar durch Polizei-

strafe gesichert ist, sondern lediglich durch die drohende Ausweisung.[1]

Gegen diese Verfügungen gibt es kein anderes Rechtsmittel als den Rekurs wegen Machtüberschreitung, der aber auch nur gestützt werden könnte auf die Unzuständigkeit der verfügenden Behörde, sonstige Machtgränzen bestehen dem Ausländer gegenüber nicht, oder auf die Behauptung, nicht Ausländer zu sein. In letzterem Falle müsste über die Frage der Staatsangehörigkeit, wenn sie ernsthaft streitig ist, eine Zwischenentscheidung des Civilgerichtes erholt werden. (Vgl. oben § 16.)

2. Durch die Verurtheilung zu gewissen schweren Strafen (entsprechend unseren Verbrechensstrafen) und wegen gewisser Delikte (Vergehen gegen die öffentliche Sicherheit, Bettel, Landstreicherei) begründet das Gericht einen Zustand verminderter Freiheit für den Verurtheilten. Derselbe steht nach erlittener Strafe unter Polizeiaufsicht (*surveillance de la haute police*). Vermöge dieses Rechtszustandes ist er verpflichtet, dem Präfekten, welcher die Aufsicht übt, seinen künftigen Wohnsitz anzuzeigen, dorthin begibt er sich mit gebundener Marschroute und meldet sich beim Bürgermeister; jede spätere Aenderung seines Wohnortes muss er wieder drei Tage vorher anzeigen; gewisse Orte kann ihm der Präfekt ganz verbieten. Ungehorsam gegen diese Befehle ist ein neues Vergehen.[3]

Die Verurtheilung wegen Bettels gibt überdiess dem Präfekten das Recht, den Verurtheilten in einem Arbeitshause (*dépôt de mendicité*) unterzubringen. Diese Anstalten sind ein Mittelding zwischen Wohlthätigkeitsanstalt und Gefängniss; die Insassen werden unterhalten, aber auch durch die Mittel der Anstaltsdisziplin zur Arbeit gezwungen, wofür ihnen Lohn angerechnet wird. Die Entlassung erfolgt auf Verfügung der Verwaltungs-

---

[1] Grün n. 51—53.

[2] Die Form, in welcher diess geschieht, wäre wohl die einer Feststellungklage gegen den Minister, nach Analogie ähnlicher Zwischenstreite im Aushebungsverfahren: Ges. 21. März 1832 art. 2 § 2; Serrigny III, n. 1464.

[3] *C. pén.* art. 44, 47—50; ein Gesetz vom 23. Januar 1874 hat diese Bestimmungen theilweise geändert und verschärft.

behörde, wenn der Verdienst des Verurtheilten sich zu einer Geldsumme angesammelt hat, die ihn der Nothwendigkeit überhebt zu betteln.[4]

3. Geisteskranke unterliegen der Natur der Sache nach einer gewissen Gewalt von Seiten ihrer Pfleger. Diese Gewalt ist in den Irrenanstalten in eine feste Ordnung gebracht nach Art der Disciplin der Gefängnisse. Das Gesetz vom 30. Juni 1838 gibt dem Präfekten das Recht Geisteskranke dieser Anstaltsdisciplin zu unterwerfen, indem er verfügt, dass sie in einer solchen Anstalt unterzubringen seien, oder auch sie darunter festzuhalten, wenn sie freiwillig dahin verbracht worden sind. Voraussetzung ist, dass der Geisteskranke, wenn er in Freiheit verbliebe, die öffentliche Ordnung und Sicherheit gefährden würde. Die Feststellung eines derartigen Zustandes einer Person begründet für dieselbe demnach eine Verminderung ihrer Freiheit; sie verbindet sich unmittelbar mit dem Beschluss der Unterbringung. In dringenden Fällen kann der Bürgermeister eine vorläufige Unterbringung verfügen.

Die Entlassung kann nur erfolgen auf Verfügung des Präfekten. Diese Verfügung kann sich gründen auf die Feststellung, dass der Zustand aufgehört hat, welcher die Verminderung der Freiheit und damit die Ermächtigung zum Zwange begründete, oder auf die Erwägung, dass trotz Fortdauer dieses Zustandes das öffentliche Interesse in anderer Weise gesichert ist, insbesondere etwa durch Vorkehrungen, welche die Familie zur Aufnahme des Kranken getroffen hat.

An Stelle des Präfekten kann auch das Civilgericht auf Antrag des Betroffenen oder seiner gesetzlichen Vertreter, seiner Verwandten und Freunde die Freilassung anordnen. Die Anstaltsverwaltung ist verpflichtet, einem solchen Urtheil ohne Rücksicht auf die Anordnungen des Präfekten zu gehorchen. Dasselbe kann aber lediglich den ersten Punkt aus der obigen Alternative zum Gegenstande haben: es wird ausgesprochen, dass der Zustand verminderter Freiheit beendigt sei. Ob den Interessen des Staates auch in anderer Weise, trotz Fortdauer jenes Zustandes, ent-

---

[4] *C. pén.* art. 274; Dekret 5. Juli 1808; Block V° *mendicité*.

sprochen werden könne, entzieht sich der Würdigung des Gerichts.[5]

4. Ein merkwürdiger Fall verminderter Freiheit ist der der öffentlichen Dirnen,[6] merkwürdig desshalb, weil weder die Herstellung des Zustandes der verminderten Freiheit noch die daraus folgenden Machtäusserungen der Polizei auf irgend einer gesetzlichen Grundlage ruhen. Die Polizeibehörde geht hier vor lediglich ausgerüstet mit einer stillschweigenden Ermächtigung der bürgerlichen Gesellschaft, vermöge deren sie aber sicher ist, weder von ihren Vorgesetzten, noch von den Gerichten, noch von der Volksvertretung verleugnet zu werden, wenn je einmal gewagt würde, ihre Anordnungen anzufechten.

Die in Paris bestehende Einrichtung gibt das Vorbild. Die Polizeipräfektur führt eine Liste über die gewerbsmässigen Dirnen. Um dieselbe evident zu halten, werden von Zeit zu Zeit nächtliche Razzias vorgenommen an öffentlichen Orten, in den Strassen, in Wirthshäussern, Logirhäusern u. s. w. Mit dem Akte der Eintragung beginnt für die Eingetragene ein besonderer Rechtszustand. Sie wird davon durch Zusendung der gefürchteten gelben Karte benachrichtigt. Auf dieser sind die Verbindlichkeiten verzeichnet, welche ihr nunmehr auferlegt werden. Die wichtigste besteht darin, dass sie sich regelmässigen ärztlichen Untersuchungen unterziehen und Bescheinigungen darüber führen muss. Ausserdem wird ihre Kleidung, das Quartier, in welchem sie wohnen darf, ihr Strassenverkehr von der Polizei geregelt. Jede Verfehlung gegen diese Vorschriften zieht Gefängnisstrafe nach sich, welche von der Polizeibehörde selbst in summarischer Weise und ohne Berufung verhängt und vollstreckt wird.

---

[5] Ges. 1838 art. 29. Block V° *aliénés* n. 105; Laferrière II, S. 401.

[6] Block V° *debauche* n. 3—5. Champagny II, S. 350: *un objet, qui est règlementé d'une manière extralégale.* — Die beste Schilderung dieses Rechtszustandes gibt Parent-Duchatelet, *la prostitution dans Paris* II, S. 309 ff. Er beruft sich auf die *approbation tacite donnée par toute la population . . . que la prostitution est un délit, que celles qui l'exercent sont en dehors de la société, qu'elles ne peuvent en réclamer les droits et que des mesures repressives particulières et tout exceptionelles doivent être employées contre elles* (S. 312).

Gegen die Ergreifung von Frauenspersonen behufs ihrer Eintragung in die Liste und gegen die Eintragung selbst giebt es Beschwerde im Instanzenzug; ausserdem ahndet jeden Missgriff die öffentliche Meinung in der lebhaftesten Weise. Es wird daher sehr vorsichtig verfahren. Bei der Handhabung ihrer Gewalt über die Eingetragenen hält sich die Polizei, unter der gleichen Kontrole, an die allgemeinen Regeln, welche sie selbst aufgestellt hat; dieselben wirken desshalb thatsächlich als Verwaltungsrecht. Wir dürfen dabei nicht von Gewohnheitsrecht sprechen; denn eine etwaige Aenderung dieser Dienstvorschriften wird sofort gültig, kraft der Zustimmung, welche sie findet und voraussetzen darf; es ist eine Art stillschweigender Gesetzgebung durch die unorganisirte bürgerliche Gesellschaft.

5. Ein allgemeiner Zustand geminderter Freiheit für alle Personen wirksam, welche auf einem gewissen Theile des Staatsgebietes sich befinden, wird begründet durch das Rechtsinstitut des Belagerungszustandes.[7]

Die Notwendigkeiten des Krieges führen von selbst zu Beschränkungen der Freiheit der Bürger. Was im unmittelbaren Zusammenhange mit dem Kampfe geschieht, lässt sich nicht vorsehen und ordnen. In den der Landesvertheidigung dienenden festen Plätzen treten aber solche Beschränkungen schon ein in der Zeit der Vorbereitung des Kampfes und erhalten dadurch eine gewisse dauernde ruhige Gestalt, welche der Rechtsordnung zugänglich ist.

Dieselbe wurde zuerst geschaffen durch das Gesetz vom 10. Juli 1791, vervollständigt durch das noch geltende Dekret vom 24. Dez. 1811. Im Gegensatze zu dem ordentlichen Rechtszustande in der Festung, Friedenszustand, *état de paix*, genannt, werden zwei Stufen der Steigerung der Polizeigewalt unterschieden, womit sich dann jeweils auch eine Verschiebung der Zuständigkeit zu Gunsten der Militärbehörde verbindet.

Wenn der Krieg erklärt ist, tritt für alle Festungen, welche in einer gewissen Nähe vom Feinde sich befinden, der Kriegs-

---

[7] Laferrière I S. 395 ff.; Ducrocq n. 299 ff. Block V° *état de paix etc.*

zustand (*état de guerre*) ein. Die Civilbehörde behält dann grundsätzlich noch ihre Zuständigkeit, nur ausnahmsweise ist der Militärbehörde ein Einfluss eingeräumt: Polizeiverordnungen können nur mehr im Einverständniss mit dem Festungskommandanten erlassen werden und diejenigen, welche er verlangt, müssen erlassen werden. Rückt der Feind gegen die Festung an, so kann der Kommandant unnütze Personen ausweisen, Arbeiter, Lebensmittel und was sonst brauchbar ist, im Platze zurückhalten oder hereinschaffen.

Darauf folgt der Belagerungszustand (*état de siège*); derselbe wird nach dem Gesetz von 1811 erklärt durch ein Dekret des Staatsoberhauptes, tritt aber auch schon von selbst ein mit dem Erscheinen des Feindes vor der Festung; das Gesetz von 1849 art. 5 gibt jetzt einfach dem Komandanten das Recht, den Augenblick zu bestimmen. Hier ist dann umgekehrt die ganze Polizeigewalt grundsätzlich in die Hände des Kommandanten übergegangen und die Civilbehörde behält nur, was er ihr überlässt; er kann sich derselben auch stückweise bemächtigen durch allgemeine Erlasse oder durch Einzelverfügungen; in derselben Weise kann er die Strafrechtspflege den ordentlichen Gerichten entziehen und den Kriegsgerichten zuweisen, dieses auch wieder in Einzelfällen und selbst dann, wenn das ordentliche Gericht mit der Sache schon befasst ist.[8]

Das Rechtsinstitut des Belagerungszustandes, ursprünglich nur bestimmt, die Vertheidigung gegen den äusseren Feind zu sichern, fand bald auch Anwendung auf den Fall, wo es sich um Bekämpfung innerer Unruhen handelt.

Nach der Verfassung vom Jahre VIII sollte im Falle von bewaffneten Aufständen und Unruhen ein Gesetz für bestimmte Gebiete und auf beschränkte Zeit die Verfassung ausser Kraft setzen können.[9] Das will sagen: es kann die Wirkung der verfassungsmässigen Vorbehalte des Gesetzes aufgehoben werden, so dass jetzt die vollziehende Gewalt frei ist, Massregeln ihrer Seits zu treffen, welche in die Freiheit und das Vermögen der Einzelnen eingreifen.

---

[8] Cass. 15. März 1851.

[9] Verf. 22 frim. VIIII art. 92: *Dans le cas de révolte ... la loi peut suspendre ... l'empire de la constitution.*

Das Dekret vom 24. Dezember 1811 fügte den Gründen, aus welchen das Staatsoberhaupt den Belagerungszustand über eine Festung verhängen darf, den Fall des Aufruhrs bei (art. 53).

Endlich erhielt diese Verwendung des Belagerungszustandes ihre durchgreifende Ordnung durch das Gesetz vom 9. Aug. 1849. Danach ist Voraussetzung für die Erklärung desselben ganz allgemein eine gegenwärtige Gefahr für die äussere oder innere Sicherheit des Staates; man spricht desshalb jetzt von einem *état de siège fictif*. Dieser Belagerungszustand ist nicht mehr auf Festungen beschränkt; er wird vom Staatsoberhaupt[10] verhängt über ein Departement oder über mehrere nach freiem Ermessen und ebenso aufgehoben. Die Verfassung von 1852 sicherte eine alsbaldige Nachprüfung der Verfassungsmässigkeit dadurch, dass sie die Mittheilung des Dekretes über die Erklärung des Belagerungszustandes an den Senat vorschrieb.[12] Die Wirkungen sind bezüglich der Erweiterung der Zuständigkeit der Militärbehörde dieselben wie nach dem Dekret von 1811 im Falle der wirklichen Belagerung; nur ist der Umfang, in welchem die Rechtsprechung auf die Kriegsgerichte übertragen werden kann, beschränkt auf Verbrechen und Vergehen gegen die Sicherheit des Staates, die Verfassung, die Ordnung und den öffentlichen Frieden. Die Militärbehörde hat aber insbesondere noch die Befugniss: unbeschränkte Haussuchung zu halten, Waffen und Schiessbedarf einzufordern und zusammen zu suchen, bestrafte und auswärts wohnhafte Personen zu entfernen,[13] Veröffentlichungen und Versammlungen zu verbieten, welche nach ihrer Meinung die Unruhe fördern könnten.

---

[10] Nach dem Gesetze von 1849 war es die Nationalversammlung, welche dazu berechtigt war; die Verfassung von 1852 art. 12 setzte das Staatsoberhaupt an ihre Stelle.

[12] Die Einzelnen können sich nicht darauf berufen (vgl. oben S. 142). In einer Sache Pelletier und Ladmirault (C. C. H. 30. Juli 1873) behauptet der Kläger mit Unrecht die Nichtigkeit des Dekretes wegen Unterlassung dieser Mittheilung. Ein Rekurs wegen Machtüberschreitung wäre denkbar für den Fall, dass der Belagerungszustand nicht für einzelne Departements, sondern schlechthin für das ganze Land erklärt worden wäre.

[13] Das Gesetz sagt *éloigner* (art. 9); es ist keine Ausweisung, sondern ein einfaches Wegschaffen mit Gewalt. Alle diese ausserordentlichen Befugnisse des Befehlshabers haben die nämliche Natur. Die Befehle, die er

Gegen die Erkenntnisse der Kriegsgerichte steht den Verurteilten der Rekurs zum Kassationshof zu, aber nur wegen Unzuständigkeit.[14] Gegen Polizeimassregeln der Militärbehörde gibt es Beschwerde bei den militärischen Oberen; ausserdem aber auch Rekurs wegen Machtüberschreitung zum Staatsrath; denn dieser ist nicht ausser Thätigkeit gesetzt, und Verwaltungsakte unterliegen seiner Nachprüfung, auch wenn sie wie hier von einem Oberst oder General gemacht sind.[15] — Insofern die Polizeistrafen nach wie vor von den Polizeigerichten ausgesprochen werden, üben auch diese eine Prüfung der Gesetzmässigkeit der im Belagerungszustand ergangenen Verfügungen.

§ 31. Besondere Abgränzung von Freiheit und Polizeigewalt.

Die Bewegung des geistigen Lebens wird der Polizei vor allem zugänglich in den grossen Mitteln geistiger Verständigung: Vereine, Versammlungen, Presse. Eine allgemeine Ermächtigung für die vollziehende Gewalt, diesen gegenüber für das öffentliche Wohl zu sorgen, würde keine sachlichen Gränzen haben; denn das Urtheil über das, was da gut und was übel ist, hängt fast ganz ab von der jeweiligen Tendenz der Machthaber selbst. Desshalb wird eine solche Ermächtigung auch nicht gegeben; das Gesetz bestimmt vielmehr durch positive Ordnung einen Spielraum für die Polizeibehörde, innerhalb dessen sie einfach sagen kann, ich will oder ich will nicht, und gränzt ebenso formell ein Gebiet der Freiheit ab, auf welchem sie gar nichts zu sagen hat. Die Abgränzung selbst kann aber hier die örtlichen Merkmale nicht benützen, nach welchen das ordentliche Polizeirecht Privatleben und

---

danach ertheilt, sind blosse Androhungen; sie erzeugen keine verwaltungsrechtliche Pflicht und auf dem Ungehorsam steht keine Strafe; Cass. 18. Febr. 1874 (Simon, Hamon und Lhermitte); 10. April 1874 (Privé); 23. April 1874 (Mosquin): es sind „*pouvoirs exceptionnels*“ gleich den „ausserordentlichen Gewalten“ des Statthalters in Elsass-Lothringen (vgl. oben § 2 Anm. 6).

[14] Block V° *état de siège* n. 9.

[15] St. R. E. 5. Juni 1874 (Chéron); der Staatsrath stellt fest: *que l'arrêté attaqué a été pris dans l'exercice et la limite des pouvoirs que l'art. 9 de la loi du 9 août 1849 attribue au commandant.* Es war eine Zeitung unterdrückt worden.

öffentliches Leben trennt; sie wählt dafür willkürlich gewisse äusserliche Momente, an welchen die Gegensätze sich scheiden.

1. Die Vereine (*associations*)[1] hatten während der ersten Revolution eine grosse politische Rolle gespielt, abwechselnd begünstigt von der Regierung und unterdrückt. Der *code pénal* von 1810 hat in art. 291 die Grundlagen des jetzt noch geltenden Rechtes geschaffen. Kein Verein von mehr als 20 Personen, der sich mit religiösen, literarischen, politischen oder anderen Gegenständen beschäftigen will, darf bestehen ohne ausdrückliche Erlaubniss der Polizeibehörde. Das Gesetz vom 10. April 1834 verschärft die Bestimmung dahin, dass auch der Versuch, einen Verein in Unterabtheilungen von weniger als 20 Personen zu zerlegen, getroffen wird und es auf Regelmässigkeit der Zusammenkünfte nicht ankommt.

Die Revolution von 1848 hatte das Vereinsrecht neu geordnet, namentlich die Klubs, politische Vereine mit öffentlichen Sitzungen, begünstigt (Gesetz 28. Juli 1848). Aber bereits am 19. Juni 1849 wurde die Regierung wieder ermächtigt, die Klubs zu unterdrücken. Das Dekret vom 25. März 1852 schafft das ganze Klubgesetz ab, mit Ausnahme des art. 13, welcher ein strenges Verbot aller geheimen Vereine enthält. Die Praxis nimmt an — nicht ohne Widerspruch — dass danach die durch die Verfassung von 1848 beseitigte Vereinsgesetzgebung von 1810 und 1834 von selbst wieder in Kraft getreten sei.

Wir haben nunmehr folgenden Rechtszustand:

Entscheidend ist vor Allem die Zahl der Vereinsmitglieder; beträgt dieselbe bis 20, so ist der Verein frei; wird diese Zahl überschrittten, so bedarf der Verein der Genehmigung des Präfekten; die Genehmigung kann jeder Zeit wieder zurückgenommen werden. Die Mitgliedschaft bei einem nicht genehmigten Verein dieser Art und ebenso die Gewährung von Räumlichkeiten an einen solchen sind mit Vergehensstrafen bedroht.

Schlechthin verboten, ohne Rücksicht auf die Zahl, sind geheime Vereine, d. h. solche, die ihr Vorhandensein der Kenntniss der Polizeibehörde zu entziehen trachten.

[1] Block V° *association;* Laferrière I, S. 384 ff.; Ducrocq n. 647 ff.

Schlechthin erlaubt und einer Genehmigung nicht bedürftig sind Handelsgesellschaften und vermögensrechtliche Gesellschaften nach dem Civilgesetzbuch, gleichfalls ohne Rücksicht auf die Zahl.

2. Die Versammlung (*réunion*) unterscheidet sich vom Verein durch ihre vorübergehende Natur; auch der Verein kann Versammlungen haben, aber nach Schluss derselben bleibt das Band zwischen den Vereinsmitgliedern bestehen.

Das Gesetz vom 25. März 1852 art. 2 erklärt einfach die Vereinsgesetzgebung auf die Versammlungen für anwendbar, so dass die Zahl entscheidet, ob Erlaubniss nötig ist oder nicht.

Das Gesetz vom 6. Juni 1868 macht aber einen weiteren Unterschied: es gibt beschränkende Vorschriften nur für öffentliche Versammlungen;[2] Privatversammlungen sind ganz frei, ungeachtet der Zahl. Zu letzteren rechnen alle diejenigen, welche nicht an einem öffentlichen Orte stattfinden (auch abgeschlossene Räume in einem Wirthshause können dieser Voraussetzung entsprechen) und deren Theilnehmer von dem Veranstalter einzeln und besonders eingeladen worden sind, so dass also eine Auswahl dabei getroffen wurde. Unter den öffentlichen Versammlungen wird wieder ein Unterschied gemacht. Wenn sie politische oder religiöse Gegenstände behandeln wollen, bedürfen sie einer Genehmigung des Präfekten. Andere öffentliche Versammlungen müssen nur drei Tage vorher dem Präfekten, beziehungsweise Unterpräfekten angezeigt werden unter Angabe von Ort, Zeit und Gegenstand und mit der Unterschrift von sieben ortseingesessenen und im Genuss der bürgerlichen Ehrenrechte befindlichen Personen. Der Präfekt hat dann das Recht, die Versammlung zu verlegen, der Minister des Innern, welchem er sofort zu berichten hat, kann sie ganz verbieten.

Beide Arten von öffentlichen Versammlungen dürfen nur in geschlossenen gedeckten Räumen stattfinden, müssen einen Vorstand zur Leitung der Verhandlung haben und ein Beamter kann beauftragt werden beizuwohnen. Hiezu wird gewöhnlich ein

---

[2] Block V° *réunions publiques*; Laferrière I, n. 387 ff.; Ducrocq n. 851 ff.

Polizeikommissär oder auch ein Friedensrichter gewählt. Derselbe hat das Recht, die Versammlung für aufgelöst zu erklären, wenn sie von dem angezeigten Gegenstande abschweift oder tumultuarisch wird. Seinem Befehl zum Auseinandergehen muss ohne Rücksicht darauf, ob er mit Recht oder mit Unrecht gegeben wurde, Folge geleistet werden bei Vermeidung der gewaltsamen Sprengung der Versammlung und Bestrafung der Theilnehmer.

Auf Vorversammlungen zu Abgeordnetenwahlen kommen die Bestimmungen über nicht politische öffentliche Versammlungen zur Anwendung, unter der Bedingung, dass lediglich Wähler und Kandidaten zugelassen werden; für die Gemeinderathswahlen besteht ein solches Vorrecht nicht.

3. Die Presse hat in ihrem Rechtszustande von jeher am meisten an dem Wechsel des Regimentes theilgenommen. Das alte Königthum verbot einfach etwas zu drucken ohne besondere Genehmigung des königlichen Censors; alle Drucksachen erschienen *„avec privilège du Roy“*. Die Erklärung der Menschenrechte vom 26. August 1789 gab die Presse frei mit Vorbehalt der Strafeinschreitung, wenn Missbrauch getrieben war. Ein Dekret vom 5. Februar 1810 führte die Censur wieder ein. Die Restauration schafft sie mehrmals ab und erneuert sie wieder, zum letzten Male gesetzwidrig durch die berüchtigten Ordonnanzen vom 25. Juli 1830. An die Stelle der Censur trat dann ein anderes System polizeilicher Ueberwachung, wie es namentlich zuletzt im Dekret vom 17. Februar 1852 ausgebildet war und seinem inneren Kerne nach auch noch für das Gesetz vom 11. Mai 1868 die Grundideen gibt.[3]

In dem Gesetze vom 9. Juni 1819 war eine Ausscheidung gemacht worden, welche massgebend geblieben ist: die zwischen der periodischen und der nicht periodischen Presse. Nur auf jene bezieht sich das Dekret von 1852 wie das Gesetz von 1868. Die nicht periodische Presse ist grundsätzlich frei und seit dem ersten Kaiserreiche so behandelt worden. Wenn ihr gewisse Formen zu erfüllen aufgegeben sind, so geschieht es nur zur Erleichterung der raschen Entdeckung und Verfolgung einer etwa

[3] In Frankreich gilt jetzt das Pressgesetz vom 29. Juli 1881.

darin begangenen strafbaren Handlung. Diese Formen bestehen in einer vorgängigen Anzeige des Buches bei Ministerium und Präfektur, Hinterlegung zweier Exemplare ebendaselbst, Angabe des Druckers auf jedem Exemplar, Einschreibung des Titels in ein Register auf dem Bürgermeisteramt. Bei politischen und volkswirthschaftlichen Schriften sind auch bei der Staatsanwaltschaft Anzeigen und Hinterlegungen zu machen.[4]

Für die periodische Presse war an die Stelle der früheren Censur, welche den Erlaubnissvorbehalt für das einzelne Druckwerk oder Theile des Druckwerkes bedeutete, durch das Gesetz von 1852 der Grundsatz des Erlaubnisvorbehaltes für das Unternehmen selbst getreten. Der Eigenthümer der Zeitung erhält die Erlaubniss zur Herausgabe derselben ein für alle Mal; diese Erlaubniss kann ihm dann auch wieder entzogen werden von dem, der sie ihm ertheilt hat, von der Verwaltung. Der Begriff des Zeitungsunternehmens liegt auch dem Gesetze von 1868 zu Grunde; desgleichen das allgemeine Verbot gegen Jedermann, der nicht eine Erlaubniss hat, und die Möglichkeit der Zurückziehung dieser Erlaubniss. Nur dass diese Befreiung vom Verbot vom Gesetze selbst durch Rechtssatz allen gewährt ist, die gewisse Bedingungen erfüllen, und der Widerruf statt von der Verwaltungsbehörde vom Gerichte ausgesprochen wird. Um es der Erlaubniss theilhaftig zu machen, müssen folgende Voraussetzungen bei dem Unternehmen zutreffen. Der Herausgeber muss Staatsbürger sein, volljährig und im Genuss der bürgerlichen Ehrenrechte. Er muss eine vorgängige Anzeige machen auf der Präfektur, welche enthält: Namen und Erscheinungszeiten des Blattes, Angabe der Eigenthümer und ihrer Rechtsverhältnisse unter sich, Angabe des Leiters des Blattes (*gérant*) und der Druckerei. Endlich hat der Herausgeber, wenn politische oder volkswirthschaftliche Gegenstände in dem Blatte behandelt werden sollen, durch Hinterlegung bei der Staatskasse eine Kaution zu stellen, welche nach der Volkszahl des Erscheinungsortes und der Häufigkeit des Erscheinens schwankt zwischen 50 000 Frcs. und 15 000 Frcs. Dieselbe soll die Einbringlichkeit etwaiger Geldstrafen und Schadensersatzansprüche

---

4 Ges. 21. Okt. 1814 art. 14, 15, 16, 17; Ges. 27. Juli 1849 art. 7.

sicher stellen, dient aber in Wirklichkeit vor allem zur Beschränkung der Zeitungsgründungen und zur Sicherung einer gewissen sozialen Stellung des Unternehmens.[5]

Das Erscheinen eines Blattes ohne Erfüllung dieser Bedingungen wird mit den nämlichen Strafen belegt, wie sie nach dem Dekret von 1852 art. 5 auf dem Erscheinen ohne Erlaubniss der Verwaltungsbehörde standen.

Bei Ausführung des Unternehmens sind noch verschiedene Vorschriften zu beobachten. Mit der Ausgabe jeder Nummer des Blattes sind sofort je zwei Pflichtexemplare zu hinterlegen bei der Verwaltungsbehörde — Präfekt, Unterpräfekt, Bürgermeister, was eben am Platze ist — und bei der Staatsanwaltschaft oder in ihrer Ermangelung am Orte für sie wieder auf dem Bürgermeisteramt; der Gerant hat diese Exemplare zu unterzeichnen. Nach dem Gesetze vom 16. Juli 1850 art. 8 muss ausserdem jeder Artikel, welcher politische, religiöse oder philosophische Erörterungen gibt, von dem Verfasser unterschrieben sein; doch dürfen keine Artikel veröffentlicht werden mit der Unterschrift von Personen, welchen die politischen Ehrenrechte aberkannt sind oder welchen verboten ist, das französische Gebiet zu betreten.

Für alles das ist der Gerant strafrechtlich haftbar; seine Stellung ist überhaupt die, der Vertreter des Zeitungsunternehmens im Ganzen zu sein. Er haftet desshalb auch für alle strafbaren Handlungen, welche sonst vermittelst dieser Zeitung begangen werden. Der Verfasser der strafbaren Aeusserung, sei es der Redakteur oder ein zufälliger Mitarbeiter, haften neben ihm, unter Umständen auch der Drucker. Gerichtliche Verurtheilung des Geranten wegen strafbarer Handlungen, die durch das Blatt begangen sind, kann von Bedeutung sein für den Bestand des Blattes. Ist die Handlung ein Verbrechen, so knüpft sich daran von selbst die Unterdrückung des Blattes. Bei Vergehen im Rückfall kann das Gericht die Suspension des Blattes aussprechen für 14 Tage bis 2 Monate, bei wiederholtem Rückfalle und gewissen schweren Vergehen für 2 bis 6 Monate. Was das Gericht da thut, ist seiner

---

[5] Ges. 16. Juli 1850, Dekret 17. Febr. 1852; jetzt abgeändert durch Ges. 6. Juli 1871; Dumesnil, *traité du trésor public* n. 221 ff.

inneren Natur nach ein Verwaltungsakt: die Zurückziehung der vom Gesetze ertheilten Erlaubniss; die Vernichtung des *corpus delicti* als wirklicher Strafbestandtheil läuft neben her. Der Gerant und die sonstigen Betheiligten verlieren nicht die persönliche Fähigkeit, Zeitungen herauszugeben. Nur dieses bestimmte Unternehmen wird beseitigt; der Begriff ist wesentlich wirthschaftlich zu fassen: das mit Ermächtigung des Gesetzes begründete geistige Eigenthum wird zerstört und zwar nicht etwa bloss dem gegenwärtigen Eigenthümer entzogen, sondern überhaupt unzugänglich gemacht. Der Titel, die Form, überhaupt alles, woran die Kundschaft hängt, dürfen von Niemanden gebraucht werden. Ob eine Umgehung des Gesetzes in Aehnlichkeit von Form und Titel zu sehen ist, wird nach denselben Grundsätzen zu beurtheilen sein wie bei den Konkurrenzdelikten gegen das geistige Eigenthum.[6]

All diese Regeln sind nicht anwendbar auf die auswärtige Presse.[7] Für sie wird wieder unterschieden. Nichtperiodische Drucksachen, also vor Allem Bücher, sollen nach Dekret vom 5. Februar 1850 art. 36 und 37 in der Verpackung der nächsten Präfektur am Einfuhrorte vorgelegt werden, welche nach Einsicht die Erlaubniss zur Einfuhr ertheilt oder versagt. In den neuen Handelsverträgen wird jedoch das Buch wie eine gewöhnliche Waare behandelt und die freie Einfuhr gegenseitig bedungen. — Dagegen ist die Einfuhr der ausländischen periodischen Presse politischen und volkswirthschaftlichen Inhalts nach Dekret vom 17. Februar 1852 art. 2 noch an die Ermächtigung der Regierung gebunden. Dieselbe kann ein für alle Mal ertheilt oder für die einzelnen Nummern vorbehalten werden, wo dann eine Art Censur

[6] Das Elsass-Lothringische E. G. z St. G. B. v. 30. Aug. 1871 art. V schreibt vor, dass nur auf die im deutschen Strafgesetzbuche enthaltenen Strafarten erkannt werden darf. Die Zurückziehung der polizeigesetzlich unter Bedingungen ertheilten Erlaubniss ausdrücklich, in der Suspension, oder stillschweigend, durch Verurtheilung wegen Verbrechens, ist keine Strafart. Es ist eine Polizeiverfügung, ausgeübt in Form der Rechtspflege, und desshalb auch nach E. G. z. G. V. G. art. 4 jetzt noch durch die Landesgesetzgebung den Gerichten übertragbar. Die bezüglichen Bestimmungen der französischen Pressgesetzgebung bestehen desshalb noch zu Recht. A. M. Förtsch u. Leoni Sammlung der in Geltung gebliebenen Gesetze I S. 50, 51, 64.

[7] Grün n. 39.

entsteht. Die Strafvorschriften des Gesetzes richten sich nur gegen die Einführer und Verbreiter. —

Die Gesetzgebung der sechziger Jahre hat auf solche Weise ein Gebiet formeller Freiheit für die Versammlungen und für die Presse abgesteckt. Die frühere Gesetzgebung mit ihrer Tendenz der ebenso unbedingten Polizeigewalt hatte sich aber auch gewisser Gewerbe und Thätigkeiten bemächtigt, welche dazu bestimmt sein mögen, diesen Mitteln geistiger Verständigung indirekt zu dienen. In dieser Beziehung ist das alte System grösstentheils bestehen geblieben.

So erklärt sich die einschneidende Herrschaft des freien Beliebens der Polizeibehörde, verbunden mit überaus scharfen Strafandrohungen, über Errichtung und Schliessung von Kaffeehäusern, Schenkwirthschaften und anderen Verkaufsstellen von Getränken zum Genuss am Platze,[8] über die Gewerbe der Buchhändler und Buchdrucker,[9] der Ausrufer von Zeitungen und anderen Drucksachen, über öffentliche Anschläge,[10] Kolportage,[11] Wanderverkauf von Bildern und Abzeichen, Ausstellen und Feilhalten von Zeichnungen, Stichen, Lithographien, Medaillen oder Abzeichen[12] und über Theatervorstellungen.[13]

§ 32. Ausdehnung der ordentlichen Verwaltungsrechtspflege.

Im ordentlichen Polizeirecht begegnen wir einer Rechtspflege nur zum Schutze gegen Eingriffe der Polizeigewalt in die Interessen der Einzelnen und regelmässig nur in Gestalt des Rekurses wegen Machtüberschreitung und des Polizeistrafverfahrens. Hier haben wir nun einige Rechtsinstitute zu behandeln, in welchen

[8] Dekret 29. Dez. 1851; nach der zugehörigen Ministerialinstruktion vom 3. Mai 1852 soll das Gesetz die Wirthe veranlassen, Versammlungen und Vereine missliebiger Personen nicht aufzunehmen.

[9] Ges. 5. Febr. 1810, 21. Okt. 1814 (mit politischem Eid); jetzt Dekret 10. Sept 1870.

[10] Ges. 11. Dez. 1830, 16. Febr. 1834.

[11] Ges. 27. Juli 1849.

[12] Dekret 17. Febr. 1852 art. 22.

[13] Dekret 8. Juni 1806; Dekret 30. Dez. 1852.

die ordentliche Verwaltungsrechtspflege zu erweiterter Anwendung gelangt. Diess geschieht in doppelter Weise, indem sie einer Seits verwendet wird zum Schutz des von der Polizeimassregel in seinen Interessen Betroffenen, obwohl dieselbe keinen gebundenen, sondern einen freien Verwaltungsakt vorstellt; andererseits aber auch gewährt wird solchen, die umgekehrt von der Polizeimassregel einen Schutz verlangen gegen andere Einzelne, von welchen durch Benutzung der mit der polizeilichen Erlaubniss eröffneten Freiheit ihre Interessen geschädigt würden.

1. Der wichtigste Fall wird gegeben durch die Polizei der schädlichen Gewerbeanlagen (*établissements dangereux, insalubres et incommodes*),[1] dieselbe dient zugleich dazu, die verschiedensten Arten von Rechtspflege, wie sie mit der Verwaltungsthätigkeit sich verknüpfen, in Anwendung zu sehen.

Die Grundlage bildet das Dekret vom 15. Okt. 1810, nach mehreren Versuchen unter Mitwirkung der physikalischen und mathematischen Klasse des *Institut de France* erlassen. Dasselbe macht die Errichtung schädlicher Gewerbeanlagen von einer polizeilichen Genehmigung abhängig, welche je nach dem Grade der Schädlichkeit auf dreierlei Weise ertheilt werden soll. Die Bestimmung der unter das Gesetz fallenden Anlagen und ihre Vertheilung unter jene drei Klassen erfolgt durch ein dem Dekrete beigelegtes Verzeichniss, welches durch Verordnung des Staatsoberhauptes verändert oder ergänzt werden kann. Das letzte umfassende Verzeichniss enthält eine Verordnung vom 31. Dez. 1866. Die Neuaufnahme in das Verzeichniss oder Versetzung in eine strengere Klasse hat grundsätzlich keine Rückwirkung auf bereits bestehende Anlagen. Neu auftauchende Anlagen dagegen kann der Präfekt vorläufig verbieten oder nach Analogie einreihen, bis durch Verordnung endgültig über sie entschieden ist.[2]

Als Kennzeichen der Anlagen erster Klasse wird angegeben, dass sie wegen ihrer Gefährlichkeit von Wohnstätten entfernt gehalten werden müssen. Die Erlaubniss zu ihrer Errichtung

---

[1] Avisse, *industries dangereuses, insalubres ou incommodes.*

[2] Dekret 1810 art. 11; Verordnung 15. Jan. 1815 art. 5. Champagny II, S. 375 ff.; Boisse I, n. 45 ff.

wird ertheilt vom Präfecten[3] nach eingehender Untersuchung. Das vorgeschriebene Verfahren verlangt Anschlag des Gesuches in den Gemeinden auf 5 Kilometer in der Runde; Eröffnung eines Protokolles auf dem Bürgermeisteramte des Ortes der Anlage, in welches alle Einwendungen gegen das Unternehmen Aufnahme finden (*enquête de commodo et incommodo*); Gutachten des Gesundheitsrathes des Arrondissements; endlich, im Falle Einsprüche erhoben worden sind, Gutachten des Präfekturrathes über die Begründung derselben.

Die Anlagen der zweiten Klasse können in der Nähe der Wohnstätten errichtet werden unter Beobachtung von Vorsichtsmassregeln. Das Gesuch wird beim Unterpräfekten eingereicht und vom Präfekten beschieden in dem oben geschilderten Verfahren; nur fallen hinweg die öffentlichen Anschläge und das Gutachten des Präfecturrathes.

Die Anlagen der dritten Klasse, bloss belästigender Art, werden vom Unterpräfekten ermächtigt; an Formen ist dabei lediglich vorgeschrieben die Einholung der Meinung des Ortsbürgermeisters.

Gegen die Entscheidung über das Gesuch gibt es aber eigenthümliche Rechtsmittel.

Im Falle der Abweisung oder der Auferlegung von Bedingungen, hat der Gesuchsteller eine Anfechtungsklage zum Staatsrathe, wenn der Präfekt, zum Präfekturrathe, wenn der Unterpräfekt entschieden hatte.[4] Diese Klage wird im ordentlichen Verwaltungsstreitverfahren behandelt; diejenigen, welche im Vorverfahren Einspruch erhoben hatten, können dabei interveniren. Das angerufene Verwaltungsgericht prüft nicht etwa, ob die Gränzen des Auftrags der entscheidenden Behörde eingehalten sind, sondern

---

[3] Dekret vom 25. März 1852; nach Dekret von 1810 bedurfte es eines Dekretes im Staatsrath.

[4] In Elsass-Lothringen haben wir den seltsamen Rechtszustand, dass der Gesuchsteller wegen Anlagen dritter Klasse den Rechtsweg zum Präfekturrath und kaiserlichen Rath, wegen Anlagen erster und zweiter Klasse nur die Beschwerde zum Ministerium hat. (Verwaltungsges. 30. Dez. 1871 § 5 Abs. 4.) Dabei sind auch die andern Betheiligten um den Schutz der Rechtspflege gebracht, die sonst als Intervenienten auftreten konnten.

schafft den ganzen Verwaltungsakt neu. Und darin liegt das Besondere dieses Falles; denn der nachzuprüfende Akt ist kein erklärender, gebundener, der nur ausspräche, was das Gesetz gewollt hat, sondern er verfügt, was die Behörde für gut und zweckmässig hält nach freiem Ermessen, könnte also der allgemeinen Regel nach nur mit einem Rekurs wegen Machtüberschreitung angefochten werden.[5] Gegen das Urtheil des Präfekturraths steht nicht bloss dem Gesuchsteller, sondern auch den Intervenienten das Recht der Berufung zum Staatsrathe zu. Bei diesen kann von einem durch den Verwaltungsakt verletzten Rechte im gebräuchlichen Sinne erst recht nicht die Rede sein. Es sind die Nachbarn, welche von der Anlage Schaden befürchten, oder der Bürgermeister, der dadurch in ihrer Gesammtheit benachtheiligten Gemeinde, die da auftreten.

Die nämlichen Drittbetheiligten können auch gegen einen Beschluss, welcher dem Gesuch die Genehmigung ertheilt, ihrerseits die Verwaltungsrechtspflege anrufen. Es ist dazu nicht notwendig, dass sie schon im Vorverfahren Einwendungen gemacht haben; eine Frist zur Anfechtung des Beschlusses läuft für sie nicht; doch nimmt der Staatsrath bei längerem Stillschweigen Verzicht an.[6] Zuständig, um über diesen Einspruch zu entscheiden, ist in allen Fällen der Präfekturrath in erster Instanz.

An sich ändert übrigens die ertheilte Genehmigung nichts an den privatrechtlichen Beziehungen des Unternehmers. Insbesondere können die Nachbarn immer noch, selbst wenn sie im Verwaltungsstreitverfahren aufgetreten und unterlegen sind, vor dem Civilgericht ihr Glück versuchen und Klage erheben wegen schädigender Einwirkung auf ihr Eigenthum, so weit eben das Civilrecht ihnen eine solche verleiht.[7] —

---

[5] Aucoc I, n. 287: *Il n'y a pas ici un texte de loi à appliquer; la question n'est donc pas naturellement du domaine de la juridiction administrative.*

[6] St. R. E. 11 März 1862 (Puteaux).

[7] Nach Civilrecht ist der Unternehmer auch gegenüber dem Schaden, den der Nachbar erleidet gedeckt, sofern er im ordnungsgemässen Gebrauche seines Eigenthums handelte; was dazu gehört, bestimmt die Sitte; die Verwaltungsentscheidung kann allerdings als Merkmal der bestehenden Sitte in Betracht kommen. Die Autoren sind uneins über das Mass der im Falle der Ueberschreitung dieser Gränze zu gewährenden Civilentschädigung. Ducrocq

Die ertheilte Genehmigung kann, abgesehen von solcher Anfechtungsklage, von der Verwaltungsbehörde aus eignem Antriebe zurückgenommen werden, aus zweierlei Gründen:

a. Wegen Verlustigung durch das Verhalten des Unternehmers. Dieselbe tritt ein, wenn dieser die allgemein oder ihm besonders auferlegten Bedingungen nicht erfüllt oder den Betrieb während 6 Monaten eingestellt hat oder den Ort der Anlage ändert. Sie tritt wegen nichterfüllter Bedingungen nicht von selbst ein, sondern muss ausgesprochen werden durch den Präfekten; in den andern Fällen knüpft sie sich unmittelbar an das Gesetz, im Streitfalle entscheidet aber auch hier der Präfekt, ob sie vorliege. Immer ist der Akt des Präfekten, welcher die Verlustigung ausspricht, erklärender Natur, ein wirklicher gebundener Verwaltungsakt, welcher desshalb nach fruchtloser Beschwerde zum Minister in die ordentliche Verwaltungsrechtspflege des Staatsrathes übergeht.[8]

b. Wegen schwerer Nachtheile für das öffentliche Wohl. Diese Zurücknahme ist nur zulässig bei Anlagen erster Klasse und unter Erfüllung gewisser Formen.[9] Vor allem kann sie nur geschehen durch ein Dekret des Staatsoberhauptes selbst nach Berathung im Staatsrath. Der Eigenthümer muss vorher gehört werden, auch bedarf es der Einholung eines Gutachtens der Ortspolizeibehörde und des Präfekten. Das Dekret ist kein

n. 291, Cabantous n. 693 und Avisse I n. 243—256 wollen volle Entschädigung gewähren, selbst für die *dommages moraux*, wie diess in gewöhnlichen civilrechtlichen Verhältnissen geschieht, und das dürfte wohl das Richtigste sein. Dufour II n. 611 ff. beschränkt den Anspruch auf den unmittelbaren materiellen Schaden nach Muster der öffentlichen Arbeiten. Duverguier in der *Revue étrangère et française de législation* Bd. X verweigert jede Entschädigung.

[8] St. B. E. 5. Jan. 1854 (Maronnier); Dufour II, n. 566 ff. Champagny II, S. 404. Ducrocq n. 289, welcher nur Rekurs wegen Machtüberschreitung zulassen will, beruft sich dafür auf St. R. E. 18. Mai 1870, wo aber von dem Rekurse Dritter gegen die Nichtzurückziehung die Rede ist.

[9] Art. 12 des Dekretes von 1810 spricht allerdings nur von Unterdrückung solcher Anlagen, welche, weil vor dem Dekret begründet, einer Ermächtigung nicht bedurften. Diese Befugniss wird jedoch verallgemeinert: Dufour II, n. 577; Ducrocq n. 270 *in fine*. Dagegen Champagny II, S. 379, 380.

gebundener, sondern ein freier Verwaltungsakt, daher auch der Staatsrath mit seiner gewöhnlichen Generalversammlung wie in Verwaltungsangelegenheiten überhaupt Theil nimmt. Die Nichtbeobachtung dieser Formen führt zu einem Rekurse wegen Machtüberschreitung, wenn auch der Name ihm nicht geradezu gegeben wird.[10] — Entschädigung wird auch in diesem Falle, wie in allen Polizeisachen nicht gewährt.[11]

Wenn eine Anlage ohne die erforderliche Erlaubniss errichtet oder betrieben wird oder unter Nichterfüllung der Bedingungen, an welche die Erlaubniss geknüpft ist, so erfolgt Polizeistrafe. Die Strafe ist die allgemeine des art. 471 Ziff. 15 des *code pénal* wegen Ungehorsams gegen gesetzmässige Verordnungen; denn das Dekret von 1810 ist mit einer besonderen Strafandrohung nicht versehen.[12] Das Polizeigericht prüft, ob die Erlaubnissbedürftigkeit vorliegt und dann ob eine Erlaubniss besteht. Die Rechtmässigkeit der Erlaubnissverweigerung oder Erlaubnissentziehung hat es nicht zu prüfen, denn es kommt nur auf die äusserliche

---

[10] Dufour II, n. 584; Avisse I, n. 191.

[11] Avisse I, n. 275, 276: *personne en effet n'a le droit de compromettre la santé et la sûreté des citoyens, aucune possession ne peut conférer un droit aussi funeste.* Die *possession* ist hier wieder der verwaltungsrechtliche Besitzstand, von dem wir oben sprachen. Jousselin, *servitutes d'utilité publique* I, S. 259.

[12] Dabei entsteht eine eigenthümliche Schwierigkeit: damit die Strafandrohung des art. 471 c. p. anwendbar werde, muss das Dekret eine Verordnung sein, denn Gesetze sind dadurch nicht geschützt; um aber einen so wichtigen Eingriff zu machen, wie es thut, muss das Dekret die Kraft des Gesetzes haben, und woher die? Man beruft sich auf die damaligen Verfassungszustände, wonach der Senat berechtigt war, verfassungswidrige Verordnungen, welche in das Gebiet des Gesetzes eingriffen, zu vernichten; die Unterlassung wird als stillschweigende Genehmigung betrachtet. Das ist die Formel, mit welcher viele solcher übergreifender Dekrete Napoleons I. aufrecht erhalten werden (Dufour I, n. 39, 40). Wenn man aber danach das Dekret als Gesetz bezeichnet, so tritt jene erstere Schwierigkeit ein. Champagny II, S. 384 ff. sucht zu helfen, indem er das Dekret eine Verordnung nennt, welche auf der allgemeinen Delegation der Municipalpolizei für öffentliche Gesundheit und Sicherheit beruhte (vgl. oben S. 47). — Vielleicht ist es richtiger, aus den geschilderten Verfassungseinrichtungen auf eine besondere stillschweigende Machtübertragung zu schliessen, welche zu einer Verordnung solcher Art ermächtigte. Das Dekret bleibt dann Verordnung und der Strafandrohung des c. p. theilhaftig.

Thatsache an. Ist der Inhalt und Umfang der Erlaubnissertheilung oder -entziehung zweifelhaft, so kann das Gericht den Akt, als einen Einzelakt, nicht selbst auslegen, sondern muss das Verfahren aussetzen.[13]

Gleichzeitig mit der Strafe hat das Gericht die Schliessung der Anlage zu verordnen; dieses jedoch nur dann, wenn die Strafe erfolgt, weil die Anlage ohne Erlaubniss besteht wegen Nichtertheilung oder Zurücknahme derselben. Nicht aber kann das Gericht die Schliessung verordnen, wenn es nur gestraft hat wegen Verfehlung gegen die Vorschriften und Bedingungen des Betriebes, wo also nur die einzelne Handlung den Ungehorsam vorstellt. Der Bestand der Anlage wird ja dadurch erst dann berührt, wenn aus diesem Anlasse die Verwaltungsbehörde die Verlustigung ausspricht; das Polizeigericht kann das nicht an ihrer Stelle thun.[14]

Die gerichtliche Schliessungsanordnung ist wieder eine Art Schadenersatz, welcher der Verwaltung zugesprochen wird. Die Polizeibehörde wird dadurch ermächtigt, nötigenfalls Gewalt zu gebrauchen, um den Betrieb zu hindern. Eine Zerstörung der Gebäulichkeiten ist nicht in dieser Ermächtigung begriffen, würde ja auch über den Zweck hinausgehen.[15]

2. Die Gesundheitspolizei erhält eine Verstärkung ihres In-

[13] Dufour II, n. 597, 603.

[14] Champagny II, S. 399.

[15] Champagny II, S. 401; Dufour II, n. 608, 609. — Nicht zu verwechseln mit dieser Schliessungsanordnung, welche zum Polizeizwangsverfahren gehört, ist der Ausspruch der Verwaltungsbehörde, dass eine Anlage zu schliessen sei: dieser enthält lediglich die Erklärung, dass eine Erlaubniss nicht bestehe oder zurückgenommen werde und eine Aufforderung an den Unternehmer danach zu handeln; fügt sich der Unternehmer nicht, so kann der Zwang immer erst eintreten auf Grund gerichtlichen Urtheils. Ein Beispiel bietet die Sache der Zündholzfabriken, St. R. E. 26. Nov. 1875 (Pariset), bekannt wegen des eigenthümlichen Falles von Machtüberschreitung, den sie enthält. Wegen Einführung des Zündholzmonopols müssen die bestehenden Fabriken entschädigt werden. Um ihre Zahl zu mindern, erklären die Präfekten auf Veranlassung des Ministers des Innern mehrere Fabriken für geschlossen, welche schon lange bestehen, stillschweigend geduldet aber ohne förmliche Erlaubniss. Die Verfügung wird vernichtet, weil der Präfekt *a usé des pouvoirs de police pour un objet autre que celui à raison duquel ils lui étaient conférés* (vgl. oben § 22).

halts durch das Gesetz vom 13. April 1850 über die ungesunden Wohnungen, insofern sie hienach nicht mehr Halt macht an den Gränzen des Privatlebens. Die Form des Eingriffs ist aber zunächst die des ordentlichen Polizeirechts, Befehl und Polizeistrafe. Nur kommt schlimmsten Falles, wenn auf solche Weise nichts ausgerichtet werden kann, noch ein eigenthümliches Mittel hinzu, dessen Form dem Rechte der öffentlichen Anstalten entlehnt ist und dort behandelt werden soll: die Zwangsenteignung der unverbesserlichen Wohnstätte (vgl. unten S. 237).

Was uns hier beschäftigen soll, ist die Ausdehnung, welche auch diesen Polizeibefehlen gegenüber die ordentliche Verwaltungsrechtspflege erhalten hat.

Nach dem Gesetze von 1850 soll der Gemeinderath einen Ausschuss ernennen zur Prüfung des gesundheitlichen Zustandes aller Wohnungen, welche nicht von dem Eigenthümer selbst benützt werden. Der Gemeinderath, welcher sich also hier auch mit Polizeisachen ausnahmsweise beschäftigt, beschliesst dann über die nötigen Verbesserungsarbeiten und über die ganz unbrauchbaren Wohnungen. Der Bürgermeister als Inhaber der Gemeindepolizei erlässt die entsprechenden Weisungen, wonach also die Verbesserungsarbeiten in bestimmter Frist gemacht werden müssen, wenn die Wohnung noch weiter dienen soll, beziehungsweise die Benützung ohne Weiteres einzustellen ist. Zuwiderhandlung ahndet das Polizeigericht mit Geldstrafe.

Gegen diese Polizeibefehle haben aber die Betroffenen einen Rekurs zum Präfekturrath, welcher mit voller sachlicher Prüfung neu entscheidet, wie in der ordentlichen Verwaltungsrechtspflege. Dass der angefochtene Akt seiner Natur nach eigentlich ein freier Verwaltungsakt ist, unterliegt keinem Zweifel.[16]

3. Der Konvent hatte am 24 brum. II verfügt: *chaque citoyen a la faculté de se nommer comme il lui plaît.* Der grosse Unfug, welcher alsdann getrieben wurde, — die Pariser Proletarier begannen mit Vorliebe die Namen grosser Männer des Alterthums zu führen, — rief alsbald das Dekret vom 6 fruct. II hervor; da-

---

[16] Dufour VII, n. 544 ff.; Cabantous n. 694; Ducrocq n. 292; Block V° *logements insalubres.*

nach ist bei Strafe verboten einen anderen Namen zu führen als den im Geburtsakte eingetragenen. Das Gesetz vom 11. germ. XI ermächtigte das Staatsoberhaupt, unter Beobachtung gewisser Formen von jenem Verbote zu entbinden und die Aenderung des Namens zu erlauben. Dabei ist es verblieben.

Es handelt sich hier um eine polizeiliche Ordnung im öffentlichen Interesse. Daneben steht einerseits das Vorrecht des Staatsoberhauptes, Adelstitel zu verleihen, andererseits die privatrechtliche Ordnung mit ihren Ansprüchen auf Anerkennung familienrechtlicher Verhältnisse und entsprechender Führung des Familiennamens und mit dem Rechtsschutze für die Vermögensvortheile, welche im gewerblichen Leben an die Führung eines Namens sich hängen.[17]

Diese privatrechtlichen Beziehungen bleiben, allgemeinen Grundsätzen entsprechend, durch die polizeiliche Genehmigung der Namensänderung unberührt, sind übrigens vom Gesetze des Jahres XI art. 9 noch ausdrücklich vorbehalten. Es können aber bei der Namensänderung auch noch andere Interessen Dritter in's Spiel kommen, insbesondere solche mehr geistiger Art, welche einen privatrechtlichen Schutz niemals finden würden.

Die polizeiliche Entscheidung, welche ja ganz frei ist, zu genehmigen oder zu versagen, wird die Interessen der einen wie der anderen Art schon um der öffentlichen Ordnung willen wohl berücksichtigen. Das Gesetz vom Jahre XI wollte dieselben aber solcher Berücksichtigung ausdrücklich empfehlen und zu besserer Sicherheit noch in aller Form zu Wort kommen lassen. So entstand die Bestimmung des art. 7 des Gesetzes, wonach innerhalb eines Jahres nach Bekanntmachung der genehmigten Namensänderung jeder, der dadurch benachtheiligt zu sein glaubt, das Recht hat, durch eine Eingabe bei der Regierung die Zurücknahme der Erlaubniss zu beantragen. Nach der Errichtung des Staatsrathes wird daraus ein förmliches Verfahren der ordentlichen Verwaltungsrechtspflege.[18]

---

[17] Waelbroek, *droit industriel* n. 124 ff. Dort wird auch mit Recht der an diesen Schutz geknüpfte Begriff einer *propriété du nom* bekämpft. Thatsächlich ist dieser Ausdruck in der Rechtssprache gang und gäbe.

[18] Trolley V, n. 2144; Ducrocq n. 195; Cabantous n. 955.

Das Gesetz sagt allerdings, die Anfechtung könne erhoben werden von: *toute personne y ayant droit.* Die Theorie von der *propriété du nom* sucht die Sache auch so darzustellen, als handle es sich um einen ganz gewöhnlichen Fall des *droit lésé*, um einen gebundenen Verwaltungsakt.

Dass dem nicht so ist, ergibt sich aus der Art, wie diese Rechtsprechung gehandhabt wird, wo überall nur in Frage kommt, ob der Kläger, der den gleichen Namen schon führt, auch wirklich ein achtenswerthes Interesse hat, dass der Andere ihn nicht auch führe. Wir haben also hier in der That wieder ein Beispiel der erweiterten ordentlichen Verwaltungsrechtspflege, wo ein freier Verwaltungsakt in dieser Form neu erzeugt wird. Zugleich liegt darin das Besondere — wie bei den gewerblichen Anlagen — dass der Dritte, dem zu Liebe die Parteimitwirkung in Form der Rechtspflege gegeben ist, dadurch nicht verhindern will, dass er durch den zu erzeugenden Akt geschädigt würde, denn dieser selbst trifft ihn gar nicht; sondern er soll bewirken können, dass derselbe ihm einen positiven Schutz verleihe gegen den Gesuchsteller, der ihn zu schädigen droht.[19]

Anhang.

§ 33. Uebergänge vom Polizeirecht in andere Rechtsgebiete.

Den Formen, welche die polizeiliche Thätigkeit des Staates verwendet, werden wir öfters noch begegnen auf den beiden

[19] St. R. E. 15. Dez. 1858 (Colonna d'Ornano) erkennt an: *motifs suffisants* des Klägers; St. R. E. 5. Dez. 1860 (d'Aubigny) weist ab, weil Kläger trotz des gleichen Namens *ne justifient pas que le décret leur cause un préjudice;* St. R. E. 6. Aug. 1861 (Goncourt) betont ebenfalls die Nothwendigkeit eines besonderen *préjudice.* Der Regierungskommissär äussert dabei: *En principe il répugne à l'idée du nom d'être une propriété exclusive. Quand on s'adresse au conseil d'état pour faire rapporter une autorisation, il faut justifier qu'elle présente des inconvénients, qu'elle cause un préjudice.* — In Elsass-Lothringen ist die Rechtspflege weggefallen: der Geschädigte kann sich nur mit geeigneten Vorstellungen an den zur Genehmigung der Namensänderung zuständigen Statthalter (Verordnung 24. Sept. 1885) wenden, um ihn zur Zurücknahme zu bewegen.

anderen Gebieten des eigentlichen Verwaltungsrechtes. Doch ist dann zu unterscheiden:

Der Staat kann sich dieser Formen bedienen lediglich, um die Zwecke einer öffentlichen Anstalt oder des Staatsvermögens zu fördern. Dann ist es keine Polizei, wird auch nicht so genannt; es fehlt, was diese auszeichnet, der ideelle Zweck. Es sind neue Rechtsinstitute, ganz und gar dem Gebiete angehörig, dem zu dienen sie bestimmt sind. In solcher Weise erscheinen Befehl und Ungehorsamsstrafe in den sogenannten Servituten des öffentlichen Rechtes, in der Auflegung persönlicher Lasten, in Schulzwang und Tabaksmonopol, in den Ordnungen für die Erhebung von Zöllen und indirekten Steuern (vgl. unten § 39 ff., § 43, § 57).

Dagegen gibt es auch Fälle, wo in diesen Formen neben dem Schutz und Vortheil einer öffentlichen Anstalt, eines Staatsvermögensstückes zugleich die Erhaltung gewisser Gemeinzustände verfolgt wird, die unmittelbar dabei mitinteressirt sind. So in den Massregeln zum Schutze der dem öffentlichen Verkehre dienenden Strassen und Flüsse gegen Beschädigung und Eingriffe, in der Ordnung der Nutzung an öffentlichen Anstalten, wo ja wegen der Bestimmung dieser Anstalten immer zugleich die Sicherheit des öffentlichen Verkehres, die öffentliche Gesundheit, die öffentliche Ordnung in Betracht kommt. Da gelten dann auch ohne Weiteres die Regeln des gegenwärtigen Abschnittes, soweit nicht Abweichungen besonders verfügt sind, und die ganzen Rechtsinstitute fallen unter den Namen der Polizei. Wir lesen von einer *police du domaine public, de la navigation, des sépultures, des usines, du roulage* u. s. w. (vergl. unten § 35, § 50, § 51). —

In einem besonderen Verhältnisse steht aber die Polizei noch zur Privatrechtsordnung. Die Privatrechtsordnung wird stellenweise von polizeilichen Gedanken beeinflusst. Sie sucht dann nicht mehr bloss das freie Spiel der subjektiven Befugnisse zu ordnen, sondern unterwirft dasselbe einem öffentlichen Interesse, welches sachlich in dem besonderen Inhalt der Privatrechtsvorschriften zum Ausdruck kommt, zugleich aber seinen Ursprung bezeugt in der Strenge, mit welcher diese Vorschriften auferlegt werden. Das gibt das sogenannte *jus publicum* im

Privatrecht, ausgezeichnet durch seine Unabänderlichkeit gegenüber der Privatdisposition.[1] Der Zweck der Privatrechtsordnung, die Rechtssphäre der Einzelnen abzugränzen, läuft mit neben her und da die Form der Einwirkung doch wesentlich die des Privatrechts ist, so entscheidet sie für die Zugehörigkeit des Ganzen zu dem Gebiete, welchem dieser Zweck eigenthümlich ist. Aber die Form der Einwirkung des Staates in der Privatrechtsordnung, als reine obrigkeitliche Gewalt, ist der der Polizei nahe genug verwandt, um es zu rechtfertigen, dass hie und da für diesen Theil des Privatrechtes auch der Name Polizei sich hervorwagt.[2]

Noch einen Schritt weiter auf dieser Bahn gehen die grossen Rechtsinstitute des Erfinderschutzes und des Autorrechtes. Hier spielt der Streit um das sogenannte geistige Eigenthum herein. Der Streit dreht sich nur um die Klassifizirung der beiden Rechtsinstitute; pracktisch wollen beide Parteien den gleichen Schutz gewähren. Wer da ernsthaft von einem geistigen Eigenthum, von einem natürlichen Rechte des Erfinders spricht, der will das Rechtsinstitut einreihen in das Privatrecht, wo der Staat nur schützt und ordnet (vgl. oben § 2 n. 2), und wo es dann allerdings eine fremdartige Erscheinung bildet. Nach der anderen Auffassung aber ist dieses Recht erst ein willkürliches Erzeugniss der Thätigkeit des Staates, der seine eigenen, die öffentlichen Zwecke verfolgt. Um Erfindungen und Geistesprodukte zu fördern und der Allgemeinheit zugänglich und nutzbar zu machen, wird allen anderen als dem Urheber derselben die Verwerthung auf gewisse Zeit untersagt bei Strafe und Schadensersatzpflicht; der Reflex erst dieses Verbotes ist das geistige Eigenthum.[3] Ob das Verbot in Kraft

---

[1] Demolombe, *cours de code Napoléon I*, n. 17: *le droit public* (als Theil des Privatrechts) *est celui, qui directement ou indirectement a pour but l'intérêt général, l'intérêt public.*

[2] Merlin, *répertoire V° dérogation* n. II: *il suffit que ces lois aient pour objet une certaine police publique pour qu'il ne soit pas permis d'y déroger.* Als Beispiele erwähnt Merlin die Form der Testamente und die Verjährung.

[3] Calmels, *propriété des oeuvres de l'intelligence* n. 21; Pouillet, *brevets d'invention*, Einl. S. XI; Renouard, *propriété artistique* S. 461; derselbe, *droits d'auteurs* I, S. 461 ff.

tritt unmittelbar aus dem Gesetz unter der Bedingung einer Hinterlegung, oder durch einen Patentverleihungsakt von Seiten einer dazu beauftragten Verwaltungsbehörde, macht keinen Unterschied; seinem wesentlichen Zweck nach ist es Verwaltungsthätigkeit; der privatrechtliche Erfolg ist nur ein Stück der Form, in welcher diese wirkt. Daher denn thatsächlich die französischen Verwaltungsrechtslehrer diese Rechtsinstitute in den Kreis ihrer Darstellung zu ziehen pflegen.[4] Sie finden da ihre nächste Verwandtschaft im Gebiete der Polizei. Allerdings reine Polizei sind sie auch nicht; dafür tritt das Privatinteresse des Urhebers und seine freie Verfügung über die Wirkung des Verbotes doch viel zu sehr in den Vordergrund. Will man sie überhaupt unterbringen im Systeme des Verwaltungsrechts, so müssen sie angehängt werden an das gegenwärtige Kapitel als unechte Polizei, ein Begriff, der gar nicht so allein steht, als es hier den Anschein hat, sondern auf anderen Gebieten des Verwaltungsrechtes zahlreiche Seitenstücke findet (vgl. unten § 54 Anm. 1).

II. DAS RECHT DER ÖFFENTLICHEN ANSTALTEN.

§ 34. Umfang des Rechtsgebietes der öffentlichen Anstalten.

Der Staat verfolgt öffentliche Zwecke nicht bloss als reine obrigkeitliche Gewalt, sondern er bedient sich für solche auch äusserlicher Mittel des wirthschaftlichen Lebens. Er verfügt dazu über sächliche Güter und Arbeitskräfte. Soweit diese Mittel in seiner Hand die allgemeine Natur von Geld und Geldeswerth haben, bestimmt, den öffentlichen Zwecken erst wieder durch die Aufopferung ihrer besonderen Gestalt zu dienen, erscheint der Staat

---

[4] Batbie V, n. 524—542; Laferrière II, S. 255—264; Pradier S. 289—306; Gauthier S. 403—432; Ducrocq n. 748—756; Cabantous n. 684—688; Block V° *propriété industrielle.*

in seiner Eigenschaft als Fiskus, welche den Gegenstand des dritten Kapitels dieses Abschnittes bildet. Zwischen diesem Standpunkt und der reinen obrigkeitlichen Gewalt liegt aber noch das weite Gebiet, auf welchem der staatliche Zweck unmittelbar an seinen Mitteln erscheint, wo sächliche Güter und Arbeitskräfte mit ihrer Beschaffenheit der Befriedigung eines öffentlichen Interesses gewidmet werden. Dieselben gruppiren sich nach den einzelnen öffentlichen Interessen, denen sie dienen. Staatliche Mittel, sächliche wie persönliche, welche zur Erfüllung je eines gewissen öffentlichen Zweckes bestimmt und vereinigt sind, bilden je eine öffentliche Anstalt (*service public*).

Die Ueberlassung staatlicher Thätigkeit an die Selbstverwaltung zur Ausübung in eigenem Rechte, beginnt erst auf dem Gebiete der öffentlichen Anstalten recht. Auf dem Gebiete der Polizei erschien die Gemeindepolizei als vereinzelte und unvollkommene Ausnahme. Neben den öffentlichen Anstalten, welche dem Staate unmittelbar gehören, finden wir dagegen zahlreiche öffentliche Anstalten der Departements, der Gemeinden u. s. w. von der gleichen rechtlichen Natur im Verhältnisse nach aussen.

Was der Staat für die öffentlichen Anstalten thut, in Herstellung der Mittel, Besitz und Leitung und Verwendung derselben, bringt ihn in die manichfachsten Beziehungen zu den Bürgern. Wo der Staat das ausnahmsweise und ausdrücklich so will und sich, wie man sagt, dem Privatrechte unterwirft, sind diese Beziehungen privatrechtlich geregelt. Ueberall wo solche Unterwerfung nicht vorliegt, behält der Staat auch in dieser Eigenschaft seine hoheitliche Natur,[1] sein Verhältniss zu den Einzelnen bestimmt sich verwaltungsrechtlich, einseitig durch die Art seiner Thätigkeit. Die allgemeinen Regeln, in welchen Gesetz und Verordnung dabei mitwirken, bilden das Recht der öffentlichen Anstalten, und die verschiedenen Formen der Einwirkung auf

[1] Sehr entschieden betont in der schon angeführten Stelle bei Aucoc I, n. 8: *L'autorité administrative ... fait des actes de gestion dans l'intérêt public, elle joue le rôle d'intendant général, d'homme d'affaires de la société, mais d'intendant ayant autorité.*

die Einzelnen, welche wir dabei beobachten, sind seine Rechtsinstitute (vgl. oben § 3, § 24 n. 2).

Wir haben hier keine einheitliche Grundform vor uns, wie das Polizeirecht sie uns bietet, im Rechtsgeschäfte des Befehls. Rechtsgeschäfte aller Art treten auf, einseitige und zweiseitige, und nicht bloss das: der hoheitliche Wille verkörpert sich in äusserlichen Thatsachen, welche im Gegensatze zu den Rechtsgeschäften nicht auf ein gewolltes Gegenüber, sondern auf jeden Beliebigen wirken, der damit in Berührung kommt, den dinglichen Rechten des Civilrechtes vergleichbar. Es erscheint ein öffentlichrechtlicher Besitz im öffentlichen Eigenthum, ein Zurückdrängen des Einzelinteresses durch thatsächliches Handeln ohne förmlichen darauf gerichteten Willensakt in den öffentlichen Arbeiten (*travaux publics*).

Ferner — und diess wird für unsere Eintheilung massgebend — erscheint der Staat hier nicht bloss als der Befehlende, Nehmende, Ausschliessende; Machtäusserungen dieser Art zur Herstellung und Wirksammachung der öffentlichen Anstalten bilden wohl die Hauptmasse unserer Rechtsinstitute. In der Verfügung über seine Anstalten kann aber der Staat, je nach dem Zwecke derselben, den Einzelnen auch Nutzungen daran einräumen, Vortheile daraus gewähren; das gibt dann Rechtsinstitute, inhaltlich den Interessen der Einzelnen günstiger als die anderen, aber in verwaltungsrechtlicher Natur ihnen vollständig gleich. Hinter allem aber tritt noch ein grosser fruchtbarer Grundsatz hier in Wirksamkeit. Wir haben gesehen, dass dem Polizeirechte ebenso wie der Rechtspflege der Gedanke einer Entschädigung des Einzelnen, der dabei Nachtheil erleidet, fremd ist. Hier aber auf dem Gebiete der öffentlichen Anstalten herrscht der entgegengesetzte Grundsatz. Es gilt die Regel der ausgleichenden Geldentschädigung. Und zwar in doppelter Richtung. Wenn der Staat dem Einzelnen Lasten auflegt für öffentliche Zwecke, ihn schädigt vor anderen durch die Gründung und den Betrieb einer öffentlichen Anstalt, so gewährt er dafür einen ausgleichenden Ersatz in Geld. Umgekehrt wird dem Einzelnen, der diese Anstalten benützt oder sonst von ihnen besondere Vortheile bezieht, eine entsprechende Vergütung zu Gunsten der Allgemeinheit auferlegt.

Diese Entschädigungen schliessen sich meist den entsprechenden Belastungen beziehungsweise Nutzungsgewährungen derart an, dass sie mit ihnen je ein Rechtsinstitut bilden. Es bleiben davon im Wesentlichen nur einige allgemeinere Lehren besonders zu behandeln.

Den drei Abtheilungen, die sich auf solche Weise bilden, fügen wir dann in einem Anhange noch bei eine Lehre von den unechten öffentlichen Anstalten.

1. Machtäusserungen für öffentliche Anstalten.

§ 35. Oeffentliches Eigenthum.

Es gibt zweierlei Arten von Eigenthum des Staates: ein privates Eigenthum (*domaine privé de l'Etat*) und ein öffentliches Eigenthum (*domaine public*). Die Unterscheidung betrifft nicht nur das engere Staatseigenthum, sondern auch das der Selbstverwaltung; es gibt ein *domaine public départemental* und ein *domaine public municipal.*

Wegen der Sachen, welche zum öffentlichen Eigenthum gehören, beruft man sich auf das bürgerliche Gesetzbuch und seine Aufzählung in art. 537—541. Es werden genannt: die schiff- und flössbaren Flüsse, der Meeresstrand, die öffentlichen Strassen, die Rheden und Häfen und die Festungswerke; art. 538 fügt noch die allgemeine Klausel hinzu: *et généralement toutes les portions du territoire français, qui ne sont pas susceptibles d'une propriété privée.*

Das Civilgesetzbuch nennt ausser den eben erwähnten Sachen auch noch die vakanten Güter und den Grund und Boden aufgegebener Festungswerke. Beides ist aber anerkanntermassen reines Privateigenthum des Staates.[1] Andererseits ist es gar nicht die Absicht des Gesetzes, das öffentliche Eigenthum vollständig anzu-

[1] Gauthier m. c. S. 49, 211; Perriquet, *contrats de l'état* n. 15; Aucoc II, n. 494.

geben; das beweist jene allgemeine Klausel. Was aber diese als Merkmal gibt, die Unzugänglichkeit für das Privateigenthum, das sucht eine neuerdings lebhaft verfochtene Theorie als Massstab zu verwenden für die Ausscheidung der beiden Eigenthumsarten.[2]

Bis zum Jahre 1566 war über das Staatseigenthum (*domaine de la couronne*) vielfach nach Privatrecht verfügt worden; in jenem Jahre erging die berühmte Ordonnanz von Moulins, welche jede Veräusserung unterschiedslos verbot. Nun war aber eben erst das neue Gesetz vom 22. Nov. 1790 gekommen und hatte umgekehrt die Veräusserlichkeit des Staatseigenthums als allgemeinen Grundsatz ausgesprochen. Oeffentliches Eigenthum im Sinn des bürgerlichen Gesetzbuches, sagt man also, sind solche Sachen des Staates, für welche eine Ausnahme gemacht ist von dieser Veräusserlichkeit. Damit eine Sache darunter falle, bedürfte es hiernach einer ausdrücklichen Willensäusserung, die nur ausgehen kann vom Gesetze; denn nur dieses kann eine Sache dem Privatrechte der Einzelnen unzugänglich machen. Solchen notwendigen Gesetzestext gibt vor Allem die Aufzählung des bürgerlichen Gesetzbuches. Man darf noch hinzufügen andere gleichartige Sachen, welche eigentlich dort schon mit gemeint sind, als: Schifffahrtskanäle, Brücken, Eisenbahnen, insofern sie eben unter den Begriff der öffentlichen Strasse fallen. Die allgemeine Klausel wollte nur weitere Gesetzesbestimmungen von solcher Wirkung vorbehalten. Thatsächlich sind aber als öffentliches Eigenthum nur noch anerkannt: die Kirchengebäude, kraft des Konkordates von 1801 art. 12 in Verbindung mit dem Gesetze vom 14 germ. X art. 75 und 77. Damit schliesst also nach dem bestehenden Rechtszustande die Reihe; insbesondere kommt die privilegirte Natur des öffentlichen Eigenthums nicht zu all den sogenannten öffentlichen Gebäuden, welche man sonst wohl in gewissem Umfange hieher gerechnet hat.

Diese Ansicht überschätzt die Tragweite der Bestimmungen des bürgerlichen Gesetzbuches. Dasselbe lehnt sich fast wörtlich an an das Gesetz vom 22. Nov. 1790, welches eine ganz andere Abgränzung im Auge hatte. Nachdem der Staat ein selbständiges

[2] Vor allem: Ducrocq, *traité des édifices publics* n. 65 ff.

Dasein neben der Person des Königs gewonnen hatte, handelte es sich darum auszuscheiden, was von dem vorhandenen Eigenthum jedem gehöre. Für das dem Staate zugewiesene Eigenthum gebraucht jenes Gesetz abwechselnd die Ausdrücke: *domaine national, domaine public* und *appartenir à la nation.* Daher auch noch in der Aufzählung des bürgerlichen Gesetzbuches jene eben erwähnte Hereinmengung von reinem Privateigenthum des Staates. Was *domaine public* in dem später ausgebildeten Sinne, was dem Privateigenthum unzugänglich sei, will bei dieser Gelegenheit nicht bestimmt werden; es werden nur einige Beispiele aufgeführt. Die Bestimmung des Begriffes selbst wird als gegeben vorausgesetzt. Man dachte an die *res publicae* des römischen Rechtes, in der Gestalt, welche ihnen die moderne Entwicklung gegeben hatte. Auch diese hatten bereits im alten Rechte einen Eigenthümer bekommen in der Person des Königs;[3] nur waren sie dort schon geschieden von dessen gewöhnlichem Eigenthum durch den öffentlichen Zweck, dem sie dienen. Nun aber war man einig, sie ganz und gar dem neu auflebenden öffentlichen Rechte zuzuweisen. Aus diesem allein bestimmt sich Wesen und Umfang des öffentlichen Eigenthums. Das bürgerliche Recht erwähnt sie nur, um zu sagen, dass es nichts mit ihnen zu thun habe; das ist der Sinn der Worte: *qui ne sont pas susceptibles d'une propriété privée.*[4]

1. *Domaine public* ist also ein Eigenthum des Staates, welches dem öffentlichen Rechte unterliegt. Aber wann ist das der Fall? Es handelt sich um eine Willensthätigkeit des Staates. Eigenthum haben ist an sich etwas, was auch ein Pri-

---

[3] Die Ordonnanzen von 1669, 1681 und 1710 verfügen in diesem Sinne bezüglich der schiffbaren Flüsse und bezüglich des Meeresstrandes. Ursprünglich sind ja wohl die *res publicae* als *res nullius* gedacht.

[4] Diess ergibt sich deutlich aus der Begründung von Treilhard zu art. 538 (Poncelet I, S. 280). Dort wird auf die römische Ausscheidung der *res publicae* verwiesen und gesagt, diese Sachen sollten sein: *du ressort ou d'un code de droit public ou de lois administratives et on n'a dû en faire mention que pour annoncer qu'ils étaient soumis à des lois particulières.* Vgl. auch c. c. art. 537 al. 2, wo diese Verweisung bestätigt wird.

vater thun könnte. Der Eigenthumsbesitz unterliegt desshalb der Regel nach dem Privatrechte (vgl. oben § 24 n. 1). Um ihn darüber zu erheben, muss ein Wille des Staates darin zum Ausdruck kommen, der mit dessen hoheitlicher Natur zusammenhängt. Dann wird das Eigenthum von selbst öffentlichrechtlich.[5] Die herrschende Lehre findet dieses Erforderniss darin, dass die Sache des Staates einer öffentlichen Anstalt gewidmet sei, *affecté à un service public*. Diese Widmung wird aber verstanden in einem besonders scharfen Sinne. Es kann nicht genügen, dass die Sache einer öffentlichen Anstalt diene; das liesse sich ja schliesslich von allen Sachen des Staates behaupten. Es bedarf eines innigeren Zusammenhanges mit der öffentlichen Anstalt; sie muss ihr ganz und dauernd gehören, unmittelbar derselben dienen, geradezu selbst die öffentliche Nützlichkeit gewähren, welche die öffentliche Anstalt ausmacht,[6] — kurz wenn man alle die verstärkenden Ausdrücke zusammennimmt, mit welchen die Innigkeit des Verhältnisses wiederzugeben versucht wird, läuft es auf den einen endgültigen Satz hinaus: die Sache muss selbst die öffentliche Anstalt sein.

Den Gegensatz bildet der Fall, wo sie nur den Boden, das Obdach, die geschlossenen Räume gewährt für die eigentliche öffentliche Anstalt, welche in persönlichen Dienstleistungen dort sich entwickelt oder vorbereitet.

Ganz ohne persönliche Leistungen ist eine öffentliche Anstalt

---

[5] Daher die vielfach wiederkehrende Betonung der *souveraineté*, mit welcher der Staat als Eigenthümer des *domaine public* erscheinen soll: Laferrière, *principes des institutions et des lois pendant la révolution*, S. 204: *Quel est le propriétaire? L'état comme souverain etc.*; Block V° *domaine*, n. 27 scheidet das d. p. aus als dasjenige, *sur lequel l'état exerce un droit de souveraineté;* Proud'hon *domaine public* I, n. 203 spricht — allerdings etwas unklar — von einer *analogie entre le domaine de la souveraineté et le domaine public.*

[6] Gaudry *traité du domaine* I, n. 266 verlangt noch eine *perpetuité* und *généralité* dieser Widmung; Proud'hon I, n. 216 nennt es eine *consécration civile;* Demolombe IX n. 457 eine *affectation spéciale et permanente, consécration à l'intérêt général;* Aubry u. Rau II, § 169: *affectées directement et en elles-mêmes à un service d'utilité générale.*

nur ausnahmsweise; es kommt eben darauf an, dass der Schwerpunkt der Anstalt in der Sache liegt. Bei der Würdigung sind Meinungsverschiedenheiten möglich. Doch führt die einfache Anwendung des oben festgestellten Begriffs auf das Ergebniss, welches auch die Praxis durchschnittlich gelten lässt.[7]

Am deutlichsten tritt die selbständige Natur der Sache als öffentlicher Anstalt da hervor, wo ihre Nützlichkeit verwirklicht wird durch den *publicus usus:*[8] Meeresstrand, Strassen, Flüsse, öffentliche Anlagen und Brunnen sind desshalb auch die Hauptbeispiele. — Auch von öffentlichen Denkmälern der Kunst lässt sich das noch sagen, insofern sie unmittelbar ihren veredelnden Einfluss üben.[9] — Bei Bibliotheken und Büchersammlungen entsteht die Schwierigkeit, dass Mobilien im französischen Mobiliareigenthumssystem einen eigenen rechtlichen Charakter überhaupt nicht haben; die Praxis nimmt die Bibliotheks- und Museumsgebäude mit hinzu und erklärt dann das Ganze für *domaine public.*[10] — Oeffentliche Anstalten sind aber auch die Kirchhöfe, obwohl von einem *publicus usus* an ihnen doch kaum die Rede sein kann. — Die Festungswerke sind öffentliches Eigenthum unter dem Gesichtspunkte ihrer selbständigen Wirkung zur Hinderung des Feindes und zum Schutz des Heeres. — Wenn endlich die Kirchengebäude ganz allgemein dafür ananerkannt werden, so liegt die Anschauung zu Grunde, dass schon

---

[7] Block V° *domaine* n. 30 gibt die hier folgende Aufzählung.

[8] Nach manchen Schriftstellern wäre die Widmung für den Gebrauch von Jedermann sogar das eigentliche Merkmal des öffentlichen Eigenthums. So Aucoc II n. 494. Die Mehrzahl sieht darin aber nur eine Form, in welcher sie dient, neben anderen (vgl. Aubry u. Rau II § 169; Dufour V, n. 72). Gauthier m. c. S. 117, 292 und Perriquet n. 16 erkennen in jedem Dienen der Sache für eine öffentliche Anstalt zugleich einen *usage de tous.* Jedenfalls ist es ein Irrweg, den Schwerpunkt des Begriffs des öffentlichen Eigenthums in den *usus publicus* zu legen. Man muss dann alle Fälle, wo solches vorhanden ist ohne *usus publicus*, für Ausnahmen erklären, wie Aucoc auch thut. Ferner beweist auch das von Gauthier angeführte Beispiel der im Eigenthum von Privatpersonen stehenden Schifffahrtskanäle, dass der *usus publicus* für sich allein dem Eigenthum keine höhere Natur zu geben vermag.

[9] Wegen des sogenannten *domaine monumental:* Troplong *traité de la prescription* I, n. 169.

[10] Gauthier m. c., S. 116.

die Erbauung und der Besitz eines solchen ein gottesdienstlicher Akt ist, der Gottesdienst aber (wenigstens der *cultes reconnus*) eine öffentliche Anstalt.

2. Der Staat übt durch die Sache öffentliche Anstaltsthätigkeit: Wille des Staates und entsprechende Beschaffenheit der Sache, *animus* und *corpus*, sind die beiden Voraussetzungen, welche dem also erscheinenden Eigenthum die Natur des öffentlichen geben. Das zeigt sich bei einem Wechsel dieser Eigenschaft.

Es gibt ein natürliches öffentliches Eigenthum,[11] bei welchem ein solcher Wechsel nicht leicht möglich ist: Meeresstrand und öffentliche Flüsse gehören dazu. Die vollziehende Gewalt hat hier keine Ermächtigung, den Willen zu ändern, und die Beschaffenheit entgeht thatsächlich der Beeinflussung; wo eine solche möglich ist, man denke etwa an Schiffbarmachung eines Flusses, vollzieht sich auch sofort der Wechsel der rechtlichen Natur; der Fluss z. B. wird öffentliches Eigenthum.

Andere Sachen erhalten die Eigenschaft, öffentliches Eigenthum zu sein ihrer Natur gemäss erst durch den Willen der Verwaltung, welcher sie zur öffentlichen Anstalt macht. Dazu genügt aber kein blosser abstrakter Willensakt; die Sache muss auch die äusserliche Herrichtung bekommen haben, in welcher sie als öffentliche Anstalt erscheint.[12] Das Grundstück, welches zu einer Strasse, zu einem Festungswerke bestimmt wird, bleibt zunächst noch Privateigenthum des Staates; erst wenn die Arbeiten gemacht sind, durch die es äusserlich das Gepräge seiner Bestimmung erhält, erhält auch der Besitz des Staates daran für sich allein schon die öffentlichrechtliche Natur. Umgekehrt kann die Verwaltungsbehörde einer solchen Sache die Eigenschaft, öffentliches Eigenthum zu sein, wieder entziehen; dazu ist es nicht notwendig, dass in Folge ihres Entschlusses die äussere Gestalt der

---

[11] Gaudry I, n. 65: *il existe deux sortes de biens publics: les uns par leur nature, les autres par la destination du gouvernement.*

[12] Ducrocq n. 771: *la route elle-même ou le chemin de fer, créations toujours artificielles, n'auront les privilèges de la domanialité publique que du jour où ils existeront à l'état de route ou chemin et non du jour des décrets d'ouverture, de concession ou de classement.*

Sache so verändert sei, dass sie eine öffentliche Anstalt nicht mehr vorstellt. Die blosse abstrakte Willenserklärung genügt in Gestalt eines *arrêté de déclassement*, eines Ausreihungsbeschlusses. Mit dem Aufhören des entsprechenden Willens des Staates ist eine der beiden wesentlichen Voraussetzungen des öffentlichen Eigenthums und damit dieses selbst zerstört. Das bisherige Festungswerk, die bisherige Strasse werden sofort Privateigenthum des Staates oder des Departements oder der Gemeinde, wem eben die Anstalt gehörte.

Eine Willensäusserung der letzteren Art kann auch stillschweigend geschehen; das blosse Nichtinstandhalten und Verfallenlassen enthält dieselbe unter Umständen; das wird namentlich angenommen werden können, wenn nur einzelne Stücke einer Strasse, eines Festungswerkes in Frage sind, welche bei Neueinrichtungen oder Verlegungen neben draussen bleiben.[13] Im Zweifelfalle kann nicht das Gericht darüber entscheiden, ob eine stillschweigende Willenserklärung vorliegt; denn es handelt sich dabei um Auslegung eines Verwaltungsaktes.

3. Die Wirkungen, welche sich knüpfen an die Thatsache des öffentlichen Eigenthums, entsprechen ganz seiner rechtlichen Natur. Es wäre ja allerdings gerade bei solchen Sachen, die so ganz unmittelbar öffentlichen Zwecken dienen sollen, besonders störend und zweckwidrig, wenn daran einfach nach den rücksichtslosen Regeln des Privatrechts Befugnisse der Einzelnen begründet werden könnten. Man würde wohl ein ausdrückliches Gesetz gemacht haben, um solche Möglichkeiten auszuschliessen. Ein Gesetz dieser Art ist nicht vorhanden und ist nicht nötig gewesen, weil schon aus jener rechtlichen Natur des öffentlichen Eigenthums das praktisch Richtige sich ergibt.

---

[13] Gaudry I, n. 65; Aucoc III, 969; Dalloz V° *servitudes*, n. 403. — Proud'hon I, n. 216 ff. will auch die blosse Thatsache der eingetretenen Unbrauchbarkeit der Sache wirken lassen. Grundsätzlich wird man sagen müssen, dass diess richtig sei, sofern die Sache dadurch die äussere Gestalt der öffentlichen Anstalt ganz verliert; blosse schlechte Instandhaltung darf natürlich nicht genügen. Die andern Schriftsteller scheuen vor solcher Annahme zurück, weil die Ersitzbarkeit des öffentlichen Eigenthums so eine Hinterthür finden könnte.

Das öffentliche Eigenthum ist nicht allen Rechten der Einzelnen unzugänglich, im Gegentheil, wir werden mancherlei Rechte der Einzelnen daran noch zu betrachten haben; aber das sind eben Befugnisse verwaltungsrechtlicher Art, entsprechend dem Rechtssystem, welchem dieses Eigenthum angehört. Nur nach den Regeln des Privatrechts können keine Rechte daran erworben werden. und zwar im weitesten Umfange. Die Unveräusserlichkeit ist nicht die wichtigste Folge davon; denn vertragsmässige Veräusserung wird ja in der Regel durch eine vorgängige Ausreihungserklärung ermöglicht werden. Aber auch die Ersitzung ist ausgeschlossen, dazu die Möglichkeit eines privatrechtlichen Besitzes und eines Besitzschutzes auch Dritten gegenüber. Ferner entstehen hier keine eigentlichen Servituten und keine nachbarrechtlichen Ansprüche wie das bürgerliche Gesetzbuch sie ordnet, Scheidmauerrecht, Abstand von Pflanzungen u. dgl.[14]

Eine andere Wirkung noch äussert diese besondere Natur des öffentlichen Eigenthums in dem ausserordentlichen Schutze, mit welchem es umgeben ist: thatsächliche Eingriffe in dieses Eigenthum oder Beschädigungen desselben sind zugleich Verletzungen des öffentlichen Interesses, dem es unmittelbar dient, und desshalb mit Verbot belegt und mit Strafe bedroht. Die Androhung und Verhängung dieser Strafen ist ein Stück Polizei und bewegt sich in den Formen des Polizeirechts (*police du domaine public*). Die Polizeistrafrechtspflege ist aber hier nicht vollständig dem Polizeigericht übertragen. Vielmehr bleibt dieser Verwaltungszwang für gewisse Gebiete in den Händen der Verwaltung. Der Präfekturrath ist als der natürliche Träger dieser Gewalt gedacht. Seine Zuständigkeit umfasst vor allem das Landstrassenwesen (*grande voirie*), wozu gerechnet werden: Staats- und Departementsstrassen mit ihren Fortsetzungen durch die Ortschaften, schiff- oder flössbare Flüssen und Schifffahrtskanäle, Häfen und Rheden, nach Ges. 15. Juli 1845 Art. 1 auch die Eisenbahnen. Schädigungen der geringeren Strassen (*petite voirie*) werden vom Polizeigerichte geahndet.[15]

---

[14] Proud'hon I, n. 208 ff.

[15] Ges. 29 floréal X art. 4; *c. d'instr. crim.* art. 161. Serrigny II n. 810 nennt den Präfekturrath *un tribunal protecteur et conservateur du*

Die Strafe tritt nicht ein, wenn der Eingriff geschieht mit Ermächtigung des Eigenthümers in Form einer Erlaubniss (*autorisation*) oder einer Verleihung (*concession*), wovon später. Das sieht dann so aus wie eine Polizeierlaubniss, eine Entbindung vom Polizeiverbot *in concreto*. Direct wäre eine solche Entbindung durch Einzelact nach den Grundsätzen des Polizeirechts nicht möglich (vgl. oben § 26 n. 3); hier aber ist sie in Wirklichkeit nur die Folge einer Verfügung des Eigenthümers über die Sache.

§ 36. Enteignung öffentlichen Nutzens wegen.

Das Rechtsinstitut der Enteignung bestand dem Wesen nach bereits im alten Rechte. Eine königliche Verordnung pflegte für ein bestimmtes Unternehmen, insbesondere für Kanal- und Strassenbauten, dem ausführenden Unternehmer das Recht zu gewähren, sich der nöthigen Privatgrundstücke zu bemächtigen. Königliche Kommissäre wurden bestellt, um die Massregel zu überwachen. Dieselben hatten insbesondere Sachverständige zu ernennen zur Abschätzung des in Anspruch Genommenen. Den Schätzungswerth sollte der Eigenthümer erhalten. Streitigkeiten wurden im Verwaltungswege entschieden.[1]

Die Gesetzgebung von 1790 und 1791 behielt das Verfahren im Wesentlichen bei, stellte aber das Ganze unter die Oberleitung

---

domaine public. Auch *gardien du domaine public* ist eine stehende Bezeichnung für ihn. Der Präfekturrath ist in dieser Beziehung der Erbe der Departementalverwaltungen, zu deren Aufgaben nach Ges. 22. Dez. 1789 insbesondere gehört *la conservation des propriétés publiques*. Diese Zuständigkeit ist ihm neben der allgemeinen Uebertragung der Polizeirechtspflege an die Gerichte durch das Brumairegesetz verblieben. Serrigny II, n. 808 ff.; Cabantous n. 599 ff. Gauthier m. c. S. 131 ff. — Die Strafgewalt des Präfekturrathes ist durch Els.-Lothr. E. G. z. St. G. B. art. XI u. XII auf die Strafgerichte übergegangen. Für die Verurtheilung zu Schadensersatz und Wiederherstellung besteht eine gleiche ausdrückliche Uebertragung an die Civilgerichte nicht. Seiner Natur nach ist es Verwaltungszwang; danach müsste diese Zuständigkeit noch erhalten sein. A. M. Möllerische Sammlung II, S. 185.

[1] de Lalleau, *traité de l'expropriation pour cause d'utilité publique* I, n. 3.

der Departementalverwaltung. Die Erklärung der Menschenrechte in der Verfassung von 1791 Art. 17 verweist die Entziehung von Grundeigenthum in das vorbehaltene Gebiet des Gesetzes und stellt den Grundsatz der Vorgängigkeit der Entschädigung auf; das bürgerliche Gesetzbuch in Art. 545 wiederholt diese Zusage. Das Gesetz vom 16. Sept. 1807 ordnet das Verfahren für allerlei Schädigungen, welche die Eigenthümer zu Gunsten von öffentlichen Arbeiten leiden müssen, mit Einschluss der völligen Enteignung.

Bis dahin war die ausschliessliche Zuständigkeit der **Verwaltung** für dieses ganze Gebiet einem Zweifel nicht unterlegen; die Einmischung der Gerichte wäre als eine Verletzung des Grundsatzes der Trennung der unteren Gewalten angesehen worden.[2]

So stand die Sache, als ein Einfall Napoleons die bisherige Ordnung durchbrach. In einer Note, datirt Schoenbrunn den 29. September 1809, betonte er die Nothwendigkeit, die Gerichte in dem Enteignungsverfahren mitwirken zu lassen, um dem Grundeigenthum einen besseren Schutz zu geben. Diese Ideen setzte er trotz des Widerspruches seiner Räthe durch und es entstand das Gesetz vom 8. März 1810, dessen Ordnungen jetzt noch die Grundlage des Rechtsinstitutus bilden. Es stellt an die Spitze den Satz: *l'expropriation pour cause d'utilité publique s'opère par l'autorité de la justice* (Art. 1).

Das Gesetz wurde später zwei Mal umgearbeitet und in Einzelheiten geändert. Das Enteignungsgesetz vom 7. Juli 1833 führte an Stelle der gerichtlichen Abschätzung die durch Geschworene ein, das Enteignungsgesetz vom 3. Mai 1841, in dessen Formen das Rechtsinstitut noch heute besteht, fügte vor allem ein Dringlichkeitsverfahren zu vorläufiger Besitznahme hinzu. —

Das ganze Rechtsinstitut zerfällt in zwei Abschnitte: die Enteignung selbst und die Entschädigung der Enteigneten.

Die **Enteignung** ist ein Eingriff der vollziehenden Gewalt, zu

---

[2] **Baudouin**, *procès verbaux de l'ass. nat.* LVI n. 657, Bericht von Poucin: *la constitution*, heisst es dort mit Bezug auf die Enteignung, *serait violée, si le pouvoir judiciaire pouvait se mêler des choses administratives.*

welchem es einer Ermächtigung des Gesetzes bedarf. Diese Ermächtigung ist ihr gegeben für einen bestimmten Zweck und unter der Bedingung der Erfüllung gewisser Formen.

Der Zweck war in der Verfassung von 1791 Art. 17 bezeichnet mit den Worten: *lorsque la nécessité publique l'exige évidemment*. Die späteren Gesetze lassen statt dessen genügen ein Bedürfniss der *utilité publique*. Das Grundstück muss also erfordert werden, um damit eine gewisse öffentliche Nützlichkeit zu erreichen, anders gesagt, um einer öffentlichen Anstalt zu dienen.[3] Es braucht nicht selbst die öffentliche Anstalt, also öffentliches Eigenthum, zu werden; die Enteignung kann auch stattfinden behufs Errichtung eines Pfarrhauses, eines Ministerialgebäudes, einer Eisenbahnwerkstätte. Immer ist das Wesentliche, dass die Verwaltung mit der beabsichtigten Verwendung des Grundstückes noch auf dem Gebiete der öffentlichen Anstalten bleibe. Die Regel wird dadurch erhärtet, dass besondere Gesetze noch erlassen sind, um die Anwendung der Form der Enteignung für andere Zwecke zu gestatten:

1. Sie dient polizeilichen Zwecken nach dem Gesetze vom 13. April 1850: gesundheitsgefährliche Wohnungen können von der Gemeindeverwaltung schlimmsten Falles, d. h. wenn sie ihrer Natur nach, ohne Verfehlung des Besitzers, unverbesserlich sind, im Wege der Zwangsenteignung erworben werden, um dann die gesundheitspolizeiwidrigen Zustände umfassend und gründlich zu beseitigen (vgl. oben § 32 n. 2).[4]

2. Den Vermögensinteressen des Fiscus dient sie, wenn nach Gesetz vom 16. Sept. 1807 Art. 53 bei Aenderung der

---

[3] Ducrocq, *ventes domaniales* n. 246 ff. Derselbe verzichtet gänzlich auf den Zusammenhang mit einem *service public* und beruft sich dafür auf die thatsächlich stattgehabte Enteignung für den Bau eines städtischen Theaters. Sollte aber nicht das Dekret, welches die Enteignung einleitete, das Theater für eine öffentliche Anstalt angesehen haben? Richtig wäre das zwar nicht, aber doch sehr gut möglich.

[4] Dufour VII, n. 551, bezeichnet den Ausnahmecharakter dieser Enteignung mit den Worten: *c'est le droit d'expropriation degagé de la condition de n'en user, que pour faire passer un objet du domaine privé dans le domaine public.* Der letztere Ausdruck geht etwas zu weit.

Strassenlinie der Angränzer sich weigert, das wegfallende Stück des öffentlichen Eigenthums zu erwerben und die Verwaltung dann ihrerseits dessen Grundstück zu jenem Ueberbleibsel hinzu enteignen darf, um mit diesem zusammen ein brauchbares Grundstück herzustellen. [5]

Der Form nach vollzieht sich die Enteignung in den folgenden drei Stufen.

1. Die Erklärung des öffentlichen Nutzens (*déclaration d'utilité publique*) hat zur Aufgabe, festzustellen, dass ein Unternehmen von öffentlicher Nützlichkeit im Sinne des Gesetzes beabsichtigt sei, und dieses Unternehmen nach Zweck, Art und Umfang zu bezeichnen. Die Erklärung erfolgt gemäss Senatus-Konsult vom 25. Dez. 1852 Art. 4 durch Dekret des Staatsoberhauptes, im Staatsrathe zu erlassen, für grössere Unternehmungen nach Ges. 27. Juli 1870 durch Sondergesetz. [6] Oeffentliche Erhebungen (*enquête administrative*) sollen vorausgehen; das Nähere bestimmt eine Verordnung vom 18. Febr. 1834, welche als solche auch für den Einzelakt des Staatsoberhaupts bindend ist.

Ein Rechtsweg zur ordentlichen Verwaltungsrechtspflege findet über das Dekret nicht statt: es ist kein gebundener Verwaltungsakt. Dagegen ist der Rekurs wegen Machtüberschreitung zulässig; derselbe kann insbesondere auf Nichtbeobachtung der Formen gegründet werden; sachliche Gründe werden bei der freien Würdigung des Vorhandenseins der öffentlichen Nützlichkeit, die dem Staatsoberhaupte zusteht, kaum gefunden werden können. [7]

---

[5] Gelegentlich des Umbaues von Paris seit 1848 wurden mehrere mit Gesetzeskraft bekleidete Dekrete erlassen, welche der Stadt in verschiedenen Formen das Recht gab, angebrochene Grundstücke und Nachbargrundstücke zu erwerben, auch wenn sie für die Strasse nicht gebraucht wurden, lediglich zu dem Zweck, sich brauchbare Bauplätze zu verschaffen oder die Entschädigungsforderung der Betroffenen zu mindern. Dekret 3. Mai 1848; Dekret 26. März 1854.

[6] So schon nach der Gesetzgebung von 1833 und 1841: ein Beispiel des Heraustretens der gesetzgebenden Gewalt aus ihrer gewohnheitsmässigen Beschränkung auf die allgemeine Regel. Lalleau I, n. 63, 64 nennt das geradezu einen Eingriff in das Gebiet der vollziehenden Gewalt; rechtlich betrachtet ist der Ausdruck unrichtig; es geht bloss gegen das Gewöhnliche, nicht gegen das Erlaubte (vgl. oben § 2).

[7] Lalleau I, n. 68; Peyronny u. Delamarre, *commentaire sur*

2. Die Bezeichnung der Grundstücke, welche für das der gesetzlichen Ermächtigung also theilhaftig gewordene Unternehmen nöthig sind, geschieht durch den Präfekten. Es wird ein genauer Plan ausgearbeitet und auf dem Bürgermeisteramt hinterlegt. Die Betheiligten werden öffentlich aufgefordert ihre Bemerkungen dort zu Protokoll zu geben. Für jede Gemeinde wird eine Kommission gebildet zur Abgabe eines Gutachtens über diese Bemerkungen. Schliesslich erlässt der Präfekt den Abtretbarkeitsbeschluss (*arrêté de cessibilité*). Die einzelnen Grundstücke sind darin angegeben nach dem Steuerkataster und die Eigenthümer ebenso. Wenn, wie das häufig der Fall, der wirkliche Eigenthümer ein anderer ist, so thut das der Gültigkeit des Verfahrens keinen Eintrag; das Verfahren geht gegen das Grundstück und der im Kataster Eingeschriebene gilt dem Staate gegenüber als sein Vertreter. Passivservituten, die an den betreffenden Grundstücken bestehen, müssen besonders mit enteignet werden.

Beschwerde zum Minister und Rekurs wegen Machtüberschreitung sind die Anfechtungsmittel gegen diesen Beschluss.[8] Der letztere wäre nach allgemeinen Grundsätzen unzulässig, wenn der Beschluss wirklich nur eine Vorbereitung zu dem darauf folgenden Urtheil des Gerichts bedeutete. Aber die Wahrheit bricht hier durch: sachlich ist der Eingriff bereits durch diesen Beschluss bestimmt und vollendet; was nachkommt, ist nur eine äusserliche Form.

3. Das Enteignungsurtheil (*jugement d'expropriation*). Die Akten gehen nunmehr an den Staatsanwalt des Civilgerichtes erster Instanz (Landgericht) der belegenen Sache. Auf seinen Antrag beschliesst das Gericht darüber in der Rathskammer, ohne Gehör der Parteien. Es hat zu prüfen, ob die Formbedingungen erfüllt sind und nur das.[9] Ist alles in Ordnung, so spricht es die

---

les lois d'expropriation, n. 121. Der erstere Schriftsteller hält auch einen vollen Rekurs für zulässig, welcher nur, wegen der Mitwirkung des Staatsrathes, in die Formen des art. 40 des Dekretes vom 22. Juli 1806 zu kleiden sei. Dagegen mit Recht Peyronny u. Delamarre n. 124, vgl. oben § 20.

[8] Lalleau I, n. 135.

[9] Lalleau I, n. 206.

Enteignung aus und erst damit vollzieht sich dieselbe: durch die Verkündung des Urtheils — nicht erst mit der Zustellung oder gar mit der Rechtskraft — geht das Eigenthum von dem bisherigen Eigenthümer auf den Staat über.

Damit ist allerdings äusserlich erreicht, was Napoleon wollte: *on ne sera plus exproprié par la préfecture;* das Odium muss das Gericht auf sich nehmen; aber das ist doch alles eitel Schein. Abgesehen davon, dass das Civilgericht sachlich gar nichts dabei zu sagen hat, behält der Akt auch in seinen Händen ganz die nämliche Form und rechtliche Natur, welche er in den Händen des Präfekten haben würde, wenn er ganz dort verbliebe: es ist kein gebundener, sondern ein freier Verwaltungsakt, der fertig gestellt wird, und die Fertigstellung geschieht ohne Beobachtung der Formen der Rechtspflege. Das sogenannte Enteignungsurtheil verdient seinen Namen in keiner Weise. Es gibt desshalb auch keine Berufung dagegen. Das einzige Rechtsmittel ist das, welches jeden freien Verwaltungsakt trifft, der Rekurs wegen Machtüberschreitung; das Gesetz gewährt einen Rekurs nur *pour incompétence, excès de pouvoir ou vices de forme du jugement.*[10] Dieser Rekurs steht nicht blos denjenigen zu, welche bisher im Verfahren als Parteien aufgetreten sind; denn eigentliche Parteien hat es in diesem Verfahren nicht gegeben; sondern (ganz wie im gewöhnlichen Zuständigkeitsrechtsmittel, vgl. oben § 22) allen, deren Interessen unmittelbar berührt wurden: dem im Kataster eingetragenen Eigenthümer, dem wirklichen Eigenthümer, dem Miether, dem Resolutionsberechtigten u. s. w.[11]

Aber weil der Verwaltungsakt hier ausgeht von einer Behörde, welche der Ordnung der Gerichte angehört, geht der Rekurs statt an den Staatsrath an den Kassationshof und wird denn auch als *recours en cassation* bezeichnet (Ges. 1841 art. 20).

Aus dem gleichen Grunde erscheint unter den Rekursberechtigten auch die Verwaltung selbst, deren Akt hier durch eine

---

[10] Ein Fall des *excès de pouvoir* von Seiten des Gerichts besteht darin, dass es die Enteignung ausspricht, ohne dass von der Verwaltung die nöthigen Formen, die es zu prüfen hatte, erfüllt waren. Cass. 6. Jan. 1836 (Gaullieur und L'hardy).

[11] Dufour V, n. 375; Peyronny u. Delamarre n. 265.

fremde Behörde gemacht wird; sie kann das Rechtsmittel einlegen müssen, um sich gegen unbefugte Aenderung des Inhaltes der Enteignung oder Verweigerung derselben zu schützen; der Präfekt vertritt sie dabei gegenüber den Gerichten, wie auch sonst.[12]

Es besteht sogar die Möglichkeit, dass dieser Verwaltungsakt gegen den Willen der Verwaltung erlassen werde; wenigstens gibt das Gesetz den Eigenthümern das Recht, wenn der Präfekt länger als ein Jahr nach seinem Beschlusse die Beantragung des Enteignungsurtheils verzögert, selbst den Antrag zu stellen und so die Sache zur Erledigung zu führen (Ges. 1841 art. 14 Abs. 2), — ein praktisch werthloses Recht, da der Präfekt allein die Materialien des Urtheils hat.

Endlich ist die einmal ausgesprochene Enteignung unwiderruflich, was nicht der Fall wäre, wenn die Verwaltungsbehörde den Akt selbst erliesse. Das ist nicht etwa die Folge einer Rechtskraft; denn von dieser kann hier nicht die Rede sein; sondern das Gericht kann den Akt nicht widerrufen, weil er Eigenthum für die Verwaltung bewirkt hat, die Verwaltung nicht, weil es ein Akt des Gerichtes ist; es bedürfte eines förmlichen Rückabtretungsvertrages.[13]

Alles was den Enteignungsausspruch vor anderen Verwaltungsakten auszeichnet, ergibt sich demnach von selbst aus seiner Verlegung in die Hand der Gerichte. —

---

[12] Lalleau I, n. 230; Peronny u. Delamarre n. 266.

[13] Lalleau I, n. 277; vgl. unten § 38 Anm. 4.

[14] Nach E. G. z. G. V. G. § 4 dürfen den Gerichten durch die Landesgesetzgebung keine Gegenstände der Verwaltung übergeben werden, ausgenommen Geschäfte der Justizverwaltung und jede Art von Gerichtsbarkeit. Das Enteignungsurtheil ist weder seinem Gegenstande noch seiner Form nach ein Akt der Gerichtsbarkeit d. h. Rechtspflege. Wollte man diese Geschäftsübertragung noch für zulässig erklären, so wäre nicht abzusehen, warum das Gericht nicht auch sollte benützt werden können, um auf Antrag des Staatsanwaltes und nach Entwurf des Bezirkspräsidenten oder Bürgermeisters gesetzmässige Polizeibefehle zu erlassen und zu verkünden, Steuern aufzulegen und dergl. Die Mitwirkung des Gerichtes in Enteignungssachen besteht also in Elsass-Lothringen nicht mehr zu Recht. Was ist die Folge? Der Beschluss des Bezirkspräsidenten erhält wieder seine alte Kraft und bewirkt unmittelbar die Enteignung, wie es vor der Dazwischenschiebung der Gerichte der Fall war. Ein ausdrückliches Gesetz wäre natürlich erwünscht.

An die geschehene Enteignung schliesst sich dann als zweiter Akt an die **Festsetzung der Entschädigung**. Auch diess ist von Haus aus ein Verwaltungsakt: es handelt sich darum, das Verwaltungsgesetz, welches die Entschädigung gewährt, im Einzelnen zu vollziehen. Das Gesetz von 1810 hat auch damit die Civilgerichte betraut. Ursprünglich wurden die Formen eines gewöhnlichen Schadensersatzprozesses zwischen Staat und Eigenthümer zur Anwendung gebracht; ein Sachverständigengutachten gab die nötige Grundlage. Die trostlose Langwierigkeit dieser Prozesse veranlasste die Einführung der **Entschädigungsjury** durch das Gesetz von 1833. Man berief sich auf das englische Vorbild und auf die eigenen Erfahrungen mit der Jury im Strafprozesse.

Alljährlich stellt der Generalrath jedes Departements eine Liste der Geschworenen auf für jedes Arrondissement. Im Bedürfnissfalle wählt daraus das Gericht 16 Geschworene und 4 Ersatzgeschworene. Der Unterpräfekt beruft sie ein und lädt die Betheiligten. Das Gericht hat im Enteignungsurtheil einen Richterkommissär ernannt, welchem die Leitung der Verhandlung zusteht. Beide Parteien können ablehnen. Die Zahl der urtheilenden Geschworenen muss 12 betragen. Der Verhandlung geht ein Schriftenwechsel voraus, in welchem die Verwaltung ihre Angebote, jeder Eigenthümer seine Forderung macht. Die Jury ist ein Sachverständigenkollegium, sie kann nicht selbst wieder Sachverständige vernehmen, auch keine andere Frage entscheiden als die Höhe der Entschädigung. Wenn sonst Streit entsteht über Recht und Art der Entschädigung, z. B. über die Pflicht der Verwaltung, gemäss art. 50 des Gesetzes das ganze angegriffene Grundstück zu nehmen, ist das Gericht selbst allein zuständig; die Entschädigung muss dann einstweilen alternativ bestimmt werden. Sie besteht in einer Geldsumme und darf nicht unter das Angebot gehen noch über die Forderung. Sie umfasst nicht bloss den Werth des entzogenen Stückes, sondern auch den Minderwerth des verbleibenden; andererseits kann auch der Mehrwerth, den das Verbleibende durch die Arbeiten enthält, in Wettschlagung kommen (vgl. unten § 53).

Das Besondere an dem Abschätzungsgutachten der Jury ist

nur, dass es keiner Prüfung und Bestätigung durch ein Urtheil unterliegt, sondern unmittelbar wirkt: der Richterkommissär prüft, ob die Formen erfüllt sind, und erlässt dann die Vollstreckbarkeitserklärung; damit steht das Verdikt einem gerichtlichen Urtheile gleich.

In Bezug auf die Rechtsmittel insbesondere ist das Vorbild eines schwurgerichtlichen Urtheils massgebend; nur Kassationsrekurs wegen Verletzung des Gesetzes ist zulässig. Das Gesetz von 1841 art. 42 bezeichnet diejenigen von den Vorschriften des Enteignungsverfahrens, welche allein dazu in Betracht kommen sollen; die Berücksichtigung der Verletzung der Vorschriften anderer Gesetze ist dadurch nicht ausgeschlossen.[15]

Die ursprüngliche Idee eines Verwaltungsaktes, der in Vollziehung des Gesetzes Entschädigung gewährt, ist hier gänzlich aufgegangen in der Form einer Verurtheilung des Staates. Ueber die Kosten entscheidet der Richterkommissär in seiner Schlussverfügung nach Verhältniss des Unterliegens.[16]

Die Enteignung kann auch, wie später zu erörtern sein wird, für Rechnung eines Selbstverwaltungskörpers geschehen oder eines Unternehmers öffentlicher Arbeiten (vgl. unten § 46, § 65, § 66, § 72). Die Verurtheilung lautet dann unmittelbar auf diesen. Sie ist auch hier ihrem Wesen nach staatliche Entschädigungsgewährung, vermehrt durch gleichzeitige Ueberwälzung der Pflicht auf den Enteignenden.

---

[15] Lalleau I, n. 650.

[16] Das Entschädigungsverdikt ist seinem Inhalte nach das Nämliche wie das, was der Präfekturrath thut, wenn er über die Klage auf Entschädigung aus öffentlichen Arbeiten erkennt. So gut wie diese Sachen durch Els. Lothr. A. G. z. G. V. G. art. 8 den Gerichten übertragen werden durften, trotz art. 4 des E. G. z. G. V. G., kann auch das Entschädigungsverfahren bei den Gerichten verbleiben; es ist Gerichtsbarkeit. Dass bei solchen Uebertragungen von Geschäften der Verwaltungsrechtspflege von der C. P. O. abweichende Formen vorgeschrieben werden dürfen, ist selbstverständlich. Ebenso unbedenklich ist die Aufrechterhaltung der Zuziehung der Jury. Das Gesetz kann Verwaltungssachen den Gerichten, so wie diese sind, übertragen, oder einzelne Richter zur Mitwirkung beauftragen; wenn es nur Rechtspflege ist, wozu dieselben verwendet werden sollen, so steht das Reichsrecht nicht im Wege.

Die Erzwingbarkeit der Verurtheilung freilich richtet sich nach den Bedingungen, unter welchen gegen den Enteignenden überhaupt eine Zwangsvollstreckung stattfindet. Doch steht ein Zwangsmittel dem Enteigneten besonders zur Seite: er hat das Recht, den Besitz des Grundstückes zurückzuhalten, bis dass er bezahlt ist. Dasselbe ist Eigenthum des Enteigners geworden, aber öffentliches Eigenthum wird es ja, wenn überhaupt, erst durch die Herrichtung für seinen Zweck. Einstweilen ist noch Privatbesitz daran möglich, wenn die Sache sich lange hinzieht, sogar Ersitzung; jedenfalls kann Dritten gegenüber die begonnene Ersitzung inzwischen vollendet werden.[17]

Das Gesetz von 1841 hat in seinen art. 65—74 dieses Zurückbehaltungsrecht umgestaltet, indem es Formen gab, in welchen eine vorgängige Besitzergreifung erfolgen darf.[18]

Ein Dekret des Staatsoberhauptes erklärt die Dringlichkeit. Auf Grund desselben kann die Verwaltung nach ergangenem Enteignungsurtheil die Eigenthümer nicht bebauter Grundstücke vor das Civilgericht laden und von diesem die Summe bestimmen lassen, welche sie für jedes Grundstück zu hinterlegen hat, um in sofortigen Besitz zu treten. Die Hinterlegung geschieht bei der Depositenkasse (*caisse des dépôts et consignations*). Darauf neue Ladung vor den Gerichtspräsidenten, welcher die Besitzeinweisung verfügt. Die hinterlegte Summe dient zur Sicherung des Enteigneten an Stelle des Zurückbehaltungsrechtes. Der Richterkommissär in seiner Verfügung, welche hinterdrein das Entschädigungsverdikt für vollstreckbar erklärt, weist die Kasse an, den zugesprochenen Betrag an die Enteigneten, den etwaigen Ueberschuss an die Verwaltung hinauszugeben. Uebersteigt dieser Betrag den hinterlegten, so muss die Verwaltung binnen 14 Tagen den letzteren ergänzen, widrigenfalls der Enteignete sich der Fortsetzung der Arbeiten widersetzen kann (Ges. 1841 art. 74), das will sagen: die Besitz-

[17] Lalleau I, n. 272, 276, 816, 819.

[18] Für Festungsanlagen hatte jedoch bereits das Gesetz vom 30. März 1831 Formen einer vorgängigen Besitzergreifung geschaffen, die daneben noch gültig sind; dieselben sind etwas schwerfälliger (Sachverständigengutachten, besondere Entschädigung für verfrühte Räumung).

einweisung geht verloren und jede weitere Besitzhandlung von seiten der Verwaltung ist unberechtigt.[19] —

Am Schlusse des ganzen Enteignungsverfahrens steht noch ein Rechtsinstitut, welches wieder auf seinen Ausgangspunkt zurückweist. Die Enteignung war nur zulässig, um eines bestimmten öffentlichen Nutzens willen, dem das Grundstück dienen soll. Wenn nun alles erledigt, das Eigenthum übergegangen, Entschädigung bezahlt und Besitz von der Verwaltung ergriffen ist, die Verwaltung aber das Grundstück nicht zu dem Zwecke verwendet, für welchen sie ermächtigt war, es dem Staate anzueignen, so ist das durch das Gesetz von 1841 art. 60 geradezu als Grund der Wiederaufhebung der Enteignung anerkannt: der Enteignete hat ein Rückkaufsrecht, *droit de rétrocession, de préemption.* Dazu genügt nicht eine blosse Zögerung der Verwaltung in Ausführung der Arbeiten; es muss eine Willensäusserung derselben vorliegen, wonach sie das Grundstück anderweitig verwenden, insbesondere etwa verkaufen will; die Auslegung dieses Aktes gehört jedenfalls ihr allein.[20]

Die Wirkung tritt nicht ipso jure ein; wenn die Voraussetzungen erfüllt sind, vollzieht sich zunächst nur ein Angebot des Gesetzes an den früheren Eigenthümer zum Rückkauf, die Verwaltungsbehörde mag es ihrerseits wiederholen oder nicht. Meist wird die Absicht zu veräussern öffentlich bekannt gemacht; dann läuft für den Berechtigten eine dreimonatliche Frist zur Geltendmachung seines Rechtes. Durch Annahme des Angebots wird der Rückkaufsberechtigte Käufer und Eigenthümer des Grundstückes

[19] Für gewisse geringfügige Unternehmungen ist ein vereinfachtes Verfahren eingeführt, welches sich namentlich dadurch auszeichnet, dass nur 4 Geschworene verwendet werden (*petit jury*). Dahin gehören die Enteignungen für Vizinalstrassen (Ges. vom 21. Mai 1836), für Unternehmungen von Syndikatsgenossenschaften (Ges. vom 21. Juni 1865), für Entwässerungsanlagen der Departements und Gemeinden (Ges. vom 10. Juni 1854). Das Gesetz vom 7. April 1873 fügt noch den Erwerb der Kriegergrabstätten hinzu. Das entsprechende Elsass-Lothringische Gesetz vom 2. Febr. 1872 bestätigt überflüssiger Weise den Ausschluss des Civilrechtsweges gegen die Bezeichnung der Grundstücke.

[20] Ob eine stillschweigende Willenserklärung genügt, ist streitig: Lalleau II, n. 1138 ff.; Ducrocq n. 702.

mittelst civilrechtlichen Vertrages. Alle Schwierigkeiten des Vollzugs gehören vor die Civilgerichte.[21]

Die Höhe des zu erstattenden Kaufpreises wird nötigenfalls, d. h. wenn man sich in Güte nicht einigt, durch eine neue Jury bestimmt; die zuerst bezahlte Entschädigung ist nur in so fern massgebend, als die neue sie nicht übersteigen darf.

Das Rückforderungsrecht ist ausgeschlossen, wenn ausnahmsweise die Enteignung für polizeiliche oder fiskalische Zwecke stattgefunden hat, also ohne die Bedingung der Verwendung für bestimmte öffentliche Nützlichkeiten.

§ 37. Fortsetzung; Ausdehnung der Grundsätze der Enteignung.

Der Vorbehalt, welchen das Verfassungsrecht zu Gunsten des Gesetzes machte, betrifft allgemein die Eigenthumsentziehung, *dépossession*, die gänzliche und endgültige Wegnahme des Grundeigenthums für den Staat, im Gegensatz sowohl zur Entziehung anderer Rechte, namentlich Servituten, als auch zu anderen Eingriffen in das Eigenthum, zeitweiligen Besitzentziehungen, Störungen und Schädigungen aller Art.

Die Eigenthumsentziehung kann also nur geschehen in den bestimmten Formen der vom Gesetze dafür geschaffenen Rechtsinstitute. Das soeben betrachtete Enteignungsverfahren ist die Hauptform, das Gesetz gestattet ausserdem noch in einigen besonderen Fällen solche Eingriffe durch förmlichen Verwaltungsakt; damit ist die Möglichkeit derselben abgeschlossen.

Andere Arten von Eingriffen in Immobiliarrechte dagegen können sogar als zufällige und nebensächliche Folge der Thätigkeit der Verwaltung insbesondere der öffentlichen Arbeiten erscheinen, ohne förmlichen darauf gerichteten Verwaltungsakt (vgl. unten).

Zu dieser materiellrechtlichen Sonderstellung der *dépossession* kommt nun noch hinzu eine auf den Ideen der Note von Schoenbrunn (vgl. oben § 36 Eingangs) beruhende Erweiterung

---

21 Perriquet, *contrats de l'état* n. 58, 59; Lalleau II, n. 1143. Serrigny II, n 962 bis.

der Zuständigkeit der Civilgerichte der Verwaltung gegenüber, die auch nur sie betrifft.

Beides zusammen gibt dem Civilgerichte hier einen ganz ausnahmsweise grossen Antheil an der Verwaltungsthätigkeit in Ueberwachung und Mitwirkung, der seinen Ausdruck findet in der üblichen Bezeichnung des Civilgerichts als eines *gardien légale de la propriété privée.* Das Civilgericht ist schon nach allgemeinen Grundsätzen zur Entscheidung berufen, wenn zwischen der Verwaltung und dem Einzelnen Streit entsteht über den Bestand privatrechtlicher dinglicher Rechte, Eigenthum ebensogut wie Servitut und Besitz. Es kann dann auch der Verwaltung gegenüber die Wiederherstellung des dem Rechte entsprechenden Zustandes verordnen und die gewöhnlichen Zwangsmittel des Civilprozesses stehen dem obsiegenden Kläger zur Verfügung. Ist freilich die Störung, über welche der Einzelne sich beklagt, eine Wirkung der hoheitlichen Thätigkeit des Staates für seine öffentlichen Anstalten, so hat die ihr eigenes Recht und das Civilgericht kann keinen Schutz gewähren. Daraus ergibt sich nach dem Obigen von selbst ein Unterschied zwischen der *dépossession* und allen sonstigen Störungen. Die letzteren sind immer gedeckt durch das Recht der Verwaltung, sobald einmal öffentliche Arbeiten als Ursache in Frage sind. Besteht aber der Eingriff in einer wahren Eigenthumsentziehung, so ist selbst dann noch zu unterscheiden. Liegt die Verfügung einer Behörde, Minister, Präfekt, Bürgermeister vor, wonach das Stück Land in Besitz genommen und in die Arbeiten einbezogen wird, so weicht auch hier das Gericht zurück vor der Selbständigkeit des Verwaltungsaktes. Ist die Besitzergreifung dagegen nur erfolgt durch Irrthum oder durch den Uebergriff des Unternehmers, der die öffentlichen Arbeiten ausführt, so ist diese Thatsache durch die Zugehörigkeit zu den öffentlichen Arbeiten nicht gedeckt; denn die Eigenthumsentziehung kann nicht formlos erfolgen; ein Verwaltungsakt, der das Gericht hemmt, liegt nicht vor; das Gericht kann also zur Zurückgabe verurtheilen, Stillstand gebieten, Wegräumung verordnen und die gewöhnlichen Zwangsmittel des Civilprozesses greifen Platz. [1]

[1] Dufour V, n. 501: *De deux choses l'une: le conducteur des travaux a agi en vertu d'une autorisation émanée de l'autorité administrative, ou bien*

Dem Gerichte werden aber auch über dieses hinaus Machtbefugnisse gegen die Verwaltung zuerkannt, welche, wie die ihm im eigentlichen Enteignungsverfahren zustehenden, den Grundsatz der Trennuug der Gewalten durchbrechen. Sie lehnen sich an die zwei Formen, in welchen die richterliche Thätigkeit dort auftritt.

1. Das Gericht soll in den Formen des Enteignungsgesetzes den Einzelnen schützen gegen willkürliche Entziehung seines Eigenthums. Ist einmal das Enteignungsverfahren begonnen und damit die Verwaltung in den Machtkreis des Gerichtes getreten, so kann dieses auch angerufen werden zur Aufhebung jeder dem Enteignungsgesetze widersprechenden Entziehung oder Zurückhaltung des Besitzes.[2] Das Mindeste, was dazu verlangt werden kann, ist, dass das Dekret der Erklärung der öffentlichen Nützlichkeit des betreffenden Unternehmens ergangen sei; ohne solchen Anfang des Enteignungsverfahrens gilt die Freiheit des Verwaltungsaktes.

Von diesem Grundsatze wird Anwendung gemacht im Falle die Verwaltung vor Besitzanweisung oder Zahlung der Entschädigung sich in den Besitz setzt, oder darin verbleibt, nachdem das Enteignungsurtheil in Folge Kassationsrekurses vernichtet wurde, oder wenn sie die nöthige Ergänzung der vorläufig hinterlegten Beträge nicht rechtzeitig vollzieht.

Die Herausgabe der Sache wird nach Erwirkung eines vollstreckbaren Urtheils wieder mit den gewöhnlichen Mitteln der

---

il a agi sans avoir pris soin de se munir d'une autorisation. Dans le premier cas .... son acte (des Präfekten) *si irrégulier ou excessif qu'il puisse être, n'en constitue pas moins un acte de la puissance publique, devant lequel le magistrat de l'ordre judiciaire serait tenu de s'arrêter .... Dans le cas contraire ... l'autorité judiciaire que la loi a préposée à la garde de la propriété ... est compétente soit pour ordonner la réintégration ... soit pour prononcer des dommages intérêts.* — Lalleau II, n. 819 ff. Die Rechtsprechung schwankt in Bezug auf die Wegräumungsbefugniss, wie es scheint aus praktischen Rücksichten: Lalleau II, n. 831.

[2] Peyronny u. Delamarre n. 46: *En vain l'administration prétendrait que son action est entravée par les tribunaux; elle s'est placée elle-même par la déclaration d'utilité publique dans l'obligation d'agir avec l'attache du pouvoir judiciaire.*

civilprozessualen Zwangsvollstreckung betrieben. Hier schützt auch keine Verfügung einer Verwaltungsbehörde, auf Grund deren der Besitz für den Staat ergriffen und zurückbehalten worden wäre. Der Gegensatz der getrennten Gewalten kommt unter Umständen in einer thatsächlichen Machtprobe zum Vorschein.[3]

2. Es bleiben aber doch zahlreiche Fälle übrig, in welchen der Einzelne sein Eigenthum verliert zu Gunsten der Allgemeinheit, die es in Besitz nimmt, und die Gerichte einen Schutz nicht gewähren können: überall nämlich, wo ohne das Enteignungsverfahren eingeleitet zu haben die Behörden Privateigenthum für öffentliche Zwecke durch Verwaltungsakt in Anspruch nehmen. Manchmal können sie das in Gemässheit besonderer Rechtsinstitute, aber auch wo es unberechtigter Weise geschieht, ist der Verwaltungsakt den Gerichten unantastbar.

Der Grundsatz der Entschädigung, der für alle Eigenthumsentziehung verfassungsrechtlich garantirt ist, findet auch hier Anwendung. Die Zuständigkeit für die Gewährung derselben wird aber unter Berufung auf die Enteignungsgesetzgebung den Gerichten zugesprochen. Ist eine Abschätzung notwendig, so tritt die Jury des Gesetzes von 1841 in Wirksamkeit. Es wird so angesehen, als sei der erste Theil des Enteignungsverfahrens durch den Verwaltungsakt ersetzt und beginne nun von selbst der zweite Theil.

Dabei wird noch ein Unterschied gemacht: das Entschädigungsverfahren beginnt so ganz einfach und unbedingt nur, wenn

[3] Ein hervorragendes Beispiel bietet der Fall Saint-Albin. Die Intendantur hatte für die Befestigung von Paris ein Grundstück des Herrn Saint-Albin enteignet und in gehöriger Form Besitz ergriffen. Das Enteignungsurtheil wurde hierauf kassirt und Saint-Albin erwirkte eine vorläufige Verfügung des Civilgerichts-Präsidenten auf Räumung. Er liess auf Grund derselben die Militärbehörde durch Gerichtsvollzieherakt zur Räumung auffordern. Die Pioniere aber setzten die Arbeiten fort. Darauf kommt der Gerichtsvollzieher unter Beistand eines Polizeikommissärs um die Räumung zu erzwingen. Der anwesende Pionieroffizier erklärt, er habe Auftrag fortzuarbeiten und werde Gewalt mit Gewalt vertreiben. Hierüber Protokoll des Gerichtsvollziehers und Bericht an den Staatsanwalt. Der Staatsanwalt requirirt die ganze Gendarmerie des Departements der Seine *„pour que force restât à la loi"*. Diesem Aufgebot gegenüber verliess endlich die Militärverwaltung das Grundstück (Gazette des Tribunaux 3. Aug. 1842, 24.—26. Juni 1843).

die Besitzentziehung vorgenommen worden ist in Anwendung eines besonderen ermächtigenden Rechtsinstitutes, wie z. B. bei Bestimmung der Bauflucht. Andernfalls pflegt das Gericht eine Alternative auszusprechen: das Eigenthum wird festgestellt und, wenn die Verwaltung es nicht frei gibt, dem bisherigen Eigenthümer Entschädigung zugesprochen. Die Wahl der Entschädigung von Seiten der Verwaltung wirkt dann als Kauf und beendet die Sache auch civilrechtlich.[4]

§ 38. Abgränzungsakte.

Wir kehren hier zurück zum öffentlichen Eigenthum. Wir sahen am Schlusse des § 36 wie die öffentlichrechtliche Natur desselben sich äusserte in einer selbständigen Verwaltungsthätigkeit zum Schutze gegen Störungen; in den Abgränzungsakten offenbart sich die nämliche Eigenschaft gegenüber den Nachbargrundstücken mit Wirkungen, welche der Enteignung verwandt sind, und welche schliesslich sogar in das Gebiet der Servituten hineinreichen.

Aus dem allgemeinen Auftrage, für die Erhaltung des Staatseigenthums zu sorgen, welchen das Gesetz vom 22. Dez. 1789 den Departementalbehörden ertheilt, wird die Befugniss gefolgert, die Gränzen solchen Eigenthums, falls es selbst öffentlichrechtlicher Natur ist, durch einseitigen Verwaltungsakt festzustellen (*décret* oder *arrêté de délimitation*).

Diese Gränzbestimmung hat aber verschiedene Grundlagen, je nachdem es sich um natürliches oder künstliches öffentliches Eigenthum handelt.

Beim Meeresstrand und bei öffentlichen Flüssen entscheiden die natürlichen Merkmale, welche der Sache gegeben sind. Der Meeresstrand reicht bis zur Höhe der regelmässigen Fluth, am Ocean soll nach einer Ordonnanz von 1681 die regelmässige höchste Märzfluth massgebend sein. Die genauere Bezeichnung

[4] Lalleau II, n. 919; St. R. E. 21. Juni 1866 (Rion); 8. Mai 1869 (Riehl); 12. Mai 1877 (Dodun).

der hieraus sich ergebenden Gränze erfolgt gemäss Ges. 21. Febr. 1852 art. 2 durch Dekret im Staatsrath.[1] Die öffentlichen Flüsse machen eine zweifache Abgränzung notwendig.

Es kommt zunächst darauf an, den Punkt zu bestimmen, wo der Wasserlauf anfängt, schiff- oder flössbar zu werden; dahinter liegt dann das Privatgewässer mit den durch das bürgerliche Gesetzbuch geordneten Rechten der Ufereigenthümer. Diese Gränze soll nach Ges. 15. April 1829 art. 3 durch Dekret festgesetzt werden nach vorgängigen öffentlichen Erhebungen (*enquête de commodo et incommodo*). Eine Ordonnanz vom 10. Juli 1836 hat die sämmtlichen öffentlichen Flüsse Frankreichs in dieser Weise abgegränzt.

Das zweite ist dann die seitwärtsige Gränze des schiffbaren Flusses. Dieselbe gibt der obere Rand des Ufers, mit dessen Ueberschreitung die Ueberschwemmung beginnen würde; wo die Ufer steil ansteigen, gibt der Wasserstand, den der Fluss dort hat zur Zeit, wo er in der dahinter liegenden Ebene den Ueberschwemmungspunkt erreicht, die entsprechende Marke. Diese Gränze setzt nach der allgemeinen Regel des Gesetzes von 1789 der Präfekt fest.[2]

Das künstliche öffentliche Eigenthum, als welches insbesondere die Strassen in Betracht kommen, hat einen Eigenthumserwerbsakt öffentlicher oder privater Natur hinter sich (Vertrag, Enteignung, Ersitzung). Dadurch sind feste, in ihren Einzelpunkten bestimmte Gränzen bereits vorhanden. Die Gränzbestimmungsakte des Präfekten können desshalb nur den Zweck haben, diesen Besitzstand förmlich zu bestätigen oder ihn wiederherzustellen und zu sichern, wo er zerstört ist. Die Grundlagen der Entscheidung bilden alte Pläne, Erwerbstitel und Spuren der früheren Ausdehnung der Strasse. Möglicherweise wird hier über eine Art Gränzstreit gesprochen, wie er mit der civilrechtlichen *action en*

[1] Jousselin, *servitudes d'utilité publique* II S. 186—188; Ducrocq n. 787. St. R. E. 15. Dez. 1866 (Gaffette). Auf die Häfen und Rheden werden diese Grundsätze ähnlich angewendet: Ducrocq n. 788.

[2] Ducrocq n. 804; St. R. E. 8. März 1866 (Jollain) mit beachtenswerther Rede des Regierungskommissärs.

bornage sich verbindet; die einseitig von der Verwaltung festgesetzte Gränze ist endgültig wie dort.[3]

Die Abgränzungsbeschlüsse können von der beschliessenden Behörde selbst wieder abgeändert oder zurückgenommen werden; sie finden nicht in Formen der Rechtspflege statt, sind keine Urtheile und haben keine Rechtskraft.[4]

Wo eine vorgesetzte Behörde da ist, findet Beschwerde statt zu dieser.

Ausserdem steht der Weg zur Verwaltungsrechtspflege des Staatsrathes offen. Selbstverständlich ist die Zulässigkeit des Rekurses wegen Machtüberschreitung; abgesehen von Formverletzungen kann hierzu namentlich führen das *détournement du pouvoir,* der Missbrauch des Abgränzungsrechts für fremdartige Zwecke, z. B. um dem Staat einen Gewinn zu verschaffen oder um einen Eigenthumsstreit zu beendigen.[5]

Dazu aber gibt es hier eine Nachprüfung in der ordentlichen Verwaltungsrechtspflege. Denn die Abgränzung ist ein gebundener Verwaltungsakt: sie will nichts Neues, sondern sagt nur, wie weit der das öffentliche Eigenthum beherrschende Staatswille schon reicht nach den gesetzlich anerkannten Merkmalen der Sache oder nach Erwerbs- und Besitztiteln. Der Staatsrath prüft desshalb die Entscheidung noch einmal in ihrem ganzen Umfange und hebt sie auf wegen sachlicher Unrichtigkeit, z. B. wenn auch ohne eigentliche Machtüberschreitung thatsächlich

---

[3] Aucoc III, n. 981; Cabantous n. 656; Gauthier m. c. S. 215. Der Regierungskommissär bezeichnete zum Falle Gaffette (vgl. oben Anm. 1) den Inhalt des Feststellungsrechtes der Verwaltung durch den Satz: *elle a le droit de dire, la route d'après les anciens plans, d'après les travaux exécutés s'étend jusqu'à tel point.*

[4] In dem erwähnten Falle Gaffette wendet sich der Regierungskommissär insbesondere auch gegen die Ansicht, welche die Gränzbestimmungsakte für eine Art Enteignungsurteile erklären möchte: *Dans leur opinion le décret qui fixe les limites de la mer les a expropriés d'une manière irrévocable.* Die Gränzbestimmung könnte vielmehr einseitig wieder zurückgenommen werden.

[5] Für Ersteres vergl. den oben § 22 Anm. 11 angeführten Fall Revol; *trancher une question de propriété* ist das andere, was die Präfekten hier gern versuchen und der Staatsrath nicht erlaubt: St. R. E. 23. Mai 1861 (Coquard); 30. Juli 1863 (Leboeuf).

nachgewiesen wird, dass ein Grundstück in den Fluss, den Weg, den Meeresstrand einbegriffen wurde, welches Privateigenthum ist, oder wenn ein unrichtiger Massstab bei Bestimmung des Ueberschwemmungspunktes gewählt wurde.[6]

Dass der Staatsrath, wenn er findet, die Entscheidung sei unrichtig, thatsächlich sich doch darauf beschränkt, sie aufzuheben und die Sache zu neuer Entscheidung zurück zu geben, ist lediglich praktische Geschäftsbehandlung. Man darf sich aber auch nicht daran stossen, dass die Schriftsteller und die Urtheilsprüche hier fast immer nur des Ausdruckes *recours pour excès de pouvoir* sich bedienen. Das ist nichts anderes als ein Ueberbleibsel einer früheren anderen Auffassung des Abgränzungsaktes. Bis zum Jahre 1856 hatte der Staatsrath denselben Akt angesehen für einen freien Verwaltungsakt, für die Aeusserung einer freien Verfügungsgewalt der Behörden, vermöge deren sie nach Gutdünken in die Gränze des öffentlichen Eigenthums einbeziehen dürften, was ihnen dienlich dafür schiene.[7] Dabei verstand sich der Ausschluss der ordentlichen Verwaltungsrechtspflege von selbst. Obwohl seither an die Stelle dieser Auffassung die vorhin wiedergegebene getreten und damit die Natur des zulässigen Rechtsmittels eine andere geworden ist, wirkt doch in der Bezeichnung desselben die frühere Uebung noch nach. —

Wenn wir nun an die Frage herantreten, in wiefern hier Entschädigungsansprüche der Einzelnen begründet werden, so gerathen wir auf ein viel umstrittenes Gebiet. Doch sind die Fäden wohl erkennbar, die da durcheinander laufen.

Entschädigung ist jedenfalls geschuldet, so fern der Einzelne dabei eine Eigenthumsentziehung, eine *dépossession* erleidet; die Grundsätze, welche hiefür aus dem Enteignungsverfahren gezogen

---

[6] St. R. E. 18. Juni 1860 (C. de Mers); 27. Mai 1863 (Drillet); 13. Dez. 1866 (Coicand); 9. Jan. 1868 (Archambault). Mit Recht sagt Aucoc III, n. 983: *toute délimitation inexacte du domaine public peut être attaquée;* damit widerspricht aber allerdings, dass er hinzufügt: *pour excès de pouvoir.*

[7] C. C. H. 11. Jan. 1873 (Pâris-Labrosse). Aus der Rede des Regierungskommissärs: *Pendant longtemps, jusqu'en 1856 le C. d'Et. avait toujours considéré que les actes de délimitation appartenaient ou pouvoir discrétionaire de l'administration et il n'admettait pas, qu'ils pussent lui être déférés par la voie contentieuse.*

worden sind, kommen wieder zur Anwendung. Ferner ist zuständig, diese Entschädigung festzusetzen, gemäss den nämlichen Grundsätzen, das Civilgericht.

Nun sollte man freilich denken, eine Eigenthumsentziehung käme hier gar nicht vor; der Abgränzungsakt will ja Niemanden etwas nehmen, sondern sagt nur, was ist, und sagt das in bindender Weise. Gleichwohl werden zwei Arten von Eigenthumsentziehung aufgewiesen:

1. Bei dem natürlichen öffentlichen Eigenthum können die Merkmale, welche seine Gränze bestimmen, sich ändern. Die Fluthmarke, der Ueberschwemmungspunkt können an einer Stelle sich höher legen. Dadurch ändert sich auch die Eigenthumsgränze. Flächen, welche bisher Privateigenthum waren, werden öffentliches Eigenthum, wenigstens ist die Verwaltung in die Lage gesetzt, im Wege einer neuen Gränzbestimmung dieselben in Anspruch zu nehmen.

Ist nun die Aenderung die Folge eines allgemeinen Unglücks, z. B. eines Einbruches des Meeres in's Land, so hat auch der Einzelne, dessen Gränze dadurch verrückt wird, seinen Schaden als einen zufälligen zu tragen.[8]

Ist sie aber vielmehr herbeigeführt durch Vorkehrungen, welche die Verwaltung selbst mit dem Gewässer getroffen hat oder andere hat treffen lassen im öffentlichen Interesse, — Beispiele bieten Dammbauten oder Stauvorrichtungen im Flusslaufe, — so hat der zurückgedrängte Angränzer seinen Besitz verloren zu Gunsten der Ordnung und des Betriebes der öffentlichen Anstalt; die Thätigkeit der Verwaltung dafür ist die Ursache der Eigenthumsentziehung und die Entschädigungsforderung allgemeinen Grundsätzen nach begründet.

2. Aber auch ohne solche Aenderung der natürlichen Gränzen halten sich die Gerichte für befugt, Entschädigung zuzusprechen auf die Thatsache hin, dass durch einen Abgränzungsakt Privateigenthum zum öffentlichen Eigenthum gezogen wurde.

---

[8] Ducrocq n. 804 knüpft also an die Betrachtung solcher Fälle mit Unrecht die Befürchtung einer übermässigen Belastung des Staates mit Entschädigungsansprüchen.

Das war ganz gerechtfertigt nach der früheren Auffassung des Abgränzungsaktes, welche die Verwaltung für berechtigt ansah, Privateigenthum aus Zweckmässigkeitsrücksichten hinzuzunehmen. Nach der jetzigen Auffassung, wonach nichts genommen, sondern nur die Gränze des Vorhandenen festgestellt werden soll, enthält diese Rechtsprechung die Voraussetzung, dass die Verwaltungsbehörde in ihrer Entscheidung sich irrt und die Gerichte den Irrthum feststellen können, nicht zwar um die Verwaltungsentscheidung aufzuheben — die Eigenthumsgränze bleibt, wie diese sie gezogen hat — aber um eine Entschädigung für das Verlorene zu gewähren. Nach langem Zwiespalt hat der Kompetenzkonfliktshof diesen Anspruch der Gerichte endgültig gutgeheissen.[9] Wir erhalten dadurch eine seltsame Art von Nachprüfung eines Verwaltungsaktes. Der von einem unrichtigen Feststellungsakte Betroffene hat jetzt die Wahl, denselben anzufechten vor dem Staatsrath und sein Eigenthum dadurch zu befreien oder, auf sein Eigenthum verzichtend, bei den Gerichten sich einen Entschädigungsanspruch gegen den Staat zu holen; nur dass ihm der letztere wieder hinfällig werden kann, wenn die Verwaltungsbehörde ihren Beschluss zu Gunsten der Freilassung seines Grundstückes abändert. —

Das Gesetz vom 21. Mai 1836 gibt den hier erörterten Befugnissen der Verwaltung eine besondere Verschärfung zu Gunsten der Gemeindeverbindungswege (*chemins vicinaux*), und zwar in zweierlei Weise:

1. ein bestehender Weg, welcher thatsächlich dem Verkehr zwischen Ortschaften dient, kann durch Beschluss des Präfekten (*arrêté de classement*) zum Gemeindeverbindungsweg erklärt werden.[10] Der Weg kann bisher Privateigenthum ge-

[9] C. C. H. 11. Jan. 1873 (Pâris-Labrosse); 1. März 1873 (Guillé); 27. Mai 1876 (Com. de Sandonville). Die Entscheidungsgründe geben die übereinstimmende Formel: *il appartient à l'autorité judiciaire lorsqu'elle est saisie d'une demande en indemnité formée par un particulier, qui soutient que sa propriété a été englobée dans le domaine public par une délimitation inexacte, de reconnaître le droit de propriété et de régler une indemnité de dépossession.*

[10] Ges. 1836 art. 15; Lalleau II, n. 1088—1089.

wesen sein, das Recht der Eigenthümer löst sich dann auf in einen Anspruch auf Entschädigung. Der Akt gleicht seiner rechtlichen Natur nach dem Dekrete, durch welches eine bisher nicht für schiffbar erachtete Flussstrecke zum öffentlichen Flusse erklärt wird.

2. Die Gränze eines Verbindungsweges wird durch den Präfekten festgesetzt wie sonst; dabei kann aber auch die Erweiterung des Weges auf Kosten der anliegenden Grundstücke verfügt werden, jedoch nur bis zu einer Gesammtwegbreite von 6 Meter und gegen Entschädigung;[11] Beschwerde und Rekurs wegen Machtüberschreitung sind die entsprechenden Rechtsmittel. Ueber die Entschädigung entscheidet der Friedensrichter auf Grund eines Sachverständigengutachtens.[12] —

Das wichtigste und am reichsten entwickelte Rechtsinstitut dieser Art erhalten wir aber in der Bauflucht (*alignement*).

Die Bauflucht ist die Gränze der öffentlichen Strassen in ihrer Bedeutung für das Recht der Angränzer, Bauwerke an der Strasse zu errichten. Die Feststellung derselben ist von Haus aus nichts anders als ein Abgränzungsakt. Es vereinigen sich aber damit Eigenthumsentziehungen und Servituten.[13]

Die Bauflucht wird festgestellt vom Präfekten für die Landstrassen, vom Bürgermeister für die Ortsstrassen. Diess geschieht immer nur in Einzelfällen gegenüber einem bestimmten Grundstück und einem bestimmten Bauunternehmen. Den Angränzern ist verboten, längs einer öffentlichen Strasse zu bauen oder ein dortselbst bestehendes Bauwerk an der der Strasse zugewendeten Seite auszubessern oder abzuändern, ohne dass sie vorher die Bauerlaubniss mit Feststellung der Bauflucht erhalten hätten.[14] Diese Ertheilung der Bauflucht hat die äusserliche Gestalt einer polizeilichen Erlaubniss; die einfache Verweigerung der Bauflucht, welche das bestehende Verbot gegen den Willen des Gesetzes aufrecht

[11] Ges. 28. Febr. 1805 art. 5; Ges. 1836 art. 15; Lalleau II, n. 1091 ff.

[12] Lalleau II, n. 1100.

[13] Gauthier m. c. S. 216: *L'alignement est une servitude d'utilité publique qui tient du bornage et de l'expropriation.* Aehnlich Aucoc III, n. 1029.

[14] Edikt Dez. 1607; Staatsrathsbeschluss 27. Febr. 1765.

erhält, ist Machtüberschreitung und mit dem Rekurs wegen Machtüberschreitung anfechtbar.[15]

Wer an der Strasse baut, ohne die Bauflucht erhalten zu haben, oder der ertheilten Bauflucht zuwider, verfällt einer Strafe, welche vom Präfekturrath oder vom Polizeigerichte ausgesprochen wird, je nachdem es sich um eine Landstrasse oder um eine Ortsstrasse handelt. Das Gericht kann die Niederreissung der verbotswidrig errichteten Gebäude anordnen.[16]

Seinem Inhalte nach hat der Akt, welcher die Bauflucht ertheilt, lediglich den Zweck die wirkliche Gränze der Strasse festzustellen, als einfacher Abgränzungsakt im Sinne des vorigen §. Eine Erweiterung der Strasse darf also nicht dabei gemacht werden. Der Akt unterliegt der Anfechtung vor dem Staatsrathe im ordentlichen Verwaltungsrechtswege.[17]

Die Kraft des Abgränzungsaktes kann aber hier erheblich gesteigert werden durch die Aufstellung eines allgemeinen Baufluchtplanes (*plan général d'alignement*). Derselbe dient der einzelnen Bauflucht (*alignement individuel*) als feste Richtschnur; für die Landstrassen ertheilt sie in diesem Falle denn auch statt des Präfekten der weniger selbständige Unterpräfekt (Ges. 4. Mai 1864 art. 1). Mit der Aufstellung eines solchen Planes verbindet sich zugleich die Befugniss, die Breite und den Zug der Strassen zu verändern und dabei die Nachbargrundstücke in Mitleidenschaft zu ziehen.[18]

Der Plan wird für die Ortsstrassen aufgestellt vom Bürgermeister, genehmigt vom Gemeinderath und vom Präfekten für voll-

---

[15] St. R. E. 24. Aug. 1858 (Guggia); Aucoc III, n. 1069, 1070.

[16] c. pén. art. 471, 5; 484. Dufour VII, n. 419; Ducrocq n. 718.

[17] Der Umschlag in der Auffassung des Abgränzungsrechtes, welchen wir oben schilderten, hat sich ebenmässig auch bei der Behandlung der Bauflucht geltend gemacht. St. R. E. 5. April 1862 (Lebrun); 31. März 1865 (Poncelet); 25. März 1867 (Vellerau). Ducrocq n. 717; Block V° *voirie* n. 130; Aucoc III, n. 1041. — Dufour VII, n. 418 und Serrigny I, n. 29 Ziff. 10 vertreten noch die frühere Auffassung. Die Bezeichnung des Rechtsmittels als Rekurs wegen Machtüberschreitung hat sich auch hier allgemein erhalten.

[18] Ges. 16. Sept. 1807 art. 52; Ges. 18. Juli 1837 art. 21; Dekret vom 25. März 1852 A, 50. Staatsrathsbeschluss 27. Febr. 1765; Verordnung 27. Dez. 1847 art. 17.

streckbar erklärt; für Landstrassen geht er aus von den technischen Beamten der Strassenbauverwaltung und wird durch ein Dekret des Staatsoberhauptes im Staatsrath bindend. In beiden Fällen sind die Formen zu beobachten, welche nach dem Gesetze von 1841 der Erklärung der öffentlichen Nützlichkeit behufs Enteignung vorausgehen, so dass die Verwaltung nach bereits eingeleitetem Verfahren ohne Weiteres auf den Weg der Letzteren übertreten kann. Doch sind diese Formen nur durch Ministerialinstruktion vorgeschrieben; der im Uebrigen auch hier zulässige Rekurs wegen Machtüberschreitung kann daher nicht auf ihre Vernachlässigung gegründet werden. [19]

Der Plan selbst hat keine unmittelbare Wirkung auf das Eigenthum. Eine solche entsteht erst dadurch, dass die zuständige Behörde nunmehr auf Grund desselben die Bauflucht festsetzt im Einzelfall, sei es auf Gesuch des Eigenthümers, sei es von Amtswegen. Die Ertheilung der Bauflucht ist ein gebundener Verwaltungsakt, gebunden durch den allgemeinen Baufluchtplan, welchen sie nur auf den Einzelfall anwendet und erklärt. Der Rekurs im ordentlichen Verwaltungsstreitverfahren ist zulässig dagegen. [20]

Die Wirkung der Ertheilung der Bauflucht ist die Enteignung. Dieselbe tritt aber nicht unbedingt sofort mit voller Kraft ein.

Sie tritt sofort ein an unbebauten Flächen, welche durch die ertheilte Bauflucht zur Strasse gezogen werden.

Bebaute Flächen fallen erst in das Strassengebiet, wenn das Gebäude weggenommen ist. Die Bauflucht gibt kein Recht auf Wegräumung. Dagegen begründet sie einstweilen eine Grunddienstbarkeit öffentlichen Rechts, welche bestimmt ist, diesen Zeitpunkt der Enteignung heran kommen zu machen, indem sie den Eigenthümer verhindert, auf dem künftigen Strassenboden neue Bauwerke zu errichten oder Arbeiten vorzunehmen, welche zur Verstärkung oder Ausbesserung der bereits vorhandenen dienen

---

[19] Dufour VII, n. 412, 417; Aucoc III, n. 1067.

[20] Aucoc III, n. 1069; Dufour VII, n. 418: *En face d'un plan général d'alignement le préfet n'a mission, que de pourvoir à l'application d'un titre, il est lié par les indications du plan et s'il venait s'en écarter son arrêté serait susceptible d'être déféré au conseil d'Etat par la voie contentieuse.*

würden (vgl. unten S. 265). Dieser Zustand führt notwendig zuletzt zum Abbruch des Gebäudes; wenn derselbe nicht freiwillig erfolgt, kann die Verwaltung ihr Recht der Abreissung einsturzdrohender Gebäude benützen, um die Erledigung herbeizuführen.

Wenn die Enteignung in der einen oder anderen Weise eingetreten ist, steht dem Eigenthümer eine Entschädigung zu. Die Grundlage der Berechnung gibt der Werth des blossen Grund und Bodens. Die Feststellung erfolgt durch die Jury des Gesetzes von 1841. Vorauszahlung der Entschädigung vor der Besitzergreifung ist aber nach der herrschenden Meinung nicht notwendig.[21]

§ 39. Grunddienstbarkeiten des öffentlichen Rechts: Allgemeines.

Unter diesem Namen fasst man zusammen alle einseitigen Machtäusserungen des Staates für öffentliche Anstalten, welche die Einzelnen an ihrem liegenschaftlichen Vermögen treffen, ohne Enteignungen (*dépossessions*) zu sein.

Die Grundrichtung auf die Zwecke einer öffentlichen Anstalt unterscheidet diese Servituten vom Polizeirechte, in dessen äusserliche Formen die Einwirkung sich mannigfach kleidet.

Innerhalb der Machtäusserungen mit dieser Grundrichtung haben sie ihren Gegensatz an den persönlichen Lasten, bei welchen eben nicht die Einwirkung auf ein Grundstück bezweckt ist. Auch für Auflegung solcher Lasten werden polizeiliche Formen verwendet und der Besitz eines Grundstückes ist dabei öfters entscheidend. Aber der Unterschied beider Fälle besteht darin, dass in letzterem der Besitz nur das Merkmal ist, nach welchem eine persönliche Leistung gefordert wird, bei der Servitut dagegen von der Verwaltung eine Herrschaft geäussert wird über das Grundstück und persönliche Pflichten des Besitzers nur insoweit bestehen, als er diese den Kern des Rechtsinstitutes bildende Herrschaft nicht stören darf.[1]

---

[21] Aucoc III, n. 1063, 1064; Ducrocq n. 717; Dufour VII, n. 421.

[1] Jousselin in der erklärlichen Neigung, seiner Monographie über die *servitudes d'utilité publique* eine gewisse Fülle zu geben, rechnet dazu

Diese unmittelbare, nicht in Enteignung bestehende Einwirkung auf das Grundstück ist aber alles, was die öffentlichrechtliche Servitut mit ihrer civilrechtlichen Schwester gemein hat.

Am meisten ist sie noch verwandt den gesetzlichen Servituten des Civilrechts, worunter ja auch die sogenannten *servitudes qui dérivent de la situation des lieux* zu begreifen sind. Auch diese sind zugleich im öffentlichen Interesse begründet. Aber die Aufrechthaltung des entsprechenden Zustandes ist bei ihnen der rechtlichen Herrschaft der zunächst betheiligten Einzelnen überlassen. In den öffentlich rechtlichen Servituten dagegen regelt der Staat nicht die Verhältnisse Anderer, sondern er ist selbst der Servitutberechtigte, die Servitut ist nur eine besondere Form seiner Lebensäusserung für seine eignen Interessen.

Der Vortheil der Servitut ist immer irgend einer öffentlichen Anstalt bestimmt: aber ein *praedium dominans* lässt sich überhaupt nur dann vorzeigen, wenn sich die öffentliche Anstalt in *domaine public* verkörpert als Weg, Fluss, Festungswerk; dagegen fehlt jeglicher Zusammenhang mit einem herrschenden Grundstück bei den Militärservituten im Gränzbezirk, bei der Servitut der Anheftung von Telegraphendrähten; einfach weil die Landesvertheidigungsanstalten, die Telegraphenanstalten ohne Grundeigenthum denkbar sind.

Der Inhalt der Servitut ist nicht beschränkt auf ein blosses *pati* und *non facere* des Grundeigenthümers und ein Benutzen des Grundstückes von Seiten der Verwaltung; es erscheinen alle möglichen Arten von Behandlung eines Grundstückes darin: Be-

---

auch die Pflicht der Hausbesitzer zur Herstellung des Pflasters und der Bürgersteige (II S. 475 ff., S. 484) und zur Reinigung und Begiessung der Strassen (II S. 486 ff.). Das sind offenbar persönliche Lasten an den Besitz geknüpft. Ferner führt er dabei an: feuerpolizeiliche Vorschriften (I S. 179), baupolizeiliche Vorschriften (I S. 179), Anordnung der Räumung des Bettes von Privatflüssen (I S. 236 ff.) — was meist reine Polizei ist. Mit Recht bemerkt Dalloz dazu (*v° servitude* n. 387): *Si l'on admettait ce système toutes les obligations imposées aux propriétaires par les règlements de police constitueraient des servitudes d'utilité publique; or dans notre pensée si la charge est quelquefois imposée au propriétaire plutôt qu'à l'immeuble, il faut toujours que la charge affecte directement l'immeuble.* Vgl. Gauthier m. c., S. 131.

schädigungen, Zerstörungen, Wegnahme von Früchten und Bestandtheilen.

Endlich ist hier nicht bloss die Ausübung der Servitut bald eine ständige bald eine wechselnde und unterbrochene, sondern die Servitut selbst, der Zustand rechtlicher Belastung des Grundstückes, ist häufig nichts dauerndes, ständiges. Oeffentliche Servituten tauchen auf, plötzlich begründet durch einen Willensakt der Verwaltung, und wenn der Zweck erreicht ist, verschwinden sie wieder; oder gar sie erscheinen als zufällige, formlose Nebenwirkungen der Thätigkeit der Verwaltung für ihre öffentlichen Anstalten und durch dieselben. Dauernd ist dann nichts als der gemeinsame Rechtszustand aller Grundstücke des Landes, wonach sie jeder Zeit von solchen Wirkungen der Verwaltungsthätigkeit getroffen werden können.

Die Bezeichnung als Servitut ist für Eingriffe dieser Art gewiss keine passende mehr. Wir fügen uns dem Gebrauch, indem wir den Namen wenigstens als gemeinsame Ueberschrift beibehalten.[2] Dann aber scheiden wir aus die öffentlich rechtlichen Eigenthumsbeschränkungen, welche durch förmliche Begründung und als dauernde Belastung wirklichen Servituten noch am ersten vergleichbar sind. Die zweite Gruppe bilden die vorübergehenden Eingriffe, die dritte die ganz formlosen Einwirkungen.

§ 40. Fortsetzung: öffentlichrechtliche Eigenthumsbeschränkungen.

Wir verstehen darunter dauernde Beschränkungen der freien Benutzbarkeit des Grundeigenthums zu Gunsten von öffentlichen Anstalten. Dieselben bedürfen einer gesetzlichen Grundlage, welche die Last auferlegt; die Einzelheiten können durch Verwaltungsakt bestimmt werden. Störungen und

[2] Demolombe XI, n. 299 und Dalloz V *servitude* n. 388 schlagen dafür den Namen vor: *assujettissements*, Belastungen. Jousselin I, S. 12 ff. verficht den Ausdruck *modifications de la propriété*, Besonderheiten des Eigenthums. — Das bürgerliche Gesetzbuch selbst art. 650 begreift unter dem Namen *servitudes établies pour l'utilité publique* auch die Entnahme von Strassenbaumaterialien, obwohl auch diess eine ganz unständige, nur *ad hoc* auferlegte Last ist.

Zuwiderhandlungen sind mit Strafe bedroht: es gibt einen Ungehorsam gegen die Servitut. Die Rechtsprechung über Strafe und Wiederherstellung gehört meist dem Präfecturrath wie beim öffentlichen Eigenthum. Ausgezeichnet vor allen Rechtsinstituten dieses Gebietes sind diese Dienstbarkeiten durch den Ausschluss des Grundsatzes der ausgleichenden Entschädigung. Sie werden nicht als eine auferlegte Last angesehen, die einer Ausgleichung bedürften, bilden vielmehr Eigenschaften des Eigenthums, mit welchem zusammen es überhaupt erst staatlich gilt und geschützt ist.[1]

Diese Auffassung trifft offenbar nicht ganz zu, wenn erst in Folge einer willkürlichen Neuschaffung einer öffentlichen Anstalt durch die Behörden die Nachbargrundstücke von der Servitut getroffen werden; dann geräth denn auch der ausgesprochene Grundsatz in's Schwanken.

Derselbe fällt übrigens von selbt weg, sobald die Last über die einfachen Eigenthumsbeschränkungen hinausgeht, also Aenderungen des bestehenden Zustandes, Abreissungen und sonstige Schädigungen sich damit verbinden, welche nicht etwa die blosse Folge einer Zuwiderhandlung und einer schadensersatzähnlichen Wiederherstellungspflicht sind; dann nimmt der Eingriff die Form der zweiten Art von Servituten, der unständigen Eingriffe, an und die ausgleichende Entschädigung findet wieder ihre Stelle. —

Hierher gehören folgende Rechtsinstitute:

---

[1] Durch diese Auffassung wird wenigstens ein gewisser Zusammenhang hergestellt mit den sog. gesetzlichen Servituten des Privatrechts und darauf soll denn der hier mit mehr Recht beibehaltene Name verweisen. Demolombe XI, n. 304; Dalloz V° *servitude*, n. 398; Ducrocq n. 711. — Jousselin I S. 63 ff. findet, die Ausgleichung sei hier desshalb nicht notwendig, weil sie sich von selbst vollzieht: jedes Grundstück sei ja schliesslich einer oder mehreren Servituten des öffentlichen Rechts unterworfen. In Wirklichkeit sind die ständigen Beschränkungen nur dann so zahlreich, wenn man, wie Jousselin thut, auch eine Menge reiner Polizeibefehle dazu rechnet. — Serrigny II, n. 982 möchte unterscheiden zwischen einfachen Verboten, wofür keine Entschädigung gewährt wird, und weiteren Lasten; was thatsächlich mit dem obigen zusammentrifft. Gauthier m. c. S. 129 ff. unterscheidet allgemeine und besondere Lasten; die letzteren begründen allein Entschädigungsansprüche. Zu diesen würden aber z. B. auch die Rayonservituten gehören, wofür nicht entschädigt wird.

1. der Leinpfad (*chemin de halage*). Die Angränzer eines schiffbaren Flusses sind verpflichtet einen Streifen von 24 Fuss Breite längs dem Ufer frei zu lassen und auf 30 Fuss vom Ufer entfernt weder Pflanzungen noch Umzäunungen zu machen. Der Leinpfad pflegt nur auf einer Seite des Flusses zu bestehen; auf der anderen Seite ist dann nur ein Fusssteig (*marchepied*) von 10 Fuss frei zu lassen für die Rückkehr der Zugthiere. Flössbare Flüsse stehen den schiffbaren gleich; an solchen, welche nur mit ungebundenen Hölzern flössbar sind, ist nur ein Fusssteig von 4 Fuss den Flössern gewährt.[2]

Der Grund und Boden bleibt Eigenthum des Angränzers und das Eigenthum ist nicht weiter beschränkt, als es der Zweck der öffentlichen Anstalt, des schiffbaren Flusses, erfordert.[3]

Das Gesetz wirkt unmittelbar die Dienstbarkeit begründend; der Präfekt ist mit der Durchführung beauftragt; er hat die Gränze des belasteten Bodens festzustellen, was bei den gegebenen Maassen mit der Feststellung der Gränze des Flusses selbst zusammenfällt. Dabei ist ihm die Macht gegeben, die Breite des Weges zu verringern, wenn es unbeschadet des Zweckes geschehen kann.[4] Störungen und Beeinträchtigungen des Pfades sind strafbar; Strafe und Wiederherstellung verfügt der Präfekturrath.[5]

Die öffentlichrechtliche Dienstbarkeit verjährt nicht; wenn sie wegen Nichtausübung der Schifffahrt noch nie in Kraft getreten war oder lange Unterbrechung erlitt, kann sie jeder Zeit vom Präfekten wieder gefordert werden, ohne Entschädigung.

Dagegen soll eine Entschädigung gewährt werden, wenn ein bisher nicht schiffbares Gewässer schiffbar gemacht wird und desshalb die Leinpfadspflicht entsteht. Es wirkt hier der oben angedeutete Gedanke, dass die Last die Folge einer freien That der Verwaltung ist; es ist ein Schade aus öffentlichen Arbeiten von

---

[2] Ordonnanz 1669 Tit. 28 art. 7; Tit. 15 art. 2. Jousselin II, S. 173 ff. Ducrocq n. 721.

[3] Dufour XI n. 301 *la servitude n'est due que pour le genre de service en raison duquel elle a été établie.*

[4] Dekret 22. Jan. 1808 art. 4: *lorsque la service n'en souffrira pas.*

[5] Ges. 23. März 1842 art. 1, 29 floréal X, 16. Dez. 1811, 10. April 1812 Serrigny II, n. 840; Jousselin II, S. 205 ff.

der später noch zu betrachtenden Art. Daher auch die Zuständigkeit des Präfekturraths, über diese Entschädigung zu erkennen.[6]

2. Die gemeindlichen Kirchhöfe sollen nach Dekret vom 23 prairial XII, ergänzt durch Verordnung vom 6. Dez. 1843 aus den Ortschaften herausverlegt werden in eine Entfernung von mindestens 35—40 Meter von den zusammenhängenden Wohnstätten (*habitations agglomerées*). In einem Bereiche von 100 Metern von diesen neuen Kirchhöfen dürfen dann ohne Erlaubniss des Präfekten keine neuen Gebäude errichtet, noch Brunnen gegraben, bestehende Gebäude nicht ausgebessert oder erweitert werden; bestehende Brunnen darf der Präfekt zuschütten lassen.

Diese letzteren Dienstbarkeiten enthalten eine Verkehrung des Verhältnisses. Eigentlich ist der Kirchhof die polizeiwidrige Schädlichkeit, welche den Wohnstätten fernbleiben soll; aber dieser ist eine notwendige öffentliche Anstalt, welche doch in gewisser Nähe bei den Ortschaften möglich sein soll; deshalb zwingt man die Wohnstätten sich vor ihm zurückzuziehen.

Entschädigung wird nicht gewährt. Die vorgeschriebene Entfernung von zusammenhängenden Wohnstätten schützt wenigstens die werthvolleren Bauplätze vor der Belastung. Die Verfügung des Präfekten, welche die Lage des neuen Kirchhofs bestimmt, der Beschluss der Gemeindebehörde, welcher die Erweiterung anordnet, ohne jene Gränze zu achten, kann wegen Machtüberschreitung angefochten werden von Allen, deren Grundstücke dadurch in den Bereich der Servitut fallen.[7]

3. An das Vorhandensein eines allgemeinen Baufluchtplans knüpft sich die bereits erwähnte Dienstbarkeit, wonach der Eigenthümer auf dem zur Strasse bestimmten Gelände weder Neubauten noch Verstärkungsarbeiten machen darf. Dieselbe erhält

---

[6] Dekret 22. Jan. 1808 art. 3. Jousselin II, S. 200: *l'indemnité accordée est une anomalie dans notre législation.* Der Satz ist etwas zu schroff hingestellt; es spielen eben andere Gesichtspunkte herein, die allerdings in ganz ähnlichen Fällen nicht oder nicht voll berücksicht werden. — Das Dekret spricht von einer Neueinrichtung der Schifffahrt; die Praxis verbessert aber diese Worte in Neueinrichtung der Schiffbarkeit: St. R. E. 25. Aug. 1845 (Brigode).

[7] St. R. E. 11. März 1862 (Chapot); 7. Jan. 1869 (Riom); 4. Aug. 1870 (Lemoine).

ihre Wirksamkeit durch die Vermittlung des gesetzlichen Verbotes, ohne besondere Erlaubniss längs einer Strasse solche Arbeiten vorzunehmen. (Vgl. oben § 38 Anm. 1.) Sie wirkt nämlich als Grund für die Verweigerung derselben; und zwar gibt sie den einzigen Grund, aus welchem die Verweigerung statthaft ist; jede Verweigerung, die nicht in Geltendmachung dieser Dienstbarkeit geschieht, ist Machtüberschreitung.

Ob in der Verweigerung die Servitut richtig angewandt ist oder nicht, das fällt bei Neubauten einfach mit der Frage zusammen, ob die Bauflucht *in concreto* richtig ertheilt wurde. Bei Verstärkungsarbeiten kommt noch die Frage hinzu, ob die geplanten Arbeiten wirklich diese Natur haben d. h. dazu dienen, die Dauerhaftigkeit der der Strasse zugewendeten Wand des Gebäudes zu erhöhen. Die Entscheidung darüber ist auch wieder ein gebundener Verwaltungsakt und die darauf gegründete Verweigerung der Bauerlaubniss im ordentlichen Verwaltungsstreitverfahren beim Staatsrath anfechtbar.[8]

Das allgemeine Verbot ohne Erlaubniss zu bauen, welches gewissermassen ein schützendes Vorwerk der Servitut bildet, ist formell. Die Strafe ist verwirkt, auch wenn die Arbeiten nicht unter die der Servitut widersprechenden fallen; nur einfachen Verputz (*badigeonnage*) ist man einig, frei zu geben.

Wenn das Strafgericht, Präfekturrath oder Polizeigericht, aber an die Frage kommt, ob nun auch, als Schadenersatz, die Zerstörung der verbotswidrig gemachten Arbeiten verordnet werden soll, dann macht sich eine Verschiedenheit der Auffassung geltend. Der Kassationshof behandelt das verletzte Verbot mehr wie ein polizeiliches und will desshalb die Zerstörung unbedingt verordnet haben, sobald die Verbotswidrigkeit und Strafbarkeit der Handlung des Bauens festgestellt ist. Der Staatsrath aber betont das Interesse der Servitut allein und lässt die Arbeiten nur zerstören, wenn sie zugleich der Servitut widerstreiten d. h. über die richtig gezogene Bauflucht hinausgingen und Neubauten oder Verstärkungsarbeiten vorstellen.

---

[8] Aucoc III n. 1046: *il y a donc là une véritable question de droit.* St. R. E. 12. Mai 1869 (Clement): hier wird entgegen dem Beschlusse des Präfekten und des Ministers die Bauerlaubniss ertheilt, weil der Staatsrath die Arbeiten nicht als Verstärkungsarbeiten im Sinn des Gesetzes anerkennt.

Die letztere Auffassung scheint in neuerer Zeit auch beim Kassationshof durchzudringen.[9] —

Von weiteren Dienstbarkeiten, welche die Nachbarschaft einer öffentlichen Strasse mit sich bringt, ist noch zu erwähnen: Die Pflicht, bei Neubauten die festgesetzte Höhenlage (*nivellement*) einzuhalten, ferner längs der Landstrassen die Pflicht, den Aushub der Strassengräben und den Wasserablauf der Strasse aufzunehmen, Waldungen und Gebüsche so weit gerodet zu halten, dass ein lichter Raum von 60 Fuss für die Strasse bleibt, und längs der Strasse auf eigenem Boden Bäume zu pflanzen und zu unterhalten. Letzere Last tritt erst in Wirksamkeit durch eine Verfügung des Präfekten, welcher bei Säumigkeit auf Kosten des Pflichtigen die Pflanzungen vornehmen lässt.[10]

4. Zum Schutze der militärischen Pulvermagazine liegt ein Bauverbot auf den angränzenden Grundstücken. (Ges. 22. Juni 1854). Innerhalb eines Umkreises von 25 Metern darf nichts gebaut werden als blosse Einfriedigungsmauern. Pflanzungen hochstämmiger Bäume und Anlage oder Anhäufung brennbarer Sachen sind verboten. Innerhalb eines weiteren Umkreises von 25 Metern ist wenigstens die Errichtung gewerblicher Betriebe untersagt, welche mit Feuer arbeiten.

Die Abgränzung macht die Militärbehörde, mit Anfechtungsklage zum Präfekturrath, der auch die Polizeistrafe wegen Verfehlungen ausspricht.

Die Dienstbarkeit wirkt nicht auf bereits bestehende Anlagen der unzulässigen Art. Das Gesetz gibt aber der Militärbehörde die Befugniss, auch solche wegzuschaffen, sofern sie es zur Sicherung des Magazins für nöthig hält. Das gibt dann einen unständigen Eingriff nach der zweiten Art von Servituten (vgl. unten § 41 n. 3).

5. Die Nähe von Festungswerken begründet die Rayonbeschränkungen (*servitudes militaires ou défensives*). Sie bestehen in Bauverboten und sonstigen Beschränkungen in der Benutzung der vorliegenden Grundstücke, abgestuft in ihrer Strenge nach drei Zonen.

---

[9] Dufour VII, n. 419; Ducrocq n. 718; Aucoc III, n. 1058, 1059.

[10] Vgl. zu all dem Jousselin II, S. 307 ff.; Ducrocq n. 722; Gauthier m. c. S. 232 ff.

Die Servitut entsteht nicht durch die äusserliche Thatsache, dass eine Befestigungsanlage vorhanden ist, sondern erst durch die staatliche Anerkennung des Festungswerkes (*classement*). Diese Erklärung geschieht durch Dekret. [11] Ist die Auslegung desselben streitig, so entscheidet der Staatsrath im Verwaltungsstreitverfahren. [12]

In Vollzug dieses Dekretes setzt die Militärbehörde die Gränze der einzelnen Zonen genauer fest, veröffentlicht einen Plan darüber und setzt Gränzsteine. Die Servitut besteht schon vorher. Die Abgränzung wird erst verbindlich durch ein neues Dekret, welches sie bestätigt. Vorher ist den Betheiligten eine Frist von 3 Monaten gegeben, um Einspruch gegen den Plan zu erheben. Der Präfekturrath entscheidet darüber.

Zuwiderhandlungen gegen die Servitut werden behandelt wie die Strafsachen des Landstrassenwesens. Der Präfekturrath verhängt die Strafe und verordnet die Zerstörung des rechtswidrig Hergestellten. [13]

Die Militärbehörde kann die Erlaubniss ertheilen zur Errichtung verbotswidriger Anlagen im Servitutgebiet; durch das Dekret von 1853 (art. 8, 13 Abs. 2 und 3) ist diese Erlaubniss für gewisse Baulichkeiten im Voraus und allgemein ertheilt. Aber jede solche Erlaubniss ist frei widerrufbar und nach geschehenem Widerruf wird das Gebäude behandelt wie ein verbotswidrig errichtetes: es entsteht kein verwaltungsrechtlicher Besitzstand (vgl. oben § 24).

Entschädigung wird in allen Fällen nicht gewährt, obwohl die Last eine Folge willkürlicher That der Verwaltung ist in Neuschaffung und Anerkennung von Festungswerken. Gerade bei dieser Art der eigentlichen Servituten besteht denn auch in der Literatur die lebhafteste Strömung auf Herbeiführung einer Ausnahme. [14]

---

[11] Ursprünglich schon war ein Dekret genügend, nach Ges. 10. Juli 1851 bedurfte es eines Sondergesetzes, seit Dekret v. 10. Aug. 1853 ist es wieder ein Dekret.

[12] Ducrocq n. 305, 199.

[13] Ges. 17. Juli 1819 art. 11; Dekret 10. Aug. 1853 art. 42. Ducrocq n. 296; Serrigny II, n. 973, 981.

[14] Serrigny II n. 982; Gauthier m. c. S. 129, 138, wo der Wunsch

6. Im Zusammenhange damit stehen die Vorschriften über die Wahrnehmung der Interessen der Landesvertheidigung im Gränzbezirk (*zone frontière*). Schon unter dem alten Königthum war man darauf bedacht zu verhindern, dass durch Verbesserung der Verkehrsmittel und Beseitigung natürlicher Hindernisse in den Gränzbezirken ein Eindringen feindlicher Streitkräfte erleichtert würde. Das Gesetz vom 7. April 1851 nebst Verordnung vom 16. August 1853 hat den Gegenstand neu geregelt. Der Umfang des militärischen Gränzbezirkes wird durch Verordnung festgestellt.[15] Die Arbeiten, welche im Interesse der Landesvertheidigung einer Beschränkung unterliegen, werden in art. 7 des Dekretes von 1853 aufgezählt: Wegebauten, Brücken, Waldrodungen, Entwässerungen u. dgl.

Die Beschränkung gilt zunächst für die Civilverwaltung, welche die gleichen Arbeiten nur im Einvernehmen mit der Militärverwaltung vornehmen kann; daher die Bezeichnung *travaux mixtes*. Wenn eine Einigung nicht erzielt wird, entscheidet eine Kommission von Staatsräthen, höheren Beamten der Strassenbauverwaltung und Militärs (*commission mixte*); wird deren Ausspruch nicht von allen betheiligten Ministern angenommen, so erfolgt der endgültige Entscheid durch ein Dekret des Staatsoberhauptes. Das gehört aber alles eher in die Behördenordnung.

Dagegen gilt die gleiche Beschränkung auch für die Einzelnen, welche an ihren Grundstücken im Gränzbezirk derartige Arbeiten vornehmen wollten; in dieser Richtung wirkt sie als Servitut ohne *praedium dominans*. Die Arbeiten können nur mit behördlicher Erlaubniss vorgenommen werden, über welche in dem eben geschilderten Verfahren entschieden wird. Zuwiderhandlungen ahndet der Präfekturrath.[16]

---

ausdrücklich begründet wird mit der Eigenschaft dieser Servituten „*qui frappent par un fait administratif*". — Dieser Wunsch ist in Elsass-Lothringen erfüllt durch das Reichsgesetz vom 21. Dez. 1871, eingeführt in Elsass-Lothringen durch Ges. vom 21. Febr. 1872.

[15] Die neueste vom 3. März 1874.

[16] Jousselin I, S. 86 ff.; Ducrocq n. 311.

§ 41. Fortsetzung: vorübergehende Belastungen des Grundeigenthums.

Diese zweite Art von Servituten hat mit der ersten das gemein, dass sie begründet wird durch einen ausdrücklichen gegen das Grundstück gerichteten staatlichen Willensakt, unterscheidet sich aber von ihr dadurch, dass mit ihr keine dauernde rechtliche Eigenschaft des Grundstückes hergestellt wird. Die Last erschöpft sich in einem vorübergehenden Eingriff in den Besitz, in den thatsächlichen Zustand des Grundstückes. Der Servitutbegründungsakt hat desshalb mehr die Natur einer Ermächtigung der beauftragten Diener des Staates, die beabsichtigten Handlungen an dem Grundstücke vorzunehmen.

Der Vollzug der Servitut besteht in diesen Handlungen; Widerstand der Betroffenen wird mit Gewalt der Hülfsbeamten gebrochen, ist überdiess durch art. 438 c. pén. mit Strafe bedroht.

Der Grund, welcher bei den Servituten der ersten Art die ausgleichende Entschädigung regelmässig ausschloss, besteht hier nicht mehr; der allgemeine Grundsatz greift wieder Platz. Die Entschädigung wird vom Präfekturrathe gewährt; nur wo die Aehnlichkeit der Eigenthumsentziehung (*dépossession*) wirkt, sehen wir wieder die Civilgerichte eintreten.

Wir unterscheiden nach der Art des Eingriffs:

1. Entnahme von Materialien (*extraction de matériaux*). Zu Gunsten der Herstellung öffentlicher Strassen wurde dieselbe Servitut schon durch eine Reihe von älteren königlichen Verordnungen eingeführt.[1] Nach den Gesetzen von 1791 und 1807 erstreckt sie sich auf alle Fälle des Bedürfnisses von Landstrassen und sonstigen öffentlichen Anlagen. Die Gesetze von 1836 und 1845 bestätigen ihre Anwendung auf Gemeindeverbindungswege und Eisenbahnen. Doch dient sie, so umfassend der Wortlaut des Gesetzes ist, nicht bei Errichtung von Gebäuden. Wenn die Verwaltung die Arbeiten durch einen Unternehmer herstellen

[1] Verordnung 7. Sept. 1755; 20. März 1780; Ges. 28. Sept. 1791 Tit. VI art. 1; 16. Sept. 1807 art. 55; 21. Mai 1836 art. 17; 15. Juli 1845 art. 3. Ursprünglich galt das Recht nur für die Anlage der Strassenkörper und der Pflasterung von Paris.

lässt, überträgt sie ihm zugleich die Ausbeutung dieses Rechtes. Die Verwaltung kann aber die Ausführung der Arbeiten selbst in der Hand behalten und nur die Lieferung der Materialien vergeben. Ob auch einem solchen Lieferanten das Recht der Servitut verliehen werden könne, war lange bestritten; schliesslich hat der Staatsrath sich für die Bejahung der Frage entschieden.[2]

Unterworfen können der Servitut werden alle Grundstücke, welche geeignet sind, die nötigen Materialien zu gewähren. Die Verordnung von 1755 hatte umfriedigte Grundstücke ausgenommen; die Verordnung von 1780 beschränkte die Ausnahme auf den Fall, wo die Umfriedigung Höfe und Gärten umschliesst;[3] die Praxis versteht das von allem Gelände, welches das Zubehör einer Wohnstätte bildet.[4]

Ein Beschluss des Präfekten bezeichnet das Unternehmen, zu dessen Gunsten, und die Grundstücke, von welchen die Materialien entnommen werden sollen. Man sagt, dieser Beschluss begründe die Servitut. Die Servitut hat aber so wenig die ihrem Namen entsprechende dingliche Wirkung, dass auch nachträglich noch durch Herstellung einer Umfriedigung das bezeichnete Grundstück dem Eingriffe entzogen werden kann.[5]

Der Ermächtigte hat mit dem Eigenthümer unter Zuziehung von Sachverständigen den Zustand des Grundstückes festzustellen;[6] dann kann er alle Massregeln mit dem Grundstück treffen, welche zur Erreichung des Zweckes nötig sind: dasselbe in Besitz nehmen, Wege anlegen, Bäume fällen, Umhegungen durchbrechen und vor allem das Material selbst ausgraben und ausbrechen.

Die Entschädigung des Eigenthümers ist verschieden, je nachdem das Grundstück schon als Steinbruch, Sandgrube u. dgl. in Betrieb war oder nicht. Ersteren Falls erhält er den Marktpreis

---

[2] St. R. E. 9. Mai 1867 (Stackler) mit bemerkenswerther Rede des Regierungsvertreters. Aucoc II, n. 790.

[3] Die zweite Verordnung war lange verloren gewesen; erst 1840 fand man sie wieder und wendet sie seitdem an; Aucoc II, n. 722.

[4] Aucoc II, n. 773.

[5] Aucoc II, n. 772; Serrigny II, n. 751. Man findet denn auch vielfach neben der Bezeichnung: *arrêté qui constitue la servitude* die andere: *arrêté d'autorisation.*

[6] Das Verfahren regelt eine Verordnung vom 8. Febr. 1868.

des Entnommenen; sonstiger Schade am Grundstück wird nur vergütet, sofern er über das Maass des mit dem ordnungsmässigen Betriebe Verbundenen hinausgeht. Andernfalls gebührt ihm nur der Ersatz des Schadens am Grundstück, also Verlust der Ernte, Zerstörung von Bäumen, Beeinträchtigung künftiger Dienlichkeit für landwirthschaftliche Benützung.

Ueber die Höhe der Entschädigung urtheilt der Präfekturrath (Ges. 28 pluv. VIII art. 4). Die Praxis hat diess dahin ausgedehnt, dass diese Behörde überhaupt zuständig sei zur Entscheidung über alle Schwierigkeiten, welche aus der Ausführung der Materialentnahme sich ergeben zwischen Eigenthümer und Unternehmer. Darin ist auch begriffen die Entscheidung über Sinn und Rechtsgültigkeit des Anweisungsbeschlusses des Präfekten.[7] Die rechtliche Natur dieses Beschlusses wird dadurch in etwas verdunkelt. Der Staatsrath pflegt nämlich regelmässig Rekurse wegen Machtüberschreituug gegen ihn nicht anzunehmen.[8] Man hat daraus den Schluss gezogen, jener Beschluss sei ein Internum zwischen der Verwaltung und ihrem Unternehmer und habe als solches keine Schranken gegenüber den Einzelnen, gehöre in das Gebiet des reinen *pouvoir discrétionaire.*[9] Das widerspricht der Wirklichkeit. Jene Enthaltsamkeit des Staatsrathes erklärt sich einfach aus der subsidiären Natur des Rekurses wegen Machtüberschreitung (vgl. oben § 22), der nicht gewährt wird, wenn irgend eine andere Gerichtsbarkeit, hier also die des Präfekturrathes noch angerufen werden kann. In manchen Fällen hat denn auch der Staatsrath, wie er ja überhaupt von jenem Grundsatze Ausnahmen macht, einen Rekurs dennoch angenommen und als Berufungsgericht über dem Präfekturrath prüft er ebenso unbedenklich, ob die Gränzen des Anweisungsrechtes eingehalten sind.[10]

2. In engster Verbindung mit der Entnahme von Bau-

---

[7] St. R. E. 24. Febr. 1865 (Montigny) erkennt dieses Auslegungsrecht des Präfekturrathes an.

[8] St. R. E. 7. Jan. 1864 (Guyot).

[9] Dufour VII, n. 306; Serrigny II, n. 750.

[10] St. R. E. 9. Mai 1867 (Stackler) erkennt den Rekurs an; St. R. E. 8. Aug. 1872 (Ledaux) erklärt in einer Berufungssache gegen den Präfekturrath den Anweisungsbeschluss für nichtig; Aucoc II, n. 781.

materialien steht das Rechtsinstitut der **zeitweiligen Besitzergreifung** (*occupation temporaire*). Eine solche wird meist schon notwendig sein, um die erstere Massregel durchzuführen. Sie kann aber auch selbständig auftreten, indem die Verwaltung Werkplätze, Lagerplätze, Schuttablagerungsstellen, Zufahrtstrassen braucht für die öffentlichen Arbeiten. Die Praxis des Staatsrathes hat auf all dieses die Ermächtigungen ausgedehnt, welche die Verordnungen von 1755 und 1780 enthalten. Damit sind auch die einzuhaltenden Formen, die Befreiungen und die Zuständigkeiten mit übernommen. Die Entschädigung besteht in Wiederherstellung des früheren Zustandes nebst einer Geldsumme für entzogenen Genuss und dauernde Veränderungen.[11]

Eine Eigenthümlichkeit hat diese Art von Servitut voraus: das ist ihre Verwandtschaft mit der gänzlichen Besitzentziehung, der Enteignung. Von dieser unterscheidet sie sich in der Wirkung nur durch die Dauer. Wenn diese Dauer ein gewisses Mass übersteigt, so liegt in Wahrheit eine Enteignung vor. Der Staatsrath hat nicht gezögert, unter Umständen diese materielle Natur des Aktes anzuerkennen und die Folgen daraus zu ziehen. Die Folgen sind zweierlei Art. Der Beschluss des Präfekten, welcher die Besitznahme anordnete, ist ungültig, denn die Massregel konnte dergestalt nur im Enteignungsverfahren ergehen; die Ungültigkeit wird gemäss jener ausdehnenden Auslegung des Pluviosegesetzes art. 4 (vgl. oben n. 1) durch den Präfekturrath ausgesprochen.[12] Andererseits hat der Eigenthümer das Recht, sich wegen der *dépossession* an die Gerichte zu wenden, welche zwar den Verwaltungsakt nicht für ungültig erklären und die Freigabe nicht verordnen, wohl aber Entschädigung festsetzen können (vgl. oben § 37). Etwas abweichend gestaltet sich die besonders geordnete zeitweilige Besitzentziehung zum Zwecke der Anlegung von **Festungs-**

---

[11] Aucoc II, n. 788 ff.; Ducrocq n. 726 ff.; Jousselin II, S. 589. Der letztere bezweifelt die Notwendigkeit eines förmlichen Anweisungsbeschlusses. Wir werden die zeitweilige Besitzergreifung im folgenden § allerdings noch in einer andern Form auftreten sehen, wo ein solcher Beschluss nicht dazu gehört.

[12] St. R. E. 20. Febr. 1868 (Docks de Saint-Ouen).

werken.[13] Dieselbe nähert sich im Verfahren mehr der Enteignung. Sie setzt eine Ermächtigung durch Dekret voraus und erfolgt dann unter Beobachtung der nämlichen Formen, welche das Gesetz für die vorläufige Besitzeinweisung behufs Enteignung vorschreibt, also unter Mitwirkung des Gerichtes. Erstreckt sich die Dauer des Besitzes auf 3 Jahre mindestens, so kann der Eigenthümer den vollen Werth des Grundstückes begehren, wie wenn förmliche Enteignung stattgehabt hätte. Diese Entschädigung wird vom Gericht festgesetzt unter Mitwirkung der Jury des Gesetzes von 1841. Mit dem Antrag auf Entschädigung wird das Grundstück öffentliches Eigenthum.

3. Die dritte Art von solchen Eingriffen besteht in Zerstörungen, welche zu Gunsten einer öffentlichen Anstalt an Privatgrundstücken vorgenommen werden.

Wir haben bereits von dem Rechte der Militärbehörde gesprochen, in der Nähe von Pulvermagazinen Gebäude und sonstige Vorrichtungen, welche vor Entstehung der Servitut, also rechtmässig, errichtet worden waren, wegschaffen zu lassen. Hier wirkt die Auffassung der Servitut als einer eigenschaftlichen Beschränkung des Grundeigenthums nicht mehr; Entschädigung wird geschuldet. Dieselbe ist festzusetzen bei Beseitigung von Bauwerken und gewerblichen Anlagen durch die Jury — der Fall ist einer Enteignung gleichgeachtet, obwohl der Boden dem Eigenthümer verbleibt, — für geringere Dinge durch den Präfekturrath. (Ges. 22. Juni 1854 art. 3).

Wenn eine Festung in Kriegszustand erklärt ist (vgl. oben § 30), kann der Kommandant anordnen, dass das der Festung vorliegende Gelände für die Zwecke der künftigen Vertheidigung bereitet werde durch Herstellung von Ueberschwemmungen, Niederreissen von Gebäuden, Abhauen von Bäumen und sonstige Zerstörungen.[14] Dieses Recht erstreckt sich über den Bereich der Rayonbeschränkungen hinaus. Für die Frage der den Eigenthümern

[13] Ges. 30. März 1831 art. 13 u. 14; Jousselin I, S. 141 ff.; Batbie VII, n. 150.

[14] Ges. 10. Juli 1791; Dekret 10. Aug. 1853 (ersteres wiederholend). Ducrocq n. 298 ff.

zu gewährenden Entschädigung machen dann allerdings die Rayonbeschränkungen einen Unterschied. Entschädigung findet nicht statt für Anlagen, welche im Rayonbezirke servitutswidrig oder nur *precario* errichtet worden sind. Sie ist dagegen geschuldet für Gebäude, die ausserhalb dieses Bezirkes gelegen oder im Bezirk vor Eintritt der Servitut vorhanden gewesen sind oder nach demselben trotz der Servitut, weil ihrer Beschaffenheit nach nicht davon betroffen, dort errichtet werden konnten.

Ueber den Schaden, welcher an Grundstücken angerichtet ist durch Zerstörung von Gebäuden, verlorene Nutzung und Besitzentziehung (*démolition, privation de jouissance, dépossession*), erkennt das Civilgericht mit der Enteignungsjury. Sonstige Schädigungen, welche bei dieser Gelegenheit entstehen, gehören zur Zuständigkeit des Präfekturrathes; dieselben fallen aber auch schon mehr unter die Gesichtspunkte der dritten Art von Servituten.[15] Unter Umständen kommt aber hier jede Entschädigungspflicht in Wegfall; vgl. unten § 52.

Endlich gehört hierher die obrigkeitliche Einreissung baufälliger Häuser. Dem Eigenthümer kann befohlen werden, auszubessern oder niederzureissen; gehorcht er nicht, so tritt Polizeistrafe ein und das Gericht verordnet dabei die Niederreissung *à titre de réparation civile.*[16] Daneben ermächtigt das Gesetz[17] die Verwaltungsbehörde aber auch zu selbständigem Vorgehen, ähnlich den unmittelbaren Gewaltanwendungen die in § 29 besprochen wurden. Dem Eigenthümer wird ein Niederreissungsbeschluss zugestellt; derselbe kann dann eine Prüfung durch Sachverständige fordern, deren er selbst einen ernennt; ein neuer Beschluss ordnet dann den Vollzug des ersten an, welcher unter Umständen auch sofort verfügt werden dürfte. Rechtsmittel ist,

[15] Ges. 17. Juli 1819 art. 15. C. C. H. 13. Mai 1872 (Brac de la Perrière), Rede des Regierungskommissärs. Serrigny II, n. 984; Ducrocq n. 305. — Zerstörungen innerhalb des Rayons sind jetzt geregelt durch Reichsrayongesetz § 44.

[16] *C. pén.* art. 471 Ziff. 5; Dalloz V° *commune* n. 895.

[17] Die Grundlage bilden noch immer die königlichen Verordnungen vom 18. Juli 1729 und 18. Aug. 1730, aufrecht erhalten durch Gesetz vom 16. Aug. 1790 Tit. XI art. 3; Dufour VII, n. 387; Ducrocq n. 270; Jousselin I, S. 195 ff.; Aucoc III, n. 1085 ff.

neben der Beschwerde an den Vorgesetzten, nur der Rekurs wegen Machtüberschreitung bei nichtbeobachteten Formen oder nichtvorhandenen Voraussetzungen.

Somit scheint sich alles in den Formen der Polizei zu bewegen.

In Wahrheit aber gehört diese Massregel nicht in's Gebiet der Polizei, sie trägt vielmehr die inneren Merkmale des Rechtsgebietes der öffentlichen Anstalten an sich; nicht zur Aufrechterhaltung allgemeiner Sicherheitszustände geschieht sie, sondern im Interesse der Unversehrtheit und Benutzbarkeit einer öffentlichen Anstalt, der Strasse. Daher nur Gebäude in Frage kommen, welche an der öffentlichen Strasse gelegen sind, nicht aber können so behandelt werden Gebäude, die weit genug davon ab in Mitten eines Privatgrundstückes liegen. Daher auch die Massregel ausgeht nicht von der Sicherheitspolizeibehörde des Ortes, sondern von derjenigen Behörde, welche die bedrohte öffentliche Anstalt vertritt, vom Präfekten für Landstrassen, vom Bürgermeister für Gemeindestrassen.

Die Folge dieser rechtlichen Auffassung ist denn auch die Anwendung des das Recht der öffentlichen Anstalten beherrschenden Grundsatzes der Entschädigung. Freilich, wenn alles ordnungsmässig hergeht, kann von einer solchen keine Rede sein; denn wenn das Haus wirklich baufällig war, ist die Niederreissung kein Schade. Es muss also nachgewiesen werden können, dass das Haus, welches in raschem Verfahren zerstört wurde, nicht baufällig oder wenigstens ausbesserungsfähig war.

Zuständig über den Entschädigungsanspruch zu erkennen ist der Präfekturrath; die Entschädigung ist zu Lasten des Eigenthümers der Strasse, zu deren Gunsten die Massregel stattfand, also des Staates, des Departements oder der Gemeinde.[18]

§ 42. Fortsetzung: formlose Eingriffe in unbewegliches Gut.

Die öffentliche Anstalt, zu deren Gunsten die staatlichen Einwirkungen auf das Grundeigenthum stattfinden, ist an sich schon

[18] St. R. E. 2. Juli 1820; Jousselin I, S. 195 ff.

eine Erscheinung des hoheitlichen Staatswillens, welcher das Einzelinteresse weichen muss. Im Bisherigen sahen wir immer zwischen sie und den Eingriff noch einen besonderen Willensakt des Staates eingeschoben, welcher dem Eingriffe die gesetzlich bestimmte Form gibt. In den meisten Fällen ist das sogar verfassungsmässig erfordert, in so fern eben der Eingriff die Privatinteressen in einer dem Gesetze vorbehaltenen Weise berührt.

Daneben bleiben aber zahlreiche Arten von Einwirkungen übrig, welche das Grundeigenthum in gelinderer Art oder andere Arten von liegenschaftlichen Gütern treffen, als jenes vom Gesetze so besonders in Obhut genommene. Diese sind durch die Nichtaufstellung besonderer Formen nicht ausgeschlossen, sondern im Gegentheil: sie können unmittelbar und ohne solche Form aus der Thätigkeit der öffentlichen Anstalt hervorgehen und das Privatinteresse erfassen. Die einzige Grundlage des Eingriffes ist die hoheitliche Natur der öffentlichen Anstalt, von welcher sie geübt wird:[1] wo diese fehlt, gilt Civilrecht und im Verhältniss des Gleichen zu dem Gleichen kann der Einzelne den Eingriff abwehren.

Desshalb wird es gerade hier von Interesse, die Lebensthätigkeit der öffentlichen Anstalt abzugränzen; namentlich tritt der Begriff der öffentlichen Arbeiten (*travaux publics*) in den Vordergrund, als an welche am Leichtesten und Häufigsten derlei unmittelbare Einwirkungen auf das Privateigenthum sich anknüpfen. Zu diesen rechnen alle Arbeiten, welche von Staatswegen vorgenommen werden zur Herstellung und Instandhaltung von öffentlichen Anstalten.[2] Es ist nicht nötig, dass es Arbeiten an öffentlichem Eigenthum seien, auch für andere Arten von öffentlichen Anstalten können sie dienen, z. B. gehört dazu die Erbauung und Instandhaltung von Schulhäusern, Spitälern, Kasernen. Ausgeschlossen sind nur Arbeiten, wit welchen der Staat privatwirth-

[1] Dufour IV, n. 371 formulirt diesen einzigen Rechtsgrund in dem Satze: *l'intérêt privé est obligé de ceder à l'intérêt général.*

[2] Perriquet, *travaux publics* I, n. 1: *Les travaux publics sont les travaux exécutés par l'administration ou par les personnes, substituées à ses droits, dans l'intérêt des services publics et en vertu d'une autorisation régulière.*

schaftliche Zwecke verfolgt, wie etwa Verbesserung seiner Pachtgüter.[3]

Die Anerkennung der hoheitlichen Natur dieser unmittelbaren Einwirkungen der öffentlichen Anstalt geschieht durch den Ausschluss des Rechtsweges vor den Civilgerichten, vor welchen sonst gegen alle diese Störungen Klage auf Rechtsanerkennung, Verbot, Beseitigung des gefährdenden Zustandes und Wiederherstellung des Besitzes zulässig sein würde;[4] und ferner durch die Strafandrohung des art. 438 c. pén., welcher jeden Widerstand gegen die Ausführung öffentlicher Arbeiten untersagt, ohne Rücksicht darauf, ob derselbe sich auf ein entgegenstehendes Privatrecht beruft.

Dagegen findet der Grundsatz der ausgleichenden Entschädigung seine volle Anwendung; dieselbe wird gegenüber öffentlichen Arbeiten gemäss Pluviosegesetz art. 4 Abs. 4[5] vom Präfekturrathe, sonst vom Minister gewährt.

Im Uebrigen ist der ganze Inhalt des Rechtsinstitutes nur negativ bestimmt: durch die Gränze, welche die selbständigen Einwirkungen der öffentlichen Anstalt finden am Vorbehalte des Gesetzes und dem darauf beruhenden Reflexrechte der Einzelnen (vgl. oben S. 159).

Der Zustand des Grundeigenthums, wonach es solchen Eingriffen unterliegt, wird vielfach noch unter die Rubrik der Servitut

---

[3] Aucoc I, n. 308; Block V° *travaux publics*; Dufour VII, n. 31 ff.

[4] Man könnte sagen: die Prüfung der Rechtmässigkeit, das *apprécier*, sei hier ausgeschlossen, wie gegenüber dem Verwaltungsakt. Die Gleichstellung wird so weit durchgeführt, dass auch das *interpréter* d. h. die Entscheidung der Frage, ob eine öffentliche Anstalt hier gewirkt hat insbesondere, ob ein *travail public* vorliegt, den Gerichten untersagt ist (Perriquet, *travaux publics* n. 24).

[5] Wegen des Redaktionsversehens in dieser Bestimmung vgl. oben § 20 Anm. 5. Das Els. Lothr. A. G. z. G. V. G. art. 8 Abs. 2 beabsichtigt auch diese Zuständigkeit den Gerichten zu übertragen (vgl. oben § 17 Anm. 20); es wiederholt allerdings nur den irrthümlich beschränkten Text des Pluviosegesetzes; seine Verfügung wird aber wohl auch auf öffentliche Arbeiten auszudehnen sein, welche der Staat selbst leitet. Alle anderen Arten von Schädigungen durch öffentliche Anstalten bleiben dadurch unberührt; vgl. unten § 52.

gebracht. Das gebräuchlichere Verfahren geht aber dahin, diese ganze Lehre mit der von den Entschädigungsansprüchen zu verbinden, zu welchen öffentliche Anstalten Anlass geben. Jene Einwirkungen werden dann einfach bezeichnet als *détériorations sans privation de jouissance* oder, wegen des Hauptfalles, als *dommages causés par les travaux publics*. Bei dieser Art von Behandlung entsteht allerdings die Gefahr, dass man die Machtäusserung aus dem Auge verliere, welche, selbst unangreifbar, in der die Entschädigung begründenden Einwirkung steckt.

Wir werden über diese formlosen Einwirkungen am besten einen Ueberblick gewinnen, wenn wir sie gruppiren nach den entsprechenden gesetzlich geordneten Rechtsinstituten, an welche sie erinnern.

1. Grundstücke erfahren dauernde Eingriffe von Seiten der öffentlichen Anstalten, welche nicht gerade eine rechtliche Beschränkung des Eigenthums vorstellen; aber der Eigenthümer kann sich dieser Eingriffe nur so weit erwehren, dass er dadurch die öffentliche Anstalt in ihrer Thätigkeit nicht stört.

Dies gilt vor allem von allerlei nachbarlichen Schädlichkeiten: ein städtischer Unrathablagerungsplatz verpestet die Umgegend; eine militärische Pulverfabrik bedroht die Anwohner mit ständiger Gefahr eines Unglücks;[6] von einem Militärschiessplatze fliegen die Kugeln auf ein Pachtgut und machen dasselbe in regelmässigen Zeiten unzugänglich;[7] ein höher gelegener Kanal lässt Wasser durchsickern und versumpft das anstossende Ackerland oder verdirbt einen Salzwasserfischteich;[8] Auffüllungen einer öffentlichen Strasse drücken auf eine Gartenmauer,[9] — der Eigenthümer hat kein Rechtsmittel dagegen.

Ferner: Arbeiten an einem Flusse für Strassenbau, Brücken-

---

[6] St. R. E. 17. Sept. 1844 (Metz); 2. Aug. 1870 (Pigny). Die Note zu letzterem Erkenntniss in Journal du Palais 1866—1870 S. 579 bezeichnet die daraus entstehende Belastung als Servitut; allein es fehlt ein staatlicher Willensakt, der sie auferlegt. Der Name kann also nur in jenem weiten Sinne gemeint sein.

[7] St. R. E. 6. März 1874 (Panat); 21. März 1879 (Mercier).

[8] St. R. E. 10. April 1848.

[9] St. R. E. 2. Juli 1851.

bau, Schutzdammvorrichtungen stauen das Wasser und führen die Ueberschwemmung eines Ufergrundstückes herbei; es gibt nur eine Klage beim Präfekturrath auf Entschädigung. Wenn allerdings ein gegen das Grundstück gerichteter Willensakt der Verwaltung hinzukommt, indem sie das überschwemmte Grundstück im Abgränzungsverfahren, wie sie berechtigt ist, als zum öffentlichen Flusse gehörig erklärt, so entsteht eine *dépossession*, die nach den Regeln der Enteignung behandelt wird. Das Gericht kann die Entschädigung festsetzen.[10]

Das Privateigenthum kann sogar in leichterer Weise für die öffentliche Anstalt dauernd benutzt werden, sofern eine eigentliche Besitzentziehung nicht damit gemacht wird. Darauf beruht das Recht, die Träger von Telegraphenleitungen an Privathäusern zu befestigen, Strassenschilder und Laternenarme daran anzubringen, ohne gesetzliche Grundlage und ohne obrigkeitlichen Beschluss.[11]

2. Die Herstellung und der Betrieb einer öffentlichen Anstalt dürfen auch von selbst zu vorübergehender Inanspruchnahme eines Grundstückes führen, so lange solche nicht in die besonders vorgesehenen schärferen Formen übergeht.

Beim Strassen-, Brücken-, Eisenbahnbau veranlasst ein augenblickliches Bedürfniss das Betreten oder Befahren des anliegenden Geländes oder das Niederlegen von Werkzeugen und Materialien: nur wenn diese Benützung eine gewisse Dauer haben soll, müssen die Formen der darauf berechneten zeitweiligen Besitzentziehung gewahrt sein.

Zum Zweck der Vorstudien für ausgedehnte öffentliche Arbeiten dürfen die technischen Beamten in Privatgrundstücke eindringen. Die Praxis verlangt, dass sie dabei mit einer Ermächtigung des Präfekten versehen seien. Diese Ermächtigung hat aber lediglich die Natur eines Nachweises dafür, dass ihr Thun zu einer öffentlichen Anstalt gehört. Sie braucht denn auch die Grundstücke nicht einzeln zu bezeichnen und stützt sich ihrerseits auf

---

[10] St. R. E. 14. April 1852 (Saladin); 4. Juli 1872 (Cossan); Lalleau I, n. 151. Vgl. oben S. 254.

[11] Sourdat, *responsabilité* n. 434 note 2. St. R. E. 31. Aug. 1861 (Oppay).

kein Gesetz, sondern das Recht des Eindringens beruht schlechthin auf der Natur der öffentlichen Arbeiten.[12]

Wenn ein öffentlicher Weg ungangbar wird, so ergibt sich von selbst, dass, die ihn benutzen, an der schadhaften Stelle auf das Nachbarland ausweichen, um über dieses die Fortsetzung der Strasse wieder zu gewinnen. Das Gesetz entzieht für diesen Fall dem Eigenthümer den strafrechtlichen Schutz gegen Schädigung der etwaigen Saat und der Umfriedigung.[13] Die Strafrechtswissenschaft vermag sich diese Straflosigkeit des Schädigers nur zurechtzulegen mit der Formel der höheren Gewalt, welche offenbar nicht zutrifft: eine zwingende Not ist ja nicht vorhanden. Wohl aber besteht ein öffentliches Interesse an der Aufrechterhaltung der Verkehrslinie; die Eindringlinge thun nur, was nötig ist, um die Strasse vor und hinter dem Hinderniss in Benutzung zu halten: durch sie wirkt die öffentliche Anstalt auf das Nachbargrundstück ein. Soweit dadurch Schade entsteht, ist derselbe denn auch von dem Herrn der Anstalt, von der Gemeinde, vom Staate, je nachdem, zu ersetzen.[14]

Bei Unglücksfällen kann es notwendig sein, Privatgrundstücke zu betreten, um Hülfe zu bringen. Das Hauptbeispiel bietet die Feuersbrunst. Für ihre Bekämpfung pflegt im Voraus eine eigene öffentliche Anstalt, die Löschanstalt, gebildet zu sein, nötigenfalls bildet sie sich erst im Augenblicke der Gefahr. Der Bürgermeister hat die Leitung der sächlichen und persönlichen Mittel, die da zur Verwendung kommen. Die Anstalt kann aber vielfach nur wirken, indem sie in die dem Feuer benachbarten Häuser, Gärten und Höfe eindringt. Dies geschieht auch ohne Weiteres. Eines obrigkeitlichen Aktes bedarf es nicht; der Bürgermeister weiss möglicher Weise nichts von den Bewegungen der einzelnen Partien. Die öffentliche Anstalt wirkt, das ist genug.[15]

---

[12] Aucoc II, n. 723.

[13] Ges. 28. Sept. 1791 (*code rural*) Tit. II art. 41.

[14] Proud'hon I, n. 264: *le droit qui appartient aux voyageurs de passer sur les héritages voisins de la route impraticables, se rattache à un autre principe qui est celui du service public.* Jousselin II, S. 546; Dalloz V° *contravention* n. 226 ff.

[15] Jousselin II, S. 547 nennt das *une servitude de nécéssité.* Dalloz V° *commune* n. 1309; V° *servitude* n. 392 Ziff. 8.

Die Kehrseite davon ist die der Herrin der Anstalt, der Gemeinde, zur Last fallende Entschädigung für die durch die Löschmannschaft angerichteten Verwüstungen.

Hier ist der Gegensatz recht deutlich zu sehen von Polizei und öffentlicher Anstalt: für die niedergerissenen Häuser, welche Feuersgefahr drohten, wird nichts bezahlt, in ihnen wird die Gefahr bekämpft; die verstampften Grundstücke aber hatten der öffentlichen Anstalt gedient (vgl. oben S. 193).

3. Endlich kann sogar eine volle Rechtsentziehung, ähnlich der Enteignung, durch öffentliche Arbeiten unmittelbar, ohne Gesetz und überhaupt ohne ausdrücklichen Willensakt, herbeigeführt werden, wenn es sich eben nicht um die Entziehung des von der Verfassung in besondere Obhut genommenen Eigenthums oder Eigenthumsbesitzes handelt, sondern um andere Rechte.

Das gilt vor allem von der Unterdrückung von Aktivservituten. Ein Privatgrundstück hat eine Wasserleitungsservitut über ein Grundstück, welches dem Staate gehört; an dem letzteren, dem *praedium serviens,* werden für Herstellung einer Strasse, Regulirung eines Flusses u. dgl. Arbeiten vorgenommen und die zur Ausübung der Servitut notwendigen Einrichtungen beseitigt. Die Servitut ist erloschen, ohne Weiteres; der Servitutsberechtigte hat nur einen Anspruch auf Entschädigung. Wegerecht, Fensterrecht, *servitus altius non tollendi* werden ebenso durch die blosse Veränderung des der Verwaltung zugänglichen dienenden Grundstückes bei Seite geschoben.[16]

Aehnlich verhält es sich mit Wassernutzungsrechten, insbesondere mit den Rechten auf die dem Betriebe einer Mühle oder sonstigen Anlage dienende Wasserkraft. Hier kommen nicht die widerruflichen Verleihungen in Betracht, sondern nur wohl-

[16] Peyronny u. Delamarre n. 71; Lalleau I, n. 156; St. R. E. 22. Jan. 1853 (Gourques); der Unterschied der Servitutenunterdrückung von der Enteignung wird in diesem Erkenntniss folgender Maassen geschildert: *il s'agit dans l'espèce d'apprécier les effets et les conséquences d'un travail d'utilité publique entrepris sur un fleuve qui fait partie du domaine de l'Etat, laquelle entreprise ne nécéssite pas une expropriation forcée.* Es genügt, dass die öffentlichen Arbeiten dem Privatrecht beikommen können, ohne Eigenthumsbesitz nehmen zu müssen; dann treffen sie es, ohne die Notwendigkeit einer gesetzlichen Grundlage, befugter Weise.

erworbene Rechte, wie sie nach dem bürgerlichen Gesetzbuche an Privatflüssen und, aus älterer Zeit wenigstens, auch an öffentlichen Flüssen bestehen können. Oeffentliche Arbeiten sind häufig nicht möglich ohne Zerstörung oder Beeinträchtigung einer solchen Wasserkraft: das Wasser soll in einen Schifffahrtskanal geleitet oder für eine öffentliche Bewässerungsanlage oder für eine städtische Wasserleitung verwendet werden, oder der Bau einer Brücke ändert sein Gefäll. Diese Entziehung der Wasserkraft ist nicht gebunden an die Formen des Enteignungsverfahrens, sie kann formlos vor sich gehen durch die blosse Thatsache der Ausführung der öffentlichen Arbeiten.[17] Es pflegt in wichtigeren Fällen dem Betroffenen vorher ein förmlicher Beschluss mitgetheilt zu werden, aber nicht dieser ist die Grundlage des Eingriffs, sondern die Natur der Arbeiten selbst unmittelbar. Der Präfekturrath bestimmt die Entschädigung. — Nach denselben Grundsätzen wird eine zeitweilige Entziehung der Wasserkraft behandelt (*chomage*).

Findet gleichzeitig eine Wegnahme des ganzen Anwesens und eine Entziehung der Wasserkraft statt, so spaltet sich der staatliche Eingriff in zwei ganz verschiedene Vorgänge, wenigstens dem Verfahren nach: es müssen förmliche Enteignung mit Entschädigungsjury und formlose Wasserkraftentziehung mit Entschädigungsklage beim Präfekturrathe neben einander hergehen.[18]

Die Entziehung der Wasserkraft kann auch erfolgen als Polizeimassregel gegen Ueberschwemmungsgefahren und gesundheitsschädliche Ausdünstungen (vgl. unten § 51). Dann wird eine Entschädigung nicht gewährt.[19] Es ist derselbe Gegensatz, der

---

[17] Dafür hat sich nach einigem Schwanken der Staatsrath entschieden. St. R. E. 28. Mai 1852: *la pente des cours d'eau n'étant pas susceptible de propriété privée.* Lalleau I, n. 159; Perriquet, *contrats de l'état* n. 425. Dagegen Ploque, *cours d'eau* II, n. 374.

[18] Lalleau I, n. 159; Perriquet n. 425; Ploque II, n. 375. Das Muster gibt der Fall Marchand (St. R. E. 27. Aug. 1857). Ein Damm im Flusse soll im Interesse der Schifffahrt beseitigt werden. Damit geht die Wasserkraft einer Mühle verloren. Die Mühle selbst ist aber eben auf diesem Damme erbaut und muss desshalb gleichfalls weichen.

[19] Jousselin I, S. 252; Dufour IV, n. 371, 372; Proud'hon IV, n. 1169. Der Letztere gibt dabei den Unterschied zwischen Polizeimassregel und Eingriff der öffentlichen Anstalt folgender Maassen wieder: *ce n'est pas*

uns erschienen ist in der Niederreissung der die Feuersbrunst verbreitenden Häuser und die Verwüstung der Nachbargrundstücke durch die Löschmannschaften. Um den Vergleich voll zu machen, hat man auch schon daran gedacht, eine privatrechtliche Pflicht der durch die Polizeimassregel vor Ueberschwemmungs- und Seuchengefahren geschützten Eigenthümer zu begründen, wie man dort die Nachbarn des eingerissenen Gebäudes heranziehen will (vgl. oben S. 193).[20]

§ 43. Persönliche Lasten.

Wir fassen unter dem Namen persönliche Lasten zusammen die einseitigen verwaltungsrechtlichen Machtäusserungen, mit welchen der Staat für die Zwecke der öffentlichen Anstalten verfügt über die persönliche Thätigkeit und das Mobiliareigenthum der Einzelnen. Zu beiden geht der Weg nur durch Zwang gegen die Person, bestehend in Auflegung einer Pflicht zur Leistung: auch zum Mobiliareigenthum, welches nach dem französischen Rechtsbegriff überall nur hängt an Besitz und persönlichen Verbindlichkeiten. Wo in gewissen Fällen eine unmittelbare Benützung und Wegnahme von Sachen erscheint, liegt es in Wirklichkeit an einer Ueberspringung der Zwischenstufen zwischen Pflichtauflegung und Zwangsvollstreckung.

---

pour acquérir un bénéfice au profit du public ou de la localité que l'abaissement ou la suppression des barrages sont ordonnés; c'est au contraire pour détruire la cause du dommage que les fonds voisins ressentent de son existence (n. 1172). — Nicht unbedenklich ist folgende Entscheidung: auf der kanalisirten Schelde waren zwei Boote gesunken; um sie zu heben, muss das Bett von Wasser entleert werden und die Mühlen feiern. Der Entschädigungsanspruch wird vom Staatsrath verworfen (St. R. E. 24. Jan. 1861, Donliez), denn: *l'administration en agissant ainsi dans le but unique de réparer cet accident auquel elle était étrangère et d'assurer le libre cours de la navigation n'a fait qu'user des pouvoir de police qui lui sont confiés par la loi.* Gegenüber den Booten und ihren Eigenthümern war der etwa geübte Zwang Polizei, aber die Müller, welche die Wirkungen der Thätigkeit für die Wiederherstellung der polizeiwidrig gestörten Schiffbarkeit verspüren, leiden unter öffentlichen Arbeiten. Ploque II, n. 370 bemerkt das mit Recht.

[20] Proud'hon IV, n. 1172.

Das Hervortreten des Zwanges gegen die Person zum Thun und Lassen, also einer verfassungsrechtlich dem Gesetze vorbehaltenen Eingriffsform, macht denn auch den Unterschied aus zwischen diesen Rechtsinstituten und den vorausgehenden. Die gesetzliche Grundlage, welche wir im letzten § ganz wegfallen sahen, ist hier bei ordnungsmässigem Gange der Dinge unentbehrlich.

Nach geschehener Auflegung der Pflicht zur Leistung ergibt sich aber eine Verschiedenheit für die Leistung von Sachen und von Diensten. Im ersteren Fall ist die verwaltungsrechtliche Einwirkung erschöpft, so wie die Sache in die Gewalt der Behörde gelangt ist; bei den Dienstleistungen dagegen begleitet den Pflichtigen auch nach Uebernahme der Pflicht noch die verwaltungsrechtliche Beherrschung, um die gehörige Erledigung derselben zu sichern; die Auflage begründet ein neues Unterworfenheitsverhältniss, welches sehr scharfe Formen annehmen kann.

Wir können Lasten bemerken, welche nach einem gewissen Massstabe auf die Bürger vertheilt werden, eben desshalb aber auch eine ausgleichende Entschädigung nicht nach sich ziehen. Sachliche Leistungen dieser Art sind die Steuern, die hier nicht in Betracht kommen; dagegen stehen in unmittelbarer Beziehung zu öffentlichen Anstalten persönliche Dienste, die wir als Bürgerpflichten bezeichnen. Sie finden ihre Hauptanwendung zur Herstellung öffentlicher Anstalten der Rechtspflege (Geschworrnendienst) und der Landesvertheidigung (Heerdienst). Das einzige Rechtsinstitut, welches davon in die von uns behandelten Gebiete gehört, ist das des Steuervertheilungsausschusses, in welchem die Finanzverwaltung durch zwangsweise Heranziehung der Bürger einen Theil ihres Personals erhält.[1] Aus der auferlegten Last ergibt sich immer eine obrigkeitliche Gewalt über den Verpflichteten, die Disciplin, die nach der Art der Last verschieden gestaltet ist. Für die Mitglieder des Steuervertheilungsausschusses ist es die Disciplin des Ehrenamtes, deren einziges Zwangsmittel regelmässig in der Absetzung besteht; hier tritt noch die persön-

[1] Der Zwang zur Annahme bestand nach dem Ges. 3 frim. VII art. 13 ff. in Androhung einer Art öffentlichen Verweises wegen Mangels an Gemeinsinn; das besteht noch zu Recht, ist aber ausser Gebrauch.

liche Verantwortlichkeit für die zu erhebenden Steuern hinzu (vgl. oben S. 87).

Andere Lasten werden den Bürgern auferlegt nicht nach einem allgemeinem Massstab, sondern nach der Zufälligkeit ihrer Nähe an dem zu befriedigenden Bedürfnisse des Staates oder ihrer besonderen Fähigkeit, es zu befriedigen; das sind die Requisitionen; sie begründen grundsätzlich Ansprüche auf ausgleichende Entschädigungen.

Sie können entweder verwaltungsrechtlich durchgeführt sein bis zu Ende, oder die Macht, welche die Behörde zu äussern hat, reicht bloss bis zur Begründung der Pflicht und die Pflicht sammt der dafür zu leistenden Entschädigung schlägt nach der Auflage um in den entsprechenden civilrechtlichen Vertrag: Dienstmiethe, Sachenmiethe, Kaufvertrag; es entsteht dann einfach ein verwaltungsrechtlich erzwungenes civilrechtliches Vertragsverhältniss zwischen dem Staate und dem Gezwungenen. Diess ist überall der Fall, wo das nach geschehenem Zwang eintretende Verhältniss seinem Inhalt nach privatwirthschaftlicher Natur ist. Entscheidend ist der mehr oder weniger innige Zusammenhang, in welchem die Leistung mit der öffentlichen Anstalt steht.

Die einzelnen Fälle der Requisition pflegen eingetheilt zu werden in bürgerliche und in militärische Requisitionen, je nach der Anstalt, zu deren Gunsten sie erfolgen.

1. Die bürgerliche Requisition (*réquisition civile*) gründet ihr allgemeines Recht auf art. 475, 12 code pénal. Sie ist ein Aushülfsmittel, zu welchem nur in besonderem Notfalle gegriffen werden darf. Der Notfall muss unvorhergesehen und dringlich sein; für die ordentlichen Bedürfnisse hat die Verwaltung mit den ordentlichen Mitteln auszukommen.[2] Die Not muss eine öffentliche sein, das will sagen: sie muss eine Massenwirkung äussern. Die wichtigsten Beispiele nennt das Gesetz selbst: Feuersbrunst, Ueberschwemmung, Schiffbruch, Aufruhr,

---

[2] Chauveau u. Hélie *code pénal* I, S. 235; Dalloz V° *contravention* n. 387. Der Kassationshof zu Brüssel hat es für unzulässig erklärt, durch Requisition der Gemeindebürger einen Sanitätskordon gegen Einschleppung einer Seuche bilden zu wollen (Erk. 27. Dez. 1831; Dalloz n. 388 note 1).

Plünderung, Räuberwesen und öffentliche Gewaltthat. Nicht fällt darunter die Einzelnoth: Hülfe für einen Verwundeten, Rettung eines Ertrinkenden kann mit diesem Mittel nicht beschafft werden.[3]

Zuständig für die Auferlegung der Requisition ist diejenige Behörde, welche mit Bekämpfung solcher Gefahren beauftragt ist: Bürgermeister, Polizeikommissär, Staatsanwalt.

Gegenstand der Anforderung sind die zur Abwendung der Noth erforderlichen Dienste und Sachen: Rettungsboote müssen gestellt, Pferde geliefert werden, um Feuerlöschtonnen zu fahren, Materialien, um einen Nothdamm zu errichten.[4]

Die Anforderung erzeugt eine Pflicht zur Leistung, von deren Erfüllung nur der Nachweis der Unmöglichkeit entbindet, wie beim Polizeibefehl. Der Ungehorsam wird in den Formen der gewöhnlichen Polizeistrafe geahndet. Das Polizeigericht prüft, ob die Anforderung begründet war; Verwaltungsrechtspflege ist daneben unnötig.

Hat die Anforderung sachliche Leistungen zum Gegenstande, so erfolgt unmittelbar nach der fruchtlosen Anforderung der Zwangsvollzug durch gewaltsame Wegnahme, in dringlichen Fällen, insbesondere auch, wenn der Eigenthümer nicht zugegen ist, erscheint die Anforderung sofort in Gestalt der Wegnahme. Hier ist dann ein Rekurs wegen Machtüberschreitung denkbar.

Für die requirirten Gegenstände ist gemäss den allgemeinen Grundsätzen der öffentlichen Anstalten Ersatz zu leisten im Verwaltungswege, nach dem Masse des nachgewiesenen, unmittelbaren, greifbaren Schadens (vgl. unten § 52). In den gleichen Gränzen würde sich verwaltungsrechtlich auch der Ersatz für die Requisition persönlicher Dienste bewegen: baarer Aufwand, erlittene Verletzungen n. dgl. würden allein in Betracht kommen. Die Praxis sieht aber in der Requisition von Personen, welche gewerbsmässig gegen Lohn Dienste leisten, zur Leistung eben solcher Dienste zugleich die Elemente eines privatrechtlichen Versprechens, den entsprechenden Lohn zu zahlen; also das ganze Verhältniss bleibt verwaltungsrechtlich, es entsteht kein erzwungener Diensvertrag;

---

[3] Dalloz l. c. n. 389.

[4] Block V° *réquisition* n. 3.

nur dieses Zahlungsversprechen wird herausgezogen: statt im Verwaltungsverfahren Entschädigung zu begehren, kann der Betroffene vor den Civilgerichten seinen Lohn einklagen.[5]

Entschädigung und Lohn sind zu Lasten desjenigen Gemeinwesens in dessen Interesse und für dessen Anstalten die Requisition geschah.[6] —

Einzelne Arten von Requisitionen sind durch besondere Gesetze ermächtigt auch ohne solchen Nothstand. Unter diesen Gesichtspunkt fällt der Zeugenzwang, der aber ganz zum Institute der Rechtspflege geworden ist; ferner das Recht, welches das Ges. vom 22 germinal IV art. 1 u. 2 dem Staatsanwalt verleiht, Arbeitsleistungen zur Vollstreckung von Todesurtheilen zu erfordern mit der Wirkung eines erzwungenen Dienstvertrages.[7]

Erzwungene Kaufverträge dagegen gewährt das Gesetz der Marineverwaltung bezüglich der Bäume aus nichtstaatlichen Waldungen, welche für ihre Zwecke geeignet sind;[8] der Wasserbauverwaltung für Bäume und Weiden aus Wäldern und Gebüschen längs des Rheines, um sie zu Strombauten zu verwenden. Polizeistrafe sichert die Eingehung des Verkaufs, der Marktpreis, nötigenfalls Sachverständigengutachten bestimmt den Kaufpreis.[9]

Zu den vollen Requisitionen gehört das Recht der Gemeindebehörde, Markthallen, welche im Privateigenthum stehen,

---

[5] Block V° *réquisition* n. 8: *La personne dont les services ont été réquisitionnés ... a droit à un salaire qui est à la charge de la commune.* Cass. 27. Jan. 1858 (Audreux c. Bar le Duc). Ein Arzt war zur Dienstleistung bei einer Choleraepidemie herangezogen worden. Das Gericht erkennt die öffentlichrechtliche Zwangsbefugniss des Bürgermeisters an, fügt aber hinzu: *que l'appel fait à tout individu exerçant une profession salariée pour obtenir de lui un acte de cette profession suppose nécéssairement et implique la promesse et l'obligation de lui en payer le salaire.*

[6] Die Strafbestimmung des art. 375, 12 *c. pén.* ist ersetzt durch art. 360, 10 St. G. B. Das dahinterstehende verwaltungsrechtliche Verhältniss ist dasselbe geblieben, nur ist die Requisition jetzt auch bei Einzelnoth (Unglücksfällen) zulässig.

[7] Chauveau u. Hélie *c. pén.* I, S. 323.

[8] *code forestier* art. 122 ff. Jousselin I, S. 149 ff. Ducrocq n. 841.

[9] *code forestier* art. 136—143. Jousselin I, S. 226 ff.

für den öffentlichen Dienst zu requiriren;[10] das Verhältniss bleibt rein verwaltungsrechtlich, der Präfekturrath setzt im Streitfalle die jährliche Entschädigung fest. Man spricht von Miethzins und von einem verwaltungsrechtlichen Miethvertrag (*bail administratif*), womit schon auf das Gebiet der öffentlichrechtlichen Verträge hingewiesen wird.

2. Militärische Requisitionen (*réquisitions militaires*) treten in ihrer eigenthümlichen Gestalt nur auf in Kriegszeiten. Das Interesse der Landesvertheidigung wird alsdann von selbst oberstes Gesetz und die Requisitionen hierfür erstrecken sich thatsächlich auf alles was ihr dienlich sein kann. Das muss auch rechtlich möglich sein; es wäre gegen das Interesse des Staates, wenn er das nicht ausdrücklich anerkennte und die militärischen Befehlshaber durch die Aussicht auf spätere persönliche Verantwortlichmachung bedenklich werden und zögern liesse. Nur ist es schwierig, diese Dinge in geregelte Formen der bestehenden Rechtsordnung zu bringen.

Die militärische Requisition pflegt durch Sondergesetz begründet zu werden,[11] wie solche bei jedem grossen Kriege erlassen wurden, der das französische Gebiet bedrohte.[12]

Das Vorbild gab der Konvent mit dem Dekrete vom 23. August 1793: alles was Frankreich an Mitteln bietet, Menschen und Güter, wird zur Verfügung der Landesvertheidigung gestellt, nur soll diese Gewalt geübt werden dürfen nicht durch die militärischen Befehlshaber selbst, sondern nur durch die das Heer begleitenden Mitglieder der Volksvertretung. Da nach der Verfassung Entziehung von Eigenthum nur in formellem Verfahren und nach vorgängiger Entschädigung geschehen sollte, so wird die alles umfassende Massregel ebenso aufrichtig als formell juristisch durch die einstweilige Suspendirung der Verfassung ermöglicht.

---

[10] Ges. 15. März 1790 art. 19; Serrigny II, n. 1084.

[11] Block V° *réquisition* n. 14 macht darauf aufmerksam, dass gerade die stete Erneuerung dieser Gesetze darauf hinweist, dass sie sich selbst nur als Ausnahmsmassregeln von vorübergehender Natur betrachten. — Geschichte und Kritik des Instituts bei Dalloz V° *réquisition* n. 3 ff.

[12] Ges. 19 brum., 23 brum., 6 frim. III; 28. Juni 1815; Dekret 22. Okt., 11. Nov. 1870.

Spätere Gesetze suchen zu mildern: die zulässigen Gegenstände der militärischen Requisitionen werden beschränkt durch Freierklärung von notwendigen Bedürfnissen des Ackerbaues und der Industrie; die Requisition soll durch Vermittlung der Civilverwaltungsbehörden erfolgen, welchen die gleichmässige Vertheilung der Last eingeschärft wird; den Betroffenen aber sollen behufs künftiger Entschädigung Requisitionsscheine (*bons de réquisition*) ausgestellt werden.

Dafür sind Requisitionen gewisser besonders wichtiger Gegenstände wie Getreide, Pferde, Wagen durch Androhung von Ungehorsamsstrafen geschützt, welche die ordentlichen Gerichte zu verhängen haben.[13]

Das Hauptvollstreckungsmittel ist das der unmittelbaren Gewalt, welches der berechtigten wie der unberechtigten Requisition zur Verfügung steht. Persönliche Verantwortlichkeit des Requirirenden ist der einzige Schutz. —

In Friedenszeiten finden militärische Requisitionen nur statt behufs Beschaffung von Unterkunft für die Truppen und nach besonderen gesetzlichen Regeln. Zwei Formen sind dabei erkennbar.

Für durchziehende Truppen gewähren die Gesetze vom 23. Jan. 1790, 8. Juli 1791 und 23. Mai 1792 die Requisition der Quartierleistung. Die Vertheilung auf die Einzelnen geschieht durch den Bürgermeister; der ausgestellte Quatierzettel enthält die Requisition. Die schuldige Leistung besteht in Beherbergung der überwiesenen Soldaten in der Wohnung des Pflichtigen, ausnahmsweise kann dieser durch Unterbringung derselben bei anderen Einwohnern oder in einem Gasthause sich befreien. Nichterfüllung führt zu direktem Zwang mittelst Eindringens in die Wohnung oder zum Ersatzvollzug durch Unterbringung der Soldaten in einem Gasthause auf Kosten des Verpflichteten.[14]

Nur für eine Beherbergung auf mehr als drei Nächte wird Entschädigung von Staatswegen gewährt. Die vorausgehende unentgeltliche Beherbergung ist als Last der Gemeinde anzusehen,

---

[13] Ges. 3 pluv. III, 26. vent. III.

[14] Serrigny III, n. 1411.

welche von ihren Gliedern durch Naturalleistung berichtigt wird. Der Entschädigungssatz ($7\frac{1}{2}$ Centimes pro Mann und Nacht) ist so gering, dass er mehr nur bestimmt zu sein scheint, die Natur des Rechtsinstituts als einer der Ausgleichung unterliegenden Requisition formell aufrecht zu erhalten.[15]

Der zweite Fall ist der, wo an einem Garnisonsort die zur Unterbringung der Truppen bestimmten Gebäude nicht ausreichen. Der Bürgermeister ist dann verpflichtet und den Bürgern gegenüber berechtigt, leerstehende Häuser dazu anzuweisen. Die Militärbehörde kann sich derselben bemächtigen. Dadurch entsteht ein erzwungener Miethvertrag zwischen dem Staat und dem Eigenthümer (*location forcée*) mit allen civilrechtlichen Folgen eines derartigen Vertrages. Die Höhe des Miethzinses setzt nötigenfalls das Civilgericht fest auf erhobene Klage.[16 17]

§ 44. Oeffentlichrechtlicher Vertrag: Allgemeines.

Das Gesetz gibt nur in seltenen Fällen die Ermächtigung für die Bedürfnisse der öffentlichen Anstalten persönliche Lasten durch einseitige Machtäusserung ohne Weiteres aufzulegen. Ohne gesetzliche Grundlage ist wegen des verfassungsrechtlichen Vorbehaltes ein derartiger Eingriff nicht möglich. Die Verwaltung kann also die Menge der Leistungen, welche die Herstellung und der Betrieb ihrer öffentlichen Anstalten erfordern, nur erhalten dadurch, dass die Einzelnen freiwillig die Pflicht dazu auf sich nehmen, und die Willigkeit der Einzelnen kann sie im ordnungsmässigen Gang der Dinge nur erzielen dadurch, dass sie ihnen ihrer Seits entsprechende Vergütungen gewährt.

In einem solchen Akte erkennen wir die Gestalt eines zwei-

---

[15] Block V° *logements militaires: elle semble avoir plutôt pour but de reconnaître le devoir de l'Etat que de dedommager le citoyen.* — Streitigkeiten über die Entschädigung folgen dem Instanzenzuge der Verwaltungsbehörden mit dem Bürgermeister beginnend; die Entscheidung ist ein erklärender Verwaltungsakt. Serrigny III, n. 1404.

[16] Ges. 8. Juli 1791 Tit. V art. 8; Jousselin I, S. 154 ff.

[17] Die militärische Requisition ist in Elsass-Lothringen durch die Reichsgesetzgebung neu geordnet: Ges. 25. Juni 1868 (Els. Lothr. 14. Juli 1871); Ges. 13. Juni 1873; 13. Febr. 1875.

seitigen Vertrages wieder, der je nach seinem Inhalt als Dienstvertrag, Auftrag, Lieferungsvertrag, Miethvertrag erscheint und dem unter diesem Namen im Civilgesetzbuch aufgestellten Schema entspricht. Es kann ein reiner privatrechtlicher Vertrag sein, mit welchem der Staat sich dem gleichstellenden Civilrecht und dem Urtheil der Civilgerichte unterwirft. Die Regel ist das nicht, sondern die Ausnahme. Wo diese Ausnahme nicht vorliegt, behält auch ein solcher Akt die rechtliche Natur, die der Handlung des Staates dem Einzelnen gegenüber eigen ist; er ist nicht nach Civilrecht sondern nach Verwaltungsrecht zu beurtheilen und es entsteht der öffentlichrechtliche Vertrag (*contrat administratif*).

Die Ausnahme kann allerdings gerade in diesen Fällen leicht gegeben sein, denn die äusserliche Form der Handlung erhebt sich nicht über das, was auch ein Privater thun könnte; dieselbe kann also öffentlichrechtlich nur werden durch die Richtung auf das öffentliche Interesse, durch den ausgeschlossenen privatwirthschaftlichen Zweck (vgl. oben § 24 n. 1). Es kommt darauf an, ob der Akt noch mehr oder weniger innig mit der Thätigkeit für die öffentlichen Anstalten zusammenhängt. Wir haben bereits soeben auf dem Gebiet der Requisitionen den Massstab angewendet gesehen, dass gefragt wird, ob die Leistung, zu welcher die Pflicht begründet werden soll, unmittelbar in die öffentliche Anstalt übergeht, ein Stück der Thätigkeit ist, die jene herstellt und unterhält. So bleibt die Requisition von Markthallen öffentlichrechtlich, die von Bäumen für die Flotte geht in den privatrechtlichen Verkauf über, die Quartierleistung bleibt öffentlichrechtlich, die Zwangsstellung eines leeren Hauses für die Garnison wird ein Miethvertrag. Wie dort erscheint auch bei den freiwillig begründeten öffentlichrechtlichen Verträgen die Gränze oft willkürlich gezogen; wo das Gesetz sich nicht ausgesprochen hat, schwankt die Praxis. Aber ein genügender Ausspruch des Gesetzes für die öffentlichrechtliche Natur des Vertrages ist darin zu sehen, dass etwa das Gesetz die Zuständigkeit zur Entscheidung über Auslegung und Handhabung des Vertrages der Verwaltungsrechtspflege zugewiesen hat; denn diese erkennt über dem öffentlichen Rechte angehörige Verwaltungsakte und nur über solche.

Der öffentlichrechtliche Vertrag ist kein wahrer Vertrag; die hoheitliche Natur des einen Kontrahenten schliesst die im Begriffe eines solchen liegende Rechtsgleichheit aus. Wie überall im Verwaltungsrecht ist der Staat der Handelnde, Bestimmende; der Einzelne nur das Objekt, auf welches eingewirkt wird.[1]

Seinem inneren Wesen nach gleicht vielmehr der öffentlichrechtliche Vertrag der Requisition, wie wir sie eben betrachtet haben. Er setzt sich zusammen aus zwei Verwaltungsakten; der eine legt eine Leistungspflicht auf, der andere gewährt Entschädigung für die Leistung; für die Durchführung der auferlegten Last sorgt verwaltungsrechtlicher Zwang, eingeleitet und geordnet durch weitere Verwaltungsakte auf Grund des ersten.

Aller Unterschied zwischen Requisition und öffentlichrechtlichem Vertrag führt sich zurück auf den einen Punkt, dass die erstere eine Last einseitig auferlegt innerhalb des gesetzlich gelassenen Spielraums, der letztere dagegen eine Last nur erzeugen kann in Kraft der besonderen Unterwerfung und soweit diese reicht.

Daher wird die für die künftige Leistung zu gewährende Entschädigung im Begründungsakte zum Voraus bestimmt: der Leistende weiss, was er erhalten wird, denn die Festsetzung der Entschädigung nach geschehener Leistung ist ein gebundener

---

[1] Zur Kennzeichnung der französischen Auffassung der Natur des öffentlichrechtlichen Vertrags: Perriquet, *contrats de l'état*, n. 232: *un contrat est un contrat administratif et donne lieu à la compétence administrative lorsque l'Etat y intervient pour exercer directement les pouvoirs constituant la puissance publique.* — Serrigny III, n. 1321: *en ces matières les ministres . . . traitent uniquement comme représentant l'administration publique agissant en cette qualité et non comme représentants de l'état faisant l'office d'une personne privée et dépouillant tout caractère de pouvoir public . . . Le débat qui naît de ces marchés s'élève donc toujours entre le droit collectif de l'administration opposé à celui des particuliers: ce qui est le caractère distinctif du contentieux administratif.* — St. R. E. 25. Juli 1874 (Hospice de Vichy); aus der Rede des Regierungskommissärs: *il y a là une convention d'une nature toute spéciale, exceptionnelle, qui ne rentre pas dans la sphère de la vie civile.* St. R. E. 18. Mai 1877 (Banque de France); aus der Rede des Regierungskommissärs: *il est évident, que cette sorte particulière de convention emprunterait . . . aux intérêts d'ordre supérieur qui en ont été le mobile un caractère exceptionnel qui répugnerait à toute assimilation avec un contrat de droit civil.*

Verwaltungsakt, gebunden durch jenen ersten, den sie nur anwendet und erklärt.

Gleichzeitig wird in diesem Akte auch der Umfang der aufgelegten Pflicht bestimmt; nur das was vor der Unterwerfung so festgestellt ist, wird in Folge der Unterwerfung erzwingbar. Den Inhalt dieser Bestimmungen entlehnt der Auflegungsakt aus den Vorschriften des Civilrechts für den entsprechenden civilrechtlichen Vertrag. So wird das Civilrecht auch für den öffentlichrechtlichen Vertrag massgebend, aber nicht als dispositives Recht, sondern als Auslegungsmittel für den das Rechtsverhältniss hoheitlich und frei bestimmenden Verwaltungsakt.

Auch der Zwang aus dem so geschaffenen Rechtsverhältniss ist nur soweit zulässig, als der Verpflichtete sich einem solchen unterworfen hat: da geben denn im Zweifel wieder die entsprechenden civilrechtlichen Befugnisse des Gläubigers bei verletzter Vertragspflicht die Grundlinien. Die gewöhnlichen Verwaltungszwangsmittel, wie die Polizeistrafe und die unmittelbare Gewaltübung treten in den Hintergrund. Die Entstehung von Schadensersatzpflichten wegen nicht oder nicht gehörig erfüllter Verbindlichkeit in der bekannten civilrechtlichen Gestalt ist die regelmässige Zwangsform, nur dass diese stellvertretenden Geldleistungen wieder in hoheitlicher Weise vom Gläubiger festgestellt und beigetrieben werden.

Die Verwaltungsakte, welche dienen zur Durchführung und Erzwingung der auferlegten Pflicht, haben aber die Natur der Auslegung und Anwendung des die Pflicht begründenden Aktes, sind gebundene Verwaltungsakte, und bestimmt, entweder sofort oder im Wege der Nachprüfung in die Form der Verwaltungsrechtspflege überzugehen.

In einzelnen hervorragenden Fällen ist diese Rechtspflege, statt einfach durch den Minister zu gehen, dem Sondergericht des Präfekturrathes übertragen und dadurch erhöht sich noch, wenigstens für die oberflächliche Betrachtung, der Schein eines Vertragsverhältnisses zwischen der eigentlichen Verwaltungsbehörde und dem Einzelnen, über welches ein Gericht als unbetheiligter Dritter entscheidet. In Wirklichkeit ist ja aber auch der Präfekturrath mit seinen Urtheilen nichts anderes als handelnde Verwaltung. —

Dem Inhalte nach zerfallen die öffentlichrechtlichen Verträge zur Beschaffung der Mittel öffentlicher Anstalten in zwei Gruppen.

Auf der einen Seite stehen die öffentlich rechtlichen Verdingungen (*marchés administratifs*), umfassend Werkverdingung, Dienstmiethe und Lieferungsverträge für öffentliche Anstalten.

Auf der andern Seite steht das Vertragsverhältniss der öffentlichen Beamten (*fonctionnaires publics*) als Auftrag mit Honorarbeding.

Beiden Fällen schliessen sich noch eigenthümliche Abarten an, ausgezeichnet durch die Form, in welcher die Entschädigung für die übernommene Last gewährt wird. Statt einer Geldzahlung aus der Staatskasse kann nämlich dem Belasteten eine gewisse Verfügung über die öffentliche Anstalt gewährt werden, die er zu seinem Vermögensvortheile verwerthen mag.

Es tritt uns damit zum ersten Mal das Rechtsgeschäft der *concession*, Verleihung entgegen. Dasselbe kommt noch vielfach in anderen Verhältnissen zur Verwendung und bedeutet seinem allgemeinen Begriffe nach ein öffentlichrechtliches Rechtsgeschäft, durch welches einem Einzelnen staatliche Rechte zur Benützung im eigenen Privatinteresse überlassen werden.[2] Sein Anwendungsgebiet ist vor allem die Gewährung von Nutzungen an öffentlichen Anstalten und die Verfügung über das eigentliche Staatsvermögen (vgl. unten § 51, § 56). Hier sehen wir es verknüpft mit der Werkverdingung und es entsteht daraus die Verleihung öffentlicher Anstalten (*concession de travaux publics*); und zum andern erscheint es hinter der öffentlichen Beamtung, allerdings in weniger deutlicher Gestalt, und erzeugt das Rechtsinstitut der verkäuflichen Stellen (*offices*).

---

[2] Perriquet, *travaux publics* n. 607; *Le mot Concession est une expression générale, qui sert à désigner un grand nombre de contrats très-différents entre eux et même d'actes administratifs n'ayant pas d'autre trait commun que l'abandon de droits laissés à la disposition de l'administration.* Die *actes administratifs* sind hier besonders genannt, weil die Verleihung stattfinden kann ohne Last, ohne Gegenleistung; da passt dann der Begriff des öffentlichrechtlichen Vertrags nicht mehr.

§ 45. Fortsetzung: öffentlichrechtliche Verdingungen.

Die Verdingung von Bauarbeiten, Transportleistungen, Materiallieferungen geht aus von dem Minister, in dessen Zuständigkeit die betreffende öffentliche Anstalt liegt; das vorbereitende Verfahren findet statt bei den nächstbetheiligten unteren Aemtern als Beauftragten des Ministers.

Die Formen, welche dabei zu beobachten sind, werden auf Grund des Gesetzes vom 31. Jan. 1833 durch Verordnung des Staatsoberhauptes geregelt.[1] Hienach soll die Verdingung öffentlich geschehen d. h. mit öffentlicher Aufforderung an Jedermann, die Pflichten und Gewährungen in einem für alle gleichmässig geltenden Umfange zu übernehmen. Ausnahmsweise darf unter der Hand (*de gré à gré*) abgeschlossen werden bei geringeren Unternehmungen, oder wenn das Staatsinteresse Geheimhaltung fordert, oder eine Wettbewerbung durch die Natur der Sache ohnehin nicht zu erwarten steht.[2]

Vor der Bekanntmachung stellt der Beamte die Verpflichtungen fest, die auferlegt werden sollen, in einem Lastenheft (*cahier des charges*); dasselbe enthält zugleich den Anschlag der zu gewährenden Vergütung. Die Lusttragenden haben in bestimmter Frist die Erklärung abzugeben, dass sie sich den Verpflichtungen unterwerfen wollen (*soumission*), unter Angabe der Höhe der Vergütung, deren Gewährung sie als Bedingung ihrer Unterwerfung setzen. Diese Angebote werden in einer zum Voraus bekannt gemachten öffentlichen Sitzung verlesen. Ist keines genügend, so wird das Verfahren ausgesetzt. Andernfalls erhält der Wenigstfordernde den Zuschlag (*adjudication*); derselbe wird erst gültig durch die Bestätigung, welche der Minister ihm ertheilt. Diese Bestätigung ist der Verwaltungsakt, welcher die Last auferlegt und die bedingte Gewährung der Vergütung verleiht.

Der Minister kann die Bestätigung verweigern, weil ihm das Angebot nicht vortheilhaft genug erscheint. Man möchte sagen, das sei eben die Freiheit des Kontrahenten; es wird aber

---

[1] Es sind solche ergangen am 4. Dez. 1836, 21. Mai 1862 und neuerdings am 18. Nov. 1882.

[2] Dekret 31. Mai 1862 art. 69.

im Geiste des Rechtsinstitutes vielmehr daraus erklärt, dass der Minister hiemit einen Verwaltungsakt macht, der ganz seinem freien Ermessen überlassen ist und in Folge dessen nicht angefochten werden kann.[3]

Gewährt er die Bestätigung, so kann ein Rekurs wegen Machtüberschreitung dagegen stattfinden, insofern nämlich die gesetz- und verordnungsmässigen Voraussetzungen für die Gewährung des Zuschlages nicht erfüllt sind und Mitbewerber vorhanden waren; diese sind dann durch den gesetzwidrigen Verwaltungsakt in ihren Interessen d. h. in ihrer Aussicht auf den Zuschlag geschädigt. Fälle der Art sind es, wenn etwa dem Bieter, der den Zuschlag erhielt, entgegen dem Grundsatze der Gleichheit und Oeffentlichkeit, besondere Erleichterungen an den zu erfüllenden Pflichten zugestanden wurden, oder dieser den wesentlichen Vorschriften für die Gültigkeit des Angebots nicht nachgekommen war, oder nicht der Mindestbietende den Zuschlag erhielt.[4] —

Die Art, wie der Unternehmer durch die auferlegten Pflichten gebunden ist und wie er sie zu erfüllen hat, richtet sich nach den Regeln des entsprechenden civilrechtlichen Vertrags, vor allem nach den Bestimmungen des Civilgesetzbuches; wenigstens insoweit das Lastenheft nicht Abweichendes bestimmt. Das Lastenheft hat einen eigenen Abschnitt, welcher solchen Abweichungen gewidmet ist: die sogenannten allgemeinen Bedingungen. Der besondere Theil bezeichnet die auszuführenden Arbeiten; die allgemeinen Bestimmungen betreffen mehr das Rechtsverhältniss. Jedes Ministerium hat Formulare solcher allgemeinen Bedingungen aufgestellt, welche den gleichmässigen Bestandtheil aller seiner Lastenhefte bilden (*cahiers des clauses et conditions imposées aux entrepreneurs des travaux*).[5] Diese Bedingungen pflegen sachlich nichts

[3] Block V° *travaux publics*, n. 215: *un acte purement administratif*; Dufour VII, n. 151.

[4] Dufour VII, n. 151; Aucoc II, n. 637; Block l. c. n. 215; Dareste S. 352. St. R. E. 9. Jan. 1868 (Serrat), Rede des Regierungskommissärs. Ob alle Mitbieter oder nur der Nächstniedrige als geschädigt und folgeweise als rekursberechtigt anzusehen sind, ist streitig.

[5] Ducrocq n. 257 ff.

zu enthalten, was nicht auch in privatrechtlichen Verträgen bedungen werden könnte; es wird offenbar angenommen, dass die Behörde Mangels einer gesetzlichen Grundlage nicht weiter ermächtigt sei, auch auf Grund freiwilliger Unterwerfung, Lasten aufzulegen.

Die Folgen der Nichterfüllung der übernommenen Pflichten und die Art des der Verwaltung desshalb zustehenden Zwanges entsprechen gleichfalls den Regeln des Civilrechts. Die Verwaltung hat die Rechte des verletzten Gläubigers: sie kann Auflösung des Vertrages verlangen nach art. 1184 c. c., die Erfüllung durch einen anderen besorgen lassen auf Kosten des Schuldners nach art. 1144 c. c., und hat Anspruch auf Ersatz aller Auslagen und Nachtheile, die ihr verursacht sind, in baarem Gelde; in Geldzahlung verwandelt sich schliesslich jeder Anspruch. Das Lastenheft verschärft dieses Zwangsmittel durch umfassenden Conventionalstrafenbeding und jedem Unternehmer auferlegte Sicherheitsleistung.[6]

Aber — und darin zeigt sich wieder die eigne Natur unseres Rechtsinstitutes — die Handhabung dieser civilrechtlichen Zwangsart geschieht nicht auf Klage des Gläubigers durch die Gerichte, sondern durch den Gläubiger, durch die Verwaltungsbehörde selbst in Verwaltungsakten. Sie spricht vor allem die Aenderungen aus, welche an dem Rechtsverhältnisse vorgenommen werden müssen, um es in den Geldzwang hinüber zu leiten. So verfügt der Minister die Auflösung des Lieferungsvertrages gegen den säumigen Lieferanten, wie nach Civilrecht nur das Gericht es könnte, verordnet, behufs Bestimmung des Schadensersatzes, die neue Verdingung auf Gefahr der Säumigen (*marché par défaut ou d'urgence, folle enchère*) oder die Uebernahme der Besorgung durch Staatsbeamte auf seine Kosten (*mise en régie*).[7] Den Schluss bildet dann die Festsetzung der hiernach sich ergebenden Zahlungspflichten durch Zwangsbefehl (*contrainte administrative;*

[6] Ausnahmsweise verbindet das Gesetz Strafandrohungen mit der Nichterfüllung der Arbeits- und Lieferungsverdingungen, nämlich wenn es sich um Bedürfnisse der Landesvertheidigung handelt (*c. pén.* art. 430—433).

[7] Perriquet n. 153 ff.; Block V° *marchés administratifs* n. 31—33; Aucoc II, n. 669—675, 677.

vergl. unten § 59) und die Vollstreckung durch Abzug an der gestellten Sicherheit oder an den rückständigen Zahlungen oder durch Beitreibung aus dem sonstigen Vermögen des Schuldners nach Muster des Civilprozesses.

Das Ganze stellt sich sonach dar als Verwaltungszwang, bestehend in einer nach dem Umfange der Rechte eines Gläubigers in Privatrechtsverhältnissen bemessenen Verfügungsgewalt über das Vermögen des verwaltungsrechtlich Verpflichteten. —

Wenden wir uns nun zu der anderen Seite des Rechtsgeschäftes, zu den Ansprüchen des Unternehmers, so tritt hier der Gegensatz zu dem civilrechtlichen Vertrage ebenso scharf hervor.

Die Vergütung, welche der Unternehmer erhält, hat nicht die Natur eines vertragsmässig bedungenen Arbeitslohnes oder Kaufpreises; sie ist einfach die ausgleichende Entschädigung des Rechtes der öffentlichen Anstalten, im Voraus bestimmt als Bedingung der Unterwerfung des Unternehmers und desshalb zu seinem Nachtheile nicht veränderlich. Aber zu seinem Vortheil durchbricht jene materielle Natur der Entschädigung ohne Weiteres die formelle Fixirung in Fällen, in welchen die civilrechtliche Preisbemessung starr und unveränderlich bleiben würde.

Wenn Mehrarbeiten gemacht sind, wozu der Unternehmer bis zu einem gewissen Masse gezwungen werden kann, so ist das Recht desselben nicht, wie nach Civilrecht, abhängig vom Nachweis eines neuen Vertrages mit neuer Preisvereinbarung (c. c. art. 1793); die Entschädigung wird von der Verwaltung in möglichster Anlehnung an die für die ursprünglichen Arbeiten bedungenen Preise festgesetzt.[8]

Wenn unvorhergesehene Schwierigkeiten die Ausführung der Arbeiten, die Beschaffung der zu liefernden Waaren vertheuern, so wird ein Zusatzpreis gewährt ohne anderen Masstab als den der völlig ausgleichenden Entschädigung.[9]

Wenn durch zufällige Ereignisse von höherer Gewalt

---

[8] Aucoc II, n. 665.

[9] Perriquet n. 148, 149; Aucoc II, n. 653.

(Ueberschwemmungen, Stürme) der Unternehmer in Ausführung der Arbeiten betroffen wird, so verweist ihn auch hier wieder das Verwaltungsrecht nicht einfach auf seinen Preis, sondern erkennt einen Anspruch an auf Ersatz von Seiten des Staats, für dessen Interessen und bei dessen Arbeiten der Schade erlitten wurde.[10]

Alle diese Erweiterungen der Vergütung sind keine Gnadenakte, sondern Rechtsansprüche wie jede ausgleichende Entschädigung des Rechtes der öffentlichen Anstalten; sie werden geltend gemacht in derselben Weise wie der Anspruch auf den bedungenen Preis: durch Antrag bei der Verwaltungsbehörde, auszusprechen, dass die vom Gesetz oder vom Verwaltungsakt gewährte Entschädigung so und so viel betrage und in Vollzug zu setzen sei.

Ein weitergehendes Mittel, zur Zahlung zu gelangen, hat der Unternehmer auch nicht für den bedungenen Preis, insbesondere ist ihm versagt das mit allen civilrechtlichen Verträgen verbundene Zwangsmittel der Vertragsauflösung wegen Zahlungsweigerung der Gegenseite.

Seine ganze Leistung ist für ihn nicht das Stück eines Vertrages, in welchem auch er Rechte hat, zu deren Deckung er sie zurücknehmen könnte, sondern sie ist für ihn **reine auferlegte Last**.

Dieselbe kann ihm jeder Zeit **abgenommen** werden: er hat kein Recht auf Ausführung des ihm übertragenen Geschäftes. Für die Werkverdingung besteht hierfür eine Anlehung an die Grundsätze des art. 1794 c. c. Aber auch für die Lieferungsverträge, wo doch das Civilrecht einen einfachen Rücktritt des Käufers nicht zulässt, ist das Recht des Ministers anerkannt, ohne besonderen Grund und ohne dass etwa eine Klausel des Lastenheftes ihn noch ausdrücklich dazu ermächtigt hätte, die Pflicht des Unternehmers zur Fortsetzung seiner Leistungen und damit den Anspruch auf den Bezug der dafür festgesetzten Entschädigung für erloschen zu erklären.[11] Selbstverständlich zieht auch dieser Verwaltungsakt

[10] **Perriquet** n. 149 *in fine;* **Dufour** VII, n. 193; **Block** V° *marchés administratifs* n. 50; **Aucoc** II, n. 855.

[11] St. R. E. 7. Aug. 1874 (Hotchkiss); **Perriquet**, *contrats de l'état*, n. 154; **Aucoc** II, n. 678; **Dufuor** VII, n. 207. — Nur scheinbar sagt **Perriquet**, *travaux publics* n. 224 das Gegentheil; die *obligation de l'ad-*

Ersatz des Schadens nach sich, der durch die unvorhergesehene Endigung der Thätigkeit des Unternehmers demselben erwachsen mag. Die frühere Rechtsprechung beschränkt diesen Ersatz auf den Werth des bereits Geleisteten und der für die weitere Ausführung getroffenen Vorbereitungen. Neuerdings berücksichtigt der Staatsrath jedoch auch den entgangenen Gewinn und lässt so den Umstand, dass die Entschädigungssumme bereits im Voraus bereits bestimmt war, nochmals von Einfluss werden.[12]

Der Unternehmer hat gegenüber der ihm auferlegten Last keinen anderen Anspruch als den auf Befreiung davon: dann nämlich, wenn sie durch das Maass übersteigende Erweiterungen oder durch Hindernisse, welche die Verwaltung selbst entgegenstellt, eine andere geworden ist, als die er übernommen hatte. Die Befreiung geschieht wieder durch einen Verwaltungsakt in Auslegung der Zuschlagsbedingungen.[13] —

Alle Verwaltungsakte, welche im Verlauf der Ausführung der Verdingung erfolgen, zerfallen in zwei Klassen. Sie sind entweder freie Willensentschliessungen, mit welchen die Behörden in Ausübung der ihr überlassenen Verfügungsgewalt einfach erklärt, was sie will; dazu gehören vor allen die gänzlichen oder theilweisen Entziehungen des Geschäftes. Oder sie sind Erklärungen dessen, was der Verdingungsakt und das Gesetz für den einzelnen Fall verfügt haben, gebundene Verwaltungsakte; dazu rechnen die Auflösungen wegen Nichterfüllung, Nothanschaffungen, Einsetzungen von Stellvertretern, Festsetzungen der beizutreibenden Ersatzzahlungen einerseits und die Festsetzungen der dem Unternehmer gebührenden Entschädigungen, sowie die Beschlüsse über Befreiungsgesuche andererseits.

Die letzteren Akte unterliegen allgemeinen Grundsätzen gemäss der ordentlichen Verwaltungsrechtspflege.[14] Also: wenn

---

ministration de faire exécuter les travaux bedeutet thatsächlich auch bei ihm nur, dass eine Entschädigung gewährt wird.

[12] Perriquet, *contrats de l'état* n. 255.

[13] Aucoc II, n. 680, 681.

[14] Gegen den Akt, welcher die Einsetzung eines Stellvertreters (*mise en régie*) anordnet, ist der Verwaltungsrechtsweg nur insoweit zulässig, als Entschädigung begehrt wird. Die Verfügung selbst bleibt unanfechtbar. Das hat seinen Grund darin: selbst wenn nachgewiesen wird, dass die Pflicht-

die Verfügung des Ministers ergangen ist ohne Gehör des Betroffenen, ist zunächst Einspruch zu machen. Gegen jede Verfügung, die nach Gehör oder auf Antrag ergangen ist, ist der Rekurs zum Staatsrathe zu erheben binnen der Nothfrist von drei Monaten; sonst wird die Verfügung rechtskräftig, denn sie ist dann ein Urtheil.

Für die Rechtspflege über die Verdingung öffentlicher Arbeiten besteht aber die Ausnahmezuständigkeit des Präfekturraths. Die Folge ist, dass die gebundenen Verwaltungsakte, welche der Minister in diesen Sachen erlässt, niemals Urtheile sein, nicht rechtskräftig werden und nicht mit dem ordentlichen Rekurs angefochten werden sollen (vgl. oben S. 136). Der Unternehmer kann auch nach Ablauf der Drei-Monatsfrist die Sache noch an den Präfekturrath bringen. Verwaltungsakte sind aber die Entscheidung des Ministers immerhin, wenn ihnen auch die Uebertragung der Rechtspflege an den Präfekturrath die Urtheilsnatur nimmt; sie üben als solche staatliche Gewalt, sind unmittelbar wirksam und vollstreckbar und haben überhaupt alle gewöhnlichen Eigenschaften mit Ausnahme nur der die Urtheile auszeichnenden Rechtskraft.[15] —

Wenn die Verdingung ausnahmsweise unter der Hand (*de gré à gré*) erfolgt, so pflegt doch die Form des Lastenheftes beibehalten zu werden; die rechtliche Natur des Aktes ist die nämliche wie bei der öffentlichen Verdingung. Anschaffungen von ganz geringem Betrage (unter 1000 Frcs.) und zu sofortiger Lieferung werden auch ganz ohne Formen auf einfache Faktura hin vorgenommen; ebenso formlos kann die Dienstmiethe von Arbeitern geschehen, wenn der Staat die Ausführung öffentlicher Arbeiten selbst durch seine Beamten (in Regie) besorgt. Das Rechtsverhältniss zu den Verkäufern dort, zu den Arbeitern hier wird dann

---

versäumniss, welche die Voraussetzung der Auflösung des Geschäftes mit Stellvertretungsanordnung bildet, nicht vorliegt, bleibt der Akt immer noch als einfache Entziehung des Geschäftes bestehen, welche ja an sich frei ist, nur mit Entschädigungsfolge. Aucoc II, n. 702.

[15] Aucoc II, n. 701 ff.; Perriquet n. 159 ff.; Block V° *marchés administratifs* n. 64—70.

immer noch nach dem Muster des grossen Rechtsinstitutes behandelt, welches dahinter steht.[16]

Die Gränze des verwaltungsrechtlichen Gebietes ist erst da, wo die Lieferungen und Arbeiten nicht mehr einer öffentlichen Anstalt, sondern einem privatwirthschaftlichen Eigenthum oder Betriebe des Staates dienen sollen.[17] [18]

§ 46. Fortsetzung: Verleihung öffentlicher Anstalten.

Manche öffentliche Anstalten sind bestimmt, den Einzelnen Vortheile zu gewähren, wofür dann denen, die sie benützen, nach dem Gesetze der Ausgleichung eine entsprechende Geldleistung zu Gunsten des Staates auferlegt werden kann. Die dahin gehörigen Rechtsinstitute sind später zu betrachten. Hier werden sie insofern schon von Bedeutung, als sie dazu dienen, eine eigne Form der Herstellung solcher öffentlicher Anstalten zu begründen: derjenige, welcher die nötigen Arbeiten und Sachen dazu leistet, erhält als Entschädigung, statt einer Geldleistung aus der Staatskasse, den Bezug jener Erträgnisse der Anstalt überwiesen. Man nennt das *concession de travaux publics*. Die staat-

---

[16] Dareste S. 321; Block V° *marchés administratifs* n. 10; Dufour VII, n. 169.

[17] Perriquet n. 230: *En dehors des cas où il y a travail public, le louage d'ouvrage, étant un contrat, est régi par le droit civil et la compétence judiciaire.* Serrigny II, n. 679.

[18] Wenn man annimmt, dass das Els. Lothr. A. G. z. G. V. G. art. 8 die Wirkung gehabt hat, die öffentlichrechtlichen Verdingungen, als wären sie privatrechtliche Verträge, der Zuständigkeit der Gerichte zu überweisen (vgl. oben § 18 Anm. 4), so würde die nächste Folge sein, dass bei allen Arten derselben der Akt der Verwaltungsbehörde die Stellung einnähme, die er nach dem Obigen nur bei der Verdingung öffentlicher Arbeiten hat. Das scheint auch von dem A. G. beabsichtigt, nur will es zugleich diesen Akt den Formen der Civilprozessordnung anpassen und stellt ihn in art. 9 unter dem Gesichtspunkt der vorläufigen Anordnung entsprechend der C. P. O. art. 814 ff. Damit würde immerhin eine Aenderung der vorgefundenen Rechtsordnung bewirkt sein, insofern jetzt der Minister gebunden wäre an die Voraussetzung der Gefahr auf Verzug. Andererseits aber wäre diese Massregel in der Hand des Ministers doch auch keine rechte vorläufige Verfügung, sondern behielte die Natur der Parteimassregel, für welche der handelnde Staat im weitergehenden Prozesse verantwortlich gemacht werden könnte.

lichen Rechte, welche hier an Einzelne zu ihrem Vortheil überlassen sind, sind nicht eigentlich die *travaux publics*, sondern das nutzbare Ergebniss derselben, die öffentliche Anstalt selbst.[1]

Die Regeln des öffentlichrechtlichen Werkverdingungsvertrages bilden den Kern des Rechtsinstituts; die nähere Beziehung des Unternehmers zu der öffentlichen Anstalt gibt die Abweichungen.

Die Verleihung erfolgt durch einen Verwaltungsakt, in manchen Fällen auch durch Sondergesetz, das dann wie ein Verwaltungsakt behandelt wird, namentlich was die Unzuständigkeit der Gerichte zur Auslegung anlangt: der Staatsrath vertritt darin das Gesetz, wie er das Staatsoberhaupt vertritt.[2] Regelmässig geht kein öffentliches Verfahren voraus, sondern die Verleihung geschieht unter der Hand.

Die Wirkungen der Verleihung entwickeln sich wieder nach zwei Punkten:

1. Der Beliehene (*concessionnaire*) ist verpflichtet, die Arbeiten auszuführen und alles zur Herstellung des Werkes Nötige auf seine Kosten zu beschaffen. Dazu gehört hier auch der Grund und Boden. In demselben Sinne wie für den gewöhnlichen Unternehmer die Rechtsinstitute der Entnahme von Materialien, der zeitweiligen Besitzergreifung u. s. w. zur Anwendung kommen, findet zu seinen Gunsten auch die Enteignung statt und das exekutorisch erklärte Verdikt der Jury ist gegen ihn mit den gewöhnlichen civilprozessualen Mitteln vollstreckbar. Nach Herstellung der Anstalt hat er dieselbe in Stand zu halten, die zum Betriebe nothwendigen Materialien, Werkzeuge und Arbeitskräfte zu stellen und den ganzen Betrieb zu leiten, — alles nach Massgabe der Vorschriften des Lastenhaftes.

Die Erfüllung dieser Verbindlichkeiten wird erzwungen mit ähnlichen Mitteln, wie sie bei einem civilrechtlichen Vertrage gewährt sein würden. Versäumt der Pflichtige, Arbeiten vorzunehmen, welche zu den übernommenen Lasten gehören, so können

[1] Perriquet, *travaux publics* n. 608: *la concession de travaux publics est un contrat par lequel le concessionaire s'engage à construire un ouvrage d'utilité publique et à l'entretenir à ses risques et périls, moyennant l'abandon de certains droits ordinairement ceux de péage et de transport.*

[2] Aucoc III, n. 1349: *lois d'affaires.*

dieselben durch Andere auf seine Kosten besorgt werden. Schlimmsten Falles erfolgt die Auflösung des Vertrages wegen Nichterfüllung der Verbindlichkeiten in Gestalt der Verlustigerklärung (*déchéance*); der Unternehmer verliert dadurch schlechthin seinen Anspruch auf Ausnützung der Anstalt, welche frei in die Hände des Staates fällt. Das geschieht in ganzer Schärfe, wenn nach hergestellter Anstalt wesentliche Vorschriften des Lastenheftes bezüglich des Betriebes nicht befolgt werden. Wird die Verlustigung ausgesprochen, während die Anstalt erst in der Herstellung begriffen ist, also namentlich wegen nicht rechtzeitiger Beendigung der Arbeiten, so ist das Hauptinteresse des Staates die Fertigstellung des Werkes; das Vorhandene wird in öffentlicher Versteigerung einem neuen Unternehmer übergeben und der erste erhält dann den Erlös. Die nötigen Anordnungen geschehen durch Verwaltungsakte, die im ordentlichen Verwaltungsrechtswege anzufechten sind;[3] zuständig ist der Präfekturrath nach Pluviosegesetz art. 4.

2. Die Rechte des Unternehmers bestehen in Bezug der für Benützung der Anstalt zu entrichtenden Vergütungen in den Formen, welche für diese auch ausserhalb der Verleihung gelten. Daneben werden als Ergänzung der Entschädigung noch feste Zuschüsse oder Zinsgarantien von Staatswegen gewährt. Als Nebenrecht hat der Unternehmer die thatsächliche Innehabung der Anstalt, in so fern eben diese notwendig ist, um seine Bezugsrechte auszuüben.

Dieses Verhältniss des Unternehmers zu der Anstalt, wie es durch den Verleihungsakt begründet wurde, kann nicht ohne Weiteres wieder aufgehoben werden; es bedarf eines besonderen Grundes, um es wieder zu beseitigen. Daher spricht man hier wieder von einem Rechte des Unternehmers an der Anstalt.[4]

---

[3] Aucoc II, n. 711—715.

[4] Perriquet, n. 627: *Son droit ... n'est pas, sans doute, un droit de propriété. La stabilité n'en est pas moins un caractère essentiel de ce droit.* — Aucoc III, n. 1443 ff. behandelt eine Reihe der hier sich anschliessenden Eigenthumsfragen. Wie verhält es sich, wenn von der Strasse oder Eisenbahn ein Stück aufgegeben und dadurch Privateigenthum wird? Die Domänenverwaltung hatte den durch den Verkauf erzielten Preis für den Staat beansprucht. Die herrschende Meinung dagegen betrachtet den Genuss dieses Preises als eine Nebennutzung der Anstalt, welche dem Unternehmer

Nur ist das recht zu verstehen. Der Grund und Boden der Anstalt gehört ihm nicht eigenthümlich; der ist in allen Fällen, die hier in Betracht kommen, durch die Widmung für die Anstalt öffentliches Eigenthum geworden. Er hat auch kein dingliches Recht daran, wie etwa eine *superficies* oder ein dingliches Genussrecht (Personalservitut). Sein Recht wird zu den Mobiliarrechten gezählt. In Wirklichkeit ist es nur das Widerspiel jener verhältnissmässigen Unabänderlichkeit der Verleihung, ein verwaltungsrechtlicher Besitzstand, wie wir das nannten.

Von den Gründen, welche zur Zurücknahme der Verleihung berechtigen, ist der erste, die Verlustigung wegen Nichterfüllung der Pflichten, bereits erwähnt. — Der andere Grund ist der Ablauf der Frist, für welche die Verleihung geschah; in den letzten 50 Jahren sind keine anderen als befristete Verleihungen mehr gemacht worden. Ueber eine etwaige Entschädigung des Unternehmers für die so in die freie Verfügung des Staates fallende Anstalt bestimmt das Lastenheft, selbstverständlich ist sie nicht. — Die Beseitigung des Rechtes des Unternehmers kann aber auch im Interesse einer öffentlichen Anstalt, einer anderen oder gerade der von ihm betriebenen, notwendig sein. Die entsprechende Form staatlicher Machtäusserung wäre dann die Enteignung. Diese ist aber nur gegenüber Liegenschaften anwendbar; bewegliches Eigenthum, wozu das Recht des Unternehmers zählt, ist nur in Form der Requisition zu fassen, die aber ja auf wenige Ausnahmsfälle beschränkt ist (vgl. oben § 43). Nach dem früheren Rechtszustande war hier nur zu helfen durch Zurückgehen auf die einzige Gewalt, die immer eingreifen kann: eine Reihe von Sondergesetzen hat die Einziehung verliehener Zollbrücken, Kanäle u. s. w. verfügt und dabei aus Billigkeitsrücksichten Geldentschädigungen gewährt.[5]

gebührt. — Wessen ist das Eigenthum, das für die Strasse oder Eisenbahn erworben ist, aber nicht dafür zur Verwendung kommt? Zweifellos des Unternehmers: erst die Herstellung der Anstalt enthält die Eigenthumsübertragung an den Staat. — Nach denselben Grundsätzen ist zu entscheiden, wenn es sich fragt, wem das Grundstück in der Zwischenzeit gehöre von dem Erwerb bis zur Herstellung der Anstalt.

[5] Aucoc III, 1006; Perriquet II, n. 629. Ein neues Gesetz v. 31. Juli 1880 gestattet derartigen Rückkauf von Brücken durch Dekret im Staatsrath.

Sonstige Schädigungen und Störungen des beliehenen Unternehmens durch die Einwirkung anderer öffentlicher Arbeiten berechtigen zu einem Entschädigungsanspruch, wie jede Vermögensinteresseverletzung. Nur kommen ja hiebei greifbare äusserliche Schädigungen und Störungen allein in Betracht (vgl. unten § 52). Entziehungen der Kundschaft durch Errichtung konkurrirender Anstalten, durch Aenderung der Verkehrslinien geben also an sich keinen Entschädigungsanspruch. Anders wenn im Lastenheft dessfallsige Zusagen gemacht sind. So geschieht es zuweilen, dass bei Errichtung von Zollbrücken die Verwaltung im Lastenheft sich verpflichtet, auf gewisse Entfernung keine zweite Brücke herstellen oder eine neue öffentliche Strasse darauf einmünden zu lassen. Das bedeutet niemals eine bindende Pflicht für die Verwaltung, deren Erfüllung der Berechtigte verlangen und erzwingen könnte. Aber die Verwaltung zerstört durch ihre Zuwiderhandlung einen Faktor der zugesicherten Entschädigung des Unternehmers und dieser kann verlangen, dass ihm dieselbe wieder zur ursprünglichen Höhe durch eine ausgleichende Geldsumme ergänzt werde. Der Präfekturrath hat darüber zu erkennen.[6] —

Unser Rechtsinstitut findet Anwendung bei Herstellung von Zollbrücken (*ponts à péage*) und Schifffahrtskanälen; früher war es auch für Strassenanlagen vielfach in Gebrauch. Sein Hauptanwendungsfeld ist der Bau und Betrieb von Eisenbahnen und Tramways.[7] Gemeinsam ist all diesen Fällen, dass die öffentliche Anstalt dabei in Gestalt von öffentlichem Eigenthum erscheint.

Für andere Arten von öffentlichen Anstalten pflegt nicht die Herstellung, sondern nur der Betrieb der fertigen Anstalt an einen Unternehmer verdungen zu werden gegen Ueberlassung der Erträgnisse; der Unternehmer hat dann meist seiner Seits eine Abgabe zu entrichten. Das ganze Rechtsverhältniss nimmt die äussere

---

[6] Aucoc III, n. 1002, 1003; Perriquet II, n. 810, 811; St. R. E. 27. April 1850 (Dormans); 12. Nov. 1880 (Lauthier).

[7] Aucoc III, n. 1205 ff.; Perriquet II, 634 ff.; Dufour III, n. 176 ff. Dazu Lamé-Fleury, *code annoté des chemins de fer en exploitation.*

Erscheinung einer Verpachtung der Anstalt an; die rechtliche Natur ist aber die gleiche wie bei der eigentlicheu Verleihung.[8]

Hieher rechnet die Verleihung staatlicher Fähren; ferner die Ueberlassung des Betriebes staatlicher Heilquellen.[9] In beiden Fällen ist der Präfekturrath zuständig zur Entscheidung über entstehende Schwierigkeiten zwischen der Verwaltung und dem Unternehmer.

Ein besonderer Fall ist noch die Ueberlassung einer Station von Zuchthengsten: der Unternehmer wird Eigenthümer der Thiere, darf sie aber ohne Erlaubniss nicht weiter verkaufen, muss sie für den Zweck der Station zu öffentlicher Verfügung halten und bezieht dafür die tarifmässigen Gebühren. Er ist Unternehmer einer öffentlichen Anstalt in Kraft einer *concession* und die Verwaltungsrechtspflege — hier in erster Instanz der Minister statt des Präfekturrathes, weil keine öffentlichen Arbeiten in Frage sind — entscheidet über seine Lasten und Rechte gegenüber der Verwaltung.[10]

Dagegen gehört unter die einfachen Verdingungsverträge des öffentlichen Rechtes die Vergebung der Düngerabfuhr aus den Ställen der Reiterei; auch diess wird als *concession* bezeichnet, gemäss dem weiten Begriff dieses Wortes, weil die Verwaltung hier in öffentlichrechtlichem Vertrage etwas überlässt, was ihr

---

[8] Aucoc III, 1026.

[9] Serrigny III, n. 1081: *il s'agit d'assurer un service public qui intéresse la santé d'une collection d'individus.* Ob die Heilquellen wirklich als öffentliche Anstalten zu betrachten sind, kann allerdings zweifelhaft sein. Perriquet, *contrats de l'Etat* n. 209, 210 verneint es und sieht in der Behandlung der Verpachtung der Heilquellen als öffentlichrechtlichen Vertrages ein Ueberbleibsel der früher herrschenden Ansicht, dass alle Verfügungen über Staatsgrundstücke verwaltungsrechtlicher Natur seien, auch Verpachtungen.

[10] St. R. E. 25. Jan. 1878 (du Châtel): *le sieur du Châtel se trouvait chargé d'assurer aux lieu et place de l'Etat le service de la station d'étalons de Valoques.* Die Note im Journal du Palais 1878 S. 217 bemerkt dazu: *le contrat intervenu avait le caractère d'une vente .... mais il se rattachait intimement à l'organisation et au fonctionnement d'un service public et il constituait par suite un marché administratif:* der Staat hatte hoheitlich gehandelt in dem oben (§ 44) festgestellten Sinne.

gehört; aber der Unternehmer hat hierbei nicht den Besitz und Betrieb einer öffentlichen Anstalt.[11]

Auch die öffentlichen Gasbeleuchtungsunternehmungen gehören nicht hieher; wegen ihrer ziemlich verwickelten verwaltungsrechtlichen Natur vgl. unten § 51 Anm. 18.

§ 47. Fortsetzung: Beamtung.

Oeffentliche Beamte *(fonctionnaires publics)* sind diejenigen Personen, welchen die öffentlichrechtliche Pflicht auferlegt ist, in ständiger Weise einen gewissen Kreis von Geschäften des Staates Namens des Staates zu besorgen. In engerem Sinne beschränkt sich der Begriff auf solche Beamte, welche dabei Willensäusserungen hoheitlicher Natur mit selbständiger Entscheidung zu machen haben, die also behördliche Thätigkeit üben.[1] Ihr Verhältniss zum Staate wirkt nach aussen als Auftrag und war in dieser Richtung Gegenstand der Darstellung der Behördenordnung. Nach innen zeigt es die Züge des gleichen Rechtsgeschäftes, bei den Ehrenämtern, welche die Selbstverwaltung stellt, weniger scharf hervortretend, als beim eigentlichen Berufsbeamtenthum, von welchem denn auch allein hier die Rede sein soll.

Das Rechtsverhältniss des Berufsbeamten zum Staate beruht auf einem öffentlichrechtlichen Vertrage, welcher sich anlehnt an den civilrechtlichen Vertrag des Auftrages mit Honorarbeding.[2]

Dieser sogenannte Vertrag besteht wieder in einem lastauflegendem und entschädigungfixirenden Verwaltungsakt, welchem der Einzelne sich unterwirft. Die Lasten bestimmt der stehende

---

[11] St. R. E. 21. Mai 1840 (Gauffier); Perriquet, *contrats de l'état* n. 68.

[1] Block V° *fonctionnaires* n. 1. — Keine Beamten sind solche Personen, deren Pflicht privatrechtlich begründet ist (privatrechtlicher Dienstvertrag oder Auftrag), noch solche, die mit öffentlichrechtlicher Pflicht einzelne Akte vorübergehend besorgen (Steuervertheilungsausschuss).

[2] Dareste S. 372: *Le contrat qui se forme entre l'Etat et le fonctionnaire est un mandat salarié, mais un mandat sui generis. Le caractère politique y prédomine.* Perriquet, *contrats de l'état* n. 473.

Auftrag des Amtes, wie es die Aemterordnung ausgebildet hat (vgl. oben § 5), gleich dem Lastenheft des Verdingungsvertrages; die *soumission* erscheint in Gestalt der Bewerbung um das Amt; die Ernennung ist hier, was dort der Zuschlag.

Wir haben seiner Zeit gesehen, wie das Gesetz Antheil nimmt an der Ernennung durch Bestimmung von Formen und Anstellungsbedingungen; die Nichtbeobachtung dieser Vorschriften verletzt das Gesetz, aber keine Einzelinteressen, der Ernennungsakt ist für Dritte unanfechtbar.[3]

In manchen Fällen aber besteht die Vorschrift, dass unter den vorhandenen Bewerbern die Ernennung erfolgen soll nach Massgabe eines gewissen Ranges, der sich bestimmt durch den Erfolg der Prüfungen oder durch das Dienstalter. Damit ist den im Einzelfall so Bezeichneten kein Recht auf Ernennung gegeben, sie können nicht erzwingen, dass überhaupt eine erfolge. Aber wenn eine Ernennung erfolgt unter Nichtbeachtung ihres Ranges, so können sie dieselbe wegen Machtüberschreitung anfechten. So beim Konkurse zum Auditoriate des Staatsrathes,[4] so vor allem bei der Besetzung von Offiziersstellen, welche in den unteren Stufen zu zwei Dritteln der Fälle nach der Reihenfolge des Dienstalters geschehen soll.[5]

Das Rechtsverhältniss, welches durch die Ernennung begründet wird, entlehnt von dem dahinter stehenden civilrechtlichen Auftrage die Eigenschaft der unbedingten Widerruflichkeit.[6] Man sagt daher: der Beamte hat kein Recht auf das Amt; richtiger ist: die Ernennung begründet keinen verwaltungsrechtlich geschützten Besitzstand. Hie und da ist die Ausübung des Rechtes des Widerrufs im Interesse der Beamten an gewisse Formen gebunden, welche eine Darlegung der Beweggründe und eine Prüfung des Thatbestandes sichern, namentlich durch Zu-

---

[3] In diesem Sinne sagt Perriquet, *contrats de l'état* n. 487: *la nomination d'un fonctionnaire est considérée comme un acte de pure administration.* Vgl. auch den oben § 22 Anm. 20 angeführten Fall Rossi.

[4] St. R. E. 21. März 1873 (Trubert).

[5] Gesetz 14. April 1832; Perriquet n. 532 ff.

[6] Berriat Saint-Prix S. 619: *La révocabilité est de la nature du mandat. Toute fonction est donc révocable en principe.*

ziehung begutachtender Kollegien; diess ist der Fall bei Mitgliedern des Staatsraths, Ingenieuren im Berg- und Bauwesen, Lehrern an höheren Unterrichtsanstalten.[7] Sachlich wird dadurch nichts geändert.

Andererseits hat auch der Beauftragte das Recht, jeder Zeit von dem Geschäfte zurückzutreten, hier also von der auferlegten Pflicht sich zu befreien. Der civilrechtliche Vertrag schreibt vor, dass diess nicht zur Unzeit, zum Schaden des Auftragsgebers geschehe. Der öffentlichrechtliche verstärkt das dahin, dass der Austritt des Beamten erst wirksam wird, wenn er von der Regierung angenommen ist; bis dahin bleibt er gebunden. Der Zweck ist der Gleiche: der Auftraggeber soll vor Schaden geschützt werden, insbesondere für den Ersatz des Austretenden sorgen können. Eine über diesen Zweck hinausgehende Verweigerung der Annahme des Entlassungsgesuches würde wegen Machtüberschreitung anfechtbar sein.[8]

Die Plichten des Beamten bestehen vor Allem in getreulicher Ausführung der durch das Amt bestimmten Thätigkeiten; dazu aber hat er in seiner gesammten Lebenshaltung auch ausserhalb des Amtes das Ansehen des Staates zu wahren, den er vertritt. Letzteres wird als moralische Verpflichtung bezeichnet, ist aber ebenso bindend und ebenso erzwingbar wie das andere.[9]

Die Mittel, die dem Staate zu Gebote stehen, um die Erfüllung dieser Pflichten zu erzwingen, entsprechen ganz den Rechten eines civilrechtlichen Mandanten, nur dass sie selbständig und in hoheitlicher Form geltend gemacht werden.

Der Staat hat die Geldansprüche des Mandanten und daraus entsteht die Haftung (*responsabilité*) des Beamten. Dieselbe geht auf Ersatz des Schadens, welcher dem Auftraggeber bei Aus-

---

[7] Dekret 13. Okt. 1851 art. 25; 24. Dez. 1851 art. 24; Ges. 15. März 1850 art. 13 u. 76. Perriquet n. 491, 495, 497, 513. Block V° *fonctionnaires*, n. 83.

[8] Dareste S. 373 373; Block V° *fonctionnaires* n. 105; Dalloz V° *fonctionnaire public* n. 112.

[9] Vivien, *études administratives*, welcher diese *obligations morales* am ausführlichsten behandelt, stellt insbesondere eingehende Regeln auf für das Verhalten der Beamten in Wahlkämpfen (S. 150—152).

führung des Auftrags zugefügt wurde — man denke etwa an eine Schadensersatzpflicht, welche dem Staate aufgeladen wurde dritten gegenüber,[10] — und auf Ablieferung der Gelder, welche für den Staat vereinnahmt wurden, die Haftungsart der Kassebeamten (*comptables*). In beiden Fällen wird die Forderung des Staates aus dem öffentlichrechtlichen Vertrag durch gebundenen Verwaltungsakt des Ministers festgestellt.[11]

Die übrigen Ansprüche des Staates, die eigentlichen Amtspflichten umfassend, sind Gegenstand der Amtsdisciplin (*discipline*). Für einzelne Fälle sind dem Staate hierfür besondere Zwangsmittel gegeben. Regelmässig aber erhält er seine Waffen einfach durch die Geltendmachung seiner vertragsmässigen Rechte.

Hiernach ist das äusserste und schärfste Zwangsmittel die Auflösung des Vertrags wegen nichterfüllter Verpflichtungen; dieselbe ist auch hier wieder ein Verwaltungsakt, ein einseitiger Machtspruch der Behörde. Eigentlich müsste sie der Verwaltungsrechtspflege unterliegen. Allein sie fällt thatsächlich zusammen mit dem ohnediess bestehenden Rechte des freien Widerrufs; hinter diesem erscheint sie nur als ein besonderer Beweggrund, der ihm eine besondere Schärfe verleiht. Der Widerruf (*révocation*) wegen Pflichtverletzung erhält den Namen Absetzung (*destitution*.)

Aus diesem Mehr ergibt sich als zweites Zwangsmittel das Weniger: die zeitweilige Amtsentziehung (*suspension*), verknüpft mit verhältnissmässiger Entziehung des Gehaltes, — unanfechtbar im Verwaltungsrechtswege wie das vorige.

Weitere Zwangs- und Strafmittel findet der Staat in der Versagung solcher Vortheile, welche der Beamte erwerben konnte, ohne dass ein Recht darauf bestand (Beförderung, Gratifikationen), sowie in dem Befehls- und Unterordnungsverhältniss der Aemter

---

[10] So in Folge der Haftung des Staates für die Zollbeamten nach Ges. 6. Aug. 1791; das Gesetz sagt ausdrücklich *sauf son recours contre eux*, was gar nicht nötig gewesen wäre. Doch geht die Praxis dahin, dass diese Art Haftung nur geltend gemacht wird *autant que cette faute aurait une gravité exceptionnelle* (Journ. du Pal., jurisprud. adm. 1874 S. 351, Note).

[11] Dufour II, n. 145. — Für die Kassebeamten jetzt Defektenbeschluss nach R. B. G. § 134 ff.

(Tadel und Verwarnungen von Seiten der Vorgesetzten). Rechtspflege ist hier von selbst ausgeschlossen.

Die Rechte des Beamten gegenüber dem Staate bestehen einzig in Entschädigungsansprüchen d. h. in Geldleistungen, welche der Staat ihm gewährt zur Ausgleichung der übernommenen Last. Der Natur des öffentlichrechtlichen Vertrages entsprechend ist auch hier die Entschädigung im Voraus festgesetzt, nur geschieht diess nicht für jeden Einzelfall besonders und nach der Forderung des Bewerbers, sondern für jedes Amt pflegt ein fester Satz zu bestehen, der bei der Ernennung noch ausdrücklich bestätigt wird. Die Entschädigung zerfällt demnach in zwei Theile.

Der wichtigste Theil ist der Gehalt (*traitement*) d. h. die regelmässige Zahlung, welche der Beamte während der Dauer seines Dienstverhältnisses als Entschädigung für die allgemeine Amtsleistung vom Staate bezieht. Daneben laufen noch besondere Vergütungen für ausserordentliche Belastungen (Repräsentationskosten, Reisegelder); diese heissen Entschädigungen (*indemnités*) schlechthin; auch die Dienstwohnung zählt dazu.[12]

Nach beendigtem Amte wird eine zweite Hauptart der Entschädigung gewährt unter dem Titel Ruhegehalt (*pension de retraite*), bestehend in einem verschieden bemessenen Theile des Dienstgehaltes.[13] Voraussetzung ist ein gewisses Dienst- und Lebensalter oder Arbeitsunfähigkeit in Folge eines im Dienste eingetretenen schweren Unglücksfalles. Diese Umstände führen nicht von selbst die Endigung des Dienstverhältnisses herbei; die Versetzung in Ruhestand ist auch keine eigene Art der Endigung; es muss auch in diesen Fällen Entlassung auf Antrag (Rücktritt) oder von Amtswegen (Widerruf) stattfinden. Nur hat die Entlassung unter solchen Umständen die besondere Wirkung, das Recht auf Ruhegehalt zu begründen, und wird desshalb bezeichnet als *ad-*

---

[12] Dalloz V° *fonctionnaire public* n. 107.

[13] Für die meisten Beamten ist der Ruhegehalt bestimmt durch Ges. 9. Juni 1853; nur die sogenannten politischen Beamten unterliegen noch der früheren weniger günstigen Gesetzgebung. Die Natur des Ruhegehaltes als einer nachträglichen Ergänzung der unzulänglichen Entschädigung, welche der eigentliche Gehalt gewährt, ist in den Motiven jenes Gesetzes hervorgehoben; Perriquet n. 550.

mission à la retraite. Verweigert werden kann sie wieder nur wegen augenblicklicher Unentbehrlichkeit des Beamten.[14] An das Recht des Beamten auf Ruhegehalt schliesst sich das Recht seiner Wittwe und Waisen auf ähnliche Bezüge im Falle seines Ablebens. Die Feststellung des Ruhegehaltes erfolgt durch Dekret; sind die Voraussetzungen des Anspruches nicht gegeben, so verfügt der Minister die Zurückweisung des Gesuches. Gegen das Dekret ist wegen unrichtiger Berechnung Einspruch zum Staatsrath, gegen die zurückweisende Verfügung des Ministers Berufung zum Staatsrath zulässig; beides sind erklärende Verwaltungsakte in Anwendung des Gesetzes.[15]

Auch die Entscheidung über die Gewährung einzelner Gehaltsraten für den geleisteten Dienst, und einzelner Ruhegehaltsraten nach festgestelltem Ruhegehalt hat die Natur des erklärenden Verwaltungsaktes gegenüber dem durch die Ernennung begründeten öffentlichrechtlichen Vertrage beziehungsweise dem Dekrete der Ruhegehaltsfestsetzung. Im Falle der Zahlungsverweigerung von Seiten des Staatskassenbeamten wendet sich der Bezugsberechtigte an den Minister, als den ordentlichen Verwaltungsrichter, und nötigenfalls von da in der ordentlichen Verwaltungsrechtspflege an den Staatsrath. —

Die Gestalt des öffentlichrechtlichen Vertrages der Beamtung ist zu Gunsten gewisser Aemter wesentlich verändert durch die Annahme der Unabsetzbarkeit (*inamovibilité*)[16]. Das gilt vor

[14] Perriquet n. 598. Wenn vor ertheilter Entlassung behufs Geltendmachung des Rechtes auf Ruhegehalt, die Absetzung ausgesprochen wird, so geht das Recht verloren. Theoretisch wäre hier ein boshaftes Verfahren des Ministers denkbar; allein der Betroffene könnte mit der Behauptung, die Absetzung sei bloss Schein, in Wirklichkeit sei es die einfache willkürlich freistehende Entlassung, die Zutheilung des Ruhegehaltes verlangen und in der hiefür offenstehenden Verwaltungsrechtspflege darüber erkennen lassen.

[15] Perriquet n. 605; Serrigny III, n. 1302.

[16] Die ältere Zeit hatte die Unabhängigkeit der Richter in der Form der Käuflichkeit der Stellen und der Anerkennung eines Privatrechtes daran gesichert. Die Revolution hatte damit aufgeräumt, die Richter auch zunächst absetzbar gemacht. Die erste Formulirung des gegenwärtig bestehenden Rechtes in Verf. 22 frim. VIII lautet einfach: der erste Konsul *nomme tous les juges sans pouvoir les révoquer* (art. 41). Die Schriftsteller machen daraus ein wahres Recht der Richter auf ihre Stelle, ein *droit acquis*, eine *propriété* (Serrigny I, n. 29 Ziff. 6 u. 7; Perriquet n. 513).

allem von den Mitgliedern der Kollegialgerichte für Civil- und Strafrechtspflege. Der öffentlichrechtliche Vertrag verlässt damit sein civilrechtliches Vorbild und schafft ein unwiderrufliches Mandat. In der Sprache unserer Wissenschaft würden wir eher sagen: die Ernennung zum Amte schafft für den Ernannten einen verwaltungsrechtlichen Besitzstand, insofern in die damit für ihn begründeten Interessen nur eingegriffen werden kann von einer neuen Grundlage aus, die das Gesetz für solchen Eingriff gewährt. Ein eigentliches Recht auf das Amt gibt es nicht, nur wird auch hier der relativ gesicherte Besitzstand häufig mit diesem Namen bezeichnet.

Das Gesetz bestimmt gewisse Thatsachen, welche unmittelbar den Verlust eines solchen Amtes bewirken (strafrichterliche Verurtheilungen z. B.); andere sollen der Regierung das Recht geben das Amt dem Richter zu entziehen mit Ruhegehalt (Altersgränze, körperliche Unfähigkeit).[17] Zugleich aber mussten, da die der Widerruflichkeit des Mandates entlehnten Mittel hier fehlen, eigne Disciplinarmachtmittel gegeben werden; desshalb besteht nur diesen Aemtern gegenüber ein besonders scharf ausgebildetes Disciplinarverfahren. Die Handhabung der Disciplin ist den Richterkollegien selbst übertragen.[18] Darin liegt wiederum eine Verschiebung der Gränzen zwischen Justiz und Verwaltung: die Disciplinarerkenntnisse sind nichts anderes als die Geltendmachung der durch den öffentlichen Vertrag für den Staat über den Richter begründeten Gewalt und demgemäss Verwaltungsakte.

Die Unabsetzbarkeit der Richter ist ausgedehnt auf die Mitglieder des Rechnungshofes; die Disciplin übt der Hof selbst; Absetzungsurtheile bedürfen der Bestätigung des Staatsoberhauptes.[19] Dessgleichen gilt sie für die Offiziere des stehenden Heeres.[20][21]

---

[17] Diese *mise en retraite* (im Gegensatz zu der *admission à la retraite*) ist also ein eigner Endigungsgrund des Amtes; gegen das Dekret, welches sie ausspricht, ist Rekurs zum Staatsrath gegeben; Serrigny I, n. 429.

[18] Dekret 1. März 1852 art. 4 u. 5; Perriquet n. 492.

[19] Ges. 16. Sept. 1807; Dekret 19. März 1852, art. 1—4.

[20] Ges. 19. Mai 1839 art. 1. Die stehende Redensart, mit welcher dieser Vorzug der Offiziere begründet wird, lautet: *parce que leur profession*

§ 48. Fortsetzung: verkäufliche Stellen.

Die Einrichtung der Civilrechtspflege erfordert neben dem eigentlichen Gerichtspersonal verschiedenartige Hülfsthätigkeiten behufs gehöriger Geltendmachung und Durchführung des Rechtes der Parteien. Diese Thätigkeiten haben amtliche Natur, insofern öffentlicher Glaube mit ihren Akten verbunden ist oder obrigkeitlicher Zwang durch sie geübt wird; zugleich geschehen sie aber im Auftrag und im Interesse der Privatparteien. Die dafür angestellten Beamten führen den Namen *officiers ministériels.*[1] Man rechnet dazu: Gerichtsvollzieher, Anwälte, Advokaten am Kassationshof (welche zugleich Anwälte sind), Versteigerungsbeamte (*commissaires priseurs*), Wechselagenten und amtliche Makler, im weiteren Sinne auch die Notare.

Das sind alles den Parteien gegenüber, welche die Aufträge geben, dem Wesen nach keine Beamte sondern Gewerbtreibende;[2]

---

est un devoir du citoyen et que le choix n'en est pas toujours libre; Block V° *fonctionnaire* n. 83; Vivien S. 163.

[21] Das Rechtsverhältniss der Beamten nach R. B. G. 31. März 1873, Els. Lothr. Ges. 23. Dez. 1873, gleicht dem der französischen Richter. Die in gewissen Fällen zulässige einstweilige Versetzung in Ruhestand ist nicht entfernt die französische *révocation.* Die civilgerichtliche Zuständigkeit für die Klage auf Gehalt würde nach französischem Rechte mit der öffentlichrechtlichen Natur des Anspruchs und mit der Aufrechterhaltung des einheitlichen Begriffes des öffentlichrechtlichen Vertrages ganz gut vereinbar sein; das ist für uns ein *déclassement de matières,* wie es sonst auch vorkommt. Wenn man freilich desshalb mit dem Reichsgerichte (Entsch. C. S. XII S. 72) einen privatrechtlichen und einen staatsrechtlichen Theil des Dienstverhältnisses zu unterscheiden hat, dann ist ein gemeinsamer Boden für die beiderseitigen Rechtsinstitute nicht mehr vorhanden.

[1] Der Name wird umschrieben mit *offices qui rendent ministère, qui prêtent leur ministère,* also dienstleistende Beamte. Aber wem dienstleistend? Nach Loyseau, *histoire des offices* V cap. 1 n. 29: der Rechtspflege, womit also das Hülfsbeamtenverhältniss betont wird; nach anderen, wie Carré (L. org. art. 108) und Toullier (VII, n. 265), wäre der Dienst für die Privaten gemeint, also das Auftragsverhältniss das Massgebende. Das gibt entsprechend verschiedene Aufzählungen der dazu gehörigen Beamten.

[2] Ducrocq n. 680: *Ces professions etc.; Dufour I, n. 76: l'institution impériale conférée à ces officiers, ne change pas le caractère de leur profession.*

aber nun kommt der Staat dazu und beauftragt sie seiner Seits, dieses Gewerbe auszuüben, die Aufträge der Einzelnen anzunehmen und zu vollführen. Das so entstehende Amt hat also eine Doppelnatur. Die privatrechtliche Seite bleibt hier ausser Betrachtung; die öffentlichrechtliche ist wesentlich bestimmt nach den Regeln des öffentlichrechtlichen Vertrages der Beamtung.

Das Rechtsverhältniss wird begründet durch die Ernennung. Die Ernennung legt dem Beamten die Last auf, das Amt zu besorgen, d. h. die Aufträge der Parteien getreulich und im Geiste des Amtes zu erfüllen, auch in seiner ganzen Lebenshaltung der Würde des staatlichen Amtes zu entsprechen, verpflichtet denselben insbesondere zur Hinterlegung einer Kaution bei der Staatskasse, welche zur Sicherung der aus dem Gewerbebetrieb entstehenden Ansprüche dient. Eine Entschädigung wird dagegen hier nicht gewährt; die amtlich aufgetragene Thätigkeit verleiht die Fähigkeit, die zu jenem Gewerbetrieb notwendigen Handlungen vorzunehmen, und sichert so indirekt genügende Vortheile, um freiwillige Unterwerfungen unter jene Lasten herbeizuführen.

Dagegen ist auch hier der staatliche Auftrag nicht frei widerruflich; es bedarf besonderer vom Gesetze anerkannter Gründe, um ihn zu beendigen. Der Beamte hat einen geschützten Besitzstand, ein Recht auf das Amt und die daran hängenden Vortheile. Daher finden wir auch gegenüber diesen Beamten eine besondere Disciplinargewalt mit Disciplinarverfahren ausgebildet, wie bei den Richtern, um die Erfüllung der Amtspflichten zu erzwingen.[3] Diese Amtspflichten haben aber vor allem zum Gegenstand die getreuliche Erfüllung der Pflichten gegenüber den privaten Auftraggebern. Verfehlung gegen die letzteren begründet daher möglicher Weise zugleich eine civilrechtliche Klage des Auftraggebers und ein Disciplinarverfahren. —

In dieser Gestalt bestand das Rechtsinstitut des gerichtlichen Hülfsbeamtenthums von der Neuordnung der Rechtspflege durch die revolutionäre Gesetzgebung bis zum Jahre 1816. Man würde aber fehlgehen, wollte man darin ein Seitenstück zu der Verleihung

---

[3] Perriquet, *officiers ministériels* n. 556 ff. Dalloz V° *office*, n. 394 ff.

einer öffentlichen Anstalt (*concession de travaux publics*) sehen, das sich der Beamtung anschlösse wie jene dem Verdingungsvertrag. Das Amt ist allerdings immer eine öffentliche Anstalt oder ein Stück einer solchen. Die Vortheile, welche der Beamte bezieht, sind aber nicht wie dort Gebühren, welche der Staat für die Benützung einer öffentlichen Anstalt auferlegt, welche der öffentlichen Anstalt gehören und mit welchen dem Unternehmer ein Stück der Anstalt selbst überlassen wird. Es sind privatrechtliche Forderungen, entstehend aus einem mit dem Amte verbundenen privatwirthschaftlichen Geschäftsbetriebe, verfolgbar mit der *actio mandati contraria*. —

Nun aber tritt eine Wendung ein.

Diese sämmtlichen gerichtlichen Hilfsämter waren nämlich vor der Revolution, wie viele andere Aemter verkäuflich gewesen, als *offices vénaux*, und Gegenstand eines Privateigenthums des Inhabers. Ein Gesetz vom 28. April 1816[4] nahm die alte Tradition wieder auf. Um die Kriegskostenentschädigung zu bestreiten, wurden die zu stellenden Kautionen wesentlich erhöht und dafür zur Entschädigung der Inhaber die Stellen dem wirthschaftlichen Erfolge nach wieder verkäuflich gemacht. Das Gesetz nennt es nicht Verkäuflichkeit. Das Rechtsverhältniss ist auch nicht in der alten naiv privatrechtlichen Weise gestaltet. Es lehnt sich vielmehr an die Thatsache des Gewerbebetriebes, der hinter dem Amte steht, durch die Vermittlung einer seit der Revolutionszeit sehr mächtig entwickelten Rechtsidee.

Jede gewerbliche Thätigkeit wird durch die Beziehungen, welche sie gründet, zugleich die Quelle sicheren künftigen Erwerbes, es sammelt sich eine Kundschaft, je nach der Tüchtigkeit des Arbeiters von grösserem oder geringerem Umfang. Diese wirthschaftliche Position hat einen Kapitalswerth. In mancherlei

---

[4] Art. 91; dort sind ausser den Genannten auch die Gerichtsschreiber aufgeführt. Das sind reine Staatsbeamte, nur dass sie auch Gebühren beziehen neben ihrem Gehalt. Der Grund ihrer Einbeziehung war offenbar der finanzielle, dass auch sie eine Kaution zu stellen haben, welche erhöht werden konnte. Im Uebrigen passen sie gar nicht zu den Anderen. Perriquet n. 242.

Beziehungen ist sie als Vermögensstück des Gewerbtreibenden rechtlich anerkannt und geschützt. Auch der Gewerbebetrieb der gerichtlichen Hülfsbeamten wird unter diesem Gesichtspunkte betrachtet und tritt damit ein in den Kreis der zahlreichen Institute des sogenannten geistigen Eigenthums; man spricht neben der *propriété industrielle, litéraire, artistique, commerciale* auch von einer *propriété professionelle.*[5] Der Schutz, den das Privatrecht diesem sogenannten Eigenthum gewährt, richtet sich nur gegen die Einzelnen, die Mitbewerber, nach den Regeln der *concurrence déloyale.*[6] Das Gesetz von 1816 gibt ihm nun aber auch eine wirksame Anerkennung gegenüber dem Staate in seiner Verfügung über das Amt. Das Amt bleibt Amt und ist allen aus seiner Natur fliessenden Regeln unterworfen; wenn im Disciplinarverfahren Absetzung ausgesprochen wird, so geht auch der dahinter stehende wirthschaftliche Besitzstand verloren. Die Anerkennung desselben wird bloss wirksam bei der Ernennung eines Nachfolgers im Falle Rücktritts oder Ablebens. Und zwar besteht ihre Wirkung wesentlich in einer Beschränkung des Ernennungsrechtes: es darf der Besitzstand nicht gegen den Willen dessen, dem er gehört, durch Ernennung eines Anderen auf diesen übertragen werden. Solche Uebertragung wäre ein Eingriff in das Vermögensstück und mit Rekurs wegen Machtüberschreitung anfechtbar. Mit dem Willen des Berechtigten darf es geschehen, daher das Präsentationsrecht als Ergebniss des Rechtsverhältnisses.[7] Der Berechtigte darf bloss einen tauglichen Candidaten präsentiren, kann sich aber von diesem eine Vergütung bedingen. Der Kapitalswerth der so verschafften Erwerbsgelegenheit erscheint dann als Kaufpreis.

Weiter als in jenem negativen Sinne ist das Ernennungsrecht der Regierung nicht gebunden: sie kann neue Stellen schaffen und diese frei besetzen; sie kann ebenso die Besetzung einer erledigten Stelle gänzlich unterlassen (*suppression*). In letzterem Falle pflegt

---

[5] Larombière, *obligations* n. 39; Sourdat, *responsabilité* n. 48.

[6] Larombière l. c. n. 38.

[7] Das Gesetz von 1816 spricht ausdrücklich nicht von Verkäuflichkeit, sondern verfügt nur, dass diese Beamten *pourront présenter à l'agrément de Sa Majesté des successeurs* (art. 91).

dann den Eigenthümern der verbleibenden Stellen, die den Vortheil davon haben, eine Entschädigung auferlegt zu werden zu Gunsten der Eigenthümer der unterdrückten. Ein Recht sie dazu zu zwingen, besteht nicht, so wenig wie die Andern ein Recht haben auf Entschädigung. Die Regierung setzt die Zahlung der Entschädigung als Bedingung der Unterdrückung und die Verbleibenden verstehen sich meist sehr gerne dazu.[8]

Im Interesse des Amtes ist es, schon wegen der vorhandenen Urkunden, dass die Kontinuität gewahrt werde. Die Ernennung eines präsentirten Nachfolgers ist daher die Regel. So erhält denn thatsächlich der Ernannte mit der Ernennung zugleich einen massgebenden Einfluss auf die künftige Ernennung; es wird ihm eine gewisse Verfügung über das Amt gewährt in seinem Privatinteresse und insofern haben wir hier in anderer Form eine Wiederholung des Gedankens der *concession*, der Verleihung, wie wir ihn schon mit dem öffentlichrechtlichen Vertrage der Werkverdingung sich verbinden sahen.[9]

2. Nutzungsgewährungen an die Einzelnen.

§ 49. Freie Nutzungsgewährungen.

Die öffentlichen Anstalten sind immer darauf gerichtet, einen gewissen Nutzen zu gewähren, und zwar ist dieser Nutzen ihrem Wesen entsprechend ein öffentlicher d. h. ein Nutzen für die Allgemeinheit, für die Interessen des Staates. Das schliesst

---

[8] Dalloz V° *office*, n. 95 ff.; Dufour I, n. 81, 82.

[9] Durch die Aufhebung der Verkäuflichkeit mit Els. Lothr. Ges. 10. Juni 1872 hat der öffentlichrechtliche Vertrag der gerichtlichen Hülfsbeamten den vom Gesetz von 1816 hinzugefügten Bestandtheil wieder verloren; im Uebrigen ist seine rechtliche Natur dieselbe geblieben. — Die persönliche Stellung der deutschen Rechtsanwälte ist geordnet nach dem Muster der des französischen *avocat*; die Gestalt des *avoué* ist also aus dem Bereiche des hier betrachteten Rechtsinstitutes verschwunden.

nicht aus, dass auch die Einzelnen unmittelbar einen Vortheil daraus geniessen. Aber je nach der Natur der Anstalt geschieht diess in verschiedenem Masse. Bei manchen Anstalten ist es Zufall und Ausnahme, wenn einmal Einzelne einen Nutzen daraus erhalten (Heer, Festungswerke, meteorologische Stationen, wissenschaftliche Akademien). Andere erfüllen ihren öffentlichen Zweck gerade dadurch, dass sie den vielen Einzelnen zur Nutzung dienen (Strassen, Schulen, Post). Bei den letzteren bildet sich dann für die Art der Gewährung dieser Nutzungen eine eigne Art verwaltungsrechtlicher Thätigkeit des Staates aus, die sich in verschiedenen Formen entwickelt.

Auch in dieser Verwaltungsthätigkeit sehen wir ein Zusammenwirken von Gesetz und vollziehender Gewalt; nur dass überall die Mitwirkung des Gesetzes eine willkürliche, zufällige ist. Ein Gesetz ist, für die Gewährung wenigstens, verfassungsrechtlich nicht erfordert, denn das vorbehaltene Gebiet des Gesetzes wird dadurch nicht berührt; es liegt in der Gewährung oder Versagung der Nutzung kein Eingriff in Freiheit und Eigenthum.

Der Grundsatz der ausgleichenden Entschädigung, welcher das Recht der öffentlichen Anstalten durchzieht, kommt hier, den Umständen entsprechend, in umgekehrter Richtung gegen das Bisherige zur Geltung: der Einzelne, der den Nutzen zieht, hat dem Staate die Entschädigung zu leisten, der ihn gewährt. Die Form, in welcher das geschieht, hängt zusammen mit der verschiedenen Form der Gewährung.

Die Gewährung vollzieht sich aber in dreierlei Form. Entweder die Thätigkeit des Staates beschränkt sich auf die Errichtung und Leitung der Anstalt, ohne zu den Einzelnen, welchen sie nützlich wird, in ein unmittelbares Verhältniss zu treten; oder das Gesetz gewährt in allgemeinen Regeln den Einzelnen die Nutzungen, welche die Anstalt ihrer Bestimmung nach bieten soll; oder ein Verwaltungsakt gewährt sie ihnen einzeln und besonders.

Wir unterscheiden hienach: freie Nutzungsgewährung, gesetzliche Nutzungsgewährung, und Verleihung von Nutzungen.

Die freie Nutzungsgewährung hat ihr Anwendungsgebiet bei denjenigen öffentlichen Anstalten, deren Dienstleistungen vorzugsweise durch menschliche Thätigkeit vermittelt werden. Die Anstalt arbeitet für sich wie eine Maschine nach den Regeln, die ihre Thätigkeit durch Gesetz, Verordnung, Dienstanweisung erhält. Der Einzelne kommt nur mit den Bediensteten derselben in Berührung; kein Gesetz, kein Verwaltungsakt tritt ihm entgegen. Er ist seiner Seits nicht Rechtssubjekt mit Anspruch auf die Nutzung oder Besitz an derselben. Es besteht kein Rechtsverhältniss zwischen ihm und dem Staate, wenn auch seine Sachen, sein Körper, sein Geist die Vortheile der Anstalt erfahren.

Die äusserliche Folge ist, dass eine Verwaltungsrechtspflege hier nicht stattfindet. Natürlich steht es den Betheiligten frei, durch Vorstellungen und Beschwerden die Leitung und Aufsicht der Anstalt in ihrem Interesse zum Eingreifen zu bewegen. Das ist aber kein Zeichen eines Rechtes.

Dagegen ragt hier vielfach das Privatrecht herein, welchem die Verwaltung durch Vornahme der entsprechenden Rechtsgeschäfte sich unterwirft; da entstehen dann Rechte der Einzelnen, klagbar vor den Civilgerichten, aber eben Rechte nicht verwaltungsrechtlicher Natur.

Die ausgleichende Entschädigung erscheint neben dieser Art von Nutzungsgewährung in Form der Auflage einer Gebühr (*taxe droit, rétribution*) nach Art einer Steuer: an die Thatsache der Benützung knüpft sich in Kraft einer allgemeinen Regel die Steuerpflicht. Die Steuernatur der Gebühren wird auch entscheidend für die Frage der Zulässigkeit ihrer Auferlegung: es bedarf wie für die Steuern einer gesetzlichen Grundlage, nur dass hier, entgegen dem Gebrauche bei eigentlichen Steuern, das Gesetz die Aufstellung der Steuersätze vielfach der vollziehenden Gewalt überlässt.[1]

Zu den Anstalten dieser Art gehören vor allem die sogenannten Wohlthätigkeitsanstalten. Die eigentlichen Unter-

---

[1] Dufour I, n. 447: *D'après l'art 38 de la loi du 22 vent. XII il doit être pourvu pas des règlements d'administration publique à la fixation des rétributions à payer par les élèves des écoles de droit pour les frais d'études, d'examen et de diplome. Et c'est une dérogation au principe de droit public exprimé dans l'art. 39 de la constitution que nul impôt ne peut être établi que par le législateur.*

stützungsanstalten, an der Spitze die gemeindlichen Armenverwaltungen (*bureaux de bienfaisance*) lassen die frei gewährten Leistungen unmittelbar in das Privateigenthum des Empfängers übergehen. Die Verpflegungsanstalten dagegen: Krankenhäuser (*hôpitaux*), Versorgungshäuser (*hospices*) u. s. w. treten in ein dauerndes Verhältniss zu dem Aufgenommenen, ohne dass dadurch ein Rechtsverhältniss zu diesem begründet würde. Aehnlich die Irrenanstalten (*maison d'aliénés*), bei welchen noch ein Zwang zum Eintritt und zum Verbleib hinzukommt, ohne an der Natur der Gewährung etwas zu ändern. Für Krankenhäuser und Irrenanstalten wird auf Grund gesetzlicher Ermächtigung durch den Präfekten ein Tarif der zu leistenden Entschädigungen aufgestellt; die Beitreibung erfolgt nach Art der indirekten Steuern.[2] Arme sind frei, etwaige Alimentationspflichtige haften statt ihrer.[3]

Die Versorgungshäuser pflegen von den Personen, welche noch Vermögen besitzen in irgend einer Gestalt, dasselbe ganz oder theilweise abgetreten zu erhalten unter der Bedingung der Aufnahme und immerwährenden Verpflegung. Das ist dann ein privatrechtlicher Alimentationsvertrag, bei welchem die Leistungen, welche die Anstalt nach ihrer öffentlichrechtlichen Ordnung zu machen hätte, das Mass ihrer Pflichten bestimmen, soweit nicht Abweichendes verfügt wird.[4]

An die Stelle der Wohlthätigkeit tritt bei den Gefängnissen und Arbeitshäusern als Zweck der polizeiliche Zwang, der ja selbstverständlich hier dem Ganzen seine Art gibt. Daneben aber hat das Gefängniss wieder die Natur einer Verpflegungsanstalt nach dem obigen Muster: die Gefangenen, welchen sie ihre Vortheile gewährt, haben kein Recht auf diese; sie können sich beschweren über Kost u. s. w., aber sie haben keine Klage.

Die freie Gewährung ist auch die Form, in welcher die öffent-

---

[2] Ges. 30. Juni 1838 art. 26, 2; art. 27. Durieu u. Roche, *établissements de bienfaisance I V° aliénés* n. 91 ff. Ges. 7. Aug. 1851 art. 3.

[3] Die Frage, ob die Alimentationspflicht besteht, entscheidet sich nach Civilrecht und gehört im Bestreitungsfalle als Incident des Beitreibungsverfahrens vor die Civilgerichte; Dufour VI, n. 60.

[4] Durieu u. Roche, I V° *admission dans les hospices* n. 12 ff.: *l'individu qui paie pour être nourri dans un hospice ou cède une créance, fait avec l'hospice un bail à nourriture.*

lichen Schulen ihre Dienste leisten; die Einführung des Schulzwanges ändert auch hier nichts; die entsprechende Entschädigung, das Schulgeld (*rétribution scolaire*) wird erhoben nach den Regeln der direkten Steuern.[5]

Am deutlichsten ausgebildet ist das ganze Rechtsverhältniss bei der Postanstalt.[6] Dieselbe ist bestimmt, die Sendungen, welche die Einzelnen ihr übergeben, an die Adresse zu befördern; man vergleicht das dabei entstehende Verhältniss mit der Dienstmiethe, ohne jedoch daraus Folgerungen zu ziehen. Durch die Annahme der Briefe schliesst die Post keinen Vertrag, erwirbt der Absender kein Recht auf die Ausführung des Beförderungsdienstes, keines nach Privatrecht, aber auch keines, welches verwaltungsrechtlich durch Klage geltend gemacht werden könnte, sei es auf Erfüllung, sei es auf Entschädigung wegen Nichterfüllung. Die Postbeamten sind verpflichtet, alles den ihnen gegebenen Vorschriften gemäss zu besorgen; der Staat erzwingt die Erfüllung dieser Pflicht durch seine Disciplin; der Einzelne kann sie persönlich verantwortlich machen, wenn sie ihm durch Versäumung dieser Pflicht Schaden zufügen. Aber ein Recht gegen den Staat entsteht nicht.

Diesem Verhältnisse entsprechend ist das Porto nicht etwa der Lohn für eine Dienstleistung, sondern eine Abgabe; es wird den indirekten Steuern gleichgestellt in der Form der Beitreibung und in der Zuständigkeit der Civilgerichte.

Die Thatsache, dass die Postverwaltung Sachen in Händen hat, welche den Einzelnen gehören, wirkt aber daneben als solche und kann gewisse Ansprüche derselben begründen, unabhängig von einer Beförderungspflicht.

Der Brief oder das sonstige Poststück ist Eigenthum des Empfängers.[7] Derselbe hat desshalb eine Klage vor den Civil-

[5] Ges. 15. März 1850 art. 38 u. 41; Dekret 7. Okt. 1850 art. 30.

[6] Perriquet, *contrats de l'état* n. 241—252; Ducrocq n. 1048—1055; Aucoc I, n. 288.

[7] Nur bis zum Augenblick des Abganges von der annehmenden Poststation steht der Post gegenüber dem Absender noch die Verfügung zu; Block V° *poste* n. 61. — Das Reichsgesetz vom 28. Okt. 1871 dagegen betrachtet den Absender als den Eigenthümer während des Transportes und folglich als den Entschädigungsberechtigten (art. 6).

gerichten gegen die Post auf Herausgabe dieses Eigenthums; das Urtheil könnte der Theorie nach mit gewaltsamer Wegnahme der Sache durch einen Gerichtsvollzieher vollstreckt werden. Nur wird die Geltendmachung dieses Rechtes und die Macht der Civilgerichte auf der anderen Seite wieder gehemmt durch die verwaltungsrechtliche Natur der Post als öffentlicher Anstalt, in deren Gang das Gericht nicht bestimmend eingreifen kann.

Wenn also die Sache sogar in Gegenwart ist, die Postbeamten sich aber auf ihre Dienstvorschriften berufen, wonach sie in bestimmter Weise mit der Sache zu verfahren hätten, so ist das Gericht nicht zuständig, diese Einrede zu würdigen; es muss sich der Sache entschlagen.

Wenn die Sache nicht greifbar vorhanden ist, kann die Klage auf Herausgabe nicht dazu dienen, die Post zur Herbeischaffung und Durchbeförderung derselben zu zwingen; denn das ist wieder amtliche Thätigkeit, welche das Gericht nicht zu befehlen hat.

Wenn das Poststück verloren oder beschädigt wird, so hat der Eigenthümer seinen Schadensersatzanspruch gegen den schuldigen Beamten persönlich (vgl. unten § 61 Anm. 1). Gegen den Staat kann ein solcher nur gegründet werden auf den allgemeinen Grundsatz der ausgleichenden Entschädigung für den Nachtheil, der den Einzelnen durch öffentliche Anstalten zugefügt wird (vgl. unten § 52).[8] Die Entschädigung ist durch ausdrückliches Gesetz auf einen gewissen Normalsatz beschränkt und wird gewährt durch einen gebundenen, der Verwaltungsrechtspflege angehörigen Verwaltungsakt, welchen Mangels einer besonderen Zuständigkeit der Minister vollzieht, mit Rekurs zum Staatsrath.

Der Absender kann sich für den Fall des Verlustes eine höhere Entschädigung sichern durch Aufgabe mit Wertherklärung (*chargement avec déclaration de valeur*). Dann wird ihm bis zum Betrag der Wertherklärung der wirkliche Schade vergütet; er hat dafür eine verhältnissmässige Taxe zu entrichten, als Versicherungs-

[8] Der Nachweis des Verschuldens eines Beamten wäre dem Staate gegenüber ganz gleichgültig; seine Haftung würde dadurch weder erhöht noch erweitert (vgl. unten § 58).

prämie. Die Uebernahme einer derartigen Versicherung bildet aber einen civilrechtlichen Vertrag zwischen der Post und dem Absender. Die Civilgerichte sind zuständig, über die daraus geforderte Entschädigung zu erkennen.[9]

Die Telegraphenanstalt unterliegt den gleichen Rechtsregeln, nur dass ihr gegenüber ein Entschädigungsanspruch völlig wegfällt; sie hat bei der Dienstleistung kein Eigenthum der Parteien in Händen, kann also hierin einen solchen direkten materiellen Schaden nicht zufügen, wie er nach den Grundsätzen der öffentlichrechtlichen Entschädigung verlangt wird (vgl. unten § 52).[10] —

§ 50. Gesetzliche Nutzungsgewährungen.

Diese Form kommt zur Anwendung bei denjenigen öffentlichen Anstalten, welche sich in öffentlichem Eigenthum verkörpern und dem öffentlichen Gebrauche gewidmet sind: Strassen, Flüsse, Kanäle, Häfen. Der öffentliche Gebrauch beruht auf einer Willensäusserung des Eigenthümers dieser Sachen, welcher die Benutzung Jedermann freistellt. Der Umfang der Gewährung wird nicht auf eine gewisse Art und Weise von Benutzung beschränkt; vielmehr wird umgekehrt jede Benutzung grundsätzlich zugelassen, welche nicht besonders ausgeschlossen ist. Das Gesetz gibt solche Verbote theils selbst, theils überlässt es den Behörden der vollziehenden Gewalt die Aufstellung derselben. Darin dass es diess thut, liegt eben die Gewährung des Nichtverbotenen; diese allgemeine Gewährung wird dadurch zu einem Stück der Freiheit der Einzelnen; die besonderen Beschränkungen, welche dagegen aufgestellt sind, erhalten die Form des Befehls; der Inhalt dieses Befehles wird aber bestimmt durch die Zwecke der öffentlichen Sicherheit, Ordnung und Gesundheit und somit entspricht er seiner

[9] Das Reichsgesetz vom 28. Okt. 1871 kommt im Wesentlichen zu den gleichen Ergebnissen, namentlich was den Umfang der Haftung des Staates anlangt. Wenn es die Berücksichtigung des „mittelbaren" Schadens ausschliesst (§ 12), so gibt es damit die allgemeine Formel der französischen öffentlichen Anstalten wieder, die ein *dommage direct et matériel* verlangt (vgl. unten § 52).

[10] Perriquet n. 253; Ducrocq n. 1056—1058.

ganzen Natur nach dem Begriffe der Polizei (vgl. oben § 25, § 33): Strassenpolizei, Strompolizei, Kanal- und Hafenpolizei sind die Rechtsinstitute, die wir hier erhalten, anstatt der erwarteten Rechtsinstitute der Nutzungsgewährung.

Diese Polizei, soweit sie den Behörden übertragen ist, hat eine eigenthümliche Schranke an dem Gesetzeswillen, der jene Anstalten dem allgemeinen Gebrauche widmet. Dieser Gebrauch darf durch Polizeiverordnungen nur geregelt, nicht aufgehoben werden; in der Ungültigkeit von Polizeiverordnungen, welche dieses Mass überschreiten, zeigt sich das Vorhandensein der gesetzlichen Gewährung: es ist ein Eingriff in die gesetzlich abgegränzte Freiheit, in ein Recht nach dem hier üblichen Sprachgebrauch.[2]

Eigenthümlich ist ferner dieser Art von Polizei, dass Einzelakte stets von den allgemeinen Verboten entbinden können (vgl. oben § 26 n. 3); dadurch erweist sie ihren Zusammenhang mit dem Rechte der öffentlichen Anstalten; solche Entbindung ist nichts anderes als eine besondere Nutzungsgewährung. Aufstellen von Baugerüsten auf der Strasse, Aufstellen von Buden u. dgl. können ohne ausdrücklichen Vorbehalt in der Verordnung oder dem Gesetze als Ausnahmen gestattet werden. —

Insofern diese Anstalten nicht von allen Angehörigen des Staates gleichmässig benützt werden, knüpft sich an ihre Benutzung die ausgleichende Entschädigung und zwar, wie im vorigen Falle, in der Form der als Steuer behandelten Gebühr.

So wird von der Schifffahrt auf Flüssen und Kanälen die

---

[1] Aucoc III, n. 1137 ff.; Gauthier m. c. S. 131 ff., S. 150 ff. S. 292.

[2] Von diesem Gesichtspunkt aus wurde es z. B. für Machtüberschreitung erklärt, wenn öffentlichen Dirnen die Strasse ganz und gar verboten werden wollte; dessgleichen wird für unzulässig angesehen eine bürgermeisterliche Verordnung, welche das Kahnfahren auf einem öffentlichen Flusse, wegen der damit verbundenen allgemeinen Gefahr, schlechthin untersagte. Champagny II, S. 355, 356: *la voie publique est une chose du domaine public c. a. d. dont la propriété appartient à l'Etat ou la commune et dont la jouissance appartient à chacun, pourvu qu'il n'en fasse que l'usage auquel elle est destinée: sa destination naturelle est de servir à la circulation, la loi ne donne en aucune façon à l'autorité le pouvoir de restreindre ce droit.* Dalloz V° *contravention* n. 1016: *les rivières sont des voies de communication qui doivent être ouvertes à tous.*

Schifffahrtsabgabe (*droit de navigation*) erhoben.[3] Brückenzoll (*péage*) findet nur bei verliehenen Brücken noch statt; ebenso das Fährgeld nur bei verpachteten Fähren. Der Unternehmer hat nicht die selbständigen Zwangsmittel, welche sonst für indirekte Steuern gelten; er muss sich unmittelbar an die für solche Steuern zuständigen Gerichte wenden. Dagegen ist auch zu seinen Gunsten die Hinterziehung und die blosse Verweigerung der Abgabe mit Strafe bedroht.[4]

Bei den Strassen sind derartige Gebühren, die früher reichlich bestanden, ganz verschwunden; die Vertheilung der Strassenbaulast unter die Selbstverwaltungskörper ist an die Stelle getreten.[5] Nur in Ausnahmsfällen, wo eine besonders ausgiebige Benutzung von Seiten Einzelner stattfindet mit ausserordentlicher Abnutzung der Strassen, tritt der Grundsatz auch hier in Wirksamkeit. So nach dem Gesetze vom 21. Mai 1836, wenn ein Gemeindeverbindungsweg zur Ausbeutung von Forsten, Steinbrüchen, Fabriken unverhältnissmässig oft und schwer benutzt wird. Der Eigenthümer soll dann gehalten sein, der baupflichtigen Gemeinde einen entsprechenden Zuschuss (*subvention spéciale*) zu entrichten. Ueber die Pflicht und den Umfang derselben entscheidet auf Klage der Gemeinde der Präfekturrath: es ist keine einfache Steuer mehr, welche zur Zuständigkeit der Gerichte gehörte. —

Die gesetzliche Gewährung, wie wir sie bisher betrachtet haben, ist als Stück der Freiheit allgemein und unbestimmt, jedem wird an jedem Stück des öffentlichen Eigenthums die Nutzung angeboten. Daraus heben sich nun aber gerade bei den öffentlichen Strassen besondere Verhältnisse ab: gewisse Nutzungen werden ihrer Natur nach nur bestimmten Personen und nur an bestimmten Theilen der Strasse angeboten. Das sind Diejenigen, welche zur Voraussetzung haben den Besitz eines an die

[3] Ges. 9. Juli 1836; Gaudry I, S. 277 ff.; Block V° *navigation intérieure.*

[4] Ges. 6 frim. VII art. 56; Ducrocq n. 914; Aucoc III, n. 1009 ff. n. 1024 ff.

[5] Der Massstab der Benutzung tritt noch zu Tage bei der Aufbringung der Kosten der Gemeindeverbindungswege durch Naturalleistungen: Ducrocq n. 320: *Les exploitations agricoles, considerées comme ayant acquitté leur dette par la prestation en nature.* Vgl. unten § 65 I n. 1.

Strasse stossenden Grundstückes. Die Angränzer können und dürfen auf den vor ihnen liegenden Theil der Strasse den Wasserablauf richten, Fenster sowohl als einfache Lichtöffnungen darauf hinausgehen lassen, den Zugang von dorther nehmen und die nötigen Einrichtungen dazu treffen. Das fliesst alles schon aus der allgemeinen gesetzlichen Gewährung, welche für diese Eigenthümer als eine besondere wirkt.[6]

Wenn der Angränzer von der angebotenen Benutzung Gebrauch macht, sein Haus danach einrichtet, seinen Acker so bestellt, so entsteht daraus ein dauerndes Verhältniss, welches von rechtlicher Bedeutung wird.

Die civilrechtliche Theorie bemüht sich, diese Dinge unter die Rubrik Servituten am öffentlichen Eigenthum zu bringen. Man spricht von einem Vertrag oder wenigstens Quasikontrakte, der sie begründe: die Verwaltung oder vielmehr das Gesetz selbst bietet dem Angränzer an, diese Vortheile zu erwerben; durch die wirkliche Herstellung der entsprechenden Vorrichtungen acceptirt dieser.[7] Daran schliesst sich dann die vielumstrittene Frage, ob bei einer etwaigen Aufhebung der Strasse und Verkauf des Strassenbodens diese Servituten nicht auch gegenüber dem Erwerber geltend gemacht werden können, wie sie als rechte Servituten eigentlich müssten.

Diese Konstruktion hat insofern einen richtigen Kern, als die Handlung des Staates, seine Verfügung über seine Sache zur Grundlage des Rechtsinstitutes genommen wird. Nur ist eben das

---

[6] Man legt in der Wissenschaft grosses Gewicht darauf, dass die oben aufgezählten Benutzungen den Angränzern durch ausdrückliche Gesetzesbestimmungen zuerkannt werden; *code civil* art. 681, 682, 678, 679 und Ges. 10. Juni 1793 Sect. III art. 23 werden dafür angerufen. Diese Bestimmungen sind aber eigentlich nur nebensächliche Erwähnungen der Befugniss der Angränzer gelegentlich civilrechtlicher Ordnungen. Die eigentliche Gewährung steht ausserhalb des Civilgesetzbuches. Demolombe XII, n. 698 ff.; Aubry u. Rau III, S. 69 ff.

[7] Demolombe XII, n. 699: *ces droits réels sur la voie publique resultent pour les maisons adjacentes d'une sorte de quasicontrat, qui s'est formé entre l'administration, qui en établissant la rue ou la place a invité les propriétaires à y pratiquer des issues, des fenêtres, des égouts, et les propriétaires qui ont répondu à cet appel.* Aubry u. Rau III, S. 70 nennen es: *droits acquis en vertu d'une convention tacite.*

ganze Verhälniss in's Verwaltungsrechtliche zu übersetzen. Wenn auf das gesetzliche Angebot der Benutzung neue Interessen sich gegründet haben, wenn ein thatsächlicher Zustand der Benutzung eingetreten ist, so kann die Gewährung nicht einfach wieder zurückgenommen werden; es bedarf einer neuen Grundlage für den Eingriff der Verwaltung, wenn der Vortheil wieder entzogen werden soll (vgl. oben § 24 n. 2). Der Besitzer des unbebauten Grundstückes kann sich nicht daruf berufen, dass er später ein Haus hätte bauen wollen mit Fenstern nach der Strasse. Dagegen ist der verwaltungsrechtliche Besitzstand ebenso vorhanden bei demjenigen, dessen Haus schon stand, als die Strasse kam seine Fenster zu legitimiren, als bei Demjenigen, der erst an die fertige Strasse baut (die Konstrucktion des Verhältnisses als Vertrag schliesst den ersteren Fall willkürlich aus). Ein wirkliches Recht an der Strasse ist das nicht und kann es auch durch langen Besitz nicht werden; denn die Strasse ist unveräusserlich, so lange sie Strasse bleibt; es ist nichts als ein verhältnissmässig d. h. hier gegen einfachen Widerruf geschütztes Interesse, wie alle diese subjektiven Rechte im Verwaltungsrecht. Macht nun die Verwaltung in Ausführung öffentlicher Arbeiten Aenderungen an der Strasse, welche die bisher geübten besonderen Nutzungen der Angränzer beschränken oder entziehen, so kann der Verletzte sich nicht widersetzen: die öffentlichen Arbeiten haben eine selbständige Kraft, vermöge deren sie sogar wirkliche Servituten ohne Weiteres überwinden könnten, um wie viel mehr einen blossen verwaltungsrechtlichen Besitzstand. Aber der Nachtheil, der in der Entziehung des bisherigen Benutzungszustandes liegt, muss entschädigt werden, denn er ist nicht die Folge eines einfachen Widerrufs, der nicht zulässig war, sondern die selbständige Wirkung der Eingriffe, welche öffentliche Arbeiten in die Privatinteressen zu machen berechtigt sind (vgl. oben § 42 n. 3).

Besteht demnach kein wahres Recht an der Strasse, so kann auch im Falle der Aufhebung derselben und der Veräusserung

---

[8] Ueber diese Auffassung scheinen jetzt Staatsrath und Kassationshof einig zu sein: Aucoc III, n. 1123. Dort wird auch darauf hingewiesen, dass in der Berathung des Gesetzes vom 24. Mai 1842 die allgemeine Ueberzeugung zu Tage trat, es handle sich hier um kein „*droit proprement dit*“.

des Bodens nicht etwa von selbst eine Servitut daraus werden. Thatsächlich wird eine solche häufig neu geschaffen werden, indem die Verwaltung, um den Entschädigungsanspruch des Angränzers zu vermeiden, bei der Veräusserung eine Servitut zu Gunsten desselben von dem Erwerber vertragsmässig ausbedingt. —

Den besonderen Vortheilen, welche die Angränzer von der Strasse ziehen, entsprechen auch besondere Lasten, welche ihnen um desswillen auferlegt sind. Sie haben die Kosten zu bestreiten für die erste Pflasterung und für die Herstellung der Bürgersteige. Die Pflicht dazu beruht für das Eine auf Staatsrathsgutachten vom 25. März 1807, für das Andere auf Gesetz vom 7. Aug. 1845. Beide Rechtsquellen bestätigen jedoch diese Pflicht nur, soweit sie schon im Herkommen begründet ist; wenn die Pflasterungskosten verlangt werden, muss ausserdem noch festgestellt sein, dass die Mittel der Gemeinde nicht ausreichen. Das Verfahren besteht darin, dass die Gemeinde die nöthigen Arbeiten vornimmt und die Kosten beitreibt in den Formen der direkten Steuern. Im Streitfalle entscheidet der Präfekturrath. Die Last trifft denjenigen, welcher Eigenthümer des Grenzgrundstückes ist in dem Augenblicke, wo durch Vollendung der Arbeit der neue Vortheil gewährt ist, mag auch die Feststellung und Beitreibung der Kosten später erfolgen; ein inzwischen eingetretener Eigenthumswechsel ändert die Person des Verpflichteten nicht mehr.[10] Von den wahren Steuern unterscheidet sich diese Last durch ihre Natur als Gegenleistung, von den Servituten — vorübergehende Belastungen geben zur Vergleichung Anlass — dadurch, dass eine Geldleistung gemacht wird und durch die Aufeinanderfolge: statt Last und Entschädigung vom Staate haben wir hier Nutzungen und Entschädigung vom Einzelnen.[10] —

[9] St. R. E. 12. Mai 1876 (ville de Paris).

[10] Jousselin rechnet das natürlich auch unter die Servituten des öffentlichen Rechts, bemerkt aber doch (II, S. 478): *C'est une charge d'une nature particulière, qui a sa cause dans les avantages spéciaux que les propriétés riveraines retirent du voisinage d'une rue.* Demolombe XII, 699 fasst es auf als Gegenleistung aus dem von ihm angenommenen Vertrag; er spricht von *obligations réciproques;* mit privatrechtlichen Konstruktionen ist aber hier offenbar nicht durchzukommen. Vgl. auch Dufour VII, n. 500 ff.; Gaudry, *domaine public* I, S. 522 ff. — Auch die polizeilichen Pflichten zur

Etwas abweichend gestaltet sich die Nutzungsgewährung am öffentlichen Eigenthum der Kirchhöfe.[11] Der Begriff des öffentlichen Gebrauches trifft hier nicht zu, weil es Niemanden frei steht, ohne Weiteres einen Todten auf dem Kirchhofe zu beerdigen, wie es dem Einzelnen überlassen ist, Strassen, Flüsse u. s. w. zu benutzen. Gleichwohl hat auch hier die Nutzung die Natur einer gesetzlichen Gewährung; das Gesetz bietet Jedermann den Kirchhof an zur Beerdigung eines verstorbenen Angehörigen; die Benutzung ist geregelt durch die dem Bürgermeister übertragene Kirchhofspolizei (*police des inhumations*). Die Polizeigewalt ist hier nur einschneidender; sie übt sich in der Form des Erlaubnissvorbehaltes, wobei Zeit und äussere Umstände der Beerdigung, insbesondere auch die Beerdigungsplätze auf dem Kirchhof für die einzelnen Fälle bestimmt werden.

Das Gesetz verfügt, wie der Kirchhof beschaffen sein soll: ein nur diesem Zweck gewidmetes Gelände, umschlossen von einer 2 Meter hohen Mauer; bestehen mehrere anerkannte Religionsgesellschaften in der Gemeinde, so soll für jede ein besonderer Kirchhof eingerichtet sein, oder wo das nicht angeht, der einzige Kirchhof durch Zwischenabschlüsse in mehrere Abtheilungen mit besonderen Eingängen zerlegt werden. Insoweit dadurch eine Last für die Gemeinden und eine Ermächtigung für ihre Aufsichtsbehörden gegeben ist, geht das uns hier nichts an. Zugleich bedeutet das aber eine Beschränkung des in der Kirchhofspolizei liegenden Platzanweisungsrechtes des Bürgermeisters; er darf nichts thun, was der gesetzlichen Gewährung zuwiderläuft. Verweigerung der Anweisung ist Machtüberschreitung, desgleichen Anweisung eines Platzes, der die in der gesetzlichen Gewährung bestimmten Eigenschaften nicht hat.[12]

Strassenreinigung, Begiessung, Beleuchtung, welche den Hausbesitzern auferlegt werden, haben etwas von der Natur einer solchen Last an sich und ihre polizeirechtlichen Formen werden dadurch beeinflusst (vgl. oben S. 188).

[11] Decret 23 prairial XII art. 2, 17; Champagny II, S. 531 ff.; Ducrocq n. 1134 bis; Block V° *cimetière* n. 14 ff.

[12] St. R. E. 13. März 1872 (Tonnelier): der Bürgermeister hatte angeordnet, dass ein Protestant im katholischen Kirchhof an einem nicht ausge-

Ausser dem Rekurs wegen Machtüberschreitung unterliegen übrigens die Anordnungen des Bürgermeisters für das einzelne Begräbniss auch der Beschwerde zum Präfekten und Minister: es ist keine Verordnungsgewalt, die er da ausübt, sondern ein wahrer Einzelakt der Gemeindepolizei zum Vollzug von Gesetz und Verordnungen, welcher vom Präfekten nicht bloss aufgehoben, sondern auch abgeändert und durch einen neuen ersetzt werden kann (vgl. oben § 10).

Wie Eingangs bemerkt, kommt diese Form der Nutzungsgewährung lediglich beim öffentlichen Eigenthum zur Anwendung. An sich wäre sie ja wohl auch denkbar bei Anstalten, welche persönliche Dienstleistungen enthalten. Das Gesetz kann auch hier die Fälle bestimmen, wo die Dienstleistung stattfinden soll und die Art, wie sie zu machen ist. Allein es scheint den französischen Juristen zu widerstreben, dass daraus ein verwaltungsrechtliches Verhältniss entstünde. Entweder wird in solchen Fällen das ganze Rechtsverhältniss civilrechtlich behandelt; ein Beispiel dafür bietet die Depositenkasse.[13] Oder es wird angenommen, dass durch die gesetzliche Auflage nur das Verhältniss des Selbstverwaltungskörpers als Eigenthümers der Anstalt zu der aufsichtführenden Behörde geregelt sei, ein unmittelbares Rechtsverhältniss zu den Einzelnen aber sich nicht darauf gründe. In der letzteren Weise wird z. B. behandelt die Pflicht gemeindlicher Spitäler zur Aufnahme erkrankter Personen; (vgl. unten § 69). Da ist es denn einfach eine freie Nutzungsgewährung im Sinne des vorigen §., was im Verhältniss zu dem nutzenden Einzelnen übrig bleibt.

sonderten Platze neben dem Raume für ungetaufte Kinder beerdigt werden solle. Vgl. auch St. R. E. 8. Februar 1868 (Jousseaume).

[13] Die *caisse des dépôts et consignations* ist gesetzlich bestimmt, gewisse Hinterlegungen anzunehmen, zu verwalten und richtig abzuliefern. Alles das ist civilrechtliche Pflicht. St. R. E. 18. Dez. 1862 (Bergeret): die Annahme einer Hinterlegung war verweigert worden, gegen die Bestimmung des Gesetzes, wie behauptet wird; das Civilgericht ist zuständig darüber zu erkennen. Ducrocq n. 1256; Perriquet, *contrats de l'état*, n. 457, 458. — Es kann nicht geleugnet werden, dass die civilrechtliche Auffassung der Annahmepflicht insbesondere etwas sehr Auffallendes hat.

§ 51. Verleihung von Nutzungen.

Der Staat tritt zu den Einzelnen durch die gesetzliche Nutzungsgewährung in ein Rechtsverhältniss; daneben erscheint ein solches hier aber noch in einer bestimmteren Gestalt, begründet in der Form des Rechtsgeschäftes der Verleihung (*concession*).

Gegenstand der Verleihung sind solche Nutzungen, welche in der gesetzlichen Gewährung nicht enthalten sind, desshalb auch nicht frei werden durch einfache Aufhebung des diese Gewährung ordnenden Polizeiverbots, durch Polizeierlaubniss (vgl. oben § 326). Hier handelt es sich nicht mehr um die Ausübung des einfachen öffentlichen Gebrauchs, vielmehr wird ein Stück des öffentlichen Eigenthums dem Einzelnen ausgeantwortet zu einem dauernden ausschliesslichen Gebrauche; es entsteht für ihn eine thatsächliche Innehabung, welche äusserlich dem civilrechtlichen Besitze gleichen mag und sich kenntlich macht durch dauernde Vorrichtungen, welche am Körper des öffentlichen Eigenthums angebracht werden. Solches wäre an sich als Eingriff in das öffentliche Eigenthum durch die *police du domaine public* verboten und strafbar (vgl. oben § 35); die Verleihung enthält desshalb zugleich eine polizeiliche Erlaubniss, ist aber um ihrer sachlichen Wirkung willen etwas ganz anderes wie jene einfache polizeiliche Erlaubniss, welche im vorigen § erwähnt wurde.

Die Verleihung geschieht durch Einzelakt der Behörde gegenüber demjenigen, der die Nutzung haben soll. Die näheren Bedingungen werden in diesem Akte festgesetzt, insbesondere kommt darin der Grundsatz der ausgleichenden Entschädigung zur Geltung durch Auferlegung einer wiederkehrenden Abgabe (*redevance*). Diese Abgabe wird beigetrieben in den Formen der direkten Steuern, ist aber in ihrer rechtlichen Natur sehr von den Steuern verschieden. Es hat sich die Ansicht geltend gemacht, dass auch für sie wie für die Steuern ein Gesetz notwendig sei. Nach einigem Schwanken wurde die Frage durch ein Gutachten des Staatsrathes vom 8. Mai 1839 endgültig in diesem Sinne entschieden. Allein der Grund liegt nicht darin, dass es einer besonderen Rechtfertigung bedürfte, um also in die Freiheit des Einzelnen einzugreifen, sondern lediglich in der Rücksicht auf das Budgetrecht der Volksvertretung:

es soll der Regierung keine Einnahmequelle eröffnet werden können, ohne sie.[1] Daher wurde jener Forderung in der Weise genügt, dass alljährlich in das Finanzgesetz eine Position aufgenommen wird, welche die Vereinnahmung (*perception*) solcher Abgaben (die Wassernutzungen sind namentlich aufgeführt) gutheisst und veranschlagt. Eine Ermächtigung im verwaltungsrechtlichen Sinne zur Belastung der Einzelnen liegt darin noch nicht. Die Belastung besteht auch den Einzelnen gegenüber nicht im Vollzug eines ermächtigenden Gesetzes, sondern beruht auf seiner Unterwerfung. Die Verleihung gleicht insofern einem öffentlichrechtlichen Vertrage. Die Folge ist, dass die Abgabe nicht nachträglich auferlegt und nicht erhöht werden kann, es sei denn dass der Belastete sich freiwillig fügt.

Wesentlich ist der Verleihung die freie Widerruflichkeit zu gänzlicher Entziehung oder zur Einschränkung der verliehenen Nutzung. Es bedarf hiezu keines ausdrücklichen Vorbehalts. Die Verleihung würde, wenn unwiderruflich, nach ihrem sachlichen Inhalt eine Art Veräusserung des öffentlichen Eigenthums enthalten und eine solche kann seit 1566 (vgl. oben S. 228) von der Verwaltung nicht mehr oder nur auf Grund einer besonderen Ermächtigung des Gesetzes vorgenommen werden. Ausnahmsweise kommen gleichwohl Nutzungen solcher Art vor, welche nicht also widerruflich sind. Diese Fälle werden dadurch möglich, dass jener in der Unveräusserlichkeit des öffentlichen Eigenthums liegende Grund nicht überall zutrifft. —

Die schärfste Ausbildung hat unser Rechtsinstitut bekommen in der Verleihung von Nutzungen an öffentlichen Flüssen. Und zwar ist es wieder eine besondere Art dieser Nutzungen, welche vor allem in Betracht kommt; wir können leichte und schwere Nutzungen an öffentlichen Flüssen unterscheiden. Jede dauernde Vorrichtung, welche am Flusse oder am zugehörigen Ufer gestattet wird, ist eine Verleihung und den allgemeinen Grundsätzen einer solchen unterworfen. Wenn aber die Vor-

[1] Vgl. unten § 60. Die Folge der Nichtbeachtung dieser Regel des Budgetrechts würde denn auch nicht gewesen sein, dass der Einzelne, welcher die Abgabe übernommen hat, aus seiner Unterwerfung nicht verpflichtet wäre; es entstünde lediglich ein verfassungsrechtlicher Konflikt der Gewalten.

richtungen derart sind, dass sie den Lauf des Wassers hemmen oder dasselbe von seinem natürlichen Wege ablenken können, als da sind: Stauungen für Triebwerke, Wasserentnahmen, Eindämmungen, dann werden noch andere Rücksichten massgebend. Das Interesse anderer Nutzungsberechtigter wird durch die Verleihung berührt, der Staat selbst wird mit seinen allgemeinen polizeilichen Zwecken betheiligt und beides kommt zum Ausdruck in besonderen Gestaltungen, welche die Ordnung des Rechtsinstitutes der Verleihung annimmt.

I. Die Verleihung der schweren Flussbenutzungen erfolgt durch das Staatsoberhaupt im Staatsrathe, für geringfügige Wasserentnahmen und vorübergehende Einrichtungen durch den Präfekten.[2] Vor der Entscheidung sind gewisse Formen zu erfüllen, welche vor allem den Zweck haben, dritten Betheiligten Gelegenheit zu geben, ihre Einwendungen vorzubringen.[3] Veröffentlichung des Gesuches, Eröffnung eines Protokolles beim Bürgermeister des Orts, Ortsbesichtigung durch einen staatlichen Ingenieur unter Zuziehung der Betheiligten, Veröffentlichung des Gutachtens desselben, endlich neues Protokoll des Bürgermeisters zur Entgegennahme von Einwendungen. Die Entscheidung kann von dem abgewiesenen Gesuchsteller angefochten werden mit Rekurs wegen Machtüberschreitung, falls jene Formen nicht erfüllt sind. Von den Rechtsmitteln der anderen Betheiligten soll nachher die Rede sein.

Nicht auf Verleihung beruhende Nutzungen dieser Art, gesetzliche Anlagen, *établissements légaux* genannt, sind auf dreierlei Herkunftsweise möglich. Zum Theil rühren sie aus der Zeit vor 1566 her, wo eine Veräusserung von Staatsgut noch gültig vorgenommen werden konnte. Andere waren als einfache Privatrechte vorhanden, bevor der Fluss schiffbar und folglich öffentliches Eigenthum geworden war. Der dritte Entstehungs-

² Dekret 25. März 1852 D, 1 u. 2.

³ Die Formen sind vorgeschrieben durch Ministerialinstruktion vom 19 therm. VI; dass die Verletzung derselben so behandelt wird als beruhten sie auf Gesetz oder Verordnung, ist scheinbar ein Ausnahmefall: Ploque *cours d'eau* II n. 260; Perriquet, *contrats de l'état* n. 408, 414. Vgl. oben § 22 Anm. 13.

grund ist ein Staatsgutsverkauf (*vente nationale*): die Anlage ist Staatsgut gewesen und mit gesetzlicher Ermächtigung verkauft worden ohne Vorbehalt des Widerrufs. Diese bevorzugten Nutzungsrechte haben vor den verliehenen nur solche Eigenschaften voraus, welche mit ihrer abweichenden Herkunft notwendig gegeben sind. Im Uebrigen ist ihre rechtliche Natur ganz die gleiche; sie unterliegen dem Einflusse der rechtlichen Natur des öffentlichen Eigenthums, an dem sie hängen.

1. Der Hauptunterschied liegt in der Widerruflichkeit der Verleihungen. Der Widerruf ist ein freier Verwaltungsakt, aber immerhin noch gebunden an eine Zweckrichtung: er kann nur geschehen im Interesse der öffentlichen Anstalt.[4] Wird dieses Machtmittel verwendet, um einen anderen Nutzungsberechtigten zu begünstigen, so ist das ein Fall der Machtüberschreitung; ebenso aber auch, wenn ein anders geartetes, insbesondere etwa ein fiskalisches Interesse des Staates selbst damit verfolgt wird.[5] Andererseits ist die Zulässigkeit des Widerrufes nicht beschränkt auf die Verfolgung der Zwecke, welchen der öffentliche Fluss vorzugsweise und ganz besonders dient: es genügt, dass im Interesse öffentlicher Anstalten über dieses Eigenthum anders und in einer Weise verfügt werden soll, welche die Nutzung beseitigt oder stört. Alle Arten öffentlicher Arbeiten begründen den Widerruf; auch Brückenbau, Strassendämme, Kanalleitungen u. s. w.[6]

Nun müssen aber öffentlichen Arbeiten auch die gesetzlichen

---

[4] Aucoc III, n. 1096; *retirer la concession dans l'intérêt du service public* ist erlaubt, sonst nichts.

[5] St. R. E. 29. Nov. 1878 (Dehaynin): der Präfekt hatte widerrufen wollen, um eine höhere Abgabe auflegen zu können.

[6] Etliche Schriftsteller möchten den freien Widerruf beschränken auf den Hauptzweck der Schiffbarkeit; öffentliche Arbeiten für andere Zwecke würden zwar auch die verliehene Wassernutzung bei Seite schieben können, aber, weil des einfachen Widerrufsrechtes nicht theilhaftig, nur als selbständige Machteingriffe und desshalb mit Entschädigung (Dufour IV, n. 373; vielleicht auch Ducrocq n. 828). Der Wortlaut des massgebenden Gesetzes vom 16. Sept. 1807 art. 33 spricht für die allgemeinere Auffassung. So entscheiden auch Ploque II, n. 353 ff.; Perriquet n. 420, 421; Block V° *usines* n. 45.

Anlagen ohne Weiteres weichen; denn sie stellen kein Eigenthum vor und erfordern desshalb nicht die Erfüllung der strengen Formen des Enteignungsverfahrens (vgl. oben § 42 n. 3). Nur dass diese, weil ihre Entziehung oder Schädigung einen selbständigen Eingriff der öffentlichen Arbeiten vorstellt, die für solche Eingriffe geschuldete ausgleichende Entschädigung beanspruchen können (vgl. oben § 42 n. 3). Den widerruflichen verliehenen Nutzungen steht dieselbe nicht zu und darauf läuft schliesslich praktisch der ganze Unterschied der beiden Arten von Nutzungsrechten in dieser Beziehung hinaus.[7]

2. In der Verleihung können, wie erwähnt, besondere Bedingungen festgesetzt werden, unter welchen die Nutzung gestattet wird. Die Nichterfüllung dieser Bedingungen führt zu einer eignen Endigungsart dieser Rechte, zu der Verlustigerklärung (*déchéance*); dieselbe ist ähnlich wie die Auflösung des öffentlichrechtlichen Vertrages ein gebundener Verwaltungsakt und unterliegt der ordentlichen Verwaltungsrechtspflege. Sie setzt nicht voraus, dass das Interesse der Anstalt die Zurücknahme der Verleihung erfordere. — Gesetzliche Anlagen haben regelmässig überhaupt kein nachweisbares Rechtsgeschäft des Staates hinter sich, folglich auch keine auferlegten Bedingungen und keine Möglichkeit einer Verlustigerklärung. Nur bei der Entstehung durch Staatsgutsverkauf wäre solches denkbar.

3. Auch für die Auflegung der Abgabe (*redevance*) fehlt bei den gesetzlichen Anlagen, mit Ausnahme etwa der letzterwähnten Art, der Anhaltspunkt. Dagegen ist allen Arten von Wassernutzungen gemeinsam eine andere ausgleichende Entschädigung zu Gunsten des Staates, gegründet auf eine nachträglich eintretende Thatsache. Die Instandhaltung des Flusses durch Dämme und namentlich durch Reinigung des Flussbettes (*curage*) ist Sache des Staates als des Eigenthümers. Die Nutzungsinhaber sind aber dabei noch besonders interessirt. Das Gesetz gestattet desshalb, ihnen einen verhältnissmässigen Beitrag zu den Kosten aufzuerlegen. Ein Dekret des Staatsoberhauptes im Staatsrath setzt im Einzelfalle die von einem Jeden zu entrichtenden

[7] Ploque II, n. 197 ff.; Perriquet n. 425.

Beträge fest, welche beigetrieben werden in den Formen der direkten Steuern.[8] —

II. Nun steht all diesen schweren Wassernutzungen, welche mit ihren Vorrichtungen den Lauf des Flusses beeinträchtigen, der Staat noch in einer anderen Eigenschaft gegenüber, als die eines Herrn des öffentlichen Eigenthums.[9] Durch diese Vorrichtungen können Ueberschwemmungen herbeigeführt werden, welche die Sicherheit des Eigenthums und der Personen gefährden; das gestaute Wasser kann die öffentliche Gesundheit bedrohen; jede Veränderung an der Höhe und Richtung der Stauwerke stört die Ordnung, in welcher die sämmtlichen Nutzungsberechtigten längs des Flusses nebeneinanderleben. Wenn der Staat dem gegenüber seine Macht einsetzt zur Herstellung und Aufrechterhaltung des dem öffentlichen Interesse entsprechenden Zustandes, so ist das ein Stück reiner Polizeithätigkeit, die denn auch als Polizei der Wasserkraftnutzungen, *police des usines*, ausgeschieden wird von der Thätigkeit zur Verwaltung und zum Schutze der Anstalt, der *police de la navigation.* Diese Polizei beschränkt sich nicht auf die Fälle, wo das Gewässer öffentliches Eigenthum ist: auch Privatflüsse bieten die gleichen Gefahren und sind desshalb ohne Weiteres den gleichen Verhältnissen unterworfen (vgl. unten § 54 n. 4).

1. Jede Neuanlage oder Aenderung einer Anlage, welche den Wasserlauf stört, ist als solche, ganz abgesehen von dem damit verbundenen Eingriff in das öffentliche Eigenthum, polizeilich verboten und strafbar, wenn sie nicht ausdrücklich genehmigt ist; diese Genehmigung verbindet sich bei öffentlichen Flüssen mit der Verleihung, während sie bei Privatflüssen ihre rein polizeiliche Natur bewahrt.[10]

2. Bereits bestehende Anlagen können auf Grund gesetzlicher Ermächtigung durch Verfügung des Staatsoberhauptes oder des

[8] Ges. 16. Sept. 1807 art. 34. Dufour IV, n. 407; Ducrocq n. 422.

[9] Sirey, *recueil général* XXIII, 2, 215: *l'administration agit sur les rivières navigables et flottables 1. comme autorité .... 2. comme gestion domaniale.* Ploque II, S. 204 ff.; Dufour IV, n. 410 ff.; Perriquet, n. 422.

[11] Ordonnanz von 1669 art. 44, Tit. XXVII; Verordnung 19 ventose VI. Cloque II, n. 249.

Präfekten beseitigt oder eingeschränkt werden, wenn die Verhütung von Ueberschwemmungen oder von gesundheitsgefährlichen Versumpfungen es erfordert. Es sind das freie Verwaltungsakte, nur mit Rekurs wegen Machtüberschreitung anfechtbar und ohne die Folge einer ausgleichenden Entschädigung, weil es eben reine Polizei ist, was hier geübt wird.[11]

3. Zur Sicherung der Aufrechterhaltung des vom polizeilichen Interesse erforderten Zustandes dient die förmliche Feststellung und Kennzeichnung der jedem Nutzungsberechtigten zustehenden Wassermenge, durch Beschreibung der zulässigen Vorrichtung und durch Anbringung von Marken daran.[12] Die Feststellung geschieht entweder für eine einzelne Anlage, oder es ergeht eine gemeinsame Ordnung für die sämmtlichen Anlagen einer grösseren Flussstrecke: Wasserordnung, *règlement d'eau.* Diese Feststellungen haben die verbindliche Kraft eines Polizeibefehls, das gesetzte Mass nicht zu ändern. Zuwiderhandlungen sind strafbar gemäss der allgemeinen Vorschrift des art. 471 § 15, c. pénal, unbeschadet grösserer Strafbarkeit, wenn thatsächlich der Wasserlauf beeinträchtigt oder gar eine Ueberschwemmung angerichtet wurde.

Die Wasserordnung ist immer der formelle Abschluss aller Aenderungen, welche im Besitzstande der besonderen Wassernutzungen vor sich gehen. Sie stellt fest, was durch neue Verleihungen, durch Widerruf und Verlustigung alter, oder durch reine polizeiliche Massregeln bewirkt wurde. Sie soll eigentlich für sich selbst keine Aenderungen am Besitzstande bewirken. Aber alle jene Arten von ändernden Akten können sich mit ihr verbinden; für die rechtliche Würdigung des Vorganges und namentlich für die Frage der Rechtsmittel und der Entschädigung sind sie aber wieder auszusondern. Die Formen, in welchen die Wasser-

[11] Ges. 22. Dez. 1789, Sect. III art. 2; Ges. 12. Aug. 1790 cap. 6; 7. Sept. 1790 art. 7. Perriquet n. 422, 438 (dort heissen diesse Akte *prescriptions de police proprement dit*); Ducrocq n. 818, 819.

[12] Die Grundlage bildet Ges. 28. Sept. 1791 art. 16: *Ils seront forcés de tenir les eaux à une hauteur qui ne nuira à personne et qui sera fixée par le directoire du département.* Jousselin I, S. 247 ff.; Dufour IV, n. 372 ff.; Ploque II, n. 299 ff.

ordnung erlassen wird, sind die nämlichen wie die einer Neuverleihung. —

III. Um das Bild zu vervollständigen, kommt noch ein drittes Element dazu: neben dem Anstaltsrecht steht ausser dem Polizeirecht hier auch das Privatrecht.

1. Die verliehenen Wassernutzungen schaffen zugleich Rechtsverhältnisse der Einzelnen unter sich. Diese Rechtsverhältnisse sind an sich civilrechtlicher Natur. Die Wassernutzung ist ein Vermögenstück, allerdings nicht genau nach irgend einem der gewöhnlichen Muster von Privatrechten gestaltet; es ist kein Eigenthum und ist kein *jus in re aliena.* Als Vermögensstück steht es unter dem allgemeinen Schutze des art. 1382 c. c.; der Besitzer hat gegen jeden störenden Eingriff die civilgerichtliche Klage auf Schadenersatz und Beseitigung und Verbot der Störung. Die Klage wird meist im Besitzstörungsverfahren durchgeführt, der Aehnlichkeit halber, ein wahrer Besitz im civilrechtlichen Sinne ist nicht vorhanden. Es werden denn auch die gewöhnlichen Voraussetzungen der Besitzklage nicht verlangt: kein Annalbesitz und keine Abwesenheit von *vitia possessionis* im Sinne der französischen Besitzlehre d. h. es ist kein qualifizirter Besitz nothwendig.[13] Es genügt der Nachweis des verwaltungsrechtlichen Erwerbstitels mit thatsächlicher Innehabung der entsprechenden Nutzung oder bei sogenannten gesetzlichen Anlagen der Nachweis des sonstigen Entstehungsgrundes (*titre légal*). Wird der Bestand und Umfang des Rechtes streitig und kommt es auf eine Auslegung des Erwerbstitels an, so richtet sich das Verfahren nach der Natur dieses Titels. Ist derselbe ein Verwaltungsakt, also Verleihung oder Staatsgutsverkauf, so muss das Gericht das Verfahren aussetzen, bis die Verwaltung im ordentlichen Verwaltungsrechtswege die Auslegung gegeben hat. Bei Nutzungen aus der Zeit vor 1566 oder vor der Erklärung des Wasserlaufes zum öffentlichen Flusse bleibt die Sache beim Gerichte.[14]

2. Die civilrechtliche Schadenersatzklage kann umgekehrt gegen den Nutzungsberechtigten gehen. Sie kann sich

[13] Ploque II, S. 258 ff.
[14] Dufour IV, n. 358, 359.

darauf gründen, dass er Privatrechte verletzt also z. B. Grundstücke überschwemmt oder Stauvorrichtungen an fremde Ufergelände ansetzt oder einer vertragsmässig übernommenen Verbindlichkeit zuwider die Anlage eingerichtet hat.[15] Der Schadenersatzklage, für welche auch hier das Civilgericht zuständig ist, würde vergeblich der Einwand entgegengesetzt werden, dass die Anlage, so wie sie ist und geführt wird, von der Verwaltungsbehörde erlaubt sei. Denn die Verleihung und Erlaubniss erfolgt, wie immer, unter selbstverständlichem Vorbehalte der Rechte Dritter. Nur kann der Richter eine Anordnung nicht treffen, die sich sonst mit der Schadensersatzverurtheilung verbindet: er kann nicht die Zerstörung der schädlichen Vorrichtung gebieten, soweit sie auf öffentlichem Eigenthum liegt; denn die Verfügung über dieses hat die Verwaltung allein.[16] Ist die Klage selbst wieder auf ein verliehenes Nutzungsrecht gegründet, welches der andere Nutzungsberechtigte gestört hätte, so wird regelmässig der Umfang des Rechtes in Streit gezogen werden und die Auslegung der Verwaltung nothwendig gemacht. Diese Auslegung gibt der Verwaltung d. h. dem Verwaltungsgericht die thatsächliche Möglichkeit, auch ganz widersprechende Verleihungen, welche vorgekommen sein mögen, wieder in Ordnung zu bringen.

3. Nach Beendigung eines solchen Rechtsstreites wird die Verwaltung es für gerathen halten, die etwa bestehende Wasserordnung in Einklang mit dem Ergebnisse desselben zu setzen; das vom Civilgerichte anerkannte Recht erhält dann noch den Schutz des Polizeibefehls und die Uebertretung desselben führt nicht bloss zur Strafe, sondern auch zur Beseitigung des Verbotswidrigen durch die Verwaltung. Ein Mittel diese verwaltungsrechtliche Ordnung zu erzwingen, hat der Berechtigte nicht. Es kann also Aufrechterhaltung der bestehenden Einrichtung durch die Verwaltung und civilrechtliche Verantwortlichkeit des Inhabers für allen daraus entstehenden Schaden neben einander bestehen.

Solchen Zwiespalt zu vermeiden und die beiden getrennten

---

[15] Ploque II, S. 244 ff.; Dufour IV, 352.

[16] Ein sehr bestrittener Punkt: Ploque II, S. 235 ff.; Block V° *usines*, n. 47; Dalloz V° *eaux*, n. 552.

Fäden zu verknüpfen, dazu sollen gerade die Formen dienen, unter welchen die Neuverleihung von Nutzungen und die Aufstellung einer Wasserordnung stattfindet. In Folge der öffentlichen Bekanntmachungen können, ausser anderen, vor Allem solche Einsprüche angemeldet werden, welche sich auf ein Recht berufen, das verletzt werden würde, wenn die einzelne Wassernutzung so eingerichtet würde, wie sie verlangt wird. Ist dieses Recht civilrechtlicher Natur, so wird das Verfahren der Verleihung oder der Wasserordnung ausgesetzt, bis das Civilgericht entschieden hat.[17] Ist es selbst eine Verleihung, so gibt die Schlussverfügung im Hauptverfahren zugleich die Entscheidung über die Auslegung dieses Rechtes und insofern ist sie dann anfechtbar im ordentlichen Verwaltungsrechtswege. Nur wenn diese Schlussverfügung, wie es in den wichtigeren Sachen der Fall ist, vom Staatsoberhaupt selbst nach Berathung im Staatsrath und in dem vorgeschriebenen Untersuchungsverfahren erlassen ist, ist der ordentliche Rechtsweg ersetzt durch das ausserordentliche Rechtsmittel des Art. 40 des Dekrets von 1806 (vgl. oben S. 122). —

An anderen Arten des öffentlichen Eigenthums erscheint die Verleihung in geringerem Umfange, aber, wo sie erscheint, im Wesentlichen nach den gleichen Grundsätzen geregelt.

An öffentlichen Strassen finden Verleihungen statt zur Durchlegung von Gas- und Wasserleitungsröhren, zur Anbringung von Entwässerungskanälen, Stützmauern u. s. w.[18] Ferner am

[17] Ein Beispiel der Anwendung dieser Grundsätze in St. R. E. 14. Aug. 1871 (Couillaud); dass es sich dabei um einen nicht schiffbaren Fluss handelt ändert nichts in den Punkten, die uns hier interessiren. Durch die Wasserordnung war die Stauhöhe einer Mühle niedriger gelegt worden, damit angränzende Wiesen nicht überschwemmt würden, also zum Schutze der Eigenthümer derselben. Nachher behauptet der Müller, dass dieselben durch Privatvertrag gebunden seien, sich solche Störung gefallen zu lassen. Der Staatsrath verwirft den Rekurs wegen Machtüberschreitung, weil diese Behauptung im Vorverfahren nicht vorgebracht worden war; wäre diess geschehen, so hätte die Entscheidung bis zum Urtheile des Gerichts ausgesetzt werden müssen, sonst wäre in der That Machtüberschreitung vorhanden gewesen. Der Staatsrath weist dafür den Müller jetzt noch auf den Civilrechtsweg, um sein Recht feststellen zu lassen. Nachher, heisst es, könne er wieder den Präfekten angehn, der da frei ermessen werde, ob daraufhin eine Veränderung der Wasserordnung stattfinden solle.

Meeresstrand zur Herstellung von Einrichtungen zu Fischerei und Austernfang. Hier werden auch unwiderrufliche Verleihungen erwähnt: das bezieht sich auf Einrichtungen, die aus der Zeit stammen vor der Ordonnanz von Moulins.[19]

Auch am Festungsgelände, an Kirchen und ihrem Zubehör, an Kirchhofsmauern sind solche Verleihungen denkbar.

In der Benutzung der Kirchhöfe zu Beerdigungen nimmt, wie wir gesehen haben, schon die gesetzliche Gewährung besondere Formen an. Daneben steht nun hier eine besondere Art von Verleihung, die Verleihung von Grabstätten (*concession de terrains de sepultures*). Dieselbe geschieht durch den Bürgermeister als den Vertreter der Eigenthümerin dieses öffentlichen Eigenthums. Der Erwerber hat eine Abgabe zu zahlen, welche normirt wird durch einen vom Gemeinderathe genehmigten Tarif; wegen des hieraus entstehenden Rechtsverhältnisses vgl. unten § 65 II n. 4. Die Verleihung geschieht auf ewige Zeiten oder auf 30 Jahre mit dem Rechte der Erneuerung durch nochmalige Ent-

[18] Der Vertrag der Gemeindeverwaltung mit einem Gasunternehmer enthält:

1. eine Verdingung öffentlicher Arbeiten zur Herstellung der öffentlichen Anstalt der Strassenbeleuchtung;

2. einen Vertrag über Lieferung von Gas für diese Anstalt, die ihrerseits in Händen der Gemeinde bleibt;

3. eine Verleihung der Befugniss, die nötigen Röhren im Strassenkörper anzubringen und zu behalten, um der Stadt und den Privaten Gas liefern zu können;

dazu noch Nebenbedingungen wegen Ueberwachung des ganzen Geschäftsbetriebes des Unternehmers und insbesondere wegen des Preises der Gaslieferung an die Privaten.

Von den beiden Verträgen gehört der erste zur Zuständigkeit des Präfekturraths; der zweite ist privatrechtlicher Natur (die Lieferungsverträge der Gemeinde werden nicht so angesehen, wie die des Staates; vgl. unten § 65 II n. 3). Eine Scheidung zwischen ihnen ist kaum möglich; es ist desshalb wichtig zu wissen, welcher Vertrag dem Ganzen seinen Charakter gibt. Nach der neuesten Rechtsprechung des Kompetenzkonfliktshofes soll der Vertrag über öffentliche Arbeiten für das Ganze massgebend sein: C. C. H. 16. Dez. 1876 (ville de Lyon).

Die Verleihung ist nur accessorisch; sie behält an sich die freie Widerruflichkeit; aber es können Entschädigungsansprüche entstehen aus dem Vertrage, zu dem sie gehört, wenn der Widerruf geltend gemacht wird.

[19] Perriquet, *contrats de l'état* n. 395.

richtung der Abgabe oder auf beschränkte Zeit. Sie ist in dieser Zeitbestimmung unwiderruflich, der Bürgermeister macht also eine Art Veräusserung, zu welcher ihn das Gesetz hier besonders ermächtigt. Was der Erwerber bekommt, ist aber doch kein wahres Eigenthum, sein Platz im Kirchhofe bleibt öffentliches Eigenthum. Er erhält daran eine thatsächliche Innehabung und Benützung,[20] gesichert der Verwaltung gegenüber auf bestimmte Zeit und auszuüben nach Massgabe der Ordnungen der Kirchhofspolizei. Zugleich ist ihm derjenige Theil der Beerdigungserlaubniss des Bürgermeisters, welcher die Platzanweisung enthält, für alle Todten, die er dort beerdigen lassen will, für diesen Platz im Voraus ertheilt. Die nachträgliche Versagung dieses Platzes wäre eine ungültige Zurücknahme der einen Theil der Verleihung bildenden Platzanweisung und als solche Machtüberschreitung. Andererseits ist die Anweisung nicht gegeben für solche Fälle, in welcher sie der Bürgermeister gesetzmässig nicht so geben durfte, namentlich mit Rücksicht auf die vorgeschriebene Trennung der Religionsgesellschaften.[21]

Im Verhältniss zu Anderen ist die Grabstätte ein Vermögensstück, vererblich und veräusserlich. Störung und Schädigung begründen Schadensersatzklage vor den Civilgerichten; insbesondere gehört dahin auch die Klage gegen einen Nachbargrabbesitzer wegen Uebergriffs.[22] Nur wenn es sich um Auslegung des Um-

[20] Dekret 23 prairial XII art. 10: *il pourra être fait des concessions de terrains aux personnes qui désireront y posséder une place distincte.*

[21] St. R. E. 17. Juli 1861 (Koratsch): der Besitzer einer Grabstätte im katholischen Theile des Kirchhofes will einen Protestanten darin beerdigen lassen; dazu hat er kein Recht.

[22] St. R. E. 19. März 1863 (Castangt); der Kläger behauptete, des Nachbars Grabdenkmal sei auf einen Streifen gestellt, der zu seiner Grabstätte gehörte. Der Regierungskommissär behauptet die Zuständigkeit der Gerichte; *c'est donc bien sur une question de propriété, sur une question de limites entre voisins que les sieurs C. et M. sont en litige ... Sans doute nous ne nions pas qu'il ne puisse y avoir un préalable administratif mais c'est à l'autorité judiciare qu'appartient le fond.* Das Wort *propriété* ist nicht in strengem Sinne zu nehmen. Wenn das Gericht die Klage zuspricht, kann es nicht die Wegräumung der Störung von dem sogenannten Eigenthum verordnen: *l'exécution ne pourra pas être poursuivie comme dans les cas ordinaires et il ne suffira point par exemple du ministère d'un huissier pour faire démolir dans le cimetière la chapelle du Sieur M.* Das Gericht kann also das Recht anerkennen

fangs der Verleihung handelt, ist das Gericht unzuständig und muss seine Entscheidung aussetzen, bis die Verwaltungsbehörde gesprochen hat.

Auch das Recht des Grabstättenbesitzers muss weichen, wenn öffentliche Arbeiten es nothwendig machen, aber dann gegen Entschädigung. Einen besonderen Fall bietet die Kirchhofsverlegung. Dadurch wird der Boden des bisherigen Kirchhofs privatrechtliches Eigenthum der Gemeinde. Aber zugleich werden nun nicht etwa die Besitzer verliehener Grabstätten freie Eigenthümer derselben. Vielmehr geht ihr Recht unter mit der Anstalt, an welcher es bestand. Insofern dieser Verlust wieder herbeigeführt ist durch die staatliche Thätigkeit für Ordnung, Einrichtung und Betrieb der öffentlichen Anstalt, gebührt dafür nach allgemeinen Grundsätzen Entschädigung. Dieselbe soll nach besonderer Vorschrift (Verordnung vom 6. Dez. 1843 art. 5) gewährt werden in Gestalt eines gleich grossen Platzes auf dem neuen Kirchhof.[23]

3. Ausgleichende Entschädigungen.

§ 52. Entschädigungsleistung des Staates.

Wenn der Staat Entschädigung leisten soll für die besonderen Nachtheile und Lasten, welche bei Herstellung und Betrieb seiner öffentlichen Anstalten Einzelnen auferlegt werden, so hat das eine gewisse Aehnlichkeit mit der civilrechtlichen Schadensersatzpflicht desjenigen, der selbst oder durch seine Leute einem Anderen rechtswidrigen Schaden zufügte (c. c. art. 1382, 1384). Unser ganzes Rechtsinstitut läuft in der That dieser Lehre parallel und in der praktischen Anwendung sehen wir von den

und Schadensersatz in Geld zusprechen, thatsächliche Aenderungen am Kirchhofe, dem öffentlichen Eigenthum, können nur erzwungen werden von der Verwaltung desselben, der Kirchhofspolizei.

[23] Die Natur des Rechtes der verliehenen Grabstätten ist in der Literatur sehr umstritten: Ducrocq n. 134; Gauthier m. c. S. 292, 293.

Gerichten immer wieder jene Artikel des bürgerlichen Gesetzbuches angerufen. Doch geschieht das in sehr verschiedenem Sinne von den Civil- und von den Verwaltungsgerichten; an keinem Punkte zeigt sich deutlicher die Notwendigkeit einer selbständigen Verwaltungsrechtspflege zur Reinhaltung des Verwaltungsrechts.

Die Civilgerichte, sobald sie des Staates als Schadensersatzbeklagten habhaft werden, behandeln ihn ohne Weiteres wie einen Privaten und unterwerfen ihn der Präsumtion der *culpa in eligendo* als Auftraggeber (*commettant*).

Bei den Verwaltungsgerichten hingegen dienen jene Artikel nur zur Vergleichung und Ausschmückung; die Entschädigung selbst wird nach einem ganz anderen Massstabe gemessen und auf einen anderen Grund gebaut.[1]

Bei dieser Sachlage ist in der Entscheidung der Frage, welche von den beiden Behördenordnungen zuständig ist, über Ansprüche aus Schädigung durch öffentliche Anstalten zu erkennen, auch die Entscheidung enthalten über die Frage des materiellen Rechtes. Was die Zuständigkeitsrechtspflege in dieser Beziehung bestimmt, muss uns den Ausgangspunkt für die ganze Lehre geben. Darüber kann aber kein Zweifel sein. Nach der feststehenden Rechtsprechung des Staatsrathes als Zuständigkeitsgerichts und nach ihm seit 1873 des Kompetenzkonfliktshofes sind die Civilgerichte allgemein von der Entscheidung solcher Sachen ausgeschlossen, soweit nicht etwa ausdrücklich besondere Ausnahmen bestehen.[2] Danach ist auch die Rechtsauffassung der Verwaltungsgerichte für uns allein massgebend und die widersprechenden Erkenntnisse des Kassationshofes kommen nicht in Betracht.

Die Haftung des Staates für den Schaden aus öffentlichen Anstalten beruht nicht auf Civilrecht. Solche könnte sich immer nur gründen auf einen Fehler seiner Beauftragten, für welchen er selbst dann nach art. 1384 einstehen müsste. Allein, wenn auch Fehler seiner Beauftragten nachgewiesen wären, der Staat als Herr der öffentlichen Anstalt steht für die Beschädigten hinter

---

[1] Laurent, *cours de droit civil* XX, n. 590 gibt eine Uebersicht der Meinungsverschiedenheiten, welche hier zwischen Staatsrath und Kassationshof bestanden hatten.

[2] C. C. H. 8. Febr. 1873 (Blanco); 18. März 1876 (Bory).

seinen Beauftragten nicht in dem civilrechtlich vorgesehenen Verhältnisse; es fehlt das Merkmal, wonach sich die Folgen ihres Fehlers auf ihn übertrügen: er ist, wie die übliche Ausdrucksweise sagt, nicht *commettant* im Sinne des art. 1384 und desshalb für art. 1382 und die ganze civilrechtliche Schadensersatzpflicht nicht erreichbar.[3]

Als die wahre Grundlage der Entschädigungen, welche hier geleistet werden, erhalten wir bezeichnet den Gedanken der *aequitas*, der billigen Ausgleichung. Es werden Mittel beschafft und verwaltet, um dem Gemeinwesen Nutzen zu bringen. Die Vermögensopfer, welche dazu notwendig sind, trägt naturgemäss die Gesammtheit; trifft durch den Gang der Sache einen Einzelnen ein besonderer Nachtheil, so ist ihm von der Gesammtheit Entschädigung zu gewähren, damit das natürliche Verhältniss hergestellt werde.[4]

Warum die nämliche Rücksicht nicht auch zur Geltung kommt bei Schädigungen des Einzelnen durch Rechtspflege und Polizei? Auch hier könnte man doch von Schädigungen und Ausgleichsbedürftigkeit sprechen, wenn das der Gesammtheit nützliche Institut nach menschlicher Schwäche dazwischen einmal fehlgeht und einen Einzelnen ungerechter Weise trifft. Ein Unterschied besteht ja: der Staat als Besitzer der öffentlichen Anstalten fordert den Gedanken an materiellen Vortheil und Nachtheil und an einen Ausgleich viel eher heraus, als da wo er ohne eigenes materielles Leben die Einzelnen als reine obrigkeitliche Macht von aussen beherrscht. Doch kann man nicht sagen, die Unterscheidung sei eine notwendige; es fehlt auch nicht an Versuchen, den Staat auch für jene abstraktere Thätigkeit der ausgleichenden Entschädigung

[3] C. C. H. 8. Febr. 1873 (Blanco); aus der Rede des Regierungskommissärs: *il nous semble impossible d'assimiler l'état à un simple particulier pour ses rapports avec ses agents et pour les conséquences qui peuvent en dériver au point de vue de sa reponsabilité vis-à-vis des tiers.* St. R. E. 20. Dez. 1879 (Carlier); 10. Dez. 1880 (Guerré). Dareste S. 527 ff.

[4] Gauthier m. c. S. 411: *si des travaux sont faits en vue de procurer un avantage à la collectivité, il est juste que celle-ci indemnise ceux auxquels ces travaux porteraient préjudice;* Block V° *responsabilité*, n. 2: *l'obligation de donner des indemnités dérive soit de lois spéciales, soit de l'équité qui ne permet pas de sacrifier absolument les intérêts privés à l'intérêt général.*

zu unterwerfen.[5] Wir müssen uns begnügen, festzustellen, dass das bestehende Recht sich so entwickelt hat, dass es diese Unterscheidung macht.

Die Idee der Ausgleichung ist noch nicht das Rechtsinstitut, sondern nur die treibende Kraft zur Bildung desselben; es bedarf einer Willensäusserung des Staates. Der Staat, der in den öffentlichen Anstalten nimmt und belastet, muss dafür geben wollen. Es wäre denkbar, dass es der vollziehenden Gewalt überlassen wäre, frei zu bestimmen, ob und in welchem Masse die Billigkeit im Einzelfall Entschädigung erheische. Thatsächlich wird jedoch die Entschädigung zurückgeführt auf einen in einer allgemeinen Regel gegebenen Willen des Gesetzes. Dieser Ausspruch des Gesetzes ist allerdings nirgends ausdrücklich zu finden.[6] Wir kaben eine Reihe von Einzelgesetzen schon kennen gelernt, welche die Entschädigung in gleichmässigen Voraussetzungen und in gleichmässigem Umfange gewähren; wir haben dazu die etwas unbestimmte Zusage der Erklärung der Menschenrechte (art. 13), dass die Lasten für öffentliche Zwecke gleich vertheilt sein sollen. Die Rechtsprechung des Staatsraths erst hat aus allem zusammen das Vorhandensein eines allgemeinen Gesetzeswillens entnommen, dass für den Schaden aus öffentlichen Anstalten in bestimmtem Masse Entschädigung gewährt werde. Und diese Annahme ist ein Bestandtheil des geltenden Rechtes geworden.

Auf diese Grundlage gebaut, erhält der Vorgang der wirklichen Zuwendung dieser Entschädigung im Einzelfall seine bestimmte rechtliche Natur. Der Gesetzeswille, welcher die Ent-

---

[5] Namentlich gaben Ausschreitungen unterer Polizeibeamten Anlass dazu; aber auch an Polizeiverordnungen selbst sucht man sich zu machen. Ein Beispiel in St. R. E. 30. Juni 1859 (Bouchers de Paris): die Metzger klagen auf Entschädigung wegen Freigabe des Gewerbes, welches bisher polizeilich auf eine gewisse Anzahl von Erlaubnissen beschränkt war; natürlich ohne Erfolg.

[6] Die Sachlage wird in der Note des Journal du Palais, jurisprud. adm. 1878 S. 150 also gezeichnet: *Or en cas de mutisme de la législation sur ce point, on ne voit pas — l'art. 1384 étant écarté — sur quels principes pourra se fonder l'autorité administrative pour mettre des dommages-intérêts à la charge de l'état, lorsque cependant dans les circonstances de la cause l'équité commanderait d'en allouer.* Aus dieser Verlegenheit hilft eben die vom Staatsrath aufgestellte Präsumtion, von welcher wir sprechen.

schädigung im Voraus nach allgemeinen Merkmalen gewährt, ist eine Handlung des Staates im Form des Gesetzes, ein Verwaltungsgesetz. Die Ergänzung und Fertigstellung dieser Handlung für das unmittelbare Erfassen des Einzelfalls ist ein Verwaltungsakt, welcher als solcher den Verwaltungsbehörden zusteht. Zugleich ist es ein gebundener Verwaltungsakt, denn er sagt nur, was das Gesetz für den Einzelfall im Voraus gewollt hat, ohne einen neuen Entschluss hinzuzuthun. Als gebundener Verwaltungsakt aber gehört er der Verwaltungsrechtspflege, in welche er sofort oder im Wege des Nachprüfungsverfahrens übergeht.

Wer ist zuständig, solchen Verwaltungsakt zu machen? Gemäss der grossen Delegation ist es immer der Minister, sofern nicht eine andere Behörde bestimmt ist. Die Entscheidung über derartige Entschädigungsforderungen bildet in der That einen Hauptbestandtheil der rechtsprechenden Thätigkeit des Ministers. In manchen Fällen, so vor allem für die Entschädigung aus öffentlichen Arbeiten ist die Zuständigkeit dem Präfekturrath, für andere, insbesondere für den Fall der Enteignung, sogar den Civilgerichten mit oder ohne Jury übertragen.

Die Gewährung der Entschädigung, wenn der Minister sie macht, bewahrt auch äusserlich noch vollständig die Gestalt der Handlung des Staates, der gibt; wenn dagegen ein Sondergericht wie der Präfekturrath oder gar ein Civilgericht sie vornimmt, so nimmt sie den Schein einer Verurtheilung des Staates an.

Wenn die öffentliche Anstalt einem Selbstverwaltungskörper gehört, so enthält die Gewährung zugleich den Ausspruch der Ueberwälzung der Last auf diesen; man sagt dann mit noch mehr Schein der Wahrheit: die Gemeinde, das Departement wird verurtheilt.

Noch deutlicher tritt das hervor im Falle der Verdingung öffentlicher Arbeiten oder der Verleihung öffentlicher Anstalten, wo ebenfalls, mit der Gewährung, der Entschädigungsberechtigte zugleich angewiesen wird auf den Unternehmer, welcher zur Tragung dieser Kosten sich verpflichtet hat; vermöge dieses zweiten Bestandtheils wirkt hier die Gewährung gerade so wie eine civilrechtliche Schadensersatzverurtheilung.[7]

---

[7] Die Beschädigten sollen sich demgemäss zunächst immer an den

Die rechtliche Natur dieser Entschädigung wird dadurch nicht geändert. Nur, wo der Vollzug der Gewährung den Civilgerichten übertragen ist, läuft sie dort, wie gesagt, Gefahr, den civilrechtlichen Schadensersätzen gleichgestellt zu werden, von welchen sie weit verschieden ist.[8]

Es bestimmen sich nämlich aus jener Grundlage auch die materiellrechtlichen Eigenthümlichkeiten dieser Entschädigung in Bezug auf Voraussetzungen und Umfang der Pflicht, wie folgt:

1. Die civilrechtliche Verantwortlichkeit knüpft an an unberechtigtes Verhalten einer Person, des Pflichtigen selbst oder seiner Leute, eine *faute,* ein *faire ce qu'on n'avait pas le droit de faire*, welches den Schaden verursacht hat.[9] Auch für unsere Entschädigung wird der Nachweis eines Kausalzusammenhanges verlangt. Aber der Ausgangspunkt ist immer unpersönlich gedacht: der Schade muss aus der öffentlichen Anstalt hervorgehen;[10] die Lebensäusserung des Staates, wie sie in Herstellung, Besitz und Betrieb der öffentlichen Anstalt sich entfaltet, wird als Ganzes genommen mit allem, was sie durch die natürliche Fehlerhaftigkeit aller sachlichen Einrichtungen, durch die menschliche Gebrechlichkeit ihrer Diener im Verlaufe ihres Thuns nach aussen wirkt. Und dieser Kausalzusammenhang, ein-

---

Unternehmer wenden. Nur wenn sie von diesem nichts erhalten können, wegen Zahlungsunfähigkeit, tritt der Staat wieder ein mit unmittelbarer Gewährung d. h. mit Gewährung ohne Verweisung an einen anderen Zahlungspflichtigen (St. R. E. 27. April 1877, le Tarouilly). Man nennt das eine subsidiarische Haftung des Staates: Aucoc II, n. 730.

[8] Dass der Grundsatz des art. 4 des E. G. z. C. P. O. auf unser Rechtsinstitut nicht anwendbar ist, bedarf nach dem Obigen keiner weiteren Ausführung.

[9] Laurent XX, n. 401; Marcadé S. 274, 275; Aubry u. Rau, IV § 446.

[10] *Un dommage qui résulte des travaux publics, de l'exécution d'un service public* ist verlangt: Gauthier m. c. S. 407. Mit Recht wird desshalb hervorgehoben, dass, um über diese Art von Entschädigung zu sprechen, auf das ganze innere Wesen und Getriebe der Anstalt eingegangen werden müsse, aus welchem heraus der Schaden zugefügt wurde; St. R. E. 6. Dez. 1855 (Rothschild): *cette reponsabilité n'est ni générale in absolue elle se modifie suivant la nature et les moyens de chaque service.*

mal nachgewiesen, genügt: es ist nicht notwendig, dass irgend Jemand auf Seiten des Staats dabei im Fehler gewesen sei. Die Entschädigung wird auch gewährt, wenn der Schade in voller ordnungsmässiger Ausübung der Rechte der öffentlichen Anstalten zugefügt worden ist. Man denke nur an die Enteignung, an die Unterdrückung von Fenstern und Ausgängen durch Veränderung der Strassen, an das Eindringen in Privatgrundstücke zu Vorarbeiten (vgl. oben § 36, § 37, § 42, § 50).

Allerdings spielt thatsächlich die Frage nach einer Verfehlung der Diener der Anstalt eine grosse Rolle, aber nicht um ihrer selbst willen, sondern lediglich sofern danach bemessen werden kann, ob der Schade seine Ursache hat in der Anstalt oder in dem Verletzten selbst oder sonst in äusserlichen für sie zufälligen Umständen, also schliesslich doch nur um den Kausalzusammenhang zu finden. Ein Pulverwagen der Artillerie, ein Fuhrwerk der Tabakmanufaktur überfährt einen Menschen; ist der Verletzte darunter gelaufen, so ist er nicht vom Staate geschädigt; haben die Wagenführer nicht aufgepasst, so besteht der Kausalzusammenhang.[11] Ein Kanal überschwemmt nach einem Platzregen das anstossende Ackerland; wird nachgewiesen, dass der Schleussenwärter reglementswidrig gestaut hatte, so ist es kein Zufall mehr.[12] Ein Schiff der Kriegsflotte übersegelt einen Kauffahrer; die Frage: wer hätte ausweichen sollen, entscheidet zugleich über Schuld und Kausalzusammenhang.[13]

Auch Unterlassungen kommen in Betracht: eine Brücke stürzt zusammen, während ein Wagen darüber fährt, Schlammansammlung im Strome schädigt ein Mühlwerk; ist es die ausserordentliche Gewalt des Stromes oder die Unterlassung der gehörigen Unterhaltung, was die Ursache war? Letzteren Falls ist Entschädigung geschuldet, auch wenn ein Einzelbeamter, der im Fehler sei, nicht nachzuweisen wäre.[14]

---

11 C. C. H. 8. Febr. 1873 (Blanco).

12 St. R. E. 26. Dez. 1879 (Carlier); die Entschädigungspflicht wird gegründet auf *faits accomplis dans l'exécution d'un service public*.

13 St. R. E. 15. Febr. 1872 (Valéry).

14 St. R. E. 10. Dez. 1880 (Guerré); 30. März 1867 (Georges); Dufour IV, n. 408.

Besonders merkwürdig sind die Fälle der Schädigung durch ungültige behördliche Verfügung: es wird im Interesse einer öffentlichen Anstalt ein Eingriff gemacht, der einen Einzelnen belastet, an sich aber keine Entschädigung begründen würde; hinterdrein stellt sich heraus, dass die Verfügung unzulässig war; nun ist der Fall eines Nachtheils da, der nicht von der Entschädigungspflicht befreit ist. Der Präfekt verweigert eine Hausausbesserungserlaubniss ausserhalb der Baufluchtgränze, um der Gemeinde die beabsichtigte Zwangsenteignung zu erleichtern d. h. billiger zu machen. Die Zwangsenteignung unterbleibt, der Beschluss des Präfekten wird wegen Machtüberschreitung vernichtet. Das Haus ist inzwischen eingestürzt und die Gemeinde, für deren Strassenwesen das Verbot erlassen war, muss die Entschädigung zahlen.[15] — Einem Postmeister wird der Dienst entzogen und ein Andrer damit betraut. Der Staatsrath vernichtet die aus politischen Gründen erfolgte Absetzung, die nur im Interesse der öffentlichen Anstalt zulässig war, und die Staatskasse muss das Opfer der unrichtigen Anstaltsleitung entschädigen.[16] — Hierher gehört auch der schon erwähnte Fall, wo ein Haus niedergerissen wird wegen Gefahr für die Strasse und hinterher bewiesen wird, dass es nicht baufällig war: der Eigenthümer der Strasse, Staat, Departement, Gemeinde, zahlt die Entschädigung (vgl. oben § 41 n. 3). Der eigentliche Urheber des Schadens wäre in diesen drei Fällen persönlich nicht haftbar, wie noch auseinandergesetzt werden soll (vgl. unten § 61); für das Gemeinwesen, das die Entschädigung leistet, ist er nicht einmal in allen Fällen, namentlich nicht im ersten, der verordnete Vertreter; er ist nur ein Rad in der Maschinerie der Besorgung einer öffentlichen Anstalt; wenn das Rad falsch arbeitet und Schaden anrichtet, so haftet der Eigenthümer der Anstalt; denn der Schade ist objecktiv aus dem Getriebe der Anstalt hervorgegangen und das genügt.

2. Nach den gleichen Gesichtspunkten wird die Linie gezogen, jenseits welcher die Entschädigungspflicht anfhört, weil

---

[15] St. R. E. 18. Juli 1873 (Lemarié).
[16] St. R. E. 26. Juni 1856 (Suffit).

keine ausgleichungsbedürftige Schädigung des Einzelnen durch die staatlich geordnete Anstalt mehr vorliegt. Nach drei Seiten hin wird sie uns hauptsächlich aufgewiesen: in der persönlichen That der Leute der Anstalt, im Kriegsereigniss und in den allgemeinen Eigenthumsbeschränkungen.

Nicht alle Schädigungen, welche die Diener der Anstalt im Dienste anrichten, können noch als zur Lebensthätigkeit derselben gehörig betrachtet werden; nur die gewöhnlichen unvermeidlichen Irrthümer, Nachlässigkeiten und Missgriffe, welche mit einem solchen Betriebe verbunden sind, stehen noch in dem nötigen Kausalzusammenhange mit ihr. Der Faden reisst ab, sowie der Diener mit selbständigem Entschlusse auf eigene Faust für sich etwas unternimmt, mag es auch gelegentlich der Ausführung des übertragenen Geschäftes sein. Wieder ein Unterscheidungspunkt gegenüber dem civilrechtlichen Schadensersatze! Nach art. 1384 haftet der Arbeitsgeber für jeden Schaden, welchen seine Leute anrichten *dans les fonctions qu'il leur avait confiées* und die einmüthige Auslegung der Wissenschaft und Praxis geht dahin, dass diese bedeute: *à l'occasion des fonctions*; man haftet dort für die Person, nicht für das Geschäft. So haben wir nach Civilrecht folgende Musterentscheidung bekommen: ein Tagelöhner, der zum Dreschen gedungen ist, schiesst dazwischen zu seinem Vergnügen nach Spatzen, trifft den Nachbarn und der Arbeitgeber zahlt den Schaden.[17] Für die öffentlichrechtliche Entschädigung aber wird unterschieden: wenn ein Schiff des Staates durch falsche Handhabung des Steuerruders ein anderes anrennt, entschädigt der Staat; wenn ein Matrose aus Bosheit die Taue des nebenanliegenden Kauffahrers durchschneidet, haftet der Staat nicht.[18] Desgleichen: wenn bei Schiessübungen die Kugeln sich verirren und hinter dem Kugelfange Schaden anrichten, wird Ersatz geleistet; wenn dagegen beim Schiessen mit Platzpatronen ein Soldat aus Leichtsinn oder Unfug seinen Ladstock herausschiesst und einen Vorüber-

---

[17] Duranton, *cours de droit français* XIII, n. 724; Laurent, *principes de droit civil* XX, n. 579 ff.

[18] Dumesnil, *trésor public* n. 1367 nennt das *un acte qui est étranger à son service et qui est le resultat de la détermination personnelle de son auteur*. Nach Civilrecht würde der Arbeitgeber hier zweifelloss haften.

gehenden trifft, so geht das die öffentliche Anstalt nichts an; es ist eine persönliche That des Soldaten (*fait personnel*).[19]

Der Unternehmer öffentlicher Arbeiten übernimmt die daraus entstehenden Entschädigungspflichten, wie der Staat sie hätte, und wird direkt danach verurtheilt; im Falle seiner Zahlungsunfähigkeit haftet der Staat doch wieder selbst. Hier können nun öffentlichrechtliche und civilrechtliche Entschädigungspflicht in der merkwürdigsten Weise zusammentreffen. Denn der Unternehmer ist im Verhältnisse zu seinen Arbeitern einfaches Privatrechtssubjekt und haftet nach Art. 1384 in der diesem entsprechenden umfassenderen Weise; ein derartiger Ersatzanspruch geht aber an das Civilgericht und der Staat hat auch subsidiarisch in keiner Weise dafür aufzukommen. Also: die Arbeiter des Unternehmers lassen beim Bau der Brücke einen Balken auf ein Nachbarhaus fallen, — öffentlichrechtliche Entschädigung, Zuständigkeit des Präfekturrathes, subsidiarische Haftung des Staates; dagegen: die Arbeiter plündern gelegentlich der Arbeit einen nahe gelegenen Weinberg, — keine öffentlichrechtliche Entschädigung, aber Haftung des Unternehmers nach Art. 1384, Zuständigkeit des Civilgerichts, keine subsidiarische Haftung des Staates.[20] —

Der Fall des Kriegsereignisses (*fait de guerre*) schliesst die Haftung des Staates aus einem anderen Grunde aus. Auf dem Schauplatz des Kampfes werden die schärfsten Eingriffe in das Eigenthum der Bürger vorgenommen, Schanzen in den Weinbergen errichtet, Häuser niedergerissen u. s. w. Es ist die Mannschaft des Heeres, welche hier thätig ist, und das Heer ist die grösste öffentliche Anstalt. Entschädigungsansprüche dafür sind stets abgewiesen worden. Das Gesetz, so sagt man, hat die ausgleichende Entschädigung nur gewähren wollen für die öffentliche Anstalt, die mit überlegter geordneter Thätigkeit wirkt, hier aber ist es die unmittelbare Noth des Kampfes, welche die Handlungen des Heeres leitet; dabei schweigt das Verwal-

---

[19] Dalloz V° *responsabilité* n. 649: Block V° *responsabilité* n. 6.

[20] St. R. E. 29. Dez. 1858 (Lacroix); Aucoc II, n. 730, 731; Dufour IV, n. 335; Dareste S. 526. Der Lestere sagt, es komme darauf an: *si le fait est ou non une suite des travaux.*

tungsrecht.[21] Die Vergütungen, welche die Billigkeit oder politische Rücksichten in solchen Fällen erheischen können, müssen auf ausserordentlichem Wege gewährt werden.[22]

Der Gegensatz von verwaltungsrechtlicher Einwirkung und Kriegsereigniss zeigt sich namentlich auch an den Zerstörungen, welche im Vorlande befestigter Plätze vorgenommen werden. Wir sprachen oben (§ 41 n. 2) von dem Rechte des Kommandanten, solche Zerstörungen vorzunehmen, sobald die Erklärung des Kriegszustandes erfolgt ist; das ist dann die öffentliche Anstalt, welche zerstört und für welche denn auch Entschädigung geleistet wird. Steht aber der Feind vor den Mauern, ist der wirkliche Kampf an die Festung herangekommen, so können ganz die nämlichen Zerstörungen von den nämlichen Leuten gemacht werden und es ist Kriegsereigniss (*fait de guerre*), wofür der Staat nicht aufkommt.[23] —

Eine dritte Gruppe von Schädigungen, für welche eine Ausgleichung nicht gewährt wird, sollen diejenigen bilden, welche die Folge sind einer einfachen Ausübung des Eigenthumsrechtes der Verwaltung. Was ein Grundbesitzer leiden müsste von seinem Nachbar, wenn dieser Privatmann wäre, das muss er auch ohne Entschädigung hinnehmen von der Verwaltung, wenn diese in Ausführung öffentlicher Arbeiten auf ihrem Eigenthum ihm solchen Nachtheil zufügt. Beispiele sind: das Abgraben einer Quelle, das Tieferlegen des Bodens des Staatsgrundstückes, so dass das Nachbargrundstück die Anlehnung verliert und am Rande einsinkt.[24]

---

[21] St. R. E. 13. Febr. 1874 (Batteux); 1. Mai 1874 (Defresne). In der Rede des Regierungskommissärs werden gegenüber gestellt: *mesures préventionelles de défense* und: *faits accidentels de guerre et actes de défense qui s'imposent comme nécessité immédiate de la lutte et qui par cela qu'ils constituent des événements de force majeure ne sauraient d'après les principes généraux de droit donner lieu à une action juridique contre l'état.*

[22] Solches geschah durch Sondergesetze nach dem letzten Krieg; Ducrocq n. 308.

[23] Dekret 10. Aug. 1853 art. 39 Abs. 1.

[24] Perriquet, *travaux publics* II, n. 890 ff.: *Aucune indemnité n'est due à raison des faits qui sont, purement et simplement, l'exercice du droit de propriété.* Dufour IV, n. 323, 324; Aucoc II, n. 725; Gauthier m. c. S. 410, 411; Ducrocq n. 263.

Die Berufung auf das Recht der Verwaltung, so zu handeln, würde zur Erklärung nicht ausreichen, denn die öffentlichrechtliche Entschädigung wird ja unbedingt auch dann gewährt, wenn befugter Weise für die Herstellung öffentlicher Anstalten ein Nachtheil verursacht ist. Es greift vielmehr jener allgemeine Gesichtspunkt Platz, der auch schon bei den öffentlichrechtlichen Eigenthumsbeschränkungen die Entschädigung ausschloss (vgl. oben § 40): die Benachtheiligung beruht auf einer rechtlichen Eigenschaft, welche das Grundeigenthum selbst schon in sich trägt, mit welcher zusammen es erst besteht und anerkannt ist; die Geltendmachung dieser Eigenschaft ist kein Schade, der einer Ausgleichung bedürftig erscheint.

3. Endlich hängt mit der besonderen Natur der öffentlichrechtlichen Entschädigung zusammen das verhältnissmässig geringere Mass, in welchem dieselbe geleistet wird, falls der Kausalzusammenhang erwiesen ist. Es kommt nämlich nur in Rechnung der unmittelbare greifbare Schade, *dommage direct et matériel.*[25]

Mit dem Erforderniss der Unmittelbarkeit ist nicht lediglich der Kausalzusammenhang selbst noch einmal betont; man hat vielmehr damit ausschliessen wollen die Fälle, in welchen der Schade erst durch etwas Anderes, was hinzutritt, fertig wird; dass diess Andere erst möglich und wirksam wurde durch das, was die öffentliche Anstalt gethan hatte, soll nicht in Betracht kommen. Beispiele: bei Kanalisirung der Somme wurde die Mündung verlegt; in das alte Mündungsbett drang nunmehr das Seewasser herauf und zerstörte den Pflanzenwuchs der Uferwiesen; der Entschädigungsanspruch wurde abgewiesen, weil der Schade kein direkter sei. Das Gleiche geschah in dem Falle, wo ein Wirth klagte, der durch Weiterführung einer Eisenbahn für sein an der bisherigen Endstation gelegenes Gasthaus die Kundschaft verlor. Die letztere Klage ist an sich nicht so undenkbar gegenüber dem Umstande, dass die öffentliche Anstalt auch solchen Schaden ausgleicht, den sie in Ausübung ihrer Rechte verursacht; desshalb

[25] Gauthier m. c. S. 408 ff.; Aucoc II, n. 727; Ducrocq n. 263; Perriquet, *travaux publics* II, n. 893 ff.

wird hier der Grundsatz der Unmittelbarkeit angerufen, um die Abweisung zu begründen.[26]

Wenn zweitens verlangt wird, der Schade müsse greifbar sein, so will damit nicht jeder Schade ausgeschlossen werden, der nicht in der Verletzung einer Sache sich verkörpert. Auch Vermögensschaden ohne Sachberührung kommt in Betracht; Beweis die Entschädigung, welche gewährt wird für Erschwerung der Zugänglichkeit eines Hauses in Folge Strassenverlegung. Aber der Schade muss eine gegenwärtige Verminderung des Vermögens um einen festen Werth vorstellen. Das war notwendig zu sagen gegenüber dem civilrechtlichen Schadensersatze nach art. 1382, der weit über dieses Mass hinaus den Schaden berücksichtigt. Schon die Möglichkeit und Hoffnung künftigen Gewinnes, ja sogar der sogenannte *tort moral* kommt dort in Betracht, jene blosse Störung der Gemüthsruhe, deren nachtheilige Folgen auf das Vermögen des Gestörten der Richter kühnlich festsetzt.[27]

Kein Gesetz allerdings sagt etwas von diesen beiden Beschränkungen. Der Staatsrath hat sie aus der Natur der zu gewährenden Entschädigung selbst geschöpft; sie kann nicht die weite Genugthuung sein, zu der Delikt und Quasidelikt verpflichten; sie hat gar nichts von einer Strafe an sich, sondern ist nur eine billige Ausgleichung der Last; dieser Billigkeit aber ist in solchem Umfang genug geschehen.[28]

§ 53. Vergütungen der Einzelnen an den Staat.

Die Einzelnen, welchen besondere Nutzungen an einer öffentlichen Anstalt eingeräumt sind, haben hiefür nach dem Grundsatze

---

[26] St. R. E. 14. Dez. 1836 (Delattre); Sourdat, *responsabilité* n. 435; Aucoc II, n. 727.

[27] Von diesem Gesichtspunkte aus erklärt sich, was oben (S. 300) erwähnt wurde, dass man sich nicht so einfach dazu verstand, einen Entschädigungsanspruch des abgesetzten Unternehmers öffentlicher Arbeiten wegen des entgangenen Gewinnes anzuerkennen.

[28] Sourdat n. 438: *elle (l'administration) ne doit qu'une indemnité qui n'a rien de pénal et qui par suite s'évalue avec plus de modération;* Aucoc II, n. 727: *la formule n'est pas trop étroite pour renfermer tous les dommages dont la réparation est exigée par l'équité.*

der Ausgleichung eine entsprechende Abgabe zu entrichten, die ihnen entweder mit Ermächtigung des Gesetzes als Taxe, Gebühr u. s. w. einseitig auferlegt oder auf Grund ihrer Unterwerfung durch den nutzungsverleihenden Verwaltungsakt festgesetzt wird (vgl. oben § 49—51).

Ein allgemeiner Rechtssatz besteht hier nicht wie für die Entschädigung, welche der Staat leistet; dass die Einzelnen Vortheile, auch besondere Vortheile, von den öffentlichen Anstalten haben, ist nicht immer ein Grund, sofort auch schon auszugleichen; sie sollen ja Vortheile haben, dafür tragen sie die allgemeinen Lasten des Staates. Die Pflicht tritt also nur dann ein, wenn diese Vortheile so bedeutend sind, dass eine Ausnahme gemacht werden muss, und nur in Kraft besonderer Rechtsinstitute, welche diese Ausnahme anerkennen und verwirklichen.

Wir haben daher nur noch diejenigen Rechtsinstitute hier nachzutragen, welche bestimmt sind, Ausgleichungen zu erheben ausserhalb des Gebietes der besonderen Nutzungsgewährungen; denn die mit diesen zusammenhängenden sind vollkommen erledigt.

Die Herstellung der öffentlichen Anstalt selbst nämlich kann schon Vortheil gewähren, indem von nun an die einzelnen Nutzungen, entgeltlich oder unentgeltlich, möglich werden. Die Erbauung einer Strasse, eines Kanals, die Regulirung eines Flusses steigert den Werth der naheliegenden Grundstücke, es werden Kapitalsvermehrungen zugewendet. Man bezeichnet diesen Vortheil im Gegensatz zur Nutzung als Vortheil aus öffentlichen Arbeiten (*bénéfice resultant de travaux publics*) und die Entschädigung, welche dafür erhoben wird als Mehrwerthsentschädigung (*indemnité de plus value*).

Die Theorie macht hier die Unterscheidung von unmittelbaren und mittelbaren Vortheilen (*bénéfices directes et indirectes*).[1] Erstere sind solche, um deren willen die öffentlichen Arbeiten gemacht werden, letztere sind das Nebenprodukt der öffentlichen Anstalten, deren Hauptzweck nicht darauf gerichtet ist. Nur diese letzteren können hier in Betracht kommen; denn die öffentlichen Arbeiten im ursprünglichen Sinne haben immer

---

[1] Aucoc II, n 867.

den Zweck, der öffentlichen Anstalt zu dienen, und der Vortheil des Einzelnen kann ihrer Natur nach immer nur eine Nebenwirkung sein. Die Gegenüberstellung der ersten Kategorie weist darauf hin, dass wir den öffentlichen Arbeiten noch in einer anderen Verwendung begegnen werden, wo der unmittelbare Zweck, abweichend von ihrer eigentlichen Natur, das Privatinteresse ist (vgl. unten § 54 n. 1).

Man hat die Erhebung der Entschädigung für solche Vortheile mit ihrer inneren Begründung anzulehnen gesucht an das Rechtsinstitut der *negotiorum gestio.*[2] Allein der Vortheil kann auch gewährt sein gegen den Willen des Einzelnen, für die Erhebung der Entschädigung macht das keinen Unterschied; bei der uns zunächst beschäftigenden mittelbaren Bevortheilung aber fehlt überdiess die Absicht des Staates, für den Einzelnen zu handeln; er handelt nur zum öffentlichen Nutzen, das ist zu dem seinigen. Die Grundlage ist daher lediglich wieder jene Idee der Ausgleichung, verwirklicht, soweit Gesetz oder vollziehende Gewalt besondere Rechtsinstitute dafür geschaffen haben. Diese Rechtsinstitute zerfallen danach in gesetzmässige Auflage und in Unterwerfung. Die erstere Form spaltet sich in selbständige Auflage und Auflage zur Wettschlagung.

1. Die selbständige Auflage einer Mehrwerthsentschädigung (*indemnité par voie d'action*) ist geregelt durch das Gesetz vom 16. Sept. 1807, art. 30–32.[3] Danach soll sie nur verlangt werden können, wenn eine erhebliche Wertherhöhung vorliegt. Ein Dekret im Staatsrath nach Gehör der Betheiligten kann erklären, dass diess der Fall ist, und die Anwendung des Rechtsinstitutes in Bewegung setzen. Dann wird eine Mehrwerthskommission (*commission de plus value*) gebildet (vgl. oben S. 131). Dieselbe setzt die Kapitalsvermehrung fest, welche die begünstigten Grundstücke erfahren haben, und verurtheilt die Eigenthümer zur Erstattung der Hälfte derselben; die Entrichtung kann nach Wahl der Schuldner in Bestellung einer vierprozentigen Grundrente geschehen.

---

[2] Dareste S. 502 ff.

[3] Dufour IV, n. 393 ff.; Serrigny III, n. 1628 ff.; Aucoc II n. 920 ff.

2. In Gestalt einer Wettschlagungseinrede kann der Mehrwerth viel umfassender geltend gemacht werden.[4] Voraussetzung ist, dass der durch die Herstellung der öffentlichen Anstalt begünstigte Eigenthümer aus dem gleichen Anlass eine öffentlichrechtliche Entschädigung zu beanspruchen hat wegen Enteignung eines Stückes, zeitweiliger Besitzentziehung oder formlosen Störungen. Die Verwaltung ist durch das Gesetz ermächtigt, den Mehrwerth ohne Weiteres dem Entschädigungsanspruch behufs theilweiser oder gänzlicher Wettschlagung entgegen zu setzen. Es bedarf hiezu keiner besonderen Ermächtigung durch Dekret; der Mehrwerth kommt in seinem ganzen Betrage unverkürzt in Anrechnung bis zur Höhe der Gegenforderung. Zuständig zur Entscheidung über den Mehrwerthsanspruch ist diejenige Behörde, welche über die Entschädigungsforderungen zu erkennen hat, welcher er entgegengesetzt wird, also Enteignungsjury oder Präfekturrath.

3. Die Mehrwerthsentschädigung kann auferlegt werden ohne gesetzliche Grundlage in Folge freiwilliger Unterwerfung der Betheiligten.[5] Das ist der Fall in Folge der sogenannten Beitragsanerbietungen (*offres de concours*). Einzelne oder Körperschaften, welche ein besonderes Interesse haben an der Herstellung einer öffentlichen Anstalt, einer Strasse zum Beispiel oder einer Eisenbahn, können sich dem Staate zur Leistung eines Beitrags verpflichten unter der Bedingung, dass die Arbeit ausgeführt oder in einer gewissen Art ausgeführt werde. Insofern aber die ausgleichende Entschädigung in solchem Anerbieten steckt, ist es keine Schenkung und den erschwerenden Formen derselben nicht unterworfen. Das Anerbieten wird verbindlich durch die Annahme von Seiten der Behörde, welche auch stillschweigend geschehen kann durch Ausführung der Arbeiten wie bedungen.

Es ist ein öffentlichrechtlicher Vertrag, welchen die Verwaltung hier schliesst; die Annahme des Anerbietens hat die Natur eines Verwaltungsaktes; entsteht Streit über seinen Vollzug insbesondere darüber, ob die Bedingungen erfüllt sind, unter welchen

---

[4] Ges. 16. Sept. 1807 art. 54; Ges. 3. Mai 1841 art. 51. Aucoc II, n. 737; Lalleau I, n. 232 ff.

[5] Aucoc II, n. 717 ff.; Perriquet, *travaux publics*, n. 858 ff.

die Last auferlegt ist, so hat die Verwaltung ihn auszulegen und anzuwenden. Zuständig ist unter den Verwaltungsbehörden der Präfekturrath: es wird angenommen, dass es sich um eine Leistung für öffentliche Arbeiten handle, und Verträge über öffentliche Arbeiten weist das Pluviosegesetz dorthin.

Eine besondere Art von Beitragsleistung ist von dieser Auffassung ausgeschlossen: es ist die Abtretung von Grundstücken, welche zur Ausführung der Arbeiten nötig sind. Hier spielen wieder die Ideen der Zwangsenteignung herein: das Civilgericht ist der „Wächter des Grundeigenthums" (vgl. oben § 37). Wird die Abtretung durch gesetzlich ermächtigten Eingriff erzwungen, so hätte das Civilgericht über Umfang und Ausführung der Enteignung zu erkennen; wenn sie, wie hier, auferlegt wird nach freiwilliger Unterwerfung, so soll dasselbe der Fall sein.[6] Ein privatrechtliches Rechtsgeschäft wird durch diese Zuständigkeitsübertragung die Abtretung auch hier nicht, so wenig wie die Enteignung.

Anhang.

§ 54. Unechte öffentliche Anstalten.

Wenn die Formen des Rechtes der öffentlichen Anstalten zur Anwendung kommen hinter der Thätigkeit der Polizei, der Rechtspflege, auch, wie wir sehen werden, der Staatsvermögensverwaltung, so bleiben sie auf ihrem besonderen Gebiete: denn die Beschaffung und Leitung der sachlichen und persönlichen Mittel für diese Zwecke bildet selbst wieder öffentliche Anstalten.

Es wurden auch schon Fälle erwähnt, wo diese Formen in die unmittelbare Thätigkeit jener anderen Gebiete selbst verflochten werden; so wirkt die Enteignung gegen die ungesunden Wohnungen in polizeilichem, gegen den Angränzer des frei gelassenen

---

6 St. R. E. 17. Juli 1861 (Charlier); 30. April 1863 (Montalembert); 1. Aug. 1873 (Abadie); C. C. H. 11. Jan. 1873 (Damours).

Strassenkörpers in fiskalischem Sinne (vgl. oben § 36). Das sind Uebertragungen, mit welchen immer noch wenigstens das allgemeine Gebiet des Verwaltungsrechtes nicht verlassen wird.

Nun begegnen wir unseren Rechtsinstituten aber auch noch ganz ausserhalb des Verwaltungsrechtes, auf dem Gebiete der Privatwirthschaft und ihrer Ordnung. Es handelt sich um Güter, welche im Privateigenthum stehen, gleichviel ob des Staates selbst oder Einzelner, welche bestimmt sind, dem Eigenthümer einen privatwirthaftlichen Nutzen zu gewähren, deren ganze Ordnung eigentlich dem Privatrechte unterliegt. Allein es besteht zugleich ein öffentliches Interesse, dass sie in bestimmter Weise hergerichtet und ausgebeutet werden, wegen des Nutzens, den der Nationalwohlstand, die Volksgesundheit, die öffentliche Sicherheit von ihnen dann haben. Damit sie das können oder müssen, werden auf Herrichtung und Betrieb in grösserem oder geringerem Masse die Formen des Rechtes der öffentlichen Anstalten angewendet; der Staat behandelt diese Güter in gewissem Grade wie öffentliche Anstalten, die sie in Wirklichkeit nicht sind, und so entsteht der Begriff der unechten öffentlichen Anstalten. [1]

Dieser Einbruch unserer Rechtsinstitute in das Gebiet des Privatrechtes lässt sie nicht ohne Weiteres so wie sie sind. Die Anwendung ihrer Formen ergibt sich nie von selbst, wie da wo echte öffentliche Anstalten in Frage sind; es bedarf stets einer besonderen gesetzlichen Grundlage. Die Pflicht zur ausgleichenden Entschädigung dreht sich um, so dass der Eigenthümer sie leisten muss, an dessen Grundstück öffentliche Arbeiten stattfinden. Ordnungen, welche bei den reinen öffentlichen Anstalten im Wege des Auftrags und der Dienstanweisung ergehen, ersetzt der Polizeibefehl. Die privatrechtlichen Beziehungen der Einzelnen unter einander aber werden in solchem Umfange berührt, dass in

[1] Batbie V, n. 478 ff. behandelt die wichtigsten Fälle dieser Art unter der Ueberschrift: *des biens qui peuvent appartenir aux particuliers comme aux personnes morales*, hält sich also an das äusserlichste Merkmal; den Gegensatz bildet das *domaine public*, welches vorausgeht. In jener Rubrik aber führt er bezeichnender Weise als letztes Stück an: die *brevets d'invention*, die unechte Polizei, wie wir's nannten (vgl. oben § 34).

manchen Fällen die Privatrechtslehre die hier entstehenden Institute zugleich für sich in Anspruch nimmt.

1. In der einfachsten Gestalt erscheint solche Uebertragung der Rechtsinstitute der öffentlichen Anstalten da, wo die Gesetze der Verwaltung die Form der öffentlichen Arbeiten oder der Zwangsenteignung anzuwenden gestatten, um Privatgrundstücken die im öffentlichen Interesse wünschenswerthe wirthschaftliche Beschaffenheit zu geben.

Der Ausgangspunkt dieser Bestrebungen ist das Gesetz vom 16. Sept. 1807, welches die Urbarmachung von Sümpfen zum Gegenstande hat, die Privateigenthümern gehören.[2] Ein Dekret im Staatsrath erkennt die öffentliche Nützlichkeit der Arbeiten an für den Einzelfall. Der Präfekt verdingt sie; sie werden dann ausgeführt mit aller Unwiderstehlichkeit und mit allen Vorrechten der öffentlichen Arbeiten. Aus dem Kreise der betheiligten Eigenthümer ernennt der Präfekt einen Ausschuss (*syndicat*) von 3—9 Mitgliedern zur Geltendmachung von Wünschen und Beschwerden. Daher die ganze Einrichtung mit dem Namen *syndicat forcé* bezeichnet wird.[3] Nach Beendigung der Arbeiten haben die Eigenthümer eine ausgleichende Entschädigung zu entrichten: es ist hier der Fall der *bénefices directes,* wovon wir oben (§ 53) gesprochen haben. Die Entschädigung besteht in Erstattung aller Auslagen des Staates und wird von der zu diesem Zwecke eingesetzten *commission spéciale* den Einzelnen nach Verhältniss ihrer Betheiligung auferlegt. Im Falle eines Widerspruches entscheidet der Präfekturrath.[4]

Die Arbeiten können auch statt einfach verdungen, zum Bezug der dafür zu leistenden Entschädigung verliehen werden

---

[2] Dasselbe beginnt mit der Erklärung, dass dieses Privateigenthum solcher besonderer Behandlung unterworfen werden soll: *la propriété des marais est soumise à des règles particulières* (art. 1).

[3] Dufour VI, n. 147 ff.; Aucoc II, n. 873 ff.; Perriquet, *travaux publics* II, n. 822 ff. Nach der neueren Gesetzgebung soll das ganze Verfahren nur eintreten, wenn sich unter den Eigenthümern keine Genossenschaft freiwillig bildet, die die Sache in die Hand nimmt; (vgl. unten § 72).

[4] Die *commission spéciale* ist hier seit Ges. 21. Juni 1865 art. 26 nicht mehr Richter; Perriquet, *trav. publ.* II, n. 834 ff.

in der Form der *concession de travaux publics.* Die Entschädigung besteht dann in einem durch den Verleihungsakt bestimmten Antheil an dem Mehrwerthe der Grundstücke.

Dieses Verfahren kommt nach dem Gesetze von 1807 auch zur Anwendung, um die Errichtung von Schutzdeichen zu erzwingen.[5]

Wegen des ähnlichen Verfahrens für die den Ufereigenthümern obliegenden Ausräumung von Privatflüssen vgl. unten n. 4. —

Das Gesetz vom 14. Dez. 1810 gestattet der Verwaltung Dünen einfach in Besitz zu nehmen und anzupflanzen, als handelte es sich um öffentliche Arbeiten an einem Staatsgrundstück; Rückgabe an den Eigenthümer gegen Erstattung der Kosten.[6] Aehnlich verfügt das Gesetz vom 19. Juni 1857 für die Urbarmachung der Landes in der Gascogne und das Gesetz vom 28. Juli 1860 für die aller Oedungen und Sümpfe, welche in Gemeindeeigenthum stehen.[7]

Um die Berasung und Aufforstung von Berghängen zu erwingen, verwenden die Gesetze vom 28. Juli 1830 und 4. Juni 1864 die Form der Zwangsenteignung: nach Vollendung der Arbeiten kann der frühere Eigenthümer das Grundstück zurückerwerben gegen Erstattung der Enteignungsentschädigung und der Anpflanzungskosten.[8]

2. Im Schutzbezirke der Heilquellen (*périmètre de protection*) findet die Form der öffentlichrechtlichen Servitut ausdehnende Anwendung.[9] Durch Dekret des Staatsoberhauptes wird einer Heilquelle, die auch in Privateigenthum stehen kann, die öffentliche Nützlichkeit zuerkannt (*déclaration d'utilité publique*); dann wird ihr zugleich ein gewisser Schutzbezirk bestimmt. Innerhalb desselben sind Arbeiten, die in den Boden ein-

---

[5] Perriquet, *trav. publ.* II, n. 1216 ff.

[6] Ducrocq n. 746; Gauthier d. p. S. 435.

[7] Ducrocq n. 743; Gauthier d. p. S. 437.

[8] Ducrocq n. 744; Gauthier d. p. S. 435.

[9] Ges. 14. Juli 1856 Tit. I; Verordnung 8. Sept. 1856. Das Rechtsinstitut pflegt denn auch ohne Weiteres vorgetragen zu werden unter der Rubrik: *servitudes d'utilité publique;* Ducrocq n. 725.

dringen, theils verboten unter Vorbehalt der Erlaubniss des Präfekten. theils, bei geringerer Gefährlichkeit, wenigstens anzeigepflichtig, um auch dann noch vom Präfekten verboten werden zu können. Gegen Erlaubnissverweigerung und Verbot geht die Beschwerde zum Präfekturrath im Verwaltungsstreitverfahren. Die Servitut trifft auch den Eigenthümer der Quelle selbst, also das Grundstück, auf welchem die Quelle entspringt: ein *praedium dominans* ist wieder nicht vorhanden; die Heilquelle, die halböffentliche Anstalt, ist das Begünstigte. Der Eigenthümer kann ausserdem mit besonderer Ermächtigung des Ministers innerhalb des Schutzbezirkes auch an fremden Grundstücken Arbeiten vornehmen zur Fassung und Förderung des Quellwassers. Er schuldet aber auch seinen Nachbarn Entschädigung für diese Störungen, wie für jede Geltendmachung der Hauptservitut durch Erlaubnissverweigerung oder Verbot. Die Forderung ist civilrechtlich, wie aus einem erzwungenen Vertrage; die Civilgerichte entscheiden darüber.

3. In ganz umfassender Weise ist der Begriff der öffentlichen Anstalt massgebend geworden zur Ordnung des Bergrechts.[10]

Unter dem alten Königthum bestand das Bergregal. Das Gesetz vom 12. Juli 1791 setzte an dessen Stelle das Recht des Grundeigenthümers mit staatlicher Ueberwachung; das bürgerliche Gesetzbuch bestätigt diese Auffassung auf's Neue durch Anerkennung des Accessionsrechts: *la propriété du sol emporte la propriété du dessus et du dessous* (art. 552). Das Gesetz von 1810 hat diesen Ausgangspunkt beibehalten.[11] Der Eigenthümer des Bodens ist grundsätzlich Eigenthümer auch von allem, was darunter steckt; Mineralien jeder Art, die etwa zufällig ausgegraben werden, gehören ihm; ein Anderer, der etwas dergleichen wegnimmt, ist ihm

[10] Ges. 21. April 1810 ist grundlegend; dazu noch Ges. 27. April 1838, Dekret 23. Okt. 1852.

[11] Ducrocq n. 732: *le point de départ de la loi du 21 avril 1810 sur les mines est l'idée même du droit d'accession;* Perriquet, *contrats de l'état* n. 283 schildert die Versuche, die man damals machte, um von dieser Grundlage loszukommen, die aber alle durch das zähe Festhalten Napoleons vereitelt wurden.

zu Schadensersatz verpflichtet.[12] Aber mit dem planmässigen Bauen auf die im Gesetze bezeichneten Mineralien beginnt die Herrschaft der am Begriffe des Bergwerks hängenden besonderen Rechtsordnungen. Das Gesetz von 1791 hatte es bereits ausgesprochen: *les mines sont à la disposition de la nation en ce sens seulement que ces substances ne pourront être exploitées que de son consentement et sous sa surveillance* (Tit. I art. 1); das Gesetz von 1810 bestimmt jetzt genauer, was gemeint ist: *les mines ne peuvent être exploitées qu'en vertu d'un acte de concession delibéré en conseil d'état* (art. 5). Gräbereien (*minières*) und Brüche (*carrières*) sind den polizeilichen Formen der Erlaubnissertheilung (*permission*) und der Ueberwachung (*surveillance*) unterworfen; die ganz besondere rechtliche Stellung der Bergwerke kennzeichnet das Gesetz im Gegensatze dazu durch jenes Rechtsgeschäft der Verleihung, welches es an die Spitze stellt, eben jenes Rechtsgeschäft, in welchem der Staat Einzelnen seine öffentlichen Anstalten zur Ausbeutung überlässt oder besondere Nutzungen an solchen gewährt (vgl. oben § 46 und 51).

Die Auffassung ist demnach folgende: ein Bergwerk im obigen Sinn mit allem, was dazu gehört, ist eine öffentliche Anstalt, wird wenigstens nach dem Muster dieses inzwischen zu voller Klarheit entwickelten Begriffes behandelt. Damit scheidet der Bergwerksbetrieb aus aus der freien Zugehörigkeit zum Grundeigenthum: der Einzelne, der ein Bergwerk eröffnet, und wäre es der Grundeigenthümer selbst, bemächtigt sich einer öffentlichen Anstalt; es folgt desshalb aus jener Auffassung zunächst ein Verbot des eigenmächtigen Bergwerksbetriebes mit Strafandrohung, welches gegen Jedermann, auch gegen die Eigenthümer des Bodens, sich richtet.

Die Befugniss zum Besitz und Betrieb einer solchen öffentlichen Anstalt kann der Einzelne bekommen durch staatliche Verleihung. Dieselbe erfolgt unter Beobachtung ähnlicher Formen wie die bei Verleihung besonderer Wassernutzungen.[13]

---

[12] Demolombe I, n. 647.

[13] Namentlich kommen die Interessen Dritter in derselben Weise zur Geltung und die Rechtspflege erscheint in den nämlichen Gestalten; Dufour VII, n. 272—275; Perriquet, *contrats de l'état* n. 312 ff. Vgl. oben § 51.

Der Beliehene wird dadurch ermächtigt, innerhalb eines räumlich abgegränzten Gebietes die Bergwerksanstalt herzustellen und zu betreiben. Dafür wird eine Vergütung (*redevance*) auferlegt, wie direkte Steuern zu erheben.

Die Arbeiten für Herstellung und Betrieb des Bergwerks werden als öffentliche Arbeiten angesehen, wie wenn sie wirklich einer öffentlichen Anstalt dienten.[14] Der Grundeigenthümer kann sich ihnen nicht widersetzen, selbst dann nicht, wenn sie ihn schädigen (durch Bodenerschütterungen, Senkungen, Abgraben von Quellen). Schon zur Vorbereitung können an fremden Grundstücken Untersuchungen (Schürfungen, *récherches*) angestellt werden, wozu ein Dekret ermächtigt. Ebenso kann der Bergwerksunternehmer ermächtigt werden, Theile der Oberfläche in Besitz zu nehmen, deren er für den Betrieb bedarf, namentlich für Aufstellung von Maschinen, für Schutthalden, Zufahrtswege, alles in den Formen des oben § 41 n. 2 dargestellten Rechtsinstitutes. Zur Herstellung von Eisenbahnen oder Kanälen für das Bergwerk findet das gewöhnliche Enteignungsverfahren statt.

Der Betrieb des Bergwerks wird überwacht in den Formen der Polizei, verstärkt durch das Recht der Verwaltung, die vorgeschriebenen Arbeiten mit unmittelbarer Gewaltanwendung (vgl. oben § 29) in Vollzug zu bringen auf Kosten des säumigen Unternehmers, der sich durch die Annahme der Verleihung solchem Zwange unterworfen hat.

Die Verleihung ist nicht einfach widerruflich; dagegen greift auch hier wieder die Verlustigung Platz nach Muster der Wiederauflösung eines Vertrages; Nichterfüllung der Bedingungen der Verleihung, namentlich auch Nichtzahlung der Kosten einer notwendig gewordenen Entwässerungsunternehmung und Nichtbefolgung bergpolizeilicher Vorschriften sind die Hauptfälle. Die Verlustigerklärung geschieht durch Dekret mit Anfechtung im ordentlichen Verwaltungsrechtsweg zum Staatsrathe.

---

[14] Jousselin II, S. 56: *le caractère que notre législation attribue aux travaux d'exploitation des mines est celui de travaux d'utilité publique.* Also nicht mehr *travaux publics*, sondern *d'utilité publique*; wir werden dieser Unterscheidung von *public* und *d'utilité publique* noch einmal begegnen im Gebiete der Selbstverwaltung (vgl. unten § 72).

Soweit bewegt sich alles in den gewöhnlichen verwaltungsrechtlichen Formen der Verleihung einer öffentlichen Anstalt. Nun aber ist es in Wahrheit doch keine öffentliche Anstalt, um die es sich handelt; es fehlt der Zweck des öffentlichen Nutzens und es sind keine Mittel des Staates, die da zur Verwendung kommen. Es ist ein Privatunternehmen von öffentlichem Interesse. Das kommt wieder in zwei Richtungen hinter all den Formen des öffentlichen Rechtes zum Vorschein.

a. Der Schade, der hier entsteht aus den öffentlichen Arbeiten, Besitzergreifungen, Enteignungen, wird ausgeglichen mit dem Massstab des öffentlichen Rechtes, d. h. ohne dass es auf den Nachweis eines Verschuldens oder einer Rechtswidrigkeit ankäme, es genügt dass der Schade aus dem Betriebe des Bergwerks hervorgehe. Die Entschädigungsforderung entsteht aber als civilrechtliche Forderung gegen den Unternehmer, der, im Falle ein wirkliches Verschulden vorliegt im Sinne des art. 1382 c. c., zugleich auf Grund dieser Bestimmung, also möglicher Weise in weiterem Umfang haftet. Es ist dasselbe Verhältniss, wie bei dem Unternehmer öffentlicher Arbeiten, nur dass hier keine subsidiarische Haftung des Staates dahinter steht (vgl. oben § 45, § 52 n. 2).

Der Unternehmer aber bedient sich fremder Mittel noch in besonderer Weise: durch Eindringen in den Untergrund der Privatgrundstücke, durch Wegnahme von Stoffen daraus: das gehört alles dem Eigenthümer des Bodens; nur indem das Bergwerk zur öffentlichen Anstalt erhoben wird, erhält der Bergwerksunternehmer die Befugniss, sich solches als Betriebsergebniss anzueignen. Dafür gebührt jedoch dem Grundeigenthümer eine besondere Entschädigung. Dieselbe wird im Verleihungsakte festgesetzt; sie ist als civilrechtliche Forderung anzusehen; der Verleihungsakt begründet wieder in dieser Hinsicht einen erzwungenen Vertrag.

b. Das Bergwerksunternehmen mit allen seinen materiellen Mitteln und Einrichtungen gehört nicht dem Staat; es ist ein Vermögensstück des beliehenen Unternehmers. Vermögensstücke sind auch die Wassernutzungen. Hier aber ist das Recht des Unternehmers fester gestaltet: es hängt nicht an einer unveräusserlichen öffentlichen Anstalt, sondern an Privateigenthum, am Grundstücke, unter welches es hineinreicht. Diesem Privateigenthum setzt es eine Gränze: dasselbe geht nur noch soweit, bis es an die Anstalt des Bergwerkes stösst; von jedem Einfluss auf dieses ist das Verfügungsrecht des Eigenthümers ausgeschlossen. Es ist wie eine öffentliche Anstalt aus der Sphäre des Privatrechts herausgehoben; auch Hypotheken des Grundstücks sind getilgt dem Bergwerk gegenüber und neubegründete erfassen es nicht.[15] Innerhalb dieser unförmlichen, wechselnden Gränze entsteht aber zugleich im Gegensatze dazu das neue Eigenthum des Unternehmers — ein Eigenthum liegenschaftlicher Natur, fähig zur Hypothek gestellt zu werden, geschützt durch Besitzklage und durch förmliche Eigenthumsklage vor den Civilgerichten.[16]

Dieses Eigenthum wird nicht begründet, wenn der Betrieb hinausgreift über die räumliche Gränze, welche die Verleihung zog. Es erlischt von selbst mit der Aufgabe des Bergwerks. Es erlischt aber nicht mit der blossen Verlustigerklärung; vielmehr wird es dann Gegenstand eines Zwangsverkaufes, welchen die Verwaltung gegen den Unternehmer vornimmt an einen neu zu Beleihenden und dessen Erlös dem Verlustiggewordenen zukommt.[17] [18]

4. Wasserläufe, die weder schiff- noch flössbar sind, stehen nicht im Eigenthum des Staates, sind keine öffentlichen Anstalten. Die Angränzer haben Rechte daran, welche in ihren Grundzügen durch das Civilgesetzbuch geregelt sind (art. 644, 645). Welcher Art sie seien, ob Eigenthum, ob Nutzungsrechte, ist ja eine viel besprochene Streitfrage. Uns genügt es, dass sie dem Civilrechte angehören. Die Civilgerichte sind zuständig, im Streitfall die Ordnung zwischen den verschiedenen Nutzungsberechtigten aufrecht zu erhalten.

---

[15] Das Gesetz von 1810 art. 17 drückt das so aus: *l'acte de concession purge en faveur du concessionnaire tous les droits des propriétaires de la surface.*

[16] Ges. 1810 art. 20, 21; Aubry u. Rau II, S. 443 ff.; III, S. 125; VIII S. 459.

[17] Dufour IV, n. 359; Perriquet, *contrats de l'état* n. 379 ff.

[18] In Elsass-Lothringen ist das Bergrecht jetzt geordnet durch Gesetz vom 16. Dez. 1873. Für dasselbe ist massgebend gewesen das preussische Berggesetz vom 21. Juni 1865 und dieses wieder lehnt sich an an das französische Gesetz vom 21. April 1810, dessen Theorie wir oben behandelten.

Die polizeiliche Gewalt des Präfekten erstreckt sich auf die Privatflüsse in derselben Weise wie auf die öffentlichen, wenn es gilt, gesundheitsgefährliche Stockungen oder sicherheitsgefährliche Anschwellungen zu verhindern (vgl. oben § 51). Hier wie dort sind alle Vorrichtungen, welche geeignet sind, den freien Lauf des Wassers zu hindern, Stauwerke, Dämme u. dgl., ohne besondere Genehmigung der Verwaltung verboten und können aus polizeilichen Rücksichten, wenn bestehend, immer wieder beseitigt werden. Die Genehmigung ist aber hier reine polizeiliche Erlaubniss (*autorisation*) nicht zugleich Nutzungsverleihung (*concession*), denn der Staat gewährt nichts von dem Seinigen. Der freie Widerruf greift hier nicht Platz. Wenn öffentliche Arbeiten die Beseitigung solcher Vorrichtungen fordern, ist Entschädigung geschuldet.[19] Auch die polizeiliche Feststellung des Umfanges der Nutzungsrechte, die Wasserordnung (*règlement d'eau*) kommt wieder zur Anwendung. Die Ertheilung neuer Erlaubnisse wie die Wasserordnung werden erlassen unter Beobachtung derselben Formen, welche die entsprechenden Rechtsgeschäfte an öffentlichen Flüssen begleiten. Nur steht hinter aller Polizei hier überall das unberührte Privatrecht. Der Nutzungsberechtigte ist durch den Verwaltungsakt nicht gehindert, sein Privatrecht im Wege der Klage geltend zu machen gegen den Privaten, der es stört, und die Gerichte können selbst die Wegräumung polizeilich erlaubter Anlagen verordnen, wenn sie dem Privatrechte zuwiderlaufen.[20] —

---

[19] Die Frage wurde zum Austrage gebracht gelegentlich der Versuche der Verwaltung, den Erlaubnissertheilungen eine Klausel beizufügen des Inhalts, dass der Besitzer keine Entschädigung erhalten solle: *si pour l'exécution de travaux dont l'utilité publique aura été légalement reconnue l'administration prend des mesures qui le privent des avantages de la concession.* Der Staatsrath erklärt, es sei das keine Concession und die Klausel desshalb ungültig, soweit sie mehr umfasst als Massregeln *dans l'intérêt de la police et de la répartition des eaux*; St. R. E. 24. Febr. 1865 (Damay). Unter Polizei ist das oben Erwähnte gemeint, von der Wasservertheilung wird jetzt gleich gesprochen werden; beide Arten von Massregeln geben auch ohne Klausel kein Recht auf Entschädigung. St. R. E. 9. Juni 1865 (Foulon); 9. Jan. 1867 (Lafferrière).

[20] St. R. E. 22. Aug. und 15. Dez. 1839; 14. Nov. 1869. Der Kassationshof trägt Bedenken, die Zerstörung polizeilich erlaubter Anlagen zu verordnen.

Diese Privatflüsse aber haben zugleich eine hervorragende Bedeutung für das öffentliche Interesse als Förderungsmittel des Nationalwohlstandes; damit sie das in vollem Umfange seien, muss die Benützung ihres Wassers in richtigem Masse zwischen den Angränzern vertheilt werden. Das Civilrecht vermag diesem Bedürfnisse nicht zu genügen. In etwas wird es selbst dort schon anerkannt, indem das Civilgesetzbuch dem über Streitfälle urtheilenden Richter einen weiteren Spielraum gibt: *les tribunaux en prononçant doivent concilier l'intérêt de l'agriculture avec le respect dû à la propriété* (art. 645).

Daneben aber erhält auch die Verwaltung die Macht, für diesen Zweck einzugreifen. Das Gesetz vom 12. Aug. 1790 cap. 6 § 3 weist die Departementsbehörden an, *de diriger autant qu'il sera possible toutes les eaux de leur territoire vers un but d'utilité générale.* Bei den öffentlichen Flüssen fällt das schon zusammen mit dem Rechte der Verfügung über das öffentliche Eigenthum, den Privatflüssen gegenüber aber gründet sich darauf die Befugniss der Wasservertheilung (*répartition des eaux*). Darin liegt nichts anderes als eine Uebertragung des Instituts der Nutzungsgewährung auf die Privatflüsse, welche in dieser Beziehung ähnlich den öffentlichen, also wie öffentliche Anstalten behandelt werden.

Die Geltendmachung dieser Gewalt verbindet sich mit der Aufstellung der Wasserordnung. Während aber die einfache rein polizeiliche Wasserordnung vom Präfekten gemacht werden kann, muss diejenige, welche zugleich Wasservertheilung enthalten soll, ausgehen vom Staatsoberhaupt; es bedarf eines Dekretes im Staatsrath.[21]

Die Eingriffe, die da gemacht werden, haben die Natur freier Verwaltungsakte; sie sind lediglich gebunden an die Erfüllung der Formen und an die Einhaltung des Zweckes, für welchen diese Macht gewährt ist: das öffentliche Interesse an der

Pardessus II, n. 339 nennt das mit Recht eine Achtung vor dem Verwaltungsakte *poussé jusqu'à l'excès du scrupule.* Es ist einfach der Grundsatz verkannt, dass die Polizei Privatrechte regelmässig nicht ändert. Demolombe IX, n. 193; Aubry u. Rau § 246 note 41; Block V° *irrigation* n. 14.

[21] Perriquet, *contrats de l'état* n. 439; Block V° *irrigation* n. 16.

Wasservertheilung. Es können also Aenderungen gemacht werden zur billigen Ausgleichung zwischen Industrie und Landwirthschaft, zur Verbesserung der Bewässerung besonders bedürftiger Striche, zur Versorgung einer Dorfschaft mit zugänglicherem Wasser. Abweichung von dieser Linie, also z. B. Bevorzugung der Interessen eines Einzelnen oder fiskalischer Interessen, begründet den Rekurs wegen Machtüberschreitung.

Diese Wasservertheilung ändert die Privatrechte der einzelnen Angränzer; sie schafft Nutzungsrechte und hebt bestehende auf. Der Geschädigte kann sich nicht an die Civilgerichte wenden, um sein Recht anerkennen und aufrecht erhalten zu lassen. Denn das Civilgesetzbuch selbst weist die Gerichte an, in erster Linie eine etwa vorhandene Wasserordnung dieser Art zur Grundlage ihrer Entscheidung zu machen (c. c. art. 645).

Er hat dafür einen Anspruch auf Entschädigung; aber dieser Anspruch geht nicht gegen den Staat, denn in Wirklichkeit handelt der Staat nicht für eine öffentliche Anstalt, es fehlt also ihm gegenüber die gewöhnliche Grundlage eines solchen Anspruchs. Dagegen erkennt die Praxis an, dass derjenige, welcher durch seinen Schaden bereichert ist, d. h. den Vortheil der ihm entzogenen Wassermenge geniesst, den von der Wasservertheilung Benachtheiligten entschädigen muss. Die Grundsätze von der Bereicherung kommen zur Anwendung durch die Vermittlung der Annahme einer erzwungenen Abtretung.[22]

Endlich vereinigen sich die beiden Gesichtspunkte des öffentlichen Interesses, der Schutz vor Ueberschwemmungsgefahren und die Beförderung der volkswirthschaftlichen Nützlichkeit, in der gehörigen Instandhaltung des Flussbettes durch Ausräumung desselben (*curage*).[23] Diese Massregel nimmt der Staat an öffentlichen Flüssen selbst vor auf eigne Rechnung als Eigenthümer der Anstalt; bei Privatflüssen legt er sie den betheiligten Angränzern und Nutzungsberechtigten auf. Die Grundlage bildet das Ges. vom 14 floréal XI. Der Präfekt verordnet die Ausräumung durch

---

22 Foucart III, n. 1452; Aubry u. Rau III § 246 note 64; Demolombe XI, n. 192 und 199.

23 Perriquet, *travaux publics* II, n. 1239 ff. Ducrocq n. 822 ff.

Beschluss. Dabei bestimmt er nötigenfalls auch die seitlichen Gränzen des Flussbettes, wie sie wiederherzustellen sind. Sein Beschluss hat in dieser Richtung die Bedeutung und die Machtschranken der Abgränzungsakte für öffentliche Flüsse (vgl. oben § 38). Bei dringender Gefahr wird er sogar für ermächtigt angesehen, eine Erweiterung oder Verlegung des Flussbettes zu verfügen. Wegen der dadurch entstehenden Eigenthumsentziehungen (*dépossessions*) ist wieder Entschädigung geschuldet, welche durch die Civilgerichte gewährt wird.[24]

Die Vertheilung der Last geschieht auf Grund bestehender Ordnungen und Gebräuche; fehlen solche, so hat der Präfekt sie zu machen nach Massgabe des Interesses der Betheiligten an der Ausräumung; eine neue Vertheilung in Abänderung bereits bestehender Ordnungen und Gebräuche kann nur durch Verordnung des Staatsoberhauptes geschehen.

Die Ausführung der nötigen Arbeiten kann freiwillig erfolgen, so, dass jeder seinen Theil übernimmt, oder so, dass sich eine Syndikatsgenossenschaft bildet nach Ges. 21. Juni 1865 (vgl. unten § 72). Wo nicht, so nimmt sie die Verwaltung selbst vor in den Formen der öffentlichen Arbeiten.[25] Die Kosten werden vom Präfekten festgesetzt und vertheilt und die so entstehende Rolle dient zur Zwangsbeitreibung in den Formen der direkten Steuern. Ueber Einsprüche entscheidet der Präfekturrath; derselbe ist dabei auch zuständig, die Gesetzmässigkeit der die Auflage begründenden Akte des Präfekten zu prüfen, daher allgemeinen Grundsätzen entsprechend ein Rekurs wegen Machtüberschreitung gegen diese nicht stattfindet.[26]

5. Forsten sind ihrer Natur nach keine öffentlichen Anstalten, sondern Vermögensstücke, auch wenn sie im Eigenthum des Staates stehen. Daneben aber wird ihnen ja ein bedeutendes öffentliches

[24] St. R. E. 25. März 1846 (Coutenot); 5. Juni 1862 (Maupeou).

[25] Das Gesetz vom 14 floréal XI schreibt keine Mitwirkung der Betheiligten vor; die Verwaltung pflegt jedoch einen Ausschuss zu berufen, um die Interessen derselben wahrzunehmen; dadurch entsteht dann eine Art *syndicat forcé*, wie das Gesetz von 1807 es für Sumpfaustrocknung und Schutzdeiche vorgesehen hatte. Aucoc II, n. 873.

[26] St. R. E. 25. April 1868 (Gobert); vgl. oben S. 271.

Interesse zuerkannt, als Bewahrer des Klimas, Erhalter der Wasserläufe, als Lebensbedingung eines Theiles der nationalen Wirthschaft. Mit Rücksicht hierauf werden sie zugleich doch vielfach wie eine Art öffentlicher Anstalt behandelt und der Staat tritt für sie ein in den Formen des Rechtes der öffentlichen Anstalten.

Diess geschieht zunächst bezüglich derjenigen Forsten, von welchen er selbst der Eigenthümer ist. Kleinere Baumgruppen kommen nicht in Betracht. Es handelt sich nur um Staatsforsten, welche einen regelmässigen Betrieb zulassen und als solche der Forstbetriebsordnung (*régime forestier*) des Forstgesetzes vom 2. Mai 1827 unterworfen sind.[27]

Die ganz grossen Waldflächen darunter (über 150 Hektare) sind gleich dem *domaine public* ausgenommen von der allgemeinen Veräusserlichkeit des Staatsguts, wenigstens besteht für sie keine allgemeine Verkaufsermächtigung zu Gunsten der vollziehenden Gewalt; ob sie auch der Ersitzung entzogen sind, ist streitig.[28]

Allen diesen Forsten gemeinsam ist ferner ein besonderer Schutz nach Art der *police domaniale*. Handlungen, welche sie schädigen oder auch nur gefährden, sind verboten und strafbar.

In diesen beiden Beziehungen könnte allerdings auch schon der Schutz des Staatsvermögensstückes mit in Betracht kommen und namentlich die Forstpolizeistrafe zeigt die Natur einer fiskalischen Strafe (vgl. unten § 57). Die Idee der öffentlichen Anstalt wirkt aber auch deutlicher.

Sie zeigt sich vor allem an dem Ausweichen der Privatrechte der Einzelnen. Waldnutzungsrechte werden durch Anordnung der Forstbehörde auf das Mass der Leistungsfähigkeit des Waldes beschränkt; über Einsprüche dagegen entscheidet der Präfekturrath.[29] Holzbezugsrechte können durch Ueberlassung eines Theiles des Waldes zu Eigenthum, Weiderechte und ähnliche Servituten gegen Geldentschädigung abgelöst werden. Die Ablösung ist

---

[27] Block V° *forêts*; Dufour III, n. 20 ff.

[28] Ducrocq, *ventes domaniales* n. 193 ff.; Perriquet, *contrats de l'état* n. 22, 57.

[29] Jousselin I, S. 608 ff.

ein Verwaltungsakt gleich der Enteignung und die Gerichte sind nach dem Vorbild des Enteignungsinstitutes zuständig, um die Höhe der Entschädigung festzusetzen.

Die Umgebung der Forsten ist im Interesse ihrer Erhaltung mit öffentlichrechtlichen Servituten belastet (Forstges. art. 151 ff.). Arbeiten, welche die Forstverwaltung für den Betrieb vornehmen lässt, sind öffentlichen Arbeiten gleichgestellt; die Verdingung derselben ist ein öffentlichrechtlicher Vertrag.[30] —

Bei Forsten, welche nicht im Eigenthum des Staates stehen, ist diese Uebertragung verwaltungsrechtlicher Institute nicht so leicht annehmbar; andererseits kommt hier, insofern der Forst immer noch als eine Art öffentlicher Anstalt betrachtet werden soll, vor allem in Betracht die Notwendigkeit eines Schutzes gegen den Eigenthümer selbst.

Beide Fragen sind am einfachsten gelöst bezüglich der Forsten, welche Gemeinden oder sonstigen Selbstverwaltungskörpern gehören (Forstgesetz art. 91 ff.). Dieselben sind schlechthin der Forstbetriebsordnung unterstellt. Die oben erwähnten Uebertragungen aus dem Rechte der öffentlichen Anstalten sind damit auch für sie für gültig erklärt. Und andererseits wird hier dem Eigenthümer gegenüber die denkbar schärfste Ueberwachung geübt, indem der Staat ihm die Verwaltung dieses Vermögensstückes abnimmt, um sie wie die seines eignen Vermögens durch Dienstanweisungen zu regeln. Hier verbindet sich allerdings mit der Rücksicht auf die anstaltliche Natur des Waldes der Gedanke der verwaltungsrechtlichen Vormundschaft, welche der Staat über die Selbstverwaltung übt, und diess macht die Schärfe des Eingriffs erklärlich.

Bei reinen Privatwaldungen vermindern sich einerseits die Vorrechte des Forstes. Nur die Forstpolizei findet mit ihren meisten Bestimmungen auch hier Anwendung; der Eigenthümer kann einen Privatförster anstellen zur Mitwirkung bei Aufrechterhaltung derselben; der Förster muss vom Präfekten bestätigt und vom Civilgericht vereidigt sein. Nutzungsrechte, die

[30] Serrigny III, n. 1324.

am Walde bestehen, kann der Eigenthümer in derselben Weise beschränken oder ablösen, wie diess beim Staatswalde geschieht. Allein diess ist hier eine auf Rücksicht öffentlicher Interessen begründete Privatrechtsvorschrift (*jus publicum*). Das Civilgericht entscheidet im Streitfalle.[31]

Der Schutz des Waldes gegen den Eigenthümer geht andrerseits über in die Form polizeilicher Verbote gegen ihn. Abholzung und Ausstockung darf nur vorgenommen werden, nachdem 4 Monate vorher Anzeige gemacht ist auf der Unterpräfektur. Die Forstverwaltung kann Einspruch erheben, und der Finanzminister kann dann aus bestimmten im Gesetze vorgesehenen Gründen die beabsichtigte Arbeit verbieten.[32] Ungehorsam ist strafbar. Gegen das Verbot findet Rekurs wegen Machtüberschreitung statt, wenn es die Gränzen der gesetzlichen Ermächtigung nicht einhält.

III. DAS RECHT DES STAATSVERMÖGENS.

§ 55. Verwaltungsrechtliche Seite des Fiskus.

Der Staat erwirbt und verwaltet Güter, welche er den öffentlichen Zwecken zu dienen bestimmt, nicht mit ihren besonderen Eigenschaften, sondern mit ihrem Werth, der im gegebenen Augenblicke umgesetzt werden soll in unmittelbar dienendes Gut. Die Güter des Staates, welche als solche Werthe in Betracht kommen, bilden das Staatsvermögen; den Staat in seiner darauf gerichteten Thätigkeit nennen wir Fiskus.[1]

---

[31] Forstgesetz art. 120 ff. Jousselin I, S. 605 ff.; Dufour III, n. 145, 146; Serrigny II, n. 1048.

[32] Forstges. (abgeändert durch Ges. 18. Juni 1859) art. 219—224.

[1] Aucoc I, n. 8 unterscheidet die zwei Verwaltungsgebiete, welche der Polizei gegenüberstehen, unter sich wieder folgender Massen. Auf der einen Seite will der Staat: *créer, recueillir et administrer les ressources nécessaires à l'existence de la société*; auf der anderen macht er: *l'emploi des ressources pour la satisfaction des besoins collectifs des citoyens*. Das Letztere

Der Staat als Fiskus unterscheidet sich von den anderen Gebieten seiner Thätigkeit durch das Verhältniss zum Civilrecht. Die Anwendbarkeit des Civilrechts auf den verwaltenden Staat knüpft sich an den privatwirthschaftlichen Inhalt der Handlung (vgl. oben § 24 n. 1). Diese Voraussetzung trifft niemals zu bei der Polizei. Auf dem Gebiete der öffentlichen Anstalten wird sie ausgeschlossen durch den Zusammenhang, in welchem die beschafften und verwalteten Güter mit dem öffentlichen Zwecke stehn, für welchen sie die Mittel sind; nur wo dieser Zusammenhang etwas entfernter wird, sahen wir auch dort schon die Thätigkeit als privatwirthschaftliche aufgefasst und das Civilrecht hereinbrechen (vgl. oben S. 285). In Erwerb und Verwaltung von Vermögenswerthen aber tritt solcher Zusammenhang mit bestimmten öffentlichen Zwecken ganz zurück; es bleibt nichts übrig, als eine Thätigkeit, welche ihrem Inhalte und Gegenstande nach auch ein Privater vornehmen könnte. Der Staat als Fiskus ist dem Civilrechte grundsätzlich leichter unterworfen, als sonst.

Doch fällt der Begriff des Staates als Vermögensverwalters nicht vollständig zusammen mit dem des Staates als einer den Regeln des Civilrechts unterworfenen juristischen Person.

---

gibt das Gebiet der öffentlichen Anstalten. In jener ersteren Eigenschaft aber, die dem entspricht, was wir hier Fiskus nennen, besteht die Verwaltungsthätigkeit darin, dass sie: *répartit et recouvre les divers impôts, fait valoir le domaine de l'Etat (domaine privé), paye les dépenses publiques.* Eigenthümlicher Weise rechnet Aucoc diesem Gebiete auch die Schaffung des Heeres zu. Das thun auch andere Schriftsteller; vielleicht spielt da die Idee der „Blutsteuer" herein (Serrigny II, n. 1464: *l'impôt du récrutement*). — Das Wort *fisc*, welches den Gegenstand eigentlich bezeichnete, ist unbeliebt wegen der gehässigen Erinnerungen, die daran kleben; Gaudry I, S. 71: *Il faut donc mettre à jamais de côté le nom de fisc et les souvenirs qu'il rappelle toutes les fois qu'il est question de matières domaniales et de finances.* Man gebraucht dafür Ersatzausdrücke, wie *fortune publique* und vor Allem *trésor public.* Die Staatskasse ist ja allerdings das Hauptstück des Staatsvermögens (Merlin, *rép. v° fisc: C'est le trésor de l'état*). Geld und Geldforderungen sind aber doch nicht alles; *Dictionnaire de l'académie, compl. 1842* ergänzt die Begriffsbestimmung des *fisc* als: *le trésor et le domaine du souverain.* — *Fisc*, wie die anderen Ausdrücke, bedeutet übrigens den Gegenstand der Staatsthätigkeit, während im Deutschen „Fiskus" mehr das Subject im Auge hat, den Staat in seiner diesem Gegenstande entsprechenden Thätigkeit.

Denn einerseits findet ja solch ein Uebergang in's Civilrecht auch statt vom Gebiete der öffentlichen Anstalten aus, wie z. B. wenn der Staat Grundstücke ankauft für seine Strassen, oder Gebäude miethet zur Kasernirung seiner Truppen. Nur, wenn einmal die Anwendbarkeit des Civilrechtes feststeht, ist es allerdings gleichgültig, ob die betreffende Thätigkeit sonst zum Gebiete des Fiskus oder zu dem der öffentlichen Anstalten gehören würde.

Andererseits kann doch auch die Thätigkeit für das Staatsvermögen in den Formen des öffentlichen Rechtes sich vollziehen, wie z. B. in Steuerhebung und Konfiskation.[2]

Die Rechtssätze, welche die Thätigkeit des Staates in der letzteren Richtung begleiten, geben uns das Recht des Staatsvermögens als Theil des Verwaltungsrechts und die Arten hoheitlicher Einwirkung auf die Einzelnen, welche dadurch bestimmt sind, bilden die Rechtsinstitute, deren Darstellung dieser Abschnitt gewidmet ist.

---

[2] Der Staat in seiner Thätigkeit für sein Vermögen, der Fiskus, findet seinen Gegensatz und damit seine Begriffsbestimmung nur in den anderen Verwaltungsgebieten. Der Uebergang in's Civilrecht ist für ihn, wie für diese nur eine Unterfrage. In diesem Sinne verwahrt sich Ducrocq n. 751 gegen die Auseinanderreissung des Begriffes nach Rücksicht auf Anwendbarkeit oder Nichtanwendbarkeit des Civilrechts: *dira-t-on qu'en ce qui touche le domaine national l'État fonctionne comme personne morale, mais qu'il perçoit les impôts comme puissance publique, et sur cette donnée faudrait-il scinder ces deux parties de la fortune publique?*

Für die Civilrechtspflege allerdings bietet der Staat nur zwei grosse Gegensätze seines Daseins: entweder kann sie über ihn urtheilen oder nicht; ersteren Falls nennt sie ihn *personne morale*, und im Deutschen Fiskus. Sie gebraucht ja auch das Wort Gesetz in anderem Sinne als das Verwaltungsrecht. Es ist auch nicht richtig zu sagen: der Staat werde als Fiskus leicht juristische Person des Civilrechts. Er ist immer juristische Person des öffentlichen Rechtes, auch wenn er in seiner einzelnen Thätigkeitsäusserung nach Civilrecht behandelt wird.

Der Name juristische Person des öffentlichen Rechtes umfasst aber den Staat in seiner ganzen Thätigkeit den Einzelnen gegenüber; in der Eintheilung des eigentlichen Verwaltungsrechtes ist er desshalb nicht verwerthbar. Ducrocq, der in seinem dritten Hauptstücke den Staat als *personne morale qui dépend du droit administratif* betrachtet, beschränkt sich denn auch darin nicht auf das Recht des Staatsvermögens, sondern zieht auch noch das ganze Gebiet der öffentlichen Anstalten herein und es ist nicht abzusehen, wesshalb er die Polizei ausschliessen durfte. Der Begriff der juristischen Person des öffentlichen Rechtes in Anwendung auf den Staat wird erst brauchbar in einem anderen Gegensatze (vgl. unten § 62).

Derartige Rechtsinstitute sind auf zweierlei Weise möglich.

1. Es fragt sich, an welchem Punkte die Unterwerfung unter das Civilrecht, zu welcher die Thätigkeit des Fiskus geneigt ist, beginnt. An sich ist auch diese, wie alle Staatsthätigkeit, hoheitlicher Natur; es muss durch staatlichen Willensakt ein bestimmtes privatwirthschaftliches Verhältniss begründet werden, an welches sich die Unterwerfung knüpft. Wenn, ohne dass diess geschehen ist, der Einzelne mit den Einrichtungen und Ordnungen in Berührung kommt, die dahinter liegen, so bleibt das Civilrecht ausgeschlossen und die weiteren Folgen nehmen verwaltungsrechtliche Gestalt an (vgl. unten § 56 II n. 1, § 58, § 60 n. 2).

2. Auch in den eigentlichen fiskalischen Akten, welche auf eine Einwirkung und auf Begründung eines Verhältnisses zu den Einzelnen gerichtet sind, kann das Civilgericht ausgeschlossen sein.

Das ist am deutlichsten erkennbar dann, wenn in der fiskalischen Einwirkung Formen einseitiger hoheitlicher Machtäusserung zur Anwendung kommen (vgl. unten § 56 II n. 2, § 57, § 59, § 60 n. 1).

Es kann aber auch sein, dass die Verfügung über das Staatsvermögen, die dem Einzelnen gegenüber gemacht wird, ausnahmsweise unmittelbar einem öffentlichen Zwecke dient, ohne erst eine öffentliche Anstalt dazwischen vorauszusetzen: dann entstehen auch hier öffentlichrechtliche Verträge oder ihnen Aehnliches, Rechtsgeschäfte, die dem Civilrechte entzogen sind, nicht wegen ihrer Form, sondern wegen ihres Inhalts (vgl. unten § 56 n. 2 und 3).

Dieses Recht des Staatsvermögens steht den anderen Theilen des Verwaltungsrechtes nicht fremd und abgeschlossen gegenüber. Wir haben gesehen, wie Formen des Polizeirechtes im Gebiete der öffentlichen Anstalten sich wiederfinden, wie andererseits das Recht der öffentlichen Anstalten für die Einrichtungen gilt, von welchen die polizeiliche Thätigkeit ausgeht. Aehnlich verhält es sich auch hier.

Wenn der Staat die Einrichtungen schafft, von welchen die auf sein Vermögen gerichtete Thätigkeit ausgehen soll, so sind das, für sich betrachtet, sachliche und persönliche Mittel, welche durch ihre Beschaffenheit öffentlichen Zwecken dienen; das Recht der öffentlichen Anstalten kommt zur Anwendung auf Anstellung der Beamten, Beschaffung der Gebäude u. s. w. Das gilt nicht bloss von den eigentlichen Finanzämtern, sondern auch Tabakmanufaktur, Porzellanmanufaktur und alle diese Betriebe werden so behandelt. Erst die geschäftliche Thätigkeit dieser Anstalten ist fiskalischer Natur.[3]

Dafür steht auch wieder das Recht des Staatsvermögens hinter aller anderen Staatsthätigkeit: sobald die Besonderheiten der anders gearteten Rechtsverhältnisse erledigt sind und nichts übrig bleibt als die Frage der Geldbeitreibung oder Geldausgabe, herrscht es allein. Mag Geldstrafe, öffentlichrechtliche Entschädigung, Dienstgehalt oder was immer die Grundlage sein, in der Geldvollstreckung für den Staat und gegen den Staat wird alles fiskalisch.

Wir bilden zwei Abtheilungen: die eine enthaltend das materielle Recht, die Begründung verwaltungsrechtlicher Rechtsverhältnisse des Staates in seiner Vermögensverwaltung; die andere bezüglich auf die allgemeingültige fiskalische Vollstreckung.

Als Anhang erscheint ein Seitenstück zu den unechten öffentlichen Anstalten: die durch verwaltungsrechtliche Zusammenhänge eigenthümlich gestaltete Civilverantwortlichkeit der Staatsdiener.

1. Entstehung von Rechtsverhältnissen der Staatsvermögensverwaltung.

§ 56. Verfügungen über das Staatsvermögen.

Die Verfügungen über das Staatsvermögen in Veräusserung von Vermögensstücken und in Uebernahme von Zahlungsverbindlichkeiten liegen in der Hand der vollziehenden Gewalt; zu ge-

[3] St. R. E. 8. Febr. 1873 (Blanco); aus der Rede des Regierungskommissärs: *le service des tabacs quelque ressemblence que son exploitation puisse offrir avec l'industrie privée, n'en est pas moins un service public comme tous les autres services qui constituent notre système financier.* Der Redner betont die Gleichstellung mit den *services publics* gerade zu dem Zwecke, um die Anwendbarkeit von Regeln des Rechtes der öffentlichen Anstalten daraus zu

wissen Arten von Verfügungen bedarf es aber doch, damit dieselben gültig seien, einer Mitwirkung des Gesetzes. Der Ausscheidung dieser Fälle liegt der Gedanke zu Grunde, dass die vollziehende Gewalt anzusehen ist, wie ein Verwalter fremden Vermögens mit ähnlichen Schranken ihres Verfügungsrechtes, wie sie das Civilrecht einem solchen auferlegt.[1] Demnach kann liegenschaftliches Eigenthum des Staates nur veräussert werden auf Grund eines Gesetzes (Ges. 22. Dez. 1790), Verpachtung ist nur zulässig auf die auch im Civilrecht fixirten 9 Jahre (Ges. 28. Okt. 1790), Darlehensaufnahme bedarf eines Gesetzes.[2] Endlich steht es der vollziehenden Gewalt nicht zu, Verfügungen zu treffen, welche der civilrechtlichen Schenkung entsprechen. Dazu gehört nicht jede freiwillige Leistung ohne materiellen Gegenwerth; alles was unter den Begriff der Unterstützung, der Aufmunterung fällt in Verfolgung der anerkannten Staatszwecke ist im Sinne der Staatsvermögensverwaltung entgeltliche Leistung. Den Gegensatz bilden ausserordentliche freiwillige Gaben, welche keinen solchen Zweck vor sich haben, nur Vergangenes wohlwollend ausgleichen sollen. Die sogenannten Nationalbelohnungen (*récompenses nationales*) bedürfen eines Gesetzes; ebenso die Uebernahme von Ersatzpflichten, die dem Staate nach allgemeinen Grundsätzen nicht obliegen, und insbesondere der Verzicht auf Rechte, der Erlass von Schulden.[3]

Die Abgränzung des Verfügungsrechtes der vollziehenden

---

folgern. — Es ist hier nur von solchen Anstalten die Rede, welche ordentliche Bestandtheile der Finanzverwaltung bilden. Zufällige Einnahmequellen, wie sie auch ein Privater besitzen könnte, gehören nicht darunter; sie stehen ganz im Civilrecht (vgl. oben § 24 n. 1 und unten § 58).

[1] Aubry u. Rau V, S. 313 ff.; *Revue critique de législation et de jurisprudence* 1875 S. 688 ff. — Diese nämliche Auffassung wird noch einmal wirksam bei der Frage der Verantwortlichkeit der vollziehenden Gewalt für die geführte Vermögensverwaltung (vgl. unten § 60). Die Frage der Rechtsgültigkeit ihrer Verfügungen den Einzelnen gegenüber, welche wir hier erörtern, ist aber hievon wohl zu scheiden.

[2] Perriquet, *contrats de l'état* n. 448: *Cette nécessité n'est écrite dans aucune loi.*

[3] Perriquet, *contrats de l'état* n. 719; Dumesnil n. 23. St. R. E. 18. Mai 1877 (Banque de France); der Minister hatte die Rückerstattung von 16 Millionen versprochen, welche die Bank der Kommune hatte auszahlen müssen; das Anerkenntniss wird vom Staatsrath für nichtig erklärt.

Gewalt gehört dem Verfassungsrecht an. Die einzelnen Gesetze geben zum Theil nur die ausdrückliche Anerkennung und Erläuterung dieser Regeln und ergänzen insofern das Verfassungsrecht. Zum Theil ertheilen sie der vollziehenden Gewalt Ermächtigungen über die ihr zustehenden Befugnisse hinaus und sind dann wahre Verwaltungsgesetze.

Die Verfügungen über das Staatsvermögen erhalten naturgemäss die Form des Vertrages. Sie unterliegen dem Civilrecht, soweit nicht besondere Gründe Abweichungen bewirken.[4] Nach dem Umfange, in welchem die Abweichung stattfindet, haben wir zwei Arten zu unterscheiden.

I. Gewisse Verträge nehmen vollständig die Natur von öffentlichrechtlichen Verträgen an nach dem Muster der im Rechte der öffentlichen Anstalten behandelten (vgl. oben § 44 ff.).

1. Für die Veräusserung vom liegenschaftlichem Staatsgut war ursprünglich der Grundsatz aufgestellt worden, dass keine allgemeinen Ermächtigungen der vollziehenden Gewalt stattfinden sollten, sondern alles der jedesmaligen Genehmigung durch gesetzliche Einzelverfügung vorzubehalten sei.[5]

Dieser Grundsatz wurde jedoch alsbald durchbrochen für die Veräusserung des Staatsgutes durch Verkauf. Ein Gesetz vom 1. Juni 1864 hat schliesslich die Notwendigkeit eines Sondergesetzes nur noch vorbehalten für den Verkauf von Liegenschaften im Werthe von einer Million und darüber; alle anderen ist das Staatsoberhaupt ein für alle Mal ermächtigt durch Dekret anzuordnen.[6]

---

[4] Die civilrechtliche Natur des Rechtsgeschäfts ändert sich selbst dann nicht, wenn das Gesetz mit Einzelverfügung daran theilgenommen hat; Gauthier S. 61: *celui-ci (le législateur) est intervenu comme représentant l'État propriétaire et non comme donnant des ordres au nom de la puissance publique.* Perriquet n. 199. Die Hauptbeispiele bieten Tauschverträge, Veräusserungen von Fahrniss, Verpachtungen und Vermiethungen. Bezüglich der Tauschverträge liegen allerdings widersprechende Staatsrathsentscheidungen vor; Dareste S. 330.

[5] Ges. 22. Dez. 1790 art. 8: *en vertu d'un décret formel du Corps législatif.*

[6] Ducrocq, *traité des ventes domaniales* sucht nachzuweisen, dass eine solche allgemeine Ermächtigung schon vorher bestanden habe. — Gezwungene

Der Verkauf von Staatsgut ist aber in beiden Fällen als öffentlichrechtlicher Vertrag angesehen. Von Haus aus ist er das zweifellos nicht; zu der anderen Auffassung kam man in folgender Weise. Die erste grossartige Anwendung des Rechtsinstitutes knüpfte sich an die Einziehung des Vermögens der Emigranten und politisch Verurtheilten. Die Departementsbehörden vollzogen die vom Gesetze angeordneten Verkäufe. Die Civilgerichte, wie immer der Hort des alten Rechtes, zeigten die Neigung, den Betroffenen zu Hülfe zu kommen, indem sie formelle Mängel der behördlichen Verkäufe suchten, vorgeschobene Dritteigenthümer begünstigten, die ganze Massregel sogar zuweilen für unzulässig erklärten. Das Interesse des Fiskus verlangte aber eine bessere Sicherheit seiner Käufer. Zu diesem Zwecke verordneten die Gesetze vom 1 fruct. III, 29 vendem. IV und 28 pluv. VIII art. 4, dass die Verwaltungsrechtspflege, und zwar schliesslich der Präfekturrath, allein zuständig sei, über die Gültigkeit und Wirksamkeit aller Verkäufe von Staatsgut zu erkennen.[7]

An diese Zuständigkeit knüpfte sich aber die Behandlung des Staatsgüterverkaufes als öffentlichrechtlichen Vertrages in derselben Weise, wie auf der anderen Seite bei den Civilgerichten sich derartige Assimilirungsprozesse vollziehen, z. B. im Uebergang der öffentlichrechtlichen Entschädigung in die civilrechtliche (vgl. oben S. 346).[8]

Veräusserungen in Folge des Rückkaufsrechtes des Enteigneten (vgl. oben § 36) und dergl. fallen überhaupt nicht unter diese Regeln, sondern folgen ihrer eignen Zuständigkeitsordnung; Perriquet, *contrats de l'état* n. 58—62. Der besonderen Behandlung des Forsteigenthums wurde schon gedacht (vgl. oben S. 374).

[7] Das Gesetz spricht von *contentieux des domaines nationaux;* darunter waren zunächst die eingezogenen Güter verstanden; die Regel dehnte sich aber alsbald von selbst aus auf jeden Staatsgüterverkauf: Serrigny II, n. 988 ff.; Perriquet, n. 52, 53. — Eine weitere Sicherungsmassregel schufen die Verfassungen v. 5 fruct. III art. 374 und 22 frim. VIII art. 94: Der Verkauf durch die Verwaltungsbehörde sollte danach alle Rechte Dritter an dem verkauften Grundstücke tilgen, mit Vorbehalt eines Ersatzanspruches gegen den Staat. Diese Wirkung ist durch die spätere Gesetzgebung dem Verkaufe wieder entzogen worden; man beruft sich dafür vor Allem auf die Verfassung von 1814; Serrigny II, n. 1004.

[8] Perriquet n. 56: *le fondement de cette compétence est dans l'assimilation de la vente administrative à un acte administratif.*

Der Staatsgüterverkauf ist ein Verwaltungsakt: der Zuschlag der Behörde auf Grund eines Lastenheftes und eines Angebotes begründet Eigenthum des Bieters und unterwirft denselben den Zahlungspflichten, welche das Lastenheft bestimmt hat. Die Durchführung dieses Vertrages geschieht durch Verwaltungsakte. Wenn der Preis nicht gezahlt wird, beschliesst die Verwaltungsbehörde die Zwangsvollstreckung oder auch die Auflösung des Vertrages (*déchéance*). Dieser Beschluss unterliegt immer der Verwaltungsrechtspflege. Wenn der Käufer etwa behauptet, bezahlt zu haben oder nicht in Verzug gesetzt worden zu sein, so geht die Sache mit der Beschwerde durch die Hierarchie und vom Minister aus zum Staatsrath. Nur wenn Streit entsteht über Sinn und Gültigkeit des Vertrages selbst, ist die Zuständigkeit des Sondergerichtes des Präfekturrathes begründet.[9]

Wird das verkaufte Grundstück zwischen dem Käufer und einem Dritten streitig, so sind die Civilgerichte zuständig.[10] Nur, sobald Sinn und Gültigkeit des Verkaufes in Frage kommen, muss das Gericht das Verfahren aussetzen, bis der Präfekturrath über den Verwaltungsakt gesprochen hat. Unter der Gültigkeitsfrage, welche der Verwaltung vorbehalten ist, ist aber nicht das Eigenthum des verkaufenden Staates begriffen; der Staatsgüterverkauf beansprucht keine das Eigenthum absolut erzeugende Kraft mehr (vgl. oben Anm. 7). So kann es also wohl vorkommen, dass ein staatlicher Verkauf, selbst ein vom Sondergesetze genehmigter, durch die Civilgerichte hinterdrein für ungültig erklärt wird, weil nicht der Staat, sondern ein Dritter Eigenthümer war.[11]

---

[9] Perriquet n. 46, 47; Dareste S. 310—313. Kein Gesetz hat diese Zuständigkeiten des Präfekten und des Ministers verfügt; sie sind einfach die Folge der veränderten materiellen Auffassung des Rechtsgeschäftes.

[10] Perriquet n. 54, 55; Serrigny II, n. 996, 1005.

[11] Hier haben wir den einzigen Fall, in welchem art. 4 des E. G. z. C. P. O. eine Aenderung an unserem Landesrechte bewirken muss. Die Auffassung des Staatsgüterverkaufes als eines öffentlichrechtlichen Vertrages ist lediglich die Folge der Zuständigkeitsüberweisung an das Verwaltungsgericht. Diese Zuständigkeitsüberweisung geschah nicht in Uebereinstimmung mit den allgemein gültigen Regeln unseres Landesrechtes für die Ausscheidung von Justiz- und Verwaltungssachen; denn nach diesen gehörte der Staatsgüterverkauf vor die Civilgerichte als ein Geschäft, welches auch ein Privater

2. Der Staat kann liegenschaftliches Staatsgut veräussern, damit durch die Veräusserung an den neuen Eigenthümer ein öffentliches Interesse befriedigt werde. Das gibt dann ein öffentlichrechtliches Rechtsgeschäft; es ist weder eine Schenkung noch ein entgeltliches Rechtsgeschäft des Civilrechtes; es gehört aber auch nicht dem Rechte der öffentlichen Anstalten an, denn es handelt sich bei dieser Veräusserung nicht um Schaffung oder Verwaltung einer öffentlichen Anstalt; sie dient dem öffentlichen Interesse unmittelbar. Sie führt den Namen Verleihung von Staatseigenthum (*concession de propriété*).

Für zwei Fälle hat das Gesetz der vollziehenden Gewalt allgemeine Ermächtigungen zu solchen Verleihungen ertheilt.

Der erste ist die Verleihung von angemasstem Staatsgut (*concession de biens usurpés*) nach Ges. 20. Mai 1836. Es waren zahlreiche Fälle bekannt geworden, wo Stücke von Staatsgut im Besitze von Einzelnen sich befanden, welche keinen rechtmässigen Erwerbstitel nachweisen konnten. Hier nicht strenge einzugreifen, schien im politischen Interesse zu sein. Es wurde desshalb die Regierung ermächtigt, durch Verleihung des Eigenthums an die Besitzer unter Bedingungen, wie sie es für gut fände, den Rechtszustand zu ordnen. Die Ermächtigung war auf 10 Jahre ertheilt und wurde durch Ges. 10. Juni 1847 auf weitere 10 Jahre verlängert. Heutzutage kann auch eine solche Verleihung nur noch durch Gesetz erfolgen.[12]

In dauernder Weise ermächtigt dagegen das Gesetz vom 16. Sept. 1807 die Regierung zur Verleihung von Anschwemmungen und Verlandungen aus dem Meere und aus öffentlichen Flüssen. Das Interesse des Staates besteht hauptsächlich darin, dass der neue Eigenthümer das Stück in Kultur nehme und der Nationalreichthum dadurch wachse. Der Behörde steht frei noch besondere Bedingungen hinzuzufügen. Zuständig ist das Staatsoberhaupt im Staatsrath.

Die Verleihungen durch gesetzliche Einzelverfügung, welche im

so machen könnte. Die Abweichung ist also eine blosse Begünstigung des Fiskus (vgl. oben § 15 Anm. 11, § 24 Anm. 2).

[12] Ducrocq, *rentes domaniales* n. 281; Perriquet n. 258, 259.

Laufe der Zeit erfolgt sind, geschahen vor allem zu Gunsten anderer juristischer Personen des öffentlichen Rechtes, die das Empfangene dem öffentlichen Interesse widmen sollen. So überweist Ges. 16 vendem. V den Wohlthätigkeitsanstalten Staatsgüter für ihre Zwecke; die Gesetze vom 31. Mai 1834, 7. Mai 1836 und 8. Juli 1852 verleihen der Stadt Paris Gebäude, Plätze und Anlagen (darunter das *bois de Boulogne*) zum Zwecke der Verschönerung und Widmung für den öffentlichen Gebrauch; das Dekret vom 11. Dez. 1808 begründet die Ausstattung der kaiserlichen Universität (vgl. unten § 68). Das Dekret vom 9. April 1811 tritt den Departements und Gemeinden alle auf ihrem Gebiete befindlichen öffentlichen Gebäude ab mit der Verpflichtung, sie bei ihrem Zwecke zu belassen und in Stand zu halten (vgl. unten § 65 II n. 1);[13] die Ueberlassung der Kirchengebäude an die Gemeinden erfolgte in ähnlichem Sinne (vgl. unten § 71 n. 2).

Die Verleihung in allen ihren Fällen zerstört niemals das bisherige Eigenthum eines Dritten; insofern sind wieder die Gerichte zuständig über ihre Wirkung zu erkennen. Handelt es sich aber um Sinn und formelle Gültigkeit des Verleihungsaktes selbst, so ist der Staatsrath allein der zuständige Richter. Das gilt auch dann, wenn die Verleihung vom Gesetze selbst durch Einzelakt gemacht ist; nur die Auslegung der gesetzlichen Rechtssätze ist den Gerichten überlassen. Gesetzliche Einzelakte werden in dieser Beziehung denen des Staatsoberhauptes gleichgestellt.[14]

3. Nahe verwandt mit diesen Verleihungen sind die öffentlichrechtlichen Geldbelohnungen.

Geschehen dieselben von vornherein an eine bestimmte Person,

---

[13] Das Dekret von 1811 ist eigentlich verfassungswidrig gewesen. Es bietet übrigens zugleich ein Muster Napoleonischen Stils; thatsächlich legt es den Gemeinwesen nur die Last der Unterhaltungskosten auf; der Kaiser beginnt nichtsdestoweniger mit den Worten: *Voulant donner une nouvelle marque de notre munificence impériale à nos sujets de ces départements etc.*

[14] Chauveau I, n. 463; Perriquet n. 260, 267, 270, 276; Dareste S. 336. C. C. H. 12. Dez. 1874 (ville de Paris); St. R. E. 24. Dez. 1845 (Nazelle). — In Elsass-Lothringen gibt es keine Verwaltungsbehörde mehr, welche die streitige Auslegung solcher Akte zu geben hätte; C. P. O. § 139 ist also nicht anwendbar; das Gericht muss, wenn die Frage als Präjudizialpunkt bei ihm auftaucht, die Entscheidung behalten.

so bedarf es dazu einer gesetzlichen Grundlage (vgl. oben Eingangs). Wenn das Gesetz eine Gabe zuspricht, so hat der Bedachte eine Klage zum Staatsrath; wenn die Leistung in Verleihung einer Pension besteht, so sind die einzelnen Raten gleichfalls durch die ordentliche Verwaltungsrechtspflege gesichert: es handelt sich um den Vollzug durch gebundene Verwaltungsakte.[15]

Den Gegensatz davon bilden die öffentlichrechtlichen Auslobungen, Gewährungen an unbestimmte Personen unter der Bedingung einer künftigen Leistung. Dieselben können gültig auch von der vollziehenden Gewalt gemacht werden unter ihrer Verantwortlichkeit für die sachgemässe Verwendung der Staatsgelder.

Das Gesetz macht selbst solche Auslobungen in Form von allgemeinen Regeln; hieher gehören die Prämien für erlegte Wölfe nach Ges. 10 messidor V; desgleichen die Entschädigungen für Vieh, welches wegen Viehseuchen getödtet und nicht verheimlicht worden ist (vgl. oben § 29 n. 1).

Andererseits setzt das Ministerium Prämien aus für die Sieger in Wettrennen, für durch Sachverständige zu bezeichnendes Vieh bei Viehausstellungen.[16] Auch die Belohnungen, welche ausgesetzt werden für die Entdeckung von Verbrechen, wären hier zu nennen.

Die Entscheidung darüber, ob der Fall der verheissenen Gewährung zutrifft, und die Anordnung des Vollzugs der Auszahlung ist alle Mal ein gebundener Verwaltungsakt, welcher der Verwaltungsrechtspflege angehört.

II. Auch ohne dass das Rechtsverhältniss so ganz in das Verwaltungsrecht übergeht, können einzelne Stücke der Verfügung noch einen Zusammenhang mit demselben bewahren.

1. Die Verfügungsfähigkeit desjenigen Theiles, der Namens des Staates auftritt, bestimmt sich nach den Regeln des öffentlichrechtlichen Auftrages; die spätere Unterwerfung unter das Civilrecht wirkt darauf nicht zurück (vgl. oben § 55 n. 1). Das Gericht ist also unzuständig, die Gültigkeit eines solchen Auftrages

[15] Ein Hauptbeispiel bieten die Pensionen, welche mit der Ehrenlegion verknüpft sind: Perriquet n. 714 ff.

[16] St. R. E. 29. Juni 1875 (Riverain-Collin); Block V° *concours d'animaux*.

zu würdigen. Handelt es sich um die Auslegung desselben, so ist zu unterscheiden zwischen Aufträgen, welche durch Rechtssatz, allgemeine Regel des Gesetzes oder der Verordnung, gegeben wurden, und anderen. Bezüglich der ersteren steht dem Gerichte die Auslegung zu (vgl. oben S. 96); ist dagegen ein Einzelauftrag oder eine Dienstanweisung massgebend, so kann ein Streit über den Inhalt und Umfang des Auftrages nur im Verwaltungsrechtswege erledigt werden.

2. Die Verträge können, obwohl civilrechtlicher Natur, doch äusserlich in verwaltungsrechtlicher Form abgeschlossen werden (*dans la forme administrative*). Gesetz oder Verordnung schreiben ein gewisses Verfahren vor, welches dem Abschlusse vorausgehen soll, und beauftragen eine Behörde (meist Präfekt oder Unterpräfekt, manchmal auch den Bürgermeister) den formrichtigen Abschluss zu bestätigen. Der Ausspruch dieser Behörde entscheidet dann über die Frage der erfüllten Formen und verleiht dem Akte die Kraft einer öffentlichen Urkunde: derselbe gibt einen Titel zur Zwangsvollstreckung und kann gültige Hypothekbestellungen enthalten. Der Ausspruch ist ein Verwaltungsakt, er übt hoheitliche Gewalt und ist dadurch dem Civilrechte entzogen (vgl. oben § 55 n. 2). Die Civilgerichte sind unzuständig, die Frage der Formgültigkeit des Vertrages noch einmal zu prüfen, denn sie würden damit eingreifen in das Zuständigkeitsgebiet der Verwaltungsbehörde, selbst machen, wozu diese berufen ist.[17]

In dieser Weise kommt die verwaltungsrechtliche Beurkundung zur Anwendung bei Holzverkäufen, Verpachtungen, Tauschverträgen.

Am einschneidendsten macht sie sich aber geltend bei der Staatsanleihe; das hängt zusammen mit der besonderen Gestalt, welche hier dem Vertrage gegeben wird.

Die Grundlage des Verhältnisses zu den Staatsgläubigern bildet der gewöhnliche civilrechtliche Darlehensvertrag.[18] Danach

---

17. Dies wird in etwas unbeholfener Weise dadurch ausgedrückt, dass man sagt: die Verträge selbst seien in ihrer äusseren Form als Verwaltungsakte anzusehen. Perriquet n. 79: *la jurisprudence considère comme actes administratifs les contrats administratifs envisagés au point de vue de leur forme.* Ebenso Serrigny II, n. 1038, 1040; Ducrocq n. 854.

erwirbt der Einzahler sein Recht durch die Annahme des angebotenen Darlehensvertrages in der Einzahlung und die Forderung bleibt in seinen Händen ein frei verfügbares Vermögensstück nach Civilrecht.

Bei der einfachen Darlehensforderung soll es aber nach der Absicht der Parteien hier nicht bleiben, vielmehr soll die Forderung des Gläubigers umgegossen werden in einen Formalkontrakt, enthaltend ein abstraktes Zahlungsversprechen des Staates. Dieser Formalkontrakt wird abgeschlossen in verwaltungsrechtlicher Form durch Eintragung in das Staatsschuldbuch, Ausstellung von Bescheinigungen darüber oder Begebung von Schatzscheinen. Der Finanzminister allein kann die Erfüllung dieser Form anordnen d. h. die Errichtung der Urkunde bewirken. Ebenso kann bei einer Eintragung auf den Namen die Aenderung in der Person des Gläubigers durch eine Ueberschreibung (*transfert*) nur durch ihn angeordnet werden. Diese Anordnungen des Finanzministers sind Verwaltungsakte gleich den eben erwähnten Beurkundungen. Sie sind aber gebundene Verwaltungsakte, denn die Ausstellung dieser Urkunden ist den künftigen Einzahlern durch die Eröffnung der Anlehensaufnahme im Voraus zugesagt. Gegen die Entscheidungen des Ministers steht also der Weg zum Staatsrathe im ordentlichen Verwaltungsstreitverfahren dem betheiligten Gläubiger offen.[19]

Die Gerichte können den Verwaltungsakt nicht erzwingen, noch selbst an seiner Stelle verfügen, und da der Einzahler durch die Einzahlung kein anderes Recht erwirbt als das auf diesen Verwaltungsakt, so hat er keine Hülfe von ihnen zu erwarten. Allerdings bleibt die Forderung nach der Ausstellung der Urkunde civilrechtlich, — nur die Form des Vertrages ist verwaltungsrechtlich, — aber da sie wegen des Formalkontraktes ganz an der Form hängt und über die Gültigkeit und den Sinn derselben nur die Verwaltungsbehörde entscheidet, auf deren Akt sie beruht, so könnte eine Einklagung der Staatsschuldurkunde bei Gericht nur

[18] Es ist ein *prêt de consommation;* Perriquet n. 448 ff.; vgl. oben § 24 n. 1.

[19] Perriquet n. 451, n. 488 ff.; Dufour IV, n. 595 ff.; Dumesnil n. 113 ff.; Ges. 28 floréal VII; Block V° *dettes de l'état* n. 12 ff.

den Zweck haben, die Zahlung zu erzwingen. Der Zahlungszwang dem Staate gegenüber ist aber ausschliesslich angewiesen auf die in der Staatsgelderverwaltung dafür gegebenen Formen (vgl. unten § 60 n. 2). Thatsächlich sind desshalb die Gerichte dem schuldenden Staate gegenüber ohne Zuständigkeit; sie sind beschränkt auf Entscheidungen über Streitigkeiten wegen des Eigenthums der Forderung zwischen Privaten.[20]

§ 57. Einseitig auferlegte Verpflichtungen.

Der Staat gebraucht seine hoheitliche Gewalt, um zu Schutz und Mehrung seines Vermögens den Einzelnen Pflichten aufzuerlegen, und erzeugt dadurch verwaltungsrechtliche Rechtsverhältnisse.

1. Die Pflicht zur Erstattung öffentlicher Gelder und zur Rechnungslegung darüber verknüpft sich von selbst mit der Amtspflicht der öffentlichen Kassenbeamten (vgl. oben § 47). Sie entsteht aber dem Staate gegenüber auch ohne solchen Vertrag, *ex re* durch eine Art Quasikontrakt, oder vielmehr richtig verwaltungsrechtlich ausgedrückt: das Gesetz ermächtigt die Behörde, solche Pflicht in gewissen Fällen durch Verwaltungsakt einseitig aufzulegen. Voraussetzung ist, dass Jemand nach dem Willen und im Auftrag anderer Personen öffentlichen Zwecken bestimmte Gelder in Empfang genommen habe. Die Folge besteht in nichts anderem als in einem Stücke der Wirkungen des öffentlichrechtlichen Vertrages.

Hat der Empfänger zugleich mit der Verwendung der Gelder für den öffentlichen Zweck sich befasst, so entsteht die *comptabilité de fait* (vgl. oben § 22 S. 129). Der Rechnungshof erzwingt die Rechnungslegung und stellt durch Urtheil die Schuld fest.

---

[20] Dufour IV, n. 607: *le principe qui réserve au pouvoir liquidateur le règlement des dettes de l'État . . . fait céder ici la maxime qui veut que ce soit au juge du droit commun d'assurer l'exécution des contrats.* Perriquet n. 455. Das Gericht wäre nicht geradezu unzuständig für die Zahlungsklage, aber die Klage enthüllt sich als unzulässiger Versuch, Zwang gegen die Staatskasse zu üben; ein anderes Interesse besteht für den Kläger offenbar nicht.

Liegt lediglich eine Vereinnahmung vor, ohne Verausgabung für öffentliche Zwecke, so handelt es sich einzig um die Ablieferung. Der Empfänger ist *retentionnaire de deniers publics*. Das wichtigste Beispiel bieten die Angestellten der Steuereinnehmer, welche von diesen mit der Einziehung von Steuern betraut sind, mit dem Staate also in keinem Vertragsverhältnisse stehn. Durch Beschluss des Ministers auf Grund der Verordnung vom 28 vent. VIII wird die Zahlungspflicht auferlegt; derselbe ist ein gebundener Verwaltungsakt und der ordentlichen Verwaltungsrechtspflege des Staatsraths zugehörig.[1]

2. Die Steuern sind persönliche Lasten, bestehend in Geldzahlungspflichten, welche den Einzelnen nach einem auf Ausgleichung berechneten Massstabe hoheitlich auferlegt werden. Jede Steuerauflegung bedarf einer gesetzlichen Grundlage.[2] Nach der Form, in welcher die Auflegung den Einzelnen gemacht wird, unterscheiden sich direkte und indirekte Steuern.

Direkte Steuern haben zum auszeichnenden Merkmale lediglich den Umstand, dass sie von den Einzelnen erhoben werden nach einem Verzeichnisse (*rôle*), in welchem die Pflichtigen mit der Höhe des sie treffenden Betrages namentlich aufgeführt sind.[3]

---

[1] Ebenso wurde auch ein Notar behandelt, welcher irrthümlicher Weise eine Rente vereinnahmt hatte, die dem Staate zugefallen war; St. R. E. 3. Sept. 1844. Die *deniers publics* sind es, welche der Behörde diese Gewalt geben über jeden, der sie als solche in seine Hände bekommt; Dumesnil n. 276, 280. Diese ganze Lehre pflegt im Zusammenhange mit der Lehre vom Zwangsbefehl (*contrainte*) vorgetragen zu werden. Die *contrainte* ist aber nur eine Form für die Erzwingung aller Arten vorher begründeter Pflichten (vgl. unten § 59); hier handelt es sich zugleich um einen eignen Entstehungsgrund einer Pflicht.

[2] Die Notwendigkeit der gesetzlichen Grundlage ergibt sich schon aus art. 5 der Erklärung der Menschenrechte, insofern eben hier Zwang zu einem Thun, zu einem Leisten geübt werden muss: *nul ne peut être contraint à faire ce qu'elle (la loi) n'ordonne pas.* Wenn dann art. 14 das Steuerbewilligungsrecht der Volksvertretung noch einmal ausdrücklich bestätigt in Zusammenhang mit dem sogenannten Budgetrecht der Volksvertretung, so hat das keine selbständige verwaltungsrechtliche Bedeutung (vgl. unten § 60).

[3] Cabantous n. 296: *elles seraient donc mieux nommées contributions nominatives et contributions non nominatives* (letzteres die indirekten Steuern).

Das Gesetz wirkt bei ihnen mit in zweierlei Weise: es bestimmt die Höhe des zu erhebenden Betrages und Form und Massstab der Erhebung. Das letztere Stück der Willensäusserung erhält die Gestalt der allgemeinen Regel; es bilden sich daraus die feststehenden Steuergesetze. Das andere Stück, die Bestimmung des Betrages, wird alljährlich hinzugefügt im Finanzgesetz; dasselbe gibt für die drei Vertheilungssteuern die zu erhebende Gesammtsumme, für die Patentsteuer die beweglichen Zuschläge zum Tarif. Die Steuergesetze sind nicht etwa gesetzliche Lastauflegungen, welche von der vollziehenden Gewalt ergänzt werden könnten durch Einfügung der zu erhebenden Summen; sie sind vielmehr nur die im Voraus gegebene Ordnung des Vollzuges künftiger gesetzlicher Lastauflegung, eine Maschine, welche das Finanzgesetz allein in Bewegung zu setzen vermag.

Auf Grund des Finanzgesetzes wird in Anwendung des vom Steuergesetze gegebenen Vertheilungsmassstabes die Steuerrolle aufgestellt. Dieselbe hat die Natur eines gebundenen Verwaltungsaktes; denn es handelt sich lediglich um Anwendung des Gesetzes.

Zweierlei Einwendungen sind für die Betheiligten möglich:

Das Gesetz gibt dem Präfekten das Recht, nach eignem Ermessen innerhalb gewisser Gränzen Erlass der Schuld oder theilweisen Nachlass zu gewähren aus Billigkeitsrücksichten; indem er über ein dessfallsiges Gesuch (*demande en remise ou modération*) entscheidet, macht er einen freien Verwaltungsakt, gegen welchen nur Beschwerde zulässig ist zum Minister.[4]

Sofern aber der Einzelne behauptet, gegen den Willen des Gesetzes belastet oder zu hoch belastet zu sein (*demande en décharge ou reduction*), kann er den gebundenen Verwaltungsakt seiner Natur entsprechend in die ordentliche Verwaltungsrechtspflege führen; zur Ausübung derselben ist behufs Entlastung des Staatsrathes in erster Instanz der Präfekturrath berufen (vgl. oben § 20).

Das Gesetz verleiht dem Einzelnen aber noch eine besondere Sicherheit. Seit dem Jahre 1818 enthält jedes Staatshaushalts-

[4] Dufour III, n. 696, IV n. 43 ff., 98 ff., 212 ff.

gesetz, indem es die Steuern anordnet, eine wiederholte Einschärfung des Rechtssatzes, dass alle Beamten, welche an der Erhebung gesetzlich nicht ermächtigter Steuern sich betheiligen, der Erpressung schuldig und die Betroffenen berechtigt seien, von ihnen persönlich durch Klage bei dem Civilgericht das Gezahlte zurückzufordern, ohne dass es einer Verfolgunsermächtigung bedürfte. Das bedeutet nicht, dass die Erhebung der Steuer durch solch eine Klage gehemmt, noch dass das Gericht angerufen werden könnte zu einer Nachprüfung der Entscheidung des Präfekturrathes über die Anwendung des Steuergesetzes. Das ist unantastbares Gebiet der Verwaltungsakte. Das Gericht tritt nur ein, wenn die Verwaltungsgerichte etwa schon erkannt hätten, dass die Steuer zu Unrecht erhoben worden sei, vor allem aber dann, wenn überhaupt ein Finanzgesetz nicht zu Stande gekommen ist. Es wird dadurch in wirksamer Weise zum Hüter der verfassungsmässigen Zuständigkeit des Gesetzes.[5] —

Die indirekten Steuern bestehen in Zahlungspflichten, welche den Einzelnen treffen ohne dazwischen tretenden Verwaltungsakt unmittelbar durch die allgemeine Regel des Gesetzes oder eines mit seiner Ermächtigung aufgestellten Tarifs. Das Steuergesetz, ein für alle Mal erlassen, enthält ungetrennt die Auferlegung der Last und die Ordnung der Erhebung. Die Erhebung erfolgt einfach durch Hülfsämter. Die behördliche Entscheidung, welche notwendig wird über die Anwendung des Gesetzes, geschieht gemäss Ges. 7. Sept. 1790 art. 2 durch die Civilgerichte. Der Umstand, dass kein Verwaltungsakt vorausgeht, der gewürdigt werden müsste, erleichtert diese Uebertragung. Eine Uebertragung bleibt es immerhin; denn auch das indirekte Steuern auflegende Gesetz ist seiner Natur nach ein Verwaltungsgesetz und was zu seinem Vollzug geschieht, auch das erklärende Civilgerichtsurtheil, ist eigentlich Verwaltungsakt.[6]

---

[5] Serrigny II, n. 645; Dareste S. 429; es ist eine *action en répétition des contributions qui auraient été illégalement et inconstitutionellement établies et perçues.*

[6] Serrigny II, n. 647: *L'assiette et l'établissements de ces taxes se faisant directement par l'application des tarifs émanés de la loi ou des règlements dans les cas autorisés par la loi, les réclamations des redevables ne*

Aber die veränderte Zuständigkeit übt, wie sonst auch, ihren Einfluss auf die materielle Auffassung des Rechtsverhältnisses. Der Staat und der Steuerpflichtige stehen sich vor dem Civilgerichte gegenüber wie gleichberechtigte Parteien im Streit über eine *obligatio ex lege* und das Civilrecht wird zwischen ihnen zur Anwendung gebracht, soweit nicht Abweichungen ausdrücklich verfügt sind. Wir werden einer wichtigen Folge davon im nächsten § begegnen.[7]

3. Zur Sicherung des fiskalischen Besitzes und Einkommens wirkt der Staat bestimmend ein auf das Verhalten des Einzelnen durch Befehle, Gebote oder Verbote. Diese fiskalischen Befehle gleichen den Polizeibefehlen in ihrer ganzen äusserlichen Gestalt. Sie bedürfen gleich diesen einer gesetzlichen Grundlage, und werden entweder vom Gesetze selbst ertheilt oder mit dessen Ermächtigung durch Verordnungen und behördliche Einzelakte; auch die Form des Verbotes mit Erlaubnissvorbehalt kommt zur Anwendung. Begleitet sind sie wie die Polizeibefehle von Strafandrohungen.

Wir haben bereits (S. 374) des besonderen Schutzes erwähnt, welcher dem staatlichen Forsteigenthum durch solche Vorschriften zu Theil wird, welche darauf berechnet sind, Schädigungen dieses wichtigen Staatsvermögensstückes zu verhindern; doch spielen bei der eigenthümlichen Doppelstellung des Waldes auch noch andere

tendent point à controler l'action des agents administratifs dans l'établissements de l'impôt indirect. Chauveau I, n. 746: *Je considère comme un déclassement de matières l'attribution faite à l'autorité judiciaire de la connaissance des contestations rélatives aux contributions indirectes.*

[7] In der staatlichen Finanzverwaltungsämterordnung erscheinen die verschiedenen Einnahmequellen nicht nach ihrer rechtlichen Bedeutung vertheilt, sondern nach praktischen Rücksichten. Der Direktion der indirekten Steuern unterstehen als eigentlicher Kern ihrer Angelegenheiten die indirekten Steuern auf öffentliche Fuhrwerke, Spielkarten, Getränke, Zucker, Salz. Dazu kommt aber noch die Ausbeutung des Tabakmonopols, des Pulvermonopols, bei welchen nicht einmal die äusserliche Form der Steuererhebung zur Anwendung kommt; ferner Schifffahrtsabgaben und Einkünfte von Kanälen und Fähren, wo es sich um Gegenleistungen für gewährte Nutzungen handelt, auf welche die Erhebungsform der indirekten Steuern übertragen ist.

Andererseits sind gewisse Abgaben unter besondere Verwaltungen gestellt, welche die rechtliche Natur von indirekten Steuern haben und desshalb auch den allgemeinen Rechtsgrundsätzen derselben unterliegen, wie Enregistrement, Stempel, Zölle.

Rücksichten herein. Nur in der Form und Art der Strafe gehört diese Forstpolizei ganz dem fiskalischen Gebiete an.

Mehrere gewerbliche Betriebe des Staates sind in ihrem Ertrage geschützt durch Verbote, welche darauf ausgehen, eine Konkurrenz der Einzelnen zu verhindern; das Ergebniss dieser Verbote ist das Monopol des Staates. Dasselbe greift Platz bei der Briefpost, die ja zugleich als Finanzquelle behandelt wird (Arr. 27 prair. IX, Ges. 25. Juni 1856), bei der Fabrikation und dem Verkauf von Schiesspulver (Ges. 13 fruct. V art. 16 und 24), vor allem bei der Fabrikation und dem Verkaufe von Tabak (Dekret 29. Dez. 1810; Ges. 28. April 1816). Hier ist auch der Anbau des Tabaks nur mit besonderer Erlaubniss gestattet. Mit der Erlaubnissertheilung verbindet sich der Abschluss eines öffentlichrechtlichen Vertrages, welcher das Verhältniss zwischen dem Fiskus und dem Pflanzer regelt. Der letztere wird dadurch verpflichtet, die durch Abschätzung festgestellte Erträgnissmenge abzuliefern; dafür enthält er Entschädigung nach Preissätzen, welche durch Sachverständige bestimmt werden. Für das Fehlende dagegen hat er den Schätzungswerth zu bezahlen; derselbe wird in Formen der dritten Steuern von ihm beigetrieben und der Präfekturrath entscheidet über etwaige Einsprüche (Ges. 28. April 1816 art. 184 ff). Alle anderen verwaltungsrechtlichen Formen der Durchführung des Tabakmonopols sind fiskalische Befehle.

Das wichtigste Anwendungsgebiet solcher Befehle ist das der indirekten Steuern, namentlich der Zölle und Verbrauchssteuern. Neben der öffentlichen Last, welche die Zahlungspflicht erzeugt, werden dem Einzelnen noch Befehle auferlegt zu Thun oder Lassen, welche bestimmt sind, die Erfüllung jener Pflicht zu sichern. Es müssen Anzeigen gemacht, Bescheinigungen geführt, gewisse Zeiten eingehalten, gewisse Wege vermieden werden; nicht bloss wirkliche Hinterziehungen, sondern auch schon blosse Erschwerungen der Ueberwachung sind verboten.

Die Strafen, welche angedroht sind für die Nichtbefolgung derartiger Befehle, heissen fiskalische Strafen, und weichen noch mehr ab von den Strafen des gemeinen Rechtes als die Polizeistrafen. Sie sind vorzugsweise Geldstrafen und zeichnen sich aus durch eine grosse Strenge im Verhältniss zur Verfehlung und einen festen Massstab, der nicht einmal in der Strafausmessung eine Rücksichtnahme auf den Grad des Verschuldens zulässt. Die Strafe ist häufig schlechthin ein Mehrfaches des Werthes der Schädigung oder der Hinterziehung. Sie enthält das Element einer Entschädigung für den Staat noch in einem materielleren Sinn als die Polizeistrafe: sie ist Geldentschädigung für die Kosten der wegen solcher Verfehlungen nothwendigen Ueberwachung.

Daher denn auch nach der Rechtsprechung des Kassationshofes — nicht ohne Widerspruch von Seiten der Schriftsteller — derartige Strafverfolgungen gleich Schadensersatzklagen auch gegen die Erben des Thäters gerichtet werden können.

Daher auch die unbedingte Ausdehnung dieser Strafverfolgung auf alle Personen, welche civilrechtlich für den Thäter haften als Eltern oder Arbeitgeber nach art. 1384 c. c., oder als Bürgen, wie im Falle des Forstdeliktes eines Holzkäufers.[8]

Die fiskalischen Strafen werden regelmässig ausgesprochen durch die ordentlichen Strafgerichte. Aber den Hülfsämtern, welche Staatseinkünften vorstehen, die durch die Befehle geschützt sein sollen, ist auf diese Strafrechtspflege ein bedeutender Einfluss gegeben.

Die unteren Erhebungsbeamten oder ein eigenes Ueberwachungspersonal üben die entprechende gerichtliche Polizei mit dem Rechte der Durchsuchung von Transportmitteln, der Haussuchung und der Feststellung von Verfehlungen.

Die Strafverfolgung liegt nicht ausschliesslich in Händen der Staatsanwaltschaft; die Verwaltungen der indirekten Steuern, der Zölle, der Forsten haben ein selbständiges Recht, dieselbe zu betreiben und die Anklagen bei Gericht zu vertreten.[9]

Selbst über die rechtskräftig erkannte Strafe hat die Finanzverwaltung noch ein gewisses Verfügungsrecht. Sie kann durch einen sogenannten Vergleich (*transaction*) einen Nachlass an derselben gewähren. Der Vergleich wird ausgesprochen durch die Spitze des geschädigten Finanzzweiges: Direktion der indirekten

---

[8] Sourdat, *responsabilité* n. 79 ff., 778 ff.; Chauveau u. Hélie, *théorie du code pénal* I, n. 129; Hélie, *instruction criminelle* II, n. 973.

[9] Hélie, *instruction criminelle* I, n. 503 ff.

Steuern und der Zölle, der Forsten, des Enregistrements, der Post; nur wenn die Strafe einen höheren Betrag vorstellt, ist dem Minister die Entscheidung vorbehalten.

Entsteht über die Auslegung und Ausführung des Vergleiches Streit, so entscheidet darüber der Richter, an dessen Urtheils Stelle der Vergleich getreten ist.[10] —

Zu erwähnen ist hier noch eine eigenthümliche Gruppe von Vorschriften, welche den Einzelnen die Erfüllung gewisser Förmlichkeiten auferlegt, wenn sie Vermögensrechtsansprüche gegen den Staat erwerben wollen. Der Zwang zur Danachachtung besteht in der Androhung der Ungültigkeit des Rechtserwerbes, der Nichtigkeit des darauf zielenden Aktes. Es sind civilrechtliche Vorschriften mit Verwaltungszweck; als solche gehen sie über unseren Gegenstand hinaus.

Nach Ges. 24. April 1843 sollen Quittungen über der Staatskasse geleistete Zahlungen in bestimmter Frist einem Kontrolbeamten vorgelegt und mit dessen Visa versehen werden; sonst ist die Zahlung dem Staate gegenüber unverbindlich. Das gilt jedoch nicht von Zahlungen zur Erfüllung öffentlicher Lasten, sondern trifft nur freiwillig übernommene Zahlungspflichten: Einzahlungen auf Anleihen, Erfindungspatentgebühren, Kaufschillinge.[11]

Das Ges. 28. Okt. 1790 Tit. III art. 15 schreibt vor, dass jeder civilgerichtlichen Klage gegen den Staat die Einreichung einer Denkschrift an den Präfekten vorausgehen muss, bei Nichtigkeit des Verfahrens.

Nach Dekret 27. Aug. 1791 art. 6, bestätigt durch c. proc. art. 69, müssen alle Vorladungen und Zustellungen an den Staat im Amtszimmer des mit der Leitung der Prozesse beauftragten Beamten gemacht und mit dessen Visa versehen werden, um gültig zu sein.[12]

---

[10] Perriquet, *contrats de l'état* n. 465.

[11] Dumesnil n. 345 ff.

[12] St. R. E. 29. Aug. 1823. Beide Vorschriften haben den Zweck, das Interesse der Verwaltung zu wahren: *pour la mettre en mesure de se défendre* (Dumesnil n. 25). Neben der deutschen C. P. O. bestehen sie wohl nicht mehr zu Recht; Nichtigkeiten des Verfahrens richten sich nach diesem Gesetzbuche allein. A. M., wenigstens was die Denkschrift anlangt: Möllerische Sammlung II, S. 42.

58. Haftung für rechtswidrige Schädigung.

Der Fiskus als Besitzer und Leiter menschlicher Mittel ist dem ausgesetzt, dass dieselben ihm fehlgehen, dass seine Sachen dem Einzelnen Schaden anrichten, seine Diener Unrecht thun. Die Frage ist, in wiefern er hiefür aufzukommen hat.

Sofort erneuert sich hier der Zwiespalt, der schon die Frage nach der Natur der öffentlichrechtlichen Entschädigung verwirrte (vgl. oben § 52). Die Rechtsprechung der Civilgerichte, die des Kassationshofes an der Spitze, und die sich ihr anschliessende Theorie, will den Staat, jedenfalls wo er auf Vermögensbesitz und Vermögenserwerb ausgeht, schlechthin den Regeln des Civilgesetzbuches in art. 1384 ff. unterwerfen: er haftet als Auftraggeber, *commettant,* für seine Leute, *préposés,* mit civilrechtlicher und vor den Civilgerichten verfolgbarer Schadensersatzpflicht.[1] Unterstützt wird diese Auffassung noch durch ausdrückliche gesetzliche Bestimmungen. So vor allem beruft man sich auf Ges. 6. Aug. 1791 Tit. XIII art. 19, wo für die Erhebung der Zölle verfügt wird: *la régie sera responsable du fait de ses préposés... sauf son recours contre eux ou leurs cautions.* Dazu Ges. 9 flor. VII Tit. IV art. 16, welches den Eigenthümern der Waaren, die von Zollbeamten zu Unrecht beschlagnahmt waren, eine Schadensersatzklage gegen den Fiskus vor dem Civilgerichte zuerkennt; und Ges. 15. Juli 1845 art. 22, wonach der Staat als Eisenbahnunternehmer für seine Sachen und für seine Leute haftbar ist, wie ein Privater. Man sieht darin einzelne Anwendungen eines das ganze Gebiet beherrschenden Grundsatzes.

Die Verwaltungsrechtspflege neigt dem gegenüber zum anderen Extrem. Um die Anwendung des art. 1384 auf den Staat zu beseitigen, genügt es, die Zuständigkeit der Civilgerichte zu verneinen, und diess geschieht für das streitige Gebiet durch die Aufstellung der Regel: die Gerichte können den Staat nicht zum Schuldner erklären. Ausnahmen gelten nur, soweit

---

[1] Sourdat, *responsabilité* n. 1306: *l'état doit être responsable des agents préposés aux différents services: 1° des biens domaniaux 2° des régies ou administrations qui ont pour objet l'exploitation d'une branche de revenus etc.* Dalloz V° *responsabilité* n. 638 ff.; Dumesnil n. 363 ff.

das Gesetz sie ausdrücklich verfügt, und solche Ausnahmen sind es, was die oben angeführten Gesetze enthalten.[2]

Inzwischen hat die Frage aber in der Rechtsprechung des Kompetenzkonfliktshofes ihre massgebende Lösung gefunden. Der Satz, dass die Gerichte den Staat nicht zum Schuldner erklären könnten, wird verworfen.[3] Noch weniger wird der Anspruch der Civilgerichte in seinem ganzen Umfange gebilligt.

Die Lösung geht zurück auf die grossen Grundsätze, welche die Anwendbarkeit des Civilrechts auf den Staat bestimmen. Nach diesen ist eine civilrechtliche Haftung des Staates für Schädigung durch seine Leute möglich sowohl bei Thätigkeiten, welche vom Gebiete der öffentlichen Anstalten ausgehen, als bei solchen, welche von vornherein dem Gebiete des Fiskus angehören. Immer tritt in der Begründung dieser Haftung die besondere Natur der Thätigkeit ganz zurück hinter der blossen Geldfrage: die Lehre von der civilrechtlichen Haftung gehört ganz dem Gebiete des Fiskus an.[4]

An sich ist das Verhältniss des Staates zu den Einzelnen, als Fiskus wie als Herr der öffentlichen Anstalten, hoheitlicher Natur; die Mittel des Staates, mit welchen er fiskalische Zwecke verfolgt, sind, für sich betrachtet, geradezu selbst als öffentliche Anstalten angesehen (vgl. oben § 55 am Ende). Wenn der Einzelne durch das Fehlgehen dieser Mittel einen Schaden erleidet, so treten grundsätzlich keine civilrechtlichen Folgen ein. Damit ist nicht gesagt, dass er keine Entschädigung erhält. Die Erwägungen, welche die ausgleichende Entschädigung der öffentlichen An-

---

[2] Serrigny III, n. 1304: *les tribunaux judiciaires ne peuvent connaître d'actions qui tendraient à faire déclarer l'état débiteur, si ce n'est dans les cas prévus par la loi;* Chaveau I, n. 602; St. R. E. 6. Dez. 1855 (Rotschild); 27. Nov. 1856 (Dudon); 7. Mai 1862 (Vincent).

[3] Es fehlte ihm ja auch jeder Boden in Gesetzgebung oder allgemeinen Rechtsgrundsätzen; Aucoc I, n. 288: *cette doctrine, qui semblait avoir une portée excessive et dont les bases étaient vivement contestée.* Es scheint, dass eine missverständliche Auffassung des Deckungsbeschlusses (vgl. unten § 60 n. 2) bei der Entstehung dieses Satzes mitgewirkt hat. Als Nebenerwägungsgrund finden wir ihn allerdings auch in Erkenntnissen des C. C. H. (z. B. 30. Mai 1852, Divonne).

[4] Der blosse Uebergang in's Civilrecht allein würde ja nicht bestimmend für diese Zutheilung sein (vgl. oben § 55). — Eine etwas oberflächliche Darstellung der ganzen Theorie des C. C. H. bei Ducrocq n. 868.

stalten geschaffen haben (vgl. oben § 52), gelten in vollem Umfange auch da, wo fiskalische Zwecke verfolgt werden. Voraussetzungen und Umfang der Entschädigung sind ohne Weiteres hieher zu entnehmen; dessgleichen die Zuständigkeit zur Gewährung derselben: mangels anderweiter Zuständigkeitsbestimmung ist es der Minister, der sie ausspricht durch gebundenen Verwaltungsakt mit Rekurs zum Staatsrath.

Die Anwendbarkeit des Civilrechts ist die Ausnahme auch in der Frage der civilrechtlichen Haftung des Staates. Damit sie eintrete, muss entweder eine ausdrückliche Verfügung des Gesetzes vorliegen, dass ein bestimmtes Verhältniss des Staates civilrechtlich zu beurtheilen sei, oder eine Handlung des Staates, in welcher er thut, was auch ein Privater thun könnte (vgl. oben § 24 n. 1).

In der rechtswidrigen Schädigung, welche der Beauftragte des Staates verursacht, liegt immer etwas, was auch ein Privater thun könnte, aber es liegt darin kein staatlicher Willensakt; es geschieht ja gegen den Willen des Staates. Die Unterwerfung des Staates unter das Civilrecht kann also nie durch diesen Akt selbst geschehen. Derselbe kann für den Staat civilrechtliche Wirkungen nur haben, wenn eine Unterwerfung unter das Civilrecht bereits stattgefunden hat und die schädigende Thatsache hervorgeht aus dem bestimmten Verhältnisse, für welches die Unterwerfung geschah. Dann und nur dann gilt zwischen dem Staate und dem Geschädigten das ganze Civilrecht, insbesondere auch der art. 1384, welcher den Staat einstehen lässt für seine Leute, und die Gerichte sind zuständig, über die Anwendung dieses Rechtssatzes gegen den Staat zu erkennen.

Die Civilrechtsverhältnisse des Staates, welche die Grundlage seiner Haftung bilden, sind theils allgemeine (absolute), theils besondere (relative), d. h. er begibt sich in einer bestimmten Art von Thätigkeit ganz allgemein auf den Boden des Civilrechts gegenüber Jedermann, der mit ihm künftig darin in Berührung kommt, oder er thut es nur gegenüber einer bestimmten Person, welche durch den das Verhältniss begründenden Akt bezeichnet ist.

Fälle der ersteren Art ergeben sich nicht leicht; es müsste schon ein Besitz, eine Erwerbsthätigkeit des Staates ganz heraustreten aus dem Kreis der ordentlichen Finanzverwaltung mit ihren fiskalischen Anstalten. Man mag dahin rechnen den Fall, wo der Staat ein Zinshaus hält oder ein Landgut bewirthschaftet. Die oben erwähnte Bestimmung des Gesetzes vom 15. Juli 1845 unterwirft jedoch ausdrücklich den Staat einer solchen allgemeinen Haftung bei seinem Eisenbahnbetrieb.

Das Regelmässige ist, dass das Civilrechtsverhältniss nur gilt gegenüber einer bestimmten einzelnen Person, nur diese also auch im Falle der Schädigung die Haftung des Staates nach art. 1384 in Anspruch nehmen kann.

In diesem Sinne hat der Kompetenzkonfliktshof vor allem die bedeutsame Haftung des Staates für seine Zollbeamten erklärt. Nachdem die Zollforderung selbst den Civilgerichten untersteht, wird auch das ganze dessfallsige Rechtsverhältniss zwischen dem Staat und demjenigen, von welchem der Zoll gefordert wird, civilrechtlich aufgefasst (vgl. oben § 57 n. 2). Der Staat haftet für seine Beamten civilrechtlich, aber er haftet nur, soweit jenes Verhältniss reicht, d. h. nur gegenüber dem Angeforderten und nur für Dinge, die sich auf die eigentliche Erhebung des Zolles beziehen, also für den Schaden, welchen die Waaren dabei erleiden, für die unbegründete Beschlagnahme und Zurückhaltung derselben. Eine allgemeine Haftung für die Zollbeamten gegenüber Jedermann und für ihre sonstige dienstliche Thätigkeit besteht civilrechtlich nicht. Namentlich wird die Ansicht der Civilgerichte verworfen, welche den Staat haftbar machen für allen Schaden, welchen diese Beamten Dritten verursachen können in ihrer Thätigkeit zur Verhütung und Verfolgung von Hinterziehungen.[5]

In dem gleichen Masse haftet der Staat für die Erhebungs-

---

[5] C. C. H. 31. Juli 1875 (Renaux) erkennt die gerichtliche Zuständigkeit und damit die Anwendung des art. 1384 c. c. nur an für *actions relatives à la perception des droits de douane*. C. C. H. 29. Mai 1875 (Ramel): ein Beamter der indirekten Steuern hatte bei Verfolgung von Waaren in ein fremdes Haus durch Unvorsichtigkeit Schaden darin angerichtet; der Gerichtshof gebraucht die gewöhnliche Formel: *que la responsabilité de l'état pour la réparation des dommages causés par le fait des agents qu'il emploie dans le service public, n'est point régie par le droit commun.*

beamten der indirekten Steuern überhaupt, soweit eben das gleiche civilrechtlich aufgefasste Verhältniss besteht.

Civilrechtlicher Natur ist ferner auch für den Staat die Pflicht zur Anerkennung und Herausgabe fremden Eigenthums; die Gerichte sind zuständig. Mit der Klage auf Herausgabe eines Grundstückes kann aber zugleich erhoben werden der Schadensersatzanspruch für gezogene und verabsäumte Früchte.[6] Mit der Distraktionsklage des Eigenthümers eines vom Fiskus gegen einen Dritten gepfändeten Fahrnisstückes verbindet sich die Klage auf Ersatz des durch die rechtswidrige Pfändung angerichteten Schadens. Auf den nämlichen Gesichtspunkten beruht die Pflicht des Staates zur Kostentragung als unterliegende Partei im Civilprozess: Prozessführung vor dem Civilgerichte begründet ein privatrechtliches Rechtsverhältniss.

In der ausgedehntesten Weise geben aber die Grundlage für die Haftung nach art. 1384 vertragsmässige Verhältnisse, welche der Staat zu den Einzelnen eingegangen ist.

Die Forstverwaltung hat Holz verkauft, welches der Käufer noch im Walde gelassen hat. In Folge der Nachlässigkeit der Forstbeamten entsteht ein Waldbrand, der das Holz zerstört. Der Staat stand bezüglich dieses Holzes zu dem Eigenthümer im privatrechtlichen Verhältnisse des Verkäufers; er haftet desshalb vor dem Civilgerichte für den Fehler seiner Leute.[7]

Ein Haus wird vom Staate gemiethet und brennt ab durch die Unvorsichtigkeit der Leute des Staates, die es bewohnen; der Staat haftet nach den strengeren Regeln des art. 1733 c. c.[8] War etwa das Haus ohne Miethvertrag in Besitz genommen worden, z. B. von Truppen, und hatten dieselben ganz ebenso den Schaden verschuldet, so fehlt die civilrechtliche Grundlage; es tritt keine Haftung ein. Der Nachbar dieses Gebäudes, dessen eigenes Haus beschädigt worden wäre, hätte selbst im ersteren Falle keinen civilrechtlichen Anspruch, wie ihn sonst das Civilrecht nach allgemeinen Schadensersatzregeln als *recours des voisins* ge-

---

6 St. R. E. 13. Dez. 1845 (Goémilly).

7 St. R. E. 25. Febr. 1864 (Rouault).

8 C. C. H. 23. Mai 1851.

währt; ihm gegenüber steht der Staat in keinem civilrechtlichen Verhältnisse, sondern bleibt öffentliche Anstalt.

Eine Staatsfabrik verkauft von ihren Erzeugnissen; durch die Schuld eines Arbeiters werden die verkauften Waaren vor der Ablieferung beschädigt. Die Verwaltung haftet ihrem Käufer civilrechtlich. Aber der nämliche Arbeiter, als er einen zur Fabrik gehörigen Wagen über die Strasse zu führen hat, überfährt einen Vorübergehenden: zu diesem besteht kein privatrechtliches Verhältniss, der Staat ist für ihn nur öffentliche Anstalt; also keine Haftung.[9]

In all den Fällen, in welchen wir hier die civilrechtliche Haftung verneinten, würde immer noch übrig bleiben der Weg zum Minister und von da zum Staatsrath, welche die öffentlichrechtliche Entschädigung gewähren, nicht als Gnade, sondern als Rechtsanspruch.[10]

Die äusserliche Erscheinung des Vorganges, welcher die öffentlichrechtliche Entschädigung begründet, zeigt auf dem Gebiete des Fiskus allerdings eine Besonderheit. Im Gebiete der öffentlichen Anstalten werden ja schädigende Machteingriffe auch mit Willen des Staates vorgenommen, um dann ausgeglichen zu werden: Enteignungen, vorübergehende Eingriffe in Grundeigenthum, Auflegung persönlicher Lasten. Hier im Gebiete des Fiskus sind alle gewollten einseitigen Eingriffe entweder von vorneherein schon nach ausgleichenden Massstäben vertheilt (Steuern) oder allgemein

---

[9] C. C. H. 8. Febr. 1873 (Blanco).

[10] So lässt denn auch die obige Entscheidung des C. C. H. (31. Juli 1875, Renaux) die Frage offen: ob der Gränzwächter, der den Schaden zufügte, gehandelt hatte als *préposé des douanes au point de vue de la répression de la fraude* oder als *agent de la force publique au point de vue de la police de la frontière*. Letzteren Falles, wenn er als Polizeibeamter handelte, gibt es keine Entschädigung, denn die Polizei entschädigt niemals; wohl aber im ersteren, wenn er der fiskalischen Anstalt diente. — Für den Brand, welchen die eingedrungenen Truppen verursacht hatten, gab der Staatsrath Entschädigung (St. R. E. 18. Febr. 1864). Dessgl. einem Arbeiter, der in einer Staatswerkstätte verletzt worden war, durch Verabsäumung der Aufsichtsbeamten (St. R. E. 11. März 1881, Lauséaux). — Durch Urtheil des Ministers wurde einem Privaten Entschädigung gewährt, an welchem ein Steuerempfänger Veruntreuung begangen hatte *dans l'exercice de ses fonctions* (St. R. E. 27. Juni 1867).

auferlegt (fiskalische Befehle). Es gibt keine gewollten Eingriffe mit nachträglicher Entschädigung. Ueberall wo Entschädigung stattfindet, ist die Schädigung eine vom Staate nicht gewollte, die ihren Kausalzusammenhang mit seiner Anstalt nur bekommen konnte durch einen Fehler, eine Rechtswidrigkeit der Leute, die ihr dienen. Daher denn die Lage des Staates äusserlich immer derjenigen gleicht, welche ein Privatdelikt für den haftenden Auftraggeber erzeugen würde, Grund genug, um in der Praxis die tiefe Verschiedenheit der Rechtsinstitute gerade hier am Häufigsten übersehen zu lassen.

2. Fiskalische Vollstreckung.

§ 59. Vollstreckung für den Fiskus.

Ueber die Forderungen des Staates an die Einzelnen entscheiden im Streitfalle verschiedene Arten von Gerichten. Um zur Zwangsvollstreckung zu gelangen, hat aber der Staat niemals nötig, seine Forderung im Prozessverfahren dieser Gerichte darzuthun und Urtheil zu erwirken. Vielmehr beginnt die Beitreibung ordnungsgemäss stets mit der einseitigen Schaffung eines vollstreckbaren Titels: Zwangsbefehl, *contrainte*, und die zugehörige Rechtsprechung wird erst in Bewegung gesetzt durch Anrufen des damit Verfolgten: Einspruch, *opposition*.

Der Zwangsbefehl besteht in einer Aufstellung der Forderung, mit Bezeichnung des Schuldners, des Schuldgrundes und des Betrages, und mit der Erklärung, dass diese Forderung nunmehr zwangsweise beigetrieben werden solle.[1]

Es gibt aber zweierlei sehr verschiedene Arten von Zwangsbefehlen.

1. Handelt es sich um eine Forderung aus einem besonderen verwaltungsrechtlichen Rechtsverhältnisse des Schuldners zum

---

[1] Merlin, *rép. V° contrainte: c'est un mandement décerné contre un redevable de deniers publics ou de droits dus au fisc.*

Staat, welches der Entscheidung einer eigentlichen Verwaltungsbehörde unterliegt, so wird der Zwangsbefehl erlassen durch die Behörde selbst. Er ist dann ein Verwaltungsakt und wird bezeichnet als Versäumnissurtheil oder vorläufiges Urtheil;[2] er hat auch die Kraft eines solchen, was die Vollstreckbarkeit anlangt; namentlich wird ihm die Wirkung zuerkannt, eine gerichtliche Hypothek zu begründen wie ein Versäumnissurtheil des Civilgerichts. Im Uebrigen sind ja dergleichen einseitige Akte keine wahren Urtheile und insbesondere der Rechtskraft nicht fähig (vgl. oben § 17 und 21). Die Hauptanwendungsfälle bieten öffentlichrechtliche Verträge: Lieferungsverträge, Werkverdingungen, Beamtungen, mit daraus entstehenden Ersatz- und Ablieferungspflichten; dazu noch die einseitig auferlegten Erstattungspflichten für öffentliche Gelder (vgl. oben § 57 n. 1).[3] Der Minister ist die zuständige Behörde. Für die Erlassung des Zwangsbefehles jedoch vertritt der Finanzminister alle seine Amtsgenossen; erst wenn in Folge des Einspruchs die Sache zu wirkic her Entscheidung kommt, vertheilt sich die Zuständigkeit wieder nach Dienstzweigen. Dass die streitige Auslegung und Anwendung der Verdingungsverträge von öffentlichen Arbeiten dem Präfekturüberwiesen ist, belässt den Minister in der Stellung des eigentlichen Herrn des Rechtsverhältnisses (vgl. oben § 45); daher auch in diesem Falle mit einem derartigen Zwangsbefehle begonnen wird, nur geht der Einspruch an den Präfekturrath.

Der Präfekt erlässt seiner Seits Zwangsbefehle vor Allem zur Beitreibung der Kosten von Arbeiten, welche er mit polizeilichem Zwange angeordnet hat z. B. zur Abreissung baufälliger Häuser, zur Sicherung von Bergwerken. Der Einspruch sollte eigentlich durch den Minister an den Staatsrath gehen. Meist

---

[2] St. R. G. 29. Okt. 1811: *les administrateurs auxquels les lois ont attribué le droit de prononcer des condamnations ou de décerner des contraintes sont de véritables juges.*

[3] Das Gesetz vom 12 vend. VIII fasst die Schuldner, gegen welche so verfahren wird, zusammen als: *entrepreneurs, fournisseurs, soumissionnaires et agents quelconques comptables.* Dazu Ges. 18 vent. VIII art. 1, 28 flor. XI art. 2. Dufour I, n. 179, 180; Dareste S. 557 Note 1; Serrigny III n. 1339, 1340; Dumesnil n. 274 ff.

passt aber irgend eine Zuständigkeit des Präfekturrathes, namentlich die für Streitigkeiten, welche das Landstrassenwesen betreffen.[4]

2. Für alle anderen Arten von Forderungen des Staates werden Zwangsbefehle ausgestellt von den zur Einziehung derselben zuständigen Hülfsämtern.[5] Es sind das keine behördlichen Akte; sie enthalten nicht, wie die Zwangsbefehle der ersteren Art, zugleich die hoheitliche Begründung oder Feststellung einer Schuld. Das begründete Schuldverhältniss steht hinter ihnen; der Zwangsbefehl ist nur eine Mahnung, es zu berichtigen, allerdings eine Mahnung mit Vollstreckbarkeit.[6] Die Kraft dazu kann der Zwangsbefehl aber nicht erhalten durch die Autorität des Amtes allein, das ihn schafft; es bedarf der Mitwirkung einer wirklichen Behörde. Dieselbe muss ihre Gegenzeichnung (*visa*) und Vollstreckbarkeitserklärung darauf setzen. Zu dem Ende prüft sie nicht die Begründung der Forderung selbst, sondern lediglich die Zuständigkeit des anfordernden Amtes und die Formrichtigkeit der Anforderung. Ihre Gegenzeichnung bezeugt, dass solches in Ordnung ist, und die Vollstreckbarkeitserklärung verleiht sodann der Anforderung die zwingende Kraft vorweg aus dem künftigen Urtheil. Daher ist auch die dafür zuständige Behörde so ausgewählt, dass sie den künftigen Richter vertritt: für indirekte Steuern der Friedensrichter, für Domänengefälle der Präsident des Gerichtes erster Instanz, für direkte Steuern und ihnen gleichbehandelte Forderungen der Unterpräfekt. Die Vollstreckbarkeitserklärung ist kein Urtheil, sie verleiht auch dem Zwangsbefehle nicht die Wirkung der Urtheilshypothek;[7] der Einspruch des Verfolgten führt zur ersten urtheilsmässigen Entscheidung vor diejenige Gerichtsbarkeit, welche durch die Natur der Forderung bezeichnet ist.[8]

---

[4] Serrigny III, n. 1362; Verordnung 26. März 1843 art. 5.

[5] Ges. 6. Aug. 1791 Tit. XIII art. 31—33; 1 germ. XIII art. 43—45; 19. Aug. 1791 art. 4; 22 frim. VII art. 64. Serrigny III, n. 1339, 1341, 1407 ff.; Dalloz V° *contrainte administrative;* Ducrocq n. 901; Dumesnil n. 288 ff.

[6] Dumesnil n. 288: *celles-ci ne sont pas des actes de juridiction, mais plutôt une mise en demeure de payer etc.* Aehnlich gibt den Gegensatz Dareste S. 557 Note 1.

[7] Ein bestrittener Punkt: Dumesnil n. 288.

[8] Der Zwangsbefehl aus dem Verkauf von Staatsgut ist durch positive

Neben den Zwangsbefehlen dienen der fiskalischen Zwangsvollstreckung noch andere vollstreckbare Titel: eigentliche Urtheile, die von Civil- und Verwaltungsgerichten zu Gunsten des Staates erlassen sein mögen, und vollstreckbare Vertragsurkunden, vor allem in administrativer Form abgeschlossene Verträge.

Zur Sicherung des Erfolges künftiger Zwangsvollstreckung werden die Forderungen des Staates im Voraus mit verschiedenen Deckungsmitteln versehen.

Dahin gehören einerseits Bürgschaften und Kautionsstellungen, welche in Vertragsabschlüssen des Staates ausbedungen werden; sie theilen als Nebenverträge die rechtliche Natur des Hauptvertrages.

Die Bürgschaft findet ihre Anwendung vor allem bei Holzverkäufen; der Zuschlagsakt bildet dann einen vollstreckbaren Titel auch gegen den Bürgen; im übrigen ist das Rechtsverhältniss civilrechtlich.

Die Hinterlegung einer Kaution verbindet sich mit den öffentlichrechtlichen Verträgen der Ernennung von Kassebeamten, von gerichtlichen Nebenbeamten, mit Werkverdingungen und Lieferungsverträgen. Die Verfügungsgewalt des Staates über die gestellte Kaution ist öffentlichrechtlich. Der Minister verfügt die Freigabe durch gebundenen Verwaltungsakt und ebenso die Verwendung derselben zur Deckung einer durch Zwangsbefehl festgestellten Forderung. Letzteren Falls kann sich beides zu einem einzigen Akte verbinden.[9]

Die zweite Art von Sicherungsmitteln bilden Hypotheken und Privilegien. Sie können in civilrechtlichen oder öffentlichrechtlichen Verträgen ausdrücklich oder stillschweigend bedungen sein; die administrative Form ersetzt den Notarsakt. Daneben besteht eine Reihe besonderer gesetzlicher Hypotheken und Privi-

---

Bestimmung dieser zweiten Art von Zwangsbefehlen gleichgestellt: der Direktor der Enregistrements- und Domänenverwaltung fertigt ihn aus und der Präfekt erklärt ihn für vollstreckbar. Verordnung 4 therm. XI; 11. Juni 1817. Ein wahrer öffentlichrechtlicher Vertrag müsste eigentlich zu einem Zwangsbefehl erster Klasse führen.

[9] Dufour IV, n. 579 ff.; Ducrocq n. 877; Dumesnil n. 202.

legien für die verschiedenen Forderungen des Fiskus. Immer ist hier das Recht des Staates in seiner Wirkung nach den Regeln des Civilrechts zu beurtheilen; denn als Hypothekbesitzer thut er Dritten gegenüber, was auch ein Privater thun könnte.[10]

Soweit der Ståat nicht schon Dekungsmittel in Händen hat tritt zur Beitreibung seiner Forderungen das eigentliche fiskalische Zwangsvollstreckungsverfahren ein. Dabei wird neuer Zwang geübt gegen den Schuldner und desshalb ist eine gesetzliche Ermächtigung notwendig, damit die Behörde solchen Zwang üben könne (vgl. oben § 24 n. 2). Diese Ermächtigung liegt schon in der Beilegung der Eigenschaft der Vollstreckbarkeit, welche die Gesetze zu Gunsten der verschiedenen von der Verwaltung geschaffenen Titel aussprechen. In diesem dem Civilprozesse entnommenen Begriffe ist enthalten, dass zur Beitreibung der darin festgesetzten Summen, diejenigen Zwangsmittel angewendet werden können, welche die Civilprozessordnung daran knüpft.

Die fiskalische Zwangsvollstreckung bewegt sich also in den entlehnten Formen des Civilprozesses. Nur in geringfügigen Besonderheiten weicht sie davon ab, soweit eben das Gesetz besondere Ermächtigungen gibt oder Arten des Zwanges versagt. So namentlich in der Beitreibung der direkten Steuern, welche anstatt durch Gerichtsvollzieher durch eigne Steuerexekutoren (*porteurs de contrainte*) geschieht und auch ein besonderes Zwangsmittel anwendet, das Einlager (*garnison individuelle* oder *collective*).[11]

Wenn nun dabei Streit entsteht über die richtige Art der Zwangsvollstreckung, Widersprüche erhoben werden gegen das Verfahren, so macht sich der so oft angerufene Grundsatz geltend, der die Gränze des Verwaltungsrechtes und die Zuständigkeit der Civilgerichte bestimmt: die Verwaltung, indem sie Geldforderungen beitreiben lässt nach den Regeln der Civilprozessordnung, verfolgt einen privatwirthschaftlichen Zweck in Formen, die auch einem Einzelnen zugänglich sind, und fällt damit unter die Gerichtsbarkeit der Civilgerichte. Diese sind es, welche kraft des allgemeinen

---

[10] Dumesnil n. 290 ff.

[11] Trolley II, n. 673 ff.; Block V° *contributions directes* n. 284 ff.

Prinzips, ohne dass ein besonderes Gesetz es so verfügt hätte, berufen sind, zwischen dem Widerspruchskläger und der Verwaltung zu entscheiden.

Auch die Kehrseite jenes Satzes zeigt sich wieder in der entsprechenden doppelten Richtung:

Wenn die Varwaltung besondere Arten von Zwangsmitteln für ihre Geldbeitreibung angewendet hat, die das Gesetz nur ihr verlieh, so hat jene Unterwerfung nicht statt: die zum Grunde der Sache zuständige Behörde entscheidet auch über Widersprüche gegen das Vollstreckungsverfahren.[12]

Und ebenso, wenn die Verwaltung nicht Geld und Geldeswerth beitreibt, sondern mit Gewalt zu einem Thun oder Lassen zwingt, das im Interesse der polizeilichen Ordnung oder der öffentlichen Anstalten erzwungen sein soll, so fällt diese Vollstreckung um des unmittelbaren Zweckes willen aus der Zuständigkeit der Gerichte heraus, allerdings aber auch zugleich aus dem Gebiete des Fiskus.[13] [14]

---

[12] Serrigny II, n. 629 ff., n. 647 ff.; Chauveau I, n. 733 ff., III, S. 550 ff.; Dumesnil n. 283. Das Civilgericht ist nur zuständig für die *moyens du droit commun*.

[13] Chauveau I, n. 732.

[14] Unter der Herrschaft der C. P. O. scheidet sich die Zwangsvollstreckung für Forderungen des Staates in zwei Gruppen, getrennt durch die rechtliche Natur der Letzteren.

Forderungen, welche dem Gebiete der bürgerlichen Rechtsstreitigkeiten angehören, d. h. nach dem hiefür massgebenden Landesrechte civilrechtliche Forderungen sind, beherrscht auch in der Art, wie sie zur Zwangsvollstreckung zu bringen sind, die C. P. O. unbedingt und unmittelbar. Die Zwangsvollstreckung kann nur erfolgen auf Grund eines von der C. P. O. zugelassenen vollstreckbaren Titels und nur in den Formen der C. P. O. Für die Anerkennung solcher vollstreckbarer Titel lässt aber die C. P. O. art. 706 der Landesgesetzgebung den weitesten Spielraum. Unsere sämmtlichen Zwangsbefehle sind dadurch aufrechterhalten, auch wo sie sich auf civilrechtliche Forderungen beziehen. Insbesondere gilt diess für die später noch zu erwähnenden Zwangsbefehle der Gemeindeverwaltung (vgl. unten § 65, I n. 3). Die art. 17 ff. des Els. Lothr. A. G. z. C. P. O. art. 17 ff. geben nach der gemeinsamen Ueberschrift nur eine Neuregelung der Zwangsbefehle für Enregistrementshypotheken- und Domänengefälle; eine Aufhebung der Gesetze, welche auch sonst noch Zwangsbefehle zulassen, ist nicht daraus zu entnehmen.

Forderungen öffentlichrechtlicher Natur sind von der C. P. O., auch was ihre Zwangsbeitreibung anlangt, unmittelbar nicht betroffen. Sie haben

§ 60. Staatsgelderverwaltung.

Die Staatskasse, aus welcher die Befriedigung der Geldansprüche an den Staat erfolgen soll, unterliegt einer besonders geordneten Verwaltung, der Verwaltung der öffentlichen Gelder, *administration des deniers publics.* Diese Verwaltung hat ihre eigenen Regeln, welche das öffentliche Rechnungswesen bilden, die *comptabilité publique.*[1]

---

ihre verwaltungsrechtliche Grundlage der Vollstreckung selbständig, ohne die Notwendigkeit sich auf den art. 706 der C. P. O. zu berufen. Nach den in der Begründung dieses art. angeführten Beispielen sind damit auch nur Rechtstitel für civilrechtliche Forderungen gemeint gewesen; die angezogene hannöverische Prozessordnung art. 528 nennt unter n. 4 allerdings auch Forderungen aus Gemeinde-, Kirchen-, Schul-, Deich- und Siehlverbänden, aber offenbar in dem Sinne, dass dieselben nach dem dortigen Landesrechte als Forderungen civilrechtlicher Art aufgefasst sind. Die Form der Vollstreckung entlehnen unsere öffentlichrechtlichen Forderungen nach wie vor aus der geltenden civilprozessualen Vollstreckung und die Regeln der C. P. O. sind jetzt auch für sie an die Stelle der Regeln des *code de procédure* getreten. Das würde der Fall sein auch ohne die ausdrückliche Bestimmung des A. G. z. C. P. O. art. 47. Der Landesgesetzgebung steht es aber frei, auf diesem vom Reichsgesetze nicht beherrschten Gebiete andere Formen und Zuständigkeiten zu schaffen, und wo sie solche schon geschaffen hatte, bleiben sie bestehn. Das gilt auch für diejenigen Sachen, welche, obwohl ihrer Natur nach öffentlichrechtlich, durch ein *déclassement de matières* den Civilgerichten zur Entscheidung übertragen sind, wie z. B. die Anforderung indirekter Steuern.

Nicht unbedenklich ist die Verfügung des A. G. z. C. P. O. art. 17, welche die gerichtliche Vollstreckbarerklärung von Zwangsbefehlen für Domänengefälle u. dergl. aufrecht erhält; und zwar in zweierlei Richtung:

Soweit es sich dabei um öffentlichrechtliche Forderungen handelt, kann die Landesgesetzgebung das Verfahren für die Schaffung des vollstreckbaren Titels, wie für die Vollstreckung selbst, ordnen wie sie will. Unter den Domänengefällen sind aber auch privatrechtliche Ansprüche begriffen. Welche Rolle das Gericht in bürgerlichen Rechtsstreitigkeiten zu spielen hat, bestimmt die C. P. O. ausschliesslich. Es ist wohl nicht zulässig, demselben, wie es hier geschieht, die Anordnung einer vorläufigen Zwangsvollstreckung zu überweisen.

Ferner: bei allen diesen Zwangsbefehlen handelt es sich um eine Thätigkeit der mit der Beitreibung von Staatsforderungen betrauten Verwaltungshülfsämter. Die Verleihung der Vollstreckbarkeit zu ihren Mahnungen ist eine Mitwirkung bei dieser Thätigkeit, ein Verwaltungsgeschäft, welches nicht in der Form der Rechtspflege geübt wird. Nach dem Willen des E. G. z. G. V. G. art. 4 sollen aber die Gerichte von solchen Thätigkeiten entlastet werden.

[1] Eine umfassende Zusammenstellung erfolgte zuerst durch Verordnung

Auch in der Staatsgelderverwaltung findet ein Zusammenwirken statt von gesetzgebender und vollziehender Gewalt. Allein dieses Zusammenwirken hat zum Theil eine andere Gestalt als dasjenige, welches den Grundzug des ganzen Verwaltungsrechtes ausmacht.

Die Grundlage der Staatsgelderverwaltung bildet die Festsetzung des Staatshaushalts, das Budget. Solche Festsetzungen waren schon unter dem alten Königthum im Gebrauche unter dem Namen *états de prévoyance.* Die revolutionäre Gesetzgebung verband aber mit dieser Zweckmässigkeitsmassregel haushälterischer Ordnung ein besonderes Recht der Volksvertretung. Nach der Erklärung der Menschenrechte von 1789 sollen die Bürger durch ihre Vertreter das Recht ausüben: *de constater la nécessité de la contribution publique, de la consentir librement, d'en suivre l'emploi* (l. c. art. 14). Die Feststellung der Notwendigkeit der Steuern setzt voraus die Schätzung der sonst vorhandenen Einnahmen und das Recht zur Entscheidung über Art und Höhe der erforderlichen Ausgaben. Die Verfassung vom 3. Sept. 1791 Tit. III Cap. III art. 1 u. 2 zog auch schon sofort diese Folgerung, indem sie der Volksvertretung das Recht zusprach: *de fixer les dépenses publiques.* Die rechtliche Bedeutung dieser Entscheidung ist aber immer nur die einer *constatation de la nécessité,* d. h. die Ausgaben werden als solche anerkannt, welche ein pflichtgetreuer Verwalter der Gelder des Staates für denselben machen kann. Die Folge der Nichteinhaltung der gesteckten Gränzen ist die Verantwortlichkeit des Verwalters wegen Pflichtverletzung. Die Verwaltung der Staatsgelder gehört aber der vollziehenden Gewalt: für den Träger derselben beziehungsweise seinen verantwortlichen Minister gilt also die Feststellung der Volksvertretung und die Verantwortlichkeit, welche sie ordnet, ist eine verfassungsrechtliche.[2]

Zur Zeit, als diese Einrichtung entstand, war die Volksvertretung verfassungsmässig der alleinige Träger der gesetzgeben-

---

vom 31. Mai 1838, später noch einmal durch Dekret vom 31. Mai 1862. Vgl. darüber Leroy-Beaulieu, *science des finances* II, S. 1—59; Ducrocq n. 473—485; Cabantous n. 839 ff.

[2] Ueber diese Entstehung des Budgetrechts der Volksvertretung: Leroy-Beaulieu S. 4 u. 5.

den Gewalt. Ursprünglich schied man die Budgetaufstellung noch von den eigentlichen Gesetzen.[3] Aber alsbald unterlag auch sie dem Gebrauche, wonach alle Akte des Trägers der gesetzgebenden Gewalt als Gesetze bezeichnet wurden (vgl. oben § 1 Anm. 7). Als nun die folgenden Verfassungen dem Träger der vollziehenden Gewalt eine positive Mitwirkung an der Gesetzgebung einräumten, da erfasste dieselbe gleichmässig auch diese Art von Gesetzen, trotz ihres nicht in allen Stücken dazu geeigneten Inhaltes.

Die Finanzgesetze, *lois de finances,* wie sie jetzt heissen, enthalten demnach zweierlei Arten von Bestimmungen:

Auf der einen Seite steht die Festsetzung der Beträge der zu erhebenden direkten Steuern. Sie macht die vorhandenen Steuergesetze wirksam und wirkt dadurch selbst nach aussen, auf die Unterthanen, deren Verhältniss zum Staate sie mitbestimmt. Sie erzeugt ein Reflexrecht der Unterthanen, nicht für mehr in Anspruch genommen zu werden. Schon der verfassungsmässige Vorbehalt solcher Festsetzung durch das Gesetz erzeugt ein Reflexrecht, nicht ohne dieselbe in Anspruch genommen zu werden. Die Rechtspflege schützt diese Rechte. Es ist alles wie bei dem gewöhnlichen Verwaltungsgesetze (vgl. oben § 57 n. 2.)[4]

Alles übrige, die Hauptmasse des Budgetgesetzes, hat keine unmittelbare Wirkung auf die Unterthanen.

Die eingesetzten Ausgabeposten geben der vollziehenden Gewalt eine Gränze, bis zu welcher sie verfügen kann, ohne verantwortlich zu werden; es ist ihr dadurch nach dem üblichen Ausdrucke ein Kredit eröffnet für diese Beträge. Aber die darin einzeln oder nach allgemeinen Merkmalen etwa bezeichneten Empfänger erwerben durch das Finanzgesetz kein Recht auf die Zahlung.

Die Einnahmeposten sind blosse Schätzungen.[5] Sie verleihen

---

[3] Erklärung der Menschenrechte art. 6 u. 14; Verf. v. 1791 Tit. III Cap. III art. 1, n. 1 u. 2.

[4] In dem gleichen gesetzgeberischen Akte können noch andere Verfügungen getroffen werden, welche über das Budget hinausgehen; namentlich neue Steuergesetze oder Ordnungen der Erhebung finden sich häufig. Das sind dann Bestimmungen, *qui pourraient former des lois distinctes de celle du budget* (Ducrocq n. 485), welche hier ausser Frage bleiben.

[5] Die feinere Entwicklung der konstitutionellen Theorie hat auch die Einnahmefestsetzung insoweit für bindend erachtet, als keine neue Einnahmequellen ohne Genehmigung des Budgetgesetzes eröffnet werden sollen (vergl.

der vollziehenden Gewalt keine neuen Befugnisse gegenüber denjenigen, von welchen die Gelder kommen sollen, und ihren ohnediess vorhandenen Befugnissen zur Gelderhebung gegenüber können die Einzelnen sich nicht darauf berufen, dass die Einnahme im Budget nicht vorgesehen sei.[6] —

Auf Grund dieses Finanzgesetzes geht nunmehr die Staatsgelderverwaltung durch die vollziehende Gewalt vor sich. Man nennt das den Vollzug desselben (*exécution du budget*). Es ist aber keine vollziehende Thätigkeit im gewöhnlichen Sinne, kein Fertigstellen der vom Gesetze begonnenen Handlung, sondern ein neues selbständiges Handeln mit im Voraus bemessener Verantwortlichkeit. Der Finanzminister beauftragt seine Kassebeamten mit Einnahme und Ausgabe. Zu diesem Zwecke lässt er ihnen das Finanzgesetz in seinen bezüglichen Theilen zukommen. Dieser Auftrag ist kein gesetzlicher Auftrag, sondern ein Auftrag von Seiten der vollziehenden Gewalt, welcher mit Rücksicht auf die drohende Verantwortlichkeit thatsächlich an die Bestimmungen des Gesetzes sich hält.

Den Kassebeamten, welche mit der Auszahlung von Staatsgeldern betraut sind (*trésoriers payeurs*), ist aber das dabei

oben S. 333). Auch dieses Sollen bezieht sich bloss auf die verfassungsrechtliche Verantwortlichkeit.

[6] Dass das Budgetgesetz mit diesem seinem Hauptinhalt keine Rechtssätze aufstellt, ist offenbar. Es macht also jedenfalls kein Verwaltungsrecht. Desshalb könnte es aber immer noch den Namen Verwaltungsgesetz verdienen. Allein auch dem Begriff der *loi administrative* mit ihrem *agir au nom de l'état, émettre des volontés au nom de l'état* (vgl. oben § 2 Anm. 7 u. 9) entspricht es nicht. Es ist keine Handlung des Staates, sondern eine Handlung der Volksvertretung, seinem Inhalte nach. Auch wird zur Verwaltung im strengen Sinne nur solches Handeln gerechnet werden können, welches verwaltungsrechtlich relevant ist, indem es auf die Einzelnen einwirkt, handelt diesen gegenüber. Seiner Natur nach gehört das Budgetgesetz eher zum Verfassungsrecht, das es ergänzt. Derartige Gesetze haben wir ja noch andere. Ducrocq n. 456 ff. bildet die Rubrik einer „Reglementirung der verfassungsmässigen Grundsätze politischer Art" (*réglementation des principes de l'ordre politique*). Darunter findet neben dem Wahlrecht, Petitionsrecht u. s. w. auch das Budgetrecht Platz. Im weiteren Sinne pflegt freilich alles Verwaltungsgesetz genannt zu werden, was nicht zum Civil- oder Strafrecht gehört. Für die gehörige Ausscheidung der Materien, welche im Verfassungsrecht und welche im Verwaltungsrecht zu behandeln sind, wäre die strengere Begränzung des Begriffes empfehlenswerth.

zu beobachtende Verfahren verwaltungsgesetzlich vorgeschrieben. Die Zahlung darf nur erfolgen auf Grund der Anweisung (*ordonnancement*) eines anweisungsberechtigten Beamten (*ordonnateur*). Anweisungsberechtigt ist jeder Minister für den seinem Verwaltungszweige eröffneten Kredit und bis zur Höhe desselben; er kann aber einen Theil seines Kredites unteren Beamten überlassen, namentlich Präfekten, Vorständen einzelner Finanzverwaltungshülfsämter, Direktoren von Staatsfabriken; dieselben werden dann für diesen Theil anweisungsberechtigt (*ordonnateurs secondaires*).

Diese Formen sind ein gesetzliches Stück der Dienstpflicht des Kassebeamten; der Finanzminister, dessen Untergebener er ist, kann ihn nicht davon entbinden.[7] Wohl aber kann der Finanzminister ihn gültig ermächtigen, über die Gränzen des budgetmässigen Kredites hinaus Zahlungen zu leisten.

Am Schlusse des Betriebsjahres werden die Rechnungen dem Rechnungshofe vorgelegt, welcher sich darüber ausspricht in zweierlei Formen, nach der Verschiedenheit des Rechtsverhältnisses:

Die Rechnungen der Kassebeamten werden geprüft im Wege der Verwaltungsrechtspflege auf Einhaltung der Formen (vgl. oben § 20). Die Rechnungen der Anweisungsbeamten (*comptes d'administration, comptes moraux*) werden geprüft auf ihre Uebereinstimmung mit den Rechnungen der Kassebeamten und mit dem Finanzgesetz. Das Ergebniss ist ein Gutachten, die Uebereinstimmungserklärung, *déclaration de conformité*, und ein Bericht an das Staatsoberhaupt, *rapport annuel*, mit den Bemerkungen, welche der Rechnungshof zu machen findet. Beides wird gedruckt und an die Mitglieder der Volksvertretung vertheilt.[8]

---

[7] Nur wenn eine Anweisung etwa in den nötigen Belegen den Dienstinstruktionen des Kassebeamten nicht ganz entspricht, hat er wohl das Recht zu remonstriren, muss sich aber mit dem Bescheide, der darauf beharrt, begnügen. Derselbe dient ihm dann als Beleg (Cabantous n. 848). Im Uebrigen kann er bei eigner Verantwortlichkeit von der Form nichts nachlassen.

[8] Der Rechnungshof hat also in dem einen Fall *juridiction*, im andern *contrôle* zu üben (Cabantous n. 874, 878); er ist *cour de justice* und *conseil de censure* (Leroy-Beaulieu S. 72); seine Aufgabe ist gegenüber den Rechnungen der zweiten Art: *de préparer le contrôle national* (Ducrocq n. 379). — In Elsass-Lothringen ist diese verschiedene Behandlung der Rech-

Es folgt dann noch der förmliche Abschluss der Staatshaushaltsrechnungen des verflossenen Betriebsjahres; derselbe wird wieder ausgesprochen durch ein Gesetz (*loi des comptes portant règlement du budget du dernier exercice clos*). Die rechtliche Bedeutung dieses Gesetzes ist lediglich die Entlastung der vollziehenden Gewalt. —

Eigenthümliche verwaltungsrechtliche Rechtsinstitute der Staatsgelderverwaltung entstehen erst dadurch, dass von da aus der Staat auf die Bürger selbst einwirkt, und diess geschieht in zweierlei Weise.

1. Im Interesse der Aufrechthaltung der Ordnung der Staatsgelderverwaltung können Forderungen und Schulden des Staates für erloschen erklärt werden.

Bei den Forderungen des Staates ist es die Uneinbringlichkeit derselben, welche zu solcher Massregel führt. Für die ordentlichen Staatseinkünfte, Steuern, Zölle, Geldstrafen, überhaupt alles was in den Betrieb der besonderen Finanzverwaltungen fällt, haben die leitenden Aemter gewisse Befugnisse zur Niederschlagung, zum Erlass, zum Vergleich (vgl. oben S. 392, 396). Andre Forderungen des Staates können nur niedergeschlagen werden durch Dekret des Staatsoberhauptes. Das Dekret ist zu veröffentlichen und eine Aufstellung der niedergeschlagenen Forderungen wird mit dem Gesetze über den Rechnungsabschluss der Volksvertretung vorgelegt. Diese Niederschlagungen (*remises gracieuses*) sind keine Schenkungen; sie können nur geschehen im Interesse der guten Ordnung der Staatsgelderverwaltung. Doch unterliegt die Frage, was uneinbringlich sei, der freien Würdigung des Verfügenden unter Verantwortlichkeit des gegenzeichnenden Ministers.[9]

Gegenüber den Geldansprüchen der Einzelnen an den Staat

nungen der *ordonnateurs* und der *comptables* weggefallen; vgl. oben § 20 Anm. 12.

[9] Ges. 29. Juni 1852 art. 13; Dekret 16. Dez. 1869 art. 16. Dumesnil n. 42. — Auf dieses Rechtsinstitut allein kann sich die Verordnung vom 28. Sept. 1885 beziehen, welche (I, 2 Abs. 2) den Statthalter in Elsass-Lothringen zur Niederschlagung von fiskalischen Forderungen ermächtigt; die Wahrung der Formen immer vorausgesetzt. Abgesehen vom eigentlichen Begnadigungsrecht hat das Staatsoberhaupt sonst keine Befugniss Staatsforderungen zu erlassen.

ist es das Auflaufen von Rückständen, was verhütet werden muss. Die gewöhnliche Verjährung schien keinen hinreichenden Schutz zu gewähren gegen die daraus drohende Störung. Desshalb wurden besondere Verlustigungen, *déchéances*, geschaffen, die als Eingriffe in die Rechte der Einzelnen einer gesetzlichen Grundlage bedurften. Die Revolutionszeit und das erste Kaiserthum weisen zahlreiche Gesetze auf, welche einfach alle Forderungen an den Staat, sofern sie hinter einen gewissen Zeitpunkt zurückreichten, für erloschen erklärten: es wird angeknüpft an ein bestimmtes Rechnungsjahr, was diesem angehört, der Rückstand, *arriéré*, dieses Jahres wird mit Einschluss alles Vorausgehenden niedergeschlagen. Das spätere Königthum brachte noch einige Sondergesetze dieser Art.[10] Durch Gesetz vom 31. Jan. 1831 wurde endlich eine allgemeine Rechtsregel aufgestellt, die noch gilt.

Alle Forderungen an den Staat sind erloschen, wenn sie nicht zur Auszahlung gebracht worden sind innerhalb fünf Jahren, von Beginn desjenigen Rechnungsjahres an, welchem sie angehörten d. h. von dessen Krediten sie hätten bezahlt werden sollen. Ausgenommen sind solche Forderungen, bei welchen es nur an der Verwaltung lag, wenn sie nicht berichtigt wurden; dazu gehört auch der Fall, wo wegen des Widerspruchs der Verwaltung die Forderung erst durch einen Rechtsstreit festgestellt werden konnte; die gehörige Geltendmachung derselben wird dann auf den Tag der Klage zurükdatirt.[11]

Die Verlustigung ist keine Verjährung, sondern eine Massregel der Staatsgelderverwaltung. Sie wird durch einen Verwaltungsakt des Finanzministers ausgesprochen, mit Rekurs zum Staatsrath. Eine frische Verurtheilung des Staates durch die Gerichte ist dafür kein Hinderniss. Die Gerichte sind unzuständig, diesen Verwaltungsakt selbst zu machen d. h. über die Verlustigung zu entscheiden. Thun sie es etwa doch in ausdrücklicher Weise, so ist Kompetenzkonflikt zu erheben. Wird aber ein solches

---

[10] Cormenin II V° *liquidation* S. 251 ff.

[11] Dufour IV, n. 621.

Urtheil rechtskräftig, so ist allerdings seine Entscheidung auch in diesem Punkte für den Minister bindend.[12]

2. Umgekehrt ist jeder selbstberechtigte Eingriff der Einzelnen in die Staatsgelderverwaltung, jeder Zwang zur Zahlung durch die Civilrechtspflege gegen dieselbe ausgeschlossen. Nicht bloss ihre Gelder sind unpfändbar, sondern überhaupt alles Staatseigenthum; die Gerichte dürfen den Staat nicht zu Schadensersatz verurtheilen wegen Nichtzahlung, sie dürfen keine Verzugszinsen gegen ihn zusprechen. Alles das ohne besonderes Gesetz. Es versteht sich von selbst. Der Staat übt in der Staatsgelderverwaltung eine hoheitliche Thätigkeit, wie in den Aufträgen der Behördenordnung, wie überall, wo er noch nicht in bestimmte civilrechtliche Verhältnisse herabgestiegen ist.[13] Die Befriedigung aller Geldforderungen an den Staat kann also nur erfolgen aus dem selbständigen Gange der Staatsgelderverwaltung heraus. Die Forderung muss zunächst in den Betrieb dieser Verwaltung aufgenommen sein durch eine amtliche Willenserklärung, welche sie anerkennt und feststellt. Diese Anerkennung liegt bezüglich der regelmässigen im Finanzgesetze vorgesehenen Ausgaben (Besoldungen, Verzinsung der Staatsschuld) schon in der Ueberweisung der betreffenden Kredite an die Kassebeamten. Forderungen, welche im Einzelnen nicht vorgesehen sind, müssen erst noch besonders anerkannt und zur Deckung aus Staatsgeldern fähig gemacht werden. Das ist die Bedeutung der dem Minister obliegenden Feststellung der zu bezahlenden Staatsverbindlichkeiten, *liquidation de la dette publique*, des Deckungsbeschlusses, wie wir sie nennen mögen. Dieselbe verschmilzt zu einem Akte mit der freiwilligen Anerkennung von vertragsmässigen Ansprüchen und von Entschädigungsforderungen. Als selbständiger Akt erscheint sie vor allem in zwei Fällen: wenn die Forderung aus einem anderen Rechnungsjahre herstammt und in dem Finanzgesetze des gegen-

---

12 Serrigny III, n. 1307—1309. Die Rechtskraft ändert das Rechtsverhältniss selbst; vgl. oben § 17 Anm. 2.

13 Dumesnil n. 85 ff. Der Ausschluss der Zwangsvollstreckung ist aufrecht erhalten durch E. G. z. C. P. O. art. 15 Z. 4. Es hätte aber wohl dieser ausdrücklichen Verfügung nicht bedurft und auch die nicht erwähnten Beschränkungen der Civilrechtspflege bestehen fort.

wärtigen Rechnungsjahres nicht in Ausgabe vorgesehen ist, also die Verlustigung in Frage steht, und wenn sie den Gegenstand der Entscheidung eines Civil- oder Verwaltungsgerichtes gebildet hat. Daher wird die Lehre vom Deckungsbeschlusse immer vorgetragen im Zusammenhang mit der Lehre von der Verlustigung und in dem mit der Lehre von den Schadensersatzklagen gegen den Staat.[14]

Der Deckungsbeschluss des Ministers ist ein gebundener Verwaltungsakt; er gibt entweder selbst die Entscheidung über einen Rechtsanspruch, oder wo er als selbständiger Akt auftritt, spricht er nur aus, was die Staatskasse soll auf Grund der vorausgegangenen Entscheidung, beziehungsweise was das Verlustigungsgesetz für diesen Fall verfügt. Es steht desshalb der Rekurs zum Staatsrathe dagegen offen im ordentlichen Verwaltungsrechtswege.

Mit der Erklärung, dass die Forderung zur Deckung übernommen werde, ist aber die Sache noch nicht erledigt. Es bedarf nunmehr noch der Zahlungsanweisung. Auf Erzwingung derselben gibt es kein civilrechtliches noch verwaltungsrechtliches Rechtsmittel: sie liegt lediglich in der Dienstpflicht des Ministers.

Damit die Zahlungsanweisung gegeben werden könne, ist weiter notwendig, dass dieselbe Platz finde in dem dem Minister eröffneten Kredite. Ist das nicht der Fall, so muss der Minister durch das nächste Finanzgesetz oder auch durch Zwischengesetz einen Kredit dafür eröffnen lassen. Die gesetzgebende Gewalt soll die Mittel gewähren zur Ausführung der zuständiger Weise beschlossenen Zahlung. Aber sie soll bloss. Thut sie's nicht, so bleibt der Gläubiger ohne Möglichkeit einer Abhülfe, es sei denn, dass der Minister es wagt, doch zu zahlen und seine Verantwortlichkeit herauszufordern.[15]

---

[14] Dufour IV, n. 609 ff., Ducrocq n. 351—354, 872; Serrigny III, n. 1303.

[15] Dufour IV, n. 631.

Anhang.

§ 61. Civilrechtliche Haftung der Beamten.

Wenn die Beamten des Staates in Ausübung ihres Amtes rechtswidrig Schaden zufügen, so ist ihre Haftung dem Geschädigten gegenüber immer eine civilrechtliche. Diese Haftung ist aber beeinflusst durch den Zusammenhang, in welchem die Handlung des Beamten steht mit seinem verwaltungsrechtlichen Auftrage.

Nach Beseitigung des art. 75 der Verfassung des Jahres VIII (vgl. oben § 16) können alle Beamten auch wegen dienstlicher Handlungen sofort und unbeschränkt vor den Civilgerichten auf Schadensersatz belangt werden. Nur sind die Gerichte schuldig, den Grundsatz der Trennung der unteren Gewalten auch in diesen Sachen zu achten, also inne zu halten und die Entscheidung der Verwaltung abzuwarten, sobald sie dabei einem bestimmten Verwaltungsakte begegnen, von dessen Würdigung oder Auslegung ihr Urtheil abhängt. Die civilgerichtliche Zuständigkeit ist also in zwei Fällen voll und bis zum Ende gegeben:

1. Wenn ein Verwaltungsakt überhaupt nicht in Frage ist; die Thätigkeit der Hülfsbeamten und der Angestellten der öffentlichen Anstalten liefert dafür Beispiele in Menge.[1]

2. Wenn ein Verwaltungsakt vorliegt, mit welchem die schädigende Handlung im Zusammenhange steht, aber die Handlung sich selbständig von ihm ablöst, so dass sie dem Gerichte greifbar wird, ohne den Verwaltungsakt zu berühren. Eine solche lösbare Handlung wird als persönliche Handlung des Beamten *(fait personnel)* bezeichnet. Wenn das Gericht sich eines Falles bemächtigt, wo die Handlung diese Lösbarkeit nicht hat, so vergreift es sich am Verwaltungsakt und der Kompetenzkonflikt weist es in seine Schranken. Desshalb geben die Entscheidungen, welche der Kompetenzkonfliktshof in solchen Sachen zahlreich gefällt hat,

[1] So würde in dem Falle Blanco (C. C. H. 4. Febr. 1873, vgl. oben § 58 Anm. 9) der Arbeiter, welcher das Kind überfuhr, zweifellos vor dem Civilgericht auf Schadensersatz belangt werden können. Nach C. C. H. 7. Juni 1873 (Godard) ist das Civilgericht zuständig für die Schadensersatzklage gegen Telegraphenbeamte, welche eine Depesche verschleudert haben.

die massgebende Lehre von den Gränzen des Umfanges des Verwaltungsaktes nach der Richtung der persönlichen Handlung hin und den Begriff der letzteren.

Hienach muss aber unterschieden werden zwischen zweierlei Arten von Beamten, je nach ihrem Verhältnisse zu den Verwaltungsakten: zwischen denjenigen, in deren Zuständigkeit es liegt, selbst Verwaltungsakte zu erlassen (eigentliche Beamte, *fonctionnaires publics* im engeren Sinne)[2] und allen übrigen Beamten und sonstigen Dienern des Staates, welche mit Verwaltungsakten nur dadurch in Zusammenhang kommen, dass sie zur Ausführung der erlassenen Dienste leisten.

Die ersteren, die entscheidenden Beamten, müssen dafür angesehen werden, dass sie noch im Bereiche des Verwaltungsaktes gehandelt haben, so lange ihre Thätigkeit nur darauf gerichtet ist, einen solchen zu erlassen, so lange sie nicht in der Form und im Schein eines solchen eigne persönliche Zwecke verfolgen. Der Verwaltungsakt mag schlecht gerathen, er mag gesetzverletzend sein, noch mehr: die vorgesetzte Behörde mag ihn aufgehoben, der Staatsrath wegen Unzuständigkeit oder Machtüberschreitung vernichtet haben — er bleibt den Gerichten gegenüber Verwaltungsakt auch als unrichtiger Verwaltungsakt. Sowie aber ein selbständig eigner Zweck darin oder daneben zu Tage tritt, erscheint die persönliche Handlung dem Gerichte greifbar. Der Beamte hat die gesetzwidrige Entscheidung getroffen in Folge von Bestechung, Anordnungen getroffen, welche das Gesetz überhaupt nicht erlaubt, der Beamte hat — und diess ist der Fall, der den Kompetenzkonfliktshof am meisten beschäftigte — willkürlich beleidigende Ausdrücke in seine Verfügung gemengt: der Verwaltungsakt ist nicht mehr betheiligt und der gerichtlichen Zuständigkeit die Bahn frei.[3]

---

[2] Block V° *fonctionnaire* n. 1. — Vgl. oben § 47.

[3] C. C. H. 24. Nov. 1877 (Gonnouilhon); Rede des Regierungskommissärs: *lorsque l'administrateur agissant dans l'exercice légitime de ses pouvoirs se trompe sur leur étendue précise, ses actes ne perdent pas alors le caractère administratif .... Mais lorsque l'acte s'applique à un objet qui n'est pas placé dans ses attributions ou qui lui est expressement interdit par la loi, il ... constitue une faute personnelle de l'administrateur qui doit répondre*

Für Personen, welche nur den Auftrag haben, den von eigentlichen Beamten erlassenen Verwaltungsakt zur Ausführung zu bringen, ist der Spielraum beschränkter. Sie haben ihrer Seits gar nichts von eigner Entscheidung und Willensentschliessung dem Verwaltungsakte hinzuzufügen; sie bleiben in seinem Bereiche und ihre Handlung ist ihm zugehörig, nur so lange sie sich darauf beschränken, seine einfache thatsächliche Ausführung zu sein. Jedes Fehlgehen, boshafter Weise oder durch Nachlässigkeit oder durch Irrthum, gleichviel, steht nicht mehr in diesem Zusammenhang und ist, wenn es Schaden anrichtet, als persönliche Handlung verfolgbar. Dagegen ist es auch für diese Personen gleichgültig, ob der Verwaltungsakt, zu dessen Ausführung sie von zuständiger Seite berufen wurden, ein richtiger gesetzentsprechender Verwaltungsakt sei oder nicht. Nur wo die Handlung, der sie ihren Arm geliehen, offenbar an sich verbrecherisch und strafbar war, schützt sie selbstverständlich keine Berufung auf das deckende formelle Rechtsverhältniss.[4] —

Häufig wird es zweifelhaft sein, ob eine persönliche Handlung vorliegt oder ein Stück Verwaltungsakt. Dann ist es die für die streitige Auslegung solcher Verwaltungsakte zuständige Behörde, regelmässig also zuletzt der Staatsrath, wo die Entscheidung darüber zu suchen ist, wie weit der Verwaltungsakt reicht. Das Gericht muss das Verfahren aussetzen, bis diese Entscheidung beigebracht ist.

Wenn die Verwaltung erklärt hat, es sei eine persönliche

---

devant la justice des dommages qu'il aurait ainsi causés aux tiers (c. c. 1882). — Beleidigungen in Verwaltungsakten erkennen als persönliche Handlungen an: St. R. E. 7. Mai 1871 (Cumont), 7. Mai 1871 (Taxil). Dagegen wurde allerdings die Verfolgbarkeit einer Beleidigung, welche im amtlichen *Bulletin des communes* enthalten war, nachher doch noch einmal verneint (C. C. H. 29. Dez. 1871, Viette); eine viel angefochtene Entscheidung: Aucoc I, n. 426.

[4] Wenn die Handlung der ausführenden Person gerichtlicher Verfolgung entzogen sein soll, wird gesagt: es seien *des actes d'exécution que la resistance a rendus nécessaires*, — *nécessairement compris dans les mesures prescrites par le dit arrêté, ils participent au caractère de cet arrêté* (C. C. H. 26. Febr. 1881, Chauvin); oder: die Handelnden *n'ont fait qu'exécuter les ordres, qu'obéir à la réquisition* (C. C. H. 19. Febr. 1881, Mas; 19. Febr. 1881, Bonnet).

Handlung, dann geht die Sache an das Gericht zurück, welches gemäss art. 1382 über die Folgen gegen den Thäter erkennt.

Wie aber, wenn das Gericht von selbst anerkennt oder die angerufene Zwischenentscheidung des Staatsrathes oder schlimmsten Falles der Kompetenzgerichtshof gegen das Gericht es ausspricht, dass keine persönliche Handlung vorliegt, dass ein Verwaltungsakt erlassen oder ausgeführt wurde? Man würde vielleicht erwarten, dass es nun zunächst darauf ankäme, zu wissen, ob der Verwaltungsakt gültig und rechtmässig war, dass die zuständige Verwaltungsbehörde auch hierüber zu entscheiden hätte und je nach dem das Gericht doch noch der Schadensersatzklage ihren Fortgang gäbe. Dem ist aber nicht so. Die Sache kehrt niemals an das Gericht zurück. Das Gericht ist ja, wie oben bereits erwähnt, sogar unzuständig, wenn von vorneherein durch die zuständige Verwaltungsbehörde ausgesprochen war, dass der Akt nicht gelte. Die Schadensersatzforderung gegen den Beamten geht in solchem Fall auch nicht an irgend eine andere Behörde zur Erledigung. Sie ist erledigt, und zwar desshalb, weil sie sachfällig ist. Die eben dargelegten Gränzen der Zuständigkeit des Civilgerichts sind zugleich die Gränzen der persönlichen Haftbarkeit des Beamten gegen den Einzelnen. Wenn einmal feststeht, dass eine persönliche Handlung des Beamten nicht vorliegt, ist derselbe überhaupt nach aussen nicht verantwortlich. Es sind zugleich materielle Rechtsregeln, welche hier zur Geltung kommen.[5]

[5] C. C. H. 12. März 1881 (Bayle): das Gericht hatte anerkannt, dass ein Verwaltungsakt vorliege, hatte aber seine Entscheidung über die Schadensersatzklage ausgesetzt, bis die Verwaltung über die Gültigkeit des Aktes gesprochen haben würde. Der Kompetenzgerichtshof erklärt, dass das Gericht sich der Sache sofort gänzlich entschlagen musste. — Warum hier Kompetenzkonflikt? Warum nicht einfach materielle Einrede der ausgeschlossenen Haftung? Es wird angenommen, dass der Angriff in Wirklichkeit durch den Beamten hindurch auf den Verwaltungsakt gehe, weil eine eigne Handlung des Beamten nicht vorliege. So C. C. H. 5. Mai 1877 (Laumonnier): der Präfekt hatte Zündholzfabriken schliessen lassen. Seine Verfügung wird durch den Staatsrath wegen Machtüberschreitung vernichtet. Schadensersatzklage des Fabrikanten gegen den Präfekten persönlich. Der Gerichtshof sagt: *l'action intentée est en vérité porté contre l'Etat dans la personne de ses agents ... une telle action est dans la compétence de l'autorité administrative.*

Nach den Grundsätzen des art. 1382 haftet Jeder, der einem Anderen Schaden verursacht durch sein Verschulden (*faute*); ein Verschulden in diesem Sinne ist aber immer vorhanden, wenn Zurechnungsfähigkeit bestand und nicht nachgewiesen werden kann, dass man ein Recht hatte, die schädigende Handlung vorzunehmen. Diese beiden Bestandtheile des Verschuldens würden immer vorliegen, wenn es sich um einen ungültigen Verwaltungsakt handelt, durch welchen Jemand zu Schaden kommt. Wenn gleichwohl die Haftung des Beamten verneint wird, so kann das nur geschehen aus der Auffassung heraus, dass der Kausalzusammenhang des Schadens mit seiner Person nicht besteht. Die grosse Maschinerie des Staates, in welcher seine Handlung aufgeht, hat den Schaden angerichtet.

Es entsteht so für die entscheidenden Beamten etwas wie ein Recht, sich zu irren.[6] Ihre Stellung ist ganz ähnlich der der Richter. Gegen diese kann nur im Falle des *dolus* persönliche Verantwortlichkeit in Anspruch genommen werden, in den von der Civilprozessordnung (art. 505) geregelten Formen der *prise à partie;* der Richter wird durch seinen *dolus* Partei, *judex qui litem suam fecit,* — *fait personnel* des Verwaltungsbeamten. Dass im Uebrigen für den Schaden aus falschen nachlässigen Urtheilen der Richter nicht hafte, ist ebenso erst durch Auslegung des Gesetzes von der Praxis als Grundsatz aufgestellt worden, wie die Unverantwortlichkeit des Verwaltungsbeamten für fehlerhafte Verwaltungsakte.[7]

Bei denjenigen, welche an der Ausführung eines Verwaltungsaktes Theil nehmen, erinnert die Unverantwortlichkeit in etwas an

---

[6] Dalloz V° *responsabilité* n. 261 drückt das etwas verschwommen aus: *le principe de la responsabilité ne doit pas être poussé trop loin. La bonne foi de l'administrateur, l'intégrité de son caractère, la loyauté, la franchise qu'il apporterait dans l'exercice de ses fonctions doivent être prises en grande considération par les tribunaux.* Deutlicher sagt es Bernard in Revue crit. de législ. et de jurispr. 1876 S. 595: *tant que les fonctionnaires se sont renfermés dans le cercle de leurs attributions, l'usage indiscret ou irréfléchi qu'ils en ont fait, ne saurait fonder contre eux une responsabilité. La société les a faits magistrats et les magistrats ne sauraient être comptables de leurs erreurs.* Vgl. oben Anm. 3.

[7] Demolombe XXXI, n. 519.

den im französischen Rechte anerkannten Strafausschliessungsgrund des Befehles. Aber sie fällt nicht damit zusammen. Auch Handwerksleute, welche einfach gedungen worden sind durch civilrechtlichen Vertrag, um bei Ausführung des Verwaltungsaktes Hülfe zu leisten, sind durch den Verwaltungsakt gedeckt. Ihnen war ja ein Befehl nicht zu ertheilen gewesen, aber es kommt auch darauf nicht an; es genügt, dass sie nichts Eigenes gethan haben, sondern einfaches Werkzeug des Verwaltungsaktes geblieben sind.[8] —

Wir geben zum Schlusse eine Zusammenstellung der Haftung der Beamten mit der dahinterstehenden Haftung des Staates.

Der Beamte haftet für den rechtswidrig angerichteten Schaden immer civilrechtlich, aber nur sofern ein Verwaltungsakt nicht vorliegt oder neben einem solchen eine persönliche Handlung ausgeschieden ist.[9]

Der Staat haftet daneben:

in Polizei- und Rechtspflege — gar nicht;

im Gebiete der öffentlichen und fiskalischen Anstalten — nur nach den Grundsätzen der öffentlichrechtlichen Entschädigung, und zwar:

- wegen rechtswidriger Handlungen seiner Diener, welche durch den Zusammenhang mit Verwaltungsakten gedeckt sind, — allein;
- wegen Handlungen derselben, welche nicht so gedeckt sind, ohne desshalb zu persönlichen Handlungen zu werden, — solidarisch mit ihrer civilrechtlichen Haftung;
- wegen persönlicher Handlungen, neben Verwaltungsakten oder ohne dass solche in Frage sind, — gar nicht;

[8] Dieser Auffassung verdanken z. B. alle Schlosser ihre Sicherheit, welche zur Ausführung der Dekrete vom 29. März 1880 die Klosterthüren aufbrechen halfen. C. C. H. 26. Febr. 1881 (Denis u. Paris): *les faits ne sont autres que les faits constituant l'exécution de l'arrêté . . . le tribunal ne pouvait connaître d'une action dirigée en réalité contre un acte administratif.*

[9] Vgl. oben § 52, wo der Begriff der persönlichen Handlung den Gegensatz zur auftragsgemässen Thätigkeit überhaupt bildet; die lösbare Handlung, von welcher wir hier sprechen, ist nur ein Anwendungsfall des nämlichen Begriffes.

in bereits begründeten Privatrechtsverhältnissen — für alle rechtswidrigen Handlungen seiner Leute gelegentlich der Ausführung ihrer Aufträge civilrechtlich und solidarisch nach den Grundsätzen des art. 1384 c. c.[10]

[10] Unter der Herrschaft der C. P. O. würde das Gericht, je nachdem man den art. 139 auslegt, zur Aussetzung des Verfahrens nur ermächtigt, nicht verpflichtet sein; soweit die Bestimmung des art. 11 E. G. z. G. V. G. reicht, könnte es diese Aussetzung nicht einmal anordnen (vgl. oben § 15 Anm. 11, § 16 Anm. 8). Das materielle Recht, wie es hinter den alten Zuständigkeitsgränzen stand, würde durch diese Aenderung nicht beeinträchtigt. Dafür kommt hier der Einfluss des R. B. G. § 13 in Frage. Mit dem kurzen Satz: der Beamte ist für die Gesetzmässigkeit seiner Amtshandlungen verantwortlich, kann der Gegenstand nicht unbedingt und erschöpfend geordnet sein sollen. Aus den Verhandlungen geht hervor, dass man auch dem Landesrecht noch eine ergänzende Bedeutung zuerkennen wollte, indem es das Mass des Verschuldens bestimmte, welches nötig wäre, für die objektig rechtswidrige That haftbar zu machen (Kannengiesser, Kommentar S. 53 ff.). Damit wäre für uns Elsass-Lothringer nichts geholfen, da unser c. c. art. 1382 eine culpa überhaupt nicht verlangt, damit ein zurechnungsfähiger Mensch haftbar werde für einen Schaden, den er ohne Recht verursacht. Wichtiger ist eine andere Einschränkung, welche die Theorie aus den Notwendigkeiten der amtlichen Unterordnung herleitet: der ausführende Beamte ist bezüglich der Gesetzmässigkeit des Auftrags, den er von seinem Vorgesetzten erhält, nur in beschränkter Weise zu einer Prüfung berechtigt und verpflichtet, nämlich nur was die äussere Form und die allgemeine Zuständigkeit betrifft. Nur soweit reicht denn auch trotz des § 13 seine Verantwortlichkeit (Laband I, S. 426 ff.). Eben solche Notwendigkeiten der Aemterordnung gebieten aber auch die Annahme eines Rechtes sich zu irren zu Gunsten der entscheidenden Beamten selbst.

DRITTER ABSCHNITT.

DIE SELBSTVERWALTUNG.

§ 62. Rechtliche Natur der Selbstverwaltung.

Unter Selbstverwaltung verstehen wir Mitwirkung bestimmter Kreise von Staatsangehörigen an der Verwaltung staatlicher Angelegenheiten kraft eines ihnen eingeräumten Rechtes. Die Natur des Rechtes ist die nämliche wie die des Mitwirkungsrechtes, welches die Verwaltungsrechtspflege gewährt. Aber dort ist Gegenstand des Rechtes eine einzelne behördliche Entscheidung, deren Entstehung und Kraft durch die Mitwirkung bestimmt wird, hier die ganze staatliche Thätigkeit zur Besorgung gewisser Angelegenheiten ihrem sachlichen Inhalt nach. Träger des Rechtes ist dort der Einzelne, dessen Interesse durch die Entscheidung von aussen berührt wird, hier eine Gruppe von Einzelnen, welcher jene staatlichen Angelegenheiten zugleich als ihre besonderen Angelegenheiten zuerkannt sind.

Aus diesem Begriffe ergeben sich zweierlei Thätigkeitsarten des Staates, in welchen er hier den Einzelnen gegenüber tritt und welche ebenso die Grundformen dieses ganzen Rechtsgebietes bilden, wie das Rechtsgeschäft des Auftrages die der Behördenordnung, das des Befehles die der Polizei.

1. Die Begründung der Mitwirkungsrechte der Einzelnen geschieht durch einen staatlichen Willensakt der Rechts-

einräumung. Derselbe enthält die Bestimmung der Angelegenheiten, welche als besondere angesehen werden, der Selbstverwaltungsangelegenheiten, des Kreises von Staatsangehörigen, für welche sie besondere sein sollen, der Selbstverwaltungsberechtigten, und der Art, in welcher deren Mitwirkung an der Verwaltung dieser Angelegenheiten zur Geltung kommt, der Selbstverwaltungsform.

2. Die Angelegenheiten, welche der Selbstverwaltung zugetheilt sind, hören desshalb nicht auf, zugleich Angelegenheiten des Staates zu sein. Der Staat behält einen mehr oder weniger grossen Antheil an der Besorgung derselben. Die Geltendmachung des staatlichen Mitwirkungsrechtes bewegt sich in der entgegengesetzten Richtung wie die erste Thätigkeitsart, als Beschränkung der eingeräumten Selbstverwaltung. —

Das Ergebniss davon stellt sich dar als eine besondere Art von Verwaltung der also ausgezeichneten Angelegenheiten, auch äusserlich geschieden von der allgemeinen Staatsverwaltung.[1] Die ihr gewidmeten Aemter bilden eine Ordnung für sich, die in Gegensatz tritt zu der allgemeinen staatlichen Behördenordnung. Dieselben können geführt werden im Auftrag des Staates; dann ist diess eine Form der staatlichen Mitwirkung an der Selbstverwaltung. Sie können aber auch geführt werden Namens und im Rechte der Selbstverwaltungsberechtigten; dann entstehen für sie Vertretungsämter, eine neue Art öffentlichrechtlichen Auftrags, der vom Staate nicht gegeben, sondern nur geordnet wird im Verfolg seiner mitwirkungeinräumenden Thätigkeit.

Ebenso sondern sich die Selbstverwaltungskreise unter sich; die Verschiedenheit der Selbstverwaltungsberechtigten ist das Trennende.

Dieser Zustand wird verwaltungsrechtlich zum Ausdruck gebracht durch die bekannte Formel, welcher sich die juristische Technik zur Abkürzung der Denkwege zu bedienen pflegt: man gibt jeder solchen Verwaltung besonderer Interessen zum Mittel-

[1] Nach diesem Gesichtspunkte bezeichnet Aucoc I, n. 47 die Selbstverwaltung als *gestion des intérêts spéciaux* und, wegen der Hauptart von Besonderheit, *des intérêts locaux*, im Gegensatz zu der *administration des intérêts généraux ou de l'État*.

punkte ein gedachtes Rechtssubjekt, dem die entsprechenden Angelegenheiten zugehören, in dessen Recht und in dessen Namen sie besorgt werden. So entsteht der Begriff der juristischen Personen des öffentlichen Rechtes (*personnes morales qui dépendent du droit public*) als einer Mehrheit. Der Staat selbst, in der ganzen Allgemeinheit seines rechtlichen Daseins, ist eine davon; erst durch den Gegensatz zu den andern wird der Begriff für ihn von Bedeutung (vgl. oben § 55 Anm. 2). Wir bezeichnen diese anderen als Selbstverwaltungskörper.

Nachdem dieser Hülfsbegriff einmal dazwischen geschoben ist, wird er zum Ausgangspunkt für die Anschauung der ganzen Selbstverwaltung und jene beiden Grundformen müssen sich in neue Eintheilungen fügen, die ihm entsprechen, ohne desshalb ihre Bedeutung für die innere Natur der einzelnen Rechtsinstitute zu verlieren:

1. An die Stelle der Einräumung von Mitwirkungsrechten tritt die Anerkennung des Selbstverwaltungskörpers (*reconnaissance*), d. h. der staatliche Akt, der eine solche juristische Person schafft zur Besorgung der besonderen Angelegenheiten einer Gruppe von Staatsangehörigen und sie ausstattet mit der nötigen Vertretung. Da der vorbehaltene Antheil des Staates an der Besorgung der Selbstverwaltungsangelegenheiten aber gerade darin zum Ausdruck kommen kann, dass die Vertretung des Selbstverwaltungskörpers ausschliesslich oder theilweise in seinem Auftrage geführt wird, so wird damit ein Stück aus der zweiten Grundform hier hereingezogen. Die innere Verschiedenheit wird aber nicht verwischt; es ergibt sich vielmehr ein Gegensatz zwischen Vertretern des Selbstverwaltungskörpers, die zugleich Vertreter der Selbstverwaltungsberechtigten, und solchen, die es nicht sind.[2]

2. An die Stelle des Begriffes der Mitwirkung des Staates bei der Besorgung der Selbstverwaltungsangelegenheiten tritt der der Aufsicht über den Selbstverwaltungskörper (*sur-*

---

[2] Ducrocq n. 170: *le maire représente l'association communale;* n. 85: *le préfet comme représentant de cette personnalité (du département).* Nur das erstere Amt, das des Bürgermeisters, ist zugleich ein Vertretungsamt im vorhin erwähnten Sinne, ein Bürgervertretungsamt. Der Präfekt bleibt immer Staatsbeamter auch als Körperschaftsvertreter.

veillance, contrôle). Sie setzt denselben als fertig voraus, enthält desshalb von staatlicher Mitwirkung an seinen Angelegenheiten nur das, was nicht mit der unmittelbaren Vertretung sich verbindet. Andererseits umfasst sie dafür alle nachträglichen Verfügungen gegenüber dem Selbstverwaltungskörper, auch wenn dieselben sich gar nicht mit der Besorgung seiner Angelegenheiten befassen, vielmehr zur Ergänzung der Anerkennung dienen, zur Sicherung und genaueren Bestimmung des darin zugestandenen Mitwirkungsrechtes: Leitung von Wahlen, Ernennung und Absetzung von Vertretern der Selbstverwaltungsberechtigten, Gränzberichtigungen am Rechtsgebiete des Selbstverwaltungskörpers. Wir werden danach innerhalb der Aufsicht zweierlei Arten von Rechtsgeschäften ganz entgegengesetzter Natur auszuscheiden haben. —

Die Anerkennung von Selbstverwaltungskörpern wird zum vorbehaltenen Gebiete des Gesetzes gerechnet: die darin enthaltene Einräumung von Mitwirkungsrechten ist eine theilweise Entäusserung von Rechten des Staates. Das Gesetz kann die Anerkennung allein machen, durch Einzelakt (vgl. unten § 68, § 70) oder durch Rechtssatz, der seine Wirkung unmittelbar an objektive Merkmale knüpft (vgl. unten § 64—67). Es kann auch der vollziehenden Gewalt Ermächtigungen dafür ertheilen. Der Anerkennungsakt könnte dann ganz dem Belieben derselben überlassen sein. Vielfach jedoch stellen Gesetz und Verordnung Rechtssätze daneben, welche den Fall der zu ertheilenden Anerkennung, sowie Inhalt und Folgen derselben mehr oder weniger genau bestimmen (vgl. unten § 68).

Die durch die Anerkennung begründeten Rechte des Selbstverwaltungskörpers haben ebensosehr die Natur wahrer Rechte, wie die den Einzelnen etwa ausserdem noch eingeräumte unmittelbare Mitwirkung bei seiner Vertretung; denn auch jene sind nur die Form, in welche das Mitwirkungsrecht der Einzelnen gebracht ist. Sie sind keine blossen Reflexrechte, sondern abgeschlossene Willensherrschaften gegenüber dem Staate gleich den subjektiven Rechten des Civilrechtes (vgl. oben § 24 n. 2). Staatliche Eingriffe, die sie beschränken, sind nur soweit möglich, als der Anerkennungsakt dem Staate seiner Seits Rechte vorbehalten hat: die staatliche Aufsicht, ob sie geübt wird in Verwaltungsakten der Behörden oder in Einzelakten des Gesetzes selbst, erhält dadurch die Natur eines durch den Anerkennungsakt abgegränzten Gegenrechtes. Im Hintergrunde steht freilich immer die Freiheit des souveränen Gesetzes, sich auch von dieser Ordnung loszusagen: es kann Einzeleingriffe machen oder die Anerkennung selbst aufheben, abändern, neuschaffen. Auf letzterem beruht die geschichtliche Fortentwicklung der Selbstverwaltungskörper. Sie theilen diese Abhängigkeit mit den subjektiven Rechten des Civilrechts; nur thatsächlich werden diese vom Gesetze schonender behandelt, namentlich durch Verzicht des Gesetzes auf rückwirkende Kraft.

Das Recht der Selbstverwaltung setzt sich zusammen aus allen Rechtssätzen, welche Entstehung und Umfang der Selbstverwaltungsbefugnisse über staatliche Angelegenheiten und der staatlichen Gegenrechte bestimmen. Diese Rechtssätze gleichen in ihrer Wirkung denjenigen des Civilrechtes mehr als sonst irgend welche auf dem Gebiete des Verwaltungsrechtes.[3]

Dem entsprechend schliessen sich auch die Rechtsinstitute

---

[3] Desto notwendiger ist es, den verwaltungsrechtlichen Grundzug auch dieses Rechtsgebietes zu betonen. Die Civilrechtssätze ordnen Rechte der Einzelnen unter einander, — sofern der Staat ihnen unterworfen ist, auch des Staates, wie eines Einzelnen, der ihnen fremd gegenüberstünde. Hier aber sind die Rechtssätze in Wahrheit immer noch Handlungen des Staates: sie verleihen Rechte gegen den Staat und nehmen Rechte für den Staat in Anspruch. Desshalb nannten wir die Selbstverwaltungsbefugnisse abgeleitete Rechte (vgl. oben S. 23). Die Verleihung derselben kann sich allerdings mehr oder weniger an Vorgefundenes anlehnen. Man macht danach unter den Selbstverwaltungskörpern eine Unterscheidung. Ein ganz willkürlich geschaffener ist z. B. das Departement. Vorgefundene gesellschaftliche Ordnungen dagegen sind die Gemeinde und die Kirche. Man bezeichnet die letzteren als selbstberechtigte Gewalten, *pouvoir municipal*, *pouvoir spirituel*, und hebt hervor, dass der Staat sie nicht schaffe, sondern nur ordne: Macarel, *droit politique* S. 416; Ducrocq n. 146; Laferrière I S. 202, II S. 409. Im Vergleich zu der civilrechtlichen Gesellschaft sind gleichwohl auch sie als Rechtssubjekte staatlich geschaffen, nicht wegen der Form der juristischen Persönlichkeit, — die theilen sie äusserlich mit der Aktiengesellschaft, — sondern wegen des Inhalts ihrer Rechte, auf welche dieselbe sich gründet, und die nur ein Ausfluss des Staates sind, gleichviel ob von Anfang an oder erst hintendrein als solcher anerkannt.

Die Gesetze, welche mit ihren Rechtssätzen die Selbsverwaltung ordnen, sind desshalb wahre Verwaltungsgesetze (vgl. oben § 60 Anm. 6).

des Rechtes der Selbstverwaltung, mehr nach dem Muster des Civilrechtes, genauer den Rechtssätzen an als irgendwo im Verwaltungsrecht: sie sind nichts anderes als die Formen, in welchen gemäss den einschlägigen Rechtssätzen die Entstehung und die Ausübung der beiderseitigen Befugnisse vor sich geht. —

Mit der Darstellung dieser Rechtsinstitute verbindet sich aber noch eine grössere Masse von Stoff. Die Besorgung der Angelegenheiten der Selbstverwaltung, als staatlicher Angelegenheiten, bewegt sich **nach aussen** grundsätzlich in den Formen des eigentlichen Verwaltungsrechtes. Allein diese Formen erhalten hier aus der Natur der Selbstverwaltungskörper mancherlei Eigenthümlichkeiten. Namentlich hängen Einwirkungen hoheitlicher Natur, die von da ausgehen sollen, vielfach ab von einer besonderen Mitwirkung der Staatsgewalt, die, gerade von dieser Seite betrachtet, den Namen Aufsicht ganz unzulänglich erscheinen lässt. Desshalb bringen wir hier die Rechtsinstitute des eigentlichen Verwaltungsrechtes noch einmal, in neuen Zusammenhängen und unter neuen Gesichtspunkten.

Damit verschiebt sich aber von neuem der Schwerpunkt und die übliche Eintheilung gruppirt denn schliesslich alles nach dem Massstab der näheren oder ferneren Zugehörigkeit zur Besorgung der Selbstverwaltungsangelegenheiten.

1. Auf der einen Seite steht, was derselben vorausgeht, um den Selbstverwaltungskörper handlungsfähig zu machen: die Abgränzung des Kreises, dem er dient, die Bestimmung seiner Angelegenheiten, die Bestellung und Aenderung seiner Vertretung, — alles zusammengefasst unter dem Namen **Ordnung des Selbstverwaltungskörpers** (*organisation de la commune, du département* u. s. w.).

2. Auf der anderen Seite werden die Rechtsverhältnisse vorgetragen, die bei der Besorgung der Angelegenheiten selbst entstehen: Zusammenwirken der verschiedenen Vertreter, Aufsicht des Staates, soweit sie Mitwirkung daran und nicht blosse Ergänzung der Organisation ist, Beziehungen nach aussen, — zusammengefasst als die **Verwaltung des Selbstverwaltungskörpers** (*administration de la commune, du département* u. s. w.). —

Durch alle diese Verschiebungen hindurch bleiben als leitende Gesichtspunkte und juristischer Kern der Rechtsinstitute die beiden

Eingangs aufgestellten Grundformen des Rechtes der Selbstverwaltung: Einräumung von Mitwirkungsrechten und staatliche Mitwirkung, immer erkennbar. Von dort her erhalten wir vor Allem den Massstab für die Eintheilung der Selbstverwaltungskörper: es kommt darauf an, in welcher Weise die Selbstverwaltungsberechtigten bestimmt sind. Danach unterscheiden wir drei Arten:

1. Die öffentlichen Körperschaften (*corporations*) beruhen auf Vereinen von Staatsangehörigen (*associations de citoyens*), deren Mitgliedschaft unfreiwillig durch die Thatsache des Wohnens auf einem bestimmten Theile des Staatsgebietes begründet wird. Es gehören dazu die Gemeinden, die Departemente und die Gemeindeabtheilungen.

2. Die Stiftungen sind Verwaltungen öffentlicher Anstalten, welche bestimmt sind, ihre Zwecke mit Hülfe freigebiger Zuwendungen der Einzelnen zu verfolgen, und um dieser Einzelnen willen ausgeschieden sind von der allgemeinen Staatsverwaltung. Den Hauptanwendungsfall bieten die Wohlthätigkeitsanstalten (*établissements de bienfaisance*).

3. Die anerkannten Religionsgesellschaften (*cultes reconnus*) haben zur Grundlage die Gesammtheit der auf dem Staatsgebiete befindlichen Anhänger je einer bestimmten Religionspartei, die *société réligieuse*; wobei wir jetzt schon bemerken wollen, dass die Sache selbst hier nicht ganz der juristischen Form entspricht, welche der Staat ihr zu geben beliebt hat.

Am Schlusse werden wir dann sehen, wie auch die der Selbstverwaltung eigenthümlichen Rechtsinstute auf Fälle übertragen werden, wo keine staatlichen Angelegenheiten vorliegen, die zu verwalten sind. Es entstehen dadurch Abarten, die wir unter dem Begriffe der unnechten Selbstverwaltung zusammenfassen.

§ 63. Vermögensrechtliche Seite der Selbstverwaltung.

I. Die allgemeinen Begriffe „Selbstverwaltung" und „Selbstverwaltungskörper" sind der französischen Rechtssprache fremd;

sie arbeitet immer nur mit den namentlich bezeichneten einzelnen Arten von Selbstverwaltungskörpern. Als Oberbegriff dient an der Stelle des Selbstverwaltungskörpers ein anderer, welcher ihm nahe verwandt ist: der der *établissements publics* und *d'utilité publique.* Beide sind ihrem Wesen nach juristische Personen, fähig, nach den Regeln des Civilrechts Vermögen zu besitzen und zu verwalten, ohne Menschen zu sein. Von den übrigen juristischen Personen unterscheiden sie sich durch ihren besonderen Zusammenhang mit dem Staate. Sie entstehen nicht nach den Regeln des Privatrechts, sondern nach denen des öffentlichen Rechts: sie sind juristische Personen des öffentlichen Rechts, von ihrer civilrechtlichen Seite ausschliesslich betrachtet.

Die *établissements publics* sind solche juristische Personen, deren Vermögen unmittelbar bestimmt ist, öffentlichen Zwecken zu dienen.[1] Das ist der Fall beim Staate selbst; aber der Staat ist hier nicht mitgemeint; er bildet kein *établissement public.* Ausser dem Staate findet sich derartiges Vermögen nur noch in den Händen der Selbstverwaltungskörper. Auf sie also beschränkt sich der Begriff. *Établissements publics* sind die Selbstverwaltungskörper, insofern sie nach den Regeln des Civilrechts Vermögen besitzen und verwalten.

Wenn man das Wort übersetzt mit „öffentliche Anstalten", so gibt das eine Verschiebung des Begriffes; auch die Schulen, die Staatsfabriken sind öffentliche Anstalten, ohne *établissements publics* in diesem Sinne zu sein; und die Gemeinden sind *établissements publics* ohne öffentliche Anstalten zu sein. Nur bei den Stiftungen, die einer bestimmten öffentlichen Anstalt gewidmet sind, treffen die beiden Begriffe wenigstens äusserlich zusammen. Wörtlich ist *établissement public* nichts anderes als eine Zweigniederlassung des öffentlichen Vermögens, ein Theil des öffentlichen Vermögens, welcher für bestimmte Angelegenheiten ausgeschieden ist vom Staatsvermögen und durch die damit verbundene

[1] Aucoc I, n. 198 bezeichnet sie als: *personnes publiques qui ont une existence civile distincte,* und als: *personne civile ayant une existence distincte, créée pour la gestion d'un service public;* Ducrocq n. 1059: *en tant que personnes morales le département et la commune sont eux-mêmes des établissements publics;* ähnlich Demolombe XVIII, n. 595.

juristische Persönlichkeit davon getrennt gehalten wird: ein **öffentliches Sondervermögen.**

Es ist natürlich, dass das Wort häufig in ausgedehnterem Sinne gebraucht wird, um den fehlenden Begriff des Selbstverwaltungskörpers zu ersetzen.[2] Dann sind wieder besonders damit gemeint nur die Stiftungen, als in welchen der Gedanke der Selbstverwaltung gerade in der Zusammenhaltung des Vermögens fast allein zum Ausdruck kommt.[3] Niemals aber ist solche ausgedehnte Verwendung möglich, wenn der Selbstverwaltungskörper nicht wenigstens daneben civilrechtliche juristische Person ist. Das ist der Fall bei den Religionsgesellschaften, welche als solche kein Vermögen besitzen können. Hier gehen denn die beiden Begriffe vollständig auseinander: die Religionsgesellschaften, obwohl Selbstverwaltungskörper in dem nämlichen Sinne wie die Gemeinden, sind keine *établissements publics.*[4]

Die *établissements d'utilité publique* ihrer Seits werden uns als solche juristische Personen bezeichnet, deren Vermögen nicht so unmittelbar öffentlichen Zwecken gewidmet ist, vielmehr nur indirekt denselben dient.[5] Sie sind ganz entsprechend dem eben Auseinandergesetzten die civilrechtliche Seite der juristischen Personen, welche in der unechten Selbstverwaltung entstehen (vgl. unten § 72).

II. In der gleichen Weise verfährt die französische Rechts-

---

[2] Block V° *établissements publics et d'utilité publique* n. 2 bestimmt den Begriff der Ersteren fast wie den des wirklichen Selbstverwaltungskörpers: *des parties de l'administration publique qui ont leur individualité, leur vie propre.*

[3] In dieser Beschränkung und zugleich Ausdehnung meint es Aucoc I, n. 198, wesshalb er seiner Begriffsbestimmung beisetzt: *créée pour la gestion d'un service public;* nur bei der Stiftung trifft ja in der That *établissement public* und Verwaltung einer bestimmten Anstalt zusammen. Aehnlich Dareste S. 631.

[4] Damit ist nicht ausgeschlossen, dass wirkliche *établissements publics* mit ihnen verbunden sein können (vgl. unten § 70). Die sind aber eben nicht die Kirche selbst, nur von der civilrechtlichen Seite betrachtet, sondern ausgeschiedene Personen des öffentlichen Rechtes.

[5] Gauthier d. p. S. 178 nennt sie *établissements, qui ne poursuivent directement que la satisfaction d'intérêts privés, mais qui néanmoins rendent indirectement des services au public.*

sprache noch mit einem anderen Grundbegriffe, mit dem der Aufsicht. Den Ausdruck *surveillance* oder *contrôle* finden wir immer nur im Zusammenhang mit den verschiedenen Selbstverwaltungskörpern gebraucht, als bedeute er bei jedem etwas anderes. Um einen Oberbegriff zu finden, einen Namen für das grosse, alles das umfassende Rechtsinstitut, hält man sich an eine Seite der Aufsicht, die durchweg eine gewisse äusserliche Gleichheit der Einwirkung darbietet. Eine solche ergibt sich bei allen Verwaltungskörpern, die Vermögen besitzen, aus der natürlichen Gleichheit dieses Gegenstandes der Aufsicht. So wird denn der allgemeine Begriff der Aufsicht ersetzt durch den wenigstens fast allen Selbstverwaltungskörpern gemeinsamen, inhaltlich aber weniger umfassenden und daher bestimmteren Begriff der verwaltungsrechtlichen Vormundschaft, *tutelle administrative.* Diese Vormundschaft ist nichts anderes als die staatliche Aufsicht, in ihrer Richtung auf das Vermögen des Selbstverwaltungskörpers allein betrachtet. Es liegt schon im Begriff der Aufsicht als der Geltendmachung des dem Staate an den Angelegenheiten der Selbstverwaltungskörper zustehenden eignen Rechtes, dass der durch jenen Namen herausgeforderte Vergleich mit der civilrechtlichen Schutzgewalt über den Minderjährigen höchst unglücklich ist.[6]

Wenn wir die einzelnen Rechtsinstitute betrachten, welche in der verwaltungsrechtlichen Vormundschaft zusammengefasst sind, so ergibt sich sofort die Notwendigkeit des Zurückgreifens auf die auseinandergerissenen Grundformen. Der Begriff der Vormundschaft, indem er, wie der der Aufsicht, den Selbstverwaltungskörper als fertig voraussetzt, umschliesst, wie im vorigen Paragraph gezeigt wurde, zwei verschiedene Arten von Einwirkungen des Staates auf denselben: Ergänzungen der Anerkennung und Mitwirkungen an seiner Thätigkeit.

1. Die eine Art wird vertreten von dem Rechtsinstitut der Prozessermächtigung (*autorisation de plaider*).

[6] Serrigny I, n. 399 sagt noch frischweg: *l'empereur est le tuteur de toutes les communes de la France.* Dagegen Aucoc I, n. 45: *nous aimerions mieux écarter ce mot de tutelle administrative pour y substituer le mot plus juste de contrôle.* — Es entspricht übrigens dem bereits bei den *établissements publics* angedeuteten Gedankengange, dass das Wort Vormundschaft zuweilen in ausgedehntem Sinne von der ganzen Aufsicht gebraucht wird.

Für die Gemeinden galt von Alters her das Recht, dass sie vor Civilgerichten klagen und verklagt werden nur konnten mit besonderer Erlaubniss einer Staatsverwaltungsbehörde.[7] Ein Beschluss vom 17 vend. X erneuerte und erweiterte diese Vorschrift und beauftragte mit Ertheilung der Erlaubniss den Präfekturrath. Spätere Gesetze, insbesondere das Gemeindegesetz vom 18. Juli 1837, behielten sie im Wesentlichen bei; zugleich wurde sie allmählich erstreckt auf die meisten Selbstverwaltungskörper.[8]

Hiebei aber handelt es sich nicht um eine Mitwirkung des Staates bei der Thätigkeit der Selbstverwaltung, sondern um etwas ganz anderes. Wir haben gesehen, dass die civilrechtliche juristische Persönlichkeit nicht notwendig verbunden ist mit den Selbstverwaltungskörpern; ein Beispiel gab die Kirche. Denjenigen, welche sie besitzen, ist wenigstens ein wichtiges Stück derselben meist nicht allgemein ertheilt, sondern vorenthalten, nämlich die Prozessfähigkeit.[9] Sie muss ihnen von Fall zu Fall verliehen werden und diese Verleihung ist die Prozessermächtigung. Dieselbe wird ausserhalb der sonstigen Zuständigkeitsordnung der Vormundschaft vom Präfekturrath ertheilt, in einem sonst nicht gebräuchlichen Verfahren (vgl. oben § 13); es ist ein ganz eigenthümlicher Akt der Ergänzung der staatlichen Anerkennung.

Wer ein Interesse daran hat, dass diese Ergänzung stattfinde, betreibt das Verfahren. Das wird die Vertretung des Selbstverwaltungskörpers sein oder, wenn derselbe verklagt werden soll, sein Prozessgegner. Wird die Ermächtigung ertheilt, so hängt es von der Vertretung ab, in wie weit die juristische Person wirklich vor Gericht erscheinen will; sie ist bloss fähig dazu geworden,

---

[7] Edikt v. April 1683: *qu'après qu'ils auront obtenu la permission écrit des dits sieurs intendants.* — Reverchon, *autorisation de plaider* n. 3.

[8] Ducrocq n. 1066, 4°. Aufzählung bei Serrigny I, n. 460 ff.; Reverchon n. 110 ff. Die Departemente bilden die einzige wichtigere Ausnahme.

[9] So nennt denn auch Cass. 3. April 1854 die den Gemeinden auferlegte Prozessermächtigungsbedürftigkeit geradezu: *la privation de la faculté d'ester en jugement.* Der Mangel besteht übrigens nur gegenüber den Civilgerichten und erstreckt sich auch dort nicht auf Besitzklagen. Wegen der genaueren Begränzung: Dalloz V° *commune* n. 1749; Reverchon n. 25 ff.

mehr nicht. Wird die Ermächtigung verweigert, so kann der Prozess nicht stattfinden. Auch der etwaige Kläger kann kein Urtheil erwirken: er hat keinen Prozessgegner.[10]

Bis zum Gemeindegesetz von 1837 bestand dafür keine Abhülfe. Erst dieses Gesetz gestattete dem Gegner eine Denkschrift an den Präfekten einzureichen und dann nach Ablauf von zwei Monaten ohne Weiteres gegen die Gemeinde zu klagen. Die Gemeinde ist dadurch nicht wirklich prozessfähig geworden, sondern sie wird nur zu Gunsten des Klägers so behandelt, als wäre sie es. Wenn sie also nicht doch noch die wirkliche Prozessermächtigung erhält, hat sie keine Möglichkeit, ein Versäumnissurtheil zu verhindern.

Wenn man einen civilrechtlichen Vergleich für dieses Rechtsinstitut suchen will, so böte ihn noch am ersten die Prozessermächtigung der gütergemeinschaftlichen Ehefrau durch den Ehemann oder durch das Gericht statt seiner; auch diese kann sonst nicht *ester en jugement,* auch nicht verklagt werden (c. c. art. 215). Der Vormund als Vertreter des Minderjährigen kann ohne Weiteres verklagt werden; wenn er für eigne Klagerhebung besonderer Ermächtigung einer Obervormundschaft bedarf, so ist das eine Ergänzung der Verfügungsfähigkeit, nicht der Rechtsfähigkeit.[11] —

2. Im Gegensatze zu diesem einzelnen Rechtsinstitute ist

[10] Ges. 18. Juli 1837 art. 51. Reverchon n. 70 ff.

[11] Nach C. P. O. art. 51 ist die Prozessfähigkeit soweit vorhanden, als Handlungsfähigkeit besteht. Danach würde also die Gemeinde einer Prozessermächtigung nur in den Fällen bedürfen, wo auch eine materiellrechtliche Verfügung um des Gegenstandes willen an die Genehmigung ihrer Vormundschaftsbehörde gebunden wäre; jedenfalls würde sie frei verklagt werden können. Allein die C. P. O. versteht hier unter Prozessfähigkeit nur die prozessuale Handlungsfähigkeit, im Gegensatz zu der Parteifähigkeit, der prozessualen Rechtsfähigkeit, d. h. der Fähigkeit, Subjekt prozessualer Rechte und Pflichten zu werden. Die letztere, welche gewöhnlich mit der Persönlichkeit schon gegeben ist, ist frei der Landesgesetzgebung überlassen (Petersen, Commentar zu § 50; Wilmowski u. Levy, Commentar S. 70 ff.). Im Sinne der C. P. O. ist es also die Parteifähigkeit, um welche es sich bei unserm Rechtsinstitute handelt; unsere reichsländische Praxis ist desshalb und nur desshalb im Rechte, wenn sie annimmt, dass das Erforderniss der Prozessermächtigung der juristischen Personen des öffentlichen Rechtes durch die Vorschriften der C. P. O. nicht berührt sei.

alles, was sonst noch im Begriffe der verwaltungsrechtlichen Vormundschaft enthalten ist, Mitwirkung des Staates an der Vermögensverwaltung der Vertreter der juristischen Person.

Es liegt darin eine hoheitliche Verfügungsgewalt über dieses Vermögen, die innerhalb des vom Gesetze gegebenen Spielraumes ausgeübt wird durch Verwaltungsakte verschiedener Art. Wir können unmittelbar und mittelbar wirksame Verfügungen der staatlichen Vormundschaft unterscheiden; jeder Art entspricht ein besonderes Verhältniss zu der eigentlichen Vertretung.

Die unmittelbaren Verfügungen wirken ohne und gegen den Willen der Vertretung. Sie erscheinen vor allem als Lasten des Selbstverwaltungskörpers. Das Gesetz bestimmt, dass Eigenthum einem gewissen Zwecke gewidmet sein soll, dass die Mittel für gewisse Zwecke aufzubringen seien. Die Aufsichtsbehörde erklärt danach im Einzelfalle, ob und in welchem Umfange die Last bestehe und zu erfüllen sei, durch einen gebundenen Verwaltungsakt. So entsteht eine grosse Anzahl von vormundschaftlichen Akten, die zur ordentlichen Verwaltungsrechtspflege führen (vgl. unten § 65, I n. 2, § 69 n. 1). Unmittelbare Verfügungen der Aufsichtsbehörde über das Selbstverwaltungsvermögen bilden auch das einzige Zwangsmittel zur Erfüllung vermögensrechtlicher Verpflichtungen jeder Art (vgl. unten § 65, I n. 3, § 69 Eingangs).

Die andere Art von Verfügungen, welche dem Staate vorbehalten sind, wirkt nur mittelbar als Bedingung der Gültigkeit einer Verfügung der Vertretung: die Zustimmung der Aufsichtsgewalt ist erforderlich. Diese Zustimmung kann ertheilt werden in Form einer vorausgehenden Ermächtigung oder in Form der Genehmigung eines gefassten Beschlusses. Auf dem Gebiete dieser Genehmigungsakte bietet die Thätigkeit des Staates allerdings eine gewisse Aehnlichkeit mit der Stellung — nicht des Vormundes oder des Familienrathes, mit welchen eher die Selbstverwaltungsvertretung zu vergleichen ist, — aber des Vormundschaftsgerichts: die laufende Verwaltung pflegt der Vertretung selbst überlassen zu sein und nur für besonders schwerwiegende Akte, wie Grundstücksveräusserung, Schuldaufnahme u. dgl. muss die Zustimmung der Aufsichtsbehörde eingeholt werden, ähnlich wie dort die des

Gerichtes (vgl. unten § 65 Eingangs). Nur bildet die Grundlage auch für diese Genehmigungsbedürftigkeit nicht eine rechtspolizeiliche Schutzgewalt wie in der wahren Obervormundschaft, sondern das nämliche, was in der ganzen Aufsicht wirkt: das vorbehaltene eigne Recht des Staates an diesem ausgeschiedenen öffentlichen Vermögen.[12]

III. Das Genauere über die verwaltungsrechtliche Vormundschaft wird die Darstellung der einzelnen Verwaltungskörper geben. Nur ein der letzterwähnten Klasse der Genehmigungen angehöriges Rechtsinstitut ist hier schon ausführlicher zu behandeln, einerseits wegen seiner umfassenden Anwendbarkeit, anderseits weil gerade an ihm die Natur der sogenannten verwaltungsrechtlichen Vormundschaft recht deutlich hervortritt. Das ist die Genehmigung der Annahme freigebiger Zuwendungen.

Die althergebrachten Beschränknngen des Erwerbes der todten Hand haben darin eine den neuen Rechtszuständen angemessene Form gefunden.[13] Die Grundlage gibt art. 910 c. c. Danach sollen Spitäler, gemeindliche Armenverwaltungen und *établissements d'utilité publique* durch Schenkungen und letztwillige Verfügungen nur erwerben können mit besonderer Genehmigung des Staatsoberhauptes. Die Praxis hat das verstanden von allen juristischen Personen des öffentlichen Rechtes schlechthin. Die Form, in welcher die Genehmigung zu ertheilen ist, hat eine Verordnung vom 2. April 1817 geregelt. Danach ist gewöhnlich ein Dekret im Staatsrathe erforderlich; spätere Gesetze haben die Genehmigung in gewissen Fällen den Präfekten übertragen oder ganz erlassen. Es kommt darauf an, um welchen Werth es sich handelt, ob Widerspruch von den Erben eingelegt wird, ob Lasten mit der Zuwendung verbunden sind. Die Betheiligten sind vorher zu hören und als solche sind anerkannt einestheils die Vertretung der juristischen Person, andererseits die Erben des Gebers. Vor ertheilter Genehmigung ist die Schenkung nicht verbindlich und

[12] So sucht z. B. auch Block V° *tutelle administrative* n. 2 das Wesen der verwaltungsrechtlichen Vormundschaft anschaulich zu machen; er nennt das Vermögen der Selbstverwaltungskörper ein *dépôt avec faculté de jouissance* und den Staat den *gardien suprême de ce dépôt.*

[13] Merlin, *répertoire*, V° *main morte (gens de).*

kann daher widerrufen werden; doch ist eine Annahme zu vorläufiger Bindung gestattet, wenigstens in den wichtigeren Fällen. Der Präfekt kann sie vornehmen für das Departement, der Bürgermeister für Gemeinden, Kranken- und Versorgungshäuser. Wird die Genehmigung verweigert, so ist die Zuwendung hinfällig, wird sie theilweise verweigert, so wird dieselbe entsprechend beschränkt.[14]

Das ganze Rechtsinstitut passt nicht in den Rahmen jener Fürsorge, welche die civilrechtliche Vormundschaft ist.[15] Die Formvorschriften weisen darauf hin, welche Interessen dabei in Betracht kommen. Die rechtliche Bedeutung des Genehmigungsaktes ist keine andere als die, dass der Staat sein Mitrecht an dem Vermögen der beschenkten Person ausdehnt auf den angebotenen Zuwachs und ihn erst dadurch in dieses Vermögen aufnimmt. Die Entscheidung selbst ist ein freier Verwaltungsakt. Sind die Formen oder Zuständigkeitsregeln verabsäumt, so haben diejenigen, deren Interessen dadurch verletzt wurden, das Recht des Rekurses wegen Machtüberschreitung. So vor allem die Angehörigen des Wohlthäters gegenüber einer fehlerhaften Annahmegenehmigung, die sich des ihnen sonst zugefallenen Vermögens bemächtigt.[16] Das gleiche Recht steht der Vertretung des bedachten Selbstverwaltungskörpers zu, wenn der fehlerhafte Akt zugleich durch Versagung eines Erwerbes oder Annahme eines belasteten Erwerbes die Interessen desselben schädigt.[17]

Wenn die Genehmigung ertheilt wird ohne Zustimmung der Vertretung, so würde sie eigentlich von selbst civilrechtlich unwirksam sein, insofern eben, wenigstens dem Grundsatz nach, der Staat so wenig allein für die Selbstverwaltung erwerben kann, wie in den der Genehmigung bedürftigen Fällen die Vertretung ohne ihn. Ein Rekurs wegen Machtüberschreitung wäre also gar nicht nötig. Allein der Staat hat in seinem sonstigen

[14] Demolombe XVIII, n. 592 ff.; Aubry u. Rau VII, S. 37 ff.

[15] Trolley I, n. 286: *la tutelle prend ce caractère d'hostilité etc.*

[16] St. R. E. 1. Aug. 1867 (Dezaibats): der Präfekt hatte die Annahmeerlaubniss ertheilt, ohne sich zu vergewissern, dass die Erben keinen Widerspruch erhoben. Aehnlich St. R. E. 23. Nov. 1865 (Lemaire); 15. Dez. 1865 (bureau de bienf. de Meaux).

[17] St. R. E. 9. Aug. 1880 (Bergérac).

Aufsichtsrechte manchen Selbstverwaltungskörpern gegenüber die Macht, die Vertretung zur Annahme zu zwingen, besser ausgedrückt: dem in der Nichtannahme liegenden Verzichte die Genehmigung zu versagen. In solchem Falle würde der Erwerb auch ohne Zustimmung der Vertretung durch die Annahmegenehmigung des Staates rechtsgültig; etwaige Formmängel dieser Genehmigung könnten aber vor dem Civilgerichte nicht geltend gemacht werden. So kann denn allerdings eine Selbstverwaltungsvertretung, wenn sie die civilrechtlichen Folgen des Erwerbs der Schenkung vermeiden will, genötigt sein, die Annahmegenehmigung der Vormundschaftsbehörde mit dem Rekurse wegen Machtüberschreitung anzufechten.[18]

1. Oeffentliche Körperschaften.

§ 64. Gemeinde: Gemeindeordnung.

Die Vertheilung der Bevölkerung auf dem Staatsgebiete erzeugt von selbst Gruppen Zusammenwohnender mit gemeinsamen Interessen. Die Ordnung derselben war vor der Revolution eine sehr verschiedenartige. Die Städte bewahrten noch vielfach, wenigstens der Form nach, Rechte früherer Freiheiten; das platte Land dagegen zeigte nur dürftige Spuren selbständiger Gemeindebildung.[1]

Die Gesetze vom 14. und 22. Dez. 1789 hoben die bestehenden Verschiedenheiten auf und verliehen allen diesen örtlichen Gemeinschaften eine gleichmässig gültige Verfassung unter dem Namen *municipalité*. So wurden dieselben mit einem Schlage sämmtlich als Selbstverwaltungskörper des neuen Staatswesens anerkannt.[2]

---

[18] St. R. E. 14. April 1864 (Commune de Eysines); Aucoc, *sections de commune* n. 41.

[1] Ueber die Vorgeschichte: Augustin Thierry, *lettres sur l'histoire de la France* n. 18 S. 248 ff.

[2] Ges. 22. Dez. 1789 art. 7: *il y aura une municipalité en chaque ville,*

Nach mehreren missglückten Gestaltungsversuchen schuf das Gesetz vom 28 pluv. VIII die Grundlagen des jetzt noch geltenden Rechtes. Von späteren Gesetzen sind vor Allem zu nennen die vom 21. März 1831, 18. Juli 1837, 5. Mai 1855, 24. Juli 1867.[3]

Unter der Gemeindeordnung begreifen wir die Bestimmung der Mitgliedschaft, der Vertretung und der besonderen Angelegenheiten der Gemeinde; das Gemeindegebiet, welches zur Abgränzung der Mitgliedschaft wie der Angelegenheiten dient, bildet einen vierten Gegenstand.

Das Recht der Gemeindeordnung ist enthalten in dem gesetzlichen Anerkennungsakt und seinen späteren Neuschaffungen und Aenderungen und besteht in denjenigen allgemeinen Regeln, welche das Gesetz darin für jene Bestimmungen gibt.

Das kann so geschehen, dass es diese Bestimmungen unmittelbar selbst macht, oder so, dass es die vollziehende Gewalt ermächtigt, zu denselben in gewissen Gränzen beizutragen, oder so, dass es dem Willen der Selbstverwaltung d. h. den Gemeindegliedern unmittelbar oder der Gemeindevertretung einen Einfluss darauf einräumt.

I. Gemeindeglieder, d. h. Träger des Selbstverwaltungsrechtes in der Gemeinde, sind alle Staatsangehörigen, welche auf dem Gemeindegebiete ihren Wohnsitz haben (*habitants*). Es bedarf keiner Eintrittserklärung der Einzelnen. Der Wille des Gesetzes bestimmt die Zugehörigkeit unmittelbar nach jenem Merkmale. Die Gemeinde, wie alle öffentlichen Körperschaften, ist eine Zwangsvereinigung. Der Wille des Gesetzes bestimmt ausschliesslich: weder die vollziehende Gewalt noch die Selbstverwaltung hat irgendwie durch Aufnahmeakte mitzuwirken.

II. Die ganze Vertretung der Gemeinde ist zugleich Vertretung der Gemeindeglieder; sie wird in keinem Theile geführt

---

bourg, paroisse ou communauté de campagne. — Aucoc I, n. 104: *l'assemblée, sans peut être s'en rendre bien compte a créé ainsi à peu près 44000 communes.*

[3] Seither noch die Gesetze vom 14. April 1871, 20. Jan. 1874, 12. Aug. 1876, vor Allem aber das umfassende Gesetz vom 6. April 1884.

aus Auftrag der Staatsgewalt; die Vertreter leiten ihr Recht her lediglich von den Gemeindegliedern. Dazu ist nicht notwendig, dass die Gemeindeglieder mitwirken bei ihrer Bestellung, sie können durch die Staatsgewalt für sie bestellt, mit ihrem Auftrage ausgerüstet sein. Die Ernennung des Gemeinderathes und des Bürgermeisters durch die vollziehende Gewalt war nach dem Pluviosegesetze die ursprüngliche Ordnung. Erst seit dem Gesetze vom 21. März 1831 trat an die Stelle der Grundsatz der **Wahl**, welcher wenigstens für den Gemeinderath unbedingt durchgeführt ist.

1. Das Wahlrecht steht nicht allen Gemeindegliedern zu, sondern nur einer bevorzugten Klasse derselben, den **Gemeindebürgern** (*citoyens actifs*): männliches Geschlecht, Volljährigkeit, Besitz der bürgerlichen Ehrenrechte und mindestens halbjährige Dauer des Wohnsitzes in der Gemeinde sind die besonderen Voraussetzungen.[4] Das Gemeindebürgerrecht ist ein *status* wie das Staatsbürgerrecht, daher wie dort im Streitfalle die Civilgerichte berufen sind, darüber zu entscheiden.[5]

Das Wahlrecht unterliegt jedoch einem **Feststellungsverfahren** im Verwaltungswege (Dekret vom 2. Febr. 1852). Der Bürgermeister lässt Wählerlisten anfertigen, welche alljährlich berichtigt und zur öffentlichen Einsichtnahme aufgelegt werden. Innerhalb 20 Tagen sind etwaige Einwendungen vorzubringen; nach Ablauf der Frist macht die Liste formelles Recht für und gegen die Wahlberechtigung, wenigstens für das kommende Jahr.

Sind die gesetzlichen Formen und Fristen des Listenberichtigungsverfahrens nicht eingehalten, so kann der Präfekt beim Präfekturrath die Vernichtung beantragen.[6]

---

[4] In Elsass-Lothringen sind die Voraussetzungen des Wahlrechts abgeändert durch Ges. v. 24. Jan. 1873; v. **Reichlin**, Gemeindegesetzgebung S. 144 ff.

[5] **Serrigny** III, n. 1094: *l'électorat est un droit civique et non une fonction, comme tel il appartient à tous les citoyens non exclus pour cause d'indignité.*

[6] Der Ausspruch des Präfekturrathes ist inhaltlich ein gebundener Verwaltungsakt: er erklärt nur was das Gesetz verfügt. Aber die Entscheidung ergeht nicht gegenüber einer bestimmten betheiligten Partei, deren Rechtsverhältniss festgestellt würde. Desshalb hat der Akt hier nicht die Form der Verwaltungsrechtspflege (vgl. oben S. 82). Daraus würde auch

Einsprüche gegen die Liste können in jener Frist erhoben werden von jedem, der nach dem Gesetze wahlberechtigt wäre, und ausserdem vom Präfekten. Darüber ergeht zunächst die Entscheidung eines Prüfungsausschusses, bestehend aus dem Bürgermeister und zwei abgeordneten Gemeinderathsgliedern; der Spruch ist rechtskräftig, wenn nicht innerhalb 5 Tagen Berufung zum Civilgericht eingelegt wird; zuständig ist in erster Instanz der Friedensrichter, in zweiter der Appellhof.

2. Das Gesetz bestimmt den Inhalt der Willenserklärung der Wähler in Bezug auf die zu wählenden Personen — der Zahl nach: es sind je nach der Bevölkerungsziffer der Gemeinde 12—36 Gemeinderathsmitglieder zu wählen, — und der Eigenschaft nach, indem es Bedingungen der Wählbarkeit aufstellt. Wählbar ist jeder Staatsbürger, welcher 25 Jahre alt, im Besitze der bürgerlichen Ehrenrechte und nicht von besonderen Ausschliessungsgründen betroffen ist. Man unterscheidet Unfähigkeiten, *incapacités* (Richter, bezahlte Gemeindediener, abhängige Stellungen), und Unvereinbarkeiten, *incompatibilités* (Geistliche, Staatsverwaltungsbeamte, Militärs, Verwandte von bereits gewählten Gemeinderathsmitgliedern). Die letzteren bilden nur aufschiebende Hindernisse, die Wahl ist nur dann vereitelt, wenn das Hinderniss zur Zeit, wo der Gewählte in Thätigkeit treten sollte, nicht beseitigt ist, oder derselbe sofort erklärt, es nicht beseitigen zu wollen.[7]

Die Wahlhandlung findet statt unter Oberleitung des Präfekten, welcher dazu beruft und nötigenfalls die Gemeinde in Wahlkreise eintheilt. Die Wahl ist ungültig, wenn die gesetzlichen Formen dabei nicht beobachtet sind oder die gewählten Personen den gesetzlichen Bestimmungen nicht entsprechen. Diese Ungültigkeit ist eine Anfechtbarkeit. Die Wahlbeschwerde kann innerhalb 5 Tagen erhoben werden. Berechtigt dazu ist jeder eingeschriebene Wähler und der Präfekt. Die Entscheidung

---

folgen, dass keine Berufung zum Staatsrathe zulässig ist; doch ist das Streitfrage. Serrigny III, n. 1100; Cabantous n. 718.

[7] Ges. 5. Mai 1855 art. 3, 9—11; für Frankreich theilweise geändert durch Ges. 14. April 1871 art. 5; für Elsass-Lothringen durch Ges. 24. Jan. 1873 § 3 u. 6; v. Reichlin S. 105 ff.

erfolgt durch den Präfekturrath als Verwaltungsgericht. Ist die Entscheidung nach Ablauf eines Monates noch nicht ergangen, so gilt die Wahlbeschwerde als verworfen. Gegen das Urtheil findet Berufung zum Staatsrath statt. Dieselbe kann eingelegt werden: gegen Bestätigung der Wahl nur von den Beschwerdeführern; gegen Vernichtung derselben von jedem Wähler.[8] Hängt die Entscheidung ab von einer streitigen rechtlichen Eigenschaft des Gewählten (Alter, Staatsangehörigkeit, bürgerliche Ehrenrechte, Verwandtschaft), so ist der Zwischenpunkt von den Civilgerichten zu erledigen.

3. Die Gemeinderathsmitgliedschaft ist ein freiwilliges Ehrenamt. Durch die Annahme der Wahl erhält der Gewählte den Auftrag zur Vertretung der Gemeinde in dem vom Gesetze bestimmten Umfang, unabänderlich für die Wähler.

Auch auf die fernere Amtsthätigkeit des Gemeinderathes sind die Gemeindeglieder regelmässig ohne Einfluss. Nur in gewissen Ausnahmefällen gewährt das Gesetz einem Theile derselben einen solchen und zwar in Gestalt unmittelbarer Mitwirkung an der vom Gemeinderathe zu treffenden Entscheidung. Wenn es sich nämlich um bestimmte wichtige Gegenstände handelt (Aenderung des Gemeindegebietes, ausserordentliche Gemeindesteuern) muss der Gemeinderath verstärkt werden durch Zuziehung der Höchstbesteuerten der Gemeinde in gleicher Zahl und mit gleichem Stimmrechte.[9]

Die Dauer des Auftrages ist gesetzlich bestimmt auf 5 Jahre; eine vorzeitige Endigung kann herbeigeführt werden durch einen Widerruf von Seiten der vollziehenden Gewalt, welche dadurch Antheil nimmt an der Bestimmung der Vertretung.

Der Widerruf geschieht auf zweierlei Weise.

Die einzelnen Gemeinderathsmitglieder können abgesetzt werden durch Beschluss des Präfekten aus gesetzlichen Gründen.[10]

---

[8] Serrigny III, n. 1135: *la raison en ce dernier cas est que l'arrêté qui annule l'élection attaque le droit de tous les citoyens.*

[9] Ges. 18. Juli 1837 art. 2 und 42; Block V° *organisation communale* n. 8—10.

[10] Ges. 5. Mai 1855 art. 12 und 20. Das Gesetz gebraucht statt des Ausdruckes „absetzen“ den schonenderen „*déclarer démissionaire*“.

Diess ist der Fall bei nachträglich eintretenden Unfähigkeiten und Unvereinbarkeiten, die nicht, wie der Verlust der Staatsangehörigkeit oder der bürgerlichen Ehrenrechte, von selbst wirken. Ferner kann es geschehen zur Strafe für dreimaliges unentschuldigtes Wegbleiben von Gemeinderathssitzungen. Ueber das Vorhandensein dieses Thatbestandes entscheidet der Gemeinderath selbst. Der Beschluss des Präfekten ist in beiden Fällen ein gebundener Verwaltungsakt. Der Abgesetzte hat also dagegen den Verwaltungsrechtsweg; derselbe ist hier nur insofern besonders gestaltet, als der Rekurs gegen den Präfekten statt an den Minister an den Präfekturrath geht und von da an den Staatsrath.[11]

Der ganze Gemeinderath kann aufgelöst werden durch Dekret des Staatsoberhauptes. Die sämmtlichen Mitglieder gehen dadurch ihres Amtes verlustig. Es können sofort Neuwahlen angeordnet werden, statt dessen kann aber auch ein ernannter Ausschuss mit der Führung der Geschäfte beauftragt werden bis zum Ablaufe der natürlichen Amtsdauer des aufgelösten Gemeinderathes. Ausserdem steht dem Präfekten zu die einstweilige Enthebung (*suspension*) des Gemeinderathes; dieselbe kann geschehen auf 2 Monate, der Minister kann sie bis zur Dauer eines Jahres verlängern; ein stellvertretender Ausschuss, vom Präfekten ernannt, nimmt derweil die Geschäfte wahr.

Die Gemeinderathsmitglieder bilden den mit den Zuständigkeiten der Gemeindevertretung ausgerüsteten Gemeinderath nur in den gehörig berufenen Sitzungen: vier ordentliche Sitzungen können jährlich vom Bürgermeister berufen werden; ausserordentliche Sitzungen kann der Präfekt gestatten. Beschlüsse, welche die Gemeinderathsmitglieder ausserhalb einer solchen Sitzung fassen, sind keine Gemeinderathsbeschlüsse und als solche von selbst nichtig.[12]

4. Der Bürgermeister ist zugleich Träger staatlicher Aufträge als Glied der Behördenordnung (vgl. oben § 10). Mit Rücksicht hierauf tritt für ihn je nach der Strömung, welche gerade

---

[11] Serrigny III, n. 1391. Vor dem Gesetze von 1855 ging der Weg ordnungsgemäss über den Minister zum Staatsrathe; Dalloz V° *commune* n. 290.

[12] Ges. 5. Mai 1855 art. 24 u. 25.

die Gesetzgebung beherrscht, an die Stelle der Wahl eine mehr oder weniger freie Ernennung durch die vollziehende Gewalt.[13] Das Amt des Beigeordneten, der auch in Gemeindeangelegenheiten den Bürgermeister vertritt, pflegt dieses Schicksal zu theilen.

Nach dem Gesetze vom 22. Juli 1870 art. 1 wird der Bürgermeister ernannt und zwar für Gemeinden von mehr als 3000 Einwohnern und in allen Departements-, Arrondissements- und Kantonshauptorten vom Staatsoberhaupt, sonst vom Präfekten. Bedingung ist Mitgliedschaft im gewählten Gemeinderath. Auch der ernannte Bürgermeister vertritt die Gemeinde nicht in staatlichem Auftrag, sondern die Ernennung bekleidet ihn mit dem Auftrage der Gemeindeglieder, die Gemeinde zu vertreten: sie ersetzt die Wahl. Die Dauer des Auftrags fällt mit der des Gemeinderathes zusammen. Das Amt des Bürgermeisters kann aber auch selbständig beendigt werden durch Widerruf von Seiten des Staatsoberhauptes; ausserdem hat der Präfekt das Recht der einstweiligen Enthebung; dieselbe tritt von selbst wieder ausser Kraft, wenn ihr nicht innerhalb 2 Monaten der Minister seine Bestätigung gibt.

III. Die Bestimmung der Gemeindegebiete beruht auf der Gesetzgebung von 1789. Dieselbe wies den neuen Gemeinden die Gränzen der alten selbstverwaltungsartigen Gebilde an, und wo solche nicht bestanden — auf dem platten Lande war diess ja der Fall — benützte sie die Vorarbeit der Kirche: die *paroisse*, das Kirchspiel bildet in letzter Linie die Grundlage der Abgränzung[14]; und diese fehlt nie, so dass thatsächlich das ganze Staatsgebiet mit Gemeindegebieten besetzt ist.

Statt völliger Neugründungen können nur noch Aenderungen des Gemeindegebietes vorkommen; je nach der Bedeutung der Aenderung werden zwei Fälle unterschieden.

1. Vereinigungen und Lostrennungen (*réunions* und *distractions*). Zwei Gemeinden werden zu einer einzigen zusammengeschmolzen oder es wird von einer Gemeinde ein wesentliches Stück losgetrennt, um als selbständige Gemeinde anerkannt oder

[13] Ducrocq n. 149 zählt elf verschiedene Besetzungsarten des Amtes auf.

[14] Vgl. den Text oben Anm. 2.

zu einer anderen geschlagen zu werden. Wesentlich ist ein Stück des Gebietes, wenn es von einer erheblichen Bevölkerung bewohnt wird. Das Verfahren beginnt mit einer öffentlichen Bekanntmachung und Entgegennahme von Einwendungen (*enquête de commodo et incommodo*). Die Vertretungen der betheiligten öffentlichen Körperschaften werden gehört. Sind die nächstbetheiligten d. h. die Vertretungen der Gemeinden und etwaiger Gemeindeabtheilungen einverstanden, so kann der Präfekt die Aenderung verfügen;[15] sprechen sie sich dagegen aus, stimmt aber der Generalrath zu, so erfolgt sie durch Dekret im Staatsrath. Soll das Ergebniss sein, dass eine neue Gemeinde geschaffen oder eine vorhandene unterdrückt wird, so kann die Einwilligung der nächstbetheiligten Vertretungen durch die des Generalraths nur dann ersetzt werden, wenn die widerstrebende Gemeinde weniger als 300 Seelen zählt.[16]

Nichteinhaltung der Formen und Zuständigkeiten begründet für alle in ihren Interessen Verletzten den Rekurs wegen Machtüberschreitung.[17]

2. Gränzberichtigungen (*délimitations*) sind solche Gebietsänderungen, welche den dermaligen Bestand der Körperschaft nicht wesentlich berühren, also nur unbewohnte oder spärlich bewohnte Striche treffen. Sie erfolgen regelmässig durch Dekret im Staatsrath ohne gesetzlich vorgeschriebenes Vorverfahren.[18] Ausnahmsweise ist der Präfekt ermächtigt, zur Beseitigung von Schwierigkeiten, die sich bei den Arbeiten der Katasterbereinigung ergeben, die entsprechende Gränzberichtigung anzuordnen.[19]

---

[15] Ges. 24. Juli 1867 art. 13. Ein neues Ges. v. 10. Aug. 1871 art. 46 hat diese Befugnisse des Präfekten dem Generalrath übertragen, vgl. unten § 66 Anm. 11.

[16] Ges. 18. Juli 1837 art. 2 u. 4, durch das Ges. von 1867 nicht aufgehoben: Block V° *organisation communale* n. 16.

[17] St. R. E. 23. März 1880 (de Lengevialle).

[18] Bost, *organisation et attributions des corps municipaux* I, S. 20 ff. Durch Ministerialinstruktion vom 30. April 1838 wurde ein ähnliches Vorverfahren angeordnet, wie das Gesetz es für den andern Fall bindend vorschreibt: Dalloz V° *commune* n. 185 n. 1.

[19] Verordnung v. 3. Okt. 1821; die Entscheidung des Präfekten ist kein gebundener Verwaltungsakt. Sie sagt nicht, wie die Gränze ist, sondern

Selbstverständlich kann überall, wo diese Formen und Zuständigkeiten nicht ausreichen, ein Sondergesetz helfen; das wird insbesondere notwendig sein, wenn mit der Aenderung der Gemeindegränzen eine solche der oberen Verwaltungsbezirke sich verbinden soll.[20]

IV. Was Gemeindeangelegenheit sei, ist theils vom Gesetze selbst bestimmt, dann erscheint es als eine Last der Gemeinde, welcher die Gemeindeverwaltung zu genügen hat; theils ist der Gemeindevertretung eine gewisse Mitwirkung bei Bestimmung des Umfanges der Angelegenheiten und Anerkennung neuer zugestanden, das verschmilzt dann mehr oder weniger mit der Gemeindeverwaltungsthätigkeit selbst. Dieser Einfluss der Gemeindevertretung ist verschieden je nach der Art der Mittel, welche zur Verfolgung der anzuerkennenden Gemeindeangelegenheiten dienen sollen, und seiner Seits wieder verschieden beschränkt durch Mitwirkung der vollziehenden Gewalt.

1. Angelegenheiten, welche mit einer obrigkeitlichen Gewaltübung zu verfolgen sind, stehen der Gemeinde nur soweit zu, als ihre Vertreter durch das Gesetz mit derartigen Befugnissen ausgerüstet sind. Dahin gehört die Gemeindepolizei, die Feldpolizei, die Führung der Civilstandsregister. Die Gemeindeverwaltung ist unfähig, den damit abgesteckten Kreis von Befugnissen zu erweitern.

2. Angelegenheiten, deren Besorgung einen Aufwand von äusserlichen Mitteln erfordert, werden zu Gemeindeangelegenheiten gemacht in der Form der gemeindeverwaltungsmässigen Verfügung über das Gemeindevermögen für diesen Zweck. Der massgebende Akt ist die Festsetzung des Gemeindehaushalts (vgl. unten § 65 I n. 2). Wenn der Gemeinderath selbständig oder, soweit das nach Lage des Haushalts erforderlich, mit Zustimmung der Vormundschaftsbehörde Mittel auswirft für Gegenstände, die keine gesetzlichen Lasten sind, so liegt darin die Anerkennung

---

wie der Präfekt will, dass sie sein soll, also ein *acte de pure administration:* St. R. E. 2. Febr. 1877 (C. de Sotteville). — In Elsass-Lothringen sind die Zuständigkeit und die Voraussetzungen geändert durch Ges. 31. März 1884.

[20] Für Elsass-Lothringen sind auch hiefür besondere Zuständigkeiten geschaffen durch Ges. 30. Dez. 1871 § 3.

einer Aufgabe der Gemeinde. Desshalb hat die Gemeindehaushaltsfestsetzung noch eine ganz andere Bedeutung als das Staatshaushaltsgesetz; letzeres gibt blosse Ausgabeermächtigungen an die vollziehende Gewalt (vgl. oben § 60); der Gemeindehaushaltsbeschluss dagegen bindet den Bürgermeister, welcher die laufenden Geschäfte besorgt, den darin anerkannten Zwecken durch die dafür vorgesehenen Mittel gerecht zu werden.

3. Für die Aufnahme von Angelegenheiten, welche durch blossen geistigen Einfluss der Gemeindevertretung besorgt werden können, durch Meinungsäusserung, Anleitung, Ehrenerweisung, stellt das Gesetz Schranken auf durch das Verbot gewisser Formen der Aeusserung: öffentliche Kundgebungen sind ausgeschlossen, selbst die Oeffentlichkeit der Sitzungen untersagt, dessgleichen Adressen, Korrespondenzen mit anderen Gemeinderäthen. Zuwiderhandlungen hat der Präfekt zu ahnden durch einstweilige Enthebung.

Gerade bei Angelegenheiten der letzteren Art kommt aber noch eine sachliche Schranke vor allem in Betracht, welche für die ganze Thätigkeit des Gemeinderathes in Anerkennung von Gemeindeangelegenheiten gilt und von dem Gesetze damit ausgedrückt wird, dass es sagt: der Gegenstand darf seiner Zuständigkeit nicht fremd sein, das heisst: die Angelegenheit muss noch als ein besonderes Interesse der örtlichen Gemeinschaft aufgefasst werden können, welcher die Körperschaft zu dienen bestimmt ist. Der Punkt, an welchem dieser Kreis am häufigsten überschritten wird, ist die Politik. Beschlüsse dieser Art werden durch den Präfekten im Präfekturrathe für nichtig erklärt, dem Gemeinderathe steht ein Rekurs dagegen zu zum Staatsoberhaupt, welches im Staatsrathe entscheidet.[21] Der Rekurs wegen Machtüberschreitung des Gemeinderathes mit seinen gewöhn-

---

[21] Ges. 5. Mai 1855 art. 23: *Toute délibération d'un conseil municipal sur un objet étranger à ses attributions est nulle de plein droit.* Dass trotz dieser absoluten Nichtigkeit noch eine ausdrückliche Nichtigkeitserklärung erfolgt, hat seinen Grund in dem Umstande, dass es sich hier meist um blosse Kundgebungen handelt, deren moralischer Erfolg aufgehoben werden soll. Cabantous n. 458; Block, *supplém. gén. V° organisat. com.* art. 63 note.

lichen Formen und Voraussetzungen steht für die Betheiligten selbständig daneben (vgl. oben § 22 Anm. 17); er betrachtet den Beschluss von der Seite der Unzuständigkeit schlechthin. Das hier dargestellte Rechtsinstitut ist mehr eine Massregel gegen den Missbrauch des Rechtes des Gemeinderathes, seine Zuständigkeit selbst zu bestimmen; er bewegt sich noch auf dem Gebiete der Gemeindeordnung.

§ 65. Fortsetzung: Gemeindeverwaltung.

Die Rechtslehre von der Gemeindeverwaltung gibt die Formen, in welchen die Gemeindevertretung thätig wird in Besorgung der Gemeindeangelegenheiten und die Staatsgewalt dabei mitwirkt in Ausübung ihres Vormundschafts- oder Aufsichtsrechts.

Der Schwerpunkt der Gemeinde liegt in ihrer Eigenschaft als Verwalterin gemeinsamer Vermögensmittel, als welche sie den Einzelnen nicht von vornherein mit hoheitlicher Natur fremd gegenüber steht. Das kommt zum Ausdruck in der Grundform der inneren Ordnung der Gemeindeverwaltungsthätigkeit, in einem besonders nahen Verhältnisse zu den einzelnen Gemeindegliedern als solchen und in der Neigung zum Uebergange in's Civilrecht im Verhältniss nach aussen.

Die ursprünglichste Art, wie die Gemeindeverwaltung thätig gedacht ist, ist die, in welcher sie über das Gesammtvermögen verfügt.

Der Bürgermeister ist der Vertreter der Gemeinde in allen Fällen, für welche nicht anders bestimmt ist. Gewisse wichtigere Angelegenheiten sind dem Gemeinderathe zur Beschlussfassung, *délibération*, vorbehalten; der Bürgermeister ist dann an diese Beschlüsse gebunden nach den Regeln der Vollziehung. Für eben diese Angelegenheiten greift aber meist auch die Mitwirkung der staatlichen Aufsichtsbehörde Platz und zwar so, dass die Beschlüsse des Gemeinderathes in ihrer Gültigkeit von ihrem Willen abhängen. Die ordentliche Aufsichtsbehörde ist der Präfekt. Das Regelmässige ist, dass der Beschluss erst wirksam wird durch eine förmliche Genehmigung. Für gewisse Gegenstände aber soll der Gemeinderath selbständige Beschlüsse, *délibérations réglementaires*, fassen können; die sind dann gültig aus eigner Kraft; nur hat die Aufsichtsbehörde das Recht, sie binnen 30 Tagen für ungültig zu erklären wegen Verletzung gesetzlicher oder verordnungsmässiger Vorschriften, und zwar auf Antrag der Betheiligten oder von Amtswegen. Das Gesetz von 1837 hatte vier solcher Gegenstände aufgezählt;[1] das Gesetz von 1867 art. 1—3 fügt eine weitere Gruppe hinzu, darunter aber nur die Beschlüsse, welche Verwendung von Ueberschüssen des Gemeindehaushaltes betreffen, schlechthin, die übrigen unter der weiteren Bedingung, dass Gemeinderath und Bürgermeister einig waren; sonst ist der Beschluss auch hier wieder ein einfacher und der Genehmigung bedürftig.

In dieser Weise werden die grösseren Unternehmungen der Gemeinde, die Verwendungen ihres Eigenthums für öffentliche Zwecke beschlossen und kommen vor Allem die Verträge der Gemeinde zum Abschluss: Kauf, Verkauf, Tausch, Verpachtung, Vergleich, Darlehensaufnahme, Lieferungsvertrag und Werkverdingung. Gesetz und Verordnung schreiben im Interesse der Gemeinde für gewisse Verträge, namentlich Veräusserungen und Verdingungen, noch besondere Förmlichkeiten vor, welche das Interesse der Gemeinde zu schützen bestimmt sind, wie öffentliches Ausgebot, Abschätzung, Kautionshinterlegung, Feierlichkeiten des Zuschlags (zwei Gemeinderathsmitglieder als Zeugen). Die Genehmigung der Aufsichtsbehörde muss dem Gemeinderathsbeschlusse ertheilt sein, bevor er in Vollzug gesetzt wird; wo solche Förmlichkeiten vorgeschrieben sind, ist aber noch eine endgültige Genehmigung nach dem Zuschlage vorbehalten.

Die Genehmigung ist ein freier Verwaltungsakt; sie kann einmal ertheilt, frei wieder zurückgenommen werden. Die Zurücknahme hat aber ihre Gränze an den wohlerworbenen Rechten Dritter, wie man es ausdrückt. Wenn nämlich der Vertrag auf Grund des Gemeinderathsbeschlusses vom Bürgermeister einmal abgeschlossen ist und die Genehmigung vorher oder nachher dazu kam, so begründet sich damit ein Besitzstand des anderen Kon-

---

[1] Ges. 1837 art. 38; Leber, *code municipal annoté* S. 415.

trahenten, den zu zerstören die Behörde keine Macht mehr hat. Ihr Widerruf kann in solchem Falle angefochten werden durch den Rekurs wegen Machtüberschreitung.[2]

Entsteht bei dem Vertragsabschlusse beziehungsweise Versteigerungsakte Streit über das Verfahren, so trifft der Bürgermeister eine vorläufige Entscheidung. Die endgültige Entscheidung gebührt einestheils der Aufsichtsbehörde: dann nämlich, wenn es sich um blosse schützende Formen im Interesse der Gemeinde handelt; sie erklärt durch einen freien Verwaltungsakt, ob die Verabsäumung ihr wichtig genug erscheint, um ihre Genehmigung zu versagen oder, wo dieselbe schon gegeben war, sie auf den also abgeschlossenen Vertrag unanwendbar zu machen.[3] Handelt es sich dagegen um das gültige Zustandekommen des Vertragsabschlusses abgesehen von solchen Formen (Willensübereinstimmung, Priorität des Angebotes), so entscheidet diejenige Behörde, welche über den Vertrag selbst zu erkennen hätte, durch Urtheil. Ebenso können materiellrechtliche Mängel des Vertrages ohne Rücksicht auf die vorausgehende oder nachfolgende Genehmigung von beiden Seiten vor dem zuständigen Richter des Vertrages geltend gemacht werden: sie können und sollen durch jene nicht gedeckt sein.[4]

Die Theilung einer Gemeinschaft, in welcher die Gemeinde mit anderen steht, kann erfolgen durch Uebereinkommen, für welches der Gemeinderathsbeschluss der Genehmigung bedarf wie bei der Veräusserung. Ausserdem steht aber hier nach den Regeln des Civilgesetzbuches jeder Partei frei die gerichtliche Theilung zu verlangen. Das Civilgericht ist zuständig über die Theilungsklage zu erkennen und die Theilung selbständig zu ordnen ohne Mitwirkung der Aufsichtsbehörde. Nur wenn das Miteigenthum

---

[2] St. R. E. 9. Aug. 1835 (C. de Neuviller); 4. Aug. 1861 (Gonaraud) Serrigny II, n. 1013, Batbie V, n. 95. Vgl. oben S. 159.

[3] Ges. 1837 art. 16; Serrigny II, n. 1014, 1015, 1090; Leber S. 385, 386; St. R. E. 19. Aug. 1835 (Castels).

[4] St. R. E. 1. Febr. 1866 (Catusse); 9. April 1868 (Rivolet). Man stellt demnach für alle Verträge der Gemeinde den Satz auf: was an vorbereitenden Akten dem eigentlichen Vertragsabschlusse vorausgeht, ist immer verwaltungsrechtlich; erst wegen des Uebrigen kommt es dann auf die besondere Natur des Vertrages an.

zwischen zwei Gemeinden besteht, ist gerichtliche Theilungsklage ausgeschlossen: die Theilung kann nur erfolgen kraft übereinstimmenden Beschlusses beider Gemeinderäthe, genehmigt durch den Präfekten. Den Vertheilungsmassstab bildet dann die Zahl der beiderseitigen Haushaltungen (*le nombre des feux ou chefs de ménage*).[5] —

Die einzelnen Gemeindeglieder verschwinden nicht so vollständig hinter der juristischen Person, welche das Subjekt des Gemeindevermögens ist; ein genossenschaftlicher Gedanke, welcher dem Staate fremd ist, wirkt durch dieses hindurch. Derselbe kam in den alten Gemeindegutsvertheilungen zum schroffsten Ausdruck, in dem eben erwähnten Theilungsmassstab zwischen Gemeinden wirkt er noch nach; wir werden ihm unten in den Gemeindenutzungen (S. 470) nochmals begegnen. Ausserdem findet er sich anerkannt in folgenden zwei Rechtsinstituten der Gemeindevermögensverwaltung.

1. In Rechtsstreitigkeiten vertritt der Bürgermeister die Gemeinde; er bedarf dazu der Vollmacht des Gemeinderaths; der Beschluss des Gemeinderaths ist gültig, unabhängig von einer Genehmigung. Die Prozessermächtigung des Präfekturraths ist

[5] Ges. 10. Juni 1793 Sect. IV art. 2; Ges. 18. Juli 1837 art. 19 § 4; Dekret 1852 A § 48. Ob nicht doch auch zwischen Gemeinden die Civiltheilungsklage zuzulassen sei, ist streitig: Batbie V, n. 112—116; Ducrocq n. 315, 1141—1141. — Nicht zu verwechseln mit diesen Theilungen sind die Vertheilungen des Gemeindegutes unter die Gemeindeglieder, welche das Gesetz vom 14. Aug. 1792 befohlen, das Gesetz vom 21 prairial IV wieder eingestellt hatte. Diese Vertheilung geschah durch die Verwaltungsbehörde, durch Verwaltungsakt im öffentlichen Interesse, ähnlich der Verleihung von Oedungen. Ueber Streitigkeiten, die daraus entstehen, ist die Verwaltung zuständig, nach Gesetz 9 vent. XII ist der Präfekturrath dazu besonders berufen. Die Zuständigkeit des Präfekturrathes erstreckt sich auch auf alle Streitigkeiten über Besitzergreifungen (*usurpations*), welche einzelne Gemeindeglieder an vertheilbarem Gemeindegute in der Frist von 1792 bis zum Jahre XII gemacht haben: es wird vermuthet, dass eine Theilung dahinter stecke (Serrigny II, n. 1182—1189; Batbie V, n. 107; Ducrocq n. 1144—1146). Den Zweck der alten Vertheilungen hat man seitdem mehrfach dadurch zu erreichen gesucht, dass man Gemeindegüter in kleine Loose zerschlug und massenhaft zu niedrigem Preise verkaufte, wo dann die Käufer naturgemäss nur Gemeindeangehörige waren. St. R. E. 4. Aug. 1864 (Bellinet); Serrigny III, n. 1183; Dufour III, n. 453.

keine Genehmigung dieses Beschlusses, sondern eine Eigenschaftsverleihung unabhängig davon.[6]

Hierzu kommt aber noch ein besonderes Recht der Gemeindegenossen. Nach Ges. 18. Juli 1837 art. 49 ist jeder, der in der Gemeinde mit einer direkten Steuer veranlagt ist, befugt, die gerichtlichen Klagen derselben an ihrer Statt geltend zu machen.[7] Voraussetzung ist, dass der Gemeinderath in Verzug gesetzt sei, seine Rechte durch Beauftragung des Bürgermeisters selbst wahrzunehmen. Dagegen ist nicht notwendig der Nachweis eines besonderen persönlichen Interesses, das Interesse als Glied der Gemeinschaft genügt. Der auftretende Steuerzahler handelt Namens der Gemeinde: daher muss die Gemeinde vor allem prozessfähig gemacht werden durch den Präfekturrath. Er hat desshalb ein Gesuch an den Präfekturrath zu richten, welcher frei darüber entscheidet, wie sonst.[8] Er vertritt die Gemeinde auf seine Gefahr: die Kosten des Prozesses sind im Falle des Unterliegens zu seinen Lasten allein. Das Gesetz hat desshalb im Interesse des Gegners an Stelle des im Entwurf genannten *habitant de la commune* den zahlungsfähigeren *contribuable inscrit au rôle de la commune* gesetzt. Die Gemeinde muss zum Prozesse beigeladen werden; der sachliche Erfolg wirkt dann für sie und gegen sie. Sie kann auf Grund der einmal ertheilten Ermächtigung, die ja eigentlich für sie gilt, sich mit selbständigen Anträgen betheiligen und dann doch noch zur Kostentragung verpflichtet werden.

2. Die Gemeinde ist nach dem Gesetze vom 10 vend. IV haftbar für alle Verletzung von Personen und Beschädigung von

---

[6] Serrigny I, n. 437 meint, der Bürgermeister könne auf Grund der Prozessermächtigung des Präfekturraths die Gemeinde auch gegen den Willen des Gemeinderathes vor Gericht vertreten. Dagegen mit Recht Cabantous n. 505 Ziff. 4; Reverchon n. 31, 32.

[7] Die Praxis dehnt dieses Recht aus auf Klagen vor Verwaltungsgerichten und Anträge bei Verwaltungsbehörden, desgleichen auf Vertheidigung der Gemeinde, wenn sie verklagt ist; Reverchon n. 39; Serrigny I, n. 417; dagegen Cabantous n. 505 Ziff. 5.

[8] Es ist nur eine abgekürzte Ausdrucksweise, wenn gesagt wird, die Prozessermächtigung werde ihm selbst ertheilt. Die Ermächtigung ist übrigens auch dann notwendig, wenn die Klage des Bürgermeisters selbst ausnahmsweise derselben nicht bedarf: Reverchon n. 41; St. R. E. 20. April 1854 (Jean).

Vermögen, welche auf ihrem Gebiete angerichtet wird durch Zusammenrottungen mit offener Gewalt. Die eigentlich Haftenden, welche das Gesetz treffen will, sind die sämmtlichen einzelnen Einwohner der Gemeinde; dieselben sollen dadurch angespornt werden, die Gewalt zu verhindern. Desshalb beginnt es mit dem Satze: *Tous les citoyens habitants la même commune sont garants etc.* Sein Art. 2 überwälzt dann, in Befolgung der genossenschaftlichen Idee, diese Haftung auf die Körperschaft der Gemeinde, welche die Entschädigung zu leisten und von ihren Angehörigen wieder beizutreiben hat.[9]

Die Civilgerichte sind zuständig, über den Schadensersatzanspruch zu erkennen. Die Gemeinde kann sich dabei nur entlasten durch den Nachweis, dass ihre Angehörigen keine Schuld trifft. Dazu gehört aber zweierlei: die That muss geschehen sein ausschliesslich durch Nichteinwohner (wozu auch Soldaten der Garnison gerechnet werden) und es darf von Seiten der Vertretung wie von Seiten der einzelnen Bürger der Gemeinde nichts verabsäumt worden sein, um den Schaden zu verhüten.[10] Waren Angehörige verschiedener Gemeinden an der Gewaltthat betheiligt, so haften diese nach dem Masse des Verschuldens ihrer Angehörigen. Die genauere Bestimmung der Haftungsantheile erfolgt durch die nächste gemeinsame Oberbehörde (Unterpräfekt, Präfekt oder Staatsoberhaupt) mit freiem Verwaltungsakt; nur kann die Gemeinde des Schauplatzes der That, wenn sie überhaupt haftet, ohne Rücksicht auf diese Vertheilung von dem Beschädigten immer auf das Ganze belangt werden.[11] —

Endlich erweist sich die eigenthümliche Natur der Gemeinde an den Rechtsverhältnissen nach aussen, für welche verwaltungsrechtliche Formen spärlicher zur Anwendung kommen. Wo es

---

[9] Dalloz V° *commune* n. 2641 ff.; Foucart III, n. 1644—1659; Rendu, *traité de la responsabilité des communes.*

[10] Gewaltthaten in Kriegszeiten, und der förmliche Bürgerkrieg steht dem gleich, fallen der Gemeinde nicht zur Last. Auf die Stadt Paris ist mit Rücksicht auf ihre ganz besondere Stellung das Rechtsinstitut für unanwendbar erkannt worden. Cass. 15. Mai 1841 (Perrier); Dalloz V° *commune* n. 2694, 2657, 2658; Ducrocq n. 1179; Foucart III, n. 1650.

[11] Dalloz V° *commune* n. 2720.

der Fall ist, verbindet sich damit immer auch eine besondere Art von Mitwirkung der Staatsgewalt, welche über die einfache Grundform der Vormundschaft, die Genehmigung, hinausgeht. Wir scheiden diese Rechtsverhältnisse nach den drei Gebieten des eigentlichen Verwaltungsrechtes; nur steht für die Gemeinde das Verwaltungsrecht des Gemeindevermögens im Vordergrund.

I. Die Gemeindevermögensverwaltung bewegt sich nach aussen grundsätzlich in Formen des Civilrechtes;[12] die Anwendung verwaltungsrechtlicher Formen beschränkt sich auf die Rechtsinstitute der Gemeindesteuern, der Gemeindegelderverwaltung und der Zwangsvollstreckung.

1. Zur Auflegung von Gemeindesteuern bedarf es stets einer besonderen gesetzlichen Grundlage, die in der Anerkennung der Gemeinden noch nicht enthalten ist. Es sind Lasten, welche die Gesetze zu Gunsten der Gemeinde auflegen oder auflegen lassen, wobei die Gemeindevertretung an der Vollziehung in verschiedenem Masse Theil nimmt.

Die Gemeindesteuer tritt mehr oder weniger selbständig auf neben der Staatssteuer. Die selbständigen Gemeindesteuern sind theils direkte, theils indirekte (vgl. oben § 57 n. 2).

Zu den direkten selbständigen Gemeindesteuern zählen gewisse Taxen, deren Auflegung das Gesetz dem Beschlusse des Gemeinderathes anheimstellt mit mehr oder weniger freiem Spielraum in Mass und Vertheilungsart (Schulgeld, Hundesteuer, Taxen für Wald- und Weidenutzungen, Angränzerbeiträge für erste Pflasterung und Bürgersteige, und die Frohnden, *prestations en nature*).[13] Die Beitreibung erfolgt auf Grund besonderer Rollen, neben den direkten Staatssteuern und in den Formen derselben.

---

[12] Auch der Gemeindegüterverkauf macht keine Ausnahme. Civilrechtlicher Natur ist selbst die Verpachtung der Gemeindeeinkünfte aus Hallengeldern, Marktgebühren, städtischen Wagen, Zollbrücken (Dalloz V° *commune* n. 2363 ff., n. 2534; Block V° *organisation communale* n. 196, 323, 338). Ebenso die Verpachtung des Oktroi. Nur ist der Beschluss des Finanzministers, der diese Verpachtung genehmigt, keine blosse vormundschaftliche Genehmigung, sondern ein Verwaltungsakt für sich, dessen Auslegung den Gerichten nicht zusteht (Dekret 17. Mai 1809 art. 136; Serrigny I, n. 393).

[13] Ges. 1837 art. 44, Ges. 7. Juni 1845; Ges. 21. Mai 1836. Leber S. 623 ff., S. 693 ff.; Broff S. 58, 486, 580, 689. — Die Frohnden sind nach

Als indirekte selbständige Gemeindesteuer dient das **Oktroi**, lastend auf den Gegenständen des Verbrauchs der Gemeindebevölkerung. Es kann in einer Gemeinde nur eingeführt oder erhöht werden auf Antrag des Gemeinderathes und durch Dekret des Staatsoberhauptes. Dabei werden zugleich die Erhebungsformen festgesetzt nebst den nötigen fiskalischen Befehlen mit Strafandrohung.[14]

Die wichtigste Steuererhebung für die Gemeinde verbindet sich mit den direkten Staatssteuern.

Am vollkommensten ist das Zusammenfallen mit diesen in dem festen Antheile der Gemeinde an der staatlichen Patentsteuer: der Staat gibt einfach von dem für ihn in der Gemeinde erhobenen Betrage 8 % an die Gemeindekasse ab (Ges. 25. April 1844 art. 32).

Dazu kommen noch Antheile der Gemeinden an allen oder einzelnen direkten Steuergattungen, welche bei der Erhebung äusserlich erkennbar werden als Zuschläge (*centimes additionnels*). Man unterscheidet drei Arten:

Die **ordentlichen Zuschläge** (*c. ordinaires*) werden in Höhe von 5 % der Grund- und Personalsteuer alljährlich vom Finanzgesetze angeordnet. Ein Beschluss des Gemeinderathes ist nicht notwendig.

Die **besonderen Zuschläge** (*c. spéciaux*) können vermöge ein für alle Mal ertheilter gesetzlicher Ermächtigung vom Gemeinderathe behufs Verwendung für gewisse Zwecke (Verbindungswege, Ges. 21. Mai 1836 art. 2; Volksschulen, Ges. 15. März 1850 art. 40) und bis zu gewisser Höhe auf alle direkten Steuern durch selbständigen Beschluss gelegt werden.

Ausserordentliche Zuschläge, gleichfalls alle direkten Steuern treffend, beschliesst der Gemeinderath mit Genehmigung

---

Ges. 21. Mai 1836 bestimmt zur Herstellung und Instandhaltung der Gemeindeverbindungswege. Der Gemeinderath kann nach gesetzlich bestimmtem Massstabe den Gemeindegliedern Leistungen auferlegen bis zu drei Arbeitstagen jährlich. Zu dem Behufe wird eine Rolle aufgestellt, welche zugleich den Geldbetrag enthält, welcher aushülfsweise zu entrichten ist. Derselbe wird fällig, wenn der Pflichtige nicht in gehöriger Frist erklärt, *in natura* leisten zu wollen. Es ist also eine direkte Geldsteuer mit dem Rechte, sich durch Naturalleistung zu befreien.

[14] Dekret 17. Mai 1809; Ges. 25. April 1816; Ges. 24. Juli 1867.

des Präfekten (beziehungsweise des Staatsoberhauptes bei wichtigeren Gemeinden), wenn sie zur Deckung ordentlicher Ausgaben bestimmt sind (Ges. 1837 art. 40). Für ausserordentliche Ausgaben kann der Gemeinderath diese Besteuerung freier gebrauchen (Ges. 1867 art. 3 u. 5): der Generalrath stellt dafür alljährlich ein Maximum fest; innerhalb desselben verfügt der Gemeinderath bis zu 5 Zuschlagscentimes durch selbständigen Beschluss; sind es noch innerhalb des Maximums mehr als 5 Centimes, so bedarf es der Zustimmung des Präfekten, darüber hinaus der des Staatsoberhauptes.[15]

2. Die Grundlage der Gemeindegelderverwaltung bildet der alljährlich festzusetzende Gemeindehaushalt. Der Bürgermeister legt den Entwurf dazu dem Gemeinderath vor und dieser beschliesst darüber. Die Einnahmen werden geschieden in ordentliche und ausserordentliche. Zu den letzteren gehören die Einnahmen aus ausserordentlichen Steuerzuschlägen, Kaufpreisen und eingezogenen Kapitalien, Schenkungen, Anleihen und ausserordentlichen Holzschlägen. Die Ausgaben sind theils Pflichtausgaben, theils freiwillige. Pflichtausgaben sind diejenigen, welche das Gesetz ausdrücklich als solche bezeichnet.

Die Ausgaben, welche das Gesetz als Pflichtausgaben bezeichnet,[16] sind theils solche, welche schon an sich zu den Gemeindeangelegenheiten gehören oder durch Rechtsansprüche Dritter erforderlich sind, dann bedeutet diese Bezeichnung nur eine Ermächtigung für die Aufsichtsbehörde zur Erzwingung der Erfüllung dieser Obliegenheiten; diess ist z. B. die Bedeutung der Anführung der Kosten der Unterhaltung des Gemeindehauses, der Gehälter der Gemeindebeamten, wie auch der n. 21 des art. 30 des Ges. v. 1837: *l'aquittement des dettes exigibles.* Es kann sich aber damit auch verbinden die selbständige Auferlegung einer

[15] Die Zuständigkeiten für die Genehmigungen sind in Els. Lothr. zu Gunsten der unteren Instanzen verschoben. V. 20. Sept. 1873, 10. Febr. 1875; v. Reichlin S. 52 gibt eine anschauliche Zusammenstellung.

[16] Aufzählung im Ges. von 1837 art. 30. Dazu noch eine Reihe von Gegenständen aus besonderen Gesetzen, zusammengestellt bei Cabantous n. 445.

Last für die Gemeinde zu Gunsten Anderer, namentlich zu Gunsten anderer juristischer Personen des öffentlichen Rechtes; dahin gehören z. B. die Wohnungsentschädigungen für Geistliche, die Zuschüsse für die Kirchenfabriken. Im letzteren Falle begründet das Gesetz eigne verwaltungsrechtliche Rechtsverhältnisse der Gemeinden zu den Begünstigten.

Der Haushaltsfestsetzungsbeschluss bedarf der Genehmigung des Präfekten.[17] Diese Genehmigung ist aber hier nicht der schlechthin freie Verwaltungsakt, wie sonst. Der Präfekt hat gegen den Beschluss im Allgemeinen nur das Recht, die Einhaltung der gesetzlichen und verordnungsmässigen Vorschriften zu prüfen und zuwiderlaufende Verfügungen für ungültig zu erklären nach den Regeln der selbständigen Gemeinderathsbeschlüsse. Dazu kommen aber noch zwei besondere Rechte:

Die Einstellung freiwilliger Ausgaben verfügt der Gemeinderath nur dann selbständig, wenn nach vollständiger Deckung der Pflichtausgaben Ueberschüsse der ordentlichen Einnahmen vorhanden sind; andernfalls hat der Präfekt das Recht, die Ansätze dafür nach freiem Ermessen zu streichen oder herabzusetzen.

Der Präfekt überwacht aber vor Allem die gehörige Einstellung der Pflichtausgaben. Fehlt etwas daran, so fordert er den Gemeinderath auf, das Erforderliche nachzutragen, und auf die Weigerung desselben verfügt er die Zwangseinschreibung (*inscription d'office*). Deckung dafür wird geschaffen durch entsprechende Streichung freiwilliger Ausgaben. Reichen die ordentlichen Einnahmen nicht hin, alle Pflichtausgaben mit Einschluss der neueingeschriebenen zu decken, so müssen ausserordentliche Gemeindesteuern bewilligt werden. Das geschieht, wenn der Gemeinderath sich immer noch versagt, durch Dekret, und falls das vom jährlichen Staatshaushaltsgesetze dafür vorgesehene Maximum der Zuschläge überschritten werden muss, durch besonderes Gesetz.[18]

---

[17] Wegen der Zuständigkeit vgl. Ges. 1837 art. 33; Ges. 1867 art. 15. Für Els. Lothr.: Verordnung 20. Sept. 1873.

[18] Gesetz 1837 art. 30—39; Dekret 31. Mai 1862 art. 484—500; Gesetz 24. Juli 1867 art. 2. — In Els. Lothr. ist nach Verordnung 20. Sept. 1873 und 10. Febr. 1875 der Kreisdirektor beziehungsweise Bezirkspräsident zuständig zur Zwangseinschreibung.

Als Eingriff in die Interessen der Gemeinden unterliegt der Zwangseinschreibungsbeschluss dem Rechtsmittel des Rekurses wegen Machtüberschreitung von Seiten der Gemeindevertretung. Derselbe kann sich insbesondere gründen auf Nichtbeobachtung der Form der vorgängigen Inverzugsetzung des Gemeinderathes.[19] Weiter aber sind an seinem Inhalte zwei Bestandtheile zu unterscheiden: er enthält die Feststellung einer Zahlungspflicht und die Entscheidung über die Zahlungsmöglichkeit.

In ersterer Rücksicht ist er ein erklärender Verwaltungsakt. Insofern über die Zahlungspflicht selbst eine andere Behörde, der Verwaltung oder der Civilrechtspflege, zu entscheiden hat, kann er nur feststellen, dass diese Entscheidung vorliegt, nicht an Stelle der anderen Behörde selbst entscheiden.[20] In allen übrigen Fällen macht der Präfekt als Aufsichtsbehörde selbst die Feststellung der Pflicht und, wo dieselbe zu Gunsten eines Dritten besteht, die Feststellung dieses Anspruches. Gegen seine Entscheidung steht der Weg offen über den Minister zur ordentlichen Verwaltungsrechtspflege des Staatsrathes.

Das Zweite ist dann die nach freiem Ermessen zu treffende Entscheidung über die Möglichkeit, die festgestellte Schuld aus den Mitteln der Gemeinde, auch unter Zuhülfenahme ausserordentlicher Gemeindesteuern zu decken, und zu diesem Behufe die Zwangseinschreibung auszuführen. Gegen diesen freien Verwaltungsakt ist der Rekurs im ordentlichen Verwaltungsstreitverfahren nicht gegeben.[21] —

Der Zwangseinschreibungsbeschluss ist die ordentliche Form der Entscheidung über Zahlungspflichten der Gemeinde. Er bietet zugleich das einzige Mittel der Zwangsvollstreckung von Privatgläubigern; die civilrechtliche Zwangsvollstreckung ist ausgeschlossen wie gegen den Staat. Der Präfekt kann auch bei vorliegendem rechtskräftigen Urtheil eines Civilgerichtes die Zwangseinschreibung

[19] St. R. E. 2. April 1852 (Chaumont); 10. Febr. 1869 (Tromarey).

[20] Wenn der Präfekt sich selbst eine solche Entscheidung anmasst, so ist es Machtüberschreitung; St. R. E. 21. März 1879 (Ville de Saintes): die Zahlungspflicht war von der Gemeinde bestritten und das zur Entscheidung zuständige Civilgericht hatte noch nicht gesprochen.

[21] St. R. E. 15. Jan. 1875 (Larralde).

verweigern wegen Unfähigkeit der Gemeinde, die Schuld zu decken; eine Anfechtung im ordentlichen Verwaltungsrechtswege steht dem Gläubiger nicht zu.[22] Wird die Zwangseinschreibung gewährt, so hat der weitere Vollzug in diesem Falle zwei Besonderheiten:

Wenn es sich um die Erstattung von Prozesskosten an ein Gemeindeglied handelt und ausserordentliche Gemeindesteuern dazu notwendig werden, so ist jenes nicht beitragspflichtig.[23]

Ferner kommt hier ein weiteres Zwangsdeckungsmittel hinzu: auf Antrag des Gläubigers kann der Präfekt zu dessen Gunsten den Verkauf von Gemeindegütern verordnen, welche keinem öffentlichen Zwecke gewidmet sind.

3. Einnahme und Ausgabe der Gemeindegelder geschieht durch den Gemeindeeinnehmer (*receveur municipal*). Die Geschäfte eines solchen besorgt regelmässig der staatliche Steuerempfänger (*percepteur*) im Nebenamt. Für Gemeinden mit mehr als 30000 frcs. Einnahmen kann ein eigener Gemeindeeinnehmer bestellt werden, den der Präfekt ernennt (Ges. 1837 art. 65).

Derselbe kann Ausgaben nur machen auf Grund einer Zahlungsanweisung des Bürgermeisters und bis zur Höhe der durch den Gemeindehaushaltsbeschluss eröffneten Kredite; zum Unterschied von den staatlichen Kassebeamten kann er durch keinen Dienstbefehl von der Einhaltung der letzteren Schranke entbunden werden.[24] Weigert sich der Bürgermeister, für eine im Haushaltsbeschlusse vorgesehene Ausgabe die Anweisung zu ertheilen, so kann nach gehöriger Inverzugsetzung der Präfekt durch Beschluss im Präfekturrath an seiner Stelle es thun.[25]

---

[22] Solche wäre nur möglich, wenn der Präfekt die Schuld selbst d. h. das Vorhandensein eines vollstreckbaren Urtheils verneinte. Die Vermengung der beiden Bestandtheile des Zwangseinschreibungsbeschlusses führt in der Theorie zu Meinungsverschiedenheiten: Ducrocq n. 1175; Dalloz V° *commune* n. 2413—2417, n. 2622—2634; Foucart II, n. 1578; Leber S. 612—615; Chauveau II, n. 169, III n. 731—734.

[23] Ges. 1837 art. 58; St. R. E. 30. April 1870 (Bourguenet).

[24] Leber S. 692, 693 berichtet über einen Fall, wo der Rechnungshof den Gemeindeeinnehmer für entlastet erklärte auf Grund einer den Kredit überschreitenden Zahlungsanweisung des Bürgermeisters, aber nur unter Annahme eines entschuldbaren Irrthums.

[25] Cabantous n. 446.

Die Beitreibung von Forderungen der Gemeinde, soweit sie nicht durch den Steuerempfänger als solchen mit den direkten Steuern beigetrieben werden oder auf Grund besonderer Rollen dem gleichen Verfahren unterliegen, ist allgemein mit dem Rechte des Zwangsbefehles ausgestattet. Der Bürgermeister macht eine Aufstellung der Forderungen und der Unterpräfekt erklärt dieselbe durch seine Gegenzeichnung (*visa*) vollstreckbar. Ein solcher Zwangsbefehl ist kein Urtheil, sondern eine vollstreckbare Mahnung (vgl. oben § 59). Der Verfolgte kann Einspruch erheben, über welchen die nach der Natur der Forderung zuständige Behörde entscheidet.[26]

II. Das Recht der öffentlichen Anstalten zeigt in seiner Anwendung auf die Gemeinde folgende Besonderheiten.

1. Die Gemeinde besitzt Grundstücke, welche öffentlichen Anstalten gewidmet sind (*affectés à un service public*). Wird durch diese Widmung das Grundstück unmittelbar selbst zur öffentlichen Anstalt, so entsteht das öffentliche Eigenthum der Gemeinde (*domaine public communal*). Das ist der Fall bei Strassen, Kirchen, Kirchhöfen, auch gemeindliche Eisenbahnen und Kanäle werden erwähnt.

Die Widmung eines Gemeindegrundstückes, gleichviel ob es dadurch förmlich öffentliches Eigenthum wird oder nicht, steht unter Mitwirkung des Staates. Solche Widmungen sind theilweise den Gemeinden durch das Gesetz als Last auferlegt, ähnlich den Pflichtausgaben, theils erfolgen sie durch freien Beschluss des Gemeinderathes. Jede, die einmal geschehen ist, kann der Gemeinderath wieder aufheben nur mit Genehmigung des Präfekten.[27]

Die Anstalt, welcher das Eigenthum der Gemeinde so gewidmet ist, kann aber auch einer anderen juristischen Person des öffentlichen Rechtes, dem Staate oder einem Selbstverwaltungs-

---

[26] Ges. 1837 art. 63; Leber S. 699; Dalloz V° *commune* n. 477; Serrigny III, n. 1407 ff.; St. R. E. 29. Sept. 1859 (Borsat de Lapeyroux). Wegen des Verhältnisses dieses Rechtsinstitutes zu der deutschen Justizgesetzgebung vgl. oben § 59 Anm. 14; v. Reichlin S. 82 u. 83.

[27] Ges. 24. Juli 1867 art. 1 Ziff. 8; der Beschluss des Gemeinderathes verfügt nur dann selbständig über Grundstücke *lorsque cette propriété n'est affectée à aucun service public*. Cabantous n. 436, 441.

körper zugehören. Wir finden dieses Rechtsverhältniss als Folge der in § 56 erwähnten Verleihungen der Kasernen, Gerichtsgebäude u. s. w., wo der Staat nach wie vor in der Benutzung für seine Anstalten bleibt. Ein Hauptbeispiel bieten ausserdem die Kirchen und Pfarrhäuser, deren Benutzung der Kirchengemeinschaft zusteht (vgl. unten § 71 n. 2).

Das Recht des Eigenthümers der begünstigten Anstalt darf nicht nach dem Vorbilde der civilrechtlichen Nutzniessung behandelt werden. Es ist nichts als die Wirkung der Gebundenheit der Widmung, geschützt durch den Genehmigungsvorbehalt der Aufsichtsbehörde; Dritten gegenüber wirkt es durch eine civilrechtliche Besitzklage.[28]

Das Recht der Gemeinde tritt während der Dauer der Widmung nach aussen nur insofern zu Tage, als sie ihrerseits Dritten gegenüber im Eigenthumsstreit über das Gebäude die richtige Klägerin und Verklagte ist. Hört das Gebäude auf, der öffentlichen Anstalt gewidmet zu sein, sei es dass es untauglich wird durch Verfall oder Zerstörung, sei es dass eine förmliche Ausreihung (*déclassement*) erfolgt, so wird das Grundstück einfach gemeindliches Privateigenthum.[29]

Eine unechte Widmung stellt sich dar in dem Rechtsverhältnisse der Gemeindeforsten (vgl. oben S. 375); auch diese kann staatlicher Seits erzwungen werden: die Forstverwaltung hat das Recht, die Aufforstung von Gemeindeweideland vorzuschlagen und im Weigerungsfalle den Präfekturrath anzugehn, der im Verwaltungsstreitverfahren die entscheidende Verfügung erlässt.[30]

2. Die öffentlichen Strassen der Gemeinde bilden zusammen

---

[28] Dufour V, n. 586, 587; Proud'hon I, n. 220; Ducrocq n. 1132.

[29] Proud'hon I, n. 220; Ministerialinstruktion 23. Juni 1838. — Andrer Meinung bezüglich der Kirchengebäude: Gaudry III, n. 629, welcher der Kirchenfabrik das Eigenthum zusprechen möchte, ausgehend von der unrichtigen Behauptung, dass das Kirchengebäude im Dienst nicht zum öffentlichen Eigenthum der Gemeinde gehöre.

[30] Forstges. art. 90; Serrigny II, n. 1055. Es ist dies wieder ein Fall der Verwendung der Rechtspflege für freie Verwaltungsakte; vgl. oben S. 111.

das niedere Wegewesen (*petite voirie*, vgl. oben S. 234) und zerfallen in drei Gruppen:

Die Feldwege (*chemins ruraux*), der Bebauung der Aecker dienend, nähern sich schon dem Privatrecht: keine Enteignung, keine Abgränzungsakte; selbst Unveräusserlichkeit und Unersitzbarkeit werden ihnen bestritten.[31]

Die Ortsstrassen und Plätze (*rues et places*) sind verwaltungsrechtlicher Natur wie die Staatsstrassen. Sie werden durchschnitten von Strassen, welche von aussen kommen; der entsprechende Streifen gehört dann zum öffentlichen Eigenthum des Staates, beziehungsweise Departements. Wenn die Strasse als solche aufgehoben und Privateigenthum wird, dann kommt es darauf an, woher dieser Streifen stammt: war er ursprünglich Staats- oder Departementsstrasse und die Gemeinde hat sich erst nachträglich daran ausgedehnt, so gehört der Boden dem Staate, beziehungsweise Departement; im umgekehrten Falle wird er Privateigenthum der Gemeinde.[32]

Endlich die Gemeindeverbindungswege (*chemins vicinaux*), geordnet durch Ges. 21. Mai 1836, zeichnen sich dadurch aus, dass von der Aufsichtsbehörde gegen die Gemeinde Zwang geübt wird, die nötigen öffentlichen Arbeiten zur Herstellung der Strassen in bestimmter Breite, Richtung und Beschaffenheit vorzunehmen. Die Bezeichnung der Strasse geschieht durch Einreihungsbeschluss der Aufsichtsbehörde (*classement*); die Durchführung des Zwanges erfolgt in der Form der Pflichtausgabe. Man unterscheidet: gewöhnliche Verbindungswege (*ch. v. ordinaires, petite vicinalité*), wo jede Gemeinde das auf ihrem Gebiete liegende Stück der Strasse besorgt; mittlere Verbindungswege (*ch. v. d'intérêt commun, vicinalité moyenne*), welche, obwohl ganz auf dem Gebiete einer Gemeinde liegend, vorzugsweise dem Verkehr einer oder mehrerer Nachbargemeinden

---

[31] Ducrocq n. 1113.

[32] St. R. E. 22. Juli 1858. Es war lange Zeit streitig, ob der Bürgermeister für jenen Streifen die polizeilischen Erlaubnisse zum Aufstellen von Tischen, Buden u. s. w. ertheilen könne (vgl. oben S. 326); das Gesetz vom 5. April 1884 art. 98 hat jetzt die Frage bejahend entschieden; Block, *suppl. gén.* 1878—1884, V° *organisat. com.* art. 98 Note.

dienen, die desshalb jener zuschusspflichtig werden; grosse Verbindungswege (*ch. v. de grande communication, grande vicinalité*), welche den durchgehenden Verkehr mehrerer Gemeinden vermitteln und als gemeinsames Unternehmen der betheiligten Gemeinden von Departements wegen unter Oberleitung des Präfekten besorgt werden. Vgl. unten S. 498.

3. Die Formen des öffentlichrechtlichen Vertrages und der Verleihung weichen regelmässig denen civilrechtlicher Verträge. Dafür mag ein äusserlicher Grund massgebend sein: bei der Auffassung eines Rechtsverhältnisses als öffentlichrechtlichen Vertrages läge alle Entscheidung zunächst in den Händen des Bürgermeisters als Vertreters der Gemeinde, als Herrn des öffentlichrechtlichen Rechtsverhältnisses, wie wir es nannten. Der Bürgermeister steht aber in dieser Eigenschaft nicht in der Hierarchie; es führt von ihm aus kein Weg in die ordentliche Verwaltungsrechtspflege des Staatsrathes; die Civilrechtspflege füllt von selbst die Lücke und mit ihr die civilrechtliche Auffassung des Rechtsverhältnisses.

Im gemeindlichen Verdingungsvertrag wird unterschieden: der Lieferungsvertrag (*marché de fournitures*) geht einfach an die Civilgerichte; die Werkverdingung, sofern es sich um öffentliche Arbeiten handelt (*marchés de travaux publics*), unterliegt nach Pluviosegeg. art. 4 al. 2 der Zuständigkeit des Präfekturrathes. Der Bürgermeister hat aber auch in der Werkverdingung keineswegs die Befugnisse, welche der staatlichen Verwaltungsbehörde in ihrer Werkverdingung zustehen (vgl. oben § 45 S. 301). Vielleicht wäre es desshalb richtiger, auch diesen Vertrag als civilrechtlichen aufzufassen, mit willkürlich verschobener Zuständigkeit durch die Anwendbarkeit des Wortlautes des Pluviosegesetzes.[34]

---

[33] Wo der Bürgermeister ausnahmsweise gebundene Verwaltungsakte macht, welche in die Verwaltungsrechtspflege gehn, handelt er als *agent du gouvernement;* nur auf solche Akte bezieht sich die Bezeichnung als Verwaltungsrichter, die man ihm manchmal zu Theil werden lässt. Ein Beispiel oben § 46 Anm. 14. Serrigny III, n. 1400 ff.

[34] Dieser Gegenstand hat sich noch mehr verwickelt durch das Bestreben des Staatsrathes, wichtigere Verträge der Verwaltungsrechtspflege

Am reinsten erscheint der Gegensatz in den Verträgen zur Beschaffung ständiger Dienstleistungen für die Gemeinde (Dienstmiethe, Auftrag mit Honorarbeding). Dieselben sollen grundsätzlich abgeschlossen werden durch den Bürgermeister, der die Bediensteten ernennt. Eine Anzahl von Gemeindebediensteten ist jedoch ausgenommen; es sind solche mit behördlicher Eigenschaft und die Vorstände der wichtigeren Gemeindeanstalten: Bannwart, Polizeikommissär, Lehrer, Oktroibeamte, Gemeindeeinnehmer, Gemeindeförster.

Diese Letzteren werden sämmtlich von Staatsbehörden ernannt, meist auf Vorschlag oder nach Anhörung der Gemeindevertretung; nur die Staatsbehörde kann sie wieder entlassen. Das Rechtsverhältniss derselben ist öffentlichrechtlicher Natur nach dem Muster der Beamtung. Es besteht formell nicht zwischen ihnen und der Gemeinde, sondern zwischen ihnen und dem Staate; nur sind die ihnen dem Staate gegenüber auferlegten Pflichten zu Gunsten der Gemeinde zu erfüllen und die gewährten Entschädigungen sind als Pflichtausgaben der Gemeinde überwälzt. Entsteht Streit über die Gehaltszahlung, so ist es die Aufsichtsbehörde, welche entscheidet mit Rekurs zum Minister und Staatsrath. Ruhegehälter und Wittwenpensionen gehen den gleichen Weg.[35]

Alle anderen Gemeindebediensteten, also alle vom Bürgermeister allein ernannten, sind keine Beamten (*fonctionnaires*), sondern Angestellte (*employés*). Sie stehen zu den Gemeinden in einem civilrechtlichen Dienstverhältniss. Ihre Klage auf Gehalt geht vor die Civilgerichte. Dazu gehören: Gemeindeschreiber, Bibliothekare, Museumsdirektoren, Gemeindebaumeister, Gemeinde-

vorzubehalten. Man behandelte alle diese, um die Zuständigkeit zu gewinnen, als *marché de travaux publics*, alle geringeren als *marchés de fournitures*, ohne Rücksicht auf die eigentliche Natur des Vertrages. Aus dieser jetzt ziemlich verlassenen Behandlungsweise sind noch immer gewisse Sonderbarkeiten stehen geblieben: so die Auffassung der Verdingung der Wegschaffung des Strassenschmutzes als *marché de fournitures*, des Vertrages zwischen der Stadt und der Gasfabrik als *marché de travaux publics*. Block V° *organis. com.* n. 338; Serrigny I, n. 695 ff., 806; Chauveau II, n. 671 ff.; Aucoc I n. 308; Bost I, S. 399; Perriquet, *travaux publics* I, 12.

[35] Trolley II, n. 524 - 542; Dufour I, n. 595; Dalloz V° *commune* n. 301 ff.; V° *octroi* n. 87 ff.; Dekret 1852 art. 5 Ziff. 20.

hirten, Gemeindeboten und diener.[36] Auch die Feuerwehrmannschaften zählen hieher. Die Feuerwehr ist früher in Anlehnung an die Nationalgarde als Bürgerpflichtleistung gestaltet gewesen. Daneben entstanden die besoldeten Feuerwehren, welche eine Gesellschaft bilden mit gewissen statutenmässigen Rechten der Gesellschaftsverwaltung. Die Aufnahme der Mitglieder erfolgt durch den Bürgermeister, als Anstellung, oder in seiner Vertretung durch den Gesellschaftsvorstand. Das Rechtsverhältniss zur Gemeinde ist das gleiche wie das der eigentlichen Angestellten, nur dass eben der Dienst meist eine Nebenbeschäftigung ist.[37]

An diese civilrechtlichen Dienstverträge knüpfen sich besondere Lasten der Gemeinde verwaltungsrechtlicher Natur. Die Gemeinden können Pensionskassen gründen für ihre Angestellten; dieselben werden gespeist durch Gehaltsabzüge, freiwillige Gaben und Zuschüsse der Gemeinde; ein durch die Aufsichtsbehörde zu genehmigendes Statut bestimmt die Ordnung des Geschäftsbetriebes. Die Gewährung des danach zustehenden Ruhegehaltes ist eine Pflichtausgabe der Gemeinde. Der Gemeinderath setzt ihn fest. Im Streitfalle entscheidet die Aufsichtsbehörde mit Rekurs in die ordentliche Verwaltungsrechtspflege.[38] Die Pflicht der Pensionszahlung ist der Gemeinde aber auch auferlegt, unabhängig von dem Vorhandensein einer Pensionskasse gegenüber verunglückten Feuerwehrmännern und deren Wittwen und Waisen. Der Gemeinderath setzt die Pension im Einzelfalle fest; der Rekurs ist eigenthümlicher Art: es kann nämlich sowohl der Bürgermeister als der Gläubiger die Entscheidung des Generalrathes anrufen, der als „*jury d'équité*" in letzter Instanz spricht.[39] —

4. Die ausgleichende Entschädigung für die Benutzung gemeindlicher Anstalten, soweit das Gesetz nicht selbst schon verfügt, bestimmt der Gemeinderath durch selbständige Beschlüsse,

---

[36] Trolley eod., Dufour eod.; Ducrocq n. 1177; Bost I, n. 405—408.

[37] Braff, *principes de l'administration com. V° sapeurs pompiers.* — Neue Verordnung darüber vom 26. Dez. 1875.

[38] Ges. 1837 art. 30 Ziff. 9. Blanche V° *commune* cap. 4, II § 6; Braff V° *pension de retraite;* Leber S. 562.

[39] Ges. 5. April 1851; Block V° *organisation com.* n. 491—496.

welche den Tarif der Abgabe aufstellen.[40] Durch Annahme der Nutzungen begründet sich dann ein zweiseitiger civilrechtlicher Vertrag. Derselbe ist regelmässig als einfacher civilrechtlicher Miethvertrag durchgeführt: so bei Benutzung der Markthallen, der Schlachthäuser, der städtischen Wasserleitung, des Gemeindehirten, des Gemeindestieres, der öffentlichen Waagen. Der Miether ist civilrechtlich verpflichtet zur Zahlung des tarifmässigen Entgeltes und hat eine civilrechtliche Klage auf Erfüllung, Auflösung des Vertrages und Schadensersatz. Nur wo die Leistung der Gemeinde in verwaltungsrechtlicher Form geschieht, durch Polizeierlaubniss (Verkaufsstandplätze auf öffentlichen Strassen vgl. oben S. 326) oder durch Verleihung (Grabstätten vgl. oben S. 343), bleibt das Rechtsverhältniss selbst vom Civilrecht unberührt und stellt sich nur ein civilrechtlicher Vertrag daneben, durch welchen der Empfänger zur Zahlung, die Gemeinde im Falle der Nichtleistung zur Rückerstattung verpflichtet ist.[41]

Die Gewährung von Entschädigungen durch die Gemeinde für den Nachtheil, welcher den Einzelnen aus ihren Anstalten zugeht, schliesst sich den entsprechenden staatlichen Rechtsinstituten nur da an, wo eine auch für sie gültige Zuständigkeit für die in Form der Rechtspflege auszusprechende Gewährung besonders vorgesehen ist (Enteignungsgesetz, Pluviosegesetz für öffentliche Arbeiten). Dagegen fehlt hier die allgemeine Verwaltungszuständigkeit, welche beim Staate der Minister mit dem dahinterstehenden Staatsrathe bietet; der Bürgermeister kann nach dem oben für den öffentlichrechtlichen Vertrag Ausgeführten nicht dafür genommen werden. Daher auch hier wieder die ordentliche Zuständigkeit des Civilgerichtes über die Entschädigungsgewährung zu erkennen, und mit ihr, wie immer, die civilrechtliche Auffassung der Entschädigungspflicht: die Anwendung des art. 1384 auf die Gemeinde ist allgemein anerkannt auch auf dem Gebiete ihrer öffentlichen Anstalten.[42]

---

[40] Ges. 1836 art. 17; Ges. 1867 art. 1.

[41] St. R. E. 19. März 1863 (Castangt); 4. März 1830 (Bochelin).

[42] Dalloz V° *responsabilité* n. 666; Ducrocq n. 1177; Sourdat n. 1086. Für ihre Polizei haftet auch die Gemeinde nicht (Dalloz V° *commune* n. 2672; V° *responsabilité* n. 669). Nur ist es keine Polizei, wenn der Bürgermeister seine polizeilichen Zwangsmittel missbräuchlich verwendet im

III. Wegen der Gemeindepolizei, die in den Formen, in welchen sie gehandhabt und überwacht wird, von der gewöhnlichen Gestalt der Gemeindeverwaltungsthätigkeit weit abweicht, vgl. oben § 10.

Eine Gewalt ähnlicher Natur wie die polizeiliche übt der Gemeinderath über die Gemeindenutzungen. Die Revolution fand solche Nutzungen der Gemeindeglieder am Gemeindeeigenthum, namentlich Wald und Weide, als Althergebrachtes vor. Die neue Gesetzgebung liess dieselben im Wesentlichen bestehen, nicht als eigentliche Privatrechte, ebensowenig als verliehene verwaltungsrechtliche Befugnisse, sondern als eine besondere Art genossenschaftlicher Rechte, geknüpft an die Gemeindemitgliedschaft. Dem Gemeinderathe aber wurde die Gewalt gegeben, durch selbständige Beschlüsse die Ausübung dieser Rechte zu ordnen und Abgaben zu Gunsten der Gemeinde darauf zu legen. Jene Ordnungen nun sind nicht polizeilicher Natur; es knüpft sich keine Strafandrohung an ihre Uebertretung. Sie sind obrigkeitliche Verwaltungsakte, in ihrer Bedeutung der Privatrechtsordnung vergleichbar oder auf dem Gebiete der Selbstverwaltung der Ordnung des Wahlrechtes durch das Wahllistenverfahren: hoheitliche Bestimmungen der Gränzen subjektiver Rechte.[43] Für diese Bestimmungen sind dem Gemeinderath Massstäbe gegeben in dem Herkommen (*usages*), für Holzbezugsrechte (*affouage*) noch besondere durch das Forstgesetz. Die Betheiligten können den Beschluss des Gemeinderathes anfechten durch Klage zum Präfekturrathe im ordentlichen Verwaltungsstreitverfahren.[44]

Vermögensinteresse der Gemeinde. Cass. 19. April 1836 (C. de Messigny c. Fremiet): der Bürgermeister hatte, um Steine wieder beizubringen, welche der Gemeinde entwendet worden waren, eine polizeiliche Beschlagnahme rechtswidrig gemacht: *cet acte n'avait pas pour but la répression d'un délit, mais seulement la conservation des intérêts de la commune*; die Gemeinde haftet.

[43] Ges. 10. Juni 1793; c. c. art. 542; Forstges. art. 105; Ges. 18. Juli 1837 art. 17. Leber S. 393 nennt es ein *droit de police*.

[44] Leber S. 389—415; Ducrocq n. 315, 316; Braff, *administration com.* S. 137 ff.; Serrigny II, n. 1056 ff. — Kommt die Gemeindemitgliedschaft selbst in Frage, so entscheidet wieder das Civilgericht über den Zwischenpunkt (St. R. E. 5. April 1851, Gillancourt). — Der Beschluss des

Ein Anspruch auf Eigenthum oder Nutzung von Gemeindegütern, der nicht auf dieses genossenschaftliche Recht gestützt wird, sondern auf besonders erworbene Privatrechte an den Grundstücken ist im Wege der Klage gegen die Gemeinde vor den Civilgerichten geltend zu machen, auch wenn, wie leicht der Fall ist, die Bestreitung des Rechtes von Seiten der Gemeinde gerade gelegentlich einer solchen Nutzungsordnung erfolgt.

§ 66. Departement.

Im Gegensatze zur Gemeinde ist das Departement eine ganz und gar vom Staate erst geschaffene Körperschaft ohne vorgefundene Grundlage. Nach Beseitigung der alten provinzialen Selbständigkeiten hatte die Revolution es zunächst mit einer weitgehenden Selbstverwaltung des Departements versucht. Im Pluviosegesetz ist dasselbe eine blosse Eintheilung der Staatsverwaltung geworden.[1] Die Körperschaft entwickelt sich dahinter erst allmählich wieder und zwar ist der entscheidende Punkt, an welchem die Frage zum Austrage kommt, die Eigenthumsfähigkeit des Departements. Dieselbe wird schrittweise anerkannt als Folge der besonderen Lasten, welche dem Departement nach und nach auferlegt werden. Am Anfange dieser Entwicklung steht das Dekret vom 9. April 1811, welches die Departemente zu Eigenthümern verschiedener öffentlicher Gebäude macht mit der Pflicht, sie in Stand zu halten, und am Schlusse das Gesetz vom 10. Mai 1838, welches das Departement in aller Form anerkennt als juristische Person des

---

Gemeinderathes kann auch durch den Präfekten aufgehoben werden nach Gesetz 18. Juli 1837 art. 18 (dazu Dekret 25. März 1852 A § 40) wegen Gesetzesverletzung (vgl. oben S. 452). Den Betheiligten ist damit noch ein weiterer Weg zur Geltendmachung ihrer Rechte eröffnet (Serrigny II, n. 1059). Der Unterschied ist der, dass das Urtheil des Präfekturraths nur für die Kläger wirkt, der Aufhebungsbeschluss des Präfekten allgemein.

[1] Die Verneinung der Selbstverwaltung im Departement spricht sich noch aus in St. R. G. 20. Nov. 1818: *Les départements forment seulement des divisions territoriales tracées pour la facilité de l'administration; ils ne composent pas des associations distinctes.*

öffentlichen Rechtes. Von späteren Gesetzen ist hervorzuheben das Gesetz vom 18. Juli 1866.[2]

I. Die Departementsordnung hat zur Grundlage das Gebiet des staatlichen Verwaltungsbezirkes. Alle darauf wohnenden Staatsangehörigen sind Angehörige des Departements und bilden eine gezwungene Gesellschaft. Sie sind die Träger des Selbstverwaltungsrechtes.

Die Bestimmung der Angelegenheiten und die Ordnung der Vertretung schliessen sich dem Vorbilde der Gemeinde an. Aber nur die dem Gemeinderath entsprechende berathende Versammlung, der Generalrath, vertritt zugleich die Selbstverwaltungsberechtigten, als Bürgervertretung im obigen Sinne (§ 62 Anm. 2). Der andere Vertreter der Körperschaft ist der Beamte der staatlichen Departementsverwaltung, der Präfekt, welcher auch in dieser Thätigkeit aus staatlichem Auftrage handelt, unter Dienstbefehl, Dienstanweisung und Abänderungsrecht seiner Vorgesetzten, letzteres überall soweit er selbst nicht durch das Recht des Generalrathes in seiner Handlung gebunden ist. Der Generalrath, durch das Pluviosegesetz nur zur Steuervertheilung und zu gutachtlichen Aeusserungen geschaffen (vgl. oben § 14), wurde ursprünglich durch das Staatsoberhaupt ernannt aus einer durch Wahl entstandenen Liste, die jedoch bald gänzlich bei Seite blieb. Erst durch Ges. 22. Juni 1833 wurde die Wahl durch die Departementsangehörigen eingeführt.

Der Generalrath besteht aus so viel Mitgliedern, als das Departement Kantone zählt. Auf jeden Kanton wird ein Abgeordneter gewählt. Die Wahl findet in jeder Gemeinde gesondert statt; das Ergebniss wird im Kantonshauptort zusammengestellt. Wahlfähig ist, wer in die gemeindlichen Wählerlisten eingetragen ist. Wählbar jeder irgendwo Wahlfähige im Alter von 25 Jahren, welcher im Departement seinen Wohnsitz hat oder mit einer direkten Steuer darin veranlagt ist. Die Wahl geschieht auf 9 Jahre. Der Präfekt ordnet die Wahlen an; die Leitung derselben steht einem Wahlausschusse zu, gebildet aus dem Bürgermeister

[2] Seitdem insbesondere das Ges. v. 10. Aug. 1871. — Ueber das ältere Recht vgl. Herman, *traité de l'administration départementale.*

und vier Gemeinderathsmitgliedern, welche lesen und schreiben können. Ueber Wahlstreitigkeiten entscheidet der Präfekturrath.

Der Generalrath kann sich gültig nur versammeln auf Grund der Einberufung durch den Präfekten, zu welcher dieser durch Dekret ermächtigt wird. Er wählt einen Vorsitzenden aus seiner Mitte. Die Dauer der Sitzung wird im Einberufungsakte bestimmt. Das Staatsoberhaupt kann den Generalrath jeder Zeit auflösen; dann erfolgt binnen 3 Monaten die Neuwahl. Dem Präfekten steht ausserdem das Recht der einstweiligen Enthebung zu, wenn der Generalrath in schriftlichen Verkehr mit anderen Generalräthen oder mit Arrondissementsräthen tritt oder Aufrufe und Adressen erlässt. Die einzelnen Mitglieder können zurücktreten; als Rücktrittserklärung wird angesehen das Ausbleiben in zwei aufeinanderfolgenden Sitzungen ohne vom Generalrath anerkannte Entschuldigung.[3]

II. In der Verwaltung der Departementsangelegenheiten ist der Präfekt der ordentliche Vertreter des Departements; gewisse Dinge sind dem Generalrathe vorbehalten und in diesen sind seine Beschlüsse massgebend für den Präfekten nach den Regeln der Vollziehung. Abweichung oder Vollzugsverweigerung begründen für den Generalrath den Rekurs wegen Machtüberschreitung.

Die Beschlüsse des Generalraths selbst sind in verschiedenem Grade in ihrer Gültigkeit abhängig vom Willen der Staatsgewalt.

Ueber gewisse Gegenstände fasst der Generalrath selbständige Beschlüsse, endgültig und vollstreckbar, wenn sie nicht innerhalb zwei Monaten vom Schluss der Sitzung durch Dekret im Staatsrath für nichtig erklärt sind wegen Verletzung eines Gesetzes oder einer Verordnung oder wegen Machtüberschreitung.

Für vier Gegenstände ist dieses Aufhebungsrecht des Staats-

---

[3] Mit einer hochwichtigen Neuerung hat das Ges. 10. Aug. 1871 die Selbstverwaltungsordnung im Departement ergänzt. Nach Tit. III soll ein Departementsausschuss (*commission départementale*) aus 4—7 abgeordneten Mitgliedern des Generalrathes gebildet werden. Derselbe ist der ständige Berather und Ueberwacher des Präfekten in Departementsangelegenheiten und beschliesst in einer Reihe von solchen an Stelle und im Auftrag des Generalrathes (Block V° *conseil général* n. 71 ff.).

oberhauptes dahin erweitert, dass es ohne Form und ohne Angabe eines Grundes ausgeübt werden kann.

In allen übrigen Fällen ist der Beschluss des Generalraths erst gültig und vollziehbar, wenn er durch Dekret genehmigt ist.[4]

In diesen Formen erfolgt vor Allem die Verfügung über das Departementsvermögen. In Rechtsstreitigkeiten ist der Präfekt der Vertreter; mit Vollmacht des Generalraths. Eine Prozessermächtigung durch den Präfekturrath findet nicht statt. Ist der Prozessgegner der Staat selbst, so erweist sich die Eigenschaft des Präfekten als Staatsvertreter überwiegend. An seiner Stelle erscheint vor Gericht Namens des Departements das älteste Mitglied des Präfekturrathes.[5] Im Uebrigen kommen die Rechtsinstitute des eigentlichen Verwaltungsrechts mit folgenden Besonderheiten hier zum Vorschein.

1. Departementssteuern werden erhoben in Gestalt von Zuschlägen zu den direkten Staatssteuern. Man unterscheidet: gesetzliche Zuschläge, welche alljährlich im Finanzgesetze zu Gunsten der Departemente angeordnet und ohne weiteren Beschluss erhoben werden; besondere Zuschläge, zu deren Bewilligung für gewisse Zwecke und bis zu einem gewissen Masse dem Generalrath ein für alle Mal ein Spielraum gegeben ist; freiwillige Zuschläge, für welche den Generalräthen alljährlich im Finanzgesetz eine Ermächtigungsgränze gesteckt wird; endlich ausserordentliche Zuschläge, die über dieses Mass hinausgehn und einer Ermächtigung durch besonderes Gesetz bedürfen.

Der Departementshaushaltsentwurf wird vom Präfekten dem Generalrath vorgelegt, der darüber beschliesst. Der Beschluss muss durch Dekret genehmigt werden, um vollziehbar zu sein. Das Dekret kann wegen dreierlei gesetzlich bezeichneter Ausgaben Zwangseinschreibung verfügen. Im Uebrigen kann es den Beschluss nur einfach bestätigen oder verwerfen, ohne Aenderungen zu machen. Kommt aus irgend einem Grunde ein vollziehbarer Haushaltsbeschluss nicht zu Stande, so verfügt an Stelle

---

[4] Ges. 18. Juli 1866 art. 1 u. 3; Batbie V, n. 48 ff. Das Gesetz von 1871 setzt überall an die Stelle des Genehmigungsvorbehaltes ein Aufhebungsrecht.

[5] Ges. 10. Mai 1438 art. 36; Reverchon S. 406.

des Generalrathes der Präfekt im Präfekturrath.[6] Die Haushaltsfestsetzung ist wie bei der Gemeinde keine blosse Vorausbestimmung der Verantwortlichkeit der unmittelbaren Gelderverwaltung, sondern selbst ausschliessliche Verfügung über die Departementsgelder. Die Kassengeschäfte besorgt der staatliche Generaleinnehmer; die Anweisungen stellt der Präfekt aus.

2. Das Departement hat ein öffentliches Eigenthum in den Departementsstrassen. Solche entstehen meist nicht durch Neuanlage, sondern durch Einreihung einer Strasse geringerer Ordnung (*classement*); ein selbständiger Beschluss des Generalrathes ist dazu nötig. Ausserdem sind den Departementen durch Dekret vom 16. Dez. 1811 die sogenannten königlichen Strassen dritter Klasse überwiesen worden; damit ist keine Eigenthumsveränderung eingetreten, obwohl auch diese Strassen seitdem den Namen Departementsstrassen führen. Die Departemente haben bloss die Verwaltung und die Last der Unterhaltung bekommen. Im Falle einer Aufhebung der Strasseneigenschaft gehört der Boden dem Staate.[7]

Alles Eigenthum der Departemente, welches einer öffentlichen Anstalt gewidmet ist, kann grundsätzlich durch selbständigen Beschluss des Generalraths dieser Bestimmung wieder entzogen werden. Ausgenommen sind nur gewisse Gebäude, welche durch Dekret vom 9. April 1811 den Departementen übertragen wurden mit der Last, den Anstalten des Staates gewidmet zu bleiben (Präfektur und Unterpräfektur, Gendarmeriekaserne, Schwurgerichts- und Landgerichtsgebäude). Bezüglich dieser bedarf eine Bestimmungsänderung der Genehmigung durch Dekret.[8]

Verträge im Bereiche der Departementsanstalten werden durch den Präfekten abgeschlossen. Da der Präfekt auch als Departementsvertreter immer Mitglied der Behördenordnung bleibt, so geht von seinen Entscheidungen der Weg über den Minister in

[6] Ges. 10. Mai 1838 art. 11, 38; Ges. 18. Juli 1866 art. 10 u. 11.

[7] St. R. E. 27. Aug. 1834. Jetzt ist den Departementen durch Gesetz 10. Aug. 1871 art. 59 das Eigenthum auch an diesen Strassen zugesprochen worden. — Wegen der Departementssekundärbahnen vgl. Ges. 12. Juli 1865.

[8] Ges. 18. Juli 1866 art. 1 n. 4; Batbie V, n. 45. Vgl. oben § 56, § 65 II n. 1.

die ordentliche Rechtspflege des Staatsrathes. Verdingungen öffentlicher Arbeiten und Lieferungsverträge werden demgemäss hier wieder öffentlichrechtlich behandelt.[9]

Eigene Beamte hat das Departement nur in geringer Zahl. Die Beamten der staatlichen Departementsverwaltung dienen häufig auch seinen Zwecken und erhalten dafür besondere Vergütungen. So das Bureaupersonal des Präfekten, welchem der Generalrath alljährlich Gratificationen, Pensionszuschüsse und Unterstützungen zu bewilligen pflegt. Ferner kommen hier in Betracht die staatlichen Generaleinnehmer für die Kassengeschäfte und die Beamten der Strassenbauverwaltung für die Leitung der Departementsstrassenbauten. Als eigne Beamten des Departements finden wir nur: den Bezirksbaumeister für die Gebäude, den Wegemeister für die grossen Gemeindeverbindungswege (vgl. oben § 65 II n. 2) und den Archivar. Der Generalrath setzt die Höhe der zu bewilligenden Gehälter fest. Der Präfekt ernennt. Das Rechtsverhältniss ist das der Beamtung.[10]

3. Zu den Angelegenheiten des Departements gehört keine Polizei. Dafür hat es ein Stück staatlicher Aufsichtsgewalt über die Gemeinden, aus welchen es sich zusammensetzt. Dieselbe wird ausgeübt durch selbständige Beschlüsse des Generalraths. Sie umfasst Mitwirkung bei Aenderung des Gemeindegebietes (vgl. oben § 64 III n. 1) bei Festsetzung der Gemeindesteuern (vgl. oben § 65 I n. 1). Vor Allem entscheidet der Generalrath in Sachen von Gemeindeverbindungswegen. Er erkennt die Eigenschaft eines Weges als *chemin vicinal d'intérêt commun* an und bestimmt die Beisteuern der betheiligten Nachbargemeinden. Er verfügt die Anerkennung eines Weges als grossen Verbindungsweges und bestimmt die beitragspflichtigen Gemeinden; die beizutragenden Summen selbst setzt der Präfekt fest, der auch die Ausführung der Arbeiten leitet (vgl. oben § 65 II n. 2). Diese Angelegenheiten seiner Gemeinden sind damit in gewissem Masse zu Angelegenheiten des Departements erklärt, was sich im

---

[9] Perriquet, *travaux publics* n. 16; Serrigny III, n. 1325; vgl. oben § 65 II n. 3.

[10] Ges. 21. Mai 1836 art. 11; Aucoc I, n. 193 ff.

letzten Falle noch besonders zeigt in den Zuschüssen, welche der Generalrath aus Departementsmitteln für die Verbindungswege gewähren kann. Darin liegt auch der innerliche Gegensatz zu den staatlichen Aufträgen, welche der Generalrath in der Steuervertheilung ausübt (vgl. oben § 14).

Den Gemeinden steht gegenüber diesen vormundschaftlichen Verwaltungsakten des Generalrathes der Rekurs wegen Machtüberschreitung zu, neben der von Amtswegen möglichen Nichtigerklärung.[11]

§ 67. Gemeindeabtheilung.

Innerhalb der Gemeinde können ihre Angehörigen kleinere Kreise bilden nach räumlichen Rücksichten. Die Gemeinde zerfällt oft äusserlich in getrennte Gruppen von Wohnstätten, die geradezu selbständige Ortschaften vorstellen mögen. Die Angelegenheiten der Gemeinde berühren die Einwohner, die diesen Gruppen angehören, nicht immer gleichmässig. Es ist möglich, dass eine Einrichtung wegen der örtlichen Verhältnisse einer derselben ausschliesslich zu Gute kommt. Dann soll nur derjenige Theil der Gemeinde zu den Lasten der Einrichtung herangezogen werden, welcher den Vortheil davon hat. So entstehen die Gemeindetheile (*fractions de commune*).[1]

Die Einheit der Gemeinde ist der oberste Grundsatz. Spaltungen wie die hier vorausgesetzten sind nur in besonders dringenden Umständen zulässig. Am häufigsten kommen sie vor im Zusammenhang der Verfolgung kirchlicher Zwecke. Ein Theil der Gemeinde wünscht ein eigenes Kirchengebäude zu haben; das Bedürfniss eines Pfarrhauses schliesst sich an. Kirchhöfe, Wasch-

[11] Gauthier d. p. S. 109 nennt die Gränzbestimmung für die gemeindlichen Zuschläge mit Recht eine *attribution de tutelle*. — Das Gesetz vom 10. Aug. 1871 hat dem Generalrath noch einige vormundschaftliche Thätigkeiten übertragen in Dingen, für welche er vorher nur berathende Stimme hatte. In den Verhandlungen zu diesem Gesetze hatte sich die Meinung geltend gemacht, es sollte die ganze Vormundschaft über die Gemeinden dem Generalrath übertragen werden; Gauthier d. p. S. 108; Cabantous n. 383 ff.

[1] Aucoc, *sections de commune* n. 107 ff.

anstalten u. dgl. bieten weitere Beispiele. Umgekehrt kann die Ausscheidung in der Weise notwendig werden, dass an einem Gesammtunternehmen der Gemeinde ein bestimmter räumlich getrennter Theil kein Interesse hat und desshalb an den aufzubringenden Lasten nicht mittragen soll.[2]

Die also gesonderten Theile bilden keinerlei Selbständigkeiten. Die Sonderung vollzieht sich ganz innerhalb der Formen der gewöhnlichen Gemeindeverwaltung. Der Gemeinderath beschliesst, dass eine Einrichtung als eine gesonderte Angelegenheit zu behandeln und die ausserordentliche Gemeindesteuer dafür nur von den Einwohnern des betheiligten Bezirkes zu erheben sei. Die Zustimmung der Aufsichtsbehörde genügt, um die Massregel durchzuführen. Eine Mitwirkung der Angehörigen des betroffenen Gemeindetheils findet nicht statt; nur müssen die Höchstbesteuerten, deren Beiziehung zu dem Beschlusse nötig ist, aus jenem Theile ausschliesslich entnommen werden. Die Einrichtung selbst bleibt Gemeindeeigenthum, der Verfügung der Gemeindevertretung unterstellt, von ihr besorgt und vertreten.

Etwas ganz anderes sind die Gemeindeabtheilungen (*sections de commune*). Eine solche kann zugleich alle Eigenthümlichkeiten eines einfachen Gemeindetheiles bieten. Sie hat aber etwas, was darüber hinausgeht. Es sind darunter verstanden öffentliche Körperschaften innerhalb der Gemeinde mit besonderen Angelegenheiten dieser gegenüber, die ihnen zu eignem Rechte überwiesen sind, allerdings Angelegenheiten von sehr beschränktem Umfange.[3]

Diese Gemeindeabtheilungen werden nicht besonders geschaffen und anerkannt, sie sind nichts als von selbst sich ergebende Reste früherer Selbständigkeiten, welche bei der Bildung der Gemeinden aufbewahrt bleiben, als notwendige Uebel, um die bestehenden

---

[2] St. R. E. 23. Okt. 1856: die Gemeinde Sierck wollte einen Strassendurchbruch machen und die Mittel dazu durch ausserordentliche Gemeindesteuern aufbringen. Ein Theil der Gemeinde, der sogenannte Rustroff liegt 1500 Meter vom Mittelpunkte entfernt. Er hatte kein Interesse an der Neuerung und seine Einwohner wurden desshalb von der Beitragspflicht befreit.

[3] Ducrocq n. 1181; Aucoc, *sections de commune* n. 7; Gauthier d. p. S. 110.

Interessen zu schonen. Sie haben eine doppelte Entstehungsart. Die eine liegt an der Grenze des neuen Rechts. Die Gemeindeordnung, welche durch das Gesetz vom 22. Dez. 1789 begründet wurde, schloss sich für das platte Land an an die Kirchspiele. Innerhalb derselben fanden sich häufig verschiedene Ortschaften mit mehr oder weniger grosser Selbständigkeit, namentlich mit eigenem Gemeinbesitz an Grundstücken. Während alle anderen gemeindlichen Rechte von der neuen Körperschaft aufgesogen wurden, liess man dieses mehr dem Privatrechte einer Gesellschaft zuneigende Eigenthum unangetastet. Die revolutionäre Gesetzgebung anerkannte in dieser Richtung wiederholt die Fortdauer des Sonderdaseins der alten Gemeinschaften und gab denselben den Namen *sections de commune.*[4]

Die zweite noch fortwährend wirkende Entstehungsursache sind nachträgliche Veränderungen des Gebietes der Gemeinden, insbesondere die so häufigen Vereinigungen kleiner Gemeinden zu einer einzigen. Die Wirkung solcher Vereinigungen auf das vorhandene Gemeindevermögen hat das Gesetz von 1837 (art. 5), wesentlich in Uebereinstimmung mit der bisherigen Uebung dahin festgestellt: dass die Gemeindegüter, welche einem öffentlichen Zwecke gewidmet sind, einfach auf die neue Gemeinde übergehen, solche, welche den Nutzungen der Gemeindeangehörigen in natura unterworfen sind, getrennt und dieser Nutzung unterworfen bleiben, andere Grundstücke dem Eigenthum nach gleichfalls getrennt bleiben, der Nutzung nach aber der neuen Gemeinde zustehen. Das Nähere bestimmt innerhalb dieser Gränzen der einzelne Verwaltungsakt.

Die besonderen Angelegenheiten der Gemeindeabtheilung bestehen demnach lediglich im Besitz und Genuss von privatrechtlichem Gemeindeeigenthum (*biens communaux* und *biens patrimoniaux de la commune*). Sie haben weder öffentliches Eigenthum, noch öffentlichen Anstalten gewidmetes Eigenthum. Daraus ergibt sich aber auch, dass, wenn es streitig wird, ob eine Gemeindeabtheilung besteht oder nicht, die Civilgerichte in der

---

[4] Ges. 10. Juni 1793 S. I, art. 1; Dekret 7 vend. IV art. 9; Ges. 3 frim. VII art. 46, 109.

Regel zuständig sind zur Entscheidung: denn dieselbe hängt in der Regel bloss von der Frage ab, ob gelegentlich der Bildung der Gemeinde solche besondere Güter vorhanden waren; dann knüpft sich an dieses Sondereigenthum die Entstehung einer Gemeindeabtheilung von selbst, kraft Gesetzes. Nur sofern die Auslegung des Vereinigungsaktes in Frage kommt, ist die Zuständigkeit der Verwaltung begründet.[5]

Selbstverwaltungsberechtigt sind alle Einwohner des betreffenden Gebietstheiles der Gemeinde; die Unterlage des Selbstverwaltungskörpers ist eine gezwungene Gesellschaft von Staatsbürgern, derselbe hat desshalb die Natur einer Körperschaft.

Diese Körperschaft aber hat regelmässig keine eigene Vertretung; die Vertreter der Gesammtgemeinde verwalten auch ihr Sondervermögen und zwar mit denselben Befugnissen wie sonstiges einfaches Gemeindevermögen und unter der nämlichen Aufsicht der Staatsbehörden. Sie können diese Güter veräussern, verpachten, die Nutzungen daran regeln. Eine äusserliche Machtgränze besteht nur bei den gänzlich vorbehaltenen in natura nutzbaren Gütern: die Gemeindeverwaltung darf sie dem Sonderrechte der Abtheilung nicht entfremden, wenigstens dem Werthe nach nicht. Selbst bei diesen ist also Veräusserung nicht ausgeschlossen, wenn nur der Erlös zum besonderen Vortheil der Abtheilungsangehörigen verwendet wird.

Das Selbstverwaltungsrecht, welches den Angehörigen dieses Selbstverwaltungskörpers zugestanden ist, d. h. ihre Einwirkung auf die Verwaltungsthätigkeit der Gemeinde, die ihnen gegenüber den weiteren Kreis staatlicher Thätigkeit vorstellt, beschränkt sich also darauf, dass zu ihren Gunsten Gemeindegrundstücke dem Rechte nach getrennt bleiben von dem sonstigen Gemeindevermögen, so lange nicht in gehöriger Weise darüber verfügt wird. Ihr Antheil von Willensherrschaft über die Grundstücke macht dieselben zum Gegenstande eines öffentlichen Sondervermögens, eines *établissement public*. Die Folge davon ist auch der Fortbestand ihres besonderen Nutzungsrechtes, soweit es nach der Art der Grundstücke vorhanden ist, und andererseits ihre

---

[5] Aucoc, *sections de commune* n. 88.

Pflicht, die besonderen Lasten dieses Vermögens (Steuern, Ausbesserungen, Forstschutz, Prozesskosten) allein zu tragen. Die nötigen Gelder können durch Abgaben von den Nutzungen, durch Veräusserungen oder durch ausserordentliche Gemeindesteuern aufgebracht werden. Letzteren Falls wird das soeben bei den Gemeindetheilen erwähnte Verfahren beobachtet. Immer ist es die Verwaltung der Gesammtgemeinde, welche auch diese Seite der Angelegenheiten der Abtheilung besorgt.

Da mit der Aufrechterhaltung dieses Rechtszustandes sich die Daseinskraft der Gemeindeabtheilung erschöpft, so tritt dieselbe in keiner förmlichen Gemeindeabtheilungsordnung noch Gemeindeabtheilungsverwaltung zu Tage.

Nur ausnahmsweise wird ihr eine besondere Vertretung zur Wahrnehmung jener beschränkten Interessen bestellt, dann nämlich, wenn dieselben geltend gemacht werden sollen im Gegensatze zu der Gemeinde, deren Vertretung sonst auch die ihrige ist.

Diese Vertretung besteht in einem Ausschusse (*commission syndicale*), welcher, vom Präfekten ernannt, im Rechte und Auftrage der Gemeindeabtheilungsangehörigen für die Körperschaft handelt, als Bürgervertretung. Ein solcher ist zu berufen, wenn es sich um eine Aenderung des Gemeindegebietes handelt, von welcher die Abtheilung berührt wird (Ges. 1837 art. 3); seine Zustimmung ist von derselben Bedeutung, wie die der betreffenden Gemeinderäthe. Ferner muss eine Vertretung dieser Art bestellt werden, um sich gutachtlich zu äussern, wenn Oedungen und Sümpfe, welche der Abtheilung gehören, urbar gemacht werden sollen (Ges. 28. Juli 1860). Vor Allem aber tritt dieselbe in Thätigkeit dann, wenn ein Rechtsstreit zwischen der Abtheilung einerseits und der Gesammtgemeinde oder einer anderen Abtheilung derselben andererseits geführt werden soll. Der Präfekt muss hier auf Antrag eines Betheiligten, namentlich also eines Angehörigen der Abtheilung den Ausschuss ernennen, ohne dass ihm eine Prüfung der Sache selbst zustände. Der Ausschuss erfüllt dann ganz die Obliegenheiten eines Gemeinderathes, prüft, ob der Prozess geführt werden soll und beschliesst darüber; der Präfekturrath wird um die Prozessermächtigung angegangen; ein

Mitglied des Ausschusses wird von diesem selbst bezeichnet, um an Stelle eines Bürgermeisters für die Abtheilung aufzutreten.[6]

Weigert sich der Ausschuss den Prozess zu übernehmen, so greift wieder das Recht der steuerzahlenden Gemeindeabtheilungsglieder Platz, auf eigne Gefahr die Sache der Abtheilung durchzuführen.

In dieser Form kann die Gemeindeabtheilung insbesondere auch auftreten, um das Rechtsmittel des Rekurses wegen Machtüberschreitung gegen den Gemeinderath zu erheben. Das wird dann der Fall sein, wenn derselbe das oben erwähnte Mass seines Verfügungsrechtes über die besonderen Güter nicht einhält.[7]

Die Gemeinde ist also gegenüber der Gemeindeabtheilung das, was der Staat ihr selbst ist: die obere juristische Person des öffentlichen Rechtes, von welcher die untere als Selbstverwaltungskörper sich ablöst.

Ferner: während die Vertretung des Selbstverwaltungskörpers in der Gemeinde ganz zugleich Vertretung der Selbstverwaltungsberechtigten ist, im Departement wenigstens zum Theil dieses, zum anderen Beauftragter der oberen juristischen Person, verschwinden hier die Selbstverwaltungsberechtigten als solche für gewöhnlich aus jedem Antheil an der eigentlichen Vertretung und üben nur von aussen her einen bestimmenden Einfluss auf dieselbe.

In beiden Beziehungen bildet die Gemeindeabtheilung den Uebergang zu der nächstfolgenden Gruppe von Selbstverwaltungskörpern, zu den Stiftungen.

2. Stiftungen.

§ 68. Stiftungspersönlichkeit.

Zur Unterstützung der Armen und Kranken hatte der Wohlthätigkeitssinn der alten Zeit zahlreiche Einrichtungen geschaffen.

[6] Aucoc, *sections de commune* n. 176; Reverchon n. 110 ff.

[7] St. R. E. 4. Sept. 1856 (S. de Porilly); 17. März 1857 (S. de Saint-Jean); 21. Nov. 1873 (Lecoeur).

Spitäler, Waisenhäuser, Anstalten zur Vertheilung von Geldspenden bestanden theils in Anlehnung an die Kirche, theils als selbständige Stiftungen nach römischrechtlichem Muster mit der Eigenschaft juristischer Personen, alles ausgestattet mit reichen Mitteln, die aus der Freigebigkeit der Einzelnen ununterbrochen zuflossen.

Die Revolution griff auch hier zerstörend ein. Die Unterstützung der Armen und Kranken wurde für eine Aufgabe des Staates erklärt und zugleich, als wäre das die notwendige Folge dieses Satzes, alles Vermögen der bestehenden Stiftungen und Gemeinschaften, welche der Wohlthätigkeit gewidmet waren, zu Gunsten des Staates eingezogen.[1]

Die verwaltungsrechtliche Bedeutung dieser Massregel war, dass die Ausübung der Armenpflege in den Thätigkeitskreis des neuen Staatswesen aufgenommen wurde; die einzelnen Einrichtungen für diesen Zweck erhielten die Natur von öffentlichen Anstalten gleich den anderen.

Zugleich aber hatte man diesen Einrichtungen den Lebensnerv abgeschnitten: die Quelle der freien Gaben der Einzelnen, die ihnen die Mittel geliefert hatte, versiegte. Vergebens hatte das Gesetz selbst die Triebfeder der Eitelkeit nicht verschmäht anzuspannen, um die aufgelegten Listen freiwilliger Beiträge zu füllen;[2] das Staatsheidenthum, welches die Gaben in seinem Kultus zu verherrlichen versprach, konnte zu thätiger Liebe nicht erwärmen, und namentlich nicht den grossen Fehler vergessen machen, der in der verwaltungsrechtlichen Ordnung lag. Dieselbe bot nämlich den Einzelnen keinerlei Sicherheit mehr für die bestimmungsgemässe Verwendung der Gaben. Wohl würde ja ein persönlicher Anspruch gegen den Staat nach den Grundsätzen der *donatio sub modo* denkbar gewesen sein: allein die Gabe verschwand in der grossen Kasse, dem Geber war es unmöglich, die

[1] Ges. 19. März 1793 art. 5: *Au moyen de ce que l'assistance du pauvre est une dette nationale, les biens des hôpitaux, fondations et dotations en faveur des pauvres seront vendus.*

[2] Diesem Zwecke diente unter anderem auch ein jetzt nur noch bildlich gebrauchtes Geräthe; Ges. 19. März 1793 art. 16: *Le tableau du produit de la souscription sera affiché tous les trois mois devant la maison commune du chef lieu du canton et proclamé sur l'autel de la patrie, les jours consacrés aux fêtes nationales.*

Verwendung zu verfolgen, und wenn ja, so fehlten dem einmal besitzenden Staate gegenüber die Zwangsmittel.

Es stellte sich alsbald die Notwendigkeit heraus, den Wohlthätigkeitsanstalten wieder eine gewisse Selbständigkeit zu geben, die das ihnen gewidmete Vermögen gesondert hielte. Die Form, in welcher dies geschah, bestimmte sich durch den zurückgelegten Entwicklungsgang und durch den jetzt angestrebten Zweck.[3]

Die Wohlthätigkeitsanstalten konnten nicht einfach in die frühere rein privatrechtliche Selbständigkeit zurückkehren; sie waren öffentliche Anstalten geworden und mussten das bleiben; der Staat konnte sein Recht daran nicht völlig aufgeben.

Die Selbständigkeit aber sollten sie erhalten aus Rücksicht auf die Einzelnen, welche durch freigebige Zuwendungen ihre Zwecke unterstützten, und zur Sicherung derselben. Darin lag die Anerkennung, dass die Angelegenheiten dieser Anstalten zugleich als besondere Angelegenheiten ihrer Stifter und Schenker anzusehen seien.

So ergaben sich für die Gestalt, welche die Wohlthätigkeitsanstalten schliesslich erhalten mussten, die Elemente der Selbstverwaltung.[4] Eigenthümlich ist dabei die weite Bezeichnung der Selbstverwaltungsberechtigten, welche die freigebigen Spender von jetzt und künftig umfasst. In der Beschränkt-

---

[3] So schildert die Entwicklung Dufour VI, n. 2: *L'absence de garanties pour les affectations spéciales avait tari la source de libéralités, jusque-là favorisées par le respect temoigné pour les intentions des fondateurs. L'expérience fit bientôt reconnaître et réparer l'erreur. Les établissements charitables reprirent leur individualité et on s'efforça de refaire leur patrimoine.*

[4] Es gibt keine juristischen Persönlichkeiten des öffentlichen Rechts ohne einen eingeräumten Antheil Einzelner d. h. ohne Selbstverwaltung. Man könnte vielleicht sagen, das Gesetz müsse doch im Stande sein, durch seinen Willen eine solche Selbständigmachung einzelner Staatsgeschäfte zu erzeugen. Allein das Gesetz kann keine Begriffe machen: ohne den Antheil Einzelner fehlt immer das fremde Element, welches den Gegensatz zum Staate bildet und die gesonderte Persönlichkeit gibt. Das beste Beispiel bieten die Amortisationskasse und die Hinterlegungskasse. Dieselben haben gesetzlicher Bestimmung gemäss gesonderte Verwaltung; Delegirte der gesetzgebenden Versammlung überwachen den Geschäftsgang, damit ja die Gelder dem Zwecke der Anstalt erhalten und nicht vermischt werden mit andern Staatskassen. Es bleibt aber immer eine einfache Staatskasse ohne getrennte Persönlichkeit. Ducrocq n. 1256: *la caisse .. n'en représente pas moins l'Etat lui-même.*

heit des Antheils der Selbstverwaltungsberechtigten an den ausgesonderten Angelegenheiten wird aber hier noch um einen Schritt weiter gegangen als bei den Gemeindeabtheilungen: eine Vertretung der Selbstverwaltungsberechtigten ist hier auch für Ausnahmefälle nicht allgemein vorgesehen und kommt bei den meisten Stiftungen überhaupt nicht zu Stande. Der ganze Einfluss derselben besteht also in dem Getrennthalten der Angelegenheiten der Anstalt und ihres Vermögens dem Rechtszustande nach.

Für die äusserliche Darstellung des Rechtsverhältnisses wird wieder die juristische Persönlichkeit des öffentlichen Rechtes dazwischen geschoben, welcher die Anstalt mit allen ihren Mitteln gehört. Die Wohlthätigkeitsanstalten sind Selbstverwaltungskörper und als solche zugleich *établissements publics*. Wir nennen sie Stiftungen mit Rücksicht auf die Ursache ihrer Selbständigkeit.[5] Wenn die Vertretung dieses Körpers das Recht desselben vertheidigt, vertheidigt sie mittelbar auch das Recht der dahinter stehenden Selbstverwaltungsberechtigten. —

In der Stiftungsordnung tritt uns vor Allem der Akt der Anerkennung deutlicher als bisher ausgeprägt entgegen, indem er nicht als einmaliger umfassender Schöpfungsakt hinter den geschaffenen Einrichtungen verschwindet, sondern die der Verwaltungsthätigkeit eigenthümliche Abwechslung von allgemeiner Regel und Einzelverfügung darbietet.

Keine Stiftung kann entstehen ohne darauf gerichteten förmlichen Willensakt der Staatsgewalt. Die öffentliche Anstalt kann auch ohne einen solchen gegründet werden. Aber Selbstverwaltungskörper, *établissement public*, wird sie erst durch die Anerkennung.[6]

---

[5] Darum sind die Wohlthätigkeitsanstalten *administrations des intérêts spéciaux* (Aucoc I, n. 198); darum wird auch immer als ihre erste und wesentlichste Eigenschaft bezeichnet die Fähigkeit freigebige Zuwendungen zu erwerben. — Die Franzosen sprechen von *établissements de bienfaisance*, *établissements charitables*. Das Wort *fondation* wird eher im Sinne der Einzelstiftung gebraucht d. h. des Rechtsverhältnisses, welches durch eine *donatio sub modo* begründet wird (vgl. unten § 69).

[6] Durieu u. Roche V° *établ. publ. de bienf.* n. 1: *Les établissements qui ne sont pas autorisés par ordonnance royale n'ont aucune existence propre et ne sont considérés que comme de simples essais.*

Diese Anerkennung gehört zum vorbehaltenen Gebiete des Gesetzes. Sie kann der vollziehenden Gewalt delegirt sein. Regelmässig geht die Delegation an das Staatsoberhaupt selbst, ausnahmsweise an untergeordnete Behörden.[7]

Oeffentliche Anstalten der Wohlthätigkeit kann nicht bloss der Staat selbst haben, sondern auch die öffentliche Körperschaft, Departement oder Gemeinde. So hängt sich denn auch die damit verbundene Stiftung entweder unmittelbar an den Staat oder sie bildet, gleich der Gemeindeabtheilung, eine Absonderung von einem andern Selbstverwaltungskörper.

Daraus ergibt sich eine Verschiedenheit der Form der Anerkennung. Die grossen Centralwohlthätigkeitsanstalten des Staates (*établissements généraux de bienfaisance*) werden gegründet durch gesetzliche Einzelverfügung, welche Angelegenheiten und Vertretung ordnet. Diese Ordnung wird bezeichnet als die Statuten der Anstalt. Sie macht kein Verwaltungsrecht; es ist ein *acte de haute administration*. Die Anstalten der Departemente und Gemeinden hingegen tauchen in Mehrzahl neben einander auf, abhängig in ihrer Entstehung von dem Willen der örtlichen Verwaltungen, aber wo sie entstehen, von ähnlichen äusserlichen Umständen bedingt. Hier erfolgt die Verleihung der Fähigkeit, Schenkungen zu empfangen — wie der gebräuchliche Ausdruck lautet — d. h. die Anerkennung der Stiftung, naturgemäss durch Akt der vollziehenden Gewalt und die gesetzgebende wirkt mit in Form von Rechtssätzen, indem sie Bedingungen und Wirkungen dieser Anerkennungen mehr oder weniger genau bestimmt. Die durch den Anerkennungsakt der vollziehenden Gewalt geschaffene Ordnung der einzelnen Stiftung, die Statuten derselben, enthalten wiederum beine Verwaltungsrechtssätze. Nur werden darin häufig die gesetzlichen Rechtssätze für den Inhalt der Anerkennung

---

[7] Dekret 25. März 1852; Dekret 13. April 1861 A n. 55 u. 67, y. Das Gesetz vom 24. Juli 1867 ermächtigte zur Anerkennung gemeindlicher Armenverwaltungen den Präfekten (art. 14). Der Berichterstatter im Senate bemerkt dazu: *c'est une règle fondamentale de notre droit public, qu'une personne civile ne peut exister qu'en vertu d'une loi ou d'un acte du gouvernement par délégation de la loi; et c'est la première fois assurement, qu'une attribution si haute est dévolue à un simple magistrat locale.*

noch ausdrücklich wiederholt, ohne dass dies notwendig wäre für deren rechtliche Wirkung.

1. Die Vertretung der durch gesetzliche Einzelverfügung geschaffenen staatlichen Stiftungen wird geführt in Auftrag des Staates; die mit den Körperschaften zusammenhängenden erhalten die ihrige auf den gleichen Grundlagen, wie die entsprechende Körperschaft selbst: theilweise wird sie einfach besorgt von den bestellten Vertretern derselben im Nebenamt, theilweise kommt eine unmittelbare Vertretung der Selbstverwaltungsberechtigten der Mutterkörperschaft, nicht der Stiftung, zur Mitwirkung, oder auch ein eigens dafür geschaffenes Staatsamt.

In dieser Weise ist vor Allem die Vertretung der gemeindlichen Stiftungen zusammengesetzt. Dieselbe hat durchweg die Form des Verwaltungsausschusses (*commission administrative*). Für die meisten gemeindlichen Wohlthätigkeitsanstalten: Krankenhäuser, Versorgungshäuser, Waisenhäuser, Armenverwaltungen, besteht dieser Ausschuss aus dem Bürgermeister als Vorsitzenden und fünf vom Präfekten ernannten Gemeindegliedern. Absetzung der einzelnen Mitglieder und Auflösung des ganzen Ausschusses steht dem Minister zu.[8] Für die Leihhäuser ist wieder der Bürgermeister Vorsitzender, die übrigen Mitglieder ernennt der Präfekt aus dem Gemeinderath, den Mitgliedern anderer Wohlthätigkeitsanstalten und sonstigen Gemeindeangehörigen zu je ein Drittel: das Nähere bestimmt das Statut d. h. der einzelne Anerkennungsakt.[9] Für die gemeindlichen Sparkassen ist die Zusammensetzung des Ausschusses ganz dem Statute überlassen.[10]

Abweichend davon ordnet das Gesetz vom 30. Juni 1830 die Vertretung der Departementsirrenanstalten. Auch für sie besteht ein Ausschuss von fünf Mitgliedern, welche der Präfekt ernennt; allein derselbe führt keine Verwaltung, vertritt nicht die Stiftung; er hat nur ein Recht der Ueberwachung und der gutachtlichen Aeusserung (*commission de surveillance*). Die

---

[8] Ges. 7. Aug. 1851 art. 6; Dekret 23. März 1852; Dekret 7. Juni 1852.

[9] Ges. 24. Juni 1851 art. 2.

[10] Ges. 5. Juni 1835; Block V° *caisses d'épargne* n. 21.

laufende Verwaltung liegt in den Händen eines Staatsbeamten, des Anstaltsdirektors, welchen der Präfekt ernennt (Dekret 25. März 1852 art. 5). In Rechtsgeschäften, welche über den Anstaltsbetrieb hinausgehen und in Prozessen ist die Vertretung des Departements zugleich die der Stiftung.[11]

Diejenigen Personen, um deren willen die Stiftung das Sondervermögen ist, das sie sein soll, spielen in all diesen normirten Vertretungen keine Rolle. Die gesetzliche Einzelverfügung kann ihnen eine Stelle in der Vertretung einräumen und ebenso ist es zulässig, an den durch Rechtssatz geordneten Vertretungen Abweichungen zu ihrem Gunsten zu machen. Wenigstens sollen diejenigen, mit deren Mitteln die ganze Anstalt wesentlich gegründet wurde, die Stifter, sich und ihren Nachkommen eine Mitwirkung in der Vertretung derselben vorbehalten können. Diese Mitwirkung hat dann nicht die reine Form der Selbstverwaltung, weil es kein Kreis von Personen ist, denen das Recht zusteht, sondern bestimmte Einzelne. Die Ausübung des Rechtes, namentlich die Nachfolge in dasselbe, regelt die Aufsichtsbehörde der Stiftung. Die Mitwirkung, welche die vollziehende Gewalt einräumt, kann immer nur bestehen in Sitz und Stimme im Verwaltungsausschuss; ein einschneidenderes Verfügungsrecht der Stifter über die Vertretung widerspräche dem Wesen der juristischen Person des öffentlichen Rechtes.[12]

2. Die Angelegenheiten jeder Art von gesetzlich geordneter Anstalt, ihre Lasten, sind im Allgemeinen bestimmt durch den Anstaltszweck, den ihr Name anzeigt, und das räumliche Thätigkeitsgebiet, für welches sie gegründet ist. Durch Rechtssätze sind diese Lasten theilweise genauer bezeichnet. Innerhalb dieser Gränzen verfügt der einzelne Anerkennungsakt darüber in den Statuten. Die Vertretung selbst kann mit Zustimmung der Aufsichtsbehörde Ordnungen aufstellen für die Art der Erfüllung

[11] Batbie V, n. 248 bestreitet den Irrenanstalten die Natur von Stiftungen d. h. der juristischen Persönlichkeit des öffentlichen Rechts wegen ihrer allzuengen Anlehnung an das Departement. Dagegen Ducrocq n. 1247; Dufour VI, n. 45; Lamarque n. 811 ff.

[12] Durieu u. Roche II, *V° fondation d'établ. de bienf.* n. 11—13; Ducrocq n. 1201; Laferrière II, S. 467.

der Anstaltsaufgaben.[13] Anpassungen des Anstaltszweckes an veränderte äusserliche Umstände werden in derselben Form vollzogen.[14] Aenderungen des Anstaltszweckes bedürfen der Mitwirkung des Gesetzes. —

Die Wohlthätigkeitsanstalten sind übrigens nur die wichtigsten Beispiele von Stiftungen. Dieselben Formen kommen auch bei anderen Anstalten zur Anwendung, überall wo die Voraussetzung vorhanden ist, dass der Zweck der Anstalt geeignet erscheint, die Freigebigkeit der Einzelnen anzuziehen, und der Staat ein Interesse darin findet, durch Sicherung ihrer Wirkung diese Freigebigkeit anzuspornen.

Hieher gehören verschiedene wissenschaftliche und Unterrichtsanstalten des Staates. So das *Institut de France,* innerhalb dessen jede der fünf Akademien, aus welchen es besteht, noch einmal ihr Sondervermögen hat; ferner die *Académie de médecine.* Die bedeutendste Erscheinung dieser Art bildete nach dem Dekrete vom 17. März 1808 die das ganze öffentliche Schulwesen umfassende *Université de France*, innerhalb deren wieder die einzelnen Fakultäten, Lyceen, städtischen Gymnasien und Lehrerseminarien selbständige Vermögenssubjekte waren. Das Gesetz vom 7. Aug. 1850 hat der Universität die Eigenschaft einer Stiftung entzogen. Ihren Unteranstalten aber wäre der herrschenden Ansicht nach diese Eigenschaft verblieben. Sie hängen sämmtlich am Staate mit Ausnahme der der Gemeinde sich anschliessenden städtischen Gymnasien (*collèges communaux*).[15]

§ 69. Stiftungsverwaltung.

Die bestellte Stiftungsvertretung besorgt die Angelegenheiten unter der Aufsicht der Staatsbehörden, die wieder als Vormundschaft bezeichnet wird, soweit sie auf das Stiftungsvermögen sich bezieht. Die Vormundschaft bekommt nur hier eine besondere

---

[13] Durieu u. Roche II, *V° règlement du service intérieur.*

[14] z. B. Verminderungen der Anstaltsleistungen wegen Verminderung der Einkünfte: Durieu u. Roche II, *V° fondation d'établ. de bienf.* n. 9.

[15] Laferrière II, S. 305 ff.; Ducrocq n. 1243.

Eigenthümlichkeit dadurch, dass das Gesetz der Vertretung der Mutterkörperschaft eine gewisse Mitwirkung an ihr zuweist, ebenso wie sie eine solche vielfach schon hat an der Bestellung der Stiftungsvertretung.[1]

Die Formen, in welchen die Stiftungsverwaltung sich dabei nach aussen bewegt, fallen bis zu dem Punkte, wo die eigentliche Anstaltsthätigkeit beginnt, im Wesentlichen zusammen mit dem, was auch schon bei den anderen Selbstverwaltungskörpern zu beobachten war. Die Neigung zum Uebergange in das Privatrecht ist nur noch ausgeprägter. Oeffentlichrechtlicher Natur aber bleiben auch hier: Arbeiten für den Anstaltszweck und Verdingung solcher Arbeiten, Anstellung von Anstaltsbeamten durch die Staatsbehörden (z. B. des Irrenanstaltsdirektors), die Stiftungsgelderverwaltung mit dem Ausschlusse der Zwangsvollstreckung gegen das Anstaltsvermögen.[2] Von öffentlichen Abgaben kommt nur eine einzige hier vor: die Abgabe auf Eintrittsgelder zu Theatern, Bällen, Konzerten und sonstigen Lustbarkeiten (*droit des indigents*). Dieselbe wird von dem Unternehmer entrichtet und der Ertrag unter die Wohlthätigkeitshäuser und Armenverwaltungen durch den Präfekten vertheilt. Auf die Erhebung finden die Regeln der direkten Steuern Anwendung.[3]

Die eigentlichen Anstaltsleistungen werden gemacht in der Form der freien Gewährung, vermischt mit civilrechtlichen Verträgen und mit Ersatzansprüchen gegen die zahlungsfähigen Empfänger einer Verpflegung und deren Alimentationsverpflichtete (vgl. oben S. 322). Verabreichte Geld unterstützungen erzeugen solche Ersatzansprüche nicht.

Ausserdem aber tritt die Anstaltsthätigkeit hier nach zwei Seiten hin in eigenthümliche Rechtsverhältnisse:

1. Den Gemeinden und Departements ist es in gewissem

---

[1] Ges. 7. Aug. 1851; Ges. 24. Juli 1867 art. 12; Ges. 18. Juli 1866 art. 1 § 15 u. 16.

[2] Perriquet, *travaux publics* n. 17; Durieu u. Roche V° *employés*; Bioche, *dictionnaire de procédure v° saisie exécution* n. 9.

[3] Block V° *droit des indigents*. Es ist dies der Form nach keine Steuer der Stiftung, sondern eine staatliche Steuer zu Gunsten der Stiftung, gleich den gesetzlichen Steuerzuschlägen der Gemeinden wieder eine Art staatlicher Mitwirkung, auf welche der Name Aufsicht nicht passt.

Masse von Staatswegen zur Pflicht gemacht, für ihre hülfsbedürftigen Angehörigen zu sorgen; diess wirkt zurück auf die Pflichten der Stiftungen, sei es dass die Last sich einfach durch gesetzliche Bestimmung auf die entsprechende Anstalt überwälzt, sei es dass sie ihr durch einen besonderen Verwaltungsakt überwiesen wird.

Solche Pflichten bestehen für die gemeindlichen Krankenhäuser nach Ges. 7. Aug. 1851. Wenn ein Mittelloser auf dem Gemeindegebiet erkrankt, gleichviel ob er sonst der Gemeinde angehört oder nicht, so muss er in das Krankenhaus derselben aufgenommen werden (art. 1). Die Gemeinde ist nicht verpflichtet, ein Krankenhaus zu haben, hat sie keines, so lässt den Erkrankten die obenerwähnte Bestimmung ohne Hülfe.

Die Gemeinde kann aber auch in solchem Falle die Fürsorge für ihre hülfsbedürftigen Mitglieder übernehmen. Und wenn sie das will, sichert ihr eine weitere Last, welche den Krankenhäusern auferlegbar ist, die Mittel dazu: der Generalrath bezeichnet alljährlich die Anstalten des Bezirkes, in welchen auf Antrag der Gemeinden Hülfsbedürftige gegen tarifmässige Entschädigung aufgenommen werden sollen; die bezeichnete Anstalt kann dann die Aufnahme nicht verweigern.[4]

Die Departemente sind nach Ges. 30. Juni 1838 verpflichtet, Geisteskranken, die auf ihrem Gebiete der Unterbringung bedürftig werden, Aufnahme in eine Irrenanstalt zu gewähren. Haben sie eine eigene Stiftung dieser Art, so überträgt sich die Pflicht ohne Weiteres auf diese. Andernfalls müssen sie sich mit einer bestehenden Privat- oder öffentlichen Anstalt, insbesondere etwa mit der Irrenanstaltsstiftung eines Nachbardepartements vereinbaren, die dadurch jenen Aufnahmepflichten unterworfen wird.

Endlich verpflichtet das Dekret vom 19. Jan. 1811 art. 5 die Departemente zur Versorgung ihrer Waisen- und Findelkinder. Insofern hiezu die Unterbringung in ein Versorgungshaus gewählt werden soll, bezeichnet der Präfekt eine geeignete Anstalt dieser Art (*hospice dépositaire*), welche dann wiederum die Aufnahme nicht verweigern kann.

---

[4] Ges. 7. Aug. 1851 art. 3 u. 4; Ministerialinstr. 8. Aug. 1852.

Ueber die Erfüllung dieser Verbindlichkeiten der Anstalten wacht die ordentliche Aufsichtsbehörde, der Präfekt; er befiehlt nötigenfalls die Aufnahme und erzwingt sie mit den Mitteln der Disziplin über die Anstaltsvertreter beziehungsweise Anstaltsbeamten, nötigenfalls mit Anwendung unmittelbarer Gewalt. Die Gränzen dieses Machteinflusses werden gewährleistet durch den Rekurs wegen Machtüberschreitung, welcher der Anstaltsvertretung zusteht.[5]

Der verpflegenden Anstalt erwachsen aber unter Umständen Ersatzansprüche gegen andere Selbstverwaltungskörper.

In erster Linie ergeben sich solche aus der stattgehabten Bezeichnung von Kranken- und Versorgungshäusern zur Unterbringung fremder Hülfsbedürftiger, also gegen die Gemeinde, die das auswärtige Spital, gegen das Departement, welches das angewiesene Waisenversorgungshaus benutzt, — und aus den Vereinbarungen der Departemente mit auswärtigen Irrenanstalten. Der mit jenen Akten festgesetzte Tarif bildet die Grundlage der Berechnung.

Ausserdem entstehen Ersatzpflichten unmittelbar aus dem Gesetze durch das Rechtsinstitut des Unterstützungswohnsitzes (*domicile de secours*). Derselbe wird nach dem Gesetze vom 24 vend. II tit. I art. 2, 3 und 7 begründet durch den einjährigen Wohnsitz in einer Gemeinde und Mangels eines solchen durch die Geburt in derselben. Ursprünglich sollte danach eine Last für die Gemeinde entstehen, die dem einzelnen Hülfsbedürftigen ein im Verwaltungswege geltend zu machendes Recht gegen sie gab, in Abweichung von dem durchgehenden Grundsatz, wonach die öffentliche Wohlthätigkeit dem Bedürftigen gegenüber immer freie Leistung bleibt (vgl. oben § 49). Die spätere Gesetzgebung hat diese rechtliche Pflicht aufgehoben und eine bloss moralische Pflicht der Gemeinde übrig gelassen, deren Erfüllung also unmittelbar weder von der Aufsichtsbehörde von Amtswegen, noch von den Einzelnen durch Anrufung des Gerichts oder der

[5] St. R. E. 8. Jan. 1837 (Hospice de Dôle): Aufnahme eines Cholerakranken in das Gemeindespital wird vom Präfekten mit Gewalt erzwungen; der Rekurs wegen Machtüberschreitung wird verworfen, da die Anstalt zur Aufnahme verpflichtet gewesen war.

Aufsichtsbehörde erzwungen werden kann. Aber eine rechtliche Wirkung äussert auch diese abgeschwächte Pflicht noch. Wenn nämlich eine Wohlthätigkeitsanstalt thatsächlich Verpflegung eines Hülfsbedürftigen geleistet hat, so kann sie von der Gemeinde des Unterstützungswohnsitzes Ersatz ihrer Kosten begehren. Voraussetzung ist, dass die Anstalt dieser Gemeinde gegenüber nicht selbst verpflichtet war, die Verpflegung zu übernehmen: so hat das Krankenhaus keinen Ersatzanspruch gegen die eigne Gemeinde, deren Pflicht sie erfüllte, und die besonders angewiesene Anstalt nicht diesen, sondern den vertragsartigen aus der benutzten Anweisung.

Die Erfüllung des nicht erzwingbaren Anspruchs gibt dem erfüllenden *negotiorum gestor* das Recht auf Schadloshaltung, obwohl der *negotiorum gestor* dabei zugleich seine eigne statutengemässe Aufgabe erfüllt und selbst dann, wenn die Leistung gegen den Willen der dadurch verpflichteten Gemeinde geschieht.

Der Ersatzanspruch ist in beiden Fällen öffentlichrechtlicher Natur; er beruht auf einer öffentlichrechtlichen, durch die vormundschaftliche Mitwirkung der Staatsgewalt der Körperschaft auferlegten Last. Die Aufsichtsbehörde der Körperschaft entscheidet darüber, Beschwerde geht dagegen an den Minister und von da im ordentlichen Verwaltungswege an den Staatsrath.[6]

Der Unterstützungswohnsitz kommt auch noch zur Anwendung zur Ausgleichung der Lasten der Irrenanstalten und der Unterbringung von Waisen- und Findelkindern zwischen den Departementen. Das Departement, bei welchem der Bedürfnissfall eintrat, ist berechtigt, Ersatz zu begehren von demjenigen, bei welchem der Hülfsbedürftige seinen Unterstützungswohnsitz hatte.[7]

---

[6] Block V° *domicile de secours* n. 2—8. Einen Fall dieser Art betrifft St. R. E. 12. Mai 1869 (H. de Nantua). Ein verunglückter Arbeiter wird vom Bürgermeister in das Krankenhaus der Nachbargemeinde geschickt. Der Ersatzanspruch gegen die Gemeinde wird vom Staatsrath verworfen, weil eine Vereinbarung zwischen dieser und der Anstalt nicht bestand, der Arbeiter auch erst seit einigen Tagen sich in der Gemeinde aufhielt, also einen Unterstützungswohnsitz nicht hatte.

[7] Ges. 30. Juni 1838 art. 28; Dufour VI, n. 61 u. 62, n. 65 ff.

Jeder Selbstverwaltungskörper, welcher der Anstalt gegenüber den Ersatz geleistet hat, ist dadurch von selbst eingesetzt in das Recht der Geltendmachung etwaiger civilrechtlicher Alimentationspflichten. —

Hinter allem steht noch ein System von Zuschüssen (*subventions, concours*), Beiträgen allgemeinerer Art, welche den einzelnen Körperschaften und Anstalten gegeneinander auferlegt sind, um die Thatsache der Besorgung ihrer Angelegenheiten durch das andere Rechtssubjekt anzuerkennen und auszugleichen.[8]

2. Die Rechtsgeschäfte der freigebigen Zuwendung, um deren willen die Stiftung so gestaltet ist, wie sie ist, können die Verwaltung derselben beeinflussen durch beigefügte Zweckbestimmungen (*donatio sub modo*). Jede Zuwendung an die Stiftungen hat eigentlich die Natur einer Schenkung an den Staat, das Departement, die Gemeinde mit dem Modus der Verwendung für den besonderen Anstaltszweck. Dem Modus ist dadurch genügt, dass das Geschenkte Eigenthum der Stiftung wird, um von ihr mit ihrem eigenen Rechte verwaltet und vertheidigt zu werden. Der Schenker hat nichts mehr darin zu suchen und insbesondere ist der civilrechtliche Widerruf wegen nicht befolgter Zweckbestimmung ausgeschlossen.

Den Zuwendungen an die Stiftung können aber noch besondere Verwendungsauflagen beigefügt werden, die sich innerhalb der allgemeinen Zwecke der Anstalt bewegen. Das gibt dann Einzelstiftungen, *fondations*. Es sollen z. B. die Erträgnisse der Gaben nur an bestimmte Arten von Bedürftigen vertheilt werden oder sie sollen dazu dienen, in einem Krankenhause eine gewisse Zahl von Freiplätzen zu gründen (*fondations de lits*). Hier kann der Stifter oder sein Erbe wegen Nichterfüllung der Auflage den Widerruf vor den Civilgerichten durchführen. Der Widerruf ist aber eigenthümlich beschränkt durch das Ueberwiegen des öffentlichen Interesses in der Thätigkeit, für deren Zwecke das Geschenkte dienen soll. Die Anstalt ist nicht, wie das nach reinem Civilrechte der Fall wäre, zu der Erfüllung verpflichtet mit der Strenge einer persönlichen Verbindlichkeit; sie

---

[8] Ges. 30. Juni 1838 art. 28 al. 1 u. 2; Ges. 5. Mai 1869 art. 5.

genügt der Auflage, wenn sie den ihr vorgesteckten Zweck als Anstaltsangelegenheit behandelt und verfolgt. Es gibt keine Klage auf Erfüllung und die bedungenen Leistungen können in Mass und Art der Erfüllung gleich anderen Anstaltsangelegenheiten nach dem Ermessen der Vertretung genauer bestimmt und auf das Thunliche beschränkt werden.[9] —

Der Widerruf von Seiten des Schenkers ist civilrechtlich nicht mehr zulässig, sobald der Dritte, dem die Auflage zu Gute kommen soll, seiner Seits die ihm angebotene Zuwendung acceptirt hat; der Dritte hat dann zugleich einen eignen Anspruch gegen den Beschenkten. Solche Dritte können aber gewöhnlich bei Wohlthätigkeitsstiftungen nicht auftreten: eben weil bis zur wirklichen Leistung nur eine Wohlthätigkeit ihnen gegenüber von der Anstalt wie von dem Schenker beabsichtigt ist, aber keine bindende Rechtsverpflichtung.[10]

In einem Falle lässt jedoch das Gesetz einen Rechtserwerb Namens der begünstigten Dritten in eigenthümlicher Weise zu. Vielfach werden an öffentlichen Anstalten mit Stiftungspersönlichkeit Schenkungen gemacht mit besonderen Auflagen zu Gunsten der Ortsarmen; namentlich auch kirchlichen Instituten gegenüber geschieht dies. Die Armen selbst können dadurch kein Recht erwerben. Aber an ihrer Stelle tritt die Gemeinde auf, welche für sie zu sorgen, wenigstens die moralische Verpflichtung hat. Der Bürgermeister, Namens der Gemeinde, oder, wo eine besondere Armenverwaltung (*bureau de bienfaisance*) besteht, als

[9] So wurde z. B. häufig mit Anordnung der Aufsichtsbehörde die Zahl der mit der Stiftung zu unterhaltenden Krankenbetten vermindert, ohne dass daraus den Stiftern ein Anspruch erwachsen wäre; Durieu u. Roche V° *établissements de bienfaisance* n. 9; Ducrocq n. 1242. Nach Civilrecht ist das Mass der Leistung nicht änderbar, weil durch Annahme der belasteten Schenkung zugleich eine persönliche Obligation des Beschenkten entsteht; Demolombe XX, n. 574, 578.

[10] In einem Falle des Pariser Appellhofes (10. Juli 1865, Guillon) handelte es sich um eine Zuwendung, welche der *académie de medicine* gemacht worden war, um Preise zu vertheilen für die besten Werke über gewisse wissenschaftliche Fragen. Ein durchgefallener Bewerber klagt, weil er mit Unrecht durchgefallen sei; das Gericht erklärt aber, dass er kein Recht auf gehörige Ausführung der Stiftung habe. Das sei eine Sache zwischen der Anstalt und dem Stifter.

Vorsitzender der Vertretung dieses Selbstverwaltungskörpers, erklärt die Annahme solcher mittelbarer Zuwendungen, erwirbt dadurch ein Recht gegen den belasteten Schenknehmer und sichert die Schenkung gegen Widerruf wegen Nichterfüllung.[11] —

Schliesslich knüpft sich an die einzelnen Schenkungen zu Gunsten der Stiftungsanstalten noch eine besondere Art von Mitwirkung der Einzelnen. Dass die Schenkgeber die zweckgemässe Verwendung ihrer Gabe insofern überwachen können, als sie Vorstellungen und Beschwerden an die betheiligten Behörden richten, versteht sich von selbst; aber auch förmliche Rechte sind hier möglich. Wie bei der Begründung einer Wohlthätigkeitsanstalt mit den Mitteln eines Einzelnen diesem und seinen Nachkommen manchmal eine gewisse Theilnahme an der Verwaltung der Anstalt eingeräumt wird (vgl. oben S. 488), so kann auch bei späteren Einzelzuwendungen mit besonderer Zweckbestimmung die dem Schenker zustehende Ueberwachung durch ausdrücklichen Vorbehalt zu einer Art Mitwirkung gesteigert werden.[12] Diess findet namentlich statt bei der Stiftung von Freiplätzen in Krankenhäusern (*fondations de lits*): der Geber behält sich vor, die Hülfsbedürftigen zu bezeichnen, welche diese Plätze geniessen sollen, — eine Art Wiederholung im Kleinen dessen, was die Selbstverwaltung im Grossen und Allgemeinen bedeutet: Mitwirkung von Einzelnen an der Verwaltung öffentlicher Angelegenheiten kraft ihnen zugestandenen Rechtes.

Als Modus der Schenkung ist eine solche Auflage civilrechtlicher Natur; aber als Theilnahme an der Anstaltsverwaltung unterliegt die Ausübung dieses Rechtes der Gewalt der staatlichen Aufsichtsbehörde. Dieselbe ordnet die Ausübung, was namentlich von Bedeutung wird, wenn es sich darum handelt, diejenigen Erben des Stifters zu bezeichnen, welchen das Recht zustehen soll; es tritt dann nicht etwa eine Theilung ein nach Erbrecht, sondern die Behörde bestimmt den Familienangehörigen, welcher geeignet erscheint, den Stifter in dieser Mitwirkung an der Anstaltsthätig-

---

[11] Durieu u. Roche V° *fondations d'établ. de bienf.* n. 10; Ducrocq n. 1155, 1199, 1200.

[12] Laferrière II, S. 467.

keit zu vertreten. Die Behörde hat aber auch das Recht, den Stifter oder seinen Nachfolger schlimmsten Falles der vorbehaltenen Mitwirkung zu entsetzen. Das kann nur aus zwingenden Rücksichten der öffentlichen Ordnung geschehen. Die Beispiele, in welchen die Massregel zur Anwendung kam, sind nur solche, wo in der That ein schnöder Missbrauch des eingeräumten Rechtes vorlag.[13]

3. Anerkannte Religionsgesellschaften.

§ 70. Die Kirche als Selbstverwaltungskörper.

Die katholische Kirche hatte sich in Frankreich von jeher dem Staate enger angeschlossen, als anderswo; sie war national geworden bis zu einem gewissen Grade. Der Anspruch auf gallikanische Freiheiten ist der Ausdruck dafür.[1] Dieser Sonderstellung entsprach auch ein bedeutender Einfluss des Königthums auf ihre Ordnung und Verwaltung; die unwandelbare Treue aller französischen Könige und ihr Eifer in der Verfolgung Andersgläubiger erleichterten das Verhältniss.[2] Die wachsende Macht des Königthums drückte die frühere Verbündete zuletzt zur Dienerin herab. Der Unglaube des 18. Jahrhunderts liess das ideale Element, auf welchem ihre Freiheit beruht, kaum mehr zur Geltung kommen. In den Augen der gebildeten Klassen, welche die Revolution gemacht haben, war die Kirche nichts anderes als ein Regierungsinstrument, ein Mittel des Königthums und der um es geschaarten Aristokratie, das Volk zu leiten und zu beherrschen.[3]

---

[13] Durieu u. Roche V° *fondations de lits*; Dufour VI, n. 114. Es wurde manchmal eine Art Simonie mit der Bezeichnung der Hülfsbedürftigen getrieben.

[1] L. Dufour, *police des cultes* S. 243 ff.: *Ce caractère de nationalité fait la grandeur des libertés de l'églises gallicane* (S. 244).

[2] Der Umfang dieser *prérogatives du pouvoir royal* war im Einzelnen Gegenstand des Streites zwischen den Parteien. Eine Aufzählung, entsprechend der Praxis des Pariser Parlamentes, gibt L. Dufour S. 265 ff.

[3] Toqueville, *l'ancien régime et la révolution* S. 219 ff. Die Kirche erschien damals geradezu als *partie du gouvernement* (S. 223).

Für die revolutionäre Gesetzgebung war es ein naheliegender Gedanke, sich dieses Machtmittels auch zu Gunsten ihrer neugeschaffenen Staatsgewalt zu versichern. Am 12. Juli 1790 erlässt die Nationalversammlung das Dekret über die *constitution civile du clergé*. Die Bischöfe und Pfarrer sind Staatsbeamte; sie werden wie die Richter und die Verwaltungsbeamten in den Wahlversammlungen der Departemente und Distrikte ernannt durch Stimmenmehrheit, ohne Unterschied des Glaubens der Wähler. Sie schwören den Eid auf die Verfassung und werden vom Staate besoldet. Jedes rechtliche Band mit Rom ist zerschnitten. Die katholische Kirche in Frankreich ist eine öffentliche Anstalt des Staates wie eine andere.[4]

Die schweren Wirren, welche daraus entstanden, führten den Staat zunächst zu einem missmuthigen Verzicht. Die Verfassung von 1793 liess die ganze Anstalt fallen und umgab dafür die sich selbst überlassenen Religionsgesellschaften mit engen polizeilichen Schranken.[5]

Erst dem Konsulate gelang es, auch auf diesem Gebiete den revolutionären Staatsgedanken mit dem Ueberkommenen zu versöhnen. Am 10. Sept. 1801 ward ein Konkordat abgeschlossen; am 18 germ. X erging sodann ein Gesetz, welches dasselbe verkündete und organische Artikel zur Ordnung der Verhältnisse der katholischen wie der beiden protestantischen Kirchen hinzufügte. Das Dekret vom 17. März 1808 dehnt die darin gegebenen Ordnungen aus auf den israelitischen Kultus. So entstand, eingefügt in die allgemeinen Grundsätze des neuen Rechtes, das Institut der anerkannten Religionsgesellschaften (*cultes reconnus*).

Das religiöse Leben des Volkes ist für den Staat zunächst

[4] Diese Auffassung hatte bereits Mirabeau in der Sitzung der Nationalversammlung vom 13. Okt. 1789 ausgesprochen: *Les membres du clergé*, sagt er, *sont des officiers de l'état, le service des autels est une fonction publique et la réligion appartenant à tous, il faut par cela seul que ses ministres soient à la solde de la nation comme le magistrat, ... comme le soldat* (Dalloz V° *culte* n. 146).

[5] Ueber diesen Zwischenzustand: Portalis, *discours* Einl. S. XXXII ff.; Vuillefroy, *administration du culte cath.* S. 20 ff.: *il s'agissait de savoir, si l'on conserverait le culte au nombre des institutions nationales ou si la réligion serait abandonnée à elle-même* (S. 20); L. Dufour S. 270 ff.

nur ein Gegenstand äusserlicher Beherrschung in den Formen der Polizei.[6] Das Machtgebiet der Polizei ist auch hier wieder abgegränzt gegenüber einem grundsätzlich freibleibenden Kreise des Einzellebens (vgl. oben § 27). Die religiösen Ueberzeugungen sind ihr unzugänglich; aber auch der einfache Hausgottesdienst gehört dem Privatleben an und ist frei. Nur sofern die Religion aus diesem Kreise heraustritt und sich in äusserlicher Uebung bethätigt (*exercice public d'un culte*), bekommen die Rücksichten der öffentlichen Ordnung Macht über sie. Die gemeinsame Gottesverehrung äussert sich vor allem in Vereinen und Versammlungen, welche grundsätzlich dem gemeinen Rechte unterliegen. Doch kann nach Dekret 19. März 1859 die Erlaubniss zu ständigen öffentlichen Versammlungen ein für alle Mal ertheilt werden durch das Staatsoberhaupt im Staatsrath; zufällige Einzelversammlungen dieser Art erlaubt der Präfekt.

Von dieser allgemeinen Grundlage hebt sich aber das Verhältniss der anerkannten Religionsgesellschaften zum Staate ab: es ist kein blosses polizeiliches, sondern ein innerliches.

Die Auffassung von der Bedeutung des Kultus für den Staat, welche in der ersten Revolutionszeit so gewaltsam auftrat, ist beibehalten: der Kultus dieser Gesellschaften ist eine öffentliche Anstalt, eine Thätigkeit von staatlicher Natur; mehr noch als der Name öffentliche Anstalt, der ihr dazwischen gegeben wird, bezeugt das die Thatsache, dass das Recht der öffentlichen Anstalten ohne Weiteres auf sie zur Anwendung kommt (vgl. unten § 71).[7]

---

[6] Menschenrechte v. 26. Aug. 1789 art. 10; L. Dufour S. 388 ff.; Ducrocq n. 665; Batbie III, n. 6 ff.

[7] Der grosse Staatsrath Portalis lässt diesen Gedankengang deutlich erkennen in der Rede, mit welcher er die Vorlage des Germinalgesetzes an den gesetzgebenden Körper begleitete. Er hebt zuerst weitläufig die edlen Seiten der Religion, der christlichen insbesondere, hervor und kommt daraus zu dem Schluss, dass ein System der Verfolgung nicht mehr möglich sei. Soll man sich also gar nicht mehr in den Kultus mischen „*et continuer les mesures d'indifférence et d'abandon?*" Das wäre gefährlich. Die katholische Religion zählt die Mehrheit der Franzosen zu Anhängern: *abandonner un ressort aussi puissant c'était avertir le premier ambitieux ... de s'en emparer et de la diriger contre sa patrie ... Un État n'a qu'une autorité précaire quand il a dans son territoire des hommes qui exercent une grande influence*

Aber diese Idee der *constitution civile du clergé* wird jetzt schonender und verhüllter verwirklicht: die öffentliche Anstalt wird nicht vom Staate selbst verwaltet; sie gehört der Kirche, als einem selbständigen, vom Staate getrennten Rechtssubjekt, nicht als einer Beauftragten des Staates, sondern in eignem Recht.[8]

Wenn dem so ist, so hat der Grundgedanke des neuen Staatswesens, die einheitliche und untheilbare Staatsgewalt, in welcher alle öffentliche Thätigkeit ihren Ausgangspunkt findet, nur einen einzigen Ausdruck übrig für das Verhältniss zwischen Staat und Kirche: öffentliche Anstaltsthätigkeit kann ausserhalb des Staates und seiner Aufträge, kraft eigenen Rechtes, nur geübt werden in Gestalt der Selbstverwaltung.[9] Die Kirche, nach der Stellung, die sie im Staate haben soll und ja auch haben will, lässt sich in die staatliche Rechtsordnung nur einfügen unter dem Gesichtspunkte des Selbstverwaltungskörpers.

Aus dieser Auffassung werden die Folgerungen gezogen für die rechtliche Gestalt des Verhältnisses von Staat und Kirche im Einzelnen. Die zwei Grundformen der Staatsthätigkeit gegenüber

---

sur les esprits ... sans que ces hommes lui appartiennent au moins sous quelques rapports. Diese Zugehörigkeit herzustellen ist der Zweck der neuen Gesetzgebung (Portalis, *discours* S. 28—30). — So fasst auch Vuillefroy S. 26 die Quintessenz der Motive zusammen: *enfin, les croyances réligieuses sont un des plus puissants léviers, à l'aide desquels on agit sur les masses; il était de l'intérêt du pays que le gouvernement s'en emparât, si ce n'était pour le faire servir au bien général, du moins pour éviter qu'il ne fût mis au service des partis.* — Der jüngere Portalis in seinem Berichte an die Pairskammer zum Gesetze vom 8. Febr. 1831 bezeichnet die kirchliche Thätigkeit geradezu mit dem technischen Namen: *le service public des cultes* (Sitzung v. 27. Jan. 1831; Dalloz V° *culte* n. 129); ebenso Vuillefroy S. 447: *tous les autres services publics.*

[8] Im Sinne dieser Selbständigkeit spricht man von einem *pouvoir spirituel*, welches die Kirche vorstellt, von der *indépendance du pouvoir spirituel* und von der *séparation des pouvoirs spirituels et temporels.* Gaudry I, n. 53; L. Dufour S. 62; Laferrière I, S. 204; Block V° *culte* n. 7.

[9] Serrigny I, n. 123: *La souveraineté n'admet point de partage, ni de pouvoir rival: elle est nécessairement exclusive ou elle n'existe pas. Ce pouvoir ecclesiastique parallèle serait une cause perpétuelle et incessante de troubles ... le catholicisme, le protestantisme et le judaisme ne forment que des communautés réligieuses plus ou moins nombreuses, mais admises avec des pouvoirs limités dans l'état ou la nation françaises.*

der Selbstverwaltung erscheinen auch hier: Anerkennung und Aufsicht, Kirchenordnung und Mitwirkung in der kirchlichen Verwaltung. Allerdings weist die Anwendung der Rechtsinstitute der Selbstverwaltung auf die Kirche des Unzulänglichen und des Gezwungenen genug auf; das liegt aber nicht an der Fehlerhaftigkeit der juristischen Konstruktion, sondern an dem inneren Widerspruch der Stellung, welche der Kirche überhaupt gegeben ist, mit ihrem eigentlichen Wesen.[10] —

Wenn von den Gemeinden gesagt wurde, der Staat schaffe sie nicht erst durch seine Anerkennung, sondern finde sie vor und ordne sie bloss, so gilt dies in noch höherem Masse von der Kirche. Der Kern der kirchlichen Angelegenheiten, das Bekenntniss, ist dem positiven Einfluss der ordnenden Anerkennung unzugänglich; der Staat muss bei seiner Entscheidung über Anerkennung oder Nichtanerkennung das Bekenntniss schlechthin nehmen, wie es ist.[11] In der einmal geschehenen Anerkennung ist allerdings auch dieses begriffen; das zeigt sich nachher bei der Aufsicht. Die gleiche Sprödigkeit besitzt auch die äussere Ordnung des Selbstverwaltungskörpers in allen Dingen, die mit dem Bekenntniss zusammenhängen. Es kommt also namentlich auch bei der Gestaltung der Vertretung der Religionsgesellschaft darauf an, wie weit dieselbe Theil ihres Bekenntnisses bildet.[12] Nur

[10] Man gebraucht zur Bezeichnung des Verhältnisses mit Vorliebe das Bild einer *alliance des deux pouvoirs:* L. Dufour S. 62; Dalloz V° *culte* n. 146. Ducrocq n. 603 tadelt daran den falschen Schein einer Gleichgestelltheit, die sich nicht vertrage *avec le besoin de protection de l'une des parties et le droit de surveillance et de police de l'autre.* Der jüngere Portalis spricht geradezu von einem *contrat synallagmatique entre la société réligieuse et la société politique, au moyen duquel cette dernière promet sa tutelle et l'autre sa soumission* (Dalloz V° *culte* n. 129). — Die Thätigkeit des Staates gegenüber der Kirche pflegt, entsprechend den Grundformen der Selbstverwaltung, eingetheilt zu werden in *organisation* und *protection* (Laferrière, *principes des institutions* S. 445).

[11] Portalis (*discours* S. 16 ff.) widerlegt ernsthaft den Vorschlag, eine neue Religion von Staatswegen zu machen: *la sagesse prescrivait au gouvernement de s'arrêter aux réligions existantes* (S. 17). . . . . *s'il appartient aux lois d'admettre ou de rejeter les divers cultes, les divers cultes ont par eux-mêmes une existance qu'ils ne peuvent tenir des lois* (S. 55).

[12] Gaudry, *législation des cultes* I, n. 45, 50; Dalloz V° *culte* n. 88 ff. n. 308; Ducrocq n. 603.

soweit dieses nicht in Frage kommt, sei es dass es sich um materielle Angelegenheiten der Kirche handelt, sei es dass das Bekenntniss überhaupt gleichgültiger ist gegen äusserliche Dinge, übt die staatliche Anerkennung auch hierin ihren gestaltenden Einfluss. Und sofort wird dann auch das Vorbild der gewöhnlichen Selbstverwaltungskörper, vor allem der öffentlichen Körperschaften massgebend. Es werden möglichst örtliche Gemeinschaften gebildet mit Vertretungen ihrer Angehörigen (Bürgervertretungen). Der Zusammenhang mit dem grossen Selbstverwaltungskörper der Kirche, der das ganze Land umfasst, wird dann gewahrt durch Mitwirkung der Beamten derselben in der Vertretung wie in der Aufsicht.

Darauf beruht der Gegensatz zwischen der Ordnung der katholischen Kirche und der der anderen anerkannten Religionsgesellschaften. Gerade die erstere, die für den französischen Staat wichtigste, fügt sich am schwierigsten ein in die staatliche Form eines Selbstverwaltungskörpers. Zu ihrem Wesen gehört die weltumspannende Organisation und das Priesterthum mit eigner auf höherem Rechtstitel beruhender Gewalt zur Führung der eigentlichen Angelegenheiten der Kirche. Dem gegenüber scheut sich das Verwaltungsrecht die Fiktion geradezu auszusprechen, die es thatsächlich machen muss, als hätte es mit dem für sich bestehenden Selbstverwaltungskörper einer katholischen Kirche in Frankreich zu thun, für welchen die Selbstverwaltungsberechtigten die französischen Katholiken wären.[13] Die Vertretung der Kirche aber hat gar keine Aehnlichkeit mit sonstigen Selbstverwaltungsvertretungen und steht zum wichtigsten Theil ausserhalb des Staatsgebietes. Der Staat begnügt sich, die rechtliche Gültigkeit ihrer Willensäusserungen, sofern sie in Frankreich wirksam sein wollen, von seinen Genehmigungen abhängig zu machen.[14]

Sobald aber die Kirche heraustritt aus dem Gebiete ihrer

---

[13] Diese Fiktion wird wenigstens angedeutet durch das alte gallikanische Schlagwort: *l'église est dans l'état et non l'état dans l'église*; Gaudry, *législation des cultes* I, n. 54. Vgl. auch Portalis, *discours*, Einl. S. LXIX.

[14] Ges. 18 germ. X art. 1—4; Gaudry I, n. 57 ff. Es handelt sich hier um die Rechtsinstitute des Placet, der Zulassung päpstlicher Abgesandter u. s. w.

rein geistlichen Angelegenheiten und thätig werden soll für die materiellen Güter, deren sie in Verfolgung ihrer Zwecke bedarf, wird sie, dem staatlichen Gedanken entsprechend, in eine Reihe von juristischen Personen des öffentlichen Rechtes zerlegt, die nicht mehr die Kirche sind, aber ihr dienen und in ihrer Gestalt den sonstigen Selbstverwaltungskörpern nachgebildet sind.

An der Spitze steht die Kirchenfabrik (*fabrique d'église*), bestimmt, für die äusserlichen Bedürfnisse des Gottesdienstes der einzelnen Pfarreien zu sorgen. Sie ist wie die Kirche selbst eine juristische Person des öffentlichen Rechtes, aber sie ist zugleich vermögensfähig, also *établissement public*. Sie ist keine Stiftung, sondern gleicht in ihrer rechtlichen Natur eher der öffentlichen Körperschaft: sie ist der Pfarrsprengel als Selbstverwaltungskörper, die im Gebiete desselben wohnenden Katholiken sind die Selbstverwaltungsberechtigten.[15] Ihre Vertretung bildet der Fabrikrath (*conseil de fabrique*) mit dem Ausschuss der Kirchenpfleger (*bureau des marguilliers*). Ersterer besteht aus dem Pfarrer, dem Beauftragten der Kirche, dem Bürgermeister (an dessen Stelle, wenn er andersgläubig sein sollte, der katholische Beigeordnete tritt) als Beauftragtem der bürgerlichen Gemeinde, und 5 beziehungsweise nach Grösse der Pfarrei 9 Vertretern der Pfarreiangehörigen, von welchen die grössere Hälfte der Bischof, die kleinere der Präfekt ernennt. Der Ausschuss besteht aus dem Pfarrer und drei abgeordneten Mitgliedern; er hat die laufende Verwaltung und die Vertretung nach aussen.

Durch gesetzliche Regel sind ausserdem juristische Personen verbunden mit einzelnen kirchlichen Anstalten: so mit den Aemtern der Pfarrer und der Bischöfe die Pfründen, *menses curiales* und *épiscopales*. Dieselben dienen zur Gewährung von Einkünften für den mit dem Amte betrauten Geistlichen und werden von diesem verwaltet und vertreten. Sie haben die Natur von Stiftungen (vgl. oben § 68), abgesondert um der Schenkgeber willen vom Staatsvermögen, nicht von der Kirche, denn diese ist nicht ver-

---

[15] Ges. 18 germ. X art. 76; Dekret 30. Dez. 1809; Batbie V, n. 170: *la fabrique est la personne morale qui représente la paroisse pour tout ce qui concerne les intérêts matériels.* Gaudry III, n. 966 ff.

mögensfähig. In gleichem Sinne sind noch *établissements publics* die bischöflichen Seminare und die Domkapitel.[16] —

Im Gegensatze dazu kommt die staatliche Auffassung viel deutlicher zur Erscheinung an der Ordnung der beiden protestantischen Kirchen.[17]

Jeder Pfarrsprengel bildet einen Selbstverwaltungskörper; die sämmtlichen Einwohner, welche der Konfession angehören, sind die Selbstverwaltungsberechtigten. Die Vertretung desselben, der Presbyterialrath, besteht aus den Pfarrern der Pfarrei und 4 bis 7 gewählten Vertretern der Pfarreiangehörigen. Mehrere solcher Körper sind zu einem Konsistorialbezirk zusammengefasst, dessen Vertretung, das Konsistorium, in ähnlicher Weise gebildet wird. Darüber steht als Vertretung der Gesammtheit bei der reformirten Kirche die allgemeine Synode, bei der lutherischen das Oberkonsistorium mit dem Direktorium als geschäftsführendem Ausschusse. Das Oberkonsistorium setzt sich zusammen aus 14 gewählten Laien, den 7 Geistlichen, welche das Amt eines Inspektors bekleiden, einem Vertreter des Thomasstiftes zu Strassburg, einem vom Staatsoberhaupte ernannten Laienmitgliede und dem gleichfalls vom Staatsoberhaupte ernannten Präsidenten des Direktoriums. Das letztere besteht aus zwei vom Oberkonsistorium abgeordneten Mitgliedern, dem Präsidenten, Vicepräsidenten und geistlichen Inspektor, welche das Staatsoberhaupt ernennt. Diese Spitze bildet zugleich eine Aufsichtsbehörde über den Vertretungen der unteren Körper.

Vermögensfähig sind auch die protestantischen Gesammtkirchen nicht. Dagegen bilden die Pfarreien und Konsistorialbezirke zugleich *établissements publics*. Die Kirchenfabrik, auf welche wegen der Ausscheidung des Priesterthums die katholische Kirchengemeinde sich beschränkt, ist in ihnen mit enthalten.[18]

---

[16] Dekret 6. Nov. 1813; Dekret 30. Dez. 1809; Gaudry III, n. 1140 ff.

[17] Ausser dem Germinalgesetz ist hier vor Allem massgebend das Dekret vom 26. März 1852; Gaudry III, n. 1266 ff. Gauthier d. p. S. 373: *Ce qui caractérise ces deux églises c'est qu'il n'y a point de hiérarchie entre les ministres ... et que leurs représentants tirent leurs pouvoirs de l'assemblées des fidèles.*

[18] Portalis, *discours* S. 412: *Les consistoires sont les fabriques des églises protestantes.* Ducrocq n. 1225 erwähnt mit Unrecht nur die Kon-

Die Verfassung der **israelitischen Religionsgesellschaft** gleicht im Aufbau auf der örtlichen Gemeinschaft der der protestantischen Kirchen; nur beginnt sie wegen der geringeren Zahl der Bekenner gleich mit den Departementskonsistorien.[19]

§ 71. Schutzgewalt über die Kirche.

Der Anerkennungsakt und die ihn ergänzenden Gesetze bestimmen das Mass des Einflusses des Staates auf die Thätigkeit des fertigen Selbstverwaltungskörpers zur Besorgung seiner Angelegenheiten, auf die Kirchenverwaltung. Darin besteht die Schutzgewalt (*protection*) des Staates über die Kirche, entsprechend der Aufsicht oder Vormundschaft über die andern Selbstverwaltungskörper, also ihrem Wesen nach ein Recht der Mitwirkung an der Besorgung ihrer Angelegenheiten.[1]

Dieselbe erscheint in verschiedenen Formen je nach der Art des Gegenstandes der kirchlichen Thätigkeit.

1. Das Erste ist, dass der Selbstverwaltungskörper die öffentliche Anstalt mit ihren geistigen und persönlichen Mitteln herstellt, von welcher er seinen Namen hat. Dazu gehört einerseits die Aufstellung von Lehren und Vorschriften allgemeiner Art, andererseits die Schaffung des geistlichen Amtes.

Ihre **Lehren und Vorschriften** hat jede Kirche bereits mitgebracht. Aenderungen und Ergänzungen dazu werden als kirchliche Gesetzgebung bezeichnet. Diese Gesetzgebung unterliegt dem Genehmigungsrecht des Staates. Bei der katholischen Kirche ist dasselbe enthalten in dem formellen Vorbehalt gegenüber der Veröffentlichung und Vollziehung von päpstlichen Erlassen und Konzilsbeschlüssen. Bei den protestantischen Kirchen wird der

---

sistorien als Vermögenssubjekte; die Pfarreien sind es ebenso: Dekret 10. Nov. 1852 art. 1, 2, 6 u. 7.

[19] Dekret 17. März 1808; Dekret 15. Juni 1850; Gaudry III, n. 1347 ff.

[1] Portalis, *discours* S. 30 bezeichnet das Wesen dieser Schutzgewalt als: *veiller sur sa doctrine et sur sa police pour que l'état puisse diriger des institutions si importantes vers la plus grande utilité publique.* Man setzt aber auch manchmal geradezu den Ausdruck *surveillance* dafür: Gauthier d. p. S. 371; Dalloz V° *culte* n. 79; Ducrocq n. 603.

Genehmigungsvorbehalt sachlich ausgedrückt: er bezieht sich auf alle neuen Glaubenssätze und Vorschriften für äusseres Verhalten (*discipline*).[2]

In der geistlichen Behördenordnung unterliegt der Mitwirkung des Staates die Errichtung geistlicher Aemter und die Abgränzung der Amtsbezirke (Sprengel). Was die Besetzung der Aemter anlangt, so werden in der katholischen Kirche die Bischöfe ernannt vom Staatsoberhaupt und vom Papste eingesetzt, die Pfarrer vom Bischofe ernannt mit Genehmigung des Staatsoberhauptes; die Hülfsgeistlichen ernennt der Bischof allein. Die protestantischen Geistlichen werden vom Direktorium, beziehungsweise in der reformirten Kirche vom Konsistorium ernannt mit Vorbehalt der Bestätigung durch das Staatsoberhaupt. Das Rechtsverhältniss der Geistlichen beruht auf einem öffentlichrechtlichen Vertrage; sie sind Beamte, aber keine Staatsbeamte, denn das Rechtsverhältniss besteht nur zwischen ihnen und der Kirche, auch wo der Staat mitwirkt bei der Begründung.[3] Die Dienstgewalt über den Geistlichen, welche der öffentlichrechtliche Vertrag begründet, steht der Vertretung der Kirche allein zu, in der katholischen Kirche, wo eine Behördenhierarchie besteht, zunächst dem geistlichen Oberen.[4] Nur sofern in Ausübung dieser Gewalt eine Amtsentsetzung ausgesprochen werden soll, bedarf dieselbe in den Fällen, in welchen der Staat mitzuwirken hatte bei der Ernennung, der entsprechenden Mitwirkung desselben, um von ihm als gültig angesehen zu werden.[5]

2. Die sächlichen Mittel, deren die kirchliche Anstalt bedarf, werden zum Theil geliefert aus der Vermögensverwaltung der verschiedenen juristischen Personen des öffentlichen Rechtes, welche mit ihr verbunden sind. Die Mitwirkung des Staates äussert sich

---

[2] Vgl. oben § 70 Anm. 14. Gaudry I, n. 45, 50; Dalloz V° *culte* n. 88 ff. Ges. 18 germ. X (prot.) art. 4.

[3] Serrigny I, n. 132; Gaudry I, n. 335; Dalloz V° *culte* n. 129 ff. Es sind keine *fonctionnaires publics*, insofern man darunter bloss Staatsbeamte versteht; aber sie sind *agents d'une puissance alliée revêtus d'un caractère public, la loi les assimile aux fonctionnaires publics:* Dalloz l. c. n. 146, 147.

[4] Wegen der kirchlichen Disciplinargewalt und ihrer Gränzen vgl. Dalloz V° *culte* n. 686 ff.; Gaudry I, n. 244 ff.

[5] Gaudry II, n. 481, 565 Ges. 18 germ. X (prat.) art. 25, 26, 34.

diesen gegenüber in den gewöhnlichen Formen der verwaltungsrechtlichen Vormundschaft; nur dass an der Handhabung dieser Vormundschaft etwa vorgesetzte kirchliche Behörden oder höhere Vertretungen theilnehmen: der Bischof gegenüber den Pfarrpfründen, das Konsistorium gegenüber dem Presbyterialrath, das Direktorium gegenüber beiden.[6]

Ausserdem werden für die Zwecke der Kirche unmittelbare Leistungen an Geld und Gebrauchssachen gemacht von Seiten des Staates, wie der öffentlichen Körperschaften. Zu solchen Leistungen bedarf es dem Selbstverwaltungskörper gegenüber keines Gesetzes; sie enthalten keinen Eingriff in seine Rechte. Sie sind auch keine Schenkungen, sondern Zuschüsse oder Unterstützungen (*subventions*, vgl. oben S. 381). Die einzige Gränze besteht beim Staate im Budgetrecht der Volksvertretung, bei den Körperschaften in der vormundschaftlichen Mitbestimmung des Kreises ihrer Angelegenheiten und des dafür zu machenden Aufwandes.

Rechtsinstitute werden daraus erst dadurch, dass das Gesetz in allgemeinen Regeln solche Leistungen verfügt; die so bestimmten Leistungen bilden die Ausstattung der Kirche (*dotation du culte*). Handelt es sich um eine Leistung des Staates, so bindet das Gesetz die Regierung nach den Regeln der Vollziehung, handelt es sich um die Leistung einer Körperschaft, so wird sie dadurch zu einer gesetzlichen Last derselben, deren Vollzug die Aufsichtsbehörde überwacht.

In dieser Weise stellt der Staat der Diözesanverwaltung die gottesdienstlichen Gebäude, die bischöflichen Paläste, die Seminargebäude; das Eigenthum bleibt dem Staate, nur die Benutzung wird eingeräumt. Für die Pfarreien sind die gleichen Leistungen (Kirche und Pfarrwohnung) der Gemeinde auferlegt.[7]

---

[6] Gaudry II, n. 1203.

[7] Diese Gebäude waren in der Revolutionszeit sämmtlich Staatsgut geworden; die zur Pfarrei gehörigen wurden in Gemässheit des art. 75 Gesetz 18 germ. X durch Beschluss des Präfekten den Gemeinden überwiesen mit der Last, fortan ihrerseits der Kirche die Benutzung zu gewähren. Diese Ueberweisungen sind Verleihungen von Eigenthum (vgl. oben § 56 n. 2, § 65 II n. 1). Entsteht Streit über den Umfang des der Gemeinde überwiesenen Eigenthums, so gebührt die Auslegung des Verleihungsaktes der

Die gottesdienstlichen Gebäude sind als Verkörperungen der kirchlichen Anstaltsthätigkeit öffentliches Eigenthum (vgl. oben S. 231); Arbeiten, welche für sie oder für andere kirchlichen Zwecken gewidmete Gebäude vorgenommen werden, sind öffentliche Arbeiten.[8]

Ferner hat der Staat die **Besoldung der Geistlichen** der anerkannten Religionsgesellschaften übernommen. Dieselbe wird gewährt nach gesetzlich bestimmten Massstäben, entsprechend dem Rang und der Dienstklasse der Geistlichen. Den Gemeinden dagegen ist die Last auferlegt, im Notfalle für die Bedürfnisse der Kirchenfabrik aufzukommen und Zuschüsse zu gewähren für die notwendig befundene Aufbesserung des Gehalts protestantischer Geistlicher.

Die rechtliche Natur der Gehaltszahlung ist nicht die Erfüllung einer Vertragspflicht; es ist nichts als der Vollzug einer einseitigen gesetzlichen Gewährung. Diese Gewährung ist aber vom Gesetze nicht den einzelnen Geistlichen, sondern der Kirche gemacht: das Gesetz gewährt der Kirche die Besoldung des in's Amt tretenden Geistlichen. Der Geistliche, in dessen Person der gesetzlich vorgesehene Fall der Gewährung zutrifft, tritt dadurch in kein Rechtsverhältniss zum Staate; er hat keine Klage auf seinen Gehalt weder civilrechtlich noch verwaltungsrechtlich. Er kann sich beschweren im Instanzenzug der Behördenordnung; er hat auch den Rekurs wegen Machtüberschreitung gegen Verwaltungsakte, welche ihm im Widerspruch mit der vom Gesetz der Kirche gemachten Gewährung den Gehalt entziehen oder verringern; denn dazu genügt jedes nebenbei verletzte Interesse. Einen erklärenden

Verwaltungsrechtspflege: St. R. E. 6. April 1859 (Toqueville); 22. Dez. 1859 (Céton). Die Rechte der Kirche (vgl. oben S. 464) vertritt der Fabrikrath. Den Geistlichen wird wegen der Dienstwohnung eine civilgerichtliche Klage gegen Störungen Dritter zuerkannt: der Besitz derselben ist nach aussen ein geschütztes Vermögenstück (Cass. 16. Febr. 1853).

[8] Nur die Namens einer juristischen Person des öffentlichen Rechtes ausgeführten Arbeiten. Deshalb hat man die öffentlichrechtliche Eigenschaft abgesprochen den Kirchenbauarbeiten, welche ein Ausschuss von Zeichnern freiwilliger Beiträge ausführen liess (St. R. E. 18. April 1850, Preynat). Wenn Jemand auf seinem Grundstücke eine Strasse herrichtete, um sie später dem Staate abzutreten, verhielte es sich ebenso.

Verwaltungsakt, dass zu zahlen sei, könnte nur die juristische Person erwirken, welcher die Gewährung gemacht ist.[9]

Soweit die Gehälter der Geistlichen nicht verwaltungsgesetzlich normirt sind, sondern nur etwa finanzgesetzliche Bewilligungen dafür bestehen, ist die Regierung in der Lage, die Leistungen jeder Zeit einzustellen. Dass darin eine Verletzung der im Konkordat gemachten Zusagen liegen könnte, ist verwaltungsrechtlich ohne Bedeutung. Die Regierung beansprucht aber das Recht, auch gesetzlich normirte Gehälter zu sperren, nicht wegen eines vom gewährenden Gesetze ihr gelassenen Spielraums — ein solcher besteht nicht — sondern als positives Disziplinarstrafmittel wegen des Verhaltens des Geistlichen gegenüber dem Staate. Es würde sich also um ein Stück Aufsicht über die Kirche, Mitwirkungsrecht an ihren Angelegenheiten handeln; dazu bedürfte es einer Grundlage im Willen des Gesetzes (vgl. oben S. 439). Man glaubt einen stillschweigenden Vorbehalt herleiten zu können aus der Natur der Kirche als öffentliche Anstalt und aus der Praxis des alten Königthums; doch bleiben alle Begründungsversuche schwach.[10]

---

[9] Dalloz V° *culte* n. 470 erwähnt ausser der Beschwerde zum Minister auch noch eine civilgerichtliche Klage, welche dem Geistlichen zustünde; das ist nur eine Schadensersatzklage gegen den die Zahlung rechtswidrig verweigernden Beamten persönlich. — St. R. E. 4. April 1861 (Guerret) bietet das Beispiel des Rekurses wegen Machtüberschreitung, wegen Gehaltsverminderung von einem Geistlichen erhoben. — St. R. E. 18. Juni 1880 (Ville de Paris c. Consistoires protestants) betrifft einen Prozess über die Gehälter der Geistlichen zwischen den betheiligten juristischen Personen.

Ob dem Geistlichen nicht doch ein verwaltungsrechtlicher Anspruch auf den Gehalt erwachsen könnte durch besondere Gewährung? In der Bestätigung der Ernennung, sogar in der unmittelbaren staatlichen Ernennung liegt eine solche noch nicht; das ist nur Geltendmachung der Rechte über die Kirche. Gewöhnlich findet dem Geistlichen gegenüber keine förmliche Gehaltsgewährung durch Verwaltungsakt statt, sondern auf die Anzeige von dem Amtsantritt (*prise de possession*) werden die Gehaltszahlungsanweisungen gemacht mit einfacher Mittheilung an den Geistlichen (*arrêté* 31. Dez. 1861 n. 158 ff.). Aber nach *arrêté* 27 brum. XI art. 2 soll Geistlichen, deren Amt an sich einer niederen Gehaltsklasse angehört, durch Dekret des Staatsoberhauptes der Gehalt der höheren Klasse verliehen werden können. Daran müsste sich dann allerdings ein in der Verwaltungsrechtspflege geltend zu machender Anspruch knüpfen (Gaudry II, n. 544).

[10] Neuerdings wurde die Zulässigkeit der Gehaltssperre wieder ausdrücklich anerkannt durch St. R. G. 23. April 1883, wobei unter anderem

Von sonstigen Zuschüssen sind noch zu erwähnen die Gewährungen von Freistellen an bischöflichen Seminarien (*bourses*). Durch Dekret vom 30. Sept. 1807 wurden zuerst 2400 solcher Stellen geschaffen, das Finanzgesetz pflegt die Mittel noch für weitere zu bewilligen. Die Verleihung an die einzelnen Schüler geschieht durch Dekret; die gesetzlichen Freistellen ist die vollziehende Gewalt zu verleihen gebunden, die anderen stehen zu ihrer freien Verfügung. [11]

3. Die auftragsgemässe Thätigkeit der Geistlichen in Lehre und Leitung des Gottesdienstes ist öffentliche Anstaltsthätigkeit hoheitlicher Natur und steht als solche der auftragsgemässen Thätigkeit staatlicher und anderer Selbstverwaltungsbehörden gleichberechtigt gegenüber. Das Verhältniss zu den weltlichen Behörden ist auch hierin nicht das des Privatlebens zu der einseitigen Machtübung des Staates, sondern das getrennter Zuständigkeiten, *séparation des pouvoirs,* wie zwischen Gericht und Verwaltung.

Das Aufsichtsrecht des Staates äussert sich in einer Mitwirkung bei Bestimmung des Inhalts dieser Aufträge; und zwar ist diese Mitwirkung wesentlich begränzender, einschränkender Natur. Sie führt um dieser äusseren Gestalt willen den Namen *police des cultes,* ist aber durchaus keine eigentliche Polizei.

Die Geistlichen berufen und leiten die gottesdienstlichen Versammlungen; der Ort derselben ist ihnen staatlich bestimmt in den dazu angewiesenen Gebäuden (Kirchen, Kapellen, Bethäuser). Die Abhaltung der Versammlungen bedarf einer polizeilichen Genehmigung nur ausserhalb dieser Gebäude; in denselben kann die Polizei sie selbst dann nicht hindern, wenn sie in das ihr sonst

erwogen wird: *l'Etat possède sur l'ensemble des services publics un droit supérieur de direction et de surveillance qui dérive de sa souveraineté;* das Ergebniss ist: *le droit du gouvernement de suspendre ou de supprimer les traitements ecclésiastiques par mesures disciplinaires s'applique indistinctement à tous les ministres du culte salariés par l'Etat.* — Ollivier, *nouveau manuel de droit ecclésiastique* unterwirft diesen Ausspruch einer lebhaften Kritik. Er behauptet von seinem Parteistandpunkt aus, auch das Gesetz könne nicht der im Konkordat übernommenen Verbindlichkeit zuwider die Gehälter einbehalten lassen. Wäre aber nur ein klares Gesetz in diesem Sinne wirklich da, so würde die Sache verwaltungsrechtlich in Ordnung sein.

[11] Vuillefroy S. 481; Gaudry III, n. 1195.

überlassene Gebiet der öffentlichen Ordnung, Gesundheit und Sicherheit störend eingreifen würden.[12] Der Geistliche hat die Polizei im Kirchengebäude. Ungeziemendes Benehmen kann er untersagen, Zuwiderhandelnde mit Gewalt entfernen lassen. Die Glocken dürfen gebraucht werden, um die Gläubigen zum Gottesdienst zu rufen; sonst nicht. Innerhalb jenes Zweckes darf die Polizeibehörde das Läuten selbst dann nicht untersagen, wenn es als Störung der öffentlichen Ruhe betrachtet werden könnte. Oeffentliche Aufzüge (Prozessionen u. dgl.), soweit sie zum Kultus gehören, auftragsgemäss sind, sind unabhängig von der Strassenpolizei; nur wenn besondere Umstände zur Zeit oder für gewisse Strassen die öffentliche Ordnung und Sicherheit dadurch gefährdet erscheinen lassen, kann ein Verbot erfolgen. Die amtliche Natur solcher Aufzüge des katholischen Kultus ist jedoch ausgeschlossen, wenn eine protestantische Kirche am Orte besteht. Wird trotzdem ein Aufzug veranstaltet, so ist es Amtsüberschreitung. Die Polizeibehörde ist eben desshalb befugt, ein Verbot dagegen zu erlassen, dann tritt zugleich Polizeistrafe ein.[13]

Als Anstaltsthätigkeit hoheitlicher Natur wird auch angesehen die öffentliche Lehre der Glaubenssätze und die Disziplin über die Angehörigen der Kirche.[14] Als Amtspflicht ist dem Geistlichen staatlich auferlegt das Gebet für das Staatsoberhaupt. Im Uebrigen sind dem Geislichen dabei nur gewisse Gränzen gesteckt: der katholische Geistliche ist nicht befugt, etwas vorzubringen, was gegen die sogenannten gallikanischen Freiheiten oder gegen die in Frankreich recipirten *canones* verstösst.[15] Dem protestantischen Geistlichen gegenüber, dem von seiner Kirche ein

---

[12] Dekret 22. Dez. 1812; Gaudry I, n. 144. Es ist z. B. unzulässig, dass der Bürgermeister, um die Verbreitung einer Seuche zu verhindern, die gottesdienstlichen Versammlungen untersage. Dagegen soll er allerdings eine Kirche schliessen können, welche den Einsturz droht; der Gottesdienst ist dadurch nicht absolut verhindert: Gaudry I, n. 126, 128.

[13] Ges. 18 germ. X art. 45; Gaudry I, n. 133 ff.; L. Dufour S. 306 ff.

[14] In diesem Sinne spricht z. B. Dalloz V° *culte* n. 269 von einem *pouvoir, qui lui est attribué de parler au public;* ebenso n. 266.

[15] Ges. 18 germ. X art. 6; übrigens sehr schwer zu handhabende Bestimmungen.

freierer Spielraum gelassen ist, nimmt der Staat den Schutz des Bekenntnisses, auf Grund dessen er die Kirche anerkannt hat, selbst in die Hand. Neue Glaubenssätze dürfen, wie erwähnt, von der Kirche nicht angenommen werden ohne staatliche Genehmigung; der Geistliche darf aber solche auch nicht lehren, er würde damit seinen vom Staate mitbestimmten Amtsauftrag überschreiten: die protestantische Predigt ist vom Staate gebunden an das Bekenntniss.[16]

Den Schlussstein dieser ganzen Rechtsordnung bildet der Rekurs wegen Missbrauchs, *appel comme d'abus.*

Dieses Rechtsinstitut führt seinen Ursprung sehr weit zurück. Es wurde ausgebildet von der Praxis der Parlamente und nachträglich zuerst geordnet durch die Ordonnanz von Villers-Cotterets August 1539. Der Rekurs richtete sich vor allem gegen die Urtheile der geistlichen Gerichte. In ähnlicher Weise, wie die Parlamente dem Königthum dienten, um die Gerichte der Feudalherren der Staatsgewalt zu unterwerfen, wirkten sie auch gegen diese andere Macht im Staate. Sie schoben sich als Oberinstanz darüber; daher der Name *appel,* den das Rechtsinstitut noch bewahrt hat. Schon in der Hand der Parlamente wurde es aber ausgedehnt auf Anfechtung jeglicher Art von Akten der geistlichen Gewalt.[17]

Durch die Revolution fielen die Parlamente gleichzeitig mit ihren alten Gegnern, den Offizialitäten. Das Gesetz vom 18 germ. X hat das von ihnen gehandhabte Institut wieder in's Leben gerufen in bewusstem Zusammenhange mit dem neuen Verwaltungsrecht.

Die Behörden der Kirche, in Herstellung und Betrieb der kirchlichen Anstalt, üben hoheitliche Thätigkeit, die als solche im Bereiche der unabhängigen untheilbaren Staatsgewalt eine vom Staate abgeleitete Zuständigkeit ist und staatlicher Ueberwachung unterliegt in der Gestalt der Zuständigkeitsrechtspflege, des Rekurses

---

[16] Ges. 19 germ. X (grat.) art. 4: *aucune décision doctrinale ou dogmatique ... ne peuvent ... devenir la matière de l'enseignement.*

[17] Batbie, *doctrine et jurispr. en mat. d'appel comme d'abus* n. 4 ff.; L. Dufour S. 475 ff.; Affre, *appel comme d'abus* S. 7 ff.

wegen Unzuständigkeit und Machtüberschreitung.[18] Der Rekurs wegen Missbrauchs unterscheidet sich von dem gewöhnlichen Rechtsmittel in seinen Voraussetzungen nur durch die Art der zu prüfenden Zuständigkeit:[19] er ist überall gegeben, wo für die Frage, ob wirklich Machtüberschreitung vorliegt, die Gränzen der geistlichen Gewalt in Betracht kommen. Das kann in zweierlei Weise geschehen: so, dass die geistliche Gewalt ihre Gränzen überschreitet, oder so, dass die weltliche Behörde in diese Gränzen übergreift. Der Rekurs gewährt bald ein Schutzmittel der Einzelnen gegen die geistliche Gewalt, bald eine Kompetenzkonfliktsentscheidung zwischen den beiden Gewalten, ähnlich wie auch der Rekurs wegen Machtüberschreitung die Zuständigkeit der Gemeindegewalt zu schützen dient (vgl. oben S. 148).[20]

Der Rekurs wegen Missbrauchs gegen die geistliche Gewalt setzt voraus eine Amtshandlung einer kirchlichen Behörde, öffentlichrechtlicher Natur im obigen Sinne, welche ihre Zuständigkeit unter Verletzung staatlicher Ordnungen überschreitet. Der Begriff der Machtüberschreitung entwickelt sich dabei wieder in seinen drei Formen (vgl. oben S. 142):[21]

Die Amtshandlung kann etwas enthalten, was geradezu von der Zuständigkeit des Amtes ausgeschlossen ist durch staat-

---

[18] Dalloz V° *culte* n. 213, 214: *Comment peut-il y avoir abus d'autorité ou excès de pouvoir de la part des ministres du culte à l'égard de l'Etat lorsque l'Etat ne leur reconnaît ni autorité, ni pouvoir? .. L'appel comme d'abus est la conséquence du régime de la protection.* — L. Dufour S. 486 schiebt diese neuzeitliche Auffassung schon dem alten Staatswesen unter, wenn er sagt, die Geistlichen seien in ihrer Rechtsprechung und Verwaltung gewesen: *dépositaires d'une portion des pouvoirs de l'Etat soumis et devant compte à l'autorité qui réunissait dans sa main ou tenait sous son contrôle la juridiction et l'administration.*

[19] Das Ges. 18 germ. X art. 6 zählt die Anwendungsfälle auf, die es bezeichnet mit *usurpations, excès de pouvoir, contravention aux lois, infractions des règles, attentat, entreprise.* Für den protestantischen Kultus spricht es von *entreprises* und *dissensions.* Dalloz V° *culte* n. 233 bemerkt dazu: *l'excès de pouvoir est la source principale de tous les abus: on peut même dire qu'il en forme le caratère générique.*

[20] Serrigny I, n. 120: *cette voie sert à maintenir les limites des deux puissances et à empêcher que l'une n'usurpe pas sur l'autre.*

[21] Eine Aufzählung von Anwendungsfällen bei Batbie, *appel comme d'abus* n. 17—82; Gaudry I, n. 244—313.

liche Vorbehalte oder Verbote: Anordnung einer Prozession, wo eine protestantische Kirche besteht, Veröffentlichung oder Befolgung nicht genehmigter Bullen und Koncilsbeschlüsse, oder, in der protestantischen Kirche, Predigt in Abweichung vom Bekenntniss.[22]

Eine an sich zuständige Amtshandlung wird Machtüberschreitung, wenn sie geschieht ohne Erfüllung solcher Formbedingungen, welche der Staat auferlegt oder garantirt hat. So findet Rekurs statt gegen Disciplinarmassregeln, welche über Geistliche verhängt wurden, wenn dabei wesentliche kanonische Vorschriften über das Verfahren verletzt wurden.[23]

Endlich erscheint der Missbrauch in der Form der Verwendung der Gewalt zu anderen Zwecken, als wozu sie gegeben ist (*détournement du pouvoir*), sofern dadurch eingegriffen wird in Interessen, welche der Staat gegen nichtamtliche Beeinträchtigungen schützen würde. Der Geistliche hat das Recht, strafend zu ermahnen, auch wenn er damit Beschämendes sagt; thut er es in der Absicht zu kränken, so ist es Missbrauch. Ebenso sind Verweigerung der Sakramente, des kirchlichen Begräbnisses und dergleichen, Massregeln, welche der Geistliche nach freiem Ermessen verhängt; thut er es aber, um eine ausserhalb der geistlichen Angelegenheiten liegende Handlung zu erzwingen, so ist der Rekurs gegeben.[24] —

Der Rekurs wegen Missbrauchs zum Schutze der geistlichen Gewalt setzt voraus eine gewöhnliche Machtüberschreitung einer weltlichen Behörde, die sich nur eben als Eingriff in das freie Gebiet der geistlichen Gewalt besonders kennzeichnet. Wenn der Präfekt einem Einzelnen oder dem Vertreter einer öffentlichen Körperschaft etwas befiehlt, wozu er keine gesetzliche Ermächtigung hat, so ist es die gewöhnliche Machtüberschreitung;

---

[22] Das Letztere ist gerade der Fall der *dissensions*, über welche nach Ges. 18 germ. X art. 6 erkannt werden soll: Gaudry III, n. 1236; Dalloz V° *culte* n. 275.

[23] Dalloz V° *culte* n. 236—238.

[24] Ein häufiges Beispiel boten im Anfange Absolutionsverweigerungen, falls nicht staatlich verkaufte Kirchengüter zurückgegeben würden, dahin gehört auch die Auferlegung der Bedingung der feierlichen Zurücknahme gewisser Behauptungen. Dalloz V° *culte* n. 251 ff.

befiehlt er aber unzuständiger Weise einem Geistlichen eine Amtshandlung z. B. öffentliche Gebete, so ist es Missbrauch. Ernennt die Regierung unzuständiger Weise einen Gemeindebeamten, so ist es Machtüberschreitung; Missbrauch dagegen, wenn sie ebenso zu einem geistlichen Amte ernennt. Dasselbe Unterscheidungsmerkmal tritt bei allen bekannten Fällen des Rekurses wegen Missbrauchs gegen weltliche Behörden zu Tage, so bei Verbot von Prozessionen durch den Bürgermeister, Verhinderung eines Geistlichen an der Predigt.[25]

Ueber den Rekurs wegen Missbrauchs entscheidet dieselbe Behörde wie über den Rekurs wegen Machtüberschreitung. Nur bestehen hier Abweichungen im Verfahren und in der Bedeutung des Spruches.

Der Rekurs kann erhoben werden von jedem Betheiligten d. h. von jedem, der Nachtheil davon leidet, dass die Machtüberschreitung stattgefunden hat. Das sind die Einzelnen, deren Interessen verletzt wurden, die Vertreter der geistlichen Gewalt, die Eingriffe erfahren hat, und andererseits als Vertreter der weltlichen Verwaltungsbehörden, wie im Kompetenzkonflikt, und zugleich des allgemeinen Staatsinteresses der Präfekt.[26]

Der Staatsrath entscheidet darüber, nicht mit der *section du contentieux* und nicht im Verwaltungsstreitverfahren, sondern in allgemeiner Versammlung und im Verfahren für Verwaltungssachen (vgl. oben § 13).[27]

Wird die Machtüberschreitung anerkannt, so ist die Wirkung eine verschiedene, je nachdem dieselbe der weltlichen oder der geistlichen Behörde zur Last fällt.

Der Ausspruch der Machtüberschreitung gegen die weltliche

---

[25] Gaudry I, n. 314 ff.; Dalloz V° *culte* n. 279—281; Cass. 28. Mai 1791 (Colin c. Pagel). Einer der ersten Fälle der Anwendung dieses Rekurses richtete sich gegen einen Polizeibeamten, welcher sich erlaubt hatte, amtlich Lehrsätze über die kirchliche Beerdigungsfeier aufzustellen (Dalloz V° *culte* n. 281 *in fine*).

[26] Serrigny I, n. 130; Dalloz V° *culte* n. 282 ff.

[27] Ein Dekret vom 25. März 1813 hatte die Appelhöfe damit beauftragen wollen. Ueber diesen Versuch: Serrigny, n. 133, 134; Cormenin, *questions* I, *V° appel comme d'abus* § 1. — In Els. Lothr. entscheidet darüber nach Ges. 30. Dez. 1871 § 9 der Bundesrath.

Behörde hat ganz und lediglich die Wirkung des durchgedrungenen Rekurses wegen Machtüberschreitung. Der angefochtene Akt wird für ungültig erklärt; aber es verbindet sich damit kein persönlicher Tadel, — der Ausspruch kann ja sogar gegen das Staatsoberhaupt selbst ergehen, — und die Frage der persönlichen Verantwortlichkeit bleibt weiterem Verfahren vorbehalten.

Anders, wenn das Rechtsmittel gerichtet war gegen die geistliche Gewalt. Hier sind die Fälle des Missbrauchs meist derart, dass eine Vernichtung des Aktes, eine Aufhebung von Rechtswirkungen nicht Platz greifen kann, weil keine Rechtswirkungen beansprucht waren; ein moralischer Nachtheil ist zu sühnen und desshalb nimmt die Entscheidung eine Spitze gegen den Urheber des Missbrauchs persönlich: die Erklärung des Missbrauchs (*déclaration d'abus*) wird angesehen als ein feierlicher Tadel des handelnden Geistlichen und hat die Natur einer Disciplinarstrafe.[28] Ungültigkeitserklärungen, Vernichtungen von Schriftstücken können dann noch daneben erfolgen, soweit Gelegenheit dazu besteht.

Daran knüpft sich eine vielbewegte Streitfrage, betreffend die Zulässigkeit der Verfolgung von Geistlichen vor Civil- und Strafgerichten wegen Amtshandlungen. Der Wunsch einer Sicherung derselben gegen gehässige Prozesse erzeugte die Rechtslehren. Eine Zeit lang glaubte man sogar den art. 75 der Verf. des Jahres VIII auf sie anwenden zu können (als *agents du gouvernements*). Dann hing man sich mehr an die Thatsache, dass in dem Verfahren des Staatsrathes wegen Missbrauchs, die persönliche Verantwortlichkeit des Geistlichen schon in Betracht gezogen wurde. Der Staatsrath beansprucht das Recht, auch eine strafbare oder schadensersatzpflichtigmachende Handlung durch die Missbrauchserklärung als gesühnt zu behandeln und die Verfolgung vor den bürgerlichen Gerichten demgemäss zu ermächtigen oder zu verhindern.[29]

---

[28] Serrigny I, n. 184: *acte de haute censure.* Batbie, *appel comme d'abus* n. 103: *la déclaration d'abus est disciplinaire.*

[29] So verfährt er namentlich, wenn der Geistliche von der Kanzel herab Angriffe gegen die Regierung oder Beleidigungen gegen Einzelne ausgestossen hatte und nachher Abbitte thut: St. R. E. 16. Dez. 1830 (Lapierre); 16. März 1841 (Mancon).

Der Kassationshof hat seinerseits einen Mittelweg eingeschlagen, der schnurstracks auf den gewünschten praktischen Erfolg führt: die Ermächtigung des Staatsrathes soll notwendig sein für die Klage Einzelner, nicht für die des Staatsanwalts.

Alles das ist aber wohl nicht haltbar. Die persönliche Spitze der Missbrauchserklärung lässt als Disciplinarmassregel die weitere Verfolgung ganz unberührt. Die Entscheidung über die Zuständigkeit, welche ihre Grundlage bildet, ist dem Staatsrath nicht ausschliesslich vorbehalten. Denn Akte der geistlichen Gewalt sind keine eigentlichen Verwaltungsakte, so nahe sie solchen sonst verwandt sind.[30]

Anhang.

§ 72. Unechte Selbstverwaltung.

Das Privatunternehmen eines Vereines von Einzelnen kann seinem Zwecke nach eine gewisse Bedeutung für das öffentliche Interesse haben. Wenn der Staat um dieses Interesses willen sich einer Mitwirkung an den Angelegenheiten des Vereins bemächtigt, so entsteht ein ähnliches Verhältniss wie in der Selbstverwaltung, nur mit dem entgegengesetzten Ausgangspunkt.[1] Im Verhältniss

---

[30] Gaudry I, n. 319; Dalloz V° *culte* n. 271, n. 272; Ducrocq n. 628; Serrigny I, n. 132. Cass. 10. Aug. 1861 (L'héman). Neuerdings scheint sich übrigens auch der Staatsrath mehr der freien Verfolgbarkeit zuzuneigen (Dekret auf Rekurs 17. Aug. 1880, 17. März 1881). — Das Dekret vom 19. Sept. 1870, da es nur von der Verfolgung von *fonctionnaires publics* spricht, lässt die Frage jedenfalls unberührt. Aus dem gleichen Grunde kommt den Geistlichen auch die Ausnahmebestimmung des E. G. z. G. V. G. § 11 nicht zu gute; die Thätigkeit der Gerichte kann also den Grundsätzen der deutschen Reichsgesetzgebung gemäss ihnen gegenüber durch die Landesgesetzgebung nicht von Ermächtigungen der Verwaltung abhängig gemacht sein (vgl. oben § 16 Anm. 8), womit die Streitfrage für uns erledigt ist. Leoni in Marquardsens Handbuch des öff. Rechts II, 1, S. 302; Geigel, das französische und reichsländische Staatskirchenrecht S. 26 u. 27.

[1] Aucoc I, n. 199 spricht von: *personnes civiles*, *qui ne sont que des établissements privés fondés par des sociétés de particuliers, mais auxquels il*

des Vereins zur Staatsgewalt kommen Formen des Rechtes der Selbstverwaltung zur Anwendung und der Thätigkeit des Vereins nach aussen verleiht die Mitwirkung des Staates Formen des eigentlichen Verwaltungsrechtes. Die nächste Folge der Theilnahme des Staates ist die Aussonderung der Angelegenheiten des Vereins und ihrer Verwaltung von dem Privatrechte der Mitglieder; der Verein bildet eine juristische Person des öffentlichen Rechtes, einen unechten Selbstverwaltungskörper; insofern er Vermögen besitzt und verwaltet nach den Regeln des Civilrechts, wird er bezeichnet als *établissement d'utilité publique*, gemeinnütziges Sondervermögen. Diese Körper unterscheiden sich auch im blossen Vermögensbesitz von den gewöhnlichen juristischen Personen des Civilrechts durch den Antheil des Staates. Dieser Antheil äussert eine zusammenhaltende Kraft, sofern die juristische Person durch die Vertretung des Vereins oder die Gesammtheit der Mitglieder nicht aufgelöst werden kann, um das Vermögen zu vertheilen; wo der Staat Auflösung gestattet, hat er Gewalt über das Vermögen, um es ähnlichen Zwecken zu widmen; die Aufsichtsbehörde kann auch mit vorsorglichen Massregeln eingreifen, wenn dem Vermögen Gefahr droht;[2] andrerseits bedarf die Aufnahme freigebiger Zuwendungen in dieses gebundene Vermögen staatlicher Genehmigung wie bei den echten Selbstverwaltungskörpern (vgl. oben § 63). Das Nähere hängt ab von den besonderen Bedingungen, unter welchen die Anerkennung erfolgt.

Die Anerkennung gehört zum vorbehaltenen Gebiete des Gesetzes; es wird aber eine allgemeine Ermächtigung für das Staatsoberhaupt angenommen.[3] Für mehrere Arten von Vereinen

a paru convenable de conférer le bénéfice de l'existence civile à cause de l'intérêt de l'utilité qu'ils peuvent présenter. Batbie V, n. 1: *L'établissement public se rattache d'une manière plus ou moins étroite à l'administration générale, départementale ou communale. L'établissement d'utilité publique au contraire naît de l'initiative privée et s'administre lui-même sous le contrôle et la surveillance de l'administration.* — Ducrocq n. 1063; Gauthier d. p. S. 178.

[2] St. R. E. 18. Aug. 1856 (Meillac): der Präfekt hatte einen Verwalter für das Vermögen eines vorstandslosen Klosters ernannt.

[3] Ein ausdrückliches Gesetz, welches diese Ermächtigung gewährte, lässt sich allerdings nicht nachweisen: Dalloz V° *établissements publics* n. 4.

hat das Gesetz allgemeine Regeln aufgestellt, welche Voraussetzungen und Inhalt der Anerkennung im Wesentlichen bestimmen. Sie bilden das Verwaltungsrecht dieses Gebietes. Im Uebrigen verfügt die vollziehende Gewalt frei im Einzelfall. Die Statuten der einzelnen Körper spielen daher hier eine ebenso wichtige Rolle wie bei den Stiftungen.

Unter den gesetzlich geregelten Arten lassen sich drei Gruppen unterscheiden; überall ist dabei der Gegensatz zu beobachten zu einfachen Vereinen und zu juristischen Personen des Civilrechts mit gleichen Zwecken.

1. Den öffentlichen Körperschaften am nächsten stehen die anerkannten Vereine zur Verfolgung gemeinsamer wirthschaftlicher Interessen; von manchen Schriftstellern werden dieselben geradezu zu den *établissements publics* gezählt.

Wie das Recht der öffentlichen Arbeiten zur Anwendung kommt auf Unternehmungen zu Schutz und Verbesserung landwirthschaftlichen Eigenthums (vgl. oben § 54 n. 1), so begegnen wir auf dem gleichen Gebiete der unechten Selbstverwaltung. Man unterscheidet dreierlei Arten von Vereinigungen von Grundeigenthümern für solche Zwecke.[4]

Die gezwungene Vereinigung (*syndicat forcé*) haben wir oben in jenem Zusammenhange erwähnt: die hier gegenüber den amtlich vorgenommenen Arbeiten vertretenen Grundeigenthümer sind nur äusserlich zusammengefasst und bilden unter sich nicht notwendig eine Gesellschaft.

Die freien Syndikatsgenossenschaften (*associations syndicales libres*) sind Gesellschaften des Civilrechts, begründet durch civilrechtlichen Vertrag der Mitglieder und nach aussen in den reinen Formen des Civilrechts sich bewegend. Unter der Bedingung der Erfüllung gewisser Förmlichkeiten, Veröffentlichung der Gesellschaftsgründung bezweckend, verleiht das Gesetz dazu die juristische Persönlichkeit des Civilrechts. Verwaltungsrechtlich ist nichts an ihnen.[5]

---

[4] Ges. 21. Juni 1865; Aucoc II, n. 867 ff. Gauthier d. p. S. 178; Block V° *syndicats;* Lambert, *étude sur les associations syndicales.*

[5] Ges. 21. Juni 1865 art. 1 zählt acht Unternehmungen auf, für welche es derartige juristische Personen entstehen lassen will; als n. 9 fügt es aber

Die anerkannten Syndikatsgenossenschaften (*associations syndicales autorisées*) sind unechte Selbstverwaltungskörper, gegründet und verwaltet unter Mitwirkung des Staates. Sie können nicht in allen Fällen entstehen, in welchen eine freie Genossenschaft mit juristischer Persönlichkeit möglich wäre, sondern nur für fünf bestimmte Arten von Unternehmungen.

Der Gründung gehen voraus gewisse Veröffentlichungen; dann wird eine Versammlung der Eigenthümer des an dem Unternehmen betheiligten Geländes berufen. Kommt ein Mehrheitsbeschluss derselben zu Stande, — und nur dann — so kann der Präfekt die Bildung einer Genossenschaft verfügen. Diese Verfügung ist der Anerkennungsakt; die Genossenschaft umfasst auch die widerstrebende Minderheit: sie hat die Natur der territorialen Zwangsvereinigung, ähnlich der Gemeinde.

Die Statuten bestimmen das Nähere über die zu wählenden Vertreter, die Zuständigkeitsvertheilung zwischen ihnen und den Antheil der staatlichen Verwaltungsbehörden an den zu treffenden Verfügungen.

Die Arbeiten der Genossenschaft sind öffentliche Arbeiten; es ist Zwangsenteignung zulässig dafür, die betreffenden Verdingungen sind öffentlichrechtliche Verträge und die Entschädigungsansprüche Dritter werden begründet und abgeurtheilt, wie solche aus öffentlichen Arbeiten des Staates. Die Genossenschaft erhebt Beiträge von ihren Mitgliedern; die Vertreter stellen dieselben in einer Steuerrolle fest, welche vom Präfekten für vollstreckbar erklärt und dann in Formen der direkten Steuern zum Einzug gebracht wird. Die Prüfung der Rechnungen des Kassierers erfolgt nach den Regeln, die für die Verwaltung öffentlicher Gelder bestehen, durch den Präfekturrath mit Rekurs zum Rechnungshof.[6] —

---

hinzu: *enfin toute amélioration ayant un caractère d'intérêt collectif.* Ob das zutrifft, hätte im Streitfalle das Civilgericht zu entscheiden. Verneint es die Frage, so kann möglicher Weise das Unternehmen in der Form einer einfachen Civilgesellschaft gültig gegründet sein.

[6] Aucoc I, n. 206 nennt diese Genossenschaft treffend: *une petite commune*, sagen wir: eine unechte Gemeinde. Gegen die von Aucoc vertheidigte Einreihung derselben in die Zahl der *établissements publics* vgl.

Die Vertretungen gemeinsamer gewerblicher Interessen (*chambres syndicales*) bestehen thatsächlich in grossem Umfange, in offenem Widerspruche zu dem Verbote des Gesetzes vom 17. Juni 1791. Die Regierung duldet sie nicht bloss, sondern benützt sie manchmal zur Erhebung von Auskünften.[7] Zwei Vertretungen dieser Art haben jedoch gesetzliche Anerkennung gefunden: es sind die Handelskammern (*chambres de commerce*) und die Landwirthschaftsräthe (*chambres consultatives d'agriculture*).

Die erstere ist von Haus aus ein amtlicher Berathungskörper, berufen, der Verwaltung Auskunft zu geben über die Interessen des von ihm vertretenen Standes. Handelskammern werden errichtet durch Dekret unter Bezeichnung des Gebietes und der Mitgliederzahl. Die Mitgliederstellen werden dann besetzt durch Wahl. Wähler sind die patentsteuerpflichtigen Kaufleute des Handelskammerbezirkes. Die Handelskammer hat aber neben ihrer rathertheilenden Thätigkeit auch noch die Verwaltung mehrerer Anstalten, welche der Förderung des Handels dienen sollen. So vor allem sind ihr anvertraut die Handelsbörsen; sie besorgt die Beschaffung und Unterhaltung der Räumlichkeiten und die Anstellung der Diener. Desgleichen können ihrer Verwaltung durch Dekret überwiesen sein: öffentliche Lagerhäuser, Unterrichtsanstalten für Handelswissenschaften u. s. w. Die Mittel dazu erhält sie theils durch die Einkünfte der Anstalten selbst, theils durch freiwillige Gaben, theils durch Zuschläge zu den Patentsteuern des Bezirks, welche alljährlich durch Dekret bewilligt werden. Der Haushaltsentwurf der Handelskammer unterliegt der Genehmigung des Handelsministers.[8]

Die Handelskammer ist also zugleich die Vertreterin einer juristischen Person; diese wird kraft des Gründungsdekretes gebildet auf der Zwangsvereinigung aller Kaufleute des Bezirkes. Ihre Unternehmungen sind keine öffentlichen Anstalten; es sind Geschäfte des gemeinsamen Interesses der Kaufleute, welche dem

Ducrocq n. 1266: *les ass. synd. ne représentent en réalité que des intérêts privés collectifs.*

[7] Block V° *chambres syndicales* n. 4 u. 5.

[8] Dekret 3. Sept. 1851, 30. Aug. 1852; neuerdings Dekret 22. Jan. 1872.

Civilrechte angehören und nur durch besondere Vergünstigung mit einzelnen Formen der Selbstverwaltung ausgestattet sind.[9]

Die Landwirthschaftsräthe, nach dem Dekret vom 25. März 1852 in jedem Arrondissement gebildet, beruhen auf der nämlichen Grundlage wie die Handelskammern; eigne Anstalten haben sie nicht; die juristische Persönlichkeit dient ihnen nur dazu, Gaben empfangen und Unterstützungen gewähren zu können.[10]

2. Die anerkannten Wohlthätigkeitsvereine bieten am wenigsten Beispiele gesetzlicher Regelung. Die vollziehende Gewalt bewegt sich hier frei in Einzelanerkennungen und die Statuten sind allein massgebend. Für Vereine, welche häufiger vorkommen, wird eine Uebereinstimmung erzielt durch Ministerialinstruktionen. Die Präfekten, welche die Vorverhandlungen führen, werden dadurch angewiesen, auf einen gewissen Inhalt der Statuten zu dringen. Das anerkennende Dekret ist ja rechtlich nicht daran gebunden; aber thatsächlich wird es dieselbe Linie einhalten. Verwaltungsrechtssätze sind diese Regeln nicht.[11] –

Unter den Wohlthätigkeitsanstalten, welche die Gestalt von gemeinnützigen Sondervermögen annehmen, finden wir auch aufgezählt die Sparkassen und Leihhäuser. Von diesen ist bereits oben (§ 70) die Rede gewesen als von Beispielen öffentlichen Sondervermögens. Die verschiedene Zutheilung beruht nicht etwa wieder auf entgegengesetzten Auffassungen des Rechtsverhältnisses, sondern auf verschiedenen thatsächlichen Grundlagen. Ursprünglich wurden solche Anstalten von Privatpersonen gebildet, welche sich zur Gründung vereinigten. Indem der Staat die Gemeinnützigkeit des Unternehmens anerkannte, machte er einen unechten Selbst-

---

[9] Aucoc I, n. 205 rechnet auch die Handelskammer zu den *établissements publics;* ebenso Bouchené-Lefer S. 28 note 5. Das Dekret vom 3. Sept. 1851 art. 19 nennt sie *établissements d'utilité publique.* Sie stehen in der inneren Natur den landwirthschaftlichen Genossenschaften gleich. Block V° *chambres de commerce* n. 1, 23, 26 bezeichnet die rechtliche Stellung der Kammern richtig als: *mandataires du commerce pour la gestion d'intérêts collectifs,* und weist sie darauf hin der unechten Selbstverwaltung zu.

[10] Ges. 20. März 1851; Dekret 25. März 1852. Es besteht auch hier wieder eine Ansicht, welche echte Selbstverwaltung annimmt: Bouchené-Lefer S. 28 note 5.

[11] Dalloz V° *secours publics* n. 218 ff.

verwaltungskörper daraus. Geht aber ein derartiges Unternehmen aus von einer Gemeinde, die es in den Kreis ihrer Angelegenheiten aufnimmt, so erhält es die Natur einer wahren öffentlichen Anstalt und die selbständige Ausscheidung derselben von der sonstigen Gemeindethätigkeit gibt echte Selbstverwaltung, *établissement public*, in Form der Stiftung. In neuerer Zeit sind fast alle Sparkassen Gemeindeanstalten geworden.[12] —

Den hervorragendsten Gegenstand gesetzlicher Regelung auf diesem Gebiete bilden die Hülfsgenossenschaften auf Gegenseitigkeit (*sociétés de secours mutuels*). Man unterscheidet drei Arten.

Als erlaubte Gesellschaften (*sociétés autorisées*) sind sie einfache Vereine, welche die nach art. 291 c. pén. erforderliche Polizeierlaubniss erhalten haben, oder derselben wegen geringer Mitgliederzahl nicht bedurften.[13] Das Gesetz vom 15. Juli 1850 schuf das Rechtsinstitut der anerkannten Hülfsgenossenschaften (*sociétés reconnues*), unechte Selbstverwaltungskörper, *établissements d'utilité publique*, von der gewöhnlichen Form. Die Anerkennung erfolgt durch Dekret; die Wirkungen derselben sind in den wichtigeren Punkten durch das Gesetz bestimmt; das Nähere gibt das Statut. Auflösung erfolgt wieder durch Dekret. Zwischen diese beide Arten hat das Gesetz vom 26. März 1852 eine dritte gestellt: die der genehmigten Genossenschaften (*sociétés approuvées*). Dieselben unterscheiden sich von vorneherein von den einfachen Vereinen durch die juristische Persönlichkeit. Sie sollen aber auch einen Gegensatz bilden zu den anerkannten Genossenschaften, insofern sie keine *établissements d'utilité publique* sind; man möchte sich also ihre rechtliche Natur vielleicht vorstellen wie die der *associations syndicales libres* (vgl. oben S. 519); ihr Verhältniss zum Staate bestünde wie bei diesen bloss darin, dass er sie privat-

[12] Das Gesetz vom 5. Juni 1835 art. 10 rechnet die Sparkassen noch zu den *établissements d'utilité publique*; ebenso das Gesetz vom 24. Juni 1851 art. 1 die Leihhäuser. Block V° *caisse d'épargne* n. 3—7; Ducrocq n. 1272, 1279.

[13] Thatsächlich scheint nur der letztere Daseinsgrund mehr zu wirken, weil die etwa notwendige Erlaubniss für einfache Vereine nicht mehr gegeben wird; sie müssen gleich die höhere Form annehmen, wenn sie bestehen wollen: Dalloz V° *secours publics* n. 246.

rechtlich ordnet und polizeilich beherrscht. Auf den ersten Blick scheint diess auch zuzutreffen. Der Präfekt gibt die Genehmigung der Genossenschaft und ihrer Statuten, wie er das auch bei einfachen Vereinen zu thun hätte; daran knüpft sich dann die civilrechtliche Persönlichkeit, in etwas geringerem Umfange wie bei den anerkannten Genossenschaften. Der Präfekt kann auch die Genehmigung wieder zurücknehmen wegen Nichteinhaltung der Statuten oder aus gewöhnlichen Erwägungen der Ordnungs- und Sicherheitspolizei. Betrachtet man aber die einzelnen Bedingungen, welche das Gesetz diesen genehmigten Genossenschaften auferlegt, so erscheint es sehr schwer, das alles in die Formen von Polizei- und Privatrechtsordnung zu bringen. Die Bedingungen sind nämlich ganz die gleichen, wie sie das Gesetz für die anerkannten Genossenschaften stellt, und darunter erscheinen solche mit sehr ausgeprägter Zugehörigkeit zu Formen staatlicher Mitwirkung in den Selbstverwaltungsrechtsinstituten: Ernennung des Vorstandes durch das Staatsoberhaupt, staatliche Ermächtigung zur Annahme von Schenkungen, Verfügungsrecht der Verwaltungsbehörde über das Vermögen der aufgelösten Genossenschaft. Die Verweigerung des Namens *établissement d'utilité publique* könnte also nur den praktischen Zweck haben, weitere Folgerungen aus dem unechten Selbstverwaltungsverhältniss als die vom Gesetze ausdrücklich gemachten auszuschliessen. Thatsächlich werden aber auch solche allgemein zugelassen. Die blosse polizeiliche Genehmigung der Statuten eines Vereines würde dieselben zu Bedingungen der ertheilten Erlaubniss machen, aber nichts ändern an ihrer rechtlichen Natur; entstünde Streit darüber, so wäre es Sache des Civilgerichtes, den civilrechtlichen Vertrag auszulegen und zu beurtheilen. Die Statuten einer genehmigten, wie einer anerkannten Genossenschaft dagegen werden als Verwaltungsakte angesehen, zur Zuständigkeit der Verwaltungsgerichte gehörig, auch wenn ein Privatrechtsstreit zwischen Einzelnen die Auslegung nötig macht.[14] Desgleichen wird nicht bloss der Auflösungsbeschluss der Gesellschaftsvertretung schon nach dem Gesetze der Zustimmung der

[14] Dalloz V° *secours publics* n. 256 und die dort angeführte Ministerialverfügung: *Ces statuts sont des actes purement administratifs.*

Verwaltungsbehörde unterworfen, sondern auch auf Grund der öffentlichrechtlichen Natur der Genossenschaft die Zulässigkeit einer civilrechtlichen Theilungsklage der Mitglieder von der Praxis verneint.[15]

In Wirklichkeit sind also auch die genehmigten Genossenschaften unechte Selbstverwaltungskörper, *établissements d'utilité publique,* nur leichter geschaffen und kräftiger beherrscht durch die sonst nicht geltende Zuständigkeit des Präfekten. —

Wie wahre Selbstverwaltungskörper statt unmittelbar am Staate an Gemeinden, Departementen oder anerkannten Religionsgesellschaften hängen können, so auch unechte. Das Verhältniss äussert sich wie dort in einem Antheil der Mutterkörperschaft an der staatlichen Einwirkung. Das tritt bei den Leihhäusern schon hervor in Gestalt der Notwendigkeit der Zustimmung des Gemeinderaths zu ihrer Errichtung. Für die Genossenschaften ist aber ein derartiges Abhängigkeitsverhältniss ausdrücklich verfügt mit den technischen Ausdrücken: *Ces sociétés sont placées sous la protection et la surveillance de l'autorité municipale* (Ges. 15. Juli 1850 art. 4). Der Bürgermeister soll die Gründung betreiben, er kann den Versammlungen beiwohnen und führt dann den Vorsitz, die Gemeinde ist verpflichtet, die nötigen Räumlichkeiten unentgeltlich zu stellen, auch Rechnungsbücher und Register zu liefern; dafür soll im Falle der Auflösung das Vermögen der Genossenschaft in erster Linie an Genossenschaften oder Wohlthätigkeitsanstalten ihrer Gemeinde fallen und erst, wo solche nicht vorhanden sind, zu Gunsten auswärtiger Genossenschaften darüber verfügt werden können.[16]

3. Die geistlichen Genossenschaften (*congrégations religieuses*) sind Vereine, deren Mitglieder durch ein religiöses Gelübde verbunden sind, nach einer von der kirchlichen Behörde gebilligten Regel zu leben.[17]

---

[15] Dalloz V° *secours publics* n. 278: *En effet, les sociétés ne sont pas des associations purement civiles . . . elles ont le caractère d'institutions publiques.*

[16] Block V° *société de secours* n. 22 ff.; Ducrocq n. 1276—1278; Dalloz V° *secours public* n. 235 ff.

[17] Vuillefroy V° *congrégations*; Gaudry II, n. 594 ff.; L. Dufour S. 647 ff.

Die Gesetze vom 13. Febr. 1790 und 18. Aug. 1792 haben alle damals bestehenden Ordensgesellschaften aufgehoben und die Bildung neuer verboten. Nachdem sich thatsächlich wieder solche aufgethan hatten, wiederholte das Dekret vom 3. messid. XII das Verbot, wobei es jedoch schon Ausnahmen gestattete. Das Gesetz vom 18. Febr. 1809 fügte eine weitere Ausnahme bei zu Gunsten der Spitalschwestern. Das Gesetz vom 2. Jan. 1817 behielt die künftige Zulassung von Orden ausdrücklich der Einzelgesetzgebung vor und regelte die Wirkungen derselben im Voraus. Durch Gesetz vom 24. Mai 1825 ist dann ein Vorverfahren bei weiteren Zulassungen angeordnet, zugleich das Staatsoberhaupt ermächtigt worden, neue Niederlassungen bereits anerkannter Frauenorden zu gestatten. Endlich gab das als Gesetz wirkende Dekret vom 31. Jan. 1852 die gleiche Ermächtigung auch bezüglich ganz neuer Frauenorden, welche dem Unterricht oder der Wohlthätigkeit gewidmet sind. Für die Männerorden besteht also noch gemäss dem Gesetze von 1817 das Erforderniss einer gesetzlichen Einzelverfügung.

Durch die Zulassung erhält die Genossenschaft die Eigenschaft eines unechten Selbstverwaltungskörpers. Die Statuten bestimmen das Nähere. Durch gesetzliche Regel ist dem Staatsoberhaupte vorbehalten die Genehmigung zur Annahme von Schenkungen und zum Erwerb — auch *titulo oneroso* — von Grundstücken und Renten, sowie zur Veräusserung von solchen. Die Auflösung anerkannter Genossenschaften kann in allen Fällen nur durch Gesetz geschehen.[18] Auflösung durch eine weltliche Behörde wäre Machtüberschreitung, durch eine geistliche, Missbrauch; ein Auflösungsbeschluss der Vertretung oder der sämtlichen Mitglieder ist einfach ungültig; selbst wenn thatsächlich die Mitglieder auseinandergingen, würde die juristische Person noch fortbestehen mit allen ihren Rechten und durch den Eintritt neuer Mitglieder wieder belebt werden können.[19]

Die geistlichen Genossenschaften sind angelehnt an die

[18] Auch wenn die Anerkennung durch Dekret erfolgt war: Gaudry II, n. 619; dagegen Ducrocq n. 1233.

[19] Gaudry II, n. 612.

Kirche, wie die Hülfsgenossenschaften an die Gemeinde, nur dass hier das Verhältniss noch schärfer ausgesprochen ist.[20] Die Anerkennung wird nur ertheilt bei Zustimmung des Bischofs. Die Unterwerfung unter die geistliche Gewalt der Kirche ist schon nach dem Wesen des Ordens selbstverständlich; das Gesetz verlangt aber noch besonders die Unterwerfung unter die geistliche Gewalt des Bischofs und dass diese in den Statuten selbst ausgesprochen werde; die Exemtionen sind dadurch ausgeschlossen. Dem Bischof steht auch die verwaltungsrechtliche Vormundschaft zu über das Genossenschaftsvermögen, soweit nicht der obige Vorbehalt des Staatsoberhauptes in Frage kommt; seine Genehmigung ist zu allen wichtigeren Verfügungen notwendig.[21]

Eigenthümlich ist aber den geistlichen Genossenschaften noch das gänzliche Fehlen aller rechtlichen Zwischenstufen zwischen dem anerkannten unechten Selbstverwaltungskörper und dem verbotenen Verein. Das Gesetz will grundsätzlich solche Genossenschaften nicht dulden; wenn Ausnahmen gemacht werden sollen, muss das öffentliche Interesse an der Wirksamkeit des Vereines gross genug sein, um auch gleich die Anerkennung als gemeinnütziges Unternehmen zu rechtfertigen.

Nun pflegen sich aber thatsächlich neben den anerkannten geistlichen Genossenschaften immer wieder nichtanerkannte aufzuthun. Die Regierung duldet sie, begünstigt sie sogar, bis wieder eine andere Strömung kommt und es sich darum handelt, gegen sie vorzugehen. Da entstehen dann jedes Mal Bedenken wegen der Zwangsmittel. Die Gesetze, welche die Verbote enthalten, namentlich auch das Gesetz vom 3. messid. XII geben keine Strafbestimmungen für die Zuwiderhandlung; das letztere Gesetz sagt nichts weiter als: die Staatsanwälte sollen einschreiten. Die Strafandrohung des art. 291 c. pén. gegen die unerlaubten Vereine trifft nach der richtigen Auffassung nicht zu bei Personen, welche in einem Hause zusammenwohnen. Die Regierung, wenn sie auf der Durchführung des Verbotes bestand, hat dann immer zu dem

[20] Als zum Wesen der Kirche gehörig werden sie nicht anerkannt (Portalis, *discours* S. 226); sonst würden sie, einmal genehmigt, *établissements publics*.

[21] Gaudry II, n. 608.

Mittel gegriffen, dass sie ihren Polizeibeamten Befehl gab, die Thüren der Klöster zu erbrechen und die Insassen gewaltsam wegzuführen. Man berief sich dafür auf die Rechte der administrativen Polizei.[22] Allein auch die administrative Polizei bedürfte nach den Grundsätzen des Verwaltungszwanges (vgl. oben § 24 n. 2, § 26, § 27, § 30) zum gewaltsamen Eingriffe einer besonderen gesetzlichen Ermächtigung; in dem einfachen gesetzlichen Verbote ist dieselbe noch nicht enthalten.

[22] Ueber frühere Fälle: L. Dufour S. 657, 661, 662; Vuillefroy S. 163; Gaudry II, n. 629; Ducrocq n. 1239. Neuerdings haben die Dekrete vom 29. März 1880 die Frage wieder zu einer brennenden gemacht: Sirey, *recueil général* 1881, 2, S. 207 ff.; Rousse, *consultations sur les décrets du 29 mars 1880* S. 105 ff. Die Civilgerichte, welche häufig geneigt schienen, sich der Sache der Vertriebenen anzunehmen, waren freilich den offenbar vorliegenden Verwaltungsakten gegenüber nicht zuständig: C. C. H. 5. Nov. 1880 (Marquigny); 27. Nov. 1880 (Le Guinio).

REGISTER.

FSC
www.fsc.org
MIX
Papier | Fördert gute Waldnutzung
FSC® C083411

Kolibri 360 GmbH
Ferdinand-Jühlke-Straße 7
99095 Erfurt, Deutschland
produktsicherheit@kolibri360.de